Annotated Instructor's Edition

Atando cabos
Curso intermedio de español

María González-Aguilar
Instituto Cervantes, Paris
École Polytechnique, Palaiseau

Marta Rosso-O'Laughlin
Tufts University

Third Edition

PEARSON

Prentice
Hall

Upper Saddle River, New Jersey 07458

Library of Congress Cataloging-in-Publication Data

Gonzalez-Aguilar, Maria.
Atando cabos: curso intermedio de espanol / Maria Gonzalez-Aguilar,
Marta Rosso-O'Laughlin. — Student's ed.; 3rd ed.
    p.   cm.
  Includes index.
  ISBN 0-13-175599-4
  1. Spanish language—Textbooks for foreign speakers—English.
I. Rosso-O'Laughlin, Marta.   II. Title.
  PC4129.E5R67 2006
  468.2'42—dc22   2006032381

Sponsoring Editor, Spanish: *María F. García*
Editorial Assistant, Spanish: *Amanda K. Staab*
Editorial Supervisor/Assistant Development Editor: *Debbie King*
Director of Marketing: *Kristine Suárez*
Director of Editorial Development: *Julia Caballero*
Development Editor: *Ina Cumpiano*
Production Supervision: *Nancy Stevenson*
Project Manager: *Assunta Petrone, Preparé Inc.*
Assistant Director of Production: *Mary Rottino*
Supplements Editor: *Meriel Martínez Moctezuma*
Senior Media Editor: *Samantha Alducin*

Prepress and Manufacturing Buyer: *Brian Mackey*
Prepress and Manufacturing Manager: *Nick Sklitsis*
Interior and Cover Design: *Preparé Inc.*
Director, Image Resource Center: *Melinda Reo*
Manager, Rights & Permissions IRC: *Zina Arabia*
Manager, Visual Research: *Beth Brenzel*
Image Permissions Coordinator: *Debbie Hewitson*
Photo Researchers: *Elaine Soares and Rachel Lucas*
Marketing Coordinator: *William J. Bliss*
Publisher: *Phil Miller*
Cover Image: *Elizabeth Heuer / Superstock, Inc.*

This book was set in 10.5/12.5 Minion Roman by Preparé Inc. and was printed and bound by Von Hoffmann.
The cover was printed by Lehigh Lithographers.

©2008, 2004, 2001 by Pearson Education, Inc.
Upper Saddle River, NJ 07458

Printed in the United States of America

10 9 8 7 6 5 4 3 2 1

Student Edition: ISBN 978-0-13-175599-4
Annotated Instructor's Edition: ISBN 978-0-13-157672-8

Pearson Education LTD., *London*
Pearson Education Australia PTY, Limited, *Sydney*
Pearson Education Singapore, Pte. Ltd.
Pearson Education North Asia Ltd., *Hong Kong*
Pearson Education Canada, Ltd., *Toronto*
Pearson Educación de Mexico, S.A. de C.V.
Pearson Education—Japan, *Tokyo*
Pearson Education Malaysia, Pte. Ltd.
Pearson Education, *Upper Saddle River*, New Jersey

A Juan Pablo Radicella por su apoyo incondicional.

María González-Aguilar

A Andrés y Nicolás quienes están a punto de volar del nido.

Marta Rosso-O'Laughlin

Brief Contents

Scope and Sequence

Preface

It is gratifying to see *Atando cabos* in a third edition, and we are proud that so many teachers and students have found previous editions to their liking. We are grateful to the many reviewers and other colleagues who provided suggestions that helped us prepare this new edition. With their help, we are confident that we have been able to make it even better than its predecessors. We hope you will agree!

The goals of the third edition remain unchanged. The *Atando cabos* program is designed for use in third- and/or fourth-semester Spanish courses that aim to teach students to express, interpret, and negotiate meaning in context. It seeks to develop both fluency and accuracy while fostering the student's ability to function within Hispanic cultures. The basic skills—listening, speaking, reading, and writing—are taught as building blocks toward proficiency and communication. Communicative activities, based on cultural information and authentic materials and supported by clear grammatical explanations and charts, are used to facilitate the learning process. All activities either increase cultural awareness or help students personalize and relate the material to their own experiences. The development of sociolinguistic competence is given a special place as a springboard to the world outside the classroom.

In developing the *Atando cabos* program, and in revising it for the third edition, we have kept in mind one of the major challenges encountered by those who teach college-level intermediate Spanish: the challenge of dealing with the wide range of language proficiency levels typically encountered among students coming into the course. We recognize that these students often have diverse backgrounds in language study and many different "loose ends" that need to be tied up during the course of the second year. Our learner-centered approach aids students in pinpointing their needs while allowing them the freedom to work individually on selected areas. We offer instructors a rich array of resources from which they can choose to create a course that addresses their students' unique needs while reflecting their own personal interests and teaching experiences.

New to this Edition

We have made a number of changes in the third edition of *Atando cabos* that we believe will enhance the usefulness of the program as a whole. Changes include the following:

- We have rewritten Capítulo 9 and provided it with a new thematic focus on issues related to young people in the Hispanic world.

- We have made extensive revisions to Capítulo 10, on technology and globalization; this chapter now includes engaging new readings on topics of great contemporary interest and importance.

- We have added a number of new, high-interest readings to the book, including selections by Nicaraguan poet Gioconda Belli, Chilean poet Pablo Neruda, Argentine novelist Marco Denevi, and Spanish poet Amado Storni.

- We have added comprehension questions to the *En contextos* sections of each chapter so that students can test their understanding of new vocabulary as well as key terms.

■ We have revised and updated many of the *Ventanas al mundo* boxes. They now include comprehension questions that ask students to examine the connections between their own environment and the presented cultural topic. In addition, audio recordings of the *Ventanas al mundo* selections are now available on CDs.

■ We have changed the design in order to provide a clearer, more student-friendly format. Design changes have been made throughout each chapter, but are particularly noticeable in the grammar sections, where they serve to facilitate student study and review of grammar topics outside of the classroom, so that more in-class time will be available for communicative practice.

■ We have added many new communicative exercises and activities, and revised many others, while maintaining the step-by-step progression of activities that has been a hallmark of the *Atando cabos* program.

■ We have added new annotations in the Annotated Instructor's Edition. Answers to all discrete point exercises are now printed in their corresponding blanks or within the activity in the text for the instructor's convenience. In addition, each *Ventana al mundo* cultural section is now accompanied by additional follow-up comprehension questions.

■ We have reorganized the Student Activities Manual so that each chapter's Workbook, Lab Manual, and Video Manual activities are now presented in a single volume and in one continuous sequence, paralleling the sequence of topics in the student text.

■ We have completely revised the Testing Program in order to provide instructors with assessments that more closely correlate with the chapter structures and objectives.

■ We have created a new, 75-minute video program featuring authentic mini-documentaries and interviews that reflect the cultural themes presented in each chapter. These video segments give students an authentic look at the varied cultures of the Spanish-speaking world. Pre-viewing, viewing and post-viewing activities are found in the Student Activities Manual. The video is available for student purchase on DVD. In addition, the video is available to instructors on DVD and VHS cassette.

Program Overview

The *Atando cabos* textbook consists of two separate but coordinated parts. The first part, the core of the text, contains twelve thematically organized chapters. Each chapter contains contextualized vocabulary presentations, vocabulary development activities, grammatical explanations specific to the second year, communicative activities that review particular grammar points contextualized in the reading selection and/or in the vocabulary presentation, a section on the functions of language devoted to developing sociolinguistic awareness, a wealth of readings, reading and writing strategies, and a chapter-ending section in which students integrate all the material previously presented and practiced.

The second part, called *Cabos sueltos*, is a review of the basic grammatical structures usually covered during the first year of study. It serves to prepare students to study the second-year grammar topics presented in the core of the textbook. The *Cabos sueltos* section provides clear grammar coverage for the student, and thereby helps instructors avoid loss of class time due to any one student's need for review. This treatment of grammar also gives students the opportunity to review individually, either in class or at home, any given structure not fully covered in their first year of study. Self-assessment activities are provided on the Companion Website™. If, for example, a student needs additional practice with the basic forms of the preterite, the student is referred to a particular section of *Cabos sueltos* to review those basic forms. The student can then continue with the more in-depth review of the rules governing the use of the preterite versus the imperfect in the core section of the text. Integration and connection are key concepts in *Atando cabos*.

Each of the twelve thematically organized chapters begins by introducing the cultural theme of the chapter and outlining its objectives. Content in each chapter is divided into five manageable sections that can be covered in one or two class periods each.

- *En marcha con las palabras* contains a cultural reading that introduces the new vocabulary in context. Subsections include *Palabras conocidas*, which reviews words that students will be using in the chapter activities; *Expresiones útiles*, which calls attention to new idiomatic expressions introduced in the reading; *¡Sin duda!*, which presents vocabulary words that require special attention, like false cognates; and *Así se dice*, which introduces special expressions associated with sociolinguistic functions.

- *Sigamos con las estructuras* is a two-tiered grammar section. *Repasemos* offers communicative activities for practice of structures students learned in first-year Spanish, as well as links to explanations in the *Cabos sueltos* section of the text for students who need to review the material. *Aprendamos* provides explanations of intermediate-level grammar topics, followed by practice activities that progress from form-focused to meaning-focused to communication-focused.

- *Conversemos sobre las lecturas* is a reading section featuring a process approach. *Antes de leer* offers reading strategies (in English), while *Vocabulario de las lecturas* highlights specific vocabulary for the reading selections. Each reading (including both prose and poetry) is preceded by an introduction (usually a brief biography of the author) and followed by activities.

- *Avancemos con la escritura* is a writing section featuring a process approach.

- *Atando cabos* consists of communicative activities that integrate the different sections of the chapter.

- Additional elements of each chapter include *Diario* (topics for journal entries), *Ventana al mundo* (cultural boxes), and *Boletín* (marginal cultural notes).

Program Components

The *Atando cabos* program includes a wide array of additional resources for students and instructors alike.

Student Resources

AUDIO CDS TO ACCOMPANY THE TEXT
This two-CD set consists of recordings of all of the *Ventanas al mundo* sections in the textbook.

STUDENT ACTIVITIES MANUAL
The Student Activities Manual is organized by chapter, and integrates the Workbook, Lab Manual, and Video Manual in one component. The Workbook and Lab Manual sections

follow the structure and objectives presented in each corresponding chapter of the textbook. The pre-viewing, viewing, and post-viewing activities in the Video Manual are designed to facilitate comprehension of each video segment and to expand the themes that are presented therein.

ANSWER KEY TO ACCOMPANY STUDENT ACTIVITIES MANUAL
A separate Answer Key to the SAM activities is available for instructors who want students to check their own work and monitor their progress.

AUDIO CDs TO ACCOMPANY STUDENT ACTIVITIES MANUAL
The Audio to Accompany the Student Activities Manual consists of six CDs. These recordings accompany the Lab Manual portion of the SAM and are also accessible from the Companion Website™.

VIDEO ON DVD
The new 75-minute video on DVD features authentic mini-documentaries and interviews that reflect and expand the cultural themes presented in the twelve chapters. The video is available for student purchase on DVD.

Instructor Resources

ANNOTATED INSTRUCTOR'S EDITION
The Annotated Instructor's Edition contains marginal annotations suggesting warm-ups, transitions, the incorporation of cultural topics into class discussions, and expansion exercises. Answers to discrete point activities are printed in their corresponding blanks in the text for the instructor's convenience.

INSTRUCTOR'S RESOURCE MANUAL WITH TESTING PROGRAM
The Instructor's Resource Manual includes sample syllabi, lesson plans, and the scripts for the Student Activities Manual audio and video programs, as well as strategies for integrating all program components into the course. The Testing Program uses a variety of techniques to evaluate students' skills in a manner consistent with the pedagogy of the *Atando cabos* program. Assessment of all skills—speaking, writing, reading, and listening, as well as cultural awareness—is provided. The program consists of two exams for each chapter as well as two final examinations each for chapters 1–6 and 7–12.

AUDIO CD TO ACCOMPANY THE TESTING PROGRAM
This CD contains the recordings to accompany the listening activities in the *Atando cabos* Testing Program.

IMAGE RESOURCE CD
The Image Resource CD provides access to electronic versions of all illustrations from the text for use in tests, transparencies, handouts, and online materials.

VIDEO ON VHS AND DVD
The new video developed specifically to accompany the new edition of *Atando cabos* features authentic mini-documentaries and interviews that reflect and expand the cultural themes presented in the twelve chapters. Each segment provides authentic listening practice and a basis for class discussion. Pre-viewing, viewing, and post-viewing video activities are included in the Student Activities Manual. The video is available to instructors on DVD and VHS cassette.

Online Resources

COMPANION WEBSITE™
The Companion Website™, www.prenhall.com/atandocabos, organized in chapters that correspond to those in the text, contains a wealth of practice and expansion exercises for the student, including self-scoring grammar and vocabulary practice exercises, web-based activities that provide opportunities for linguistic and cultural learning, access to the complete audio program, and an interactive flashcards tool.

QUIA ONLINE STUDENT ACTIVITIES MANUAL
An interactive version of the Student Activities Manual is available online within the widely acclaimed Quia platform. Students get anywhere, any-time access to the materials they need for out-of-class work, including links to relevant audio and video components. Many activities are scored automatically, and results are accessible to the instructor in an online gradebook.

ONEKEY WITH QUIA IN BLACKBOARD, WEBCT, AND COURSE COMPASS
OneKey with Quia is a unique online resource that provides you and your students with access to a rich array of course materials, conveniently organized to match the course syllabus and delivered within the framework of a popular course management system. The resources include links to the **Student Activities Manual** powered by Quia, grammar tutorials, self-correcting practice exercises, audio resources, and interactive flashcards, games, and cultural activities.

Acknowledgments

This third edition of *Atando cabos* involved an entirely new team of collaborators. We want to especially thank María F. García for having kept us on track during the entire process of producing this new edition. Julia Caballero and Phil Miller were very helpful with their comments and suggestions. Ina Cumpiano helped us during the developmental phase of the project, and Assunta Petrone then took the book from manuscript to bound book by coordinating a myriad of details. Nancy Stevenson, Senior Production Editor, carefully oversaw the whole production cycle.

We also want to acknowledge the assistance that was given us by Samantha Alducin, Senior Media Editor, for coordination of the video and online resources that accompany the program. We want to give a special thank you to James Crapotta, author of the new exciting video and video activities. We would also like to thank Melissa Marolla Brown, Development Editor for Assessment, for the thorough coordination between the text, Student Activities Manual, and Testing Program, and Meriel Martínez Moctezuma, Supplements Editor, for her competent and efficient work in managing the preparation of the other supplements. Thanks are also due to Amanda K. Staab for coordinating all stages of reviewing.

María González-Aguilar wants to give a very special thanks to Pablo and Lucas Radicella, for providing love, patience, time, and support in each of the stages of the preparation of the new edition of *Atando cabos*.

Marta Rosso-O'Laughlin wants to thank Andrés, Nicolás, and Michael for their patience and support.

Textbooks depend on reviewers, and we would like to sincerely thank and acknowledge our reviewers:

Jorge Arteta	Brandeis University
Sandra L. Barboza	Trident Technical College
Cecilia I. Benenati	Lewis & Clark College
Amy Bomke Keating	Indiana University Purdue University at Indianapolis
Eduardo Cabrera	Millikin University
Kirby Chadwick	Scottsdale Community College
Margarita Casas	Linn-Benton Community College
Benita J. Clarke	University of Kentucky
Anne Connor	Southern Oregon University
Mark P. Del Mastro	The Citadel
John Ellis	Scottsdale Community College
Ana Garcia Chichester	University of Mary Washington
Amy Ellen Gregory	University of Tennessee
Elena M. González Ros	Brandeis University
Dinorah Guadiana-Costa	Southwestern College
Dolores Lima-Vales	University of Maryland
Leticia McGrath	Georgia Southern University
Michael J. McGrath	Georgia Southern University
Teresa Pérez-Gamboa	University of Georgia, Athens
Marie I. Pineiro	American University
Maria R. Rippon	The Citadel
Nidia Schuhmacher	Brown University
Kate E. Serio	Providence College
Richard A. Seybolt	University of Minnesota Duluth
Matthew G. Tornatore	Truman State University
Ho Sang Yoon	Salem College
Mark K. Warford	Buffalo State College

We are very grateful to all those who have contributed to the success of this project.

Hablemos de nosotros

Note: Every chapter opener presents a saying or a quote that relates to the theme of the chapter. To help students understand it, you can give them the meaning of any unknown words. Then, ask them some simple questions to clarify the literal meaning of the saying. Finally, encourage students to make a connection to the metaphorical meaning and to find a similar saying in English. For this particular saying, explain the words *palo* = stick, *astilla* = splinter. *Literalmente, este refrán dice que la astilla se parece al palo. Compara la astilla con el palo. ¿Qué piensan que quiere decir el refrán cuando se refiere a la familia? ¿Quiere decir que los hijos se parecen a los padres? ¿Conoces algún refrán similar en inglés?* "A chip off the old block."

" De tal palo, tal astilla. "

Suggestion: Introduce the chapter by telling students in Spanish what they will learn: *En este capítulo van a conocerse mejor. Van a aprender a saludar a otras personas según las costumbres hispánicas. También van a aprender a describir personas y a hablar sobre sus actividades diarias. Vamos a hablar de la familia en general y de la familia hispánica en particular. ¿Qué significa para ti la palabra familia?*

Note: Every chapter presents a recommended movie. The movie for this chapter is: *Todo sobre mi madre*, Pedro Almodóvar, España,1999.

Note: Every chapter presents a recommended song. The song for this chapter is: *A Juan Carlos Saravia*, F. Saravia, CD *Transparencias*, Argentina, 2001.

Tema cultural
La familia hispánica

Objetivos comunicativos
Aprender a saludar y a presentar personas

Describir el carácter de las personas

Comentar actividades habituales

Describir las características, la ubicación y el estado de cosas y personas

Suggestion: You may want to start this chapter with the **Así se dice** section, p. 10. Students learn to make introductions and to introduce themselves. It is a good activity to get to know each other on the first day.

Un fin de semana con papá

Note: The highlighted vocabulary is considered active. Direct students to find the meaning of the words in the vocabulary list at the end of the chapter.

En marcha con las palabras   **3**

En marcha con las palabras

En contexto: La familia española de hoy

Un baile con la abuela

Según un informe reciente, en una familia típica española hay pocos niños. También hay menos **embarazos ya que** la **tasa de natalidad** de España es muy baja, **alrededor** de 1,2 hijos por mujer. Pero el **núcleo familiar continúa estando intacto** pues la cantidad de **divorcios** es inferior a la de otros países europeos y, como consecuencia, se ven menos familias **monoparentales.** Los **cónyuges** llevan adelante la familia juntos.

En cuanto a la **paternidad** y la **maternidad,** el modelo **familiar** que predomina **sigue siendo** el de la **pareja** con dos hijos, **aunque aumentó el porcentaje** de los **matrimonios** sin hijos (19,4 **por ciento**). El modelo tradicional de familias con tres hijos o más está desapareciendo.

Otro **dato** interesante es que los hijos continúan viviendo con los **padres** hasta ser muy adultos. Los motivos son **variados.** Una razón es el precio de los apartamentos y otra es la **falta** de trabajo. Muchos jóvenes **optan** por no formar una pareja estable hasta los 27 años o más y la **mayoría** de las parejas **eligen** no **casarse** hasta los veinticinco o treinta años.

Hay bastantes familias en las que **conviven** padres, hijos y **abuelos.** Los abuelos ayudan a **criar** a los **nietos, cuidando** y **mimando** a los niños cuando los padres trabajan. Al convivir tres generaciones **juntas,** los **integrantes** de la familia **crecen** en un ambiente de **amor** y aceptación que crea **lazos familiares** muy fuertes. Esto se **refleja** en el **apoyo,** la **unidad** y el **respeto** entre **los parientes.**

Otro **cambio** importante, **basado** en el informe, es que la mayoría de las mujeres españolas trabaja. **Hoy en día** el trabajo fuera de casa es **no sólo** un **derecho, sino también** un **deber** para mujeres y hombres, aunque el informe también **muestra** que el hombre **sigue siendo** el principal **sostén** económico.

¿Comprendes?

1. ¿Cuántos niños por mujer hay en España? ¿Y en tu familia?

2. ¿Hay muchas familias monoparentales en España? ¿Por qué?

3. ¿Cuál sigue siendo el modelo familiar español? ¿Qué modelo de familia aumentó, según los porcentajes? ¿Cuál está desapareciendo?

4. Los españoles solteros, en general, ¿viven solos?

5. ¿A qué edad suelen formar parejas estables?

6. ¿Qué rol desempeñan los abuelos? ¿Es similar en tu familia?

7. ¿Qué cambio existe con relación a la mujer y el trabajo? ¿Es igual en tu país?

Note: Every chapter has a list of the basic vocabulary words that students need to know in order to complete the activities in the chapter. Ask the students to review this list and memorize the words that are unfamiliar to them. Some chapters also provide a list of cognates that can be useful when discussing the theme of the chapter.

Note: The **Atando cabos** program uses two types of vocabulary. One is the receptive and the other is the active vocabulary. The receptive is the type of vocabulary that students recognize but they don't use yet in speech or in writing. The active is the vocabulary that is in **En contexto, Palabras conocidas, Expresiones útiles, ¡Sin duda!, Así se dice,** and **Vocabulario de las lecturas** as well as any list of words that may appear in the grammar section of the chapter. The vocabulary introduced in these sections will appear in activities and tests. It is then recycled in subsequent chapters without explanations.

Palabras conocidas

Relaciones familiares

Estas palabras deben ser parte de tu vocabulario.

La familia

el/la abuelo/a	grandfather / grandmother	el/la medio/a hermano/a	stepbrother / stepsister
el/la bisabuelo/a	great-grandfather / great-grandmother	el/la novio/a	fiancé/e, bridegroom / bride
el/la cuñado/a	brother-in-law / sister-in-law	la nuera	daughter-in-law
		el/la pariente/a lejano/a	distant relative
el/la esposo/a	husband / wife	el/la primo/a	cousin
el/la esposo/a de mi madre / padre	stepfather / stepmother	el/la sobrino/a	nephew / niece
la familia nuclear	nuclear family	el/la suegro/a	father-in-law / mother-in-law
la familia política	in-laws, extended family	los suegros	in-laws
		el/la tío/a	uncle / aunt
el/la gemelo/a	twin	el/la tío/a abuelo/a	great-uncle / great-aunt
el/la hijo/a único/a	only child		
el marido	husband	el yerno	son-in-law

Expresiones útiles

alrededor (de)	around	Hay muchas parejas felices a nuestro **alrededor**. *There are many happy couples around us.*
aunque	though, although, even if	**Aunque** las estadísticas muestran un alto porcentaje de parejas divorciadas, muchos eligen casarse. *Although the statistics show a high percentage of divorced couples, many choose to get married.*
en cuanto a	as far as, regarding, with respect to	**En cuanto a** los niños, no te preocupes, los abuelos los cuidan. *As far as the children, don't worry, the grandparents take care of them.*
hoy en día	nowadays	**Hoy en día**, hay muchos hogares no tradicionales. *Nowadays, there are many non-traditional homes.*
no sólo… sino también	not only … but also	La crianza de los niños es **no sólo** la responsabilidad de los padres **sino también** de la comunidad. *The raising of the children is the responsibility not only of the parents but also of the community.*
según	according to	**Según** podemos observar, la familia continúa intacta. *According to what we can observe, the family is still intact.*
ya que	since, inasmuch as	Tengo que vivir con mis padres **ya que** no puedo pagar un piso propio. *I have to live with my parents since I can't pay for my own apartment.*

⚭ 1-1 Aproximaciones. Empareja cada palabra de la lista **A** con su equivalente en la lista **B**. Luego, usa las expresiones de la lista **A** en oraciones completas. Compara tus oraciones con las de otro/a estudiante.

A

1. ___b___ hoy en día
2. ___e___ según
3. ___a___ aunque
4. ___c___ ya que
5. ___d___ alrededor

B

a. aún cuando
b. ahora, actualmente
c. pues
d. cerca de
e. de acuerdo con

1-2 La gran familia. En la cultura hispana, la palabra *familia* no se refiere sólo al núcleo familiar sino que también incluye a los abuelos, tíos y primos.

Note: Atando cabos provides many activities for practice. It is not necessary to do them all. You may choose the ones that are the most appropriate for your class.

Paso 1. La familia para los hispanos. Lee el artículo "La gran familia" y, luego, completa las oraciones siguientes.

La gran familia

Para otras culturas puede ser llamativa la importancia que se le da a la gran familia en la cultura hispana. Es bastante típico hoy oír decir a un hispano, "mi familia vive en México" o "los domingos como con mi familia". Esto se debe, probablemente, a que para un hispano, el concepto *familia* hace referencia a la *gran familia*. Es decir, que la familia incluye, además de la familia nuclear, a primos, tíos, abuelos, sobrinos y nietos. Los primos, son casi como los hermanos y se crían y crecen juntos, compartiendo muchas experiencias familiares.

Los tíos o los abuelos actúan como una autoridad para todos los niños, sin distinción entre hijos, sobrinos o nietos. Los niños no suelen cuestionar a una tía o a una abuela que le diga lo que debe hacer. La autoridad proviene de la historia compartida, de las costumbres y tradiciones de toda la gran familia.

La gran familia

1. Según el artículo, para un hispano…
2. La gran familia incluye…
3. Los primos…
4. Los tíos o los abuelos…
5. La autoridad…

Answers for 1-2: 1… el concepto de "familia" hace referencia a la gran familia. 2… incluye a la familia nuclear, a primos, tíos, abuelos, sobrinos y nietos. 3… son casi como hermanos y se crían y crecen juntos. 4… actúan como una autoridad para los niños. 5… es dada por la historia compartida, las costumbres y tradiciones de toda la gran familia.

⚭ Paso 2. Mi idea de familia. Comenta con un compañero/a la siguiente pregunta. Cuando tú piensas en tu familia, ¿a qué miembros incluyes? Explica por qué escoges esos miembros.

1-3 ¿Y tú qué piensas? En grupos de cuatro, conversen sobre las siguientes preguntas. Tomen notas para presentar las ideas principales a la clase.

1. ¿Qué es, para ti, una familia típica?
2. ¿Cuándo te reúnes con tus abuelos, tíos y primos?
3. ¿Qué fiestas celebra tu familia? ¿Qué hacen en esas ocasiones?
4. ¿Creen ustedes que es importante la gran familia? ¿Por qué? Expliquen su respuesta.

Suggestion for 1-4: Have students work with a different partner for this activity.

1-4 Mi familia. Completa las oraciones con información sobre tu familia. Usa los nombres que correspondan. Luego, escoge una persona de cada categoría y descríbesela a tu compañero/a. Explica dónde vive, cuál es su origen, cómo es su personalidad, cuál es su profesión, si tiene algunas particularidades, etc.

MODELO: Mi abuelo *se llama Juan y vive en Austin. Él es de origen mexicano. Es ingeniero pero ahora no trabaja. Sigue siendo un hombre muy activo.*

1. Uno de mis bisabuelos es _____.
2. Mis abuelos maternos/paternos son _____.
3. Mis padres son _____.
4. Mis tíos y tías son _____.
5. Mis hermanos y hermanas son _____.
6. Mis primos son _____.

Boletín

Refrán

"Dime con quién andas, y te diré quién eres".

Suggestion for Boletín: You may need to clarify the word *andas* = to walk, or, loosely, to spend time. Ask students to find the English equivalent to this saying, *"Birds of a feather flock together."* Then ask them to explain its meaning.

Suggestion for ¡Sin duda!: Point out to students that in the negative *no parecer* is followed by the subjunctive: *No me parece que ellos se lleven bien.* It is also used with the subjunctive when *parecer* is followed by an adverb as in *parecer bien/mal.* Example: *A mi madre le parece mal que yo gaste tanto dinero.* (It seems wrong to my mother that I spend so much money).

¡Sin duda!

parecer — parecerse

The verbs **parecer** and **parecerse** have slightly different meanings in Spanish. Study the use of each one in the chart below.

Palabra	Explicación	Ejemplo
parecer	*to seem*	**Parece** que ellos se llevan bien. *It seems that they get along.* A mí **me parece** que Ana y Luis son felices. *It seems to me that Ana and Luis are happy.*
parece + adjective	*to seem, to appear* *to be*	**Parece** raro. *That seems strange.* **Parece** inglés. *He appears to be English.*
parecerse (reflexive verb)	*to resemble,* *to look like,* *to look alike*	Yo **me parezco** a mi madre. *I look like my mother.* El padre y el hijo **se parecen**. *Father and son look alike.*

 **1-5 Entrevista.** Pregúntales a tres o cuatro compañeros/as a qué miembro de su familia se parecen. Después, comparte sus respuestas con el resto de la clase.

Suggestion for 1-5 and 1-6: Ask students to stand and circulate in order to talk to different people.

 **1-6 Encuesta.** Habla con dos compañeros/as sobre los siguientes temas. Escribe el nombre de cada uno/a en el casillero correspondiente. Luego, presenta tus respuestas a la clase.

MODELO: E1:   *¿Qué te parece visitar a tus padres todos los fines de semana?*
E2:   *A mí me parece bien.*

Tema	Le parece bien	Le parece mal
visitar a los padres todos los fines de semana		
visitar a los abuelos una vez al año		
tener que asistir a las mismas fiestas que los hermanos		
llevar a los hermanos menores al cine		
cuidar de los hermanos sin recibir dinero		

Él se muda de casa.

¡Sin duda!

mover(se) — mudar(se) — la mudanza

The verbs **mover(se)** and **mudar(se)** are both translated as *to move* in English. This chart shows the difference between the two.

Palabra	Explicación	Ejemplo
mover(se) (reflexive verb)	*to move*	No **te muevas**. Si **te mueves**, la foto va a salir mal. *Don't move. If you move, the picture is going to come out wrong.*
mudar(se) (reflexive verb)	*to change residence*	Mis padres **se** van a **mudar** de una casa a un apartamento. *My parents are going to move from a house to an apartment.*
la mudanza (n)	*the move*	La **mudanza** va a ser complicada. *The move will be complicated.*

Ventana al mundo

Mudarse: ¿Se mudan mucho los españoles?

El último censo de España muestra que, de los 40,8 millones de habitantes de todo el país, sólo el 48,4% sigue residiendo en el mismo lugar en que nació; el 25% se mudó a otra ciudad de la misma provincia, generalmente a la capital; el 3,8% se trasladó a otra provincia de su comunidad de origen; y el 17,4% se mudó a otra comunidad diferente de la que nació. El 5,4% restante nació en el extranjero.

¿Y en tu país? ¿Se muda mucho la gente de tu región? ¿Vives en la misma ciudad donde naciste? ¿En el mismo estado? ¿En el mismo estado o ciudad que tus padres? ¿Cuántas veces te has mudado en la vida?

Suggestion: Ask students to get in groups of three to discuss the questions in **Ventana al mundo**. Then have them report their findings to the class.

Suggestion: Explain that, in Spanish, the comma is used instead of the decimal point when writing numbers.

Comprehension questions: After reading the information in **Mudarse**, ask these questions to the class. *Según este censo, ¿cuántas personas hay en España? ¿Qué porcentaje vive en el lugar en que nació? ¿Qué porcentaje se mudó de ciudad dentro de su provincia? ¿Qué porcentaje cambió de provincia? ¿Qué porcentaje cambió de comunidad? ¿Cuánta gente nació en el extranjero?*

¿Se mudan mucho los españoles?
Relación entre lugar de nacimiento y lugar de residencia

Mismo municipio de la misma provincia:	48,4 %
Distinto municipio de la misma provincia:	25,0 %
Distinta provincia de la misma comunidad:	3,8 %
Otra comunidad:	17,4 %
Nacidos en el extranjero:	5,4 %

1-7 Entretenimientos. Para jugar en familia o con tus compañeros.

Paso 1. Mueves tú. Coloca cinco objetos sobre la mesa. Cierra los ojos. Tu compañero va a mover los objetos. Cuando abras los ojos indica qué ha movido tu compañero.

Paso 2. La casita. Mueve dos fósforos para cambiar la orientación de la casa. Cuando lo logres, explícales a tus compañeros cómo hacerlo usando el verbo **mover**.

Answer for 1-7: Muevo este fósforo para abajo. Muevo este fósforo para arriba.

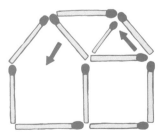

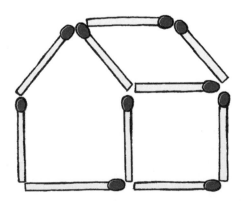

👥 **1-8 Mudanzas.** Estas fotos muestran dos maneras diferentes de mudarse. Con otro/a estudiante, compara y comenta las fotos. Explica quiénes hacen la mudanza en cada foto. ¿Qué ventajas tiene cada opción? ¿Cuál prefieres tú?

Los amigos ayudan en la mudanza.

La compañía de mudanza

👥 **1-9 Mudarse.** Nos mudamos muchas veces a lo largo de nuestra vida y nos vamos volviendo expertos.

Paso 1. Consejos. Piensa y comenta con un compañero cinco consejos para darle a una persona que va a mudarse. Escríbanlos.

Paso 2. Mudanza organizada. Lean los cinco consejos que se presentan aquí e indiquen si coinciden con los que ustedes escribieron. Finalmente, seleccionen los mejores consejos de ambas listas y preséntenlos a la clase.

Consejos para una mudanza tranquila

1. Ordenar, vaciar y limpiar la casa, y tirar lo que no necesitas.
2. Pintar, arreglar y decorar la casa nueva antes de la mudanza.
3. Preparar una lista de todo lo que hay que hacer.
4. Organizar una venta de los objetos que no quieres.
5. Invitar a los amigos para que te ayuden en la mudanza.

Suggestion: You may choose to do this section on the first day of class.

> Hola Ana. Te presento a Alberto. Alberto, Ana.
>
> Mucho gusto.
>
> Encantada.

Así se dice

Saludos, presentaciones y despedidas

Para saludarnos usamos estas expresiones.

Hola. ¿Cómo andan?	Hello. How is it going?
¿Qué tal?	How are things?
¿Cómo estás/n?	How are you?
Hola. ¡Tanto tiempo sin verte!	Hello. Long time, no see.
¿Qué hay de nuevo?	What's new?
¿Cómo te va?	How is it going?

Para presentarnos a nosotros mismos o para presentar a otra persona, usamos las siguientes expresiones.

Le (Te) presento a _____.	Let me introduce you to _____.
Permítame que me presente.	Allow me to introduce myself.
Yo soy _____.	I am _____.

Posibles respuestas:

Mucho gusto.	Nice to meet you.
Encantado/a.	Delighted to meet you.
Es un placer.	It's a pleasure to meet you.

Para despedirnos, usamos estas expresiones.

Chau. / Chao.	Goodbye.
Adiós.	Goodbye.
Adiós, que te vaya bien.	Goodbye. Have a good time.
Nos vemos.	See you later.
Hasta la vista.	See you later.
Hasta luego.	See you later.
Te veo más tarde.	See you later.

Boletín

Saludar

En general, saludar a los amigos y a los miembros de la familia con un beso en la mejilla es costumbre entre mujeres y también entre hombres y mujeres. Pero, por lo general, los hombres se dan la mano o un abrazo para saludarse. Cuando se presenta a dos desconocidos, éstos generalmente se dan la mano.

Note: Clarify that the word *chau*, is used as leave-taking only in Argentina, Bolivia, Perú, and Uruguay.

Suggestion for 1-10: Ask students to switch roles and take turns doing the introductions in the group. Suggest that they ask several questions to get to know each person. Then ask each person to introduce their classmates to the class. Explain that it is customary to say a few things about the person introduced.

1-10 Presentaciones. Formen grupos de tres estudiantes. Un estudiante presenta a los otros dos. Los otros dos deben responder con la frase apropiada. Háganse un par de preguntas para conocerse mejor. Despídanse. Luego presenten a sus compañeros/as ante el resto de la clase.

1-11 ¿Cómo saludamos? En grupos de tres, preséntense mutuamente delante de la clase. Primero, decidan si se van a presentar a la manera estadounidense o a la manera hispánica. Después, la clase debe identificar a qué cultura representa cada saludo. Terminen con una despedida.

Así se dice

Circunlocución

Circunlocución es una manera de explicar lo que uno quiere decir cuando no encuentra la palabra exacta. En estos casos, se pueden usar antónimos, sinónimos o frases completas para explicar el concepto. Las siguientes expresiones nos ayudan a explicar nuestras ideas cuando nos falta la palabra adecuada.

Es un objeto que se usa para...	*It is an object used for …*	**Suena como...**	*It sounds like …*
Es una cosa que sirve para...	*It is a thing that serves to …*	**Es una bebida / un alimento que...**	*It is a drink / food that …*
Es una persona que...	*It is a person that …*		
Es una actividad que...	*It is an activity that …*	**Es un animal que...**	*It is an animal that …*
Es un lugar donde...	*It is a place where …*	**Es una palabra que se usa cuando...**	*It is a word that is used when …*
Es como...	*It is like …*		
Se parece a...	*It looks like …*	**Significa que...**	*It means that …*

1-12 ¿En qué estoy pensando? Escoge un lugar, un animal, una situación, una comida o una profesión específica, y descríbeselos a tu compañero/a por medio de circunlocuciones. Tu compañero/a debe adivinar la palabra que pensaste.

MODELO: un taco
   E1:   *Es una comida muy común en México. Dentro de una tortilla se pone lechuga, tomate, pollo o carne, queso y salsa.*
   E2:   *¿Es un taco?*

un lugar   un animal   una situación   una comida   una profesión

Sigamos con las estructuras

Repasemos 1
Describing people and things: Adjective agreement

Anita es una niña **hermosa** y muy **lista**. Su hermano es muy **listo** también.

Complete the self-test on the **Atando cabos** web site. If you get less than 85%, you need to review this grammar point in the **Cabos sueltos** section, pp. 412–413. If you get above 85%, you can continue with the following activities.

Palabras descriptivas

Estudia estas palabras, que deben ser parte de tu vocabulario, para hacer los ejercicios siguientes.

apasionado/a	*passionate*	enfermo/a	*sick*
atrevido/a	*daring*	flaco/a	*thin, skinny*
callado/a	*quiet*	insensato/a	*foolish*
cariñoso/a	*loving*	justo/a	*fair*
castaño/a	*chestnut-colored, brown, hazel*	leal	*loyal*
		lindo/a	*beautiful, pretty*
celoso/a	*jealous*	mayor	*older person*
culto/a	*well-educated*	maduro/a	*mature*
débil	*weak*	perezoso/a	*lazy*
divertido/a	*amusing, funny*	sensato/a	*sensible*
educado/a (mal educado/a)	*polite (impolite)*		

1-13 ¿Cómo son? En parejas, una persona elige un miembro de la familia de la lista que aparece a continuación y la otra persona dice dos o tres adjetivos para describir a este/a pariente/a. Cambien de rol. Presten atención a la concordancia.

MODELO: E1: abuelos
         E2: *simpáticos y generosos*

primos	bebé	nuera	tías	abuela
hermana	suegra	parientes lejanos	madre	padre

1-14 Lo mejor, lo peor y lo que son. Selecciona dos características positivas y dos negativas para cada persona de la lista. Luego, explica si esas características se aplican a los miembros de tu familia. Coméntalo con tu compañero/a.

MODELO: *Para mí, una madre debe ser generosa y optimista. No debe ser aburrida o egoísta. Mi madre es generosa, callada y muy abierta.*

Persona	Características positivas	Características negativas	Mi familia
una amigo/a			
los padres			
la pareja			
los abuelos			
los hermanos			

Repasemos 2
Discussing daily activities: Present tense indicative of regular verbs

La madre **mima** al bebé mientras la tía **cuida** a la niña.

Complete the self-test on the **Atando cabos** web site. If you get less than 85%, you need to review this grammar point in the **Cabos sueltos** section, pp. 414–416. If you get above 85%, you can continue with the following activities.

1-15 ¿Qué haces? Entrevista a otro/a estudiante de la clase para saber con qué frecuencia realiza las siguientes actividades. Luego informa al resto de la clase.

casi nunca	los fines de semana	nunca
cada año	x veces por semana	a menudo

1. mirar la televisión a medianoche
2. llamar por teléfono a la familia
3. cocinar comida mexicana (japonesa, internacional, ¿?)
4. recibir regalos exóticos
5. trabajar o estudiar de noche
6. limpiar el cuarto
7. viajar a otros países
8. visitar museos de ciencia, de arte, de historia, de antropología…
9. comprar un coche nuevo
10. comer en restaurantes chinos, naturistas, caros, de comida rápida…
11. usar el cajero automático
12. mudarse
13. escribir una carta a mano
14. leer el periódico

Suggestion for 1-15: You may wish to do a brief drill with the regular verbs before doing this activity. Students with a poor command of the verbs' conjugation should be referred to **Cabos sueltos** and should do the self-test.

1-16 Una semana normal. En una hoja, escribe cinco oraciones que expliquen tus actividades habituales. Luego, entrégale el papel a tu profesor/a. Él/Ella te dará la hoja de otro/a estudiante. Habla con los/las otros/as estudiantes de la clase hasta encontrar al/a la que escribió el papel que te tocó. Finalmente, informa a la clase.

Suggestion for 1-16: Have students stand up and circulate in the class asking each other questions that use the information they have gathered.

1-17 ¿Qué, cuándo y con quién? Hazle a un compañero/a todas las preguntas necesarias para conocer sus costumbres. Toma nota para poder informar a la clase.

Comidas: ¿qué? ¿cuándo? ¿con quién?

Deportes: ¿cuáles? ¿cuándo? ¿con quién?

Los sábados por la noche: ¿qué? ¿dónde? ¿con quién?

Los domingos: ¿qué? ¿con quién?

Los veranos: ¿qué? ¿con quién?

Suggestion: Ask students to keep a diary in Spanish and to write in it at least once a week. You may choose to collect their diaries on a rotating basis, collecting five diaries at the end of every week and returning them after the weekend. Thus, in a class of twenty students, you will read the same student's diary once every four weeks. Do not make grammar corrections in it, but rather respond with a note of encouragement. Make clear to students that their grade depends on the number of entries they write and their content. Instruct them to use simple language and to use circumlocutions or paraphrasing when they do not know a word or want to express a complicated idea. You will find several suggestions for topics throughout the chapter.

Diario

Escribe una lista de todas las actividades que tienes que hacer esta semana. Incluye tantos detalles como puedas.

Complete the self-test on the **Atando cabos** web site. If you get less than 85%, you need to review this grammar point in the **Cabos sueltos** section, pp. 417–418. If you get above 85%, you can continue with the following activities.

Repasemos 3
Describing actions in progress: Present progressive tense

Estoy preparando todo para la mudanza.
La gran familia **sigue siendo** muy importante para los hispanos.

1-18 Tu familia. Piensa en las distintas personas de tu familia y escribe una frase que diga lo que está haciendo cada uno en este momento. Compártelo con tu compañero/a.

> MODELO: *En este momento, mi hermano Juan está comiendo. Mi papá está trabajando.*

1-19 Cakewalk.
Varias familias del barrio se han reunido para una celebración. Selecciona un personaje de la pintura y di lo que está haciendo. Tu compañero debe identificarlo.

MODELO: E1: *Es una mujer que está conversando con una amiga.*
E2: *¿Es la mujer de vestido amarillo que está en el centro del cuadro?*
E1: *No.*

Cakewalk pintura de Carmen Lomas Garza

Carmen Lomas Garza "Cakewalk", acrylic painting, 36 x 48 in. ©1987 Carmen Lomas Garza. Photo credit: M. Lee Fatherree. Collection of Paula Maciel-Benecke and Norbert Benecke, Aptos, CA.

1-20 Díganlo con mímica. Formen dos grupos. Un/a estudiante del grupo tiene que representar con mímica la acción que le indican los miembros del equipo contrario. Las personas de su equipo deben adivinar lo que está haciendo.

Aprendamos 1

Discussing daily activities: Present tense indicative, irregular verbs

There are two types of irregular verbs: those that are irregular only in the first person singular and those that exhibit irregularities in most of their forms.

A. Irregular *yo* form
The first person of these verbs is irregular. The rest of the persons follow the regular conjugation for -**ar**, -**er** and -**ir** verbs.

caer	*to fall*	caigo	**salir**	*to go out, leave*	salgo
dar	*to give*	doy	**traer**	*to bring*	traigo
hacer	*to do*	hago	**valer**	*to be worth*	valgo
poner	*to put*	pongo	**ver**	*to see*	veo
saber	*to know*	sé			

saber	sé	sabes	sabe	sabemos	sabéis	saben

Warm-up for 1-19:
Ask students the following questions. *¿Se organizan fiestas comunales en tu pueblo, en tu vecindario o en tu ciudad? ¿Hay actividades típicas en las fiestas de tu región? Las familias en esta imagen, ¿se parecen a las familias que tú conoces? ¿Te parece que toda la gente es de la misma edad o podrías identificar varias generaciones? ¿Sabes lo que es el "Cakewalk"?*

Note for 1-19:
Although bearing the name of a popular 19th century African-American dance, the Cakewalk evolved in Mexican American communities as part of a fund raising activity in which neighbors visited with one another and walked around a chalked circle.

Suggestion for 1-19: Urge students to use the present progressive to describe the actions of people and to use circumlocutions to identify the person that they think has been described.

Verbs that end in **-cer** or **-cir** also are irregular in the **yo** form:
conocer (*to know*) → **conozco**; **traducir** (*to translate*) → **traduzco**

- **-cer: aparecer** (*to appear*), **crecer** (*to grow*), **merecer** (*to deserve*), **obedecer** (*to obey*), **ofrecer** (*to offer*), **parecer** (*to seem*), **reconocer** (*to recognize*)
- **-cir: conducir** (*to drive*), **producir** (*to produce*), **deducir** (*to deduce*)

B. Irregular verbs

All grammatical persons in this group exhibit irregularities.

		yo	**tú**	**él/ella/Ud.**	**nosotros/as**	**vosotros/as**	**ellos/ellas/Uds.**
decir	*to say*	digo	dices	dice	decimos	decís	dicen
estar	*to be*	estoy	estás	está	estamos	estáis	están
ir	*to go*	voy	vas	va	vamos	váis	van
oír	*to hear*	oigo	oyes	oye	oímos	oís	oyen
reír	*to laugh*	río	ríes	ríe	reímos	reís	ríen
ser	*to be*	soy	eres	es	somos	sois	son
tener	*to have*	tengo	tienes	tiene	tenemos	tenéis	tienen
venir	*to come*	vengo	vienes	viene	venimos	venís	vienen

Verbs that end in **-uir: construir** (*to build*), **contribuir** (*to contribute*), **destruir** (*to destroy*) drop the **-ir** and add a **-y**, except in the **nosotros** and **vosotros** form.

construir	construyo	construyes	construye	construimos	construís	construyen

C. Stem-changing verbs

The stem-changing verbs change the stressed vowel of the stem in the following manner: e → ie, e → i, o → ue, and u → ue. The **nosotros** and **vosotros** forms keep the vowel from the infinitive. Verbs of this kind are indicated in vocabulary lists by writing the vowel change in parentheses: **cerrar (ie); pedir (i); mover (ue); jugar (ue)**

e → ie **cerrar**	e → i **pedir**	o → ue **mover**	u → ue **jugar**
cierro	pido	muevo	juego
cierras	pides	mueves	juegas
cierra	pide	mueve	juega
cerramos	pedimos	movemos	jugamos
cerráis	pedís	movéis	jugáis
cierran	piden	mueven	juegan

e → ie
cerrar	to close
comenzar	to begin
empezar	to start
entender	to understand
mentir	to lie
pensar	to think
perder	to lose
preferir	to prefer
querer	to love, want
recomendar	to recommend

e → i
medir	to measure
pedir	to ask, request
repetir	to repeat
seguir	to follow
servir	to serve

o → ue
almorzar	to eat lunch
costar	to cost
devolver	to return
dormir	to sleep
encontrar	to meet, find
morir	to die
mostrar	to show
mover	to move
poder	to be able
probar	to try, taste
recordar	to remember
soñar	to dream
volver	to return

Suggestion for 1-21: Depending on the needs of your class, you may decide to skip the more mechanical exercises and go directly to the communicative activities in which students work in pairs or groups.

Follow-up for 1-21: Ask students to brainstorm preparations for a wedding.

1-21 Los preparativos para la boda. Generalmente, cuando una pareja se casa tiene mucho que organizar para la boda. Forma oraciones con la información dada para saber qué va a hacer cada persona.

MODELO: soñar con su luna de miel
Los novios están muy ocupados antes de la boda, por eso, *sueñan con su luna de miel.*

1. repetir las promesas para aprenderlas
Los novios no recuerdan las promesas para decir en la ceremonia, por eso, *repiten las promesas para aprenderlas*.

2. medir el vestido
Generalmente hay que arreglar el vestido para la novia, por eso la novia se *mide el vestido*.

3. distribuir las tareas entre sus amigas
Como hay tanto para hacer, la novia *distribuye las tareas entre sus amigas*.

4. costar mucho dinero
Los novios tienen que ahorrar mucho porque la boda *cuesta mucho dinero*.

5. contribuir a pagar los gastos
Muchas veces los padres les ayudan y *contribuyen a pagar los gastos*.

6. almorzar todos juntos
El día antes de la boda, los parientes y amigos íntimos practican para la ceremonia y luego *almuerzan todos juntos*.

7. no servir la comida en la fiesta
Los invitados a la fiesta piden la comida, pero *no sirven la comida en la fiesta*.

8. divertirse en la boda
Después de tantos preparativos y preocupaciones, todos *se divierten en la boda*.

1-22 ¿Cuáles son tus actividades? ¿Cuándo haces estas actividades? ¿Siempre? ¿Nunca? ¿A veces? Cuéntale a tu compañero/a.

MODELO: traducir la lectura para tus amigos
A veces, traduzco la lectura para mis amigos.

1. hacer ejercicio en el gimnasio
2. salir con los amigos a cenar
3. ir al cine los sábados
4. ver videos los viernes por la noche
5. obedecer las reglas de la residencia
6. ofrecer ayuda con la tarea de español
7. conducir a 90 millas por hora
8. dar fiestas en tu cuarto

1-23 La vida universitaria Completa las oraciones sobre tu vida en la universidad, según tus preferencias.

MODELO: volver a mi cuarto…
Yo vuelvo a mi cuarto después de cada clase.

1. recomendar las clases de…
2. preferir los profesores que…
3. pensar en especializarme en…
4. querer estudiar…
5. el próximo semestre empezar a estudiar…
6. en la clase de español no entender…
7. dormir poco durante…
8. nunca mentirle a…

1-24 ¿Cuándo? Conversa con un/a compañero/a para saber cuándo realiza las siguientes actividades.

MODELO: E1: *¿Cuándo te acuestas muy tarde?*
E2: *Me acuesto muy tarde algunos sábados.*

1. acostarse muy temprano
2. dormir menos de tres horas
3. volver a la casa de sus padres
4. pensar en español
5. ir a la discoteca de moda
6. hacer el desayuno
7. oír música
8. salir de compras
9. venir a la universidad muy temprano
10. pedir dinero prestado

1-25 ¿Quién hace esto? Habla con tus compañeros/as hasta encontrar uno/a que responda que sí a cada una de las preguntas. Completa todos los casilleros con el nombre de tus compañeros/as. Luego informa a la clase.

MODELO: E1: ¿Vuelves a tu casa los fines de semana?
E2: *Sí/No, vuelvo a mi casa los fines de semana.*

1. conducir a la universidad	
2. tener dos hermanos	
3. su apellido empezar con "P"	
4. conocer a un político importante	
5. saber hablar tres idiomas	
6. tocar un instrumento	
7. salir a bailar los lunes por la noche	
8. perder las cosas con frecuencia	
9. ser hijo único	
10. pedir ayuda con la tarea	

1-26 Más sobre ti. Selecciona algunos de los siguientes verbos y escribe por lo menos cinco frases que te describan. Luego entrega el papel a tu profesor/a. Él/Ella te dará un papel escrito por otro/a compañero/a y tú debes hablar con los estudiantes de la clase hasta encontrar a la persona que ha escrito el papel. Informa a la clase.

ir	oír	poder	poner	querer
perder	ser	saber	dormir	pedir
pensar	producir	reír(se)	sentir	volver

1-27 ¿Qué haces? Explica lo que harías en las siguientes situaciones y luego comenta tus respuestas con otras tres personas de la clase.

MODELO: Si encuentro una agenda electrónica, *la llevo a la policía.*
…, llamo por teléfono a los números que encuentro en la agenda.
…, la guardo para mí y la uso.

1. Si encuentro un MP-3 en la biblioteca…
2. Si un pariente está haciendo algo ilegal…
3. Si quiero comprar algo pero no tengo dinero…
4. Si no quiero hacer lo que mis padres me piden…

Ventana al mundo

El compadrazgo: una institución social

El compadrazgo es una de las instituciones sociales más antiguas del mundo hispano. Tiene un origen religioso y consiste en elegir un hombre—el padrino—y una mujer—la madrina—que ayudarán a criar a un niño recién nacido—el ahijado. Los padrinos se eligen entre los parientes o entre amigos muy cercanos y pasan a ser considerados como miembros de la familia. Se llaman "compadre" o "comadre" entre sí. De su origen religioso original, actualmente se ha convertido en una relación social muy importante. En América Latina, esta relación es muy estrecha. Los padrinos suelen ser un gran apoyo para sus ahijados, no sólo afectivo sino también económico y social. Por ejemplo, puede ocurrir que los padrinos se ocupen de pagar la educación de sus ahijados, de conseguirles trabajo e incluso de dejarles una herencia importante.

Mis padrinos. ¿Tienes padrino o madrina? ¿Cómo es tu relación con ellos? ¿Hay una relación equivalente en tu cultura?

Los padrinos son como si fueran los padres.

Comprehension questions: *¿Qué rol tienen el padrino y la madrina? ¿Entre quiénes se elige a los padrinos? ¿Cómo se llaman los padrinos entre sí? ¿Qué relación existe entre los padrinos y sus ahijados?*

Aprendamos 2

Describing conditions and characteristics: Uses of *ser* and *estar*

The English verb *to be* has two equivalents in Spanish: **ser** and **estar**. For this reason, it is important to know when to use one or the other. Translation will not help you to decide which one to use. Study the following chart.

A. Uses of *estar*

1. To express health

   ¿Cómo **está** Ana?   *How is Ana?*
   Ana **está** enferma hoy.   *Ana is sick today.*

2. To express condition of a person, thing, or place

   Nosotros **estamos** tristes.   *We are sad.*
   El niño **está** muy cansado.   *The boy is very tired.*
   Este cuarto **está** desordenado.   *This room is untidy.*
   Madrid **está** lleno de turistas en el verano.   *Madrid is full of tourists in the summer.*

3. To express location of people and objects

   Ellos **estuvieron** en Sudamérica.   *They were in South America.*
   El Museo del Prado **está** en Madrid. *The Prado Museum is in Madrid.*

4. To describe an action that is happening now (**estar** + present participle)

   La clase **está** practicando los verbos.   *The class is practicing the verbs.*
   Yo **estoy** comiendo el almuerzo.   *I am eating lunch.*

5. To express a state of being as a result of an action (**estar** + past participle used as adjective)

   La tienda **está** cerrada.   *The store is closed.*
   Las ventanas **están** abiertas.   *The windows are open.*
   Yo **estoy** preocupada.   *I am worried.*
   Estos juguetes **están** rotos.   *These toys are broken.*

6. To express a change in mental or social state (**estar** + past participle used as adjective)

Mental state (emotions)		Social state	
estar enamorado/a (de)	*to be in love (with)*	**estar** casado/a (con)	*to be married (to)*
estar enojado/a	*to be angry*	**estar** comprometido/a (con)	*to be engaged (to)*
estar entusiasmado/a (con)	*to be enthusiastic (about)* / *to be excited (about)*	**estar** divorciado/a (de)	*to be divorced (from)*
estar preocupado/a (por)	*to be worried (about)*	**estar** separado/a (de)	*to be separated (from)*

7. With these idiomatic expressions:

estar a punto de + infinitive — *to be about to do something*

estar de acuerdo	*to agree*	**estar** de mal humor	*to be in a bad mood*
estar bien / bueno/a	*to be all right / good*	**estar** de paso	*to be passing by*
estar con prisa	*to be in a hurry*	**estar** de vacaciones	*to be on vacation*
estar contento/a	*to be happy*	**estar** equivocado/a	*to be wrong*
estar de buen humor	*to be in a good mood*	**estar** muerto/a	*to be dead*

—Hola Lucía, **estoy de paso**, no puedo quedarme mucho tiempo.
—**Está bien**, Roberto. Pasa.

—*Hello, Lucía, I'm just passing by. I can't stay long.*
—*It's all right, Roberto. Come in.*

B. Uses of *ser*

1. To express physical, mental, and emotional characteristics associated with a person

¿Cómo **es**?	*What is it/he/she like?*
La prima **es** pelirroja.	*The cousin is red-haired.*
Su hermano **era** egoísta.	*His brother was selfish.*
Los novios **serán** felices.	*The bride and groom will be happy.*

2. To express physical characteristics of a thing

La boda va a **ser** sencilla.	*The wedding is going to be simple.*

3. To express origin

Los padres de Luis **son** de Perú.	*Luis's parents are from Peru.*

4. To express profession, nationality, religious, or political affiliation

Mi padre **es** un hombre de negocios.	*My father is a businessman.*
El bisabuelo **era** italiano.	*The great-grandfather was Italian.*
El abuelo **era** católico y conservador.	*The grandfather was Catholic and conservative.*

5. To express possession

Ese coche nuevo **es** de María.	*That new car is Maria's.*

6. To express what something is made of

La mesa **es** de madera.	*The table is made of wood.*

7. To express time and location of an event. It expresses where something takes place.

La ceremonia religiosa **es** a las tres.	*The religious ceremony is at three.*
La fiesta **será** en casa de Luis.	*The party will be at Luis's house.*

8. To express time

Son las cinco de la tarde.	*It is five in the afternoon.*

9. To express a stable social state

ser soltero/a	*to be single*
ser casado/a	*to be married*

1-28 Cosas y personas en mi vida. Describe estas cosas y personas con la información dada. Usa **ser** o **estar**, según la situación.

1. mi coche / japonés
2. mi cuarto / pequeño
3. mis amigos / divertidos
4. mi novia / en España este semestre
5. mi madre / una pintora famosa
6. mi padre / en su oficina todo el día
7. mi casa / blanca y roja
8. mi hermana / de vacaciones en Acapulco
9. mi clase / a las cinco de la tarde
10. mi profesor / de buen humor

Answers for 1-28:
1. es 2. es 3. son 4. está 5. es 6. está 7. es 8. está 9. es 10. está

1-29 ¿Cómo eres? Entrevista a un/a compañero/a, utilizando el verbo **ser** en tus preguntas. Indica en qué grado (**demasiado, bastante, muy**, (un) **poco** o **nada**) reflejas las siguientes características. Guarda las respuestas para hacer un informe al final de la clase.

MODELO: prudente – imprudente
E1: *¿Eres prudente o imprudente?*
E2: *Soy muy prudente. (No soy nada imprudente. o A veces soy un poco imprudente.)*

1. apasionado/a – frío/a
2. conservador/a – progresista
3. eficiente – ineficiente
4. aburrido/a – divertido/a
5. fuerte – débil
6. hablador/a – callado/a
7. honesto/a – deshonesto/a
8. simpático/a – antipático/a
9. puntual – impuntual
10. tímido/a – abierto/a
11. perezoso/a – trabajador/a
12. tolerante – intolerante

Note: un poco is used with negative *adjectives*, and **poco** with positive *adjectives* **un poco intolerante, poco tolerante.**

1-30 ¿Cómo estás? Entrevista a un/a compañero/a utilizando el verbo **estar** en tus preguntas y también los siguientes adjetivos. Tu compañero/a debe explicar por qué se siente así. Guarda las respuestas para hacer un informe al final de la clase.

MODELO: E1: *¿Estás contento/a? ¿Por qué?*
E2: *Sí, estoy contento/a porque este fin de semana voy a ver a mi familia.*

aburrido/a	cansado/a	triste	nervioso/a
contento/a	enfermo/a	sano/a	

1-31 La foto. Trae a clase una foto que refleje la personalidad de las personas retratadas. Explícale a tu compañero/a quiénes son las personas en la foto y qué detalles denotan la personalidad de cada una.

1-32 Conociéndonos. Esta actividad es para que se conozcan mejor.

Paso 1. Así soy yo. Escribe en un papel una oración con tu información personal para cada una de estas categorías. Luego, entrégale tu descripción a tu profesor/a, sin escribir tu nombre. Usa los verbos **ser** y **estar** siempre que puedas en tu descripción.

- aspecto físico (ojos, cabello, físico)
- nacionalidad
- familia
- personalidad
- estado de ánimo
- actividades favoritas

Suggestion for 1-31: In case students forget to bring their own pictures, you may want to bring to class magazine pictures or pictures of famous paintings showing people.

Suggestion for 1-32: Collect the papers when everyone finishes **Paso 1**. Return them at random to the class for **Paso 2**. Make sure descriptions are not returned to the persons who wrote them.

Note for 1-32: Ask students to stand up and circulate, looking for the right match to their description. When they find a possible candidate, encourage them to ask him/her questions to confirm the written descriptions.

Paso 2. ¿Quién será? Tu profesor/a va a distribuir la información del ejercicio anterior. Lee la hoja que te toque y, luego, circula por la clase y habla con tus compañeros/as hasta encontrar a la persona que escribió la información. Usa preguntas como:

- ¿Cómo estás?
- ¿De dónde eres?
- ¿Cómo eres?
- ¿Cómo es tu familia?
- ¿Qué te gusta hacer?

Diario

Todos tenemos una parte linda y una parte fea de nuestra personalidad. Describe cuál es tu parte linda y cuál es tu parte fea. ¿Hay algo que quieres cambiar en tu personalidad? ¿Por qué?

Comprehension questions: ¿Quiénes hay en una fiesta familiar? ¿Se invita gente de diferentes generaciones a las fiestas hispanas?

Ventana al mundo

Integración generacional

Generalmente, en las celebraciones de la familia hispana se encuentran personas de todas las edades. Los jóvenes y los niños participan en las mismas fiestas familiares que los abuelos y los padres. Si alguien festeja su cumpleaños con una fiesta, invita a los amigos y a los parientes de todas las edades sin discriminación. Por lo general, existe una mayor integración entre las generaciones de la que se puede observar en las familias estadounidenses.

Tus celebraciones familiares. ¿A quiénes invitan para las fiestas familiares en tu familia? ¿Crees que las generaciones están integradas en los EE.UU.? Explica.

Todos celebran juntos.

Conversemos sobre las lecturas

Antes de leer

Estrategia de lectura: *Predicting and guessing; Cognates*

A. Predicting and guessing

Before you start reading a passage, take a few minutes to look at the title, any sentence that may precede it, any subtitles, and/or illustrations that may accompany it. These will give you clues to the content of the passage and will help you to form an idea of what to expect in the reading selection. As you read the first paragraph, your idea may be confirmed, or you may need to modify or discard it. Repeat the same process as you read through the passage. This active reading is like a dialogue between the writer and the reader.

1–33 ¿Qué piensas? La selección siguiente es la introducción a la lectura. ¿Qué te sugieren el título y la oración que lo precede? Escribe una oración que explique lo que esperas encontrar en esta lectura.

Cómo nos afecta ser hermano mayor, menor o hijo único.

El bueno, el feo y el malo

Por lo general, los primogénitos son más conservadores y dominantes; los medianos son celosos e independientes; y los pequeños, creativos y revolucionarios. Un estudio psicológico reciente afirma que el orden de nacimiento en una familia es determinante en la formación de la personalidad del ser humano.

B. Cognates

There are many words that look very similar in both Spanish and English. Words like **revolucionario** and *revolutionary* are called *cognates*. These words can help you understand a reading passage without looking up every word in the dictionary.

1–34 Cognados. Lee el primer párrafo de la lectura *El bueno, el feo y el malo*, y haz una lista de los cognados que encuentres.

Answers for 1–34:
psicólogo, explicación, orden, factores, formación, educan, roles, responsabilidad, futuro.

Note: All readings are preceded by a list of vocabulary words that will help students understand the text. These words are considered active vocabulary, so they will be used without definition in future chapters. Here, the words are placed in the context of a sentence that presents a similar use to the one in the reading selection.

Suggestion: Point out that **carácter** can be a false cognate. It usually refers to temperament, not character (as in a play, which would be **personaje**).

VOCABULARIO DE LAS LECTURAS

Estudia estas palabras para comprender mejor los textos.

Vocablo		Palabra en uso
el carácter	*temperament*	El señor tiene un **carácter** fuerte.
el comportamiento	*behavior*	El buen **comportamiento** del niño sorprendió a los adultos.
comportar(se)	*to behave*	Debes **comportarte** bien en la mesa.
dominante	*domineering*	Mi hermano mayor es el más **dominante** de la familia.
la infancia	*childhood*	Mi **infancia** está llena de lindos recuerdos.
el/la mayor	*eldest*	La **mayor** tiene más responsabilidades.
la mayoría	*majority*	La **mayoría** de los hermanos pequeños son muy mimados.
el/la mediano/a	*middle child*	El **mediano** necesita mucha atención.
el/la menor	*youngest*	El **menor** es un niño muy independiente.
la minoría	*minority*	Los niños que aprenden a tocar el piano son una **minoría**.
la moda	*fashion*	Su ropa no está a la **moda**.
el nacimiento	*birth*	El orden del **nacimiento** determina la personalidad.
el/la primogénito/a	*firstborn*	La **primogénita** es la hermana mayor.
el resultado	*result*	Ya tenemos el **resultado** de las encuestas.
el ser humano	*human being*	El **ser humano** es un animal complejo.
el/la vecino/a	*neighbor*	El **vecino** vive al lado de tu casa.
el/la viudo/a	*widower / widow*	La señora quedó **viuda** este año.

1-35 ¿Qué palabra es? Escoge cinco palabras del vocabulario y descríbelas usando circunlocuciones. Tu compañero/a debe adivinar qué palabra estás definiendo.

> MODELO: E1: *Es la persona que vive al lado de mi casa.*
> E2: *¿Es el vecino?*

1-36 El comportamiento y la personalidad. La manera en que un ser humano se comporta en diferentes situaciones refleja su personalidad.

Paso 1. ¿Cuál refleja tu personalidad? Lee las situaciones presentadas a continuación y escoge la respuesta correspondiente de acuerdo a cómo te comportarías tú en cada situación.

1. Tu vecino te pide que lo lleves al aeropuerto.
   a. Eres amable y lo llevas aunque te cause problemas.
   b. Le das una excusa para no llevarlo porque es una incomodidad para ti.

2. Tu novio/a va al cine con sus amigos/as.

   a. Estás celoso/a y te enojas.

   b. Actúas de una manera madura y haces planes para salir con otra persona.

3. Estás en un festival al aire libre y una mujer ofrece leerte el futuro en las palmas de las manos.

   a. Tienes miedo y te apartas de ella. No quieres saber el futuro.

   b. Tienes curiosidad y le permites que te lea las líneas de la mano.

4. Tú observas que los hijos primogénitos de tus hermanos son mal educados.

   a. Crees que es mejor esperar a que crezcan y aprendan solos.

   b. Crees que tienes derecho a corregirlos.

5. Tienes un/a amigo/a con una personalidad dominante.

   a. Siempre haces lo que él/ella dice para no discutir.

   b. Lo/La enfrentas cuando no estás de acuerdo aunque pongas en peligro tu amistad.

Paso 2.   Resultados según tu comportamiento.   Ahora lee el resultado de tus respuestas. Habla con tu compañero/a y decide si estás de acuerdo con la descripción de tu personalidad. Explica tu respuesta.

4–5 *Si escogiste la opción B cuatro o cinco veces:*

Tú eres una persona madura que sabe lo que quiere y no tiene miedo de expresar lo que piensa y siente.

2–3 *Si escogiste la opción B dos o tres veces:*

Tú eres una persona sensible que piensa en los sentimientos de los otros antes de expresar los suyos.

0–1 *Si escogiste la opción B menos de una vez:*

Tú eres una persona generosa, no eres agresiva y no te gustan los enfrentamientos. Ante una controversia, prefieres ponerte de acuerdo con el otro.

Suggestion for 1-36: Point out that the word **sensible** is a false cognate. It means sensitive, whereas **sensato** means sensible, judicious.

1–37 Mis reacciones. En parejas, cada estudiante debe explicarle a su compañero/a cómo se siente frente a estas situaciones. Túrnense para hablar.

MODELO: Frente a una situación inesperada…

E1:   *Me siento nervioso/a y empiezo a hablar descontroladamente.*

1. Frente al nacimiento de un bebé…

2. Cuando en un grupo soy parte de la minoría…

3. Cuando tengo que probar algo nuevo…

4. Frente a una persona con una personalidad dominante…

5. Frente a un problema que parece no tener solución…

6. Frente a una persona a quien siempre todo le sale bien…

7. Cuando voy a conocer a una nueva persona…

Note for 1-38: This exercise
is an introduction to the reading.
There are no right or wrong
answers. It serves to get students
to brainstorm and to think about
the theme of the reading. After
they complete the reading, you
may wish to ask them whether
their ideas coincided with those of
the experts.

Suggestion for 1-38:
Encourage students to use the
adjectives that appear on the
list on p. 12.

Suggestion: Remind students
that it is not necessary to
understand every word in the
text, but, rather, to find the main
ideas and their supporting
elements. This strategy will be
presented and practiced later on.

Suggestion: Remind
students that, even though the
reading uses the masculine
form, it refers to both sexes.

1-38 Las características. En grupos de tres estudiantes, hagan una lista de las diferentes características que tienen los distintos hermanos en una familia. ¿Cómo son el/la hermano/a mayor, el/la mediano/a y el/la menor? Después, comparen sus resultados con los de otros grupos.

Lectura

En esta lectura, vas a informarte acerca de algunos estudios psicológicos sobre la personalidad de los hijos, según el orden de su nacimiento. Vas a descubrir el papel que juega cada hermano dentro de la familia y cómo ese papel determina su personalidad.

El hermano mayor, el mediano y el menor

El bueno, el feo y el malo

"Parece mentira que sean hermanos."

Esta frase tan repetida tiene, según la psicóloga Lucila Andrés, una explicación muy sencilla: el orden del nacimiento es uno de los factores determinantes de la formación del carácter. Los padres educan a los hijos de acuerdo a unos roles establecidos. Por ejemplo, el hermano mayor tiene la responsabilidad de ser un guía° para sus hermanos, algo que marca su futuro comportamiento.

guide 5

Introvertido y extrovertido

El historiador de la ciencia Frank Sulloway, profesor del Instituto de Tecnología de Massachusetts, afirma que los hermanos benjamines*° son dieciocho veces más propensos a dirigir° revoluciones de izquierda, mientras que los primogénitos se inclinan más por defender las causas conservadoras. El orden del nacimiento es también un factor para predecir° la extroversión. Un estudio de la universidad de Tennessee demuestra que los hijos únicos son veinte veces más introvertidos que los benjamines.

menores
more likely to lead 10
predict

"Aquí mando yo."°

Los múltiples estudios psicológicos sobre hermanos mayores dan resultados comunes: generalmente, dentro del grupo familiar son los más autoritarios y agresivos. Según Frank Sulloway, los primogénitos crecen sabiendo que son más fuertes y grandes que el resto de sus hermanos, lo que les permite ser más dominantes. Aceptan los valores por los que se guían sus padres, rechazando° las ideas nuevas.

I'm the boss 15

rejecting 20

Normalmente, a los primogénitos se les pide más que a sus hermanos mientras crecen; desarrollando° en ellos mayor responsabilidad y más fuerza de voluntad°.

developing / will power

* Benjamín se refiere al hijo menor y generalmente al más mimado de sus padres. Proviene de la historia bíblica del menor de los hijos de Jacobo y su esposa Raquel.

Note: This reading presents one explanation for the personality types. After reading and analyzing it, students can discuss whether or not they agree with the ideas presented here. There are many elements that determine people's personalities besides the ones introduced here. Students may suggest, for example, that culture and the social environment in which siblings grow up also play a major role.

"Eso no es justo."

Protestar por todo es una máxima que usan buena parte de los hermanos
25 pequeños; no en vano, la mayoría de los revolucionarios en la historia del mundo
ocupan este lugar en sus familias. "Se rebelan contra las normas porque todo el
mundo cree que tiene derecho a darles órdenes, los padres, el hermano mayor, el
abuelo, hasta el vecino le dice lo que es mejor para él" explica Lucila Andrés. Por
lo general son más sociables, están abiertos a innovaciones y en contra del
30 autoritarismo de los mayores.

"Nadie me quiere."

Generalmente se piensa que los hermanos medianos son los menos favorecidos
"y en el caso de que sean sólo tres y del mismo sexo, es así, porque no tienen los
derechos del mayor ni los privilegios del pequeño", afirma el doctor Ronald
35 Richardson, del Centro North Shore de Vancouver.

Durante su infancia, los hermanos del medio se muestran° más celosos, pero   *appear to be*
también más independientes y, sobre todo, acostumbrados a comportarse como
un puente° entre todos sus hermanos, tienen una importante capacidad° de   *bridge / ability*
negociación.

40 "Qué solo estoy."

Los hijos únicos, cada vez más numerosos en nuestra sociedad, tienden° a   *have a tendency*
identificarse con la autoridad paterna y en general son bastante conservadores.
Los especialistas creen que al no tener que competir con hermanos, a la larga son
más volubles° en intereses, personalidad y actitudes sociales. En su vida adulta   *fickle*
45 prueban varias alternativas —laborales, afectivas…— hasta elegir una.

Generalmente, el hijo único tiende a adoptar los roles de sus padres: si es
mujer se identificará con su madre, y si es hombre con su padre. "Maduran
pronto, son independientes y no dedican mucho tiempo a jugar", explica el
doctor Richardson.

50 El orden no lo es todo.

Estos estudios estadísticos también son criticados. Sulloway afirma que existen
muchos otros factores que pueden modificar la influencia del orden del
nacimiento:

- Según el sexo, los padres educan a sus hijos de una u otra forma.
55 - La timidez minimiza las características de nacimiento y la extroversión las
  exagera.
- Los conflictos familiares pueden alterar el comportamiento de los hijos.
- Si hay más de cinco años entre los hermanos, tienen las características del
  orden que ocupan y además muchas de las del hijo único.

Eva Calvo,
Quo, el saber actual

1-39 ¿Cierto o falso? Señala si las siguientes afirmaciones son ciertas o falsas, según la lectura. Corrige las falsas y busca en el texto la justificación para tus respuestas. Luego, compara tus respuestas con las de otro/a estudiante.

1. F Ⓒ El orden del nacimiento determina la personalidad.

2. F Ⓒ El mayor es más conservador que el menor.

3. F Ⓒ Los hijos únicos son más introvertidos que los que tienen hermanos.

4. Ⓕ C Los hermanos mayores rechazan los valores de los padres.

5. Ⓕ C Los menores son dominantes y agresivos.

6. F Ⓒ Los menores son más sociables que los medianos.

7. Ⓕ C Los hermanos medianos no saben negociar.

8. F Ⓒ Los medianos son más independientes que los otros.

9. F Ⓒ Los hijos únicos cambian de intereses con frecuencia.

10. Ⓕ C No hay otros factores que determinen la personalidad.

1-40 Orden del nacimiento. Completa la siguiente tabla con la información de la lectura. Luego compara tus respuestas con la de otro/a estudiante.

Orden del nacimiento	Características generales
hijo mayor	
hijo mediano	
hijo menor	
hijo único	

1-41 Encuesta. Aquí van a descubrir si Uds. entran dentro del esquema que presenta la lectura.

Paso 1. Recolección de datos. Completa la tabla siguiente con tu información y la de otros/as tres estudiantes de tu clase. Pregúntales sobre las siguientes características y escribe sus respuestas en el espacio correspondiente.

MODELO: E1: *¿Eres agresivo/a?*
E2: *Sí/No, (no) soy agresivo/a.*

	Yo	Estudiante 1	Estudiante 2	Estudiante 3
abierto/a				
autoritario/a				
buen/a negociador/a				
celoso/a				
conservador/a				
creativo/a				
dominante				
extrovertido/a				
independiente				
innovador/a				
introvertido/a				
responsable				
revolucionario/a				
sociable				
hijo/a único/a				
hijo/a mayor				
hijo/a mediano/a				
hijo/a menor				

Paso 2.   Estadística casera. En grupos, comenten y comparen los resultados de la encuesta del ejercicio anterior. ¿Qué relación hay entre el orden del nacimiento y la personalidad de los encuestados? ¿Coinciden los resultados de la encuesta con lo que dice el artículo sobre el tema? Preparen un informe para la clase.

1-42 Debate. Prepara argumentos a favor y en contra de la siguiente afirmación. Luego, la clase se dividirá en dos grupos para debatir a favor y en contra.

> El orden del nacimiento es un factor determinante de la personalidad de los hijos.

1-43 En la tele. En grupos de tres o cuatro, piensen en una escena de algún programa de televisión o de una película que refleje la teoría de que el orden del nacimiento marca la personalidad de las personas. Preparen un informe oral demostrando su teoría y preséntenselo a la clase.

Poema

a nose like Pinocchio's

word used when playing hide and seek
bangs / space between the eyebrows
marked
acknowledge

war

muscles

Gloria Fuertes (1918–1998)

Poeta española contemporánea que, como otros escritores que vivieron en España durante la guerra civil y la dictadura franquista, tuvo que superar la pobreza y otros obstáculos por ser mujer. Su lenguaje es directo, coloquial y espontáneo. En este ejemplo del libro *Mujeres de verso en pecho*, 1995, nos presenta un poema en el que se describe a sí misma.

Yo soy así

Yo soy así
como me estáis viendo.
Yo soy así,
con nariz pinochil°,
5 con hermosa nariz
(de pequeña no podía
jugar al "ori".°)
Flequillo° y entrecejo°
acusado°
10 —no me acuso° de haber amado—
Vestida de soltera,
mi moda es no ir a la moda,
mi guerra° es no ir a la guerra.
Soy más pacifista que artista
15 más humanista que feminista,
más alta que baja,
mis músculos°
más fuertes que García…

Soy tímida y no lo parece,
20 soy poeta y sí lo parece,
soy gorda y sí lo parece,
soy soltera y no lo parece,
soy viuda y sí lo parece,
soy niña y no lo parece.

25 Soy así…
Como me estáis leyendo.

Note: Every chapter contains a poem that is related to the theme of the chapter. The poem and the reading selection will be more effectively received if presented on different days.

Answers for 1-44:
Paso 1: nariz pinochil, flequillo y entrecejo acusado, alta, músculos fuertes, gorda.
Paso 2: pacifista, humanista, tímida, poeta.
Paso 3: soltera, viuda. No ir a la guerra; está en contra de las guerras. No le interesa la moda. Sí, es feminista pero no se define como tal. Es más humanista.

👥 **1-44 Gloria es…** ¿Cuál es el cuadro completo de la mujer descrita en el poema?

Paso 1.   Su físico. Busquen los adjetivos que la poeta usa para describir sus cualidades físicas. Luego, hagan un dibujo que refleje estas características en una persona.

Paso 2.   Su personalidad. Busquen los adjetivos que describen la personalidad de la poeta.

Paso 3.   Opiniones. ¿Cuál es su estado civil? ¿Cuál es su guerra? ¿Qué piensa de la moda? ¿Es feminista?

1–45 ¿Se parece a Gloria Fuertes? Prepara cinco preguntas para hacerle a otro/a estudiante con el propósito de saber si éste/a se parece a Gloria Fuertes. Entrevista a un/a compañero/a. Luego, informa a la clase.

MODELO: *¿Eres pacifista?*

1–46 ¿Cómo eres tú? Descríbete a ti mismo/a en verso. Escribe una estrofa que refleje quién eres tú, siguiendo este modelo.

Soy tímida y no lo parece,
soy poeta y sí lo parece,
soy gorda y sí lo parece,
soy soltera y no lo parece,
soy viuda y sí lo parece
soy niña y no lo parece.
Soy así…
Como me estáis leyendo.

Avancemos con la escritura

Antes de escribir

Estrategia de escritura: *Description of a person*

When you describe a person, you are painting a picture of that person and you want to make the reader agree with you. To share your views on a particular person with someone else, you need to select the details that will convey your impression of that person. These are some general points that are used to describe a person:

- physical appearance
- personality/temperament
- particular characteristics and behaviors

1–47 Una persona famosa. Ustedes son parte de un comité que tiene que escoger a una persona famosa para invitarla a visitar la universidad. Decidan a quién van a escoger y expliquen por qué lo/la escogieron describiendo sus cualidades sobresalientes y algunas de sus actividades. Presenten su descripción para convencer a la clase. Luego, se votará por la personalidad más interesante. Usen las palabras descriptivas de la pág. 12.

1–48 Buscamos un/a compañero/a de casa. Ustedes buscan un/a compañero/a de casa y van a seleccionar entre varias personas. Decidan cómo debe ser la personalidad y el carácter de la persona que buscan. Hagan una lista.

La persona que buscamos tiene que ser…

Note: Check that students use **tener que** in order to avoid using the subjunctive.

1–49 Los amigos universitarios. Éste es tu primer semestre en la universidad y has hecho muchos amigos. Escríbele un *e-mail* a un amigo/a en el que describes a tres de tus nuevos compañeros. Incluye detalles sobre la apariencia física, la personalidad, las características de cada uno y las actividades que hacen juntos. Usa las palabras descriptivas y el vocabulario de este capítulo.

A escribir

Note for 1-50: This chart is a reminder of the grammar points used in the chapter. The topic of the composition will elicit these grammar points. The chart serves as a reminder to students to focus on these points in order to improve accuracy in their writing. Remind them to check it before turning in their composition.

1-50 Piso compartido. Imagina que quieres ir a vivir por un tiempo en la casa de un estudiante de Madrid. Escribe una carta de presentación. En la carta debes describirte a ti mismo, y hablar de tus actividades favoritas y tus obligaciones. Explica quién eres y cómo eres, dónde vives, cómo es tu familia y el lugar donde vives, cuáles son tus actividades normales y tus obligaciones en la universidad. Pide información sobre la otra persona, sus intereses, sus obligaciones, sus actividades habituales, etc. Sigue este formato.

Fecha
Querido/a _____:
Tu descripción
Tus preguntas
Saludos,

Antes de entregar tu carta, asegúrate de haber incluido y revisado lo siguiente:

- La conjugación correcta de los verbos en el presente
- Las **Expresiones útiles**
- El uso de **ser** y **estar**
- La concordancia de los adjetivos y los sustantivos

Atando cabos
¡Gran fiesta sorpresa!

En esta sección del capítulo vas a preparar una gran fiesta para un miembro de tu familia.

1-51 Fiesta sorpresa. Tu padre o tu madre pronto va a cumplir años. Has decidido sorprenderlo/la con una fiesta. Debes hacer una lista de los invitados y explicar por qué invitas a cada persona y cuál es la relación de cada invitado con la persona que cumple años. Puedes invitar hasta quince personas. Debes incluir hombres, mujeres, niños y gente mayor. Pueden ser personas del presente, del pasado o de ficción. Cuéntale de los preparativos a tu compañero/a.

Suggestion for 1-52: Point out to the students that, in this activity, they will practice the use of the present to tell a story about the past: This form is called **Presente histórico**.

1-52 Historias de familias. Debes entrevistar a un familiar para que te cuente la historia familiar más extraordinaria que recuerde. Debe ser alguien de, por lo menos, la generación de tus padres pero no puede ser uno de ellos. Luego, escribe un resumen de la historia y prepárate para contarla al grupo.

👥 **1-53 Un regalo muy particular.** Uno de los invitados a la fiesta trajo esta foto como regalo. Él asegura que hay una relación familiar entre los personajes de la familia que aparecen en la foto y tu familia. Como experto investigador, cada uno de Uds. debe descubrir qué relación tiene su familia con la familia de la foto. También expliquen cuáles son las relaciones entre las distintas personas de la foto.

Suggestion for 1-53: Encourage students to use their imagination and make up a story relating these people to themselves or their own family.

MODELO: *Pienso que este señor es pariente del abuelo porque los dos tienen los ojos parecidos.*

Una familia desconocida

👥 **1-54 Los ídolos familiares.** La fiesta los ha hecho pensar mucho en sus familias. Ahora les gustaría compartir sus experiencias con otros estudiantes de la clase. En grupos de cuatro, utilicen las preguntas siguientes para preparar un informe sobre sus respectivas familias.

1. ¿A qué mujer de tu familia admiras más? ¿Por qué? ¿Cómo es físicamente? ¿Y su personalidad?

2. ¿A qué hombre de tu familia admiras más? ¿Por qué? ¿Cómo es físicamente? ¿Y su personalidad?

3. ¿Hay algún niño preferido en tu familia? ¿Quién? ¿Por qué? ¿Cómo es físicamente? ¿Y su personalidad?

4. ¿Para ti, es mejor ser hijo único, mayor, mediano o menor? ¿Por qué?

Diario

Piensa en la mejor fiesta de cumpleaños que podrías tener y descríbela en tu diario. ¿Cómo es? ¿Quiénes están? ¿Qué regalos recibes? ¿Cómo te sientes? ¿Dónde es la fiesta? ¿Qué decoraciones hay?

Vocabulario

La familia

La lista de **Palabras descriptivas** de la pág. 4 debe ser parte de tu vocabulario activo.

el cónyuge	*spouse*	**el/la nieto/a**	*grandson, granddaughter*
el/la hijo/a	*son / daughter*	**el padre**	*father*
los hijos	*children*	**los padres**	*parents*
la madre	*mother*	**el/los papá/s**	*dad(dy) / parents*
el matrimonio	*marriage*	**la pareja**	*couple*

Sustantivos

el amor	*love*	**el/la mediano/a**	*middle child*
el apoyo	*support*	**el/la menor**	*the youngest*
el bebé	*baby*	**la minoría**	*minority*
la boda	*wedding*	**la moda**	*fashion*
el cambio	*change*	**la mudanza**	*move to another residence*
el carácter	*temperament*		
el comportamiento	*behavior*	**el nacimiento**	*birth*
la crianza	*bringing up, rearing*	**el núcleo familiar**	*nuclear family*
el dato	*datum, fact*	**el/la pariente/a**	*relative*
el deber	*duty, obligation*	**la paternidad**	*paternity*
el derecho	*right*	**el porcentaje**	*percentage*
el divorcio	*divorce*	**el/la primogénito/a**	*firstborn*
el embarazo	*pregnancy*	**el respeto**	*respect*
la falta	*lack of*	**el resultado**	*result*
la infancia	*childhood*	**el ser humano**	*human being*
el integrante	*member*	**el sostén**	*support*
el lazo familiar	*family tie*	**la tasa de natalidad**	*birth rate*
la maternidad	*maternity*	**la unidad**	*unity*
el/la mayor	*the oldest*	**el/la vecino/a**	*neighbor*
la mayoría	*majority*	**el/la viudo/a**	*widower / widow*

Verbos

La lista de verbos de las págs. 14 y 15 debe ser parte de tu vocabulario activo. También la lista de verbos regulares que aparece en **Cabos sueltos**, págs. 415–416.

aumentar	*to increase*	**mostrar (ue)**	*to show*
cambiar	*to change*	**mimar**	*to pet, indulge*
casar(se)	*to get married*	**mover (ue)**	*to move*
comportar(se)	*to behave*	**mover(se) (ue)**	*to move*
contar (ue)	*to count*	**mudar(se)**	*to change residence*
continuar	*to continue*		
convivir	*to live together*	**optar**	*to opt, choose*
crecer	*to grow*	**parecer (zc)**	*to seem*
criar	*to raise, rear*	**parecer(se) a (zc)**	*to resemble*
cuidar	*to take care of*	**reflejar**	*to reflect*
elegir (i)	*to choose*	**seguir(i)**	*to continue*

Adjetivos

La lista de adjetivos de la pág. 12 debe ser parte de tu vocabulario activo.

basado/a	*based on*	**junto/a**	*together*
dominante	*domineering*	**monoparental**	*only one parent*
intacto/a	*intact*	**variado/a**	*varied*

Expresiones idiomáticas

alrededor	*around*	**no sólo…**	
aunque	*though, although, even if*	**sino también**	*not only… but also*
en cuanto a	*as far as, with respect to, regarding*	**por ciento**	*percent*
		según	*according to*
hoy en día	*nowadays*	**ya que**	*since, inasmuch as*

Capítulo 2

Hablemos del multiculturalismo

Suggestion: Introduce what students will learn in this chapter: *En este capítulo, vamos a hablar de la cultura hispana en este país…*

Warm-up: ¿Has ido a una celebración o a un festival hispano alguna vez? ¿Cómo era?

Canción recomendada: *Mestizaje, Ska-P,* CD *Incontrolables,* España, 2002.

" Dame tu mano, hermano. "

Tema cultural

El multiculturalismo

La comunidad hispana en los Estados Unidos

Objetivos comunicativos

Expresar obligación

Describir la rutina diaria

Formular preguntas y pedir aclaraciones

Expresar acciones involuntarias

Expresar gustos y preferencias

Películas recomendadas: *El norte,* Gregorio Nava, EE.UU., 1983; *Y no se lo tragó la tierra,* Severo Pérez, México, 1994, *Spanglish,* James L. Brooks, EE.UU., 2004.

Un desfile hispano en Nueva York

Warm-up: Ask these questions to introduce students to the theme of the chapter: ¿Qué contacto tienen ustedes con otra cultura? ¿Escuchan algún programa de radio en español? ¿Miran algún canal de televisión en español? ¿En otra lengua? ¿Van a restaurantes hispanos? ¿Tienen amigos hispanos? ¿Qué les sugieren y con qué asocian la frase "Dame tu mano, hermano?" ¿Por qué?

Suggestion: You may want to show the beginning of one of the movies and ask the students to imagine how the story continues.

En marcha con las palabras   **37**

En marcha con las palabras

En contexto: Dos reseñas cinematográficas

Éstas son dos películas sobre los hispanos en los Estados Unidos.

Suggestion: Remind students to use circumlocutions to explain the meaning of the new words. Also encourage them to guess the meaning of cognates. Sometimes, students are hesitant to trust their instincts about cognates.

Note: The highlighted vocabulary is active. Explain to students that they can find the meaning of these words in the vocabulary list at the end of the chapter.

El norte ★★★

Director: Gregory Nava

EE.UU./México/Guatemala. 1983, 140 min.
Esta importante película narra la vida de dos hermanos

Historia de dos jóvenes inmigrantes

guatemaltecos, Rosa y Enrique, que **emigran** a los Estados Unidos con el deseo de **establecerse** allí para obtener cierto **bienestar** económico. En su país de origen **cultivan** la tierra, trabajan en el **campo**, pero la **violencia**, el **racismo** y la **desigualdad** que sufren por ser **indígenas** los obligan a salir de Guatemala.

Primero van a México, y luego, con la ayuda de un **coyote**, cruzan la **frontera** estadounidense; pero su situación de **indocumentados** no les permite **adaptarse** a su nuevo mundo ni **tener el éxito** que desean.

Para **ganarse la vida** tienen que **conseguir trabajos temporales**. En estos trabajos se les **paga** menos que el **salario mínimo**, lo cual no es suficiente como para **mantener** una familia.

Además, siempre **tienen miedo** de que la **migra** los encuentre y los **deporte** a su país porque no tienen **permiso de trabajo**. **Tampoco** pueden comunicarse porque el inglés no es su **lengua materna**. **Al final** de la película, no **logran alcanzar su sueño**. Simbólicamente, Rosa vuelve **a reunirse** con sus **antepasados** en Guatemala, y no sabemos qué va a pasar con Enrique, porque sin la **tarjeta de residente** que le permita trabajar es muy difícil que pueda **integrarse** en esa nueva sociedad.

Y no se lo tragó la tierra ★★★

Director: Severo Pérez

EE.UU. 1994, 99 min.

Historia de los trabajadores migratorios

Basada en la novela de Tomás Rivera, esta película es la historia de una familia de **trabajadores migratorios** de Texas. El narrador, Marcos, recuerda el **maltrato** y las injusticias que tuvo que **soportar** cuando era niño. El **oficio** de sus padres consistía en **piscar*** fruta en los estados del *Midwest*. Cada año, ellos viajaban entre Texas y Minnesota, **recogiendo** las **cosechas**. Su trabajo como **mano de obra** barata no les permitía **ganar** un buen **sueldo** y, **por lo tanto**, no podían **mejorar** su **nivel de vida**. **Lo que** esta película muestra claramente es la **lucha** de un niño por **asimilarse** a una cultura a la que no **pertenece**, sufriendo los **prejuicios** sociales y la explotación económica sin perder el **orgullo** por su **raza**.

Más allá de todos estos problemas, es la historia de los **braceros** que tienen que pasar su vida trabajando en las cosechas, recibiendo una **paga** insuficiente para vivir y siendo **rechazados** por un gran porcentaje de la **población**. La película refleja la falta de **igualdad** de derechos de los trabajadores migratorios.

* The word *piscar* is used only by migrant workers. It is an Anglicism from the English word pick. The correct Spanish word is *recoger*.

Suggestion: Ask half the class to watch *El norte* outside of class, and the other half to watch *Y no se lo tragó la tierra*. Then, in class, organize a discussion about the two films, pairing students from the two groups and having them tell each other the plot of the movie each saw.

¿Comprendes?

1. En la película *El norte*, ¿qué esperanza tienen Rosa y Enrique cuando emigran a los Estados Unidos?

2. ¿Por qué tienen que salir de su país?

3. ¿Cómo cruzan la frontera?

4. ¿Por qué no se pueden adaptar a su nuevo país?

5. ¿A qué le tienen miedo?

6. ¿Qué pasa al final de la película?

7. ¿De qué trata la película *Y no se lo tragó la tierra*?

8. ¿Qué recuerda Marcos?

9. ¿Cuál es el oficio de la familia?

10. ¿Por qué no pueden mejorar su nivel de vida?

11. ¿Qué sufre Marcos en su lucha?

12. ¿Cómo es la vida de los braceros?

Palabras conocidas

Los hispanos

Estas palabras deben ser parte de tu vocabulario.

Lugares y nacionalidades

América Central
América del Sur
el barrio
el/la costarricense
el/la chicano/a
el/la cubano/a
el/la dominicano/a
el/la guatemalteco/a
el/la hispanohablante
el/la hondureño/a

el/la mexicano/a
el/la nicaragüense
el/la panameño/a
el/la puertorriqueño/a
el/la salvadoreño/a

Cognados

el abuso
el anglo
bilingüe
el bilingüismo

la deportación
la discriminación racial
el/la emigrante
emigrar
el estereotipo
la explotación
la inmigración
el/la inmigrante
inmigrar
el machismo
monolingüe

Suggestion: Explain to students that they need to be familiar with these words because they will need them for the activities in this chapter. You may choose to ask students a few questions, using these words. *¿Cuáles son los países de América Central? ¿Qué países hay en América del Sur? Paraguay/Uruguay/Guatemala/Honduras/Costa Rica/Venezuela, ¿está en América del Sur o en América Central? ¿Qué es el machismo? ¿Conoces algún ejemplo de discriminación racial?*

Expresiones útiles

además	*besides, in addition to*	**Además** de pasar hambre, tienen que preocuparse por la migra. *Besides being hungry, they have to worry about the INS agents.*
al final	*in the end*	**Al final** de la película, no encuentran la felicidad. *At the end of the movie, they don't find happiness.*
más allá de	*beyond*	**Más allá de** los problemas de los trabajadores migratorios, la película presenta la historia de la asimilación de un niño a una nueva cultura. *Beyond the problems of the migrant workers, the movie presents the story of a boy's assimilation to a new culture.*
por lo tanto	*therefore*	No tienen trabajo; **por lo tanto,** no pueden comprar comida. *They don't have jobs; therefore, they can't buy food.*
lo que + verbo + **ser (que)** **lo que** is used to introduce an idea that is explained next.	*what + verb + to be (that)*	**Lo que** pasa es que no puedo ayudarlo. *What's happening is that I can't help you.* **Lo que** dijo fue que tienes que volver a tu país. *What he said was that you have to go back to your country.* **Lo que** sentía era miedo. *What I felt was fear.*

Suggestion for 2-1: Each question has many answers. Elicit as many answers as possible for each one. Ask several students to give different answers for the same question.

En marcha con las palabras   **39**

2-1 ¿Qué tal la película?

Completa las frases siguientes para explicar lo que pasa en la película *El norte*, según la reseña. Luego, coméntalas con tu compañero/a. Hay varias respuestas posibles para cada oración.

1. La vida de los dos hermanos estaba en peligro en Guatemala; por lo tanto, …

2. Cuando los hermanos llegan a los EE.UU., tienen que adaptarse a una nueva cultura. Además, …

3. Ellos no tienen los documentos en orden; por lo tanto, …

4. Al final de la película, …

5. Más allá de todos los problemas que tuvieron durante el viaje, ellos …

2-2 Los trabajadores migratorios.

Uno/a de ustedes va a explicarle a su compañero/a la forma de vida de los trabajadores migratorios, según la reseña de la película *Y no se lo tragó la tierra*. El/la otro/a estudiante va a hacer preguntas como las indicadas abajo para ayudarle. Utilicen la expresión **lo que** en sus respuestas cuando sea necesario.

MODELO: E1:   *¿Qué es lo que recuerda Marcos?*
          E2:   *Lo que recuerda son el maltrato y las injusticias.*

1. ¿Qué es lo que recogen los trabajadores migratorios?

2. ¿Qué es lo que no pueden mejorar con el sueldo que ganan?

3. ¿Qué es lo que muestra la película *Y no se lo tragó la tierra*?

4. ¿Qué es lo que reciben los braceros por su trabajo?

5. ¿Qué es lo que necesitan los indocumentados para trabajar legalmente?

Answers for 2-1:
1. *deciden irse a los EE.UU. …deciden escapar. …se van de Guatemala.* 2. *tienen que aprender inglés. …tienen que ganarse la vida. …tienen que trabajar duro. …tienen que conseguir los papeles. …tienen que esconderse de la migra porque son inmigrantes ilegales.* 3. *no pueden conseguir buenos trabajos. …tienen que esconderse de la migra. …deben tratar de conseguir la tarjeta de residente. …necesitan a alguien que quiera ayudarlos a conseguir los papeles necesarios.* 4. *ellos no logran alcanzar su sueño. …la hermana se muere. …no sabemos lo que va a pasar con el hermano.* 5. *consiguen cruzar la frontera. …conservan la esperanza de llegar a los EE.UU. …siguen adelante hasta alcanzar su meta.*

Answers for 2-2: 1. *Lo que recogen son las frutas.* 2. *Lo que no pueden mejorar es su nivel de vida.* 3. *Lo que muestra la película es la lucha de un niño por asimilarse a una nueva cultura.* 4. *Lo que reciben por su trabajo es muy poco para vivir.* 5. *Lo que necesitan es un permiso de trabajo o la tarjeta de residente.*

Cristina Cárdenas, Watts, Los Angeles, *Young people of Watts*, mural, 1993.

2-3 El arte. Observa este mural chicano. Describe lo que ves en él para completar las oraciones siguientes. En el punto 5, añade otros comentarios personales acerca del mural.

1. Lo que esta pintura representa es _____.

2. Lo que vemos es _____.

3. Lo que está haciendo la mujer de falda roja y camiseta blanca es _____.

4. Lo que tiene la mujer que está en el centro del mural es _____.

5. ¿?

2-4 Asociaciones. ¿Qué ideas asocias con estas palabras?

Paso 1. Mis ideas. Usando oraciones completas, explícale a otro estudiante lo que te sugieren estas palabras.

MODELO: integrarse
Cuando pienso en la palabra integrarse, *me imagino a una persona joven que es nueva en un lugar y trata de entender lo que está pasando alrededor de ella. Quiere hacer amigos porque se siente sola. Quiere ser parte de un grupo.*

1. el trabajador migratorio
2. tener éxito
3. el racismo
4. la frontera
5. los hispanos
6. emigrar

Paso 2. Mis compañeros/as. Ahora compara tus respuestas del **Paso 1** con las de tu compañero/a. ¿Son similares? ¿En qué se diferencian? ¿Son asociaciones positivas o negativas? ¿Por qué?

2-5 ¡Ahora ustedes son los productores! Imaginen que van a hacer una película sobre los hispanos en los Estados Unidos. Preparen una lista de los temas que tratará la película y luego preséntenla a la clase.

2-6 Nuestras soluciones. Hay muchos inmigrantes que no tienen los documentos en orden. ¿Qué problemas presenta eso a las personas indocumentadas? En grupos de tres o cuatro, piensen qué soluciones pueden proponer ustedes para mejorar esta situación.

2-7 Debate. En grupos de cuatro, escojan uno de los siguientes temas. Luego, comenten el tema y presenten sus conclusiones al resto de la clase. Dos estudiantes van a estar a favor y dos en contra.

- Los Estados Unidos debe cerrar sus fronteras para que no entren más inmigrantes.
- Sólo debe existir una lengua oficial en los Estados Unidos: el inglés.
- Los Estados Unidos debe tener mejores leyes para proteger a los inmigrantes.

Ventana al mundo

Comprehension questions: *¿Dónde vive el coyote? ¿Cuál es su trabajo? ¿A quiénes ayuda? ¿Cuánto le pagan los inmigrantes al coyote? ¿Es un trabajo arriesgado? ¿Por qué? ¿Cuál es el riesgo para los inmigrantes?*

El coyote

Un personaje muy importante en relación con los inmigrantes hispanos es el **coyote**. Se le da el nombre de "coyote" a la persona que vive en la frontera entre los Estados Unidos y México, y cuyo trabajo consiste en cruzar a los inmigrantes a los Estados Unidos. Las personas que cruzan la frontera les pagan a los coyotes cientos de dólares para que las guíen en la noche por lugares seguros, donde no se encontrarán con la migra. Muchas veces, los coyotes tienen contactos al otro lado de la frontera que ayudan a los indocumentados. Otras veces, simplemente quieren quedarse con el dinero de los inmigrantes.

El trabajo del coyote. ¿Qué opinas del trabajo del coyote?

Inmigrantes cruzando la frontera al atardecer.

Boletín

Latinos
Los latinos son las personas nacidas en Latinoamérica o los descendientes de latinoamericanos que residen en los Estados Unidos. Proceden de diferentes países de Latinoamérica en los que se habla español, francés o portugués. Se estima que en el año 2015 habrá más de 50 millones de latinos en los Estados Unidos.

Boletín

Hispanos
Es el término que se aplica generalmente a los residentes de los Estados Unidos que hablan español. Fue creado por el gobierno federal en el año 1970 en un esfuerzo de proveer un denominador común a una grande, pero diversa, población con conexión al idioma español o la cultura de un país hispanohablante.

¡Sin duda!

haber — tener

Review other uses of expressions with **hacer,** and **tener** on pages 419–420 in the *Cabos sueltos* section.

Palabra	Explicación	Ejemplo
haber	**Haber** is used in the third person singular as **hay**. It is equivalent of *there is, there are.*	**Hay** muchos chicanos en California. *There are many Chicanos in California.*
hay + que	**Hay** can also be used with **que** to indicate necessity, without indicating who is performing the action.	**Hay que** leer el artículo sobre la inmigración. *The article about immigration has to be read. / It is necessary to read the article about immigration.*
tener	*To have,* in the sense of possession.	Yo **tengo** visa para trabajar en los EE.UU. *I have a visa to work in the U.S.A.*
tener que + infinitivo	**Tener que** followed by an infinitive means *to have to.* It expresses obligation.	**Tenemos que encontrar** una solución. *We have to find a solution.*

pedir — preguntar

Palabra	Explicación	Ejemplos
pedir	**Pedir** is used to report a request for something or to ask that someone do something.	El Servicio de Inmigración nos **pide** los nombres de nuestros empleados. *The INS is requesting the names of our employees.* **Pídele** el informe a mi abogada. *Request the report from my lawyer.*
preguntar	**Preguntar** is used to report a question or to request information.	—¿Usted quiere una visa de seis meses? —Me **pregunta** si quiero una visa de seis meses. —*Do you want a six-month visa?* —*He asks if I want a six-month visa.* Por favor, **pregunta** en el consulado el horario de atención al público. *Please ask in the Consulate what hours they serve the public.*
preguntar por	**Preguntar por** is used to inquire about a person.	La gobernadora **pregunta por** el cónsul. *The governor is asking for the consul.*

Boletín

La integración

En muchas regiones de los EE.UU. la población hispana se ha integrado a la cultura del nuevo país contribuyendo, en parte, a su idiosincrasia. Esta integración se refleja en el arte, la comida, las costumbres e incluso en la lengua; las cuales han pasado a formar parte de la cultura de la región.

Una pareja joven delante de un mural hispano en California

Suggestion for 2-8: Assign this exercise for homework so students come prepared with the answers. Ask a few students to report the information to the class, and then, ask the rest of the students to confirm whether their own findings coincide with the reports.

En marcha con las palabras **43**

👥 **2-8 ¿Cuántos hay?** Hagan una investigación sobre la población latina en su institución. Preparen un informe y compárenlo con el de otras parejas. Antes de ir a buscar la información, preparen una lista de lo que necesitan averiguar. Pueden utilizar las siguientes preguntas como guía e inventar otras.

> MODELO: *En nuestra universidad hay 1.000 latinos. Hay 350 mexicanos. Hay una asociación de mujeres latinas que se ocupa de…, etc.*

1. ¿Cuántos estudiantes latinos hay?
2. ¿Cuántos estudiantes hay de origen puertorriqueño, centroamericano, mexicano, cubano, etc.?
3. ¿Cuántas asociaciones de estudiantes latinos hay? ¿Qué objetivos tienen?
4. ¿Cuántos estudiantes bilingües (español/inglés) hay en la universidad?
5. ¿Cuántos empleados latinos tiene la universidad?
6. ¿?

🌐 **2-9 El censo.** Para aprender más sobre la población hispana en los Estados Unidos, visita la página de Internet del censo nacional. Luego, según los datos que hayas encontrado, indica si las siguientes afirmaciones son ciertas o falsas y di por qué.

1. Aproximadamente uno de cada ocho habitantes de los Estados Unidos es de origen hispano. La mayoría es de origen mexicano.
2. Los hispanos suelen vivir más concentrados geográficamente que los blancos no hispanos.
3. Uno de cada cuatro hispanos nacidos fuera de los Estados Unidos ha adoptado la nacionalidad estadounidense.
4. En más del treinta por ciento de los hogares hispanos viven familias de cinco personas o más.
5. De cada cinco hispanos que asisten a la escuela secundaria, dos o más nunca logran terminar los estudios.
6. En general, los hispanos ganan menos que los blancos no hispanos.

👥 **2-10 Solucionemos algunos problemitas.** Piensen en lo que hay que hacer para mejorar las relaciones interculturales en su institución.

Paso 1. ¿Qué hay que hacer? Hagan una lista de por lo menos ocho acciones concretas. Cuando sea necesario, utilicen la estructura **hay** + **que** + infinitivo para expresar obligación impersonal.

> MODELO: *Hay que hablar con el Centro Latino para organizar una fiesta.*

Paso 2. ¿Y nosotros? Ahora, decidan quién va a realizar cada una de las actividades del ejercicio anterior. Utilicen el verbo **tener** + **que** + infinitivo para expresar obligación personal.

Boletín

La familia hispana
En los Estados Unidos, las familias hispanas tienen un promedio (*average*) de 3,5 personas, mientras que en las otras comunidades hay 2,6 personas por familia.

Answers for 2-9: These statements are all true. The information comes from the U.S. Census Bureau websites.
http://www.census.gov.population/www/socdemo/hispanic/ho00.html
http://www.census.gov/population/www/socdemo/hispanic/ho02.html
This information refers to the U.S. population, excluding the inhabitants of Puerto Rico. It does include the Puerto Ricans living in the U.S.

Boletín

La población hispana

La población hispana de los EE.UU. según su origen.

MÉXICO:	66,9%
CENTRO Y SUD AMÉRICA:	14,3%
PUERTO RICO:	8,6%
CUBA:	3,7%
OTROS LUGARES:	6,5%

2-11 En la alcaldía. Completa las frases con la forma correcta de **pedir** o **preguntar**.

1. La alcaldesa me _____*pregunta*_____ si quiero ir a Puerto Rico con ella.

2. Yo le _____*pregunto*_____ cuándo piensa viajar.

3. Ella me responde que no lo sabe todavía y me _____*pide*_____ que busque los horarios de los vuelos que van de Nueva York a San Juan.

4. Es la segunda vez que la alcaldesa me _____*pide*_____ que la acompañe a Puerto Rico. Cada día, se interesa más por la población hispana de aquí.

5. Mis compañeros me _____*preguntan*_____ todo el tiempo si pienso ser candidato en las próximas elecciones.

6. Yo no estoy seguro. Me gustaría darles a los hispanos todo lo que _____*piden*_____ pero me _____*pregunto*_____ si podré hacerlo desde un puesto político.

2-12 ¿Qué pediste? Piensa en todo lo que tuviste que hacer para preparar el informe de la actividad **2–8** y haz una lista de cinco cosas que preguntaste o pediste.

MODELO: *Pregunté cuáles eran los objetivos de la Unión Latina.*
Pedí los datos sobre el número de latinos.

Ventana al mundo

Comprehension questions: *¿Cuántos hispanos viven en los EE.UU.? ¿Cuál es el origen de los diferentes grupos de hispanos y dónde viven en los EE.UU.?*

Estadísticas demográficas

De acuerdo con el último censo, hay más de 35 millones de personas de origen hispano que viven en los Estados Unidos. El grupo hispano está compuesto de diferentes grupos nacionales, que se concentran en varios estados. Por ejemplo, alrededor de veinte millones de mexicano-americanos viven en el suroeste del país; los puertorriqueños cuentan con dos millones y medio de personas, y la gran mayoría de ellas se centra en Nueva York; aproximadamente un millón de cubanos vive en la Florida y el resto está compuesto de centroamericanos, sudamericanos y españoles.

👥 **¿Cuántos somos?** Analiza la información presentada en esta **Ventana al mundo** y coméntala con un/a compañero/a. ¿Hay muchos hispanos en tu estado? ¿De qué origen es la mayoría de los hispanos que viven en tu estado? ¿Por qué crees que hay más hispanos en la zona sur del país? ¿De dónde son los hispanos que viven en los siguientes estados: Florida, Nueva York, Texas, California, Nuevo México y Arizona?

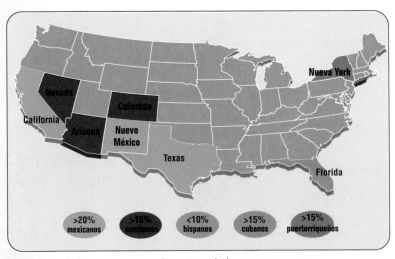

Porcentaje de hispanos, según la región de los EE.UU.

Anita, chica, no tengo cómo llegar a la universidad ahora. ¿Podrías llevarme en tu coche?

¿Cómo dices? No te entendí bien. Estaba distraída.

Así se dice

Cómo pedir aclaraciones

Review asking direct questions on page 421 in the *Cabos sueltos* section.
Cuando no comprendas lo que alguien dice, pídele que lo aclare, usando las siguientes expresiones.

¿Cómo dice(s)?	*What did you say?*
¿Qué quiere decir _____?	*What does _____ mean?*
¿Qué es lo que quiere(s) decir?	*What is it that you want to say?*
No sé si comprendo bien.	*I don't know if I understand correctly.*
¿Quiere(s) decir que…?	*Do you mean to say that …?*
No entendí bien.	*I didn't understand very well.*
No entiendo. ¿Puede(s) repetir, por favor?	*I don't understand. Can you repeat it, please?*

Cómo expresar acuerdo y desacuerdo

(No) Estoy de acuerdo.	*I (don't) agree.*	**A mí también.**	*Me too.*
Estoy en desacuerdo.	*I disagree.*	**A mí tampoco.**	*Me neither.*
A mí sí (no).	*Yes, I do (don't).*	**(Sí,) Yo también.**	*(Yes,) I do too.*
Yo sí (no).	*Yes, I do (don't).*	**(No,) Yo tampoco.**	*(No,) I don't either.*

Notes:

a. **También** is used to agree after an affirmative statement. **Tampoco** is used to agree after a negative statement.
   —En mi universidad, **hay** muchos estudiantes hispanos.
   —En mi universidad **también**.
   —Yo **no** sé cuántos hispanos viven en esta ciudad.
   —Yo **tampoco**.

b. **A mí sí / no / también / tampoco** are used to respond to a statement or a question with verbs like **gustar**.
   —**Me gusta hablar** con una persona bilingüe.
   —**A mí** también.

Suggestion for 2-13:
Tell students that they should not translate the cues word for word. They need to paraphrase what the cue suggests.

2-13 No entiendo bien. Imagina que eres un/a periodista que entrevista a un/a candidato/a hispano/a, pero tienes problemas para comprenderlo/a. En parejas, completen el siguiente diálogo según las claves entre paréntesis. Un/a estudiante será el/la candidato/a y otro/a será el/la periodista. Usen las expresiones para pedir aclaraciones donde sea posible.

CANDIDATO: (Dile que tú piensas que no hay suficientes candidatos hispanos en estas elecciones.)

PERIODISTA: (No entendiste una de las palabras que el/la candidato/a dijo.)

CANDIDATO: (Explica la palabra que él/ella no entendió.)

PERIODISTA: (Pregúntale cuál es su posición sobre la educación bilingüe.)

CANDIDATO: (Explica cuál es tu posición.)

PERIODISTA: (Dile si comprendiste bien lo que dijo y parafrasea su respuesta.)

CANDIDATO: (Respóndele si entendió bien o no.)

PERIODISTA: (Dale las gracias por la entrevista.)

CANDIDATO: (Responde.)

Suggestion for 2-14:
This activity may be used in a more communicative way by asking students to ignore the = and ≠ cues provided and to answer the questions in a personal way.
A second option is to have students sit in a circle to answer the questions and to follow the cues provided. The first student answers the questions, the second gives his/her opinion, and the third agrees or disagrees with the second student's answer. For example, E1: *Yo no hablo bien español.* E2: *Yo sí.* E3: *Yo también.* E4: *Yo no.* E5: *Yo tampoco…*

2-14 ¿Y tú? Reacciona a estos comentarios expresando acuerdo o desacuerdo, según las consignas del modelo. Luego, responde personalmente y, finalmente, comenta con otro/a compañero/a.

MODELO: *Hablo bien español. =*
Yo también.
Hablo bien español. ≠
Yo no.
No hablo bien español. =
Yo tampoco.
No hablo bien español. ≠
Yo sí.

1. Tenemos que trabajar este fin de semana. ≠ *Yo no.*
2. Lo que pasa es que ellos no comprenden a ese profesor. = *Yo tampoco.*
3. Tengo mucho que estudiar. = *Yo también.*
4. Vamos a comer ahora. ≠ *Yo no.*
5. A mí me encanta ir al cine. = *A mí también.*
6. A mí no me gusta almorzar temprano. = *A mí tampoco.*
7. Hoy no puedo salir. ≠ *Yo sí.*
8. No tengo mucho dinero. = *Yo tampoco.*
9. A nosotros nos gusta la película *El norte*. ≠ *A mí no.*
10. No puedo llevarte en coche. = *Yo tampoco.*

Suggestion for 2-14:
You may want to choose fewer items for students to practice this point. Ask them to do all the even or all the odd numbers.

2-15 La educación bilingüe. Un estudiante es el/la periodista y el/la otro/a es el representante de uno de estos/as candidatos/as políticos/as. Desarrollen un diálogo.

Suggestion for 2-15: Ask a few students to share their dialogue with the class.

PERIODISTA: Escribe tres preguntas sobre la educación bilingüe para hacerle al representante.

REPRESENTANTE: Lee la posición de estos/as candidatos/as y escoge uno para representar. Contesta las preguntas sobre la educación bilingüe que te va a hacer tu compañero/a según las ideas del/de la candidato/a.

Una candidata hispana.

Candidato de la lista azul

Yo estoy en contra de la educación bilingüe porque por 3 ó 4 años los niños latinos quedan físicamente separados de sus compañeros que hablan inglés. Eso equivale a segregarlos y no a integrarlos.

De todas maneras, si los que no hablan inglés reciben la enseñanza en inglés todos los días, todo el día, la mayoría de ellos aprenderá inglés al cabo de un año.

Candidato de la lista amarilla

Para algunos alumnos, la inmersión en inglés sí funciona. Para otros, especialmente los mayores, no es buena. Hay que mantener la flexibilidad.

Creo que este país necesita promover el uso de una segunda lengua, apoyando a otras culturas, lenguas y tradiciones.

Sigamos con las estructuras

Repasemos 1

Asking for definitions and choices: *¿Qué?* or *¿Cuál?*

—¿**Cuál** te gustó más, *El norte* o *Y no se lo tragó la tierra?*
—Me gustó más *El norte.* ¿**Qué** piensas tú de los actores?
—Creo que son muy buenos.

Complete the self-test on the **Atando cabos** web site. If you get less than 85%, you need to review this grammar point in the **Cabos sueltos** section, pp. 422–423. If you get above 85%, you can continue with the following activities.

2-16 Una fiesta. En la obra de la artista hispana Carmen Lomas Garza que aparece en la página 14, vemos una celebración en un barrio. Observa el cuadro, completa las frases con **qué**, **cuál** o **cuáles**. Luego, trabaja con otro/a compañero/a para contestar las preguntas.

1. ¿Para ___*qué*___ están reunidas estas personas? ¿___*Cuál*___ es el motivo de la celebración? ¿___*Cuál*___ es la relación entre los hombres que se saludan?

2. ¿___*Cuál*___ es la diferencia entre la ropa de las mujeres y la de los hombres? ¿___*Qué*___ te parece este modo de vestir? ¿___*Qué*___ lleva mucha gente en la cabeza? ¿Por ___*qué*___?

3. ¿___*Qué*___ hay sobre la mesa? ¿___*Cuáles*___ son tus preferidos? ¿___*Cuáles*___ son los platos típicos hispanos que conoces?

4. ¿___*Qué*___ crees que beben? ¿___*Cuáles*___ son las bebidas típicas de una fiesta de hoy en día?

5. ¿___*Qué*___ hacen los jóvenes a la derecha de la tienda? ¿___*Cuál*___ es su relación? ¿Tú sales con alguien?

Repasemos 2
Describing daily routines: Reflexive verbs

Yo **me preocupo** por sacar buenas notas; por eso, generalmente, **me levanto** temprano para estudiar.

Complete the self-test on the **Atando cabos** web site. If you get less than 85%, you need to review this grammar point in the **Cabos sueltos** section, pp. 423–425. If you get above 85%, you can continue with the following activities.

2-17 La rutina. Escribe una frase para describir cada imagen. Luego entrevista a otro/a estudiante para averiguar cuál es su rutina. Finalmente, informa a la clase. En la entrevista, haz más de una pregunta por imagen.

MODELO: *¿Te vistes antes o después de desayunar? ¿A qué hora aproximadamente? ¿Qué ropa llevas normalmente? ¿Qué desayunas? ¿Con quién desayunas? Etc.*

2-18 Preguntas personales. Contesten las siguientes preguntas en parejas.

1. ¿Cómo te diviertes tú? ¿Qué haces?
2. ¿Tus amigos y tú se adaptan fácilmente a nuevas situaciones?
3. ¿Te acuerdas de los números de teléfono con facilidad?
4. ¿Fue fácil mudarte a la universidad? ¿Quién te ayudó a mudarte?
5. ¿A quién te pareces tú? ¿Se parecen a ti tus hermanos/as?
6. ¿Qué cosas te preocupan?

2-19 ¿Quiénes somos? En parejas, miren estas fotografías y expliquen a qué se dedica cada una de estas personas. Después, busquen información sobre otros hispanos famosos y preparen un pequeño informe para la clase.

| a la política | a cantar | a la pintura y al arte | a la moda | al cine | a la música |

MODELO: *Sandra Cisneros se dedica a escribir.*

Suggestion for 2-19:
Make sure that the meaning of the sentence is clear: *dedicarse a* = to devote oneself to.

Expansion for 2-19:
Ask students to find more information about these people: *¿Dónde se criaron? ¿Con quién se casaron? ¿Cómo o dónde se prepararon para su carrera? etc.* They can report to the class the next day.

Answers for 2-19:
1. …a la moda 2. …al cine 3. …a la política 4. …a la música 5. …a cantar 6. …a la pintura y al arte 7. …a cantar 8. …a cantar

1. Carolina Herrera

2. Edward James Olmos

3. Henry Cisneros

4. Juan Luis Guerra

5. Gloria Estefan

6. Judy Baca

7. Rubén Blades

8. Shakira

Complete the self-test on the **Atando cabos** Companion Web site or in OneKey. If you get less than 85%, you need to review this grammar point in the **Cabos sueltos** section, p. 426. If you get above 85%, you can continue with the following activities.

Repasemos 3

Describing reciprocal actions: Reciprocal verbs

Mi hermana y yo **nos entendemos** bien. En cambio, mis primas no **se llevan** bien entre sí.

👥👥 **2-20 ¿Cómo se llevan?** Entrevista a un/a compañero/a para saber cómo se lleva con las distintas personas de su residencia y/o de su familia. Utiliza algunos de los siguientes verbos. Luego, prepara un informe para la clase con toda la información que tengas.

ayudarse	comunicarse	conocerse	contarse todo
detestarse	entenderse	criticarse	llevarse bien/mal
pelearse	saludarse		

Ventana al mundo

El español en EE.UU.

Comprehension questions: *¿Qué importancia tiene el español en los EE.UU. y cuáles son sus características? ¿Qué valor le dan los hispanos a la lengua? ¿Cuáles son las razones más importantes para estudiar español?*

Casi quince millones de personas en los Estados Unidos tienen como lengua materna el español. No es sorprendente que la lengua española llegue a veces a ocupar espacios que antes sólo tenía el inglés, especialmente en las áreas del comercio y la política. El español de los Estados Unidos tiene sus propias particularidades en vocabulario, giros idiomáticos y hasta en la sintaxis. Como es tan importante en este país, es de esperar que en el futuro llegue a influir en el español del resto del mundo.

Los hispanos consideran la lengua como un fuerte valor cultural y un elemento más de identidad cultural. Además, el prestigio del español crece constantemente a nivel internacional. Mucha gente lo aprende ahora para acceder al mercado hispano, para establecer contactos políticos y sociales, y para una nueva comunicación entre culturas. No hay duda de que el español es hoy parte de la educación y la imaginación norteamericana.

¿Por qué lo aprendes tú?

¿Puedes pensar en dos o tres motivos que te llevaron a elegir el español como lengua extranjera? En tu región, ¿se oye mucho español? ¿Aparece en publicidades y letreros en las calles? ¿Puedes dar algún ejemplo concreto?

Tienda hispana

Aprendamos 1

Expressing unintentional or accidental events: Reflexive construction for unplanned occurrences

Suggestion: Point out that this structure is very common in Spanish and that they should use it every time they forget, lose, break, or run out of something, in addition to all the other instances specified here.

It is very common in Spanish not to assign responsibility when something accidental or unintentional happens. In such a situation, the following construction is used. You will generally hear it used in the past tense.

se + indirect object pronoun + verb in the third person + noun

| Se | me | perd**ieron** (plural) | los pasaportes. |
| Se | le | perd**ió** (singular) | el permiso de trabajo. |

1. The verb agrees with the noun that follows (the subject). It may be in the third person singular or plural, according to the subject.

2. The indirect object pronoun (**me, te, le, nos, os, les**) refers to the person(s) involved in the action. To clarify to whom the pronoun refers, the phrase **a** + noun/pronoun may be used.

   A mi padre se **le** venció el pasaporte.   *My father's passport expired.*

3. This list presents some verbs commonly used with this construction.

Note: This list is considered active vocabulary for this chapter.

acabar	*to finish, run out*	**olvidar**	*to forget*
caer	*to fall, slip away*	**perder**	*to lose*
descomponer	*to break down*	**quedar**	*to remain*
escapar	*to escape*	**quemar**	*to burn*
ir	*to go, go away*	**romper**	*to break*
morir	*to die*	**vencer**	*to expire*
ocurrir	*to occur*		

This list of verbs is active vocabulary. Memorize them.

2-21 Un mal día. Con otro/a compañero/a, miren las imágenes. Describan las situaciones y expliquen si alguna vez les ha pasado algo similar.

Suggestion for 2-21: Encourage students to brainstorm what could go wrong during a bad day, in language related to the grammatical structure practiced in this activity.

2-22 ¿Qué les pasó a estas personas? Combinen los elementos de las tres columnas de una manera lógica. Pueden utilizar otras palabras si es necesario.

A mí	acabarse	el pasaporte
A ti	vencerse	el permiso de trabajo
A ella	olvidarse	la visa
A él	perderse	la autorización
A usted	romperse	los papeles para la visa
A nosotras	descomponer	la tarjeta de residencia permanente
A ellas		la computadora
A ustedes		el dinero

2-23 Díganlo con mímica. Formen dos equipos y escriban diferentes oraciones con los verbos que siguen. Luego, léanle la oración en voz baja a un/a compañero/a del equipo contrario. Esta persona debe comunicar la oración a través de la mímica a los otros miembros de su equipo para que ellos la adivinen.

acabarse	caerse	descomponerse	escaparse	irse
ocurrirse	olvidarse	perderse	quedarse	quemarse
morirse	romperse			

2-24 Cita con el/la profesor/a. Tenías una cita con tu profesor/a, pero llegaste muy tarde. Explícale lo que te pasó. Haz una lista de ideas, usando los verbos que expresan accidentes. Luego, con otro/a estudiante prepara un minidrama que represente la conversación.

Ventana al mundo

Comprehension questions: *¿A quiénes se refieren los chicanos cuando hablan de "La Raza"? ¿Cuál es el origen del nombre La Raza? ¿A qué llamó Vasconcelos la raza cósmica?*

La raza

La frase "la raza" es usada con orgullo por los chicanos para referirse al grupo de mexico-americanos que vive en el suroeste de los Estados Unidos. Esta palabra se empezó a usar en México a principios del siglo XX para describir la nueva identidad del pueblo mexicano durante un período de grandes cambios sociales. El intelectual José Vasconcelos propuso que la mezcla de la sangre indígena con la sangre europea había dado origen a una nueva raza: la raza mestiza, a la cual él le dio el nombre de "La raza cósmica". Ésta marcaría el camino para el resto del mundo. De aquí viene la costumbre practicada en toda América Latina de llamar el día que conmemora la llegada de los europeos (*Columbus Day*), el "Día de la raza". Este concepto fue adoptado también por los activistas chicanos quienes fundaron "La Raza Unida Party", que hoy en día se llama "Partido Nacional de la Raza Unida".

Manifestación política en Los Ángeles

El Partido Nacional de la Raza Unida. Investiga lo que es este partido estadounidense hispano, y trae la información para compartir con la clase.

Aprendamos 2

Expressing likes and dislikes: Verbs like *gustar*

The verb **gustar** has a different grammatical structure in Spanish than its English counterpart. Study the following constructions.

Spanish pattern:	indirect object	+	verb	+	subject
	(No) Me		**gusta**		**la comida puertorriqueña.**
English pattern:	subject	+	verb	+	direct object
	I		*(don't) like*		*Puerto Rican food.*

This list of verbs is active vocabulary. Memorize them.
These verbs follow the same pattern as **gustar**.

aburrir	*to bore*		**encantar**	*to delight, love*
caer bien/mal	*to suit/not to suit, to like/not like a person*		**entusiasmar**	*to be enthusiastic (about something)*
disgustar	*to annoy, displease*		**faltar**	*to be missing, lacking*
divertir	*to have fun, amuse*		**fascinar**	*to fascinate*
importar	*to matter, to be important, to care about*		**fastidiar**	*to vex, disappoint*
			molestar	*to bother*
interesar	*to interest*		**parecer**	*to seem*
			quedar	*to remain, have left*

Note: This list is considered active vocabulary for this chapter.

1. In Spanish, the subject generally comes after the verb. It indicates the person or thing affecting the recipient of the action.

   Nos falta **la tarjeta de residente**.   *We are missing the permanent*
            subject   *resident card.*

2. The recipient of the action is indicated by the indirect object.

   Le encanta el ron cubano.   *He loves Cuban rum.*

3. In this structure, the verb is in the third person either singular or plural, depending on the subject. When followed by an infinitive or series of infinitives, the verb is singular.

   Nos interesa la arquitectura de   *We are interested in the architecture*
     las misiones.   *of the missions.*
   Me interesan las ideas políticas   *I am interested in the political ideas*
     de Henry Cisneros.   *of Henry Cisneros.*
   ¿Te gusta bailar salsa?   *Do you like to dance salsa?*

   Note: It is possible for the subject to be in the first or second person, the verb agrees accordingly. Consider these examples. Me gustas tú. *I like you.* ¿Te caigo bien (yo)? *Do you like me?*

4. A prepositional phrase **a** + noun or prepositional pronoun is used to clarify or emphasize the indirect object.

A la abuela le gusta hablar sobre su juventud en Puerto Rico.

My grandmother likes to talk about her youth in Puerto Rico.

¿A Uds. les divierte esa película?

Is that movie fun for you people?

Suggestion: Emphasize the use of the prepositional pronoun. To reinforce this point, ask students to use them in the following exercises. Students sometimes make the mistake of using the personal pronouns with this structure.

Note: Prepositional pronouns follow the prepositions.

Prepositional pronouns

mí	nosotros/as
ti	vosotros/as
él/ella/Ud.	ellos/ellas/Uds.

Note: After the preposition **con,** the first and second person become **conmigo** and **contigo.**

Note for 2-25 to 2-29: There is a variety of exercises here. You may want to skip the more mechanical ones and focus on the communicative activities.

2-25 Me divierte mucho. Escribe en un papel una oración con cada uno de estos verbos para expresar tus gustos y preferencias. Entrégaselo a tu profesor/a. Luego, él/ella repartirá los papeles entre los estudiantes. Lee el mensaje que te toque y hazles preguntas a tus compañeros acerca de sus gustos y preferencias hasta descubrir de quién es la información.

Suggestion for 2-25: Allow a few minutes for students to write their preferences. Then collect the papers, fold them, and distribute them to the class. Try to mix the papers so each student gets a paper other than his/her own. Ask students to circulate as they ask these questions.

> encantar   divertir   aburrir   molestar   interesar

2-26 Entrevista. Forma preguntas con estas frases. Luego, interroga a tus compañeros/as hasta encontrar cinco personas que respondan afirmativamente a estas ideas. Informa a la clase sobre sus preferencias.

1. encantar / la música latina
2. importar / los problemas raciales
3. disgustar / las leyes de inmigración
4. fascinar / otras culturas
5. interesar / los programas hispanos de la televisión

Suggestion for 2-26: Students should circulate as they ask these questions.

2-27 ¿Qué gustos tienen? Tú quieres saber cómo son los amigos de tu compañero/a. Pregúntale qué piensan sus amigos sobre los siguientes puntos. Agrega dos preguntas a la lista siguiente. Después, contesta las preguntas de tu compañero/a sobre tus amigos.

MODELO: disgustarle / las personas racistas
      E1:   *¿A quién le disgustan las personas racistas?*
      E2:   *A mi hermana le disgustan las personas racistas.*

1. gustarle / la comida tejano-mexicana
2. molestarle / la injusticia social
3. interesarle / la literatura chicana
4. importarle / la situación de los ilegales
5. disgustarle / el bilingüismo

2-28 Pronósticos. Debes escribir tres cosas que tú crees que a otros/as compañeros/as (no) les gustan, les encantan, les interesan, etc. Luego, vas a leerle tu pronóstico al resto de la clase y los estudiantes mencionados deberán confirmar tus pronósticos o corregirlos.

MODELO: E1: *Yo creo que a E2 le molestan las personas intolerantes.*
E2: *Sí, a mí me molestan las personas intolerantes.*

 **2-29 ¿Te gustan las cosas hispánicas?** En parejas, deben averiguar tres cosas que a ambos les gustan, les interesan, etc., y tres que a uno/a le gustan, interesan, etc., y al/a la otro/a no. Luego, deben informar a la clase de sus resultados. Usen estos temas como guía.

MODELO: una película española
E1: *¿Qué película española te gusta más?*
E2: *Me encanta la película de Almodóvar* Hable con ella. *¿Y a ti?*
E1: *A mí también me gusta Almodóvar. Sobre todo la película* La flor de mi secreto. *(A mí no me gusta Almodóvar. Me gusta más Trueba como director.)*

1. un restaurante latino
2. un programa de televisión hispano
3. un grupo musical hispano
4. una comida hispana
5. un/a escritor/a latinoamericano/a
6. una película con temas biculturales

Boletín

Los chicanos

Los chicanos constituyen la minoría hispana que crece más rápidamente. Hoy en día hay 20 millones de chicanos en los EE.UU. Se calcula que en los próximos 20 años van a ser la minoría más grande del país.

Mariachis

Diario

Escribe un párrafo sobre las cosas o actividades de tu vida diaria que te encantan y las que no te gustan. Explica tus razones con claridad.

Conversemos sobre las lecturas

Antes de leer

Estrategia de lectura: *Scanning*

Scanning is the strategy used when we want to find specific information in a passage without reading the entire text. We practice scanning when we highlight parts of a reading passage to which we want to pay special attention.

2-30 **El mural.** Estudia los distintos elementos del siguiente mural. Luego, lee la información sobre los chicanos y busca los valores de la cultura chicana que se ven reflejados en el mural. Para esto, tendrás que seleccionar las oraciones que hablan específicamente de los valores culturales.

Los chicanos

Los chicanos son personas de origen mexicano nacidas en los Estados Unidos. La mayoría vive en el suroeste de los Estados Unidos. Algunas familias se establecieron allí hace muchos años, cuando esa parte del país era parte de México (antes de 1848). Otras familias descienden de inmigrantes más recientes. La cultura chicana, "la raza", se caracteriza por la lealtad (*loyalty*) a su comunidad, por el compadrazgo, por la lucha por la autodeterminación, y por un gran orgullo por su herencia cultural. Ésta es una combinación de la cultura indígena y la española, a la que se le suma la experiencia de vivir en un país de habla inglesa. Este grupo tiene su propia lengua, el **Spanglish**, que es una mezcla de inglés y español, también llamada **pocho** o **caló** en círculos académicos. Algunas expresiones de la cultura chicana son los murales de Los Ángeles y San Francisco, la literatura bilingüe, la música de los mariachis y comidas tales como el burrito, la tortilla, el pozole, el mole y el menudo, entre muchas otras.

Suggestion: Remind students that they saw the concept of **compadrazgo** in Chapter 1, p. 18. Check whether they remember what it means.

Suggestion: Clarify the meaning of the word **raza.** See **Ventana al mundo** page 52.

Warm-up: Ask students what the term **chicano** means to them. Then ask them to read the paragraph and follow up with comprehension questions. ¿Cuál es el origen de los chicanos? ¿Cuántos años hace que los chicanos viven en los Estados Unidos? ¿Cuál es la relación del chicano con su comunidad? ¿Qué tradiciones se mezclan en la cultura chicana? ¿Cómo se llama la lengua que hablan los chicanos?

Ventana al mundo

El pocho

Ejemplo de pocho, escrito por Jorge Ulica.

La Sra. Pellejón me ha enviado esta carta:
—Le mando ésta por especial de liver. Quiero reportarle que voy a cambiar mi second neim, que no suena veri güel, por su translécion en inglés. En vez de Pellejón voy a nominarme Skinejón, que es casi di seim. Así, mi difunto, a quien Dios tenga en el jiven, no cogerá truble ni se pondrá yelous.
   Eulalia Skinejón

Spanglish. ¿Cuántas palabras en "Spanglish" hay en este párrafo?

Ejemplo de "Spanglish"

VOCABULARIO DE LAS LECTURAS

Estudia estas palabras para comprender mejor los textos.

Vocablo		Palabra en uso
el algodón	cotton	Recoger **algodón** es un trabajo duro.
bonito/a	pretty	¡Qué **bonita** te ves con ese vestido rosa!
cruzar	to cross	Muchos **cruzan** la frontera ilegalmente.
de súbito	all of a sudden	Nos sorprendió cuando, **de súbito,** habló en inglés.
empujar	to push	Tuvimos que **empujar** el coche cuando se descompuso.
gritar	to scream, to shout	El niño **grita** sin razón.
grueso/a	thick	La mujer tiene dedos **gruesos**.
hartarse	to be fed up	Los braceros **se hartaron** de trabajar por poco dinero.
la herencia cultural	cultural heritage	Soy cubana. Ésa es mi **herencia cultural**.
el hogar	home	No hay ningún lugar como tu propio **hogar**.
jalar (halar)*	to pull	**Jale (Hale)** la puerta para abrirla.
llorar	to cry	¡No **llores** más, mi niña!
solo/a	alone	Ella está **sola** en este país. No tiene a nadie.
suave	soft	La mujer tiene una voz muy **suave**.
suspirar	to sigh	**Suspira** cada vez que habla de su país.

* **Halar** se considera más formal; **jalar** menos.

Nota: En esta lectura también aparecen varios diminutivos. Repasa el uso de los diminutivos en la página 427 de la sección *Cabos sueltos*.

2-31 Relaciones. Escoge la palabra de la lista **A** que se relaciona con cada oración de la lista **B**.

A

1. __b__ bonita
2. __c__ jalar (halar)
3. __a__ de súbito
4. __e__ hartarse
5. __d__ sola
6. __g__ llorar
7. __f__ hogar

B

a. **De pronto** entendí que no iba a volver a verla.
b. La mujer es gorda y **linda**.
c. Es lo opuesto de **empujar**.
d. Se dice de una persona que **no tiene a nadie**.
e. Estoy **muy cansada** de este trabajo. Voy a dejarlo.
f. Es el **lugar donde vives** con tu familia.
g. Hago esto cuando estoy muy **triste**.

2-32 ¿Y tú qué dices? Escoge la palabra de la lista que mejor complete las oraciones. Haz los cambios necesarios.

algodón	cruzar	gritar	grueso	suave	suspirar

1. Cuando alguien habla en voz muy alta, _____grita_____.

2. Tienes que esperar para _____cruzar_____ la calle cuando el semáforo está en rojo.

3. Este vestido es de _____algodón_____.

4. La niña tiene una piel muy _____suave_____.

5. Está enamorada de un muchacho extranjero; ella _____suspira_____ porque no se ven mucho.

6. Tiene los labios _____gruesos_____.

Note: The reading "No Speak English" presents the nostalgic feelings for something dear and well known to us. Encourage students to share the feelings they experienced at times when they were separated from people or things dear to them.

2-33 Lejos de mi hogar. ¿Cómo se sienten ustedes cuando están lejos de sus seres queridos, de sus amigos, de su casa? En parejas, escriban una lista de adjetivos que describan cómo se sienten ustedes cuando están lejos de su casa y de sus seres queridos. Expliquen por qué.

MODELO: *Siento nostalgia. Mi hermana y yo somos muy compañeras y nos contamos todo. Ahora no puedo hablarle tanto como antes.*

Lectura

Sandra Cisneros (1954)

Sandra Cisneros nació en Chicago y vive en San Antonio, Texas. Es una de las narradoras chicanas que más premios ha ganado por su poesía y sus obras de ficción. Esta selección es un capítulo del libro *La casa en Mango Street*, traducido por la escritora mexicana Elena Poniatowska. En este capítulo, la protagonista de la novela, Esperanza Cordero, describe a su nueva vecina Mamacita y a su esposo.

No Speak English

Mamacita es la mujer enorme del hombre al cruzar la calle, tercer piso al frente. Rachel dice que su nombre debería ser Mamasota, pero yo creo que eso es malo. El hombre ahorró su dinero para traerla. Ahorró y ahorró
5 porque ella estaba sola con el nene-niño en aquel país. Él trabajó en dos trabajos. Llegó de noche a casa y salió tempranito. Todos los días.

    Y luego un día Mamacita y el nene-niño llegaron en un taxi amarillo. La puerta del taxi se abrió como el brazo de un mesero. Y va saliendo un zapatito
10 color de rosa, un pie suavecito como la oreja de un conejo°, luego el tobillo° grueso, una agitación de caderas°, unas rosas fucsia y un perfume verde. El hombre tuvo que jalarla, el chofer del taxi empujarla. Empuja, jala. Empuja, jala. ¡Puf!

    Floreció° de súbito. Inmensa, enorme, bonita de ver desde la puntita rosa
15 salmón de la pluma° de su sombrero hasta los botones de rosa de sus dedos del pie. No podía quitarle los ojos a sus zapatitos.

    Arriba, arriba, arriba subió con su nene-niño en una cobija azul, el hombre cargándole° las maletas, sus sombrereras color lavanda, una docena de cajas de zapatos de satín de tacón alto. Y luego ya no la vimos.

20   Alguien dijo que era porque ella es muy gorda, alguien que por los tres tramos de escaleras°, pero yo creo que ella no sale porque tiene miedo de hablar inglés, sí, puede ser eso, porque sólo conoce ocho palabras: sabe decir He not here cuando llega el propietario°, No speak English cuando llega cualquier otro y Holy smokes. No sé dónde aprendió eso, pero una vez oí que lo dijo y me sorprendió.

25   Dice mi padre que cuando él llegó a este país comió jamanegs durante tres meses. Desayuno, almuerzo y cena. Jamanegs. Era la única palabra que se sabía. Ya nunca come jamón con huevos.

    Cualesquiera° sean sus razones, si porque es gorda, o no puede subir las escaleras, o tiene miedo al idioma, ella no baja. Todo el día se sienta junto° a la

rabbit / ankle

hips

She came out all of a sudden
feather

carrying

flight of stairs

owner

whatever
by, next to

seagull

35 ventana y sintoniza el radio en un programa en español y canta todas las
canciones nostálgicas de su tierra con su voz que suena a gaviota°.

dazzling

Hogar. Hogar. Hogar es una casa en una fotografía, una casa color de rosa,
rosa como geranio con un chorro de luz azorada°. El hombre pinta de color de
rosa las paredes de su departamento, pero no es lo mismo, sabes. Todavía suspira

llorar 40 por su casa color de rosa y entonces, creo, se pone a chillar°. Yo también lloraría.

Algunas veces el hombre se harta. Comienza a gritar y puede uno oírlo calle abajo.

Ay, dice ella, ella está triste.

Oh, no, dice él, no otra vez.

¿Cuándo, cuándo, cuándo?, pregunta ella.

45 ¡Ay, caray! Estamos en casa. Esta es la casa. Aquí estoy y aquí me quedo.
¡Habla inglés!, speak English, ¡por Dios!

had broken / thread / alive

¡Ay!, Mamacita, que no es de aquí, de vez en cuando deja salir un grito, alto,
histérico, como si él hubiera roto° el delgado hilito° que la mantiene viva°, el
único camino de regreso a aquel país.

50 Y entonces, para romper su corazón para siempre, el nene-niño que ha
comenzado a hablar, empieza a cantar el comercial de la Pepsi que aprendió de la
tele. No speak English, le dice ella al nene-niño que canta en un idioma que suena

tin

a hoja de lata°. No speak English, no speak English. No, no, no. Y rompe a llorar.

Follow-up for 2-34:
Ask students to find the phrases in the text that justify their answers. Do this for exercise **2-35** and **2-36** also.

2-34 ¿Quién es? ¿Mamacita o el hombre? Escoge el personaje que corresponde a cada una de estas oraciones, según la lectura. Busca las citas correspondientes en la lectura.

MODELO: *Escucha en el radio un programa en español.* *Mamacita*
Pinta las paredes de rosa. *el hombre*

1. Ahorró su dinero. ___el hombre___
2. Trabajó en dos trabajos. ___el hombre___
3. Es muy bonita de ver. ___Mamacita___
4. No sale de su casa. ___Mamacita___
5. No habla inglés. ___Mamacita___
6. Se sienta junto a la ventana. ___Mamacita___
7. Canta canciones de su país. ___Mamacita___
8. Grita cuando está harto. ___el hombre___

Suggestion for 2-35:
Remind students of the rules for the formation of diminutives. Generally, words ending in **o/a** drop the **o/a** and add **-ito/a**: **mesita, librito**; and words ending in **e** or consonant add **-cito/a**: **hombrecito, mujercita.** See the complete explanation in **Cabos sueltos,** p. 427.

2-35 ¿Cómo es Mamacita? Describan a Mamacita según la información en el texto. Usen estas preguntas como guía. Luego, presenten la información a la clase en forma de párrafo.

1. ¿De qué tamaño es Mamacita?
2. ¿Es Mamacita linda o fea?

3. ¿De qué color es la pluma de su sombrero?

4. ¿Cómo son sus zapatos?

5. ¿Cuánto sabe de inglés?

6. ¿Cómo sabemos que tiene nostalgia por su país de origen?

7. ¿Qué hace cuando se siente muy mal?

8. ¿Cuál es la imagen general que tú tienes de Mamacita?

2-36 Mamacita y Rosa. ¿Qué opinión tienen sobre Mamacita? Comparen a Mamacita con Rosa, la protagonista de la película *El norte*. ¿Cómo reaccionan Mamacita y Rosa frente a la cultura de su nuevo país? Piensen en el trabajo, el aprendizaje del inglés, los nuevos amigos, la integración a la nueva cultura, la relación con su país de origen, etc.

2-37 ¿Qué les pasa? En parejas, expliquen lo que pasa en la vida de los personajes. ¿Cómo se sienten y qué hacen?

MODELO: El hombre se siente cansado porque __*trabaja día y noche*__ .

1. El hombre trabaja mucho porque _____.

2. Mamacita no sale de su apartamento porque _____.

3. Mamacita siente nostalgia por su país por eso _____.

4. Pintan de color rosa las paredes del apartamento porque _____.

5. El hombre se siente frustrado porque _____.

6. Mamacita no quiere que el nene-niño cante en inglés porque _____.

2-38 ¿Qué o a quién extrañas tú? Todos tenemos nostalgia de algo. Haz una lista de lugares, cosas, personas o animales que tú extrañas. Luego, explícale a tu compañero/a lo que extrañas y por qué.

MODELO: animales
Yo extraño a mi perrita porque ella me despertaba todas las mañanas y ahora tengo que poner el reloj despertador.

	Razones
lugares	
personas	
cosas	
animales	

Answers for 2-35:
1. *Mamacita es una mujer enorme. (line 1) Mamasota, (line 3) Inmensa, enorme, (line 20)…porque es muy gorda. (line 14) 2. Es linda. (line 14) bonita de ver (line 14) 3. Es rosa salmón. (line 14) 4. Son de satín de tacón alto. (line 19). 5. Sólo conoce ocho palabras en inglés. (lines 22–24) 6. Porque escucha la radio en español y canta las canciones nostálgicas de su país. (line 35) Tiene una fotografía de su casa en el otro país. (line 37) 7. Chilla y llora. (line 40) 8. Answers vary.*

Answers for 2-37:
1. *…quiere ahorrar su dinero para traer a su mujer y a su hijo del país donde viven.*
2. *No sabemos exactamente por qué no sale del apartamento. Algunos dicen que es porque es gorda, otros dicen que es porque no quiere bajar y subir los tres tramos de la escalera y otros dicen que no sale porque tiene miedo de hablar inglés.*
3. *…escucha un programa de español en la radio donde ponen canciones de su tierra. Ella canta junto a la radio con nostalgia.*
4. *…su casa en su país es rosa también. El hombre la pinta de rosa para que ella se sienta mejor y no extrañe tanto su país.*
5. *…no puede hacer feliz a su mujer y ella no entiende que ésta es su nueva casa, el lugar donde van a vivir sus vidas.*
6. *…el idioma le suena a hoja de lata. Pero en realidad es otro símbolo de que los lazos con su país de origen se van rompiendo poco a poco. Es otra forma de alejarse de su país.*

Suggestion for 2-38:
A simpler structure may be used in the exercise: *Extraño mi casa porque es muy cómoda. Extraño mi cama porque es más grande que la cama que tengo en la universidad.*

Poema

Suggestion: Have students read the poem aloud so they can hear the rhythm of the repetition and understand how this rhythm helps set the mood of the poem.

Octavio Ignacio Romano-V. (1923–2005)

Octavio I. Romano-V. nació en la Ciudad de México y estudió en los Estados Unidos, donde obtuvo un doctorado en antropología de la Universidad de Berkeley. Enseñó en la Universidad de Arizona y allí escribió diferentes cuentos, ensayos y poemas. Este poema apareció en el libro de literatura chicana *El espejo*°. A través de la repetición, el poema transmite el duro trabajo de los que cosechan el algodón bajo el sol ardiente del verano.

the mirror

Plegaria°

prayer

dawn

Al amanecer° salieron todos a la pisca de algodón

el padre

la madre

sol que quema los hijos

5 las hijas

y la abuela también

Al amanecer salieron todos vestidos de ropa de algodón

las camisas

los pantalones

10 sol que quema las blusas

petticoats las enaguas°

calcetines

man's underwear calzoncillos°,

falda—faldita y faldillas° también

15 Horas después, al bajar el sol, regresaron todos del algodón

con caras de algodón

sol que quema brazos de algodón

manos de algodón

breath aliento° de algodón

lungs 20 pulmones° de algodón

kidneys riñones° de algodón

algodonosos y algodonados

volvieron todos así

Al día siguiente salieron todos a la pisca otra vez

25 sol que quema

Al día siguiente salieron todos a la pisca otra vez

sol que quema

Al día siguiente salieron todos a la pisca otra vez

sol que quema

30   quémame a mí

En lugar de los niños que nada te han hecho

quémame a mí

En lugar de los padres que nada te han hecho

quémame a mí

35 En lugar de los abuelos que nada te han hecho

quémame a mí

sol que quema

quémame a mí

2-39 ¿Qué dice el poema? En parejas, contesten las siguientes preguntas.

1. ¿Quiénes van a piscar algodón?
2. ¿A qué hora salen? ¿A qué hora vuelven?
3. ¿Por qué es un trabajo duro? ¿Qué nos da la idea de que es un trabajo difícil?
4. El poema habla de los niños, los padres y los abuelos. ¿Crees que son los parientes del narrador o se refiere a todos los que hacen este trabajo en general?
5. ¿Qué transmite el poema a través de las repeticiones?
6. ¿Cuál es el tono del poema? ¿Es un tono feliz, triste, cansado o pesimista?
7. ¿Por qué repite el narrador la frase "quémame a mí"?
8. ¿Qué sentimiento te produce el poema?

2-40 Te ganarás el pan con el sudor (*sweat*) de tu frente. Lean esta estrofa y expliquen lo que el poeta quiere decir. ¿Qué significa para ustedes?

Horas después, al bajar el sol, regresaron todos del algodón

     con caras de algodón

sol que quema   brazos de algodón

     manos de algodón

     aliento de algodón

     pulmones de algodón

     riñones de algodón

     algodonosos y algodonados

     volvieron todos así

Answers for 2-39:
1. …el padre, la madre, los hijos, las hijas y la abuela. 2. Salen al amanecer y vuelven al atardecer (al bajar el sol). 3. Porque trabajan bajo el sol que quema todo el día. La repetición de la frase "sol que quema" nos da la idea del trabajo agobiante de los que trabajan en el campo. 4. No son los padres del poeta sino que se refiere a todos los trabajadores migratorios que van de campo en campo siguiendo la cosecha. 5. Transmite la monotonía del trabajo. Es siempre lo mismo, día tras día. Además, transmite el cansancio que deben sentir los trabajadores bajo el sol "sol que quema." 6. Es cansado, triste. 7. Él quiere salvar a su gente del árduo trabajo. Quiere ser él quien los protege. 8. Answers may vary.

Suggestion for 2-40:
Clarify the meaning of the title of this activity: "You will earn your keep by the sweat of your brow."

Boletín

NAFTA

NAFTA—el *North American Free Trade Agreement*, que tenía como propósito inciar la eliminación de barreras económicas entre los EE.UU., Canadá y México—ha perjudicado al campesino mexicano porque éste no puede competir en el mercado con los productos estadounidenses. El campesino mexicano tiene una producción pequeña, comparada con las grandes compañías agrícolas estadounidenses. Además, los productos de los EE.UU. están subvencionados por el estado, mientras que los campesinos mexicanos no tienen ninguna ayuda estatal. Así, en el supermercado, una costilla de cerdo mexicana cuesta más que una estadounidense. Muchos dueños de campos de tamaño mediano han tenido que reducir su personal, y algunos hasta se han visto obligados a vender sus tierras porque no pueden mantenerlas.

2-41 ¡Qué difícil! Piensa en una actividad que tuviste que hacer y que fue muy dura para ti. Cuéntasela a tu compañero/a. Usa estas preguntas como guía.

1. ¿A qué hora empezó? ¿A qué hora terminó?
2. ¿Dónde tuvo lugar?
3. ¿Qué tenías que hacer?
4. ¿Con quién hiciste la actividad?
5. ¿Cómo estabas vestido/a?
6. ¿Qué aprendiste?
7. ¿Te gustaría volver a hacerlo aunque fuera difícil?

Avancemos con la escritura

Antes de escribir

Estrategia de escritura: *The report*

The purpose of expository writing is to inform the reader about a specific topic. The expository piece may use various techniques to convey its message. For example, it may choose to analyze or simply to describe a situation, or it may compare and contrast this situation to another.

In order to present your information clearly, here are four steps to follow:

1. Introduce the problem or topic you want to discuss. This is your thesis.
2. Present details about the situation to support your thesis. Collect specific data and present it clearly.
3. Conclude with possible solutions or perceived consequences, or re-state the problem in different terms.
4. Always keep your audience in mind.

2-42 Un día de trabajo para una familia de trabajadores migratorios. En parejas, hagan una lluvia de ideas de lo que imaginan que hace una familia de trabajadores migratorios desde que se despierta hasta que se acuesta. Usen los verbos reflexivos donde sea apropiado. Luego, compartan sus ideas con la clase.

2-43 Investigación. Ahora, vas a escribir un ensayo sobre la situación de los trabajadores migratorios. Para eso, tienes que investigar en Internet cuál es la situación de los trabajadores migratorios en los Estados Unidos en este momento. Busca información que conteste las siguientes preguntas.

1. ¿Dónde se concentra la mayor población de trabajadores migratorios?
2. ¿En qué tipos de cultivos trabajan?
3. ¿En qué épocas del año hay más trabajo?
4. ¿Cuántas horas al día trabajan? ¿Dónde y cómo viven?

Suggestion for 2-43: Ask students to find this information and bring it to class to discuss it in groups. Suggest that one person take notes and present a summary to the class. You may want to consider this topic for a more comprehensive roundtable discussion with the whole class.

Suggestion: Ask your students to find information about NAFTA and report to the class. What is it? What are its advantages and disadvantages? This may be used as a warm-up for the activities in **Avancemos con la escritura**.

5. ¿De qué nacionalidad son por lo general?

6. ¿Cuáles son algunas de las causas que llevan a familias enteras a dedicarse a este tipo de trabajo?

A escribir

2-44 **La situación de los trabajadores migratorios.** Escribe un informe sobre los trabajadores migratorios en los Estados Unidos. Toma una posición y explica cuál es su situación en general, cuántas horas trabajan, lo que se les paga, cómo es su día, la vida de la familia, cómo y dónde viven, etc. Sigue las pautas que se explican en la introducción a esta sección. Usa la información que has encontrado en Internet en el ejercicio **2-43**.

Antes de entregar tu informe, asegúrate de haber incluido y revisado lo siguiente:
- Los verbos reflexivos
- Las **Expresiones útiles**
- Los verbos como **gustar**
- El **se** con los verbos que expresan acciones accidentales

Atando cabos
¡Viva la diferencia!

En esta parte del capítulo, vas a realizar actividades para reflexionar sobre la discriminación.

Calle ocho, en Miami

Barrio puertorriqueño, en Nueva York

2-45 **Discriminación.** Casi todos en algún momento de la vida nos sentimos discriminados. ¿Alguna vez te sentiste discriminado/a? Explícale a otro/a estudiante cuándo, cómo y por qué piensas que te discriminaron. Intenta explicar también qué sentiste en ese momento.

Warm-up for 2-46:
Ask students to define what a "stereotype" is for them, and how it is different from a "characteristic." Basically, stereotype is very close to prejudice, and is a situation in which an individual is judged solely because he/she is a member of a certain group. It is also the result of a superficial assessment of the other person. It is a sweeping generalization. The recognition of characteristics, on the other hand, requires more deductive consideration, often based on interaction and dialogue. It involves perception of the other's reality from the other's perspective and an awareness based on facts.

2-46 Asociaciones. ¿Con qué elementos de la siguiente lista asociarías a los puertorriqueños, cubanos y mexicanos? Expliquen el por qué de sus asociaciones. Digan si son estereotípicas o son características por las cuales se reconocen los miembros del grupo. Luego, piensen en tres estereotipos sobre el grupo al que ustedes pertenecen. Comparen sus respuestas con las de otros/as estudiantes de la clase.

1. los mariachis
2. Fidel Castro
3. los nuyorricans
4. las margaritas, las bebidas con tequila
5. Miami
6. los puros y el ron
7. Texas, Nuevo México y California
8. la salsa, el merengue, la rumba, el bolero, etc.
9. Gloria Estefan
10. los trabajadores migratorios

2-47 ¿Quién será? En una hoja de papel, escribe cinco oraciones sobre la cultura hispana, usando los verbos dados. Luego, dobla el papel y dáselo a tu profesor/a. Tu profesor/a va a mezclar los papeles de toda la clase y los va a volver a repartir. Ahora, con la información que aparece en el papel que te tocó, debes hacerles preguntas a otros/as estudiantes hasta encontrar a la persona que escribió esas cinco cosas.

aburrir	gustar	encantar	molestar
caer bien	divertir	interesar	fastidiar

2-48 Prejuicios. En todas las sociedades hay personas con prejuicios.

Paso 1.   ¿A quién? Conjuga los siguientes verbos de la forma apropiada y, luego, piensa en alguien que conozcas que estaría de acuerdo con la frase. Selecciona la afirmación que más te interesa y busca argumentos a favor y en contra de la misma.

MODELO: poner nervioso/a / no entender el inglés de inmigrantes
A mi hermana la pone nerviosa no entender el inglés de los inmigrantes.

1. molestar / pagar impuestos para la educación bilingüe en tu estado
2. caer mal / los inmigrantes que no hablan inglés
3. gustar / los ritos de una religión diferente de la tuya
4. preferir / que no den tarjetas de residente a personas de determinados países. (ej. mexicanos, argentinos, israelíes, chinos, árabes, etc.)
5. preocuparse / por los inmigrantes
6. parecer / bien tomar un examen de inglés antes de ser otorgado/a la tarjeta de residencia
7. detestar / la ropa que usan algunas personas
8. fastidiar / que las personas usen símbolos que representan su religión, por ejemplo: cruces, turbantes, etc.
9. molestar / que se gaste dinero en programas sociales para extranjeros

Paso 2. Debate. Divididos en dos grupos, presenten argumentos a favor o en contra de las afirmaciones del **Paso 1**.

2-49 Propuesta. Piense en cinco maneras de evitar los prejuicios y expliquen cinco cosas que cada cual debería o podría hacer para solucionar los problemas producidos por los prejuicios, la intolerancia y la discriminación.

MODELO: *Hay que pensar en maneras de educarnos para aceptar a los otros. Tengo que reflexionar sobre mis prejuicios.*

Boletín

La salsa
¿Sabías que la venta anual de salsa en los EE.UU. es mayor que la de ketchup?

2-50 Problema generacional, problema bicultural. El problema generacional es más agudo en las familias de inmigrantes donde los hijos son parte de la cultura del país adoptivo mientras que los padres no están completamente adaptados. Lee el siguiente poema y contesta las preguntas con un/a compañero/a.

Suggestion for 2-50:
Point out that it is common for children of immigrants to reject the language and culture of their parents while growing up in a new country. Ask them why they think this is the case.

M'ijo no mira nada

de Tomás Rivera

—Mira, m'ijo, qué rascacielo.
"Does it reach the sky and heaven?"
—Mira, m'ijo, qué carrazo.
"Can it get to the end of the world?"
—Mira, m'ijo, ese soldado.
"¿Por qué pelea?"
—Mira, m'ijo, qué bonita fuente.
"Yes, but I want to go to the restroom."
—Mira, m'ijo, qué tiendota de J. C. Penney,
allí trabajarás un día.
"Do you know the people there, daddy?"
—No, vámonos a casa,
tú no miras nada.

1. ¿Qué cosas le enseña el padre al hijo?
2. ¿En qué lengua habla el padre?
3. ¿En qué lengua le contesta el hijo?
4. ¿Por qué el padre le dice "tú no miras nada"?
5. Expliquen el conflicto que presenta el poema.
6. Propongan algunas soluciones.

2-51 ¿Por qué emigran de su país? Hay muchas razones por las cuales los hispanos dejan su país para venir a vivir en los Estados Unidos. ¿Qué razones tendrían estas personas para establecerse en los Estados Unidos? En parejas, escriban para cada persona tantas razones como se les ocurran.

1. un campesino mexicano pobre
2. una científica argentina
3. una médica peruana
4. un disidente político salvadoreño
5. una mujer indígena guatemalteca
6. una familia puertorriqueña
7. un profesor cubano
8. una ingeniera electrónica venezolana

Vocabulario

Los hispanos

el bienestar	*welfare*	**la lucha**	*struggle, fight*
el bracero	*person working in the fields*	**el maltrato**	*abuse, mistreatment*
el campo	*field, countryside*	**la mano de obra**	*labor force, manpower*
la cosecha	*harvest*	**la migra**	*immigration agents*
el coyote	*smuggler (of people)*	**el permiso de trabajo**	*work permit*
la frontera	*border*	**la tarjeta de residente**	*permanent residence card*
la herencia cultural	*cultural heritage*	**el/la trabajador/a migratorio/a**	*migrant workers*
el/la indocumentado/a	*person without legal documents*		

Sustantivos

el algodón	*cotton*	**el orgullo**	*pride*
el/la antepasado/a	*ancestor*	**la paga**	*pay*
la desigualdad	*inequality*	**la población**	*population*
el hogar	*home*	**el prejuicio**	*prejudice*
la igualdad	*equality*	**el racismo**	*racism*
el/la indígena	*native person*	**la raza**	*race*
la injusticia	*injustice*	**el salario mínimo**	*minimum wage*
la lengua materna	*mother tongue*	**el sueldo**	*salary*
el nivel de vida	*standard of living*	**la violencia**	*violence*
el oficio	*trade*		

Verbos

Las listas de verbos en las págs. 51 y 53, **Aprendamos 1** y **Aprendamos 2** deben ser parte de tu vocabulario.

adaptarse	*to adapt*	**emigrar**	*to emigrate*
alcanzar su sueño	*to fulfill one's dream*	**empujar**	*to push*
asimilarse	*to assimilate*	**establecer (zc)**	*to establish*
conseguir (i)	*to get, obtain*	**ganar**	*to earn, win*
cruzar	*to cross*	**ganarse la vida**	*to earn one's living*
cultivar	*to cultivate*	**gritar**	*to scream, to shout*
deportar	*to deport, to send a person back to his/her country*	**hartarse**	*to be fed up*
		integrarse	*to become part of*
detestar	*to hate, dislike*		

jalar (halar)	*to pull*	**rechazar**	*to reject*
lograr	*to attain*	**recoger**	*to gather*
llorar	*to cry*	**reunirse**	*to get together*
mantener (una familia)	*to support (a family)*	**soportar**	*to bear, to put up with, to stand a person*
mejorar	*to improve*		
obligar	*to force*	**suspirar**	*to sigh*
pagar	*to pay*	**tener éxito**	*to succeed*
pertenecer (zc)	*to belong*	**tener miedo**	*to be afraid*
piscar	*to pick*	**tragar**	*to swallow*

Adjetivos

bonito/a	*pretty, attractive*	**rechazado/a**	*rejected*
grueso/a	*thick*	**solo/a**	*alone*
junto/a	*by, next to*	**suave**	*soft, smooth*

Expresiones idiomáticas

además	*besides*	**lo que + verbo +**	*what + verb +*
al final	*in the end*	**más allá de**	*beyond*
de súbito	*all of a sudden*	**por lo tanto**	*therefore*

Palabras útiles

el/la descendiente	*descendant*	**contarse (ue)**	*to tell each other*
la justicia	*justice*	**dedicarse a**	*to devote (oneself) to*
el pocho	*Chicano slang*	**entenderse (ie)**	*to understand each other*

Suggestion: Introduce the chapter by telling students that, in this unit, they are going on an imaginary tour of Latin America. The photo shows one of the places they will visit.

Capítulo 3

Hablemos de viajes

Canción recomendada:
Canción con todos, Cesar Isella, Armando Tejada Gómez. Intérprete, Mercedes Sosa, CD, *Mercedes Sosa 30 años*, Argentina, 1993.

Película recomendada:
Diarios de motocicleta, Walter Salles, EE.UU., 2004.

> **"...caminante, no hay camino,**
> **se hace camino al andar..."**
> **Antonio Machado**

Note: These lines are from a poem by Antonio Machado, which students will read in this chapter. Ask students: *¿Qué creen que significa este verso?* Student responses will vary but may include: *Es una metáfora de la vida. Cada día elegimos cómo vamos a vivir nuestra vida. Creamos nuestro camino cada día, al andar. No hay una senda predeterminada para cada persona.*

Tema cultural

- La belleza natural de América Latina
- La geografía y los lugares de interés de América Latina

Objetivos comunicativos

- Hablar de viajes
- Hacer reservas de hotel y de avión
- Pedir información en un aeropuerto
- Hablar de sucesos pasados
- Especificar cuándo ocurrió una acción en el pasado

Machu Picchu es una fortaleza inca en Perú.

Warm-up: Ask: *¿Te gusta viajar? ¿Viajaste al extranjero? ¿a un país hispanohablante? ¿A qué lugar te gustaría viajar? ¿Qué país de Latinoamérica quieres conocer?*

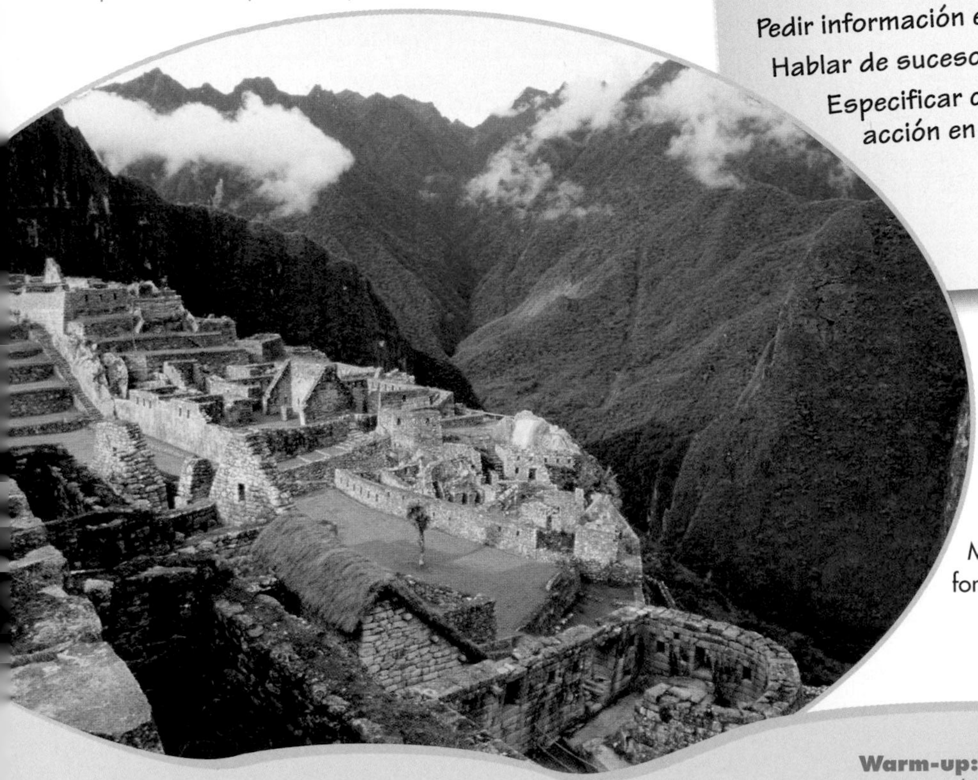

Note: The highlighted vocabulary is active. Refer students to the vocabulary list at the end of the chapter for the meaning of these terms.

Note: The seasons are different north and south of the Equator. When it is winter in the Northern Hemisphere, it is summer in the Southern Hemisphere.

En marcha con las palabras **71**

Suggestion: Remind students that one meter is approximately three feet.

En marcha con las palabras

En contexto: Un viaje por América Latina

El diario de Luis

2 de diciembre

Ayer empezó mi viaje por Latinoamérica. Por la mañana, **abordé el avión** en el que **volé** a México. Tenía todo listo en mi **equipaje**: muy poca ropa, mi videocámara y muchos **folletos** con información sobre los **países** que pienso visitar. Además, traje mi **saco de dormir** y mi **tienda de campaña** porque quiero **acampar**. Tuve un pequeño problema cuando **estaba a punto de embarcar** porque no encontraba mi **tarjeta de embarque**. Pero todo se solucionó rápidamente y, más tarde, cuando el avión **despegó**, ¡comenzó mi gran aventura!

El **acantilado** de La Quebrada, Acapulco. Los clavadistas se **arrojan** a las grandes **olas** del **mar** desde 50 metros de **altura**.

4 de diciembre

El lunes estuve en Acapulco. Como era un día **soleado**, **tomé el sol** en la **playa** (claro, con mucho **bloqueador solar** para no **quemarme**.) **Disfruté de** todos los deportes que se pueden practicar allí: **hice esquí acuático**, **buceé** en el mar y **navegué** en **velero**. Como estaba cansado, dormí una siesta sobre la **arena**. Por supuesto que, por la tarde, fui a ver a los **clavadistas**. Aquí pongo la foto que **saqué**.

14 de diciembre

Partí de México para Costa Rica, donde voy a **hacer ecoturismo**. Para ahorrar dinero, no voy a **alojarme** en un hotel sino que voy a estar tres días en un **campamento** en el **bosque**. Voy a **hacer** varias **caminatas** por la **selva** tropical para ver la variedad de plantas y animales que hay en esta región. ¡**Supongo** que lo voy a **pasar muy bien**!

2 de enero

Acabo de llegar al otro extremo de América Latina; estoy en el **sur**, **escalando** montañas en la **cordillera** de los Andes en Chile. El **paisaje** es espectacular: **lleno** de **lagos**, **ríos** y **montañas**. La semana próxima voy a **hacer dedo** a Tierra del Fuego con un amigo que conocí en Santiago. Desde allí, vamos a tomar un **barco** para volver al **norte**. El barco **hace escala** en Buenos Aires, donde voy a **quedarme** unos días. Será una **estadía** corta para conocer un poco esa famosa ciudad. Allí, voy a estar de **huésped** en la casa de un amigo. Esto será el final de mi viaje.

¿Comprendes?

1. ¿Qué país visitó Luis primero?
2. ¿Qué llevaba en su equipaje?
3. ¿Qué hizo en Acapulco?
4. ¿Qué quiere hacer en Costa Rica?
5. ¿Qué hizo en Chile?
6. ¿Cómo llegó a Tierra del Fuego?
7. ¿Cómo volvió al norte?
8. ¿Qué ciudad visitó en Argentina y por qué?
9. ¿Qué estación del año es en Argentina cuando en Estados Unidos es verano?

Suggestion: Ask students to locate the different countries in South America and their capitals. Ask: ¿Dónde está Buenos Aires? ¿Cuál es la capital de Perú? ¿Dónde está Bolivia? ¿Qué país está al norte de Uruguay? ¿Cuál es la capital de Paraguay? ¿de Colombia? ¿Dónde está Quito? ¿Qué país está al oeste de la Argentina? ¿Qué países están en el mar Caribe? Refer students to the maps at the front of the book.

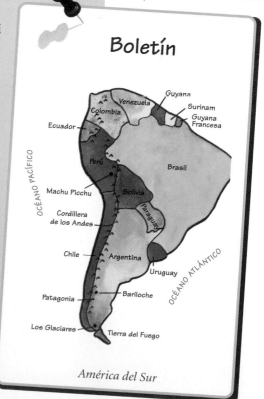

Boletín

América del Sur

Palabras conocidas

En el hotel - De viaje

Estas palabras deben ser parte de tu vocabulario.

Note: Although the words *azafata* and *aeromozo/a* are used, *asistente de vuelo* is preferred.

Note: In general, *una postal* is preferred to *una tarjeta postal*.

En el hotel

el/la botones	bellhop
el/la conserje	concierge
la habitación doble	double room
la habitación individual / sencilla	single room
la maleta / la valija	suitcase
la primera clase	first class
la piscina / la pileta	swimming pool
el portero	doorman
la propina	tip

Cognados

la cámara de fotos
cancelar
la clase turista
confirmar
filmar
el parque nacional
el piloto
la reserva
el volcán

De viaje

la aduana	customs
el/la asistente de vuelo / la azafata / el/ la aeromozo/a	flight attendant
el billete / el boleto / el pasaje	ticket
de ida y vuelta	round-trip ticket
hacer las maletas / el equipaje / las valijas	to pack suitcases
la línea aérea	airline
la lista de espera	waiting list
la llegada	arrival
el/la pasajero/a	passenger
la puerta de salida / de llegada / de embarque	departure / arrival / boarding gate
la salida (de emergencia)	emergency exit
la (tarjeta) postal	postcard
el/la viajero/a	traveler
el vuelo	flight

Expresiones útiles

acabar de + infinitivo	to have just (done something) [refers to an action that has just occurred]	**Acabo de llegar** a los Andes. *I have just arrived in the Andes.*
estar a punto de	to be about to (do something)	**Estábamos a punto de** subir al avión cuando cancelaron el vuelo. *We were about to board the plane when they canceled the flight.*
pasarlo bien / mal	to have a good / bad time	**¡Lo pasé muy bien** en mi viaje! *I had a good time on my trip.*
pasar(se) el tiempo + **-ando / -iendo** (gerundio)	to spend time (doing something)	**(Me) Pasé el tiempo tomando** el sol. *I spent the time sunbathing.*
pensar + infinitivo	to plan to (do something)	**Pienso visitar** muchos países. *I plan on visiting many countries.*
como [often appearing at the beginning of a sentence]	since, as	**Como** era un día soleado, tomé el sol en la playa. *Since it was a sunny day, I sunbathed on the beach.*

3-1 **¿Qué tal lo pasaste?** En parejas, contesten las siguientes preguntas sobre un viaje de fin de semana que acaban de hacer. Usen las **Expresiones útiles**.

1. ¿Adónde fuiste?
2. ¿Cómo lo pasaste? ¿Por qué?
3. ¿Cómo pasaste el tiempo?
4. ¿Qué más hiciste?
5. ¿Acabas de regresar?
6. ¿Piensas volver pronto? ¿Por qué?

Suggestion for 3-1: Encourage students to expand on their responses each time they are asked the question, *¿por qué?*

3-2 **Un viaje accidentado.** Imagina que en las vacaciones pasadas tuviste muchos inconvenientes. Cuéntale a tu compañero/a lo que pasó y cómo lo solucionaste. Completa las oraciones, según la situación.

1. Estaba a punto de salir de casa cuando _____.
2. El avión estaba a punto de partir cuando _____.
3. Estaba a punto de confirmar mi vuelo cuando _____.
4. Como se me olvidó la cámara de fotos en casa, _____.
5. Como me cancelaron el vuelo a último momento, _____.
6. Como el hotel no tenía piscina, _____.
7. Como el vuelo salió atrasado, _____.
8. Como la aerolínea perdió mi maleta, _____.
9. ¿?

Suggestion for 3-1 and 3-2: These activities require the use of the preterite. Students can rely on their previous Spanish knowledge to respond. You may use these responses to assess informally students' command of the preterite.

3-3 **¿Qué necesitas? ¿Qué haces?** Imagina que vas a hacer un viaje. Escribe en la lista el nombre de tres objetos que debes llevar y explica por qué los llevas. Luego, escoge tres actividades que puedes hacer allí y explica por qué las escogiste.

	Objetos	Actividades
la playa		
la montaña		
el campo		
una ciudad latinoamericana		
(Buenos Aires / México / Lima…)		

3-4 Un poco de geografía. ¿Dónde están estos lugares y qué son?

Paso 1. ¿Cuál es la capital? Trabaja con los mapas que aparecen al principio y al final del libro. Dile a tu compañero/a el nombre de un país hispano y él/ella debe decirte el nombre de su capital.

Paso 2. ¿Qué es? Descríbele a tu compañero/a algún lugar del mundo hispano. Tu compañero/a debe identificar el lugar.

> MODELO: E1:   *Es una cadena de montañas que está al oeste de América del Sur y que separa a Chile de Argentina.*
>
> E2:   *Es la cordillera de los Andes.*

3-5 ¿Te gusta la aventura? Entrevista a un/a compañero/a para saber si le gustaría hacer estos viajes. Él/Ella debe explicar por qué sí o por qué no.

> MODELO: E1:   *¿Te gustaría conocer Buenos Aires?*
>
> E2:   *Sí, me encantaría conocer Buenos Aires porque yo estoy aprendiendo a bailar el tango y quiero asistir a una academia de tango allí.*

1. tomar el sol en las playas de México
2. hacer ecoturismo en Costa Rica
3. viajar por el río Amazonas
4. escalar las montañas de Chile
5. hacer dedo a Tierra del Fuego
6. visitar Machu Picchu en Perú

3-6 Mi próximo viaje. Imaginen que uno/a de ustedes quiere planear sus próximas vacaciones y que el/la otro/a trabaja en una agencia de viajes. Uno/a es el/la viajero/a y el otro/a el/la agente. Lean las instrucciones y recuerden que tienen que concluir con el itinerario del viaje.

> VIAJERO: Dile a tu compañero/a qué tipo de viaje quieres hacer y él/ella te va a dar algunas opciones.
>
> AGENTE: Para ayudarte a crear opciones para el viajero, puedes utilizar la fotografía de la página 70 o la información que aparece en **El diario de Luis** y en las **Ventanas al mundo.**

Suggestion for 3-7:
Brainstorm with students about popular travel stories, especially those about voyages to fantasy lands. *¿Qué libros de viajes a lugares imaginarios conoces? ¿Conoces los libros de Julio Verne o de Tolkien? ¿Cuáles? ¿Leíste o viste la película de Los Viajes de Gulliver? ¿Guerra de las Galaxias? ¿Crónicas Marcianas?*

3-7 Un viaje de novela. Cuéntale a tu compañero/a un viaje que hayas leído en una novela o que hayas visto en una película.

◆◆ 3-8 Para saber más. Busca información en Internet, en la biblioteca o en una agencia de viajes sobre algún lugar turístico de Latinoamérica. Para la próxima clase, haz un folleto turístico sobre ese lugar. Sé creativo/a e incluye todos los datos necesarios para explicar por qué te parece interesante ese lugar.

Ventana al mundo

Buenos Aires, Argentina

Buenos Aires es la capital y la ciudad más grande de Argentina. Aproximadamente la tercera parte de la población de Argentina vive en Buenos Aires y sus alrededores. Tiene una población de 3.000.000 en la Capital Federal y un total de 11.000.000 en lo que se llama "el Gran Buenos Aires." Es una ciudad muy sofisticada, donde hay constantes eventos culturales, teatros, museos de arte, ferias del libro y compañías de ópera y de ballet reconocidas mundialmente. La arquitectura estilo francés de muchos edificios del centro de la ciudad le ha hecho merecer el nombre de "el París de Sudamérica."

Las grandes ciudades. ¿Te gustaría conocer Buenos Aires? ¿Conoces otras ciudades grandes de América?

Comprehension questions: *¿Dónde está Buenos Aires? ¿Cuántos habitantes hay en la capital? ¿Cuántos habitantes hay en el Gran Buenos Aires? ¿Cómo puedes describir esta ciudad? ¿Cuál es el seudónimo de Buenos Aires?*

Avenida 9 de Julio y el Obelisco, Buenos Aires, Argentina.

¡Sin duda!

irse (marcharse) — salir — partir — dejar

All these words may be translated as *to leave* but, in Spanish, they have different shades of meaning. Study the table below.

Palabra	Explicación	Ejemplo
irse (marcharse)	to leave a place, especially when the destination is not mentioned. It puts emphasis on the place being left, rather than on the destination.	**Se van** hoy y vuelven el mes que viene. *They leave today and come back next month.*
salir de	to leave (from), to exit, to go away	**Salgo de** mi casa temprano. *I leave my house early.* **Salgo de** viaje mañana. *I leave on a trip tomorrow.*
salir para	to go to a specific place	**Salgo para** México la semana que viene. *I leave for Mexico next week.*
partir	to leave, generally in relation to travel situations; to depart	El tren **parte** de la estación central en quince minutos. *The train leaves the main station in fifteen minutes.*
dejar	to leave something or someone behind, to abandon; to leave out, to omit	**Dejamos** las montañas y vamos al mar. *We leave the mountains and go to the sea.*
dejar de + infinitive	to stop	**Dejamos de** fumar. *We stopped smoking.*

Suggestion for 3-9: Challenge students to decipher the meaning of *depósito*.

3-9 Entrevista. En parejas, háganse las siguientes preguntas sobre sus últimas vacaciones. Luego, compartan sus respuestas con otras parejas.

1. ¿Adónde fuiste de vacaciones? ¿Con quién?
2. ¿Viajaste en autobús, en tren o en avión? ¿Partió a tiempo?
3. Si tienes perro o gato, ¿con quién o dónde lo dejaste?
4. ¿A qué hora saliste de tu ciudad?
5. Al llegar, ¿fuiste directamente a un hotel o dejaste tus maletas en depósito?

3-10 Ficha personal. Completa esta ficha, creando una pregunta con cada verbo. Luego, interroga a tu compañero/a para ver si ha hecho alguna de esas cosas. Escribe sus respuestas junto a cada pregunta.

	Pregunta	**Respuesta**
irse		
salir		
partir		
dejar		

Ventana al mundo

La Habana, Cuba

Sin duda, La Habana se considera una de las ciudades más hermosas del mundo. Un paseo al atardecer por el malecón *(pier)* de La Habana, le ofrecerá al visitante una vista espectacular del mar y una tranquila puesta de sol. También le permitirá observar una variedad de estilos arquitectónicos que deleitarán la mirada más exigente. El visitante verá una ciudad majestuosa, entre ruinas y columnas. Verá a su gente caminando por las calles y a sus niños jugando pelota en cualquier esquina, verá la ropa colgando *(hanging)* de los balcones para secarse al sol y oirá su música y sus tambores *(drums)*. Quizás también vea, con el ojo un poco más soñador, por qué a La Habana, cuando era más joven, la llamaban "el París del Caribe."

¿Viajar a Cuba? ¿Te gustaría ir a Cuba? ¿Puedes ir? ¿Qué necesitas?

Comprehension questions: *¿Qué se puede ver desde el malecón? ¿Cómo es la arquitectura de la ciudad? ¿Qué puedes observar en un paseo por la ciudad?*

El Hotel Nacional de La Habana, Cuba, es uno de los monumentos arquitectónicos más bellos de esa ciudad.

Así se dice

Cómo hacer reservas

Éstas son algunas frases útiles para reservar un cuarto de hotel:

Quisiera hacer una reserva para la Sra. Martínez.	*I would like to make a reservation for Mrs. Martínez.*
Me gustaría alojarme en una pensión / un hotel de lujo.	*I would like to stay in a bed and breakfast / a luxury hotel.*
Me gustaría una habitación doble / sencilla.	*I would like a double / single room.*
Quiero una habitación con baño privado.	*I want a room with a private bathroom.*
Quisiera una habitación con vista al mar.	*I would like a room with a view of the sea.*
¿Está incluido el desayuno?	*Is breakfast included?*
¿Hay ascensor?	*Is there an elevator?*
¿A qué hora hay que dejar la habitación?	*At what time do we have to leave the room?*
¿Se puede pagar con cheques de viajero / tarjeta de crédito?	*Is it possible to pay with travelers' checks / a credit card?*

En el aeropuerto

Éstas son algunas preguntas útiles para pedir información en el aeropuerto:

¿Cuál es la puerta de embarque?	*Which is the boarding gate?*
¿Tiene la tarjeta de embarque / su pasaporte?	*Do you have the boarding pass / your passport?*
¿Este vuelo hace escalas o es directo?	*Does this flight make stops or is it a direct flight?*
¿Prefiere el asiento de la ventanilla, el del pasillo o el del medio?	*Do you prefer the window, aisle, or middle seat?*
¿Quiere un pasaje de ida y vuelta?	*Do you want a round-trip ticket?*
¿Quiere clase turista, de negocios o primera clase?	*Do you want coach, business, or first class?*

Suggestion for 3-11:
Students should use the expressions from **Así se dice**, above, and the words from **Palabras conocidas. En el hotel**, page 72.

Suggestion for 3-11:
You may want to ask a few student pairs to present the dialogue to the rest of the class.

3-11 En el hotel. Uno/a de Uds. llama por teléfono desde el aeropuerto para hacer una reserva en el Hotel Nacional de La Habana. El/La otro/a es el/la conserje del hotel. Cada persona debe hacer un mínimo de tres preguntas y contestar las de su compañero/a.

HUÉSPED: Habla con el/la conserje para hacer la reserva.

CONSERJE: Contesta las preguntas del huésped y hazle las preguntas necesarias para completar la reserva.

MODELO: E1: *Buenos días. ¿Tiene una habitación doble / sencilla con baño privado?*

E2: *Sí (No), señor/señorita. (Lo siento). Tenemos una habitación doble sin baño privado, pero con vista al mar.*

E1: *¿Cuánto cuesta?*

E2: *…*

3-12 En el aeropuerto. En parejas, hagan los papeles de viajero/a y agente de viajes. Usen las expresiones de **Así se dice** para pedir información en el aeropuerto.

VIAJERO/A: Tienes que hacer un viaje de emergencia y vas al aeropuerto para tomar el primer vuelo. Explícale al/a la agente de viajes cuál es la emergencia, adónde quieres ir y cómo quieres viajar.

AGENTE DE VIAJES: Ayuda al/a la viajero/a a conseguir el vuelo que necesita.

MODELO: E1: *Señor/Señorita, tengo una emergencia y necesito volar urgente a Sacramento.*

E2: *Lo siento, pero todos los vuelos están completos.*

E1: *Mi hijo, que estudia en la Universidad de Davis, en California, tuvo un grave accidente anoche y necesito estar a su lado hoy.*

E2: *Déjeme ver lo que puedo hacer…*

Ventana al mundo

La Patagonia

La Patagonia es la región ubicada en el extremo del continente americano, al sur del río Colorado, en Argentina, hasta Tierra del Fuego. Se extiende desde la costa del océano Atlántico hasta la costa del Pacífico y, al oeste, está atravesada de norte a sur por la cordillera de los Andes. En la Patagonia, se distinguen tres zonas bien diferenciadas: la Patagonia andina, la Patagonia atlántica y la Patagonia central. La zona de los Andes es famosa por su belleza natural y sus pistas de esquí.

La punta del continente. Busquen en Internet algunos lugares de interés para visitar en la Patagonia. Traigan su información a la clase.

Comprehension questions: *¿Dónde se encuentra la Patagonia? ¿Cuáles son las tres zonas que hay en la Patagonia? ¿Por qué es famosa la región de los Andes?*

La Patagonia, la parte más austral (*southern*) del continente americano.

Sigamos con las estructuras

Repasemos 1

Talking about past activities: The preterite

El año pasado, para las vacaciones de primavera, **estuve** en Cozumel. **Nadé** en el mar, **hice** esquí acuático y **tomé** el sol en la playa. Lo **pasé** de maravilla.

3-13 La última vez. Completa el cuadro siguiente con información personal y, luego, entrevista a otra persona de la clase. Debes intentar obtener más información que la fecha del viaje. Trata de hacerle preguntas adicionales como por ejemplo: ¿con quién? ¿dónde? ¿qué? ¿cuáles? ¿por qué? ¿cómo? etc.

¿Cuándo fue la última vez que...	Tú	Otra persona de la clase
irse de vacaciones?		
visitar unas ruinas?		
navegar por un río?		
quedarse en un *camping*?		
hacer una caminata?		
perder la maleta o el equipaje?		

3-14 Alguna vez. Entrevista a otra persona de la clase y completa el cuadro. Luego, informa a la clase.

¿Alguna vez...	¿Cuándo?	¿Dónde?	¿Con quién?
1. visitar una selva tropical?			
2. recorrer un parque nacional?			
3. ver un volcán?			
4. cambiar dinero extranjero?			
5. dormir en un saco de dormir?			
6. perder un tren, avión o autobús?			
7. tomar demasiado sol y enfermarse?			
8. usar una tienda de campaña?			

3-15 Las vacaciones. Piensa en los preparativos para las vacaciones.

Paso 1. ¿Qué haces tú? Haz una lista de por lo menos cinco cosas que haces antes de salir de vacaciones, durante y después de las vacaciones.

Complete the self-test on the **Atando cabos** web site. If you get less than 85%, you need to review this grammar point in the **Cabos sueltos** section, pp. 428–431. If you get above 85%, you can continue with the following activities.

Warm-up: See the *Cabos sueltos* section, pages 431–432 for practice with the verb forms.

Paso 2. ¿Quién lo hizo? Comparte con un/a compañero/a quién hizo esas cosas en tu familia en las últimas vacaciones.

MODELO: E1: *Antes de salir de vacaciones, ¿quién compró los boletos?*
E2: *Mi madre compró los boletos.*

Warm-up: See the *Cabos sueltos* section, pages 432–433 for practice with this form.

Complete the self-test on the **Atando cabos** web site. If you get less than 85%, you need to review this grammar point in the **Cabos sueltos** section, pp. 432–433. If you get above 85%, you can continue with the following activities.

Repasemos 2

Telling how long ago something happened: *Hace* + time expressions

—**¿Cuánto tiempo hace** que estuviste en España?
—**Hace tres veranos** que estuve en España con mi amiga Laura.

3-16 ¿Cuánto tiempo hace? Pregúntale a un/a compañero/a cuánto tiempo hace que hizo estas acciones. Cada persona debe escoger cuatro actividades de la lista para hacer sus preguntas.

MODELO: E1: *¿Cuánto tiempo hace que volaste en avión?*
E2: *Hace un mes que volé en avión.*

1. escalar una montaña
2. ver a sus padres
3. quedarse en un hotel de lujo
4. ir a la playa
5. estar de vacaciones
6. viajar en autobús
7. hacer esquí acuático
8. nadar en el mar

Suggestion for 3-16: Point out to students that they may use the words, *horas, meses, días, años, semanas,* etc., instead of *tiempo.* Remind them to pay attention to agreement rules that appy to the word *cuánto.*

Warm-up: See the *Cabos sueltos* section, page 435, for individual practice with the verb forms of the imperfect.

Complete the self-test on the **Atando cabos** web site. If you get less than 85%, you need to review this grammar point in the **Cabos sueltos** section, pp. 433–435. If you get above 85%, you can continue with the following activities.

Repasemos 3

Describing how life used to be: The imperfect

Cuando yo **era** niña, mi familia **iba** siempre de vacaciones a México porque mis tíos **vivían** allí. A mí me **encantaba** jugar con mis primos que **tenían** dos años más que yo.

3-17 Las vacaciones de la infancia. ¿Recuerdas dónde y cómo pasabas tus vacaciones de verano durante tu infancia? Cuéntaselo a tu compañero/a, usando esta guía.

lugar de las vacaciones
descripción del lugar
compañeros durante las vacaciones
actividades

3-18 La niñez. Charla con tu compañero/a para saber cómo era su vida a los catorce años. Usa los siguientes elementos en la conversación. Luego, informen a la clase.

las características físicas
el carácter
la relación con los padres
los eventos en la escuela
los gustos
los amigos

3-19 Cuando era muy pequeño. Debes hacer memoria y recordar cosas que realmente creías cuando eras muy pequeño, cuanto más alejadas de la realidad, mejor. Debes resumir lo que creías en dos o tres frases en un sólo párrafo, comenzando siempre por "Cuando era muy pequeño/a, creía que…"

MODELO: *Cuando era muy pequeño/a, creía que el mundo era en blanco y negro, igual que en las películas.*

Cuando era muy pequeño, creía que la gente moría de verdad en las películas.

Ventana al mundo

Puerto Rico, la isla del encanto

Puerto Rico es una de las islas más grandes y bonitas del Caribe. En el año 1898, España cedió Puerto Rico a los EE.UU. Este país la incorporó como colonia. En 1952, Puerto Rico se estableció como Estado Libre Asociado. Los puertorriqueños son ciudadanos de los Estados Unidos pero no votan en las elecciones presidenciales de los EE.UU. Puerto Rico tiene un representante en el congreso de Estados Unidos, pero este representante no tiene derecho al voto. Las lenguas oficiales son el español y el inglés, aunque Puerto Rico sigue manteniendo una fuerte identidad hispana. Escritores como Julia de Burgos, Rosario Ferré, Luis Rafael Sánchez y Ana Lydia Vega han hecho famosa su literatura. Tito Puente, la representa con su música. La salsa, creada en Puerto Rico, se popularizó entre los puertorriqueños en Nueva York. El viejo San Juan, en el centro de su capital, tiene todas las características de un típico pueblo español. La comida puertorriqueña es una muestra de la mezcla de varias culturas y del uso de productos locales —plátanos, mariscos, cerdo y especias. El arroz es el principal ingrediente en las comidas, seguido por los frijoles. También son populares la yuca, el ñame, la batata y el plátano.

 ¿Conoces Puerto Rico? ¿Hay muchas personas de Puerto Rico en tu universidad, en tu ciudad o en tu estado? Busca información adicional en Internet y compártela con el resto de la clase.

Vendedora de flores en el viejo San Juan, Puerto Rico

Aprendamos 1

Narrating in the past: Preterite and imperfect

When you tell a story or narrate an event that happened in the past, you need to use both aspects of the past tense: the preterite and the imperfect. Each one plays a different role in the narration.

The imperfect

1. Sets the scene.
   - Establishes the time of the action.   **Era** un día de verano a las tres de la tarde.
   - Describes the weather.   **Llovía.**
   - Describes the age of the participants.   Yo **tenía** 22 años y empezaba mi gran aventura.

2. Describes the background.
   - Describes appearance of people, places, and things.   **Tenía** aspecto de extranjero. **Era** alto y rubio y **llevaba** una camiseta blanca y unos pantalones cortos.

     Había dos o tres viajeros en la estación de trenes.
   - Describes a state of mind.   **Estaba** cansado.
   - Describes emotions.   Ese día, **extrañaba** a mis amigos y mi país.

3. Describes repeated or continuing actions in the past.
   - Describes what was going on.   Unos niños **corrían** por el andén y su madre los **regañaba.**
   - Describes what used to happen.   Yo **escalaba** montañas cuando vivía en los Andes.

4. Describes something that you were planning to do.
   - **ir** (in the imperfect) **a** + infinitive   Yo **iba a** viajar con un amigo pero no pudo ser.

The preterite

1. Moves the action along.   Finalmente, **llegó** el tren y todos **subimos** a bordo.
2. Relates the plot. Tells what happened.   El tren **llegó** a Tikal según el horario.
3. Describes completed past action.   **Fue** un viaje maravilloso.

3-20 Los clavadistas. Lee este párrafo y escribe en los espacios en blanco por qué se usa el imperfecto o el pretérito.

MODELO: *Pepa viajaba* (used to) *mucho cuando trabajaba* (describes continuing action) *en la agencia de viajes.*

Eran 1. _time of the event_ las dos de la tarde cuando mi hermana y yo fuimos 2. _moves the action along_ a ver a los clavadistas de la Quebrada. Eran 3. _description (appearance)_ unos muchachos jóvenes que tenían 4. ___description (age)___ entre 15 y 20 años. Subían 5. ___repeated or continuing action___ unos 50 metros por un acantilado. Ellos parecían 6. ___description (emotions)___ muy tranquilos, pero yo estaba 7. ___description (emotion)___ muy nerviosa cada vez que uno se arrojaba 8. ___repeated action___ al mar. Pronto mi hermana se cansó 9. ___completed action___ de verlos y volvimos 10. ___completed action___ al coche. Una hora más tarde, estábamos 11. ___description (background)___ otra vez en el hotel.

Suggestion for 3-21:
This is a good exercise to do on the blackboard. Divide the class in groups and have each group write on a different part of the board. After five minutes, have the class correct all the sentences.

Composition for 3-21 and 3-22: After each group has completed the descriptive part of **3-21** and **3-22**, you may want to assign a paragraph for homework. Have them write a paragraph, using the example in the exercises.

Note for 3-23: See the *Cabos sueltos* sections, pages 428–435, for more specific uses of the preterite and the imperfect.

3–21 **El invierno pasado.** En grupos pequeños, cada persona va a decir dos oraciones sobre lo que hizo en sus últimas vacaciones. Escojan un/a secretario/a para escribir las oraciones de todo el grupo.

> MODELO: *Mis amigos, mi novia y yo fuimos a esquiar a las montañas. Nos alojamos en la casa de una amiga.*

3–22 **¿Cómo era?** Ahora, cada miembro del grupo debe agregar algo a sus oraciones de la actividad **3-21**. Debe elaborar la idea con una oración que describa la escena, el estado mental o la apariencia de un elemento de la oración que escribieron antes. El/La secretario/a toma nota y, luego, informa a la clase de lo que han dicho los miembros del grupo.

> MODELO: E1:   *Mis amigos, mi novia y yo fuimos a esquiar a las montañas. Hacía muy buen tiempo y había mucha nieve. Nos alojamos en la casa de una amiga que tenía un yacusi.*

3–23 **Diario de viaje.**   Imagina que hiciste un viaje por el mundo hispano.

Paso 1.   Itinerario. Escribe tu itinerario usando las siguientes imágenes. Indica la fecha, los lugares, los medios de transporte, el clima y las aventuras de este viaje. Utiliza uno de los mapas que aparecen al principio y al final del libro.

> MODELO: *El 19 de mayo salí de Bogotá para Cali. Hacía muy buen tiempo y por eso decidí ir en moto. Lamentablemente…*

Paso 2.   Relato. Cuéntale tu viaje a un/a compañero/a. Él/Ella debe marcar tu itinerario en el mapa.

MEDIOS DE TRANSPORTE

3-24 En México. Observen la siguiente lista de viajeros: una pareja de 50 años, un mochilero de 20 años, una pareja de 35 años y una antropóloga de 27 años. Todos ellos visitaron México de distintas maneras. Elijan un/a viajero/a o una pareja y narren su viaje, usando la información que aparece en el cuadro. Luego, en parejas compartan su narración.

Suggestion for 3-24:
Divide the class in pairs and assign a character to each pair. Have them create a story, according to the information in the chart. There are four stories. Reconfigure the class in groups of four, with each member telling the story of his character.

Lugares	Pareja de 50 años	Mochilero de 20 años	Pareja de 35 años	Antropóloga de 27 años
el Paseo de la Reforma	Quejarse de la contaminación	Comer en un restaurante barato / Hacer fresco	Ir de compras / Estar soleado	Investigar la historia de los edificios / Llover
el Parque del Chapultepec	Admirar el jardín botánico / Hacer sol	Escuchar a los mariachis / Estar nublado	Navegar por el lago / Hacer sol	Visitar el museo de antropología
el Palacio Nacional, mural de Rivera	Cansarse de subir las escaleras	Sacar fotos y escribir una postal para enviar a sus amigos	Comprar un póster con la reproducción del mural	Analizar la comida y los trajes del mural
el Palacio de Bellas Artes, Ballet Folklórico de México	Pedir entradas con descuento	Recibir una entrada gratis	Comprar uno de los mejores boletos para la función	Pedir permiso para visitar las salas privadas
la Pirámide del Mago en Uxmal	Perder la cámara de fotos / Estar nublado	Conocer a la antropóloga / Estar soleado	Llegar en helicóptero / Estar nublado	Conocer al mochilero / Hacer sol
la Playa de Akumal	Tomar el sol / Usar mucho bloqueador solar	Nadar y hacer *windsurf* / Hacer sol	Protestar por el tamaño de la habitación / Llover	Escribir en su diario y hacer *windsurf* / Hacer sol

3-25 Mi primer viaje de estudiante. Cuéntenle a un/a compañero/a el primer viaje que hicieron con amigos. Hablen de sus emociones y sentimientos, de las personas que conocieron, de los medios de transporte, del clima, de los lugares que vieron, de las compras que hicieron y de sus impresiones en general.

Ventana al mundo

México, D. F.

La ciudad de México, también llamada el D.F. (Distrito Federal), es una de las ciudades más grandes del mundo: tiene más de 20 millones de habitantes. Se encuentra en un valle y está rodeada de montañas. Es una ciudad rica en arqueología e historia: en ella se pueden ver vestigios de la civilización azteca al igual que edificios de la época de la colonia española. Al mismo tiempo, es una ciudad moderna. Es el centro administrativo y comercial del país.

 De visita en México, D. F. Busca en Internet información sobre cinco lugares importantes para visitar en la ciudad de México. Trae tu información para presentarla a la clase.

La plaza del Ángel en México, D.F.

Aprendamos 2

More uses of the preterite and imperfect

1. The imperfect and the preterite are used in the same sentence when an ongoing action is interrupted by another action. **Cuando** is the key word in this instance.

   Corría por el parque **cuando vi** a Alicia.   *I was running in the park when I saw Alice.*
   ↑   ↑

   Ongoing action: imperfect   Interruption: preterite

2. You have studied the rules that determine the use of the preterite or imperfect. Despite these rules, the choice of one or the other depends on the meaning that you want to convey. The preterite is used when you view the action as completed, or you want to emphasize the beginning or end of the event. The imperfect is used when you view the action as ongoing or as a habitual condition.

El verano pasado **comimos** tapas todas las noches.	*Last summer we ate tapas every night.* *(Views the action as an event that is finished.)*
El verano pasado **comíamos** tapas todas las noches.	*Last summer we ate tapas every night.* *(Views the action as repeated.)*

Ana **estuvo** contenta en la
fiesta anoche.

*Ana was happy at the party last night.
(Emphasizes the time limit of the party.
It is confined to that event.)*

Ana **estaba** contenta en la
fiesta anoche.

*Ana was happy at the party last
night.
(Emphasizes the state of mind she
was in during the party.)*

3. Notice the use of **anoche** and **el verano pasado.** You have learned that specific
time in the past requires the preterite, and, most of the time, this will be a very
helpful rule. However, the choice of preterite or imperfect is determined by the
sense of the whole sentence or paragraph, as you see in the examples above.

3-26 Espías en el hotel. Van a trabajar con dos historias de misterio.

Paso 1. Nuestra historia. Inventen una historia de misterio con los elementos dados.
Lean su historia al resto de la clase.

Note for 3-26: Tell
students to use their
imagination to come up with
a story that has a mysterious
twist. Encourage students to
elaborate additional images
in their story, and go beyond
merely incorporating those in
the exercise.

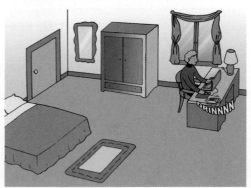

Paso 2. El misterio en el hotel. Completen la siguiente historia con el pretérito o el imperfecto del verbo entre paréntesis y, luego, compárenla con la suya.

El último día del viaje, mientras yo (leer) 1. _____*leía*_____ tranquilamente en el hotel el último capítulo de mi novela, (sonar) 2. _____*sonó*_____ el teléfono. (Ser) 3. _____*Era*_____ Félix, el guía. Me (decir) 4. _____*dijo*_____ que (necesitar) 5. _____*necesitaba*_____ hablar conmigo. Aparentemente, la noche anterior, mientras (estar) 6. _____*estaba*_____ en el bar del hotel, había visto una chica que (observar) 7. _____*observaba*_____ mi cuarto con unos prismáticos. (Escuchar) 8. _____*escuché*_____ con paciencia su larga historia. Cuando finalmente (colgar) 9. _____*colgué*_____ el teléfono, ya (ser) 10. _____*eran*_____ las siete de la tarde. Entonces (decidir) 11. _____*decidí*_____ salir a dar una vuelta por el Zócalo. En la calle, (encontrarme) 12. _____*me encontré*_____ con una chica que (mirar) 13. _____*miró*_____ hacia otro lado en cuanto (verme) 14. _____*me vio*_____. Además, la chica (llevar) 15. _____*llevaba*_____ una máscara. A las dos horas, (volver) 16. _____*volví*_____ al hotel. En mi habitación, (ponerme) 17. _____*me puse*_____ a escribir esta historia cuando (recibir) 18. _____*recibí*_____ una llamada telefónica de la administración del hotel. El conserje me (decir) 19. _____*dijo*_____ que esa noche (celebrarse) 20. _____*se celebraba*_____ el carnaval y que (haber) 21. _____*había*_____ una fiesta de disfraces a la que (estar) 22. _____*estaban*_____ invitados todos los huéspedes del hotel.

Aprendamos 3

Talking about past activities: Verbs that change meaning in the preterite

Some verbs in Spanish change their meaning, depending on whether they appear in the preterite or the imperfect. The best way to remember their correct use is to study them as lexical items.

Infinitivo	Pretérito	Imperfecto
conocer	**conocí** = *met*	**conocía** = *knew (a person or place); was acquainted with*
	Ernesto **conoció** a Lucía en la playa.	Luis **conocía** a Lucía porque habían ido a la escuela juntos.
	Ernesto met Lucía on the beach.	*Luis knew Lucía because they had gone to school together.*
saber	**supe** = *found out*	**sabía** = *knew*
	Ayer **supimos** que Ana estaba en Quito.	No **sabíamos** que Uds. llegaban ayer.
	Yesterday we found out that Ana was in Quito.	*We did not know that you were arriving yesterday.*
querer	**quise** = *tried*	**quería** = *wanted*
	Quisimos tomar el vuelo de la noche para ahorrar dinero.	Todos **querían** parar en un albergue juvenil.
	We tried to take the night flight to save money.	*Everyone wanted to stay in a youth hostel.*
no querer	**no quise** = *refused*	**no quería** = *did not want to*

Elisa **no quiso** aceptar la invitación de Luis porque **no quería** ofender a su novio.
Elisa refused to accept Luis's invitation because she did not want to offend her boyfriend.

poder	**pude** = *could, managed, was able*	**podía** = *was capable, had the ability*
	Sólo después de recibir un permiso escrito, **pudieron** acampar en los llanos. *Only after getting a written permit were they able to camp on the plains.*	Estela **podía** esquiar cuando tenía tres años. *Estela had the ability to ski when she was three years old.*
no poder	**no pude** = *could not, failed*	**no podía** = *was not able*
	No pude mandarle el mensaje a mi familia porque la computadora estaba descompuesta y **no podíamos** usarla. *I couldn't send the email to my family because the computer was down, and we were not able to use it.*	
tener que	**tuve que** = *had to and did do something*	**tenía que** = *had to do something, was supposed to*
	Tuve que hacer las maletas rápidamente porque **tenía que** estar en el aeropuerto temprano. *I had to pack the bags quickly (and I did) because I had to be (was supposed to be) at the airport early.*	

3-27 ¡Cuántos problemas! ¿Tuviste que resolver muchos problemas en tu último viaje? Explica lo que trataste de hacer, por qué no pudiste hacerlo y cómo solucionaste el problema.

MODELO: *Quise viajar en tren pero no pude porque no había boletos; entonces, tuve que viajar en autobús.*

1. Quise hacer una excursión pero no pude porque…
2. Mi compañero/a y yo quisimos alojarnos en una pensión pero no pudimos porque…
3. Mi compañero/a quiso hacer dedo pero no pudo porque…
4. Yo quise acampar en el bosque pero no pude porque…
5. El botones quiso llevar las maletas a la habitación pero no pudo porque…
6. El agente de viajes quiso reservar un boleto en avión pero no pudo porque…

3-28 Un viaje inolvidable. En parejas, utilicen los verbos de la lista para contar un viaje imaginario en el que participaron los dos. Usen el pretérito o el imperfecto, según el contexto. Luego, compartan su relato con otra pareja.

conocer	(no) poder	(no) querer	saber	tener que

Diario

¿Qué tipo de vacaciones disfrutas más? ¿Te gusta viajar de un lugar a otro y visitar lugares diferentes cada día? ¿Prefieres ir siempre al mismo lugar y pasar el tiempo tranquilo/a sin hacer nada?

Ventana al mundo

Venezuela

Otro de los grandes países de América del Sur es Venezuela. Se caracteriza por sus variados paisajes, islas, costas y playas que podemos descubrir en la llamada "Ruta del Sol." Hay más de 3.500 km de costas y 300 islas, en las cuales se disfruta de una gran biodiversidad. El turista puede sumergirse en las aguas coralinas del archipiélago de Los Roques o disfrutar de las playas de la isla Margarita. Puede combinar el Caribe con el paisaje de Los Llanos, en el centro del país, y dedicarse a la observación de la fauna o dar paseos a caballo. Si le gusta la montaña, Venezuela le ofrece también una zona de imponentes montañas en su zona oeste, donde se encuentran los Andes venezolanos. Allí se pueden visitar los típicos pueblos del Páramo a pie o a caballo. Otra posibilidad es viajar a los grandes ríos y a la selva al sur del río Orinoco, donde se puede descubrir la gran sabana en Canaima y el escudo Guayanés con el Salto del Ángel, que es la caída de agua más alta del mundo. Así como es variado el paisaje, también lo son sus costumbres y su gente.

Comprehension questions: *¿Qué paisajes se encuentran en la Ruta del Sol? Menciona los lugares que tiene para escoger el turista.*

Paisajes. ¿Qué tipo de paisaje te gusta más? ¿Cuál de las regiones prefieres visitar? ¿Qué tipos de paisajes ofrece el lugar donde vives?

Un paseo por el río Carrao, en el parque Canaima en Venezuela.

Conversemos sobre las lecturas

Antes de leer

Estrategia de lectura: *Skimming*

Skimming is a reading technique we use when we want to find out quickly what type of information a reading selection contains. By moving our eyes quickly over the text, we get the general idea, an overview rather than a detailed understanding.

3-29 La isla de mis sueños. La idea de la isla es un símbolo de la felicidad.

Paso 1. Metáfora del paraíso. Lee este párrafo rápidamente, usando la estrategia que se acaba de describir, y decide a cual de las siguientes categorías pertenece.

El párrafo presenta…

a. un problema

b. una descripción

c. personas

d. un suceso

La isla de la felicidad

La isla se ha convertido en un símbolo de felicidad para la mayoría de las personas. Nos imaginamos paisajes espectaculares habitados por gente amable. Estas islas están en lugares aislados, que tienen un microclima ideal en el que siempre es primavera. En ellas hay senderos (*paths*) secretos, escarpados (*steep*) caminos de montaña que llevan a un "lugar alto", un espacio místico. La isla sería, de este modo, un arquetipo del refugio, un espejo de nuestros mejores sueños.

La isla de mis sueños

👥 **Paso 2.** **¿Cuál es tu lugar paradisíaco?** Todos tenemos un lugar real o imaginario al que nos referimos cuando queremos escapar de la realidad. Descríbele a tu compañero/a tu lugar idílico. ¿Cómo es? ¿Dónde se encuentra? ¿Es real o imaginario? Si no tienes uno, invéntalo.

3-30 **Los ríos.** Lee rápidamente este poema e indica si en él se presenta un problema, una descripción o un suceso.

Los ríos

de Claribel Alegría

Los ríos llevan al mar
toda la sal de la tierra
son las raíces° del mar   *roots*
son los brazos de la tierra.

VOCABULARIO DE LAS LECTURAS

Estudia estas palabras para comprender mejor los textos.

Vocablo		Palabra en uso
al rato	*a little later*	Al **rato** de estar en la estación llegó el tren.
andar	*to walk, go*	**Ando** muy rápido para no llegar tarde.
el andén	*platform*	El **andén** estaba lleno de gente esperando el tren.
el asiento	*seat*	Prefiero un **asiento** en el pasillo a uno en la ventanilla.
asustado/a	*frightened*	El niño estaba **asustado** porque no podía ver a sus padres.
la casa de campo	*vacation home*	La **casa de campo** de mis abuelos está en la Costa Brava.
la compostura	*composure*	La mala noticia le hizo perder la **compostura**.
desaparecer	*to disappear*	Rápidamente, el sol **desapareció** en el horizonte.
detenerse*	*to stop*	Este tren es expreso y no **se detiene** en ninguna estación.
disgustado/a	*displeased*	Ella está **disgustada** porque la aerolínea perdió su equipaje.
inesperado/a	*unexpected*	Fue un viaje **inesperado**.
la noticia	*news*	La madre recibió la **noticia** del accidente con calma.
la parada	*stop*	La **parada** del autobús está en la esquina de casa.
recobrar	*to recover*	Necesito **recobrar** el dinero que gasté en este viaje.
el revisor	*conductor, guard*	El **revisor** verifica los billetes.
ruidoso/a	*noisy*	Fue una fiesta de despedida muy **ruidosa**.
la señal	*signal*	El revisor dio la **señal** de partida.
el suceso	*event*	El **suceso** la asustó mucho.

*Conjugate like **tener**.

3-31 Juegos de palabras. Asocia las palabras y busca los antónimos.

Paso 1. ¿Cuál no corresponde? Escoge la palabra que no corresponde en cada línea. Explica por qué no se asocia a las otras. Luego, escribe una oración con cada palabra de la columna A.

A	B	C	D
1. revisor	tren	billete	(barco)
2. andén	estación	(inesperado)	llegada
3. parada	(suceso)	detenerse	autobús
4. asiento	(asustado)	ventanilla	pasillo
5. ruidoso	silencioso	tranquilo	(señal)

Paso 2. ¿Cuál es el opuesto? Busca en la lista del vocabulario el opuesto de la palabra dada.

1. perder la compostura
2. andar
3. silencioso
4. aparecer
5. esperado
6. feliz, contento

Answers for 3-31
Paso 2: 1. *recobrar la compostura* 2. *detenerse* 3. *ruidoso* 4. *desaparecer* 5. *inesperado* 6. *disgustado*

3-32 El juego de las preguntas. En grupos pequeños, preparen una definición simple de cada una de estas palabras. Luego, presenten sus definiciones a otro grupo. Ellos deben responder en forma de pregunta, utilizando la palabra o frase que ustedes definieron.

Suggestion for 3-32:
Suggest that students choose the word to be defined in random order, so that it is not predictable.

la casa de campo	detenerse	desaparecer	disgustado
inesperado	la noticia	andar	la parada

MODELO: GRUPO 1:   *Es la cualidad de tener miedo.*

GRUPO 2:   *¿Que significa asustado?*

3-33 Situaciones inesperadas. Muchas veces, cuando salimos de viaje, nos pasan cosas inesperadas. ¿Cómo reaccionarías tú? Descríbele en detalle a tu compañero/a lo que harías en estas situaciones y explica por qué.

1. Finalmente estás sentado/a en el tren, listo/a para partir, y descubres que no tienes nada para leer. El tren va a salir en un minuto.

2. Te dieron el asiento del medio en el avión y estás entre dos personas a las que les encanta hablar.

3. El tren se detiene cinco minutos en una estación. En el andén, hay varios vendedores de fruta, sándwiches y bebidas. Tú tienes mucha hambre.

4. Estás en la sala de embarque del aeropuerto, listo/a para tomar el avión de regreso a tu ciudad, cuando anuncian que el vuelo está completo y necesitan tres voluntarios que den sus asientos.

5. Llegas al hotel muy cansado/a después de un largo viaje en coche y, cuando quieres registrarte, dicen que no encuentran tu reserva y que no tienen ninguna habitación disponible.

3-34 ¿Qué pasará? Lee las primeras oraciones del cuento *Un instante en la estación*. Imagina lo que va a pasar en la historia antes de leer el cuento completo.

Suggestion for 3-34:
Ask students: *¿Por qué dirán los Pedersen que éste será el viaje más largo de su vida? ¿Cómo imaginan Uds. al señor y a la señora Pedersen? ¿su edad? ¿su profesión? ¿sus costumbres? etc.*

El señor y la señora Pedersen salieron de su casa de Copenhague un día soleado de junio para embarcarse en el que iba a ser el viaje más largo de su vida. Fueron a la estación central de la ciudad, compraron los billetes y se sentaron a esperar el tren de Frederikssund, donde tenían pensado pasar dos semanas de vacaciones en una casa de campo.

Lectura

Antonio Nieto

Antonio Nieto es un narrador español cuyos cuentos se caracterizan por tener un aire surrealista. Es decir, por lo general cuentan una historia realista con eventos inusuales. Ésta es una historia donde los sucesos se mueven con rapidez para mantener el interés de los lectores. El cuento que van a leer tiene un final abierto que se presta a diferentes interpretaciones.

Un instante en la estación

El señor y la señora Pedersen salieron de su casa de Copenhague un día soleado de junio para embarcarse en el que iba a ser el viaje más largo de su vida. Fueron a la estación central de la ciudad, compraron los billetes y se sentaron a esperar el tren de Frederikssund, donde tenían

5 pensado pasar dos semanas de vacaciones en una casa de campo. Llegó el tren, se acomodaron° en sus asientos, uno frente a otro junto a la ventana y comenzó su viaje a la hora anunciada. A los pocos minutos de partir, el señor Pedersen echó en falta° un diario y decidió esperar la llegada del revisor para consultarle dónde podía adquirir uno. El revisor le indicó que posiblemente pudiera hacerlo en la

10 cercana estación de Herlev, pero que debía hacerlo rápidamente ya que la parada en esa estación era de tan solo° un minuto. El señor Pedersen decidió probar suerte y, poco antes de llegar a Herlev, se dirigió° a la puerta del tren para salir rápidamente en cuanto el tren se hubiera detenido. Así lo hizo, y la señora Pedersen vio a su marido bajar corriendo del tren y entrar en el pequeño

15 vestíbulo de la estación. Al rato, vio cómo el jefe de estación salía al andén, hacía la señal correspondiente y tocaba su silbato°; esto alarmó a la señora Pedersen, ya que su marido aún no había regresado; se incorporó° e hizo señas al jefe de estación a través de la ventana para que hiciese esperar el tren, mas° no lo consiguió; el tren se puso en marcha° y la señora Pedersen corrió por el pasillo en

20 busca del revisor. Al relatarle el suceso, el revisor la tranquilizó diciendo que en la siguiente estación pondrían un telegrama a Herlev y arreglarían todo para que su marido pudiera tomar el tren siguiente. Así se hizo, pero la respuesta de Herlev fue inesperada: no había ningún viajero en la estación que hubiera perdido el tren. Ante la difícil situación, y dado que el tren debía continuar su marcha, la

25 señora Pedersen decidió continuar su viaje con la esperanza de que su marido se reuniera con ella en Frederikssund. Pero ello tampoco ocurrió: durante el resto del día la señora Pedersen no tuvo noticia alguna de su marido. Aún esperó un día más en la casa de campo, acudió° a la estación de tren a la espera de noticias, pero sin ningún resultado. Con creciente desasosiego° decidió volver a Herlev al

30 día siguiente. Pero en Herlev nadie había visto a su marido. Volvió a Copenhague con la esperanza de que su marido hubiera regresado a casa, pero tampoco lo

made themselves comfortable

lacked

only

caminó

whistle

sit up

pero

started

fue

uneasiness

encontró allí. Asustada, acudió a la policía. La policía abrió una investigación y, al cabo de varias semanas, dio por desaparecido al señor Pedersen.

      La señora Pedersen no se casó de nuevo°. Vivió los años siguientes con   *again*

35 entereza° y resignación, sin olvidar un solo día a su esposo. Durante estos años   *fortitude*
llenó sus ratos de ocio con tertulias, visitas a viejas amistades y actividades
culturales. Cierto día recibió una invitación para pasar unos días en una casita en
Ballerup y asistir a la inauguración de una galería de arte. La señora Pedersen
aceptó la invitación y salió de su casa de Copenhague un día soleado de junio

40 para embarcarse en el que iba a ser el final del viaje más largo de su vida. Fue a la
estación central de la ciudad, compró el billete y se sentó a esperar el tren de
Ballerup, que es el mismo que llega a Frederikssund. Llegó el tren, se acomodó en
su asiento junto a la ventana y comenzó su viaje a la hora anunciada. Cuando el
tren se detuvo en la estación de Herlev, la señora Pedersen recordó el triste suceso

45 ocurrido diez años atrás, pero no dejó que la tristeza se apoderara° de sus   *take hold*
pensamientos. De pronto, la señora Pedersen vio algo que le resultó extrañamente
familiar: un hombre salía corriendo del vestíbulo de la estación poco después de
que el jefe de estación hubiera hecho sonar su silbato. Este hombre subía al tren,
entraba en el vagón de la señora Pedersen y caminaba hacia ella. En ese

50 momento, su corazón le dio un vuelco°, pues vio que ese hombre era su   *her heart leapt*
mismísimo esposo con la apariencia y vestimenta de diez años atrás. El señor
Pedersen tomó asiento y aliento°, lamentando no haber encontrado ningún   *breath*
diario, pero enseguida se percató° del aspecto cambiado y sorprendido de su   *noticed*
esposa. Al preguntarle por su extraño cambio de expresión, la señora Pedersen

55 sufrió un desmayo°. Su marido se levantó alarmado ante la indisposición de su   *fainted*
señora y también ante su cambio de aspecto que no entendía y gritó pidiendo
ayuda al revisor y al resto de los viajeros. Pronto se formó un corro° en torno a la   *circle*
señora Pedersen, quien, al reanimarse,° recobró su compostura. Miró a su atónito   *reviving*
esposo, que todavía le preguntaba la razón de su rostro algo desmejorado, y allí,

60 en aquel tren ruidoso y entrañable°, en aquel viaje que ya terminaba, la señora   *intimate, dear*
Pedersen lo comprendió todo. Dijo a su esposo que estaba muy disgustada
porque su equipaje había desaparecido y le pidió cambiar la casa de campo de
Frederikssund por una casita en Ballerup. El señor Pedersen, aún sin entender
nada, accedió° a los deseos de su esposa y durante dos semanas disfrutaron de sus   *agreed*

65 vacaciones en la pequeña ciudad.

3-35 **¿Qué pasó?** Decide si las siguientes oraciones son verdaderas o falsas. Explica tu respuesta apoyándote en oraciones del texto. Corrige las oraciones falsas.

1. El señor y la señora Pedersen hacen un viaje en barco durante un verano.   *f*
2. Van a pasar dos semanas de vacaciones en un hotel de lujo en una ciudad cercana.   *f*
3. El señor Pedersen no puede leer el periódico.   *v*
4. Cuando llegaron a Herlev, el señor y la señora Pedersen se bajaron del tren.   *f*

Suggestion for 3-35:
Request that students find the corresponding sentence in the text to support their choice of true or false.

5. Cuando el tren se puso en marcha otra vez, la señora Pedersen corrió por el andén haciéndole señas al jefe de la estación.   f

6. El revisor le dijo a la señora que arreglaría todo para que su esposo se reuniera con ella pronto.   v

7. Cuando la señora llegó a Frederikssund, descubrió que su esposo estaba en Copenhague.   f

8. La policía nunca dio por desaparecido al señor Pedersen.   f

9. La señora Pedersen se volvió a casar después de varios años.   f

10. Después de diez años del primer viaje, un día inició un viaje a Ballerup para asistir a la inauguración de una galería de arte.   v

11. La señora encontró a su marido en la estación de Herlev.   v

12. La señora nunca perdió su compostura cuando vio a su esposo nuevamente.   f

13. Los Pendersen vendieron la casa de campo en Frederikssund y compraron otra en Ballerup.   v

3-36 Deja volar tu imaginación. Expliquen lo que les pudo haber pasado al señor y a la señora Pedersen en su viaje. Desarrollen las siguientes ideas y agreguen otras posibilidades.

1. El señor Pedersen se fue con otra mujer que lo esperaba en Herlev…
2. Al señor Pedersen lo secuestraron unos terroristas…
3. El señor Pedersen formaba parte de la mafia internacional…
4. El dueño del quiosco de periódicos era amigo del señor Pedersen y lo ayudó a salir disfrazado de la estación…
5. ¿?

3-37 Un final diferente. Cuenta el final del cuento desde el punto de vista de uno de los detectives que estuvieron investigando el caso del señor Pedersen. Debes presentar una solución para el caso Pedersen.

3-38 El problema del tiempo. En este cuento, los personajes parecen vivir en diferentes dimensiones de tiempo. La señora experimenta diez años de vida, mientras que el señor sólo vive unos minutos. Elige uno de los siguientes roles.

E1: Imagina que estás en un tren y te quedas dormido/a. Cuando te despiertas, estás en el pasado, diez años antes. Explica a otro/a compañero los cambios en ti y en lo que te rodea.

E2: Intenta convencer a tu compañero de que nada ha cambiado y que sólo ha pasado un minuto desde que se quedó dormido.

Poema

Antonio Machado (1875–1939)

Machado, nacido en Sevilla, España, es uno de los poetas españoles más populares. Su poesía habla de temas esenciales: el tiempo y las cosas cotidianas; la naturaleza, Dios y los seres humanos. Éste es un fragmento del poema *Proverbios y Cantares*. En él, el poeta compara la vida con un camino por recorrer y nos explica que las elecciones° de cada día son las que forman el camino de nuestra vida.
Estos fragmentos son una adaptación de los versos de Machado, hecha por el cantante Joan Manuel Serrat.

choices

Note: You may wish to explain that Serrat is a singer from Spain, who set to music many poems by Machado, this one among them. You may want to play a recording of this poem to your class, or direct students to web sites that play the music.

Cantares (Fragmento)

Todo pasa y todo queda,
pero lo nuestro es pasar,
pasar haciendo caminos,
5 caminos sobre la mar.

Caminante, son tus huellas°
el camino y nada más;
caminante, no hay camino,
se hace camino al andar.

10 Al andar se hace camino
y al volver la vista atrás
se ve la senda° que nunca
se ha de volver a pisar°.

Caminante no hay camino
15 sino estelas° en la mar…
Caminante no hay camino
Se hace camino al andar…

footprints

path
to step on

wake (left behind by a boat)

3-39 ¿Qué nos dice el poema? Este poema tiene muchas metáforas e imágenes. Empareja cada frase de la lista de la izquierda con su significado en la lista de la derecha.

1. ___b___ Caminante no hay camino.

2. ___a___ Se hace camino al andar.

3. ___d___ Caminante son tus huellas el camino y nada más.

4. ___c___ Caminante no hay camino, sino estelas en la mar.

a. Hacemos camino cada vez que elegimos algo.

b. No hay una ruta marcada para cada persona.

c. Todo camino desaparece.

d. Cada persona tiene un camino único.

Note: Make clear that *la mar* fem. is only used in poetry. *Mar* is a masc. noun: *el mar.*

Suggestion for 3-40:
Each one of these questions may be used for a round table discussion. Students can be divided into groups to prepare one question and present it for discussion to the entire class.

3-40 Aclaremos. ¿Qué significan estas cosas para ti? En parejas, traten de contestar las siguientes preguntas sobre el poema.

1. ¿Quién es el caminante?
2. ¿Qué es el camino?
3. ¿Qué quiere decir el primer verso, "Todo pasa y todo queda"?
4. ¿Por qué dice el poeta que hacemos caminos sobre la mar?
5. ¿En qué versos dice el poeta que no podemos vivir dos veces la misma experiencia?

3-41 Caminos. En pequeños grupos, discutan las siguientes preguntas. Luego, compartan con la clase algunas de las ideas que surjan en su grupo.

1. ¿Quién marca tu camino? ¿tus padres? ¿tus amigos? ¿tú mismo/a? ¿la sociedad?
2. ¿Es posible elegir nuestro camino libremente, o estamos todos condicionados? Explica y da ejemplos.
3. ¿Estás de acuerdo con la filosofía del poeta? Explica tu respuesta.
4. Algunos creen que hay un sólo camino. ¿A qué se refieren?

3-42 Una decisión importante. Piensa en una decisión importante que tuviste que tomar. Descríbele a un compañero el problema que se te presentó, cuáles eran tus opciones y cómo te decidiste por una. Comenten el tema.

3-43 Mi vida. Escribe una estrofa de cuatro versos sobre tu visión de la vida. Puedes inventar tu propio formato o seguir éste:

Título
Primer verso: sustantivo + adjetivo
Segundo verso: sustantivo + adjetivo
Tercer verso: dos sustantivos
Cuarto verso: una pregunta

MODELO: Vida

Vida hermosa
Vida bella
Sueños y alegrías
¿Adónde me llevas?

Diario

Escribe un párrafo comentando tus impresiones sobre el poema de Machado. ¿Qué ideas te sugiere? ¿Cuál crees que era el objetivo del escritor al escribir este poema?

Avancemos con la escritura

Antes de escribir

Estrategia de escritura: *Narration, telling a story*

When we retell the sequence of events that form a story, we are narrating an event. The purpose of the narration is to inform and entertain. In the first case, we want to make sure that the reader clearly understands what happens and why it happens. In the second case, we want to present the events in an interesting way, in order to hold the readers' attention.

To accomplish this, adding details is very important. Often, the story relates past events, so the use of both the preterite and the imperfect is called for. However, we can also tell a story in the present. To help you organize your story in a chronological way, use the following transition words:

al (día, mes, año) siguiente	the next (day, month, year)
al cabo de	at the end of
al rato	later
antes / antes de eso	before / before that
después	after
enseguida	immediately
finalmente / por último / al final / por fin	finally / lastly / in the end / finally
luego / más tarde	then / later
para empezar / primero / al principio	to begin with / first / at the beginning
tan pronto como	as soon as

3-44 Unas vacaciones malogradas. Comenta la siguiente situación y dramatízala. El primer día de tus vacaciones pierdes a tu compañero/a de viaje por un día entero. Por supuesto, notificas a la policía, que lo encuentra a la medianoche, perdido en otra parte de la ciudad. Cuando él regresa al hotel con la policía, te cuenta cómo pasó su día. ¿Qué le pasó? Usa las palabras conectoras de secuencia que se presentaron anteriormente.

3-45 Una aventura inesperada. Piensa en unas vacaciones en las cuales pasó algo inesperado. ¿Perdieron el equipaje o los documentos? ¿Alguien se enfermó? ¿Les robaron? ¿Vieron algo sorprendente que no esperaban ver? ¿Tuvieron una experiencia maravillosa? Debes escribir una historia verdadera, alguna anécdota que te haya pasado a ti o a un familiar durante un viaje.

A escribir

3-46 Un final inesperado. Escribe un cuento con un final sorprendente.

Antes de entregar tu cuento, asegúrate de haber incluido y revisado lo siguiente:

- El pretérito y el imperfecto. Recuerda: el pretérito adelanta la acción, el imperfecto describe el fondo físico y temporal de la acción.
- Las palabras conectoras
- **Hace** + tiempo
- Las formas correctas de los verbos en el pretérito y el imperfecto
- **Ser** o **estar** en el pretérito e imperfecto
- La concordancia de género y número

Atando cabos ¡Buen viaje!

En esta parte del capítulo, vas a realizar una serie de actividades para planear un viaje por el mundo hispánico.

 3-47 Diferentes modos de viajar. Completa el cuadro con tus preferencias y entrevista por lo menos a tres personas de la clase para saber qué tipo de viaje prefieren. Luego, informa a la clase.

	Tú	Compañero/a 1	Compañero/a 2	Compañero/a 3
medio de transporte				
lugar				
época del año				
personas				
alojamiento				
equipaje				
comida				

3-48 ¿A dónde voy? Elige un lugar de América Latina que te gustaría visitar.

Paso 1. Preparativos. Prepara un informe para la clase usando las siguientes preguntas como guía. Toma nota de las presentaciones de los otros estudiantes para luego seleccionar a dos compañeros/as de viaje.

1. ¿Por qué escogiste este país para tus vacaciones?
2. ¿Cuál es la mejor época del año para visitar este país?
3. ¿Es posible organizar itinerarios especiales?
4. ¿Dónde se puede encontrar información sobre la gente de este país?
5. ¿Dónde puedes encontrar información sobre parques nacionales y áreas protegidas?
6. ¿Qué puedes esperar de la comida y los alojamientos?
7. ¿Cuáles son los precios?
8. ¿Cómo puedes hacer las reservas?

Paso 2. **De viaje.** En grupos de tres, usen Internet para preparar unas vacaciones de quince días por el mundo hispanoamericano. Utilicen las notas del **Paso 1** para seleccionar a sus compañeros de viaje. Luego, cada grupo presentará su plan a toda la clase y se hará una votación para elegir las mejores vacaciones.

El plan debe incluir:

- las fechas
- los medios de transporte
- los lugares a visitar

- los precios de pasajes y excursiones
- las comidas
- otra información que el grupo considere importante

3-50 ¿Pasaste un verano sano y ecológico? Individualmente, hagan una encuesta a algunos estudiantes de la clase y, luego, en grupos, decidan si el grupo respeta la naturaleza o no. Compartan sus resultados con el resto de la clase.

MODELO: E1: Antes de hacer un viaje a un país que no conoces, ¿te informaste sobre su cultura y sus costumbres y las respetaste cuando estuviste allí?

E2: Sí / No, (no) me informé…

1. consumir productos del lugar ricos en agua, como frutas y verduras
2. no comprar plumas de pájaros exóticos, conchas, coral, etc.
3. interesarse por la cultura e historia del lugar y visitar los lugares de interés
4. alojarse en hoteles y casas rurales
5. no hacer ostentación de lujo con la ropa, cámaras, joyas, etc.
6. no malgastar recursos, como el agua y la electricidad
7. grabar los sonidos de la naturaleza
8. pasear por la orilla del mar y nadar en el mar

3-51 De regreso al trabajo.
Lean estos consejos para cuando regresen al trabajo. Decidan cuáles son los mejores, expliquen por qué y piensen en otros consejos. Luego, compartan sus opiniones con otros grupos.

La vuelta al trabajo

Volver a casa unos días antes de terminar las vacaciones y dar paseos al aire libre ayuda a superar la angustia del regreso.

1. Reserva vacaciones para estar en casa. Si vuelves a tu casa unos días antes de empezar a trabajar para readaptarte poco a poco a tu vida cotidiana, te será más fácil acostumbrarte a la rutina.

2. Conserva algunos hábitos vacacionales. Para que te cueste menos volver a trabajar, intenta dormir una pequeña siesta —si es posible, de 20 a 30 minutos.

3. Planifica tu tiempo. Calcula el tiempo que te ocupará cada tarea que debas hacer —añade un 20% más para imprevistos— y deja tiempo libre para ti cada día.

4. Evita el exceso de trabajo. Acostúmbrate a delegar parte de tus tareas y a pedir ayuda cuando la necesites.

5. Aprovecha las primeras horas de luz. Da largos paseos o realiza actividades al aire libre, ya que está demostrado que la luz natural disminuye la secreción de melatonina, evitando cuadros de somnolencia diurna.

6. Propone nuevas metas en el trabajo como pedir un aumento de sueldo, la asignación de una tarea que siempre has querido hacer, el traslado a un departamento en el que tienes mejores amigos, etc.

Vocabulario

La naturaleza — *Nature*

el acantilado	*cliff*	**la montaña**	*mountain*
la arena	*sand*	**la ola**	*wave*
el bosque	*forest*	**la playa**	*beach*
la cordillera	*mountain range*	**el río**	*river*
el lago	*lake*	**la selva**	*jungle*
el mar	*sea*		

Sustantivos

la altura	*height*	**el huésped**	*guest, lodger*
el andén	*platform*	**el norte**	*north*
el asiento	*seat*	**la noticia**	*news*
el barco	*boat, ship*	**el país**	*country*
el bloqueador solar	*sunscreen*	**el paisaje**	*landscape*
el buceo	*scuba diving*	**la parada**	*stop*
el campamento	*campground*	**el revisor**	*conductor, guard*
la casa de campo	*vacation home*	**el saco de dormir**	*sleeping bag*
el/la clavadista	*diver*	**la señal**	*signal*
el equipaje	*luggage*	**el suceso**	*event*
la escala	*stop, port of call*	**el sur**	*south*
el esquí acuático	*water skiing*	**la tarjeta de embarque**	*boarding card*
la estadía	*stay*	**la tienda de campaña**	*tent*
el folleto	*brochure*	**el velero**	*sailboat*

Verbos

abordar el avión	*to board a plane*	**despegar**	*to take off*
acampar	*to camp*	**detenerse***	*to stop*
alojarse	*to lodge, take lodging*	**disfrutar de**	*to enjoy*
andar	*to walk, go*	**embarcar**	*to board*
arrojarse	*to throw oneself*	**escalar (montañas)**	*to climb (a mountain)*
bucear	*to scuba dive*	**estar a punto de**	*to be about to (do something)*
desaparecer(zc)	*to disappear*	**hacer dedo**	*to hitchhike*

*Conjugate as **tener**.

hacer una caminata	*to hike*	**quemarse**	*to get sunburned*
hacer ecoturismo	*to take an ecological vacation*	**recobrar**	*to recover*
hacer escala	*to stop over*	**sacar fotos**	*to take pictures*
hacer esquí alpino / nórdico / acuático	*to ski downhill/ cross country/ water skiing*	**tomar el sol**	*to sunbathe*
		viajar a dedo	*to hitchhike*
navegar	*to sail*	**volar (ue)**	*to fly*
quedarse	*to remain*		

Adjetivos

asustado/a	*frightened*	**lleno/a**	*full*
disgustado/a	*displeased*	**ruidoso/a**	*noisy*
inesperado/a	*unexpected*	**soleado**	*sunny*

Expresiones idiomáticas

acabar de + infinitivo	*have just done something*	**pasarlo bien / mal**	*to have a good / bad time*
al rato	*a short time later*	**pasar(se) el tiempo + -ando/ -iendo**	*to spend the time doing something*
como	*since (at the beginning of a sentence)*	**pensar(ie)** + infinitivo	*to plan to*
estar a punto de	*to be about to*		

Palabras útiles

el aire	*air*	**la guía turística**	*tourist guide*
aterrizar	*to land*	**hacer esquí acuático**	*to water ski*
atrasado/a	*late*	**hacer windsurf**	*to windsurf*
broncearse	*to get a tan*	**la isla**	*island*
la costa	*coast*	**el oeste**	*west*
divertirse (ie, i)	*to have a good time*	**el/la pasajero/a**	*passenger*
esquiar	*to ski*	**recorrer**	*to go around a place*
el este	*east*	**la vista**	*view*
la excursión	*tour*		

Suggestion: "Mente sana en cuerpo sano" = A sound mind in a healthy body. You may need to explain the words, mente = mind, sana/o = healthy, to help students understand the saying. Have students provide the equivalent saying in English. Ask them to explain it with examples, and ask: ¿Conocen alguna persona que se mejoró o se empeoró por la actitud que tenía hacia la enfermedad? ¿Es posible esto? ¿Conocen a alguien que cambió el curso de su enfermedad con una actitud positiva? ¿Cómo lo hizo?

Hablemos de la salud

Película recomendada:
Como agua para chocolate,
Alfonso Arau, México, 1992.

Canción recomendada:
Yerbero Moderno, Néstor Nili,
Intérprete, Celia Cruz, CD
Canta Celia Cruz, EE.UU.,
1989.

❝**Mente sana en cuerpo sano.**❞

Tema cultural

La salud y la nutrición en el mundo hispánico

Objetivos comunicativos

Describir el cuerpo y sus estados físicos y mentales

Hacer recomendaciones y sugerencias

Pedir turno en el dentista, médico u hospital

Indicar la ubicación de objetos y el propósito o la causa de situaciones

Dar instrucciones y mandatos

Sugerir actividades grupales

El ejercicio es esencial
para la salud.

En marcha con las palabras

En contexto: Cuidemos nuestro cuerpo

Suggestion: You may want to ask students whether they have other suggestions to promote good health.

✚ Consejos del médico ✚

Para gozar de buena salud:

1. Haga ejercicio un mínimo de tres **veces** por semana. El ejercicio le va a ayudar a **sentirse** bien. ¡Además es bueno para su figura!

2. Antes de hacer ejercicio, compre unos buenos zapatos de tenis. Unos zapatos apropiados reducen la posibilidad de que se le **tuerza** un **tobillo** o de que se le **quiebre** un **hueso**.

3. Mantenga una **dieta equilibrada** y **sana**. Evite los **alimentos** con mucha **grasa** y coma muchas frutas y **verduras** cada día. Coma **pan** y **arroz integral**.

4. Controle su **peso**. No **adelgace** ni **engorde** más de lo adecuado según su **estatura** y complexión física. Tenga cuidado cuando haga **régimen**.

5. Duerma entre seis y ocho horas diarias. Lo mejor para **evitar** el **insomnio** y pasar una buena noche es controlar la cafeína.

6. Haga una lista de todos los **medicamentos** a los que usted es alérgico/a (por ejemplo, penicilina).

7. **Cuide** su **tensión arterial**. No se exceda en la sal y **tómese la presión** con regularidad. La tensión alta puede afectarle el **corazón**.

8. Para las mujeres, es más **saludable** tomar vitaminas si piensan **quedar embarazadas**.

Para combatir el resfriado y la gripe:

1. Tome aspirinas para **aliviar** el **dolor** del cuerpo. **Suénese** la nariz con **pañuelos desechables** y **tápese** la boca y la nariz cuando **estornude** para evitar **contagiarles** la infección a otros. Compre un **jarabe** para la **tos** si tiene mucho **catarro**. Hay mucha variedad en las farmacias y no se necesita **receta** médica. Cuide sus **pulmones**.

2. **Tómese la temperatura** y si tiene una **fiebre** muy alta o dificultades al **respirar**, pida una **cita** con su médico.

3. Si tiene **dolor de oído**, use **gotas** para los oídos.

4. Si le duele la **garganta**, tome una **pastilla** para el dolor de garganta.

5. Si tiene **náuseas, vómitos** o **mareos** por más de seis horas, visite a su médico inmediatamente. Los mareos pueden causar **desmayos**.

6. Beba mucha agua y **descanse** si se siente **agotado**.

7. No tome antibióticos hasta que el médico se los **recete**. Dígale a su médico si **está embarazada**. Algunos antibióticos no se recomiendan durante el embarazo porque afectan al bebé.

¿Comprendes?

La clase se divide en dos grupos. Van a leer los consejos del médico. El **grupo 1** lee y trabaja con la información de *Para gozar de buena salud*; el **grupo 2** con *Para combatir el resfriado y la gripe*. En parejas, hagan una lista de los consejos y remedios que se recomiendan en este panfleto. Luego, compartan sus listas con la clase.

Suggestion: Play "Simon says" with the new vocabulary words. Model the activity for students: *Simón dice, tócate las pestañas.* Then, ask several students to be Simon in front of the class.

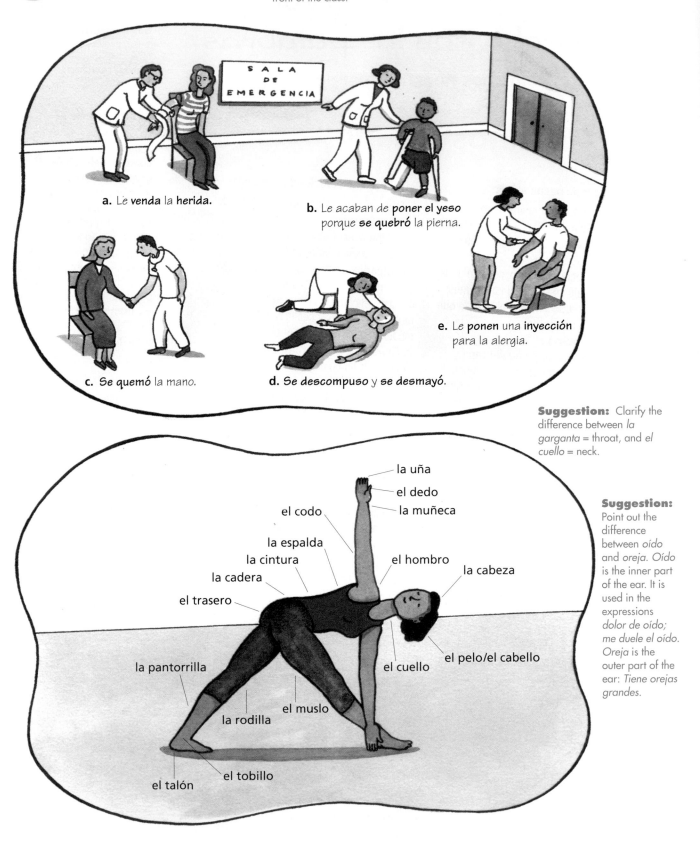

a. Le **venda** la **herida.**

b. Le acaban de **poner el yeso** porque **se quebró** la pierna.

c. **Se quemó** la mano.

d. *Se descompuso* y *se desmayó*.

e. Le **ponen** una **inyección** para la alergia.

Suggestion: Clarify the difference between *la garganta* = throat, and *el cuello* = neck.

la uña

el dedo

la muñeca

el codo

la espalda

la cintura

la cadera

el trasero

el hombro

la cabeza

el pelo/el cabello

el cuello

la pantorrilla

el muslo

la rodilla

el tobillo

el talón

Suggestion: Point out the difference between *oído* and *oreja*. *Oído* is the inner part of the ear. It is used in the expressions *dolor de oído; me duele el oído.* *Oreja* is the outer part of the ear: *Tiene orejas grandes.*

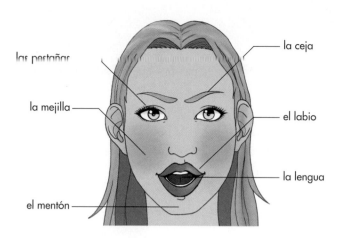

las pestañas

la mejilla

el mentón

la ceja

el labio

la lengua

Palabras conocidas

El cuerpo humano

Estas palabras deben ser parte de tu vocabulario.

La cara	face	El cuerpo	body
la boca	*mouth*	el brazo	*arm*
el diente	*tooth*	el estómago	*stomach*
la frente	*forehead*	la mano	*hand*
la muela	*molar*	el pecho	*chest, breast*
la nariz	*nose*	el pie	*foot*
el ojo	*eye*	la pierna	*leg*
la oreja	*ear*		

Expresiones útiles

caer mal	*not to agree with (said of food)*	El pescado que comí anoche me **cayó mal.**	*The fish that I ate last night did not agree with me.*
doler (ue)	*to hurt*	Me **duele** el oído.	*I have an earache.*
hacer régimen	*to be on a diet*	Quiero bajar diez libras; esta semana voy a **hacer régimen.**	*I want to lose ten pounds; this week I'm going to be on a diet.*
sentar (ie) mal	*not to agree with (said of food)*	La carne de vaca **me sienta** mal al estómago.	*Beef doesn't agree with my stomach.*
tener dolor de…	*to have a/an… ache*	**Tengo dolor de** cabeza.	*I have a headache.*

Note: The verbs **doler**, **caer mal**, and **sentar mal** follow the same pattern as **gustar**. (See pages 53–54 for verbs like **gustar**.)

A Teresa, le **duelen los huesos**.	*Teresa's bones hurt.*
A mí, **me duele** la espalda.	*My back hurts.*
A ti, **no te duele** la cabeza.	*Your head doesn't hurt. (You don't have a headache.)*

Note: Remember to use the definite article with parts of the body.

Recycling: You may want to refer students to the explanation for *gustar*, on pages 53–54.

4-1 ¿Qué palabra sobra? Identifica la palabra que no pertenece a cada grupo y explica por qué no pertenece.

1. mejilla   mentón   (cintura)
2. tobillo   (pestaña)   muñeca
3. pulmón   corazón   (hombro)
4. pantorrilla   rodilla   (espalda)
5. aliviar   doler   (marearse)
6. oído   (muela)   oreja
7. embarazo   bebé   (gotas)

4-2 Asociaciones. ¿Qué partes del cuerpo se relacionan con las siguientes actividades? Nombren todas las partes que se utilizan para llevar a cabo las siguientes actividades. Si no es obvia la relación que tienen algunas de las partes, expliquen por qué las mencionaron.

MODELO: jugar al fútbol
Se usan los pies, las piernas y la cabeza. También se usa el pecho para parar la pelota.

1. bailar salsa
2. tocar la guitarra y cantar
3. nadar
4. comer tacos

5. jugar al tenis
6. andar en bicicleta
7. conducir un coche
8. esquiar

4-3 ¿Qué te duele? Describan las partes del cuerpo que les duelen en estas situaciones.

MODELO: E1: *¿Qué te duele cuando tienes gripe?*
E2: *Me duele todo el cuerpo.*

¿Qué te duele cuando…

1. gritas mucho en un partido?
2. toses toda la noche?
3. corres 15 millas?
4. te caes de la bicicleta?
5. juegas al tenis por cinco horas?
6. te comes un pastel de chocolate tú solo/a?

4-4 Cuestionario médico. Imaginen que es su primera visita al centro de salud de la universidad y que tienen que llenar una ficha médica. Háganse y contesten estas preguntas. Expliquen y agreguen información. Cada respuesta debe tener un mínimo de dos oraciones.

MODELO: Tiene buena salud.
E1: *¿Tienes buena salud?*
E2: *Sí, tengo buena salud porque nunca me enfermo. Me cuido, como comida sana y hago mucho ejercicio.*
No, no tengo buena salud porque tengo mucho estrés y me falta energía.

Pregúntale a tu compañero/a si…

1. es alérgico/a a alguna comida.
2. se desmayó alguna vez.
3. hace un régimen.
4. se quebró algún hueso.
5. es alérgico/a a la penicilina o a otro medicamento.
6. sufre de insomnio.

4-5 Una cita médica. Imaginen que Uds. son un/a médico/a y un/a paciente. Interpreten los siguientes papeles, siguiendo las claves que se indican.

PACIENTE: Escoge una de las siguientes posibilidades: tener gripe, quebrarse un brazo, estar embarazada, tener un resfriado con congestión de pecho. Explícale al/a la médico/a todos los síntomas que tienes.

MÉDICO/A: Dale el diagnóstico al/a la paciente e indícale qué debe hacer para curarse o cuidarse.

4-6 Estado de salud. Queremos saber cuál es tu estado físico.

Paso 1. ¿Tienes buena salud? Estas preguntas te ayudarán a determinar el estado de salud que tienes. Tomando turnos con un/a compañero/a, contesta las siguientes preguntas. Cada uno de Uds. debe guardar las respuestas de su compañero/a para presentarlas a la clase.

1. ¿Qué comidas te caen mal?
2. ¿Cuándo comiste o bebiste algo que te sentó mal? ¿Qué te sentó mal?
3. La última vez que estuviste enfermo/a, ¿qué parte del cuerpo te dolía?
4. ¿Tienes dolor de cabeza muchas veces durante el semestre?
5. ¿Tenías dolor de oído cuando eras niño/a?
6. ¿Tienes algún dolor crónico?
7. ¿Cuántas veces al año vas al médico?
8. ¿Te enfermas con mucha frecuencia?

Paso 2. Presentación. Ahora, presenta a la clase el estado de salud de tu compañero/a, explicado en un párrafo.

MODELO: *El estado de salud de X es excelente. Le caen mal muy pocas comidas. Sólo le sientan mal las grasas. Nunca le duele la cabeza. Cuando era niño tenía dolor de oído, pero no con frecuencia. No se enferma nunca ni tiene dolores crónicos. De todos modos, va al médico una vez al año para hacerse un examen de rutina.*

4-7 ¿Qué haces tú? Escribe una lista de cinco cosas que haces para cuidar de tu salud física y mental. Luego, compara tu lista con la de tu compañero/a. ¿Son similares? ¿Qué aprendiste de la lista de tu compañero/a? ¿Hay algo que puedan añadir a sus listas?

Suggestion for 4-5: As with all activities, remind students to generate as much language as possible. Emphasize that the student playing the part of the patient should not name the sickness but, rather, describe fully the symptoms they have chosen. Check that students are doing the activity correctly. Encourage students to elaborate on their answers. Similarly, have the student playing the doctor give a minimum of five sentences that explain what the patient needs to do to get better.

Suggestion for 4-5: If students can't recall the command form, allow them to use the structures *tener que*, *deber* + infinitive.

Note for 4-6: Ask several pairs to report the health of their classmates. *¿Gozan de buena salud o tienen problemas?*

Suggestion: Here you may want to play the recommended song for this chapter, p. 104.

Ventana al mundo

Los remedios caseros

Los remedios caseros son muy populares en el mundo entero. En
América Latina es una tradición milenaria. Este tipo de recetas
forma parte de la tradición oral y se pasa de una generación a
otra. Aquí tienes algunas recetas.

Máscaras de belleza caseras

- Para el pelo reseco y dañado: Mezclar un aguacate *(avocado)*
  maduro *(ripe)* con un huevo; aplicarlo en el cabello. Dejarlo
  una hora y enjuagar con agua tibia.
- Para las pequeñas quemaduras domésticas: Tomar una patata,
  rallarla *(grate it)* y, luego, ponerla sobre la zona afectada.
- Para los dolores de estómago: Poner bastante orégano en un
  vaso de agua, dejar descansar y tomar el agua.
- Para la piel: Lavarse la cara con leche por la mañana y por la noche. La leche es ideal para la piel.
- Para los resfriados y la bronquitis: Tomar jugo de limón con una cucharada de miel.
- Para la tos y las congestiones respiratorias: Lavar 200 gramos de cebollas, cortarlas en trozos pequeños y
  colocarlas en la licuadora *(blender)* con seis dientes de ajo. Agregar el jugo de seis limones y miel a gusto. Licuar.
  Tomar cada media hora, una cucharadita para los niños y una cucharada para los adultos. Disminuir la dosis
  cuando se está mejor.

¿Y tus remedios caseros? ¿Qué remedios caseros conoces? ¿Quién te los dio? ¿Te resultan eficaces?

Comprehension questions: *Explica qué remedios caseros se usan para el cabello reseco y dañado, las quemaduras, el dolor de estómago, la piel, los resfriados y la bronquitis, la tos y las congestiones.*

¡Sin duda!

sentir — sentirse

Although **sentir** and **sentirse** both translate into English as to feel, they have different uses in Spanish. Study the chart below to
see how these verbs are used.

Palabra	Explicación	Ejemplo
sentir (ie, i)	*to feel, perceive with the senses; to express an opinion*	**Siento** un olor extraño. *I smell something strange.* **Siento** que no está bien lo que haces. *I feel that what you are doing is not right.*
sentirse (ie, i)	*to feel (well, bad, sad)* [modified by an adjective]	**Me siento** enfermo. *I feel sick.*

hacer caso — prestar atención

The expressions **hacer caso** y **prestar atención** can be translated in English as *to pay attention.*

Palabra	Explicación	Ejemplo
hacer caso	to heed, to pay attention	**Les hago caso** a los/as médicos/as. *I pay attention to doctors.*
prestar atención	to pay attention, to focus on	**Presto atención** cuando el enfermero explica el tratamiento. *I pay attention when the nurse explains the treatment.*

4-8 ¿Cómo te sientes? Explica como reacciona tu organismo.

Paso 1. Me siento fenomenal. Dile a otro/a estudiante cómo te sientes o qué sientes en estas situaciones. Tu compañero/a debe reaccionar a lo que le dices. Usa la forma correcta de **sentirse bien / mal / fenomenal / agotado/a, etc.**

MODELO: Siempre estás cansado/a y no tienes energía.
E1: *¿Cómo te sientes?*
E2: *No me siento bien porque estoy siempre cansado y no tengo energía.*
E1: *Debes escuchar a tu cuerpo. Duerme ocho horas al día y toma vitaminas.*

1. Tienes dolor de garganta y de cabeza.
2. Tienes mucho trabajo y estás durmiendo menos de cinco horas por noche.
3. Haces mucho ejercicio y adelgazas cinco libras.
4. Sigues una dieta equilibrada y estás en muy buen estado físico.
5. Tienes catarro.
6. No tienes más insomnio porque el médico te dio unas nuevas pastillas.

Paso 2. Mis malestares. Cuéntale a tu compañero/a un malestar o una enfermedad que tuviste o tienes este semestre. ¿Qué hiciste o estás haciendo para combatirlo/a? Tu compañero/a te puede dar otras sugerencias.

4-9 ¿Qué dirías en estas situaciones? Imagina que te encuentras con un/a amigo/a. Le cuentas tu reacción a estas situaciones, explicando por qué te sientes así. Usa **sentir** en la forma apropiada. Cuidado con el tiempo verbal.

MODELO: Anoche viste una película de terror antes de irte a dormir.
Anoche sentí miedo porque vi una película de terror antes de irme a dormir.

1. Saliste sin abrigo y hacía más frío de lo que esperabas.
2. La calefacción estaba muy alta en tu dormitorio durante la noche.
3. Había olor a remedio en el cuarto de tu amigo.
4. Crees que tus padres tienen buenas razones cuando te aconsejan que no bebas alcohol.
5. Tu compañero/a va a muchas fiestas en vez de estudiar. No te parece bien lo que hace.

Answers for 4-9:
1. *Sentí frío porque no llevaba abrigo...* 2. *Anoche, sentí calor porque...* 3. *Sentí olor a remedio porque...* 4. *Siento que mis padres tienen razón porque...* 5. *Siento que no está bien lo que hace porque...*

 **4-10 Recomendaciones.** Dile a tu compañero/a a cuáles de las siguientes recomendaciones les haces caso y a cuáles no les prestas atención. Explica por qué.

MODELO: Los expertos recomiendan hacer ejercicios de relajación. ¿Qué haces tú?
E1: *Yo les presto atención. Hago yoga todos los días. ¿Qué haces tú?*
E2: *Yo no les hago caso. No tengo tiempo para esas cosas.*

1. Los expertos aconsejan comer cinco porciones de vegetales por día.
2. Los médicos recomiendan no fumar.
3. Los médicos recomiendan usar protección solar, aún en invierno.
4. Los nutricionistas aconsejan tomar ocho vasos de agua por día.
5. Los entrenadores recomiendan hacer ejercicio cuatro veces por semana.
6. Los expertos recomiendan tomar un vaso de vino por día.

Ventana al mundo

El sistema de salud pública cubano

El sistema de salud pública cubano es gratis para todos los habitantes del país. Es reconocido como uno de los más eficientes en el mundo. El porcentaje de mortalidad infantil es igual que el de Canadá: 6,5 por 1.000. La expectativa de vida es la misma que la de los países industrializados. Algunas vacunas producidas en Cuba, tal como la vacuna contra la meningitis, se usan en todas partes de Centro América y África. En sus hospitales especializados se reciben pacientes de todas partes del mundo. Cuba y Venezuela tienen un acuerdo por el cual los médicos cubanos trabajan en Venezuela a cambio de petróleo para la isla.

Boletín

Los médicos en Cuba
Cuba tiene el número más alto de médicos por habitantes en el mundo.

 Investiguen. Busca más información en Internet sobre el sistema de salud pública cubano para informar a la clase.

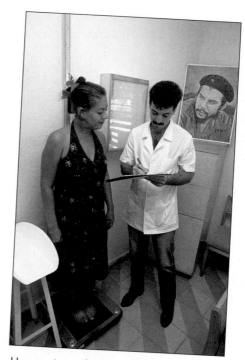

Una paciente durante un chequeo de rutina en La Habana, Cuba

Así se dice

Cómo recomendar y hacer sugerencias

Para recomendar o sugerir algo en forma general, usa las siguientes expresiones seguidas del verbo en **infinitivo**.

(No) Es importante...	*It is (not) important...*
(No) Es mejor...	*It is (not) better...*
(No) Es bueno / malo...	*It is (not) good/bad...*
(No) Es necesario...	*It is (not) necessary...*
(No) Se debe...	*One should (not)...*
Es importante hacer ejercicio.	*It's important to exercise.*
Es mejor no comer grasas.	*It's better not to eat fat.*
No es bueno comer demasiado.	*It's not good to eat too much.*
Es necesario aceptar la medicina alternativa.	*It's necessary to accept alternative medicine.*
No se debe comer alimentos fritos muy a menudo.	*You shouldn't eat fried food too often.*

Para recomendar o sugerirle algo a una persona en particular, usa estas expresiones seguidas del verbo en **infinitivo**.

Tienes que hacer ejercicio aeróbico tres veces por semana.	*You have to do aerobic exercise three times a week.*
Debes tomar vitaminas cuando estás estresado.	*You should take vitamins when you are under stress.*

Cómo pedir turno en el dentista, médico u hospital

Para pedir un turno con un médico, usa las siguientes expresiones. Generalmente, es necesario explicar el problema físico que requiere atención.

Quisiera un turno con el Dr. Blanco, por favor.	*I would like an appointment with Dr. Blanco, please.*
¿Puede darme un turno con la Dra. Ochoa para esta semana, por favor?	*Can you give me an appointment with Dr. Ochoa for this week, please?*
Necesito ver al Dr. Moreno urgentemente, por favor.	*I need to see Dr. Moreno, urgently, please.*
Necesito una cita de urgencia con el/la médico/a de guardia, por favor.	*I need an urgent appointment with the doctor on call, please.*
Tengo que pedir una cita con la Dra. García para el mes que viene.	*I have to make an appointment with Dr. García for next month.*
Quiero pedir hora con el Dr. Pérez.	*I want to ask for an appointment with Dr. Perez.*

Suggestion: Explain to the students that *pedir turno* and *pedir una cita* are used mostly in Latin America, while *pedir hora* is commonly used in Spain.

Suggestion for 4-11:
Clarify that student E1 should use the expression from **Así se dice** with the situations given, and student E2 should comment on his/her partner's situation. They should reverse their roles halfway through the exercise.

Expansion for 4-11: As a follow up to question 8, have students continue working in pairs and brainstorm other ways of losing weight. Then, when they report to the class, ask them to decide as a group which are the most popular suggestions and which are the most original ones.

Suggestion for 4-12:
Assign a different patient situation to each pair. Then, have each pair act out their situation in front of the class.

4-11 Adelgazar es fácil. A continuación, van a encontrar una lista de sugerencias para adelgazar. ¿Están de acuerdo con ellas? Expliquen por qué. Usen las expresiones de la sección **Así se dice**.

MODELO: comer moderadamente
E1: *Es importante / Es mejor comer moderadamente.*
E2: *Creo que tiene razón. Si uno come mucho y no hace ejercicio, es seguro que engorda.*

1. no consumir más del 30% de calorías diarias de grasa
2. comer mucho pescado
3. quitarle la grasa al pollo o a la carne roja
4. eliminar las salchichas, el salame y el jamón
5. comer frijoles porque tienen muchas proteínas
6. usar poco aceite en las ensaladas
7. no freír la comida sino asarla
8. ¿?

4-12 Un turno urgente, por favor. Imagina que, durante tu estadía en México, necesitas pedir una cita con un/a médico/a. Llama por teléfono para pedir una cita. Con tu compañero/a, interpreten los siguientes papeles, siguiendo las claves que se indican.

SECRETARIO/A: Contesta la llamada y haz los arreglos necesarios para que el/la paciente vea al/a la médico/a. Hazle algunas preguntas para identificar al/a la paciente y determinar cuál es el problema. Debes establecer la gravedad del problema, la hora, el día y el lugar adonde el/la paciente debe ir.

PACIENTE: Escoge una de las siguientes situaciones, explica tu problema y contesta las preguntas del/de la secretario/a.

1. Tienes un fuerte dolor en el pecho y no puedes respirar normalmente. Llama al hospital de urgencia.
2. Tu esposa está embarazada y el/la niño/a está por nacer. Llama al consultorio del/de la médico/a.
3. Tienes un fuerte dolor de muela y necesitas ver al/a la dentista lo más pronto posible. Llama a su consultorio y pide una cita urgente.
4. Te caíste de las escaleras y te quebraste una pierna. Llama al hospital de urgencia.
5. Hace una semana que no te sientes bien, estás muy cansado/a y tienes mucha tos con catarro. Llama al/a la médico/a.

Ventana al mundo

El aceite de oliva

El aceite de oliva, además de ser un elemento básico de la alimentación española, es muy bueno para la salud. Se utiliza para cocinar, para las ensaladas, para freír, etc. Algunos españoles desayunan pan con aceite de oliva en vez de mantequilla o mermelada. El aceite de oliva virgen es—sin duda—el más natural de todos los aceites. Diferentes investigaciones confirman que el aceite de oliva:

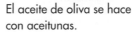
El aceite de oliva se hace con aceitunas.

Aperitivo de aceite de oliva y pan.

- beneficia el crecimiento y la mineralización de los huesos
- disminuye la acidez gástrica y ofrece una protección contra úlceras y gastritis
- es el tipo de aceite que el intestino absorbe más fácilmente y regula el tránsito intestinal
- reduce el nivel de colesterol
- reduce el riesgo de infartos (*heart attacks*)

Comprehension questions: *¿Cuáles son los usos del aceite de oliva en España? ¿Cómo se incluye en el desayuno? ¿Qué dicen las investigaciones sobre el aceite de oliva? ¿Cuántos beneficios recuerdas?*

El aceite. ¿Qué tipo de aceite usas para freír los alimentos? ¿Y para la ensalada? ¿Comiste alguna vez pan con aceite para el desayuno? ¿Qué desayunas?

Sigamos con las estructuras

Repasemos 1

Indicating location, purpose, and cause: *Por* vs. *para*

Mañana salgo **para** Nicaragua. Voy **por** avión en el vuelo que pasa **por** Miami.

 Complete the self-test on the **Atando cabos** web site. If you get less than 85%, you need to review this grammar point in the **Cabos sueltos** section, pp. 436–437. If you get above 85%, you can continue with the following activities.

4-13 Nicolás y sus problemas. Nicolás tiene algunos problemas y todo el mundo tiene algo que decirle. Completa las frases con **por** o **para**.

1. No te preocupes más _____*por*_____ tu amigo; ya es mayor.

2. La Dra. Linares envió esto _____*para*_____ él y dice que debe ir al gimnasio.

3. _____*Para*_____ llegar al gimnasio tienes que caminar _____*por*_____ el parque y, luego, doblar a la derecha en la esquina.

4. _____*Para*_____ sentirte bien tienes que hacer ejercicio _____*por*_____ lo menos dos veces a la semana.

Warm-up: See the *Cabos sueltos* section, pages 437–438, for more practice with **por** and **para**.

5. _____*Para*_____ mañana trata de pensar en una dieta mejor; ésta tiene muchas calorías.

6. Pasamos _____*por*_____ la enfermería _____*para*_____ buscar la receta.

7. ¿Es _____*para*_____ mí esta receta?

8. En la mesa, hay una carta del centro médico _____*para*_____ Nicolás. Llegó _____*por*_____ correo certificado.

4-14 Una mala noche. Imagina que has pasado una mala noche. Explícale a tu compañero/a cómo te sentiste. Túrnense para combinar las siguientes frases, utilizando la preposición **por** o **para**, según corresponda, para formar oraciones en el pretérito.

1. anoche no poder dormir
2. esta mañana no poder despertarme
3. llamar a la enfermería
4. darme una cita
5. ir al centro médico
6. salir de mi cuarto a las dos menos diez
7. antes de obtener un diagnóstico, pasar
8. recetarme unas pastillas

el dolor de estómago y de cabeza
ir a la universidad
hablar con un médico
las dos de la tarde
ver a la Dra. Vidal
no llegar tarde
varios consultorios
el dolor de cabeza

4-15 La nutricionista del equipo. Preparen un minidrama en el que utilicen algunas de las siguientes expresiones con **por** y **para,** y el vocabulario de este capítulo. Interpreten los siguientes papeles, siguiendo las claves que se indican.

EL/LA NUTRICIONISTA: Debes aconsejarles a los atletas universitarios lo que deben comer y lo que deben evitar para gozar de buena salud.

ATLETA 1: Tú tienes una dieta y unos horarios muy irregulares. Nunca desayunas, comes pasteles para el almuerzo, no te gustan los vegetales y los fines de semana bebes mucha cerveza y comes pizza. Explícale al/a la nutricionista cuál es tu dieta y pregúntale cómo puedes mejorarla.

ATLETA 2: Tú eres una persona muy ordenada. Comes tres comidas por día, pero no siempre escoges una dieta equilibrada. Explícale lo que comes y pregúntale cómo puedes mejorar tu dieta.

para bien o para mal	por ahora	por demás
para colmo	por último	por un lado / por el otro
para mejor / peor	por eso	por lo pronto
para variar	por cierto	por si acaso
para siempre	por casualidad	por lo tanto
por fin	por lo general	por supuesto
por ejemplo	por lo menos	

ventana al mundo

Los frijoles y el arroz en la dieta hispana

Los frijoles y el arroz son los dos ingredientes básicos de la comida centroamericana y caribeña. Hay muchos tipos de frijoles—negros, colorados, pintos, rosas, entre otros—y todos son muy populares. Cualquier clase de frijol se come acompañado de arroz. Se dice que la mezcla del frijol con el arroz representa la unión de la cultura europea con la cultura indígena. La cultura europea trajo el arroz blanco a América y la cultura indígena nos dio el frijol.

Los frijoles aparecen también en muchas comidas mexicanas. Se sirven como acompañamiento en platos con carne, pollo o pescado y también como relleno de las tortillas en los burritos y enchiladas. Es más común acompañar un plato mexicano con frijoles y arroz que con patatas fritas.

Comidas. ¿Qué comidas son típicas de EE.UU.? ¿Conoces alguna comida indígena de EE.UU.? ¿Conoces alguna historia relacionada con esa u otra comida?

Un delicioso plato, acompañado de arroz y frijoles.
Bill Schildge / PacificStock.com

Comprehension questions: *¿En dónde son el arroz y los frijoles una comida básica? ¿Qué representa culturalmente la combinación de arroz y frijoles? ¿En la comida mexicana se usan los frijoles y el arroz? ¿De qué manera?*

Diario

¿Recuerdas cuando eras niño/a y te enfermabas? ¿Quién te curaba y te atendía? ¿Qué hacías tú? ¿Te gustaban los remedios que tenías que tomar? Cuenta algún recuerdo de tu infancia relacionado con una enfermedad.

Complete the self-test on the **Atando cabos** web site. If you get less than 85%, you need to review this grammar point in the **Cabos sueltos** section, pp. 439–440. If you get above 85%, you can continue with the following activities.

Warm-up: See the *Cabos sueltos* section, pages 440–441, for practice with the definite article.

Repasemos 2

Talking to and about people and things: Uses of the definite article

El señor Pérez dice que **la salud** es **el tesoro** más grande que tenemos.

4-16 El mensaje de Estela. Estela está en primer año de la escuela de nutrición y le escribe a su novio, contándole su nueva situación. Completa los espacios con el artículo donde sea necesario.

De:	Estela
Para:	Antonio
Asunto:	Nueva situación

Querido Antonio:

¿Cómo andas? Finalmente estoy instalada en mi nuevo 1. __Ø__ cuarto. Me gusta mucho 2. __el__ programa de estudio que tengo, pero 3. __el__ lugar donde está 4. __la__ escuela de nutrición no es muy lindo. Te cuento que, aunque no lo creas, en este pueblo no hay 5. __Ø__ restaurantes 6. __Ø__ vegetarianos. 7. __La__ comida de 8. __la__ cafetería es abominable, pero siempre encuentro algo para comer. Como ya sabes, yo prefiero 9. __el__ pescado a 10. __la__ carne, pero sirven 11. __Ø__ pescado sólo una vez por semana. Una nota agradable es que en esta universidad hay muchos estudiantes que hablan 12. __Ø__ español y puedo hablar con ellos para no sentirme sola. Ahora debo dejarte porque tengo una cita con 13. __la__ Dra. Zubizarreta.
Te quiero,

Estela

4-17 Entrevista. Averigua los hábitos alimenticios de la familia de otro/a estudiante y, luego, informa a la clase tus resultados. Presta especial atención al uso de los artículos.

MODELO: ENCUESTA: *¿Qué prefiere tu papá, el pan integral o las galletas?*
INFORME: *El papá de mi compañero/a prefiere el pan integral.*

Ventana al mundo

Las tapas

Comprehension questions: *¿Qué es una tapa? ¿De dónde son típicas las tapas? ¿Qué significa ir de tapas? ¿Las tapas son siempre del mismo tamaño? ¿Cómo haces para pagar lo que has consumido? ¿Qué son los montaditos?*

La tapa es una pequeña porción de algún alimento que se come entre las comidas principales. También se puede servir antes de las comidas. Es típico de España y forma parte de la vida social. La gente se encuentra para ir de tapas. Sobre todo los jóvenes van a diferentes bares a tomar una copa y unas tapas, según la especialidad de cada bar.

En general, en los bares donde sirven tapas, existe la opción de pedir diferentes tamaños de porciones—desde media ración a ración entera. Otras veces, las diferentes tapas están en el mostrador *(counter)* y el cliente se sirve y guarda los palillos *(toothpicks)* que, luego, entrega al camarero para pagar las porciones que ha comido. Los montaditos son una variedad de tapas que consisten en pequeños bocadillos *(sandwiches)* con diferentes ingredientes (jamón serrano, queso manchego, salame, pescado, etc.)

Menú turístico. Lee el menú turístico y escoge lo que te gustaría probar. ¿Cuánto vas a gastar? ¿Qué vas a beber?

Café Jaragua

MENÚ de TAPAS

Tapa	Precio	Traducción
Aceitunas	1.00 €	Marinated Olives
Patatas alioli	1.75 €	Potato Salad with Garlic Mayonnaise
Tortilla tradicional	1.95 €	Spanish Potato and Onion Omelet
Pulpo a la gallega	2.95 €	Baby Octopus
Jamón serrano	3.25 €	Spanish Cured Ham
Boquerones	2.50 €	Marinated Fresh Anchovies
Plato de quesos (cabrales, manchego, etc.)	4.75 €	Spanish Cheeses
Gambas al ajillo	2.75 €	Sizzling Shrimp in Garlic
Croquetas de pollo	2.75 €	Chicken Croquettes
Patatas bravas	1.50 €	Cubed Fried Potatoes in a Piquant Tomato Sauce
Chorizos y garbanzos a la cazuela	2.75 €	Chorizos Simmered in Tomato Sauce with Chick Peas
Calamares fritos	2.25 €	Fried Calamari
Albóndigas	2.75 €	Homemade Tenderloin Meatballs
Morcilla	2.75 €	Traditional Spanish Black Sausage

Note: In Latin America, the word is *salame;* in Spain it is *salami.* This dry sausage is also often referred to as *salchichón.*

Boletín

Las tapas preferidas de los españoles

La tortilla de patata es el aperitivo favorito de los españoles. Para acompañarla, la cerveza es la bebida más habitual.

Repasemos 3
Suggesting group activities: *Nosotros* commands

¡**Vivamos** la vida! Esta noche, **vayamos** de tapas.
Me gusta el vino español. **Tomémoslo.**

Note for 4-18: This activity uses the vocabulary from **Menú de tapas** on page 119. If you have not yet covered **Ventana al mundo,** page 119, have students read the menu in order to be familiar with the vocabulary before they make their choices.

4-18 Preparemos la comida. Ustedes son parte del Club Hispano. Entre los dos, están preparando una fiesta donde van a servir tapas. Contesten las preguntas con los pronombres correspondientes.

MODELO: E1: *¿Hacemos las tapas?*
E2: *Sí, hagámoslas.*

1. ¿Preparamos la tortilla española? Sí, _____ preparémosla. _____

2. ¿Le ponemos aceite de oliva a los sándwiches? Sí, _____ pongámosle aceite de oliva. _____

3. ¿Servimos las aceitunas verdes? Sí, _____ sirvámoslas. _____

4. ¿Hacemos las croquetas de pollo? No, _____ no las hagamos. _____

5. ¿Freímos los calamares ahora? No, _____ no los friamos. _____

6. ¿Cortamos el jamón serrano? No, _____ no lo cortemos. _____

7. ¿Probamos el queso manchego? No, _____ no lo probemos. _____

8. ¿Preparamos las patatas bravas? Sí, _____ preparémoslas. _____

Suggestion for 4-19: Brainstorm with the entire class different situations in which they could face an emergency. In order to familiarize students with new vocabulary, write their ideas on the blackboard. Possible situations: *Sale fuego de la ventana de un dormitorio. Un coche chocó con una bicicleta. Una persona se desmaya en el tren. Una persona se cae en la calle y se quiebra un brazo. Alguien robó el bolso de una señora en una tienda.* Once the situations are on the blackboard, ask the groups to think of commands to help with each situation.

4-19 En caso de accidente. Un consejo de los especialistas es mantener la calma frente a una situación de emergencia. Piensen en cinco situaciones de emergencia y preséntenselas a los otros grupos. Ellos tienen que dar mandatos con la forma **nosotros** para resolver la situación y mantener la calma. Usen el vocabulario de **La sala de emergencia,** página 106.

MODELO: GRUPO 1 DICE: *Hubo un accidente de coche.*
GRUPO 2 RESPONDE: *Llamemos a la ambulancia.*
No movamos a las personas heridas.
Llamemos a la policía.

Ventana al mundo

Las empanadas

Si quieren crear un conflicto entre los latinoamericanos, no es necesario hablar del petróleo ni de las fronteras. Pregúntenles por las empanadas. Cada país reclama su origen y defiende la originalidad de su variedad. La empanada es un pequeño pastel que se hace doblando la masa sobre sí misma para cubrir el relleno *(filling)*. Aunque la empanada podría ser motivo de discusiones sobre cuál es la mejor, la más original, la más antigua o la más sabrosa, también este mismo plato demuestra que Latinoamérica es una sola. La empanada representa de alguna manera la historia de la región por sus ingredientes. El trigo y el maíz, la carne y la papa, el tomate, el cordero, el picante: las especies unen a todos los países. Puede recibir diferentes nombres como: allana (Venezuela), molote (Colombia), empanada de pino (Chile), llaucha (Bolivia), pastel frito (Brasil), pucacapa (Bolivia), salteña y tucumana (Argentina). Hay diferentes rellenos y formas de preparar las empanadas, pero son un alimento básico en toda la región. Existen, en las grandes ciudades, tiendas que preparan diferentes variedades de empanadas, incluso dulces, y que las entregan a domicilio *(deliver them to the home)*.

> **Plato tradicional.** ¿Has comido alguna vez empanadas? Cuéntanos. ¿Hay algún plato tradicional que identifique tu región o país? ¿Pides mucha comida a domicilio? ¿Es muy cara?

Un rico plato de empanadas

Comprehension questions: *¿Por qué discuten los latinoamericanos por las empanadas? ¿Qué es una empanada? ¿Qué ingredientes lleva? ¿Cuáles son algunos de sus diferentes nombres, según los países? ¿Puedes pedir empanadas por teléfono?*

Aprendamos 1

Telling people what to do: Formal and informal commands

In order to tell someone what to do or to give directions, you may use the direct commands. There are two kinds of command forms in Spanish: formal and informal.

A. Formal commands

The formal command for **usted/ustedes** is formed by dropping the **-o** from the first-person singular (**yo**) of the present indicative and adding **-e/-en** for **-ar** verbs, and **-a/-an** for **-er** and **-ir** verbs.

Infinitive	**-ar** respirar respir**o**	**-er** toser tos**o**	**-ir** recibir recib**o**
Usted Ustedes	**+ e / en** respir**e** respir**en**	**+ a / an** tos**a** tos**an**	**+ a / an** recib**a** recib**an**

Irregular verbs follow the same rule:

hacer	hag**o**	hag**a/an**	salir	salg**o**	salg**a/an**
poner	pong**o**	pong**a/an**	decir	dig**o**	dig**a/an**

Respire hondo, dice el médico
  cuando me examina.

Breathe deeply, the doctor tells me
  when he examines me.

Note: The **usted** and **ustedes** commands have the same form as the third-person singular and plural present subjunctive.
    No quiero que **hagan** dieta.

B. Informal commands

The informal (**tú**) commands have different forms in the affirmative and the negative.

1. **Affirmative form**

   Regular affirmative **tú** commands are formed with the third-person singular of the present indicative:

-ar cuidar cuid**a**	**-er** comer com**e**	**-ir** prescribir prescrib**e**

   Cuida tu salud.   *Take care of your health.*
   Come muchas verduras.   *Eat a lot of vegetables.*
   Prescribe un jarabe.   *Prescribe a cough syrup.*

2. **Negative form**

   The negative informal (**tú**) commands drop the **-o** from the first-person singular (**yo**) of the present indicative tense and then, add **-es** for **-ar** verbs, and **-as** for **-er** and **-ir** verbs.

Infinitive	estornudar	hacer	escribir
First-person singular	estornud**o**	hag**o**	escrib**o**
Negative command	No estornud**es** aquí.	No hag**as** régimen.	No escrib**as** la receta así.

Note: The negative informal command has the same form as the second person singular of the present subjunctive.
    No quiero que **bailes** con Juan.

There are a few verbs that have an irregular informal command form. Study this list:

Irregular informal commands					
decir	**di**	no **digas**	salir	**sal**	no **salgas**
hacer	**haz**	no **hagas**	ser	**sé**	no **seas**
ir	**ve**	no **vayas**	tener	**ten**	no **tengas**
poner	**pon**	no **pongas**	venir	**ven**	no **vengas**

C. Verbs with spelling changes and commands

1. Verbs that end in **-car**, **-gar** change to **-que**, **-gue** to preserve the hard sound of the **c** and **g** in the **usted/ustedes** command and the negative **tú** command.

Paguen Uds. por los remedios.   *Pay for the medicine.*
No **toques** los remedios.   *Don't touch the medicine.*

Note: The verbs **buscar**, **sacar**, **praticar**, **tocar**, **pagar**, **jugar** and **llegar** are some of the verbs that follow this pattern.

2. Verbs that end in **-zar** change the **z** to **c** in the **usted/ustedes** command and negative **tú** command.

No **almuerce** Ud. antes de hacer ejercicio.   *Don't eat lunch before exercising.*
No **comiences** un régimen sin consultar   *Don't start a diet without checking*
con el doctor primero.   *with the doctor first.*

Note: The verbs **empezar**, **cruzar**, **organizar**, **almonzar**, **comenzar** and **memorizar** are some of the verbs that follow this pattern.

4-20 En situaciones difíciles. Éstos son consejos de una psicóloga para enfrentar las situaciones difíciles y mantener una vida sana. Cambia cada consejo como sea necesario para convertirlo en un mandato informal. Piensa en otros consejos para esta lista.

MODELO: ser optimista; no ser pesimista
         Sé optimista. No seas pesimista.

1. ser objetivo y no perder la calma frente a situaciones de emergencia
2. mantener una dieta equilibrada; no comer muchas grasas
3. llevar una vida activa
4. tener una buena vida social
5. aprender de los errores
6. conservar el buen humor
7. hacer ejercicios de relajación
8. dormir ocho horas por noche; no tomar mucho café
9. mantener un círculo de amigos
10. ¿?

4-21 La semana zen. En el trabajo, decidieron organizar una semana anti estrés. Utilizando las frases siguientes, díganles a los compañeros lo que deben hacer para que la semana sea un éxito. Luego, piensen en tres actividades más y compártanlas con la clase. Utilicen los mandatos en las formas de **usted** y **ustedes**.

MODELO: la jefa de personal / contactar al instructor de yoga
Contacte al instructor de yoga.

los mensajeros / ir a pie en vez de en moto
Vayan a pie en vez de en moto.

1. todos / participar de las actividades de la semana
2. los administrativos / colocar flores en todos los escritorios
3. el responsable del café / servir té de hierbas
4. los ejecutivos / desconectar los teléfonos móviles durante el almuerzo
5. la directora de ventas / comprar incienso para todos los empleados
6. los empleados / vestirse con colores claros
7. el recepcionista / poner música relajante y suave
8. todos / proponer tres actividades para la semana zen
9. ¿?

Ventana al mundo

Frutas tropicales

Las frutas que aparecen en la lista son todas originarias de América Latina. Algunas de ellas las podemos encontrar en los supermercados prácticamente todo el año, pues las zonas tropicales tienen pocos cambios de estación.

Estas frutas son especialmente ricas en vitaminas, minerales y fibras, por lo que son ideales para una buena dieta. Fortalecen el sistema inmunitario, ayudan a combatir el estrés y constituyen un poderoso agente contra el envejecimiento.

Algunas frutas y sus beneficios

Piña (ananá): Ideal después de una comida abundante porque ayuda a disolver las grasas.

Aguacate (avocado o palta): Contiene grasa vegetal sin colesterol. Es ideal para consumir en ensaladas o como entrada.

Papaya: Se puede preparar rellena de carne o mariscos, o en ensalada. Hervida sirve para calmar el dolor de estómago.

Fruta de la pasión (maracuyá): Su mayor virtud es combatir el estrés.

Guayaba: Es ideal para la elaboración de tartas y mermeladas. Ayuda con la digestión.

Frutas tropicales. ¿Alguna vez probaste alguna de estas frutas? ¿Te gustaron? En tu próxima visita al supermercado, mira cuántas de estas frutas puedes comprar. ¿Son más caras que las otras frutas?

Frutas tropicales en un mercado

Aprendamos 2

Telling people what to do: Placement of pronouns with commands

Object pronouns are attached to the affirmative commands, but precede the negative commands.

1. **Informal commands**

   Suéna**te** la nariz con pañuelos desechables.   *Blow your nose with paper hankies.*

   No **lo** comas de prisa.   *Don't eat it in a hurry.*

2. **Formal command**

   Táp**ele** la boca al niño cuando tose.   *Cover the child's mouth when he coughs.*

   No **le** ponga una inyección al enfermo.   *Don't give the sick person a shot.*

3. **Nosotros command**

   Tomémos**le** la temperatura.   *Let's take his temperature.*

   No **le** demos el remedio ahora.   *Let's not give him the medicine now.*

Boletín

El asado argentino

El asado de carne de vaca es la comida típica de los argentinos. Es una tira de costillas de vaca de 5 cm. de ancho. Se complementa con chorizos (*pork sausage*), chinchulines (*tripe*), morcilla (*blood sausage*), riñones (*kidneys*) y molleja (*sweetbread*). Tradicionalmente, se cocina sobre una parrilla al aire libre. Se come acompañado de pan, ensalada de lechuga, tomate y cebolla, y vino tinto.

Warm-up for 4-22: Ask students to brainstorm the names of fruits.

4-22 La ensalada de frutas. Hemos visto que las frutas son muy buenas para la salud. Imagina que tú y tu compañero/a están haciendo una deliciosa ensalada de frutas. Piensa en sus ingredientes. Cada vez que menciones un ingrediente, tu compañero/a debe decidir si lo deben poner en la ensalada o no. Si no usan un ingrediente, deben explicar la razón por la cual no lo usan. Usen los mandatos familiares y túrnense para mencionar las frutas.

> **MODELO:** E1: *el aguacate*
> E2: *Sí, ponlo en la ensalada. / No, no lo pongas en la ensalada.*
> *No me gusta porque no es dulce. Déjalo para hacer el guacamole.*

4-23 Consejos de un nutricionista. Sigamos prestándole atención a la nutrición. Elige uno de los alimentos de la lista **A** y tu compañero/a te dará una orden y un consejo, usando las frases de la lista **B**. Luego, alternen sus papeles.

> **MODELO:** E1: ¿el aceite de oliva?   ser bueno para la salud
> E2: *Úsalo. Es bueno para la salud.*
> E1: ¿las papas fritas?   no ser saludables
> E2: *No las comas. No son saludables.*

A	B
1. ¿los huevos?	aumentar el colesterol
2. ¿las frutas?	tener vitaminas
3. ¿la leche?	ayudar al crecimiento
4. ¿el azúcar?	engordar
5. ¿la sacarina?	no ser natural
6. ¿el agua mineral?	mantener la piel sana
7. ¿las verduras?	proveer fibras
8. ¿la sal?	afectar la presión arterial
9. ¿el pan?	contener carbohidratos
10. ¿la carne?	tener proteínas

4-24 Una compañera muy comprensiva. Cuando Ester llega a su cuarto, le cuenta a su compañera lo mal que se siente. Completen el diálogo, usando las órdenes afirmativas y negativas.

1. ESTER: No me siento bien. Estoy muy cansada.
   JIMENA: acostarse / en la cama por una hora

2. ESTER: Me siento mareada.
   JIMENA: sentarse / en esta silla / no desmayarse
   Aquí te traigo un té.

3. ESTER: Este té está muy caliente.
   JIMENA: Ten cuidado. / no quemarse

4. ESTER: Estoy muy resfriada y no quiero contagiarte.
   JIMENA: sonarse la nariz / con estos pañuelos desechables

5. ESTER: Tengo mucha tos.
   JIMENA: Te voy a dar un jarabe. / taparse la boca cuando toser

6. ESTER: Me siento muy caliente. Creo que tengo fiebre.
   JIMENA: Aquí tienes el termómetro. / tomarse la temperatura
   Creo que tienes un fuerte resfriado, con una aspirina y el té, te vas a sentir mejor.

Boletín

Los chiles mexicanos

Los chiles son una de las especias más utilizadas en la cocina mexicana. Son la base de la condimentación y hay hasta setenta especies diferentes.

4-25 Así cocino yo. Lee el boletín sobre el uso de los chiles. ¿Hay algún ingrediente que siempre usas cuando cocinas? Explícale a tu compañero cómo usarlo. Estos verbos te pueden ayudar.

cortar   poner   cocinar   freír   usar

MODELO: *Yo siempre uso la cebolla cuando cocino. Ponla en ensaladas. Cocínala con la carne. Úsala con queso adentro de las quesadillas. Ponla en la salsa de tomate con vegetales. Fríela con patatas para hacer una tortilla española.*

Ventana al mundo

La OPS (Organización Panamericana de la Salud)

La OPS es un organismo internacional de salud pública con cien años de experiencia dedicados a mejorar la salud y las condiciones de vida de los pueblos de las Américas. Es parte del sistema de la Organización de las Naciones Unidas (ONU) y actúa como oficina regional para las Américas de la Organización Mundial de la Salud (OMS). Orienta sus esfuerzos para mejorar la salud de los grupos más vulnerables, tales como las madres, los niños, los trabajadores, los pobres, los ancianos y los refugiados. Reducir la mortalidad infantil es una alta prioridad para las Américas.

Oculista haciendo un examen de ojo.

 Investiguen. Busca en Internet más información sobre el trabajo de la OPS e informa a la clase.

Conversemos sobre las lecturas

Antes de leer

Estrategia de lectura: *Getting the gist*

Getting the gist means getting the general idea of a passage without paying undue attention to details. When you want to get the gist of the passage, you quickly skim over it to get a sense of the topic presented in the text. Skimming is the actual action of moving your eyes through the page. The end result of skimming is getting the gist of the passage. While not a substitute for careful in-depth reading, this strategy is helpful when you approach a new text. This method can also be applied to listening. In both cases, you do not need to comprehend every word; instead, you try to get a general idea of what's been written or said.

4–26 Las crisis. Lee rápidamente el siguiente párrafo para encontrar la idea general. Luego, decide cuál de las siguientes oraciones sintetiza mejor el párrafo.

1. Es importante pasar por crisis en la vida.
2. Las crisis son malas para la salud.
3. Las crisis nos ayudan a crecer.
4. No hay nada que se pueda hacer ante una crisis.

La importancia de las crisis

Una crisis tiene numerosos aspectos positivos. Según los psicólogos, debemos dar gracias a las crisis, porque sin ellas no existiría la posibilidad de mejorar ni de crecer. Las crisis siempre traen consigo un gran poder de transformación. Hay que tener la seguridad de que, cuando todo pase, nacerá algo hermoso.

4–27 ¿Te gusta quejarte? Lean el texto a continuación. Comenten la idea principal, contestando estas preguntas. Luego, presenten a la clase sus conclusiones.

1. ¿Están de acuerdo con lo que dicen los psicólogos?
2. ¿Creen que quejarse ayuda a clarificar los problemas?
3. ¿Cuál es su actitud frente a las situaciones difíciles?

Huir de la compasión

La primera tentación que tenemos cuando llegan los malos tiempos es compadecernos (*to pity ourselves*) y quejarnos de lo mal que nos va. Sin embargo, los psicólogos dicen que este recurso es como una droga dulce que sólo sirve para mentirnos a nosotros mismos, para disminuir nuestras energías y para evitar que reaccionemos con eficacia ante las situaciones difíciles.

Diario

¿Tuviste una crisis alguna vez? ¿Cómo reaccionaste a ella? ¿Qué vas a hacer la próxima vez que tengas una crisis? ¿Hay algo que quieres cambiar?

VOCABULARIO DE LAS LECTURAS

Expansion: Have students play "hangman" with the vocabulary words.

Estudia estas palabras para comprender mejor los textos.

Vocablo		Palabras en uso
la angustia	anguish	Tengo una **angustia** que me deprime mucho.
bendecir*	to bless	**Bendigo** el día en que nació mi hija.
componer*	to compose	La niña **compuso** una canción en el piano.
el cuidado	care	El médico la examinó con **cuidado**.
la curva	curve	Este camino no tiene muchas **curvas**.
dañar	to hurt, damage	El estrés **daña** las defensas del sistema inmunológico.
empeorar	to get worse	Si no tomas el remedio, vas a **empeorar**.
influir*	to influence	Tu actitud puede **influir** en la cura de tu enfermedad.
inyectar	to inject	La médica le **inyectó** antibióticos para prevenir la infección.
el malestar	discomfort	Tiene un problema: un pequeño **malestar** en el estómago.
la mente	mind	Este niño tiene una **mente** muy aguda.
la muerte	death	La **muerte** es siempre triste.
el nervio	nerve	Ella está enferma de los **nervios**.
prevenir*	to prevent	Para **prevenir** la gripe, debes tomar vitamina C.
la sangre	blood	Yo vi que le salía **sangre** de la herida.
el SIDA	AIDS	Ana cuida a los pacientes con **SIDA**.
el soplido	blow, blowing	La niña apagó las velas del pastel de cumpleaños de un sólo **soplido**.
el sueño	dream	Su **sueño** es entrar en la facultad de medicina.
el taller	workshop	Los enfermeros tuvieron que asistir al **taller** sobre enfermedades mentales.

Note: * **bendecir** is conjugated like **decir**.

* **componer** is conjugated like **poner**.

* **influir** is conjugated like **construir**.

* **prevenir** is conjugated like **venir**.

4-28 ¿Cuáles se relacionan? Escoge la palabra de la lista **B** que se relaciona con cada palabra de la lista **A** y explica por qué.

A	B
1. __c__ componer	a. lugar de trabajo
2. __f__ hacer mal	b. líquido rojo que corre por las venas
3. __e__ prevenir	c. poner varios elementos juntos para formar un todo
4. __a__ taller	d. estar mal
5. __g__ empeorar	e. evitar
6. __d__ malestar	f. dañar
7. __b__ sangre	g. mejorar

4-29 Las causas del estrés. Aquí tienes algunas situaciones que causan estrés, e información para combatirlo. Completa las oraciones con la palabra correspondiente. Haz los cambios necesarios. Después, cuéntale a otro/a estudiante qué situaciones son estresantes para ti y cómo las combates.

angustia	empeorar	luchar	influir
malestar	muerte	inyectar	dañar

Situaciones estresantes.

1. La _____muerte_____ de un familiar cercano es una de las causas de mayor estrés.

2. Las personas pesimistas, que sienten mucha _____angustia_____ en situaciones difíciles, viven estresadas.

3. Cuando trabajo mucho y no hago ejercicio, siento un _____malestar_____ general en el cuerpo que me causa estrés.

4. La falta de sueño _____daña_____ la salud.

Información para combatir el estrés.

5. Es saludable _____inyectar_____ una dosis de buen humor en las adversidades.

6. La actitud mental _____influye_____ en la cura del estrés.

7. Para fortalecer el sistema inmunológico, es importante _____luchar_____ contra las enfermedades.

8. Si una situación _____empeora_____, hay que tratar de encontrar soluciones diferentes.

👥 **4-30 El sistema inmunológico.** ¿Hay alguna manera de ser que ayude a tener un sistema inmunológico saludable? Contesten estas preguntas y, luego, informen a la clase.

1. ¿Estás contento/a con tu trabajo, tu familia y tus relaciones sociales?
2. ¿Sabes expresar tu enojo en defensa de ti mismo/a?
3. ¿Pides ayuda a amigos o familiares cuando estás preocupado/a?
4. ¿Pides favores a amigos o familiares cuando los necesitas?
5. ¿Te niegas a hacer un favor si no te sientes con ganas?
6. ¿Tienes un estilo de vida que incluye una dieta saludable y ejercicio?
7. ¿Hay suficiente espacio para la diversión en tu vida?
8. ¿Te sientes deprimido/a frecuentemente?

Resultado: Si contestas *no* a las primeras siete preguntas y *sí* a la última, necesitas cambiar estas áreas para mantener un sistema inmunológico saludable.

Lectura

El artículo que vas a leer sostiene que las defensas mentales pueden ayudar a mejorar a las personas enfermas.

La actitud mental: un arma contra la enfermedad

La primera arma° en la lucha contra la enfermedad es una
buena actitud mental. El estado psicológico de la persona y su forma de
responder al estrés pueden influir directamente en el desarrollo de varias
enfermedades de carácter inmunológico e infeccioso, como las alergias y el SIDA,
5 e incluso en el de otros tipos de dolencias, como el cáncer.

    La influencia de la mente sobre el cuerpo y del cuerpo sobre la mente no es
cuestión de fe°. Todos estamos conscientes de que los dolores físicos pueden
causar depresión y de que, por su lado, el malestar psíquico puede también
empeorar las enfermedades orgánicas.

10   Aparte de° esto, el pesimismo no aporta ningún beneficio en cuanto a la
curación de enfermedades, mientras que el optimismo puede ser muy efectivo
tanto previniendo como combatiendo muchas de ellas.

    Una de las investigaciones más prometedoras sobre la relación entre el
cuerpo y la mente es el estudio de cómo la personalidad y el estado psicológico de
15 cada persona afectan la capacidad defensiva del sistema inmunológico. El estudio
de la influencia del estrés en el sistema inmunológico ha creado, recientemente,
una nueva disciplina conocida como la psiconeuroinmunología.

    La revista *The New England Journal of Medicine* afirma que "la influencia del
sistema nervioso central sobre el sistema inmunológico está bien documentada" y
20 admite que el estado emocional puede influir en las enfermedades en las que está

weapon

matter of faith

aside from

implicada la inmunidad. Otro estudio hecho en la Unión Europea mostró que en el 50
por ciento de las enfermedades físicas existe un factor mental, psicológico y emocional.

    Otras investigaciones presentan evidencia de que el estrés daña las defensas
naturales del organismo, como ocurre en el caso de los parientes de los enfermos
25 de Alzheimer, en el de los estudiantes en la época de exámenes o en el de las
personas afectadas por la muerte de un ser querido. En estas investigaciones, se
puede observar que el sistema inmunológico de las personas estudiadas
funcionaba peor a consecuencia tanto del estrés como de la angustia.

    Por esta razón, algunos centros médicos, como el Hospital Real Marsden de
30 Londres o el Instituto de Inmunología de Colonia, Alemania, mantienen programas
de tratamiento psicológico y de acondicionamiento físico para pacientes con cáncer
de mama°, con la intención de estimular sus defensas orgánicas.　　　　*breast cancer*

    Estos estudios parecen prometedores, ya que las pacientes que prestan
atención a su bienestar psíquico y físico promueven° la esperanza y el espíritu de　　*promote*
35 lucha en su propio organismo y tienden a disfrutar de una vida más larga.

    "La psicoterapia, el consejo y el trabajo de grupo han demostrado que mejoran
los resultados terapéuticos en pacientes con cáncer. Estos tratamientos han
prolongado la supervivencia° de pacientes que sufren cáncer de mama metastatizado　　*survival*
y melanoma maligno", se comenta en el *New England Journal of Medicine*.
40   Aún así, no se puede afirmar con certeza que las personas con síntomas
depresivos tengan una tasa de mortalidad° superior a la de otros grupos, ni　　*mortality rate*
tampoco que un tipo específico de personalidad propicie° el cáncer.　　*may foster*

    Sin embargo, la puerta a la esperanza está abierta: las defensas mentales
pueden ayudar a combatir las alergias, el cáncer y las enfermedades infecciosas e
45 inmunitarias.

4-31 ¿Qué piensas?
Decide si las siguientes oraciones son ciertas o falsas. Fundamenta
tus respuestas, apoyándote en oraciones del texto. Corrige las oraciones falsas, según la
información del texto.

1. La mente influye sobre el cuerpo.　c
2. El cuerpo influye sobre la mente.　c
3. La depresión nunca ayuda a empeorar las enfermedades orgánicas.　f
4. El optimismo previene las enfermedades.　c
5. Las defensas inmunológicas se ven afectadas por la personalidad y el estado
psicológico.　c
6. El estrés no contribuye a que la gente se enferme.　f
7. Una actitud positiva puede contribuir a curar a un enfermo de cáncer.　c
8. La psicoterapia y el trabajo de grupo ayudan a prolongar la vida en pacientes con
cáncer.　c
9. El cáncer es más frecuente en personas pesimistas.　f
10. No hay esperanza de combatir las enfermedades con una actitud mental positiva.　f

Answers for 4-31:
*3. El malestar psíquico puede también empeorar las enfermedades orgánicas.
6. El estrés daña las defensas naturales del organismo.
9. No se puede afirmar con certeza que un tipo específico de personalidad propicie el cáncer. 10. La puerta a la esperanza está abierta; las defensas mentales pueden ayudar a combatir las alergias, el cáncer y las enfermedades infecciosas e inmunitarias.*

👥 4–32 **Resumen colectivo.** Saber sintetizar y encontrar elementos de apoyo ayudan a comprender mejor una lectura.

Paso 1. **Síntesis.** Escriban una oración que sintetice cada párrafo de la lectura. Luego, compartan el resumen con los otros grupos de la clase y seleccionen el mejor.

MODELO: Párrafo 1: *El cuerpo influye sobre la mente y viceversa.*

Paso 2. **Ejemplos.** Busquen en la lectura ejemplos que demuestren que la actitud mental influye en las enfermedades. Luego, presenten ejemplos que Uds. conozcan que confirmen esa idea. Compártanlos con su grupo.

👥 4–33 **Encuesta.** Pregúntenles a varios estudiantes lo que se puede hacer para combatir la depresión y ser optimista frente a una enfermedad. Luego, compartan sus resultados con el resto de la clase.

Poema

Gioconda Belli (1948–)

Gioconda Belli es una escritora y poeta nicaragüense de fama internacional. Sus obras han sido publicadas en ocho idiomas. Nació en Managua, donde participó en la lucha para derrocar al dictador Somoza. Este es un poema que celebra a la mujer.

Y Dios me hizo mujer

Y Dios me hizo mujer,
de pelo largo,
ojos, nariz y boca de mujer.
Con curvas
5 y pliegues° *folds*
y suaves hondonadas° *hollows*
y me cavó° por dentro, *dug*
me hizo un taller de seres humanos.
Tejió° delicadamente mis nervios *He knitted*
10 y balanceó con cuidado
el número de mis hormonas.
Compuso mi sangre
y me inyectó con ella
para que irrigara° *it would irrigate*
15 todo mi cuerpo;
nacieron así las ideas,
los sueños,
el instinto.

Todo lo creó suavemente
20 a martillazos° de soplidos
y taladrazos° de amor,
las mil y una cosas que me hacen mujer todos los días
por las que me levanto orgullosa
todas las mañanas
25 y bendigo mi sexo.

hammer-blows

drilling

👥 **4-34 ¿Qué dice el texto?** Señala en el poema las características que se le dan a la mujer. Luego, comenta con un/a compañero/a cuáles de esas características te parecen exclusivas de las mujeres, y cuáles son propias de todos los seres humanos.

👥👥 **4-35 Certamen de poesía.** Reescriban el poema pensando en el hombre. Luego, lean el poema en voz alta a la clase y seleccionen el que más les guste.

Y *Dios me hizo hombre*

Avancemos con la escritura

Antes de escribir

Estrategia de escritura: *Giving instructions*

Many times, we find it necessary to write instructions that tell others how to do a certain thing. For instance, we might write recipes for cooking a particular food, instructions on how to use a computer, or lists of chores for each member of the family.

The tone of the instructions may be formal or informal. A note to your roommate will have a more informal tone than a note to your professor. When giving instructions, it is common to use the command form as well as the infinitive.

Study the following examples. For other examples, refer to the instructions of the **En contexto: Consejos del médicos** on page 105.

Instrucciones usando el infinitivo

Receta para hacer *Dulce de leche* rápido.
- Usar una lata de leche condensada.
- Poner la lata sin abrir en una olla con agua hirviendo.
- Hervirla durante una hora.
- Agregar más agua hirviendo a medida que se evapora.
- Sacar la lata de la olla y dejar enfriar.
- Abrir la lata y servir sobre pedazos de queso o fruta y pan.

Answers for 4-34: *pelo largo; ojos, nariz y boca de mujer. (todos los seres humanos)*
Con curvas y pliegues y suaves hondonadas y me cavó por dentro, (propias de la mujer)
… me hizo un taller de seres humanos. (propias de la mujer)
Tejió delicadamente mis nervios (todos los seres humanos)
y balanceó con cuidado el número de mis hormonas. (todos los seres humanos)
Compuso mi sangre y me inyectó con ella para que irrigara todo mi cuerpo; (todos los seres humanos)
nacieron así las ideas, los sueños, el instinto. (todos los seres humanos)

Suggestion for 4-35 and 4-36: Encourage students to be imaginative, creative, and original with their composition, making associations that are unusual. There are no right or wrong statements.

Note: Explain that *Dulce de leche* is a soft caramel treat popular in many Latin American countries. You may ask students to make the recipe for extra credit and then bring the product to class.

Instrucciones usando los mandatos

> Sr. Cartero:
> Si no hay nadie en casa, no deje el paquete en la puerta del frente.
> Por favor póngalo en la puerta de atrás de la casa.
>
> Muchas gracias,
>
> Irene

4-36 La dieta de un ciclista. Ustedes son entrenadores de un grupo de ciclistas que necesita tener un óptimo nivel de salud para sus carreras. Díganles a estos ciclistas lo que deben comer antes, durante y después de la carrera, según la siguiente información.

MODELO: E1: *Para ganar, tienen que comer huevos en el desayuno.*
E2: *Beban mucho líquido antes de empezar y durante la carrera.*

La dieta de un ciclista

Desayuno: Tres horas antes de la salida se come la comida más fuerte del día.
En ruta: Alimentos que pueden comer mientras están en la bicicleta o durante una breve parada.
Inmediatamente después de la carrera: Una ligera comida a base de cereales.
Cena: La última comida del día, con hidratos de carbono y proteínas.

A escribir

 4-37 **¿Hay soluciones para el hambre mundial?** Ustedes son parte de un comité que debe encontrar soluciones al hambre mundial. Se calcula que en el mundo existen 800 millones de personas a punto de morir de hambre. También hay un exceso de producción de alimentos en algunos países desarrollados. Sigan estos pasos para encontrar una solución.

Paso 1. Investigación

   a. Busca en Internet o en la biblioteca cuáles son los lugares donde hay más problemas de hambre y malnutrición. ¿Cuáles son las causas?

   b. Busca información sobre la producción excesiva de alimentos. ¿Qué se hace con ellos?

Paso 2. Soluciones e informe

   c. ¿Qué proponen ustedes para solucionar este problema? Escriban una lista de instrucciones con las soluciones. Compartan sus soluciones con la clase.

   d. Escriban un informe incluyendo la información obtenida y las soluciones propuestas.

> Antes de entregar tu composición, asegúrate de haber incluido y revisado lo siguiente:
> - El uso correcto de **por** y **para**
> - El uso correcto del artículo definido
> - El uso correcto de **ser, estar** y **haber**
> - La concordancia de los adjetivos
> - El uso de las **Expresiones útiles** de los capítulos 1, 2 y 3

Atando cabos
En la variedad está el gusto

En esta parte del capítulo, vas a realizar una serie de actividades para promover una vida saludable y vas a conocer formas de medicina alternativa.

4-38 ¿Eres una persona sana? Contesta *sí* o *no* a cada una de las preguntas. Luego, entrevista a otro/a estudiante y juntos lean los resultados. ¡Suerte!

1. _____ ¿Manejas positivamente las situaciones estresantes de tu vida?
2. _____ ¿Te haces un examen médico anual?
3. _____ ¿Tienes tiempo libre para ti y para tus amigos?
4. _____ ¿Terminas tu día sin estar demasiado cansado/a?
5. _____ ¿Haces ejercicio durante 20 minutos tres veces por semana o más?
6. _____ ¿Mantienes un peso estable, sin bajar y subir constantemente?
7. _____ ¿Consumes pocos helados, bebidas gaseosas y dulces?
8. _____ ¿Tomas por lo menos 8 vasos de agua por día?
9. _____ ¿Lees las etiquetas de los alimentos para seleccionar los que tienen poca grasa, sodio, etc.?
10. _____ ¿Comes alimentos con poca sal?
11. _____ ¿Evitas el cigarrillo, el alcohol y otros hábitos poco saludables?
12. _____ ¿Tomas una sola copa de alcohol por día, o menos?

Resultados: Si contestas *sí* a la mayoría de las preguntas, te felicitamos. Tienes muy buena salud mental y física. Si contestas *no* a la mayoría de las preguntas, ¡OJO! puede ser que no estés en muy buen estado, ni físico ni mental. Haz algo para cambiar las respuestas negativas a afirmativas. Pide ayuda.

4-39 Una campaña para la buena salud. Los resultados de la encuesta anterior demuestran que hay mucha gente que no es consciente de su salud. Preparen un póster que promueva la buena salud física o mental. Usen algunas de las formas del imperativo al escribir su mensaje.

4-40 **Otras formas de medicina.** En los últimos tiempos, se aceptan técnicas de la medicina no tradicional. Usa Internet u otros recursos para averiguar en qué consisten las siguientes formas de medicina alternativa y presenta un breve informe oral para la próxima clase.

Suggestion for 4-40: Assign this activity as homework to allow students to find the information that they need.

Medicina alternativa:

la acupuntura

la homeopatía

la medicina tradicional china

la psicología transpersonal

4-41 **¿Y Uds. qué piensan?** Entrevisten a tres estudiantes para saber si están de acuerdo con las siguientes afirmaciones y por qué. Luego, informen a la clase sobre los resultados de la encuesta.

	Estudiante 1	Estudiante 2	Estudiante 3
La medicina alternativa es una forma de ganar dinero fácil.			
Los seguros de salud deben pagar por los remedios homeopáticos.			
Podemos aprender mucho de la medicina tradicional china.			
Todos los que hacen acupuntura son unos charlatanes.			
Las técnicas de relajación no sirven para nada.			

4-42 **La medicina alternativa.** Preparen un debate a favor y en contra de la medicina alternativa. Cuando sea posible, usen las expresiones de la sección **Así se dice**, en la página 113, para hacer sugerencias.

Note for 4-42: Divide the class in two groups. Give students five minutes to decide on arguments for or against alternative medicine.

4-43 **Para el periódico.** El debate sobre la medicina alternativa ha sido muy interesante y el periódico de la universidad les pide una nota sobre el mismo. Escriban un informe de no más de cien palabras sobre el debate e incluyan algunas recomendaciones como conclusión. Usen las expresiones de la sección **Así se dice** para presentar sus sugerencias y recomendaciones.

Vocabulario

El cuerpo humano   *The human body*

el cabello	*hair*	la garganta	*throat*	el oído	*inner ear*
la cabeza	*head*	el hombro	*shoulder*	la pantorrilla	*calf*
la cadera	*hip*	el hueso	*bone*	el pelo / cabello	*hair*
la ceja	*eyebrow*	el labio	*lip*	la pestaña	*eyelashes*
la cintura	*waist*	la lengua	*tongue*	el pulmón	*lungs*
el codo	*elbow*	la mejilla	*cheek*	la rodilla	*knee*
el corazón	*heart*	la mente	*mind*	el talón	*heel*
el cuello	*neck*	el mentón	*chin*	el tobillo	*ankle*
el dedo	*finger*	la muñeca	*wrist*	el trasero	*buttocks*
la espalda	*back*	el muslo	*thigh*	la uña	*nail*

Enfermedades y síntomas   *Sicknesses, illnesses and symptons*

el catarro	*chest congestion, head cold*	el dolor de oído	*earache*	el SIDA	*AIDS*
		la gripe	*flu*	la tos	*cough*
		el mareo	*dizziness*	el vómito	*vomit*
el desmayo	*fainting spell*	el resfriado	*cold*		

Remedios   *Medicines*

las gotas	*drops*	el medicamento	*medicine*	la receta	*prescription, recipe*
el jarabe para la tos	*cough syrup*	la pastilla	*pill*		

Sustantivos

el alimento	*food*	el insomnio	*insomnia*	el régimen	*diet*
la angustia	*anguish*	el malestar	*malaise*	la sala de emergencia	*emergency room*
el arroz integral	*brown rice*	el/la médico/a de guardia	*doctor on call*	la tensión arterial	*blood pressure*
la cita	*appointment*	la muerte	*death*	el turno	*appointment with a doctor*
la dieta equilibrada	*balanced diet*	el pan integral	*whole wheat bread*		
el dolor	*pain*			la verdura	*vegetable*
la estatura	*height*	el pañuelo	*handkerchief*	la vez / las veces	*time/s (number of)*
la grasa	*fat*	el peso	*weight*		
la herida	*wound*				

Verbos

adelgazar	*to lose weight*	gozar de buena salud	*to enjoy good health*	respirar	*to breathe*
aliviar	*to alleviate*	influir	*to influence*	sentir (ie, i)	*to feel*
contagiar	*to be contagious, to infect*	marearse	*to become dizzy, seasick*	sentirse (ie, i) bien / mal	*to feel good / bad*
cuidar	*to take care of*	poner una inyección	*to give an injection, get a shot*	sonarse (ue) la nariz	*to blow one's nose*
dañar	*to harm, damage*			taparse la boca	*to cover one's mouth*
descansar	*to rest*	poner el yeso	*to put a cast on*		
descomponerse	*to be indisposed*	prevenir	*to prevent*	tener fiebre	*to have a fever*
desmayarse	*to faint*	quebrarse (ie) (una pierna / un brazo)	*to break (a leg / an arm)*	tener náusea	*to be nauseous*
doler (ue)	*to hurt*			tomarse la presión arterial	*to measure one's blood pressure*
empeorar	*to get worse*	quedar embarazada	*to get pregnant*	tomarse la temperatura	*to take one's temperature*
engordar	*to gain weight*				
estar embarazada	*to be pregnant*	quemarse	*to burn oneself*	torcerse (ue)	*to twist*
estornudar	*to sneeze*	recetar	*to prescribe*	vendar	*to bandage*
evitar	*to avoid*				

Adjetivos

agotado/a	*exhausted*	equilibrado/a	*balanced*	sano/a	*healthy*
desechable	*disposable*	saludable	*healthy*		

Expresiones idiomáticas

caer mal	*to disagree with one's stomach*	prestar atención	*to pay attention*	tener dolor de …	*to have a/an …ache*
hacer caso	*to follow someone's advice*	sentar(ie) mal	*to disagree with one's stomach*	hacer régimen	*to be on a diet*

Palabras útiles

el consultorio	*doctor's office, consulting room*	freír	*to fry*	ser alérgico/a	*to be allergic*
combatir	*to combat*	el hígado	*liver*	toser	*to cough*
el frijol	*bean*	la muela	*molar*	vomitar	*to vomit*
		pesar	*to weigh*		

Capítulo

5

Hablemos de donde vivimos

❝ **Sólo si renace entre nosotros el sentimiento de hermandad con la naturaleza, podremos defender a la vida.** ❞

Octavio Paz

Tema cultural

Algunas grandes ciudades hispanas

Problemas ecológicos en el mundo hispánico

Objetivos comunicativos

Hablar de la planificación urbana y del medio ambiente

Hablar de los lugares donde vivimos

Influir en otros

Distinguir entre cosas y personas

Evitar la repetición

Indicar a quién y para quién se realizan las acciones

Comparar y contrastar

Película recomendada: *La estrategia del caracol*, Sergio Cabrera, Colombia, 1994. You may wish to leave the screening of this film until the end of the chapter, because it underscores some of the points of activity **5-47**.

Canción recomendada: *El hombre y el agua*, J.M. Serrat, CD *Utopía*, España, 1992.

Bosque tropical en Costa Rica

En marcha con las palabras

En contexto: Tres problemas ecológicos

De:	Catalina
Para:	Jaime
Asunto:	Congreso de Protección del Medio Ambiente

Querido Jaime:

¿Qué tal? Como te prometí, acá te mando algunas noticias desde el Congreso Latinoamericano sobre la Protección del **Medio Ambiente**. Es muy interesante estar de **reportera** aquí porque puedo entrevistar a los expertos de todo el mundo. Te cuento muy brevemente algunos de los puntos principales. Básicamente hay tres problemas **ecológicos** que están muy relacionados entre sí: la **deforestación,** el **calentamiento global** y la **contaminación**. Pero no todas son malas noticias, hay muchos individuos, científicos y **entidades** internacionales, como la ONU* que tienen como objetivo **salvar** el **planeta** de una **catástrofe**.

Gracias a sus diferentes programas, la **tala** de bosques tropicales es menor ahora que hace una década. **De hecho**, en los últimos cinco años se **duplicaron** las áreas naturales **protegidas** en Latinoamérica y el Caribe. Las **reservas** más **sobresalientes** se encuentran en Brasil, Perú y Colombia. Pero el país líder en su compromiso para **proteger** la **naturaleza** es Costa Rica. El 25% de su superficie son parques nacionales o **refugios naturales**. Existen también programas de **reforestación** que son esenciales para países como Honduras y El Salvador donde el 90% de los bosques tropicales han desaparecido.

Como te puedes imaginar, la deforestación es una de las causas del calentamiento global junto con la emisión de gases que afectan al **clima**. La atmósfera **terrestre** se está **calentando** con mucha más **rapidez** de la que se pensaba hace algunos años. Según recientes estudios científicos, los **glaciares** en la región **andina** al sur de Argentina están en **retroceso a causa de** los cambios climáticos, y durante este siglo, es probable la desaparición de varios de ellos. Por eso es tan importante **apoyar** el Protocolo de Kioto, un **acuerdo** internacional para que los países industrializados **reduzcan** las emisiones de gases. El uso de **combustibles fósiles** y la contaminación industrial tienen que ser **controlados** y **reemplazados** por nuevas formas de energía limpia y **renovable**.

Estoy convencida de que **malgastamos** muchos de los **recursos naturales** que tenemos. Cuando vuelva a casa, intentaré hacer un esfuerzo para **generar** menos **basura** y ser más **cuidadosa** con el **reciclaje**. La verdad es que hay muchas cosas que se pueden **reaprovechar** como, por ejemplo, los **envases de vidrio. De esta manera**, voy a hacer mi pequeño **aporte**, para tener un mundo mejor.

Bueno te dejo; en cinco minutos empieza una conferencia sobre como las **fábricas** pueden **reutilizar** el **material de desecho**, en vez de **tirarlo** y **contaminar** las aguas. Te cuento en otro mensaje.

Saludos,
Catalina

*ONU: Organización de las Naciones Unidas (UN)

¿Comprendes?

1. ¿En qué congreso está Catalina?
2. ¿Cuáles son los tres problemas ecológicos?
3. ¿Quiénes trabajan para salvar el planeta de una catástrofe?
4. ¿Cuáles son las buenas noticias?
5. ¿Qué hizo Costa Rica para proteger la naturaleza?
6. ¿Por qué son importantes los programas de reforestación en Honduras y El Salvador?
7. ¿Cuáles son las causas del calentamiento global?
8. ¿Qué es el Protocolo de Kioto?
9. ¿Qué piensa hacer Catalina para ayudar al medio ambiente?
10. ¿Qué pueden hacer las fábricas para no contaminar el medio ambiente?

Suggestion: Clarify how to read the % sign = *por ciento*.

Boletín

Riesgo de calentamiento

El nivel del mar en España subió seis centímetros en los últimos quince años. España se encuentra en una de las áreas geográficas con mayor riesgo de calentamiento del mundo. En los últimos cien años, la temperatura en España ha subido 1,5 grados Celsius, mientras que en el resto de Europa sólo subió 0,95 grados.

Boletín

Millones de años de vida

La capa de ozono existe desde hace 600 millones de años. En aquella época, la vida sólo era posible unos metros por debajo de la superficie marina. Gracias a la protección de la capa de ozono, después de tres millones de años, se produjo el paso de la vida en el mar a la vida en tierra firme. En ese entonces, tierras como lo que es hoy España estaban sumergidas bajo el mar.

Palabras conocidas

Donde vivimos

Estas palabras deben ser parte de tu vocabulario.

La casa	*house*
la escalera	*stairs*
la llave	*key*
la pared	*wall*
el piso	*floor*
el sótano	*basement*
el techo	*roof*

La ciudad	*city*
la acera	*sidewalk*
las afueras	*suburbs*
la autopista	*expressway*
la bocacalle	*intersection*
la calle	*street*
el centro comercial	*shopping center*
el cine	*movie theater*
el correo	*post office*
la esquina	*corner*
la estación	*station*
el metro	*subway*
el transporte público	*public transportation*

Los muebles	*furniture*
la cama	*bed*
la cómoda	*chest of drawers*
el espejo	*mirror*
el estante	*shelf*
la lámpara	*lamp*
el sillón	*armchair*

Los electrodomésticos	*household appliances*
el microondas	*microwave*
la nevera / el refrigerador	*refrigerator*
la videocasetera	*VCR*

Cognados

el desastre
la ecología
el/la ecólogo/a
ecológico/a
la emisión de gases
la energía
la preservación
preservar
reciclar

Expresiones útiles

por eso	*for that reason*	A Catalina le encanta la naturaleza, y **por eso** va a trabajar en un parque nacional.
		Catalina loves nature, and for that reason, she is going to work in a national park.
de esta manera	*(in) this way*	Ella dice que **de esta manera** puede contribuir a salvar el planeta.
		She says that, in this way, she can contribute to save the planet.

de hecho	in fact, indeed, actually	La reforestación es esencial para muchos países; **de hecho,** en Costa Rica es una parte importante de sus programas ecológicos.
		Reforestation is essential in many countries; in fact, in Costa Rica, it is an important part of its ecological programs.
a causa de	because of	**A causa de** los desechos que las fábricas tiran al río, las aguas están contaminadas.
		Because of the waste that factories throw into the river, the waters are polluted.

5-1 **La reforestación de Panamá.** Completa las oraciones con las expresiones útiles.

La tala de árboles es uno de los problemas más serios de Panamá. 1. _____*Por eso*_____, se pasó una Ley de Incentivos a la Reforestación. 2. ____*De esta manera*____, se espera cambiar el proceso de destrucción de la selva tropical que sirve de hábitat a muchas especies de animales y plantas en peligro de extinción. Panamá quiere proteger sus áreas naturales. 3. ____*De hecho*____, entre el 10% y el 12% de su territorio son parques naturales protegidos. De todas maneras, la deforestación sigue siendo un problema. 4. ____*A causa de esto*____, en el último año se destinaron 17 millones de dólares para reforestar 7.000 hectáreas en un área que está a una hora de la capital panameña. 5. ____*De esta manera*____, no veremos extinguirse tantas especies de animales y plantas.

Boletín

Pájaros y plantas
Colombia y Perú cuentan con la mayor variedad de aves del planeta, mientras que Brasil tiene el mayor número de plantas y de anfibios. Colombia alberga el diez por ciento de las especies animales y vegetales del mundo.

5-2 **¿Qué crees tú?** Piensa en diferentes formas de completar las oraciones. El mensaje de Catalina puede darte algunas ideas.

1. Muchos ríos y playas están contaminados; por eso, …
2. Costa Rica es un verdadero paraíso tropical. De hecho, …
3. En las grandes ciudades hay mucha contaminación del aire a causa de…
4. El calentamiento global causa problemas en los glaciares. Si seguimos de esta manera, …
5. La tala de árboles es menor ahora a causa de…

Answers for 5-2: Assign this exercise for homework so students have time to work on the sentences. Try to elicit more than one answer for these statements. These are some possible answers. 1. …*no se puede nadar en muchos de ellos.* …*no se puede beber de ellos.* …*las autoridades cerraron el acceso a muchos de ellos.* 2. …*el 25% de su territorio son parques o refugios nacionales.* …*es un país comprometido en proteger la naturaleza.* 3. …*la emisión de gases.* …*del gran número de coches.* …*las fábricas.* 4. …*los glaciares andinos van a continuar en retroceso.* …*van a desaparecer.* 5. …*que se duplicaron las áreas protegidas en Latinoamérica.* …*la protección de las áreas naturales.* …*los programas para proteger los bosques tropicales.*

Suggestion for 5-3:
Have each student find a
partner. Partner A covers
column B while A responds,
and vice versa.

5-3 ¿Qué es? Define las palabras de la columna **Estudiante A** para tu compañero/a sin utilizar la palabra en la definición. Tu compañero/a debe deducir cuál es la palabra. Luego, tu compañero/a va a definir las palabras de la lista **Estudiante B** y tú debes deducirlas. Cubran con un papel las palabras de la columna que deducen.

Estudiante A	Estudiante B
talar	los recursos naturales
la contaminación	generar
el reciclaje	el calentamiento global
el acuerdo	el combustible fósil
proteger	malgastar

5-4 ¿Qué haces tú? Escribe una lista de cinco cosas que haces para cuidar el medio ambiente. Luego, compara tu lista con la de tu compañero/a. ¿Son similares? ¿Qué aprendiste de su lista? ¿Hay algo más que puedan agregar?

Follow-up for 5-5:
Ask a few pairs to present their
dialogue in front of the class.

5-5 En tu comunidad. Representen los papeles de un/a ecologista y un/a líder de la comunidad. Hagan un diálogo siguiendo las claves que se indican.

MODELO: LÍDER: Describe el problema ecológico más grave de tu comunidad.
En nuestra ciudad hay mucho ruido.
ECOLOGISTA: Presenta soluciones para el problema.
Hagan una campaña para establecer horas de silencio.

5-6 Para discutir. En grupos pequeños, escojan uno de los siguientes temas y hablen sobre él. Presenten sus conclusiones a la clase.

- El ecoturismo es una manera efectiva de enseñarle a la gente a proteger la naturaleza.
- Las sociedades más desarrolladas son las que más malgastan los recursos naturales.
- Una sociedad industrializada es necesariamente una sociedad que destruye el medio ambiente.
- Una sola persona no puede hacer nada para prevenir un desastre ecológico.

5-7 No todo son malas noticias. Busca información sobre algún programa de protección del medio ambiente. Haz un breve resumen para presentarlo en la próxima clase.

Ventana al mundo

Vivir en ciudades hoy

En las ciudades vive el 60% de la población del mundo. Por muchos problemas que causen, hay que contar con ellas. En un planeta con más de 6.600 millones de habitantes, volver al campo no es una solución. Existen grupos de defensa de los espacios urbanos que intentan transformar las ciudades en lugares apropiados ecológicamente. Para lograrlo es necesario cambiar algunos hábitos. El uso y la explotación del suelo, la arquitectura, el transporte, la planificación urbana, así como las costumbres sociales, la educación y la cultura deben estar relacionadas entre sí. Sobre todo, se deben tener en cuenta las nociones ecológicas que permitan respetar el medio ambiente.

Mi ciudad. ¿Vives en una ciudad? ¿Cuántos habitantes tiene? ¿Conoces algún programa relacionado con los problemas ecológicos de la ciudad?

Comprehension questions: ¿Qué porcentaje de la población mundial vive en las ciudades? ¿Vivir en el campo es una solución? ¿Qué intentan los movimientos de defensa de los espacios urbanos? ¿Cómo se puede lograr convertir a las ciudades en lugares ecológicamente apropiados?

Calle comercial en Quito, Ecuador

Note: There is a subtle difference between these words. To help students with the slight difference between them, explain that their use is determined by the degrees of difficulty involved in obtaining something. The diagram below should help them.

Alcanzó su meta después de mucho trabajo.

¡Sin duda!

alcanzar — lograr — conseguir — obtener

All these verbs could be loosely translated into English as *to obtain*. Study the chart below to better understand the use of these verbs in Spanish.

Palabra	Explicación	Ejemplo
alcanzar	to attain (a goal, dream)	Los programas ecológicos no **alcanzaron** la meta que esperaban. *The ecological programs didn't attain the expected goal.*
lograr	to succeed in, manage to	De esta manera **lograremos** salvar el planeta. *In this way, we'll be able to save the planet.*
conseguir	to get, obtain (with some difficulty or effort)	Debemos **conseguir** que las autoridades comprendan el problema ambiental. *We must get the authorities to understand the environmental problem.*
obtener	to get, to obtain	Es importante **obtener** el apoyo de las autoridades. *It's important to get the support of the authorities.*

Más difícil ⟵⟶ Más fácil

alcanzar lograr conseguir obtener

Note: Since the difference between the words "obtener" and "conseguir" is so subtle, many times they are interchangeable.

5-8 Soluciones. Aquí te proponemos una serie de ideas para intentar mejorar la vida en las ciudades. Completa las oraciones con las palabras de **¡Sin duda!** Luego, decide si te parecen buenas ideas y qué se puede lograr con cada una de ellas. Compara tus respuestas con las de otro/a estudiante.

1. Primero debemos ___obtener___ entrevistas con las personas responsables del medio ambiente. Esto va a ser fácil.

2. Hay que ___conseguir___ que aumenten la cantidad de espacios verdes. Esto no va a ser muy difícil.

3. Hay que ___lograr___ un mundo mejor.

4. Es necesario ___conseguir___ permiso para informar a los estudiantes de todas las escuelas acerca de los problemas del medio ambiente. Esto va a ser bastante fácil.

5. Hay que hablar con los candidatos políticos y ___obtener/ conseguir___ su promesa de que limpiarán el medio ambiente.

6. Debemos ___alcanzar___ nuestra meta antes de que empeore la situación.

5-9 Defensa de la vida urbana. Uds. están organizando un movimiento en defensa de la vida urbana. Teniendo en cuenta el grado de dificultad, expliquen lo que deben hacer, usando los elementos de la lista y los verbos dados.

obtener   conseguir   lograr   alcanzar

MODELO: *Primero tenemos que obtener dinero del gobierno para la organización.*

1. un local para poder trabajar   *conseguir (obtener)*
2. integrar arquitectura y planificación urbana   *lograr (conseguir)*
3. voluntarios   *conseguir*
4. cambiar algunos hábitos   *lograr (conseguir)*
5. los datos del último censo   *obtener (conseguir)*
6. los objetivos propuestos   *alcanzar (lograr)*
7. la armonía ecológica   *alcanzar (lograr)*

5-10 Mejorar la imagen. Piensen en la mejor manera de lograr los siguientes objetivos para promover la imagen de su ciudad en el exterior. Completen el siguiente esquema. Luego, comparen sus planes con los de otras parejas de la clase.

Los objetivos son:

1. Dar una imagen positiva
2. Mejorar la educación
3. Aumentar el turismo

Para lograr estos objetivos tenemos que obtener…

1. _____

2. _____

Para lograr estos objetivos tenemos que conseguir…

3. _____

4. _____

Para lograr estos objetivos tenemos que lograr…

5. _____

6. _____

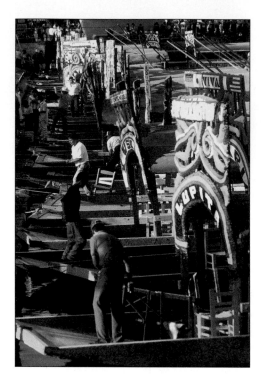

Los Jardines de Xochimilco, Las trajineras son botes adornados con flores, que pasean a las personas por los canales del extenso jardín.

Comprehension questions: ¿Qué significa D.F.? ¿Cuáles son las culturas que conviven en México? ¿Qué actividades culturales puedes hacer en México? ¿Dónde puedes admirar murales? ¿Qué puedes hacer en los Jardines de Xochimilcho?

Ventana al mundo

México, D.F.

La ciudad de México, o DF es un conglomerado de 16 delegaciones. De acuerdo con información del CONAPO (Consejo Nacional de Población) del gobierno de México, en el Distrito Federal residen menos de nueve millones de personas. Sin embargo, si se cuentan la Zona Metropolitana del Valle de México, que comprende las 16 delegaciones del DF y los 58 municipios conurbanos del Estado de México y el de Hidalgo, el número de habitantes sube a cerca de once millones.

De todas maneras, podemos decir que la ciudad de México es una ciudad llena de vida en la que conviven y se mezclan tradiciones y costumbres de varias culturas, fundamentalmente las prehispánicas y la hispánica. El Museo Nacional de Antropología cuenta con maravillosos tesoros artísticos de las culturas mesoamericanas. En varios edificios públicos podemos admirar los murales de grandes artistas como Siqueiros, Rivera y Orozco. Los Jardines de Xochimilco son el lugar de cita familiar durante los fines de semana. Allí puedes disfrutar de la música de los mariachis o de otros artistas callejeros, y dar un paseo en bote.

 El D.F. Busca información sobre la Ciudad de México o el D.F. y prepara una presentación para la clase.

Así se dice

Cómo influir y tratar de convencer a otros
Usa estas expresiones para tratar de que otras personas acepten tu punto de vista.

Debe(s) pensar que...	You have to think that ...
Es importante pensar en...	It's important to think about ...
Hay que tener en cuenta que...	One has to take into account that ...
Tenemos que darnos cuenta de que...	We have to realize that ...
Hay que considerar que...	One has to consider that ...
Por un lado...	On one hand ...
Por otro (lado)...	On the other hand ...

Ventana al mundo

Madrid

Madrid, la capital de España, está situada en el centro de la Península Ibérica y tiene una población que supera los tres millones de habitantes. Se trata de una ciudad cosmopolita, centro de negocios, sede de la administración pública, del gobierno del estado y del parlamento español, y residencia habitual de los reyes.

Madrid se caracteriza por una intensa actividad cultural y artística, y por tener una vida nocturna muy activa. Por otra parte, en el terreno de la economía, los sectores más importantes son el bancario y el industrial. La industria se desarrolla principalmente en la zona sur, donde se concentran importantes empresas textiles, de alimentos y metalúrgicas.

¿Qué sabes de Madrid? Busca información sobre Madrid y prepara una presentación para la clase. Puede ser información sobre un lugar cultural, una industria, una tradición particular, un barrio, una persona famosa, etc.

La plaza mayor en el centro de Madrid

Comprehension questions: ¿Dónde se encuentra Madrid? ¿Qué instituciones tienen su sede en esta ciudad? ¿Qué caracteriza a Madrid? ¿Qué tipo de actividades se desarrollan en la ciudad? ¿Qué tipo de industrias se desarrollan en Madrid?

5-11 ¿Madrid o México, D.F.? Ustedes ganaron un viaje juntos. No pueden viajar separados. Pero hay un problema: tú quieres ir a Madrid y tu compañero/a quiere visitar México, D.F. Usen las expresiones de **Así se dice** y la información sobre Madrid y la Ciudad de México de **Ventanas al mundo** para tratar de convencer a la otra persona.

Suggestion for 5-11: Encourage interactive responses to this activity, not purely mechanical ones. Ask students to think of arguments that will convince the other person. They should put forward their reasons for choosing one locale over the other. Then, ask a few pairs to present their dialogue to the whole class.

Diario

Describe el lugar donde creciste. ¿Era una ciudad o un pueblo? ¿Qué lugares eran importantes para ti y tu familia? ¿Qué hacían en estos lugares? ¿Tenías un lugar preferido para reunirte con tus amigos? ¿Cómo era? ¿Qué es lo que más extrañas de tu pueblo o ciudad? ¿Por qué?

Sigamos con las estructuras

Repasemos 1

Distinguishing between people and things: The personal *a*

—¿**A** quién buscas?

—Busco **al** Director de la Comisión del Medio Ambiente.

Complete the self-test on the **Atando cabos** web site. If you get less than 85%, you need to review this grammar point in the **Cabos sueltos** section, pp. 443–444. If you get above 85%, you can continue with the following activities.

5-12 En Barcelona. Un estudiante extranjero llega a Barcelona para estudiar. Forma oraciones completas para decir qué hace el estudiante los primeros días en la ciudad.

> MODELO: llamar / los amigos
> *Llama a los amigos.*

1. fotografiar / las casas de Gaudí

2. conocer / gente nueva

3. buscar / la Cervecería Catalana para comer

4. ver / la profesora que coordina el programa

5. llamar / unos parientes lejanos

6. visitar / los primos de sus padres

7. recoger / los estudiantes panameños en la estación

8. pasear / Lupe, la perra de los vecinos

Answers for 5-12:
1. *Fotografía las casas de Gaudí.* 2. *Conoce gente nueva.* 3. *Busca la Cervecería Catalana para comer.* 4. *Ve a la profesora que coordina el programa.* 5. *Llama a unos parientes lejanos.* 6. *Visita a los primos de sus padres.* 7. *Recoge a los estudiantes panameños en la estación.* 8. *Pasea a Lupe, la perra de los vecinos.*

Repasemos 2

Avoiding repetition of nouns: Direct object pronouns

—Hoy vamos a visitar el Museo Picasso. ¿Quieres venir con nosotros?

—No, gracias. Ya **lo** conozco.

Complete the self-test on the **Atando cabos** web site. If you get less than 85%, you need to review this grammar point in the **Cabos sueltos** section, pp. 444–446. If you get above 85%, you can continue with the following activities.

5-13 Dime qué tiras y te diré cuánto contaminas.

Paso 1. Sondeo. Pregúntale a tu compañero/a lo que tira a la basura y lo que recicla. Márcalo en la columna apropiada. ¡OJO! Usa el pronombre correspondiente en la respuesta.

> MODELO: E1: *¿Tiras los periódicos a la basura?*
> E2: *Sí, los tiro a la basura. / No, no los tiro. Los reciclo.*

Productos	Tiempo de descomposición	Basura	Reciclar
los periódicos	10 años		
un pañuelo de papel	3 meses		
un billete de metro	3–4 meses		
un fósforo	6 meses		
el corazón de una manzana	6–12 meses		
el filtro de un cigarrillo	1–2 años		
los folletos de propaganda	5 años		
una lata	10 años		
las revistas	10 años		
plásticos	500 años		
aluminio	450–500 años		

Paso 2. Resultados. Ahora, suma el tiempo que tardan en descomponerse los productos que tiras a la basura y léele el resultado a tu compañero/a.

Más de 30 años   ¡OJO! Contaminas mucho. Busca un centro de reciclaje en tu ciudad.

5–19 años   Muy bien. Haces un esfuerzo por reducir la basura. Trata de encontrar nuevas maneras de reciclar.

3–18 meses   Excelente. Cuidas muy bien el medio ambiente.

5-14 Concurso fotográfico. Imaginen que el grupo está organizando un concurso de fotos sobre el tema "Lo bueno y lo malo de nuestra ciudad". Decidan quién se ocupará de hacer cada una de las siguientes actividades.

MODELO: diseñar el anuncio del concurso
E1: *¿Quién va a diseñar el anuncio del concurso?*
E2: *Yo lo diseño. / Yo lo voy a diseñar. / Yo voy a diseñarlo.*

1. comprar las cámaras descartables
2. enviar las invitaciones
3. publicar los anuncios en la prensa
4. distribuir los anuncios en la universidad
5. seleccionar las fotos
6. organizar la entrega de premios
7. entregar los premios

Note for 5-14: Point out the three different ways of expressing the same idea. Also, have students note the placement of the pronoun.

Follow-up for 5-14: Tell students to report who is going to do what, so they practice pronouns with the third person verb form. Use this construction: *El anuncio, lo va a diseñar Ana.*

5-15 De visita. Tú visitas a un/a amigo/a que vive en otra ciudad. Interpreten estos papeles, siguiendo las claves que se indican.

> VISITA: Quieres saber dónde puedes hacer estas actividades. Pregúntale a tu amigo/a.
>
> AMIGO/A: Contéstale, usando los pronombres y los mandatos.

> **MODELO:** cambiar dinero // banco / casa de cambio
> E1: *¿Dónde cambio el dinero?*
> E2: *Cámbialo en el banco. No lo cambies en la casa de cambio.*

1. tomar el autobús // en la esquina / delante de la residencia
2. depositar unos cheques // en el banco / en la caja de ahorros
3. reservar un billete de tren // en la estación / en la agencia de viajes
4. comprar estampillas // en el correo / en el supermercado
5. mirar una película // en el cine / en la televisión
6. hacer ejercicio // en el gimnasio / en el parque

5-16 Una madre preocupada. Tu amigo y tú se van a trabajar en un programa ecológico a México y tu madre está preocupada. Asegúrale que todo saldrá bien.

> **MODELO:** E1: *Me vas a llamar cuando llegues al aeropuerto, ¿no?*
> E2: *Sí, te voy a llamar. No te preocupes.*
> E1: *Los van a llevar a un hotel la primera noche, ¿verdad?*
> E2: *Sí, nos van a llevar a un hotel. No te preocupes.*

1. Cuando lleguen, los van a recoger en el aeropuerto a ti y a tu amigo, ¿no?
2. El primer día los van a invitar a una fiesta de bienvenida, ¿no?
3. El fin de semana los llevan a ver las pirámides, ¿verdad?
4. Te puedo ir a visitar dentro de un mes, ¿verdad?
5. ¿Estás seguro de que con esta dirección voy a encontrarte fácilmente?
6. Me vas a ayudar con el español, ¿verdad? Ya sabes que yo no lo hablo bien.
7. ¿Me vas a esperar en la estación de autobús o en el aeropuerto?
8. Me vas a acompañar al mercado regional, ¿verdad?

Repasemos 3

Indicating to whom or for whom actions are done: Indirect object pronouns

—¿En qué puedo servir**le**, señora?

—Quisiera comunicar**le** un problema a la jefa de reciclaje.

5-17 Un río contaminado. La mayoría de los ríos que pasan por las ciudades están contaminados. Éstas son las medidas que va a tomar la Comisión del Medio Ambiente para limpiar el río de la ciudad. Explica para qué van a hacer estas cosas.

MODELO: presentar una propuesta / a una fundación / conseguir dinero
Van a presentarle una propuesta a una fundación para conseguir dinero.

1. pedir dinero / al gobierno / para limpiar el río
2. escribir carta / a las autoridades / para informarles de la situación
3. explicar la propuesta / a nosotros / para educarnos sobre el problema
4. enviar un informe / a mí / para poner en los archivos
5. proponer una campaña publicitaria / a ti / para conseguir dinero
6. pedir una cita / al gobernador / para obtener su apoyo

5-18 Mi ciudad. Entrevista a dos estudiantes de la clase para saber lo que piensan de la ciudad donde viven y por qué. Luego, informa a toda la clase, incluyendo tu propia opinión sobre sus respuestas.

MODELO: E1: *¿Qué te gusta de la ciudad donde vives? ¿Por qué?*
E2: *Me gusta porque tiene muchos parques y un río que corre por el medio de la ciudad.*

no gustar	molestar	divertir	fastidiar	faltarle

Ventana al mundo

Vivir en España

Algunas razones para vivir en España:

1. **El clima.** En pleno invierno suele hacer una temperatura media de 18°C (70°F).
2. **La dieta.** La gastronomía de España es excelente. Existe la cocina tradicional y la cocina de laboratorio. De esta última, el cocinero Ferrán Adriá se considera uno de los mejores cocineros del mundo.
3. **Los paisajes.** La geografía española es un ejemplo de biodiversidad, donde puedes disfrutar de una gran variedad de paisajes.
4. **El estilo de vida muy atractivo.** Además del clima y la gastronomía, puedes practicar deportes.
5. **La gente.** El pueblo español ama la fiesta y la alegría; es abierto, imaginativo y generoso. Es un país con empresas multinacionales en sectores claves y servicios que superan los de muchos países europeos.
6. **Los precios.** Se sitúan por debajo de la media europea.
7. **La cultura y la historia.** España fue clave durante el Imperio Romano. Compartió ocho siglos con la civilización árabe. Además comparte lengua y cultura con gran parte del continente americano, donde más de 300 millones de personas hablan español. Es la tierra de Cervantes, Picasso, Lorca y Dalí.

Los cafés al aire libre son muy frecuentados por todos.

 ¿Te gustaría vivir en España? Busca información sobre cómo se vive en alguna ciudad española y prepara un informe para la clase.

Answers for 5-17:
Pronouns may be before the conjugated verb also. *1. Van a pedirle dinero al gobierno para limpiar el río. 2. Van a escribirles a las autoridades para informarles de la situación. 3. Van a explicarnos la propuesta para educarnos sobre el problema. 4. Van a enviarme un informe para poner en los archivos. 5. Van a proponerte una campaña publicitaria para conseguir dinero. 6. Van a pedirle una cita al gobernador para obtener su apoyo.*

Recycling 5-18: Review verbs like **gustar** on pages 53–54.

Comprehension questions: *¿Cuál es la temperatura media en invierno? ¿Qué ofrece la gastronomía? ¿Cómo son los paisajes? ¿Qué estilo de vida puedes llevar? ¿Cómo es su gente? ¿Es un país muy caro? ¿Qué puedes decir de su historia y su cultura?*

Aprendamos 1

Avoiding repetition of nouns: Double object pronouns

Suggestion: Tell students to use the mnemonic device **I.D.** to remember indirect before direct.

In order to avoid repetition, the direct and indirect object pronouns may be used with the same verb. In this case, the indirect object precedes the direct object. They follow the same placement rules as the single object pronouns, i.e., before the conjugated verb, and after and attached to the infinitive and the gerund. Study this chart.

1. Before the conjugated verb	—¿El gobierno va a proteger estos bosques? —Sí, **nos lo** prometió el gobernador.	—*Is the government going to protect these woods?* —*Yes, the governor promised it to us.*
2. Before the negative command	—¿Quieres que te caliente el té en el microondas? —No, gracias. No **me lo** calientes. Lo prefiero frío.	—*Do you want me to warm up your tea in the microwave?* —*No, thank you. Don't warm it up for me. I prefer it cold.*
3. After and attached to the affirmative command	—¿Tienes listo el informe sobre la contaminación del río? —Lo estoy por terminar. Píde**melo** mañana por favor.	—*Do you have the report on the pollution in the river?* —*I am about to finish it. Ask me about it tomorrow.*
4. After and attached to the infinitive	—Aquí hay un artículo sobre los refugios naturales. —¿Puedes guardár**melo** por favor? Me interesa mucho.	—*Here is an article on the conservation lands.* —*Can you save it for me? I'm very interested.*
5. After and attached to the gerund (**-ando**, **-iendo** form)	—¿A quién le mandas el informe sobre la contaminación del aire? —Estoy mandándo**selo** a todos los representantes.	—*To whom are you sending the report on the air pollution?* —*I am sending it to all the representatives.*

Note: The pronouns **le** and **les** become **se** when they precede the third person direct objects **lo, los, la,** and **las**.

—¿**Le** explicaste los problemas a la compañía?
—Sí, **se los** expliqué.

```
  le  ⎫                      ⎧  lo / los
      ⎬  →  se before        ⎨
 les  ⎭                      ⎩  la / las
```

Note: Remember that with the infinitive and the gerund (points 4 and 5), you have the option of placing the pronouns before the conjugated verb. Example: ¿**Me lo** puedes guardar? **Se lo** estoy mandando a todos.

Answers for 5-19:
1. No, no se las envié. 2. Sí, ya se lo firmamos. 3. No, no te los traje. 4. Sí, ya me la dio. 5. No, no se los dimos. 6. Sí, nos la dieron. 7. No, no se lo aceptaron. 8. Sí, se lo aprobaron.

5-19 Mucho para hacer. Ustedes son parte del Comité de Medio Ambiente y hoy en la oficina hay mucho trabajo. Contesten las preguntas utilizando los pronombres cuando sea necesario.

MODELO: E1: *¿Ustedes les dieron las fotos a los miembros del jurado? No, …*
E2: *No, no se las dimos.*

1. ¿Le enviaste las cartas a la gobernadora? No, …
2. ¿Ustedes ya nos firmaron el permiso? Sí, …

3. ¿Me trajiste los papeles que te pedí? No, …

4. ¿La periodista ya te dio la nota? Sí, …

5. ¿Les dieron a los candidatos los resultados de las becas? No, …

6. ¿Nos dieron la autorización para construir el canal? Sí, …

7. ¿Las empresas le aceptaron al gobernador el plan de limpieza del río? No, …

8. ¿Le aprobaron a la comisión el programa de educación ecológica? Sí, …

5-20 Fondos para el parque. Para conseguir dinero para proteger el parque natural, tu grupo ha organizado una feria. Contesta las preguntas con los pronombres de objeto directo e indirecto. Túrnense para hacer las preguntas.

MODELO: E1: *¿Nos prestas tu coche para ir a la feria?*
E2: *Sí, se lo presto.*

1. ¿Nos regalas entradas a la feria?

2. ¿Le pidieron permiso al alcalde para hacer la feria?

3. ¿Les enviaron los anuncios a todas las universidades de la región?

4. ¿Les van a servir comida vegetariana a los visitantes de la feria?

5. ¿Me mandaste una invitación para la cena?

6. ¿Nos van a dar botellas de agua gratis?

Answers for 5-20:
1. Sí / No, se las regalo.
2. Sí / No, se lo pedimos.
3. Sí / No, se los enviamos.
4. Sí / No, se la vamos a servir. 5. Sí / No, te la mandé.
6. Sí / No, se las vamos a dar.

5-21 ¿Dónde están mis cosas? Ustedes acaban de mudarse. Como hicieron la mudanza juntos, no encuentran algunos objetos. Sigan estos pasos.

Paso 1. Objetos perdidos. Escribe en un papel los nombres de tres objetos que perdiste. Pídeselos a tus compañeros.

Escribe en tres papeles diferentes los nombres de tres objetos que no son tuyos. Si un compañero/a te los pide, dale el papel que tiene escrito el objeto.

MODELO: E1: *¿Tienes los cables de la compu?*
E2: *No, no los tengo. / Sí, aquí los tengo.*
(Entrégale el papel que tiene escrito "los cables de la computadora.")

Note for 5-21: Students work in groups of four. They have to choose objects from the list given. Ask them to hand the piece of paper with the object written on it to the person who asks for it. Then, in **Paso 2** they should show the objects collected to the group.

Recycling for 5-21: Remind students of the uses of *mudarse* and *moverse* from page 7.

Objetos perdidos

el espejo del baño	la lámpara de pie	la comida del gato
la olla grande	los medicamentos	el traje de graduación
la libreta del banco	la caja con CDs	la toalla azul
la cámara de fotos	la planta del salón	los zapatos negros
los estantes de la biblioteca	el teléfono	los libros de cocina
el plano de la ciudad	la silla del jardín	la radio
la tarjeta del video club	las llaves del coche	
las bolsas de la basura	los cables de la compu	

Paso 2. ¿Quién los tenía? Ahora, debes explicar quién te dio los objetos que recuperaste. También, explica si te faltan objetos.

MODELO: E1: *Las bolsas de basura, me las dio Ana.*
Encontré todo lo que me faltaba. / Todavía me faltan mis estantes.

Ventana al mundo

Barcelona

Las Ramblas de Barcelona es una larga calle peatonal donde los paseantes se entretienen mirando los puestos y los artistas callejeros.

Barcelona, la capital de Cataluña—una de las 17 Comunidades Autónomas de España—es uno de los principales puertos del Mediterráneo y una de las ciudades más importantes de España. Uno de sus mayores atractivos es su riqueza arquitectónica. Barcelona ha sido y es lugar de residencia de grandes artistas, como Picasso, Miró y Dalí.

Como ciudad costera, Barcelona tiene un clima cálido y soleado que permite disfrutar de las actividades al aire libre, e, incluso, bañarse en sus playas desde la primavera hasta el inicio del otoño.

Barcelona es también un gran centro industrial con un puerto muy activo. Es la sede del Gobierno Catalán (Generalitat) y un centro cultural importante que cuenta con varias universidades y numerosos museos, teatros y salas de conciertos. El catalán es la lengua co-oficial de esta región y se usa en la educación y la vida diaria, junto con el español o castellano.

 Impresiones de Barcelona. Busca Barcelona en el mapa de España. ¿Cómo se llama la costa sobre la que se encuentra? Busca más información sobre Barcelona y compártela con tus compañeros en la próxima clase.

Aprendamos 2

Comprehension questions: ¿Cómo se llama la Comunidad Autónoma a la que pertenece Barcelona? ¿Puedes nombrar algunos artistas que vivieron en Barcelona? ¿Cuáles son las riquezas de Barcelona? ¿Qué tipo de clima tiene? ¿Qué idiomas se hablan en Cataluña?

Expressing inequality: Comparisons

1. When you want to compare people or things that are not equal, use the following structure:

Buenos Aires es **más** grande **que** Lima.
Buenos Aires is larger than Lima.
Madrid tiene **menos** habitantes **que** Buenos Aires.
Madrid has fewer inhabitants than Buenos Aires.
Buenos Aires crece **más** lentamente **que** Barcelona.
Buenos Aires grows more slowly than Barcelona.

2. When comparing unequal actions and ways of doing things, use the following structure:

verb + **más / menos** + que

Andrés recicla **menos que** Nicolás.
Andrés recycles less than Nicolás.

3. A few adjectives have irregular comparative forms. Remember that they are always followed by **que**.

Regular		Irregular	
más bueno/a	nicer, kinder	mejor	better
más malo/a	behaves badly	peor	worse
más viejo/a	older (thing)	mayor	older (person)
más pequeño/a	smaller, younger	menor	younger (person)

Note: Notice that the regular forms have different meanings.

Los envases de vidrio son **mejores que** los de plástico para el medio ambiente.

Glass containers are better than plastic ones for the environment.

When used alone, **el mayor / el menor** are translated as *the oldest* and *the youngest* in a family.

El hijo **menor** es más alto que **el mayor**.

The youngest is taller than the eldest.

4. With numbers and quantities use **más / menos de**.

Ellos sembraron **más de** mil árboles.

They planted more than one thousand trees.

5-22 El vidrio. Analiza la siguiente tabla y di si las siguientes declaraciones son ciertas o falsas. Corrige las falsas. Luego, escribe dos comparaciones y compártelas con la clase.

Answers for 5-22:
1. *Baleares recicla menos vidrio que Castilla y León.* 2. *Cataluña es la región que más kilos recicla.* 4. *Andalucía tiene más habitantes que el País Vasco.* 6. *El País Vasco recicla más de dos millones de kilos de vidrio.*

Comunidad Autónoma	Vidrio recogido (Kg)	Población
Andalucía	24.343.361	7.357.558
Baleares	7.162.150	841.669
Castilla y León	10.860.211	2.456.474
Cataluña	40.125.235	6.343.110
Madrid (Comunidad de)	18.384.799	5.423.384
País Vasco	18.808.768	2.082.587

1. Baleares recicla mucho más vidrio que Castilla y León. *falso*
2. Cataluña es la región que menos kilos recicla. *falso*
3. Madrid tiene más habitantes que Castilla y León. *cierto*
4. Andalucía tiene menos habitantes que el País Vasco. *falso*
5. En Madrid reciclan más kilos de vidrio que en Castilla y León. *cierto*
6. El País Vasco recicla menos de dos millones de kilos de vidrio. *falso*
7. _____
8. _____

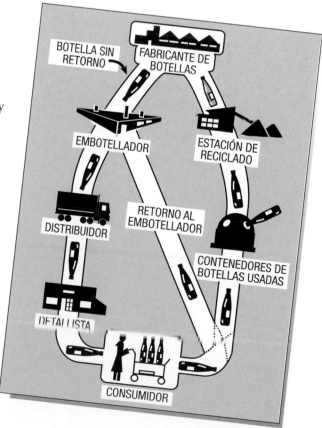

5-23 En Barcelona se vive mejor. Lee el artículo y luego, compara lo que se ofrece en cada ciudad.

MODELO: bar / Madrid / Barcelona
Hay más bares en Madrid que en Barcelona.

1. restaurante / Madrid / Barcelona
2. museos / Madrid / Barcelona
3. camas en hospitales / Barcelona / Bilbao
4. seguridad / Madrid / Barcelona
5. delitos / Madrid / Barcelona
6. precio de la vivienda / Madrid / Barcelona

Hábitat

En Barcelona se vive mejor

Las infraestructuras propias de una gran ciudad—la gran cantidad de centros de ocio, museos, cines, teatros, bares, restaurantes, sus buenas condiciones meteorológicas y el hecho de ser una ciudad costera—sitúan a Barcelona como la ciudad número uno por sus condiciones de habitabilidad. Comparada con otras ciudades, hay más posibilidades de encontrar un bar o un restaurante en Madrid, ya que la capital de España lidera este particular ránking. Pero, si la cuestión es acudir a un museo, Barcelona es la que tiene mayor oferta museística. Por otro lado, Bilbao dispone de mayor número de camas hospitalarias por cada mil habitantes. Madrid baja puestos por liderar criterios como ser la más insegura por delitos cometidos y contar con el precio de la vivienda más alto.

Suggestion for 5-24: Ask students to use the imperfect when making the compulsorio

5-24 Vivir en Buenos Aires. Compara los precios del costo de vida en Buenos Aires en 2007 con lo que cuesta vivir en tu ciudad.

MODELO: *En el año 2007, el alquiler de un departamento en Buenos Aires era más caro/barato que en mi ciudad.*

Note for 5-24: U$A is the Argentine equivalent to the dollar sign. It is used to differentiate it from the *peso* sign ($).

Note for 5-24: Apartments are classified by the number of rooms (*ambientes*) they have excluding the kitchen and the bathroom.

VIVIR EN BUENOS AIRES

Avenida 9 de Julio en Buenos Aires

El costo de vida mensual para un estudiante que vive solo en Buenos Aires, alquilando un pequeño departamento, con transporte y comida alcanza los U$A 250.

Ejemplos de precios:

- Alquiler de un departamento de un dormitorio (incluye gas, electricidad, teléfono y expensas) — 200 dólares al mes
- Seguro médico adicional a la cobertura básica otorgada por la universidad
- Viaje en autobús dentro de la ciudad — 40 dólares al mes
- Almuerzo o cena completa en un local de comida rápida — 0,25 centavos de dólar
- Un litro de leche — 2 dólares
- Una computadora — 0,30 centavos de dólar
- Un televisor 25" — 900 dólares
- Una heladera (refrigerador) — 370 dólares
- Lavar 10 kg. de ropa en un lavadero automático — 300 dólares
- Un pantalón de *jean* de marca nacional — 2 dólares
- La entrada al cine — 12 dólares
- El abono de TV por cable para ver 65 canales — 2,5 dólares
  — 15 dólares al mes

Tipo de cambio: U$A 1,00 = $ 3,50

Boletín

¿Apartamento?
En Argentina, se usa la palabra **departamento** mientras que en España se usa **piso** o **apartamento**. En la descripción de una vivienda, se habla del número de ambientes que tiene. La sala se considera un ambiente. Por ejemplo, un departamento de dos ambientes tiene un dormitorio y una sala.

5-25 Diferencias. Piensa en la ciudad donde vives y compárala con otra ciudad donde viviste, o donde viven tus padres o un/a amigo/a. Escribe una frase para cada una de las expresiones dadas. Si puedes, ilustra tu presentación con fotos de las ciudades que menciones.

peor	mejor	menos / menos de	más / más de

Aprendamos 3

Expressing equality: Comparisons

1. To compare people, things, or actions that are the same, use this structure:

tan	+	adjectives / adverb	+	como
tanto/a/os/as	+	noun	+	como
verb	+	**tanto como**		

tanto/tanta = *as much*   **tantos/tantas** = *as many*

Remember that **tanto** agrees in gender and number with the noun that follows.

El aire de Santiago de Chile está **tan contaminado como** el aire de la ciudad de México.
The air in Santiago de Chile is as contaminated as the air in Mexico City.

Hay muchas especies de plantas que están desapareciendo **tan rápidamente como** las especies animales.
There are many species of plants that are disappearing as fast as animal species.

Barcelona tiene **tantos museos como** Madrid.
Barcelona has as many museums as Madrid.

Los ecólogos ayudan **tanto como** pueden.
Ecologists help as much as they can.

2. To express equality between two nouns, this expression is also used:

el/la mismo/a + noun + **que**

Remember to make the agreement with the noun modified.

Roberto tiene **el mismo** nombre **que** su padre.
Roberto has the same name as his father.

Nosotros compramos **la misma** guía turística **que** tú.
We bought the same tourist guide as you did.

5-26 **Las ciudades de España.** En esta tabla cada ciudad española recibe un puntaje según la calidad de vida que presente. Encuentra las ciudades que tienen el mismo puntaje y compáralas.

MODELO: En San Sebastián se vive tan bien como en Santander.
San Sebastián tiene el mismo número de puntos que Santander.

		PUNTOS
1	Barcelona	105
2	Madrid	104
3	Valencia	103
4	La Coruña	99
4	San Sebastián	99
4	Santander	99
4	Cádiz	99
4	Castellón	99
9	Bilbao	98
10	Vitoria	97
11	Granada	96
11	Lleida	96
11	León	96
14	Almería	95
14	Pontevedra	95
16	Palma de Mallorca	94
16	Córdoba	94
16	Girona	94
16	Alicante	94
16	Murcia	94

5-27 **Buenos Aires.** A continuación encontrarás la descripción de varios departamentos en Buenos Aires. Compara las diferentes opciones. Di si las afirmaciones son ciertas o falsas. Corrige las falsas. Luego, escribe por lo menos dos comparaciones y compártelas con la clase.

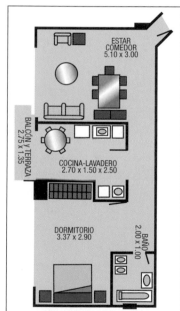

Departamento Sol: 185.000 pesos   Departamento Luna: 180.000 pesos   Departamento Amanecer: 120.000 pesos

1. El departamento Sol tiene tantos dormitorios como el departamento Luna. *falso*
2. El departamento Luna tiene tantos baños como el departamento Sol. *cierto*
3. El departamento Amanecer es más grande que el departamento Sol. *falso*
4. Sol y Amanecer tienen el mismo número de baños. *falso*
5. _____
6. _____

5-28 Al teléfono. Quieres comprar un departamento en Buenos Aires. Llama a la inmobiliaria para pedir información. Con otro/a estudiante, interpreten estos papeles siguiendo las claves que se indican.

CLIENTE/A: Haz una lista de las características que tiene que tener el departamento que quieres y llama a la inmobiliaria para pedir información. Explícale al agente lo que estás buscando.

AGENTE INMOBILIARIO: Atiende al/a la cliente/a cortésmente. Descríbele los departamentos que tienes en venta (Depto. Sol, Luna y Amanecer). Dile cuánto cuestan.

Suggestion for 5-29:
Remember to ask for the answers of **5-25**, if you haven't done so previously.

5-29 Similitudes. Vuelve a pensar en las ciudades de la actividad **5-25** de este capítulo y busca las similitudes que hay entre ambas. Escribe una frase con cada una de las siguientes expresiones. Luego, prepara una presentación para la clase utilizando las comparaciones de los dos ejercicios.

MODELO: *Por mi ciudad pasa el mismo río que por la ciudad de mis padres.*

el mismo	los mismos	tanto como	tanto	tanta
la misma	las mismas	tan… como	tantos	tantas

Comprehension questions:
¿Qué produce los residuos domésticos e industriales? ¿Por qué los basureros municipales no son una solución? ¿Cuál es el problema con la incineración? ¿Cuál es la alternativa ecológica para no producir demasiados residuos?

Ventana al mundo

Gestión ecológica de los residuos

La elevada densidad demográfica y la hiperactividad económica desarrollada en las ciudades producen residuos domésticos, industriales, y otros que son muy difíciles de eliminar. Hasta hoy, la solución es los basureros municipales, pero esta solución se está convirtiendo en otro problema debido a la escasez de suelo disponible. Además hay muchas protestas de los residentes de las zonas cercanas al basurero. La incineración es otra opción, pero las emisiones pueden ser tóxicas. En los últimos años, la reducción, la reutilización y el reciclaje son las respuestas más ecológicas y se les llama la norma de las tres erres (R).

La reducción: consiste en disminuir la producción y consumo de envases o embalajes excesivos y superfluos.

La reutilización: consiste en reparar cualquier objeto cuya vida útil pueda alargarse.

El reciclaje: consiste en recuperar las materias primas para producir nuevos productos.

¿Qué usas tú? ¿Sabes qué sistema de eliminación de residuos utiliza tu ciudad? ¿Visitaste alguna vez una planta de reciclado o una planta de incineración? De las tres erres (R), ¿cuál es la que más practicas normalmente? Da algunos ejemplos.

Conversemos sobre las lecturas

Antes de leer

Estrategia de lectura: *Background information*

The reading process is like a dialogue with a person who is not present. The reader approaches the text with some questions in mind that may or may not be answered. For example, even before you start to read an e-mail from a friend, you already have some ideas of what might be in the message because you and your friend have exchanged messages before. This understanding of your friend's life is called background knowledge. Before you read a text, it is very helpful to look at the cues that the text provides, such as title, illustrations, and format, and also to tap into the knowledge that you already have of the topic. Then, you can relate the new knowledge to something that is already familiar to you.

5-30 **Los nuevos edificios ecológicos.** Según estas fotos y el título del siguiente pasaje, ¿qué alternativa presentan estos edificios al problema del gasto de energía eléctrica? ¿Conoces proyectos como los edificios de las fotografías?

La vivienda ecológica

La mitad de la energía del mundo la consume el funcionamiento de viviendas y edificios. Los vehículos representan otra cuarta parte del total. El 75% del gasto energético planetario se consume en la arquitectura y el urbanismo, es decir en las viviendas y en las ciudades. Reducir ese porcentaje a la mitad no es difícil. Muchos estudios de arquitectura diseñan actualmente edificios que funcionan como plantas productoras de electricidad. Gracias a las placas solares de sus fachadas, estos edificios generan más energía de la que consumen. La Biblioteca Pompeu Fabra, cerca de Barcelona, es un ejemplo de este tipo de construcción. El edificio tiene módulos fotovoltaicos integrados en la fachada.

El edificio "Nexus" de la Universidad Politécnica de Barcelona.

Biblioteca Pompeu Fabra en Mataró, España.

5-31 Gasto energético planetario. Completa las oraciones con la información de *La vivienda ecológica.*

1. La energía que se gasta en viviendas y otros edificios es…
2. La energía que se gasta en transporte es…
3. Una solución al gasto de energía en la vivienda es…
4. Esta solución reduce el gasto al…
5. El uso de energía solar no es una utopía porque…

VOCABULARIO DE LAS LECTURAS

Estudia estas palabras para comprender mejor los textos.

Vocablo		Palabras en uso
el aerosol	aerosol spray	Los **aerosoles** dañan la capa de ozono.
el buzón	mailbox	Todos los días encuentro catálogos en mi **buzón.**
el cesto	basket	Cuando no tengo mucho que comprar en el supermercado, tomo un **cesto** en vez de un carrito.
el cubo de basura	trash can	No pongas papeles en el **cubo de basura.**
el cosmético	make-up	Sólo uso **cosméticos** de compañías que no utilizan animales en sus laboratorios.
cubrir	to cover	Las nubes **cubren** el cielo hoy.
el envoltorio	wrapping	Usa las tiras cómicas del periódico como **envoltorio** para regalos.
guardar	to keep, save	**Guardo** la compra sin los envoltorios.
el jabón	soap	Yo me baño con **jabón** de glicerina.
limpiar	to clean	Hay que **limpiar** el refrigerador.
la limpieza	cleaning	Nosotros hacemos la **limpieza** de la casa los sábados.
el rascacielos	skyscraper	No me gustaría vivir en un **rascacielos**; prefiero una casa.
el recipiente	container	Siempre que puedo, uso **recipientes** de vidrio.
la recogida	pickup	La **recogida** de la basura la hacen los jueves.
el residuo	garbage	El reciclaje de **residuos** es un problema global.
la tela	cloth	Usa bolsas de **tela** para hacer las compras.
la torre	tower	Los rascacielos son las **torres** modernas.

5-32 Adivina cuál es la palabra. Piensa en una palabra del vocabulario. Tu compañero/a te hará preguntas hasta adivinar cuál es la palabra. ¡Ojo! sólo pueden responder *sí* o *no*. Luego cambien de rol.

MODELO: *¿Lo puedes comer / beber / reciclar?*
¿Lo usas en la calle / en casa?

 **5-33** ¿Y yo qué puedo hacer? Piensen qué pueden hacer ustedes en su casa para ayudar a proteger el medio ambiente. Hagan una lista de ideas y preséntenlas a la clase. Usen estas preguntas como guía.

Note: Ask students to take note because they'll need this information for 5-36.

¿Qué puedes hacer con…

los productos de limpieza?

el consumo del agua?

el consumo de la electricidad?

el uso de los electrodomésticos?

la basura?

la compra del supermercado?

el uso del coche?

los restos de comida?

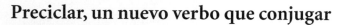

En esta lectura se encuentran algunas sugerencias para producir menos desechos.

Preciclar, un nuevo verbo que conjugar

¿Qué podemos hacer nosotros, como individuos, para combatir los problemas del medio ambiente? Los ciudadanos que se plantean° ser parte de la solución antes que ser parte del problema van a encontrar acá sugerencias para generar la menor cantidad de residuos posible. Para lograr este fin, hay que seguir un proceso que
5 tiene las tres erres en este orden: reducir, reutilizar y reciclar. El mejor residuo es aquel que no se crea.

      Preciclar. Este nuevo verbo indica el deseo de no aceptar en nuestras compras embalajes° o paquetes que van a producir residuos innecesarios y evitar las bolsas de plástico, los envases de un solo uso, las bandejas de corcho blanco°,
10 los envoltorios superfluos, los aerosoles y el papel innecesario. Es decir, debemos tomar conciencia° de que nuestros hábitos de compra tienen una gran influencia en nuestra capacidad de evitar más residuos de los imprescindibles. Si vamos al supermercado con una bolsa de tela, evitamos consumir bolsas de plástico o papel cada vez que hacemos una compra.
15   En algunas localidades, grupos ecologistas ponen a disposición de los ciudadanos platos, vasos, copas, bandejas y cubiertos para alquilar. Así, las fiestas sociales y familiares no producen grandes acumulaciones de basura y su presentación es más agradable.

      En la cocina. La cocina es el lugar donde se genera la mayoría de los residuos
20 domésticos. Aquí producimos, por un lado, los desechos alimenticios y, por otro, los de la limpieza. Lo primero que hacemos al guardar la compra es llenar el cubo de la basura de cartones protectores, sobres y envoltorios inútiles. Una manera de evitar esto sería llevar algunos recipientes de vidrio en el cesto de la compra o el carrito del supermercado para ir poniendo alimentos a granel°, tales como

to tackle a problem

packaging
styrofoam trays

to become aware

bulk

25 aceitunas, cereales, frutos secos, etc. Los productos de limpieza también producen

leftovers muchos sobrantes° plásticos. Por esta razón, es aconsejable usar recipientes de
vidrio u otros envases que podamos volver a llenar, y comprar productos con más
contenido y menos envoltorio. Los aceites usados en la cocina tampoco deben

drain tirarse por el desagüe°. Algunas ciudades recogen ya los aceites de cocina para

30 reaprovecharlos y utilizarlos como material para hacer jabón.

En el cuarto de baño. Tanto los cosméticos como los productos de higiene
que utilizamos en el baño generan gran cantidad de basura. Hay que evitar tirar

toilet basura en el retrete°, sobre todo si queremos encontrar los ríos y las playas

purify limpias, y somos conscientes del alto costo de depurar° las aguas residuales.

35 **En el buzón.** Con frecuencia, al llegar a casa, encontramos el buzón lleno de
propagandas y papeles que van directamente a la basura. La forma más sencilla de

label evitar esto es poner una etiqueta° en el buzón diciendo que no deseamos recibir
publicidad.

En el trabajo. Al final de un día de trabajo, las papeleras están llenas de

40 sobres reutilizables y papel reciclable mezclados con restos plásticos, vasos de
cartón y otros tantos desechos que ocupan mucho espacio a pesar de su bajo
peso. Algunos hábitos sencillos pueden facilitar el reciclaje en el trabajo.
Separar el papel del resto de la basura y usar tazas de cerámica y vasos de vidrio
para el agua y el café son algunas de esas posibles soluciones.

45 **En la escuela.** Algunas escuelas y universidades han implementado programas
de recogida selectiva que, además de educar, permiten un ahorro de papel
considerable. Otras instituciones promueven la recogida selectiva de envases. Otras,
incluso, van más allá y rechazan la instalación, dentro de sus recintos°, de máquinas

areas de bebidas con envases no retornables. Nuestro planeta es demasiado valioso para

business people 50 dejar que sólo los empresarios° y los políticos se ocupen de estos problemas.
Todos tenemos cierta responsabilidad que no podemos ni debemos ignorar.

5-34 Para evitar la acumulación de residuos. ¿Qué se debe hacer en estas situaciones
para evitar la acumulación de residuos? Hay más de una posibilidad correcta para
completar cada oración.

1. Cuando vamos de compras podemos…
2. Cuando tenemos una fiesta es posible…
3. En la cocina podemos…
4. Los envases de vidrio son preferibles a…
5. Es bueno si los aceites de cocina…
6. En el cuarto de baño no debemos…
7. En el buzón hay que…
8. En la oficina debemos…
9. En las escuelas y universidades se puede…
10. Hay que rechazar…

Answers for 5-34: 1. *no aceptar en nuestras compras embalaje o paquetes que van a producir residuos innecesarios y evitar las bolsas de plástico, los envases de un solo uso, las bandejas de corcho blanco, los envoltorios superfluos, los aerosoles y el papel innecesario.* 2. *alquilar platos, vasos, copas, bandejas y cubiertos.* 3. *usar algunos recipientes de vidrio que se pueden volver a llenar para evitar los envoltorios inútiles.* 4. *los envases de plástico.* 5. *no se tiran por el desagüe y se reaprovechan como material para hacer jabón.* 6.*tirar basura en el retrete.* 7. *poner una etiqueta diciendo que no deseamos recibir publicidad.* 8. *separar el papel reciclable del resto de la basura.* 9. *implementar la recogida selectiva para ahorrar papel y promover la recogida de envases.* 10. *la instalación de máquinas con envases no retornables.*

5-35 ¿Qué podemos hacer para reducir, reutilizar y reciclar? En cada columna escribe lo que se puede hacer para mejorar el medio ambiente, según las sugerencias del artículo que acabas de leer.

Reducir	Reutilizar	Reciclar

5-36 Comparaciones. Comparen las ideas que generaron en la actividad **5-33**, con las sugerencias del artículo *Preciclar, un nuevo verbo que conjugar*.

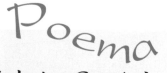

Poema

Federico García Lorca (1898–1936)

Poeta y dramaturgo español que vivió parte de su corta vida en Nueva York. Con estilo metafórico, el poeta hace eco de la alienación y la soledad del ser humano en el ambiente extraño y pesimista de la gran ciudad.

Iré a Santiago (Fragmento)

Arquitectura extrahumana y ritmo° furioso,   pace
geometría y angustia… Nada más poético y terrible
que la lucha de los rascacielos con el cielo que lo cubre.
Nicvcs, lluvias y nieblas subrayan, mojan°,   wet
5 tapan las inmensas torres.
Ejército° de ventanas, donde ni una sola persona   army
tiene tiempo de mirar una nube o dialogar
con una de las delicadas brisas que tercamente°   obstinately
envía el mar, sin tener jamás respuesta.

5-37 Comprensión del texto. En parejas, contesten las siguientes preguntas.

1. ¿Por qué dice "arquitectura extrahumana"?
2. ¿A qué se refiere con las palabras "ritmo furioso"?
3. ¿Cuáles son los elementos típicos de una ciudad que se mencionan en el poema?
4. ¿Qué elementos de la naturaleza se nombran?
5. ¿Qué son las inmensas torres?
6. ¿Cómo se siente el poeta en esta ciudad?
7. ¿Por qué no hay diálogo?
8. ¿Qué papel juega la naturaleza en el poema?

5-38 **Interpretación personal.** Contesta las siguientes preguntas.

1. ¿Conoces Nueva York u otra ciudad grande?
2. ¿Cómo te sientes cuando visitas una gran ciudad? ¿Por qué?
3. ¿Compartes la idea de García Lorca sobre Nueva York? Explica tu respuesta.
4. ¿Prefieres la vida en una gran ciudad, en una ciudad pequeña, en un pueblo o en el campo? ¿Por qué?

5-39 **Mesa redonda: La vida en la ciudad.** ¿Cómo se puede mejorar la vida en las grandes ciudades? En parejas, escriban sus ideas y luego preséntenlas para su discusión en clase.

5-40 **Nuestra vivienda ecológica.** En pequeños grupos, diseñen una casa ecológica. ¿Dónde va a estar situada? ¿Qué materiales van a utilizar? ¿Qué energía van a utilizar? ¿Cómo va a ser la vida en esta vivienda?

Comprehension questions: *¿Cuál fue la fuente de inspiración para Gaudí? ¿Cuáles son algunas de sus obras? ¿Por qué se puede decir que Gaudí fue un ecologista?*

Casa Batlló, en Barcelona

Ventana al mundo

El genio de Gaudí (1852–1926)

Hay pocas ciudades asociadas a arquitectos. Chicago tiene a Sullivan, Glasgow tiene a Macintosh y Barcelona tiene a uno de los arquitectos más imaginativos de la historia: Antoni Gaudí. Gaudí supo observar y aprender del entorno natural. Los árboles y el mar Mediterráneo, las montañas, las flores y los animales fueron su fuente de inspiración, tanto en la decoración como en las estructuras de los edificios que diseñó. En la Casa Batlló, la Casa Milà, la Cripta de la Colonia Güel y la Iglesia de la Sagrada Familia, Gaudí logró una identificación perfecta entre arquitectura y naturaleza. Gaudí fue, además, un ecologista: reciclaba azulejos, trozos de cerámica, vajillas, vidrio y otros materiales comunes con los que cubría y decoraba sus edificios.

Gaudí. Busca información sobre Antoni Gaudí y preséntala a la clase. Trae imágenes de su obra si es posible.

Avancemos con la escritura

Antes de escribir

Estrategia de escritura: *Comparing and contrasting*

Comparing and contrasting is used to show the differences and similarities between two entities. There are two ways of using this strategy in your writing. One is to compare and contrast two or more things on one aspect at a time. The other is to describe one of the things completely first and, then, move on to the other one. Look at the following examples.

Presentación completa de cada ciudad
Se presentan todos los aspectos de una ciudad juntos

Ciudad 1

La geografía de la ciudad le da o le quita belleza.

El transporte determina el carácter de la ciudad.

La edificación es impersonal y fría o cálida y acogedora.

El espíritu de la ciudad es cosmopolita o provincial.

Los habitantes son abiertos y cálidos o reservados y distantes.

El comercio y la industria la hace más o menos agradable.

Ciudad 2

La geografía de la ciudad le da o le quita belleza.

El transporte determina el carácter de la ciudad.

La edificación es impersonal y fría o cálida y acogedora.

El espíritu de la ciudad es cosmopolita o provincial.

Los habitantes son abiertos y cálidos o reservados y distantes.

El comercio y la industria la hace más o menos agradable.

Comparación de dos ciudades
Se presenta un aspecto a la vez en las ciudades

La geografía de la ciudad le da o le quita belleza.

   A. Ciudad 1   B. Ciudad 2

El transporte determina el carácter de la ciudad.

   A. Ciudad 1   B. Ciudad 2

La edificación es impersonal y fría o cálida y acogedora.

   A. Ciudad 1   B. Ciudad 2

El espíritu de la ciudad es cosmopolita o provincial.

   A. Ciudad 1   B. Ciudad 2

Los habitantes son abiertos y cálidos o reservados y distantes.

   A. Ciudad 1   B. Ciudad 2

El comercio y la industria la hace más o menos agradable.

   A. Ciudad 1   B. Ciudad 2

5-41 El arquitecto y el poeta. El arquitecto Antoni Gaudí y el poeta García Lorca tienen ciertas similitudes en su visión de la naturaleza y de los edificios de las ciudades.

Paso 1. Los artistas. Contesta estas preguntas para descubrirlas.

Antoni Gaudí

1. ¿Son los edificios de Gaudí impersonales y fríos?
2. ¿Cuál es la inspiración de Gaudí?
3. ¿Qué elementos usa Gaudí para decorar sus edificios?
4. ¿Por qué se dice que Gaudí fue un ecologista?

Federico García Lorca

1. ¿Es importante la naturaleza para García Lorca?
2. ¿Le gustan los edificios impersonales y fríos de Nueva York? ¿Con qué luchan los rascacielos?
3. ¿Cómo se siente delante del "ejército de ventanas"?
4. ¿Qué diálogo quiere que haya?

Paso 2. Comparaciones. Escribe un párrafo comparando a Gaudí con García Lorca. Usa como guía tus respuestas al ejercicio anterior.

5-42 Lugares que no te puedes perder en Barcelona. Algunos visitantes hicieron una lista de los lugares más atractivos de Barcelona. Lee la información, establece por lo menos cinco comparaciones y luego decide cuáles de esos lugares te gustaría visitar.

MODELO: *Casa Milà o "La Pedrera" tiene tanto encanto como la Iglesia de la Sagrada Familia.*

LUGARES QUE NO TE PUEDES PERDER EN BARCELONA

Casa Milà "La Pedrera" (Gaudí)
4,95/5,00
Encanto 4,7
Afluencia 2,4
Interés 4,6

La Catedral
4,93/5,00
Encanto 4,4
Afluencia 1,9
Interés 4,8

Casa Batlló (Gaudí)
4,92/5,00
Encanto 4,8
Afluencia 2,4
Interés 4,8

Las Ramblas de Barcelona
4,86/5,00
Encanto 4,6
Afluencia 1,9
Interés 4,6

Iglesia de Santa María del Mar
4,86/5,00
Encanto 4,5
Afluencia 3,0
Interés 5,0

La Iglesia de la Sagrada Familia (Gaudí)
4,72/5,00
Encanto 4,7
Afluencia 1,8
Interés 4,5

Ayuntamiento
4,40/5,00
Encanto 3,5
Afluencia 3,5
Interés 4,0

Monumento a Colón
4,31/5,00
Encanto 3,5
Afluencia 2,5
Interés 3,0

Plaza Real
3,38/5,00
Encanto 4,0
Afluencia 2,3
Interés 3,4

A escribir

 5-43 Dos ciudades interesantes. Busca información sobre dos ciudades latinoamericanas y compáralas siguiendo uno de los cuadros de la página 169.

Antes de entregar tu composición, asegúrate de haber incluido y revisado lo siguiente:

- El vocabulario de **En contexto**
- Las **Palabras conocidas**
- Las **Expresiones útiles**
- Las palabras de **¡Sin duda!**
- Las comparaciones de igualdad y desigualdad

Atando cabos
Salvemos el planeta

En esta parte del capítulo vas a realizar una serie de actividades que te harán reflexionar sobre la ecología y el medio ambiente.

5-44 Problemas ambientales. En grupos de cuatro, dos personas representan a los ciudadanos y las otras dos a la Comisión del Medio Ambiente.

CIUDADANOS: Uds. son un grupo de ciudadanos preocupados por los problemas medioambientales de la ciudad. Preparen una lista para presentarla ante la Comisión del Medio Ambiente. Deben expresar su opinión sobre esos problemas y convencer a la Comisión de su gravedad.

COMISIÓN DEL MEDIO AMBIENTE: Uds. no pueden solucionar todos los problemas de la lista que los ciudadanos les presentan. Escojan dos y encuentren soluciones. Convenzan a los ciudadanos de que las soluciones de la Comisión son lo mejor para la ciudad.

5-45 Informe radial. Ustedes son periodistas de la radio local y tienen que hacer una nota de dos minutos sobre uno de los problemas presentados por los ciudadanos. Escriban un informe corto y preséntenlo a la clase. Usen algunas de las siguientes palabras.

alarma	cáncer	consumidor	daños	filtrar
nociva	rayos	incentivar	restringir	

5-46 Energía alternativa. Debemos pensar en alternativas para producir energía. ¿Qué posibles soluciones proponen ustedes para producir o conservar energía? ¿Qué formas de energía alternativa hay? Busquen información sobre los tipos de energía alternativa y preséntenlos a la clase. Sus compañeros deben juzgar las alternativas propuestas.

En España el 3% de la energía procede de la naturaleza.

5-47 **¿Qué hay en tu basura?** Completa la siguiente tabla según el contenido de tu propia bolsa de basura. Luego, compárala con la bolsa de basura típica española.

Note for 5-47: Assign this exercise several days before the debate so students have time to prepare and research alternative energy sources, such as solar energy, hydraulic energy, etc. The proposal may be judged according to which method is the most cost effective and least destructive to the environment.

¿Qué hay en una bolsa de basura en España?

- **60%** **materia orgánica**
- **16,5%** **papel y cartón**
- **8%** **sin clasificar**
- **5,5%** **plástico**
- **4,5%** **vidrio**
- **4%** **metales**
- **1,5%** **trapos**

materia orgánica	_____	%
metales	_____	%
papel y cartón	_____	%
plástico	_____	%
sin clasificar	_____	%
vidrio	_____	%
Total	100	%

Diario

Esta noche, o alguna noche de esta semana, contempla las estrellas y escribe en tu diario los sentimientos y las ideas que evocan. ¿Puedes ver muchas estrellas desde donde vives?

Capítulo 6

Hablemos de los derechos humanos

Warm-up: Introduce the theme of the chapter by reminding students that one of the most serious violations of human rights was inflicted on the indigenous people of the Americas. Throughout history, many people protested in writing and in the arts against the way the indigenous people were treated. This mural was one of the works of art that depicted the life of the native Mexican people. Ask students: *¿Quién pintó este mural? ¿Qué representa el mural? ¿Qué están haciendo los indígenas en el mural?*

> **Todo individuo tiene derecho a la vida, a la libertad y a la seguridad de su persona.**
>
> **Artículo 3 del "Preámbulo de la Declaración Universal de los Derechos Humanos"**

Tema cultural

Los derechos humanos

Las culturas indígenas de América Latina

Objetivos comunicativos

Indicar frecuencia y hechos en el tiempo

Expresar obligaciones y necesidades

Expresar deseos y esperanzas

Expresar opiniones, sentimientos y juicios de valor

Sugerir y dar consejos

Expresar dudas, certezas, incertidumbres y negaciones

Warm-up: Ask a student to read the quotation and then ask these questions: *¿De dónde viene esta cita? ¿Qué son los derechos humanos? ¿Qué derechos humanos conocen? ¿Conocen alguna parte del mundo donde no se respeten los derechos humanos? ¿Cuáles no se respetan? ¿Por qué? ¿Conocen alguna organización que luche por los derechos humanos? ¿Qué hace esta organización para proteger los derechos humanos? ¿Qué hechos históricos pueden mencionar en los que se violaron los derechos humanos?*

Panel de la Civilización Tolteca de un mural del pintor mexicano Diego Rivera (1886–1957)

Diego Rivera (1886–1957) Mexican "Panel of the Toltec Dynasty" (one of two), Mexican Palacio Nacional, Mexico. © 2000 Banco de Mexico Diego Rivera & Frida Kahlo Museums Trust. Av. Cinco de Mayo No.2, Col. Centro, Del. Cuauhtemoc 06059, Mexico, D.F. Reproduction authorized by the Instituto Nacional de Bellas Artes y Literatura. Bridgeman Art Library, London/SuperStock.

Película recomendada: *El violín,* Francisco Vargas Quevedo, México, 2006.

Canción recomendada: *Cinco siglos igual,* León Gieco. Intérprete, Mercedes Sosa, CD *Sino,* Argentina, 1992.

176

En marcha con las palabras

En contexto: La importancia de la tierra

Más de cinco **siglos** después de la **conquista** de América, las comunidades **indígenas**—hasta ahora, **oprimidas y desheredadas** de su patrimonio ancestral—están en busca de un futuro propio. Los **pueblos** indígenas luchan por **salvar** su identidad contra el **poder** de la uniformidad y la globalización. Para ellos, la tierra es un elemento esencial. "Sin la tierra, no somos nada", se oye de un extremo al otro del continente.

La tierra es, **sobre todo**, una **fuente** de alimentos y, **a la vez**, la **generadora** de la identidad cultural de todos los pueblos indígenas. El culto y la veneración a la madre tierra, la "Pachamama", es una característica común de diversas comunidades indígenas.

Rigoberta Menchú, una indígena quiché y ganadora del Premio Nobel de la **Paz**, dice "Nosotros los indígenas tenemos más contacto con la naturaleza… porque es nuestra cultura y nuestra **costumbre**… La tierra es la madre del hombre porque es la que le da de comer al hombre… por eso, le pedimos a la tierra una buena cosecha. Y de hecho, nuestros padres nos enseñan a respetar esa tierra". Un **jefe** del pueblo mapuche, del sur de Chile y Argentina, dice: "Para nosotros la tierra nunca puede ser algo que se compra y se vende. Es nuestra **fuente** de **vida** y nuestra **razón de ser**; la cultivamos y la respetamos".

La población rural de América Latina y el Caribe representa cerca del 42% de la población total de la región. Existen muchos programas que, **poco a poco,** organizan la redistribución de la tierra a las comunidades **campesinas** e indígenas. Se espera que estos programas, **a la larga**, puedan ayudar al desarrollo de estas comunidades. Pero, **desgraciadamente**, la tenencia de la tierra no es lo único que hay que cambiar para que se dejen de **violar** los **derechos humanos** fundamentales. La **explotación** de las tierras **intenta impedir** la pobreza y la **opresión** pero se necesita también **atacar** problemas básicos, tales como lograr acceso al crédito y a servicios tecnológicos de investigación y de desarrollo. Se necesita desarrollar la infraestructura mínima para que los niños puedan ir a la escuela y para que hombres, mujeres, niños y **ancianos** tengan acceso a **sistemas de salud** y los **trabajadores** a sus empleos. **Sobre todo**, se necesita que los campesinos encuentren **mercado** para sus productos. Entonces, se va a poder decir que existe menos **desigualdad** entre los pueblos.

Los campesinos dependen de la tierra para vivir.

¿Comprendes?

1. ¿Qué quieren salvar las comunidades indígenas?
2. ¿Por qué es importante la tierra para los pueblos indígenas?
3. ¿Quién es Rigoberta Menchú?
4. ¿Cuál es la relación que los indígenas tienen con la tierra según Menchú?
5. ¿Qué se hace para devolverles la tierra a las comunidades?
6. ¿Qué hay que lograr?
7. ¿Conocen ustedes otros problemas de los pueblos indígenas de los Estados Unidos o Canadá?

Note: Explain that *Pachamama* means Mother Earth, Mother Time, Mother Universe, The All Encompassing. It comes from the Quechua language spoken by the indigenous people of the former Inca Empire (Perú, Bolivia, Ecuador and North of Argentina and Chile).

Palabras conocidas

El mundo precolombino

Estas palabras deben ser parte de tu vocabulario.

La conquista	*conquest*	**Cognados**	invadir
el conquistador	*conqueror*	atacar	la miseria
construir	*to build*	colaborar	la opresión
la creencia popular	*popular belief*	conquistar	pacífico/a
el oro	*gold*	cooperar	precolombino/a
la plata	*silver*	el desastre	respetar
el maíz	*corn*	explorar	las ruinas
la riqueza	*riches*	el/la indígena	el templo

Expresiones útiles

a la larga	*in the long run*	**A la larga,** los indígenas pueden perder sus costumbres. *In the long run, the indigenous people may lose their customs.*
a la vez	*moreover, furthermore*	La tierra es una fuente de alimentos y, **a la vez**, les da su identidad. *The land is a source of food and moreover, it gives them their identity.*
desgraciadamente	*unfortunately*	**Desgraciadamente,** la lucha por la tierra es también causa de mucho dolor para estos pueblos. *Unfortunately, the fight for the land is also the cause of much pain for these people.*
poco a poco	*little by little*	**Poco a poco,** perdieron sus tierras. *Little by little they lost their land.*
sobre todo	*above all*	Los indígenas quieren, **sobre todo**, mantener su identidad. *The indigenous people want, above all, to keep their identity.*

6-1 **¿La guerra o la paz?** Empareja cada palabra de la columna **A** con su opuesto de la columna **B**. Hazle a tu compañero/a una pregunta con cada palabra.

A	**B**
1. <u>c</u> igualdad	a. guerra
2. <u>a</u> paz	b. construir
3. <u>d</u> oprimir	c. desigualdad
4. <u>f</u> atacar	d. liberar
5. <u>b</u> destruir	e. violar
6. <u>e</u> respetar	f. defender

6-2 **Tecum-Umán.** Éste fue el último rey de los quiché en Guatemala. Murió en 1524 derrotado en una batalla contra los españoles.

Paso 1. **La vida indígena.** Describan cómo vivían los indígenas antes de la llegada de los españoles según el poema.

Paso 2. **Choque de dos culturas.** ¿Les parece que este poema idealiza la vida de los indígenas sin tener en cuenta otros aspectos menos pacíficos, tales como los sacrificios humanos? Fundamenten su respuesta usando las palabras de **Expresiones útiles** donde sea posible.

Note for 6-2: You may assign this question for homework so students have time to prepare their answers.

Tecum-Umán (Fragmento)

Vivíamos tranquilos recogiendo
el fruto de la paz, nuestras esposas
vivían nuestras túnicas tejiendo°   *weaving*
y amamantando° tiernas° y amorosas°   *nursing / tender / loving*
a nuestros tiernos hijos, bendiciendo°   *blessing*
a los dioses del cielo y a las diosas;
pero vinisteis vos…
Vos habéis nuestro lecho° profanado   *cama*
robado nuestro pan, habéis vendido
como esclavos al niño, al encorvado
anciano, al sacerdote° bendecido   *priest*
y a la doncella°; en fin, habéis quemado   *virgin*
nuestros templos y hogares; y habéis hecho
muchos males, ¿y aún no estáis satisfechos?

6-3 Los conquistadores. Comparen la conquista española con la conquista anglosajona.

1. ¿Qué hicieron los conquistadores españoles con los pueblos indígenas de América Central y América del Sur? Refiéranse al poema en la pag. 179. ¿Conocen algunos hechos concretos?

2. ¿Qué hicieron los europeos en los Estados Unidos con los pueblos indígenas? Mencionen algunas acciones concretas.

3. ¿Qué trajeron los europeos a las Américas? ¿Creen que contribuyeron al avance de los nativos? ¿De qué manera?

4. ¿Qué les dieron los pueblos indígenas a los europeos? ¿Cómo contribuyeron al avance de la civilización europea?

6-4 Para discutir. Hagan una lista de los valores de su propia cultura. Luego, lean la siguiente lista de los valores de las culturas indígenas. Comparen las dos listas. ¿Qué similitudes y/o diferencias hay? Presenten sus conclusiones a la clase.

Paso 1. Valores de las culturas indígenas. Éstos son algunos valores de las culturas indígenas. ¿Pueden pensar en otros valores?

1. Tienen una relación especial con la tierra donde habitan.
2. Valoran sus tradiciones y costumbres.
3. Tienen una vida comunitaria en la que la familia es muy importante.
4. Valoran su propia lengua.
5. Valoran su patrimonio arqueológico e histórico.
6. Su vestimenta es parte de su identidad como pueblo.
7. Respetan los sitios sagrados donde están enterrados sus antepasados.
8. ¿?

Paso 2. Comparaciones y conclusiones. ¿Qué conclusiones sacan ustedes al comparar los dos sistemas de valores?

6-5 Antiguas civilizaciones. Lean la información siguiente y luego comparen una civilización con otra.

MODELO: *Los incas tenían más conocimientos de medicina que los europeos.*

Pueblos precolombinos
- Los incas tenían conocimientos avanzados de medicina. Podían hacer operaciones de cráneo. Además, eran muy buenos arquitectos, como lo evidencian las construcciones de Machu Picchu.
- Los mayas tenían una forma avanzada de escritura.
- Los aztecas construyeron grandes ciudades. Una de ellas es Tenochtitlan, ubicada donde ahora está la Ciudad de México.
- Los chibchas de Colombia usaban el oro para hacer objetos de uso personal y práctico como aretes, collares, anillos para la nariz, agujas y vasijas.
- Los aymaras de Bolivia y parte de Perú, en la zona del Lago Titicaca, componían una música hermosa, a partir de una escala de cinco tonos.

6-6 Para saber más. Busquen información sobre una de las siguientes civilizaciones precolombinas. Averigüen cómo eran en el siglo XVI y cuál es su situación hoy. Después, hagan un breve resumen para presentar en la próxima clase.

- Los incas de Perú, Colombia, Bolivia, Ecuador, Argentina, y Chile
- Los chibchas de Colombia
- Los mayas de México y Centroamérica
- Los aztecas de México
- Los moches de Perú
- Los guaraníes de Paraguay y Argentina
- Otros

Suggestion for 6-6:
Assign this exercise to groups of four students. Each person in the group has to report on one aspect of the civilization that the group has chosen.

Comprehension questions:
¿Qué defendió Fray Bartolomé? ¿Dónde nació? ¿Cuál era su profesión? ¿Qué papel desempeñó en Chiapas, México? ¿Por qué son importantes las Leyes Nuevas? ¿Cuáles fueron sus obras más importantes?

Ventana al mundo

Bartolomé de las Casas (1474–1566)

Fray Bartolomé de las Casas fue el primer defensor de los indígenas. Algunos lo consideran el precursor de la lucha por los derechos humanos. Nació en Sevilla, España, en 1474. Se educó en Salamanca y a los 38 años se hizo sacerdote de la orden de los dominicos. Su lugar de acción fue Santo Domingo y luego Chiapas, en México, donde fue nombrado primer obispo *(bishop)* de las Américas. Con sus escritos, defendió a los indígenas frente a la corona española y logró la proclamación de las Leyes Nuevas (1542), que eliminaban la esclavitud de los indígenas. Sus obras más importantes fueron *Historia general de las Indias*, *Brevísima relación de la destrucción de las Indias* y *Apologética histórica*. Murió en España en 1566.

Fray Bartolomé de Las Casas, defensor de los derechos de los indígenas

Las ideas del fraile.

¿Por qué es importante Fray Bartolomé de las Casas? ¿Te recuerda Bartolomé de las Casas a alguna otra persona que luche o que haya luchado por los derechos humanos? ¿A quién? ¿Por qué?

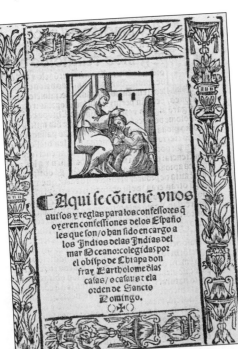

Aqui se cõtiene vnos auisos y reglas para los confessores q oyeren confessiones delos Españoles que son/o han sido en cargo a los Indios delas Indias del mar Oceano: colegidas por el obispo de Chiapa don fray Bartholome dlas casas/o casaus: dela orden de Sancto Domingo.

Primera edición del libro de Las Casas

Boletín

El principio de los derechos humanos
"En todas las naciones del mundo hay hombres y la definición de cada uno de ellos es que son racionales, todos tienen su entendimiento y su voluntad y su libre albedrío como que son formados a imagen y semejanza de Dios."

Bartolomé de las Casas, 1544

6-7 Voces en contra de la opresión. Fray Bartolomé de las Casas fue una de las voces a favor de los indígenas. Busca información sobre otras personas de nuestro tiempo que hablen sobre la opresión indígena y tráela a clase para compartirla con tus compañeros/as.

¡Sin duda!

época — hora
rato — ratito — ratico
tiempo — vez

The words **época**, **hora**, **rato**, **tiempo**, and **vez** can be translated as *time* in English in the following contexts.

Palabra	Explicación	Ejemplo
época	*historical time*	la **época** de la conquista de América *the period of America's conquest*
	time in a season	la **época** de las vacaciones *the vacation period*
hora	*time of the day*	¿Qué **hora** es? *What time is it?*
rato	*a while*	Pasamos **un rato** largo, hablando con los delegados indígenas. *We spent a long while talking with the indigenous delegates.*
ratito / ratico	*short while*	Te veo en un **ratito/ratico**. *I'll see you in a short while.*
tiempo	*time in abstract*	El **tiempo** pasa. *Time passes.*
	the period of duration of an action	Bartolomé de las Casas vivió en América por mucho **tiempo**. *Bartolomé de las Casas lived in America for a long time.*
	weather	¿Qué **tiempo** hace hoy? *What's the weather like today?*
otra vez	*again*	Tenemos que buscar **otra vez** los datos. *We have to look up the information again.*
una vez	*once*	Sólo fui a México **una vez**. *I only went to Mexico once.*
dos / tres /... veces	*(x times)*	Colón viajó a América **cuatro veces** en su vida. *Colombus traveled to America four times in his life.*

primera,
segunda ... vez
	first, second ... time	Cuando fray Bartolomé de las Casas
		  vio Chiapas por **primera vez** se quedó muy impresionado.
		*When fray Bartolomé de las Casas
		  saw Chiapas for the first time, he was very impressed.*

a veces / otras veces
muchas veces
	sometimes / other times
	many times
		A veces, los españoles hablaban la lengua de los
		  indígenas, **otras veces** no. **Muchas veces,** necesitaban
		  intérpretes, pero no **cada vez** que se encontraban.

cada vez	*each time*	*Sometimes, the Spaniards spoke the language of the
		  natives; other times, they didn't. Many times, they needed
		  interpreters, but not every time they met.*

👥 6-8 **Los viajes de Colón.** Pregunta y respóndele a tu compañero/a usando la información en la siguiente cronología. Luego, hagan un pequeño informe oral para leer en clase.

1451	Cristóbal Colón nace en Génova, Italia.
1476–84	Estadía en Portugal
1484–1506	Estadía en España
1492–93	Primer viaje: Cuba y Haití
1493–96	Segundo viaje: Dominica, Antigua, Guadalupe y Puerto Rico
1498–1500	Tercer viaje: Las islas Trinidad, Tobago, Granada y el continente americano
1502–04	Cuarto viaje: Dominica, Puerto Rico, Honduras y Panamá
1506	Colón muere en Valladolid.

Estudiante 1	Estudiante 2
¿En qué época viajó Colón a América?	¿Cuándo llegó a América por primera vez?
¿Cuántas veces estuvo en América antes de 1500?	¿Cuántas veces estuvo en América antes de morir?
¿Cuánto tiempo pasó entre el primero y el segundo viaje?	¿Cuánto tiempo pasó entre el tercero y el cuarto viaje?
¿Cuántas veces estuvo en Puerto Rico?	¿Cuántas veces estuvo en Cuba?
¿Qué pasaba en lo que es hoy los EE.UU. en esa época?	¿Qué pasaba en lo que es hoy Europa en esa época?

👥 6-9 **Experiencias personales.** Escribe en un papel cinco frases sobre tus experiencias utilizando las palabras, **vez, a veces, muchas veces, primera vez,** etc. Luego, entrega el papel a tu profesor/a sin tu nombre. Él/Ella distribuirá los papeles y tú debes interrogar a tus compañeros hasta saber quién es el autor.

Ventana al mundo

Rigoberta Menchú:
Premio Nobel de la Paz, 1992

Rigoberta Menchú, ganadora del Premio Nobel de la Paz en 1992.

1959—Rigoberta Menchú nace en Chimel, Guatemala. Es maya y pertenece al pueblo quiché.

Años 60—Trabaja en el campo.

1979—Su hermano es asesinado.

Años 70—Se traslada a la capital.

1980—Su padre es asesinado en la masacre de la embajada de España.

1981—Desaparecen su otro hermano y su madre.

1981—Se exilia en México.

1983—Se publica el libro que la hace famosa, *Me llamo Rigoberta Menchú y así me nació la conciencia*. El libro está basado en una serie de entrevistas que Menchú tiene con la antropóloga venezolana, Elizabeth Burgos Debray. En él, da su visión de la historia del pueblo quiché, una historia de violencia, miseria y explotación.

1991—Participa en la preparación de la declaración de los derechos de los pueblos indígenas para las Naciones Unidas.

1992—Menchú recibe el Premio Nobel de la Paz (exactamente cinco siglos después de la llegada de los europeos a América).

Actualidad—Menchú es Embajadora de Buena Voluntad para la UNESCO y vive en Guatemala, donde participa en los movimientos por los derechos de los indígenas.

Luchadora. ¿En qué año nació Menchú? ¿Dónde? ¿A qué grupo indígena pertenece? ¿Cuándo se escribe su famoso libro? ¿Qué cuenta el libro? ¿Te parece significativo el año en que Menchú recibe el Premio Nobel? ¿Por qué? ¿Qué pasaba en esa época con los indígenas en los EE.UU.? Explica.

Así se dice

Cómo expresar obligación y necesidad

Es necesario + infinitivo	*It is necessary to …*
Tener que + infinitivo	*To have to …*
Hay que + infinitivo	*To have to …*
Deber + infinitivo	*Ought to / Should …*

Note: Si le interesa el tema de la polémica sobre el libro de Menchú, aquí le ofrecemos información suplementaria.
1998—David Stoll, antropólogo estadounidense, publica el libro "Rigoberta Menchú y la historia de todos los pobres guatemaltecos." Stoll llega a la conclusión de que episodios claves de la autobiografía de Menchú son ambiguos, ya que describen "experiencias que ella no vivió."
1999—Menchú reconoce que no todas las experiencias las vivió ella personalmente, pero que igualmente son válidas. Elizabeth Burgos la defiende con estas palabras: "No puede decirse que Rigoberta miente. Es una persona que pertenece a otra tradición cultural, a una tradición preliteraria, de oralidad, en la que la historia tiene un carácter colectivo, los hechos se almacenan en esa memoria común y pertenecen a la comunidad. Todo ha sucedido aunque no le haya pasado necesariamente a ella… El libro ha servido para que la gente sepa lo que sucedía en Guatemala."

👥 **6-10 Para vivir con dignidad.** Piensen lo que necesitan los indígenas para vivir con dignidad. Aquí hay algunas ideas. Con un/a compañero/a agrega otras. Usa las construcciones para expresar obligación y necesidad que aparecen en la página 184.

MODELO: *Tienen que cultivar la tierra libremente para poder comer.*

1. vivir en paz y sin miedo a perder su tierra
2. tener agua limpia para beber
3. hablar su lengua
4. practicar sus costumbres libremente
5. practicar sus ritos

👥 **6-11 Hay que actuar.** ¿Qué se puede hacer en las situaciones en las que no se respetan los derechos humanos? Hagan una lluvia de ideas y propongan posibles soluciones a estos problemas. Usen las expresiones de **Así se dice** para expresar obligación y necesidad.

Suggestion for 6-11:
Assign one or two questions to each pair. They should generate several ideas for each situation.

MODELO: ¿Qué se puede hacer *cuando el gobierno central de un país o los intereses multinacionales no respetan la tierra de los pueblos indígenas?*

Hay que enseñarles a todos a respetar la tierra.

Es necesario que exista un diálogo entre las comunidades indígenas y los organismos gubernamentales de cada país.

¿Qué se puede hacer…

1. cuando no entendemos las ideas de otros pueblos?
2. por las personas oprimidas por la pobreza, cerca y/o lejos de nosotros?
3. cuando no conocemos los problemas de nuestra comunidad?
4. para que los programas de estudio integren conocimientos básicos sobre un mayor número de culturas?
5. por los niños que sufren hambre en tu área o comunidad?

Suggestion: Remind students that the beginning of the movie *El Norte* presents the problem of the Guatemalan people who had to flee their place of origin in order to save their lives. As of 2006, advances had been made in the peace negotiations in Guatemala. Have students find out the current state of affairs of the indigenous people of Guatemala.

Ventana al mundo

El pueblo quiché

Los quichés son el grupo más numeroso de los mayas contemporáneos. Hay alrededor de un millón de quichés que viven en las montañas del oeste de Guatemala, entre Quezaltenango y Chichicastenango. Su modo de vida refleja una combinación de la cultura occidental con las costumbres mayas tradicionales. Entre 1970 y 1989, el gobierno guatemalteco persiguió a las poblaciones indígenas destruyendo aldeas y quemando sus cosechas. Muchos de ellos se vieron obligados a dejar Guatemala para refugiarse en México y los Estados Unidos. Otros se refugiaron en lugares remotos en las montañas, donde el ejército no tenía acceso, y formaron las Comunidades de Población en Resistencia (CPR).

En 1990, las CPR empezaron a demandar públicamente ser reconocidas como población civil. Con la ayuda de la comunidad internacional, obligaron al gobierno a terminar sus ataques en contra de estas comunidades. Los desplazados empezaron a construir casas más estables y a integrarse a la vida económica de la región.

Mujer guatemalteca con traje tradicional

 Investigar. Busca información sobre el pueblo quiché. Trae los datos para informar a la clase.

Boletín

Las lenguas indígenas

Cuando los españoles llegaron a México y Guatemala en el siglo XVI, allí se hablaban 150 lenguas diferentes; actualmente sólo sobreviven 50. Una de ellas es el quiché, que todavía se habla en la región montañosa del oeste de Guatemala. En Sudamérica, el quechua es otra lengua indígena que tiene muchos hablantes en los territorios que formaban el imperio Inca.

Comprehension questions: *¿Cuántas personas quichés viven en Guatemala? ¿Qué culturas se reflejan en sus costumbres? ¿Qué pasó en las décadas de los años 70 y 80? ¿Dónde se refugiaron? ¿Por qué necesitaron ayuda de la comunidad internacional?*

Sigamos con las estructuras

Repasemos 1
Expressing hope and desire: Present subjunctive of regular verbs

Los indígenas **quieren que** el gobierno **respete** sus derechos.

Complete the self-test on the **Atando cabos** web site. If you get less than 85%, you need to review this grammar point in the **Cabos sueltos** section, pp. 448–449. If you get above 85%, you can continue with the following activities.

6-12 ¿Qué desean los pueblos indígenas? Para mejorar la situación actual de los indígenas, la Comisión Interamericana de Derechos Humanos redactó una declaración sobre los derechos de los pueblos indígenas. Ésta es una lista de sus problemas. Piensen qué es lo que los indígenas pueden **querer, esperar,** o **desear** que ocurra a partir de las ideas sacadas de este documento.

MODELO: Problemas:

Sus lenguas están desapareciendo porque tienen que hablar la lengua oficial del país.

Pienso que…

los indígenas quieren que los gobiernos respeten sus lenguas.

los indígenas desean que se trasmitan programas radiales en su lengua.

los indígenas esperan que se trabaje en un proyecto de educación bilingüe.

Problemas:

1. En muchas regiones de las Américas, las poblaciones indígenas son muy pobres.
2. Sufren discriminación racial.
3. Se los intenta convertir a otras religiones, sin respetar su libertad de expresión espiritual.
4. No se respeta su historia, la cual es anterior a la conquista y colonización europea.
5. No se considera su derecho a gobernarse según sus costumbres y tradiciones.
6. Se los obliga a integrarse a la cultura dominante, lo cual destruye su propia cultura.
7. No tienen la posibilidad de educar a sus hijos en su propia lengua y de acuerdo a sus creencias, tradiciones y cultura.

6-13 La radio universitaria. Todos formamos parte de un grupo y a veces somos parte de una minoría (hispanos, mujeres, homosexuales, etc.). La radio de la universidad les ha dado a Uds. unos minutos para presentar a su grupo minoritario y hablar de sus deseos e intereses.

MODELO: *Nosotros somos parte de un grupo de estudiantes mayores de 25 años en esta universidad y queremos que nos escuchen. Deseamos que la universidad nos dé un lugar para reunirnos; queremos que los estudiantes más jóvenes vengan a nuestras reuniones sociales, esperamos que los profesores comprendan que…, etc.*

Paso 1. **El grupo.** Escojan el grupo que van a representar. Descríbanlo brevemente.

Paso 2. **Los deseos.** Expliquen qué es lo que el grupo desea de la comunidad estudiantil.

Paso 3. **El informe.** Preparen el informe y preséntenlo a la clase.

Suggestion: Practice the conjugation of the present subjunctive. If students are not very familiar with the forms, review the formation of the subjunctive on page 449 of **Cabos sueltos**. With this exercise you can drill the class quickly on the forms of the subjunctive. *Yo: bailar, cantar, bañarse, estudiar, peinarse, beber, aprender, leer, escribir, recibir, vivir. Tú: levantarse, comer, insistir, ducharse, charlar, construir. Él/Ella: atacar, cultivar, explotar, destruir. Ustedes: impedir, respetar, oprimir, pelear, vencer, violar.*

Suggestion for 6-12: Because of the complex nature of this exercise, students will need time to develop their ideas. Assign one or two problems to each pair and ask them to come up with several solutions, using the targeted subjunctive expressions.

Ventana al mundo

Declaración Universal de los Derechos Humanos

El 10 de diciembre de 1948, la Asamblea General de las Naciones Unidas aprobó y proclamó la Declaración Universal de los Derechos Humanos.

Declaración Universal
de los Derechos Humanos

Artículo 2

Toda persona tiene todos los derechos y libertades proclamados en esta Declaración, sin distinción alguna de raza, color, sexo, idioma, religión, opinión política o de cualquier otra índole, origen nacional o social, posición económica, nacimiento o cualquier otra condición.

Artículo 3

Todo individuo tiene derecho a la vida, a la libertad y a la seguridad de su persona.

Artículo 7

Todos son iguales ante la ley…

Artículo 13

…toda persona tiene derecho a salir de cualquier país, incluso del propio, y a regresar a su país.

Artículo 16

…sólo mediante libre y pleno consentimiento de los futuros esposos podrá contraerse matrimonio…

Artículo 18

Toda persona tiene derecho a la libertad de pensamiento, de conciencia y de religión…

Artículo 19

Todo individuo tiene derecho a la libertad de opinión y de expresión…

Comprehension questions: *¿Qué derechos establece este documento en cuanto a: la distinción entre las personas / la seguridad / la ley / viajar / el matrimonio / las ideas, pensamientos y opiniones?*

Mis derechos. Piensa en un ejemplo concreto en el que puedas demostrar que gozas de los derechos mencionados arriba. Luego, piensa en algún ejemplo en el que se viole alguno de estos derechos. Comparte tus ejemplos con el resto de la clase.

Complete the self-test on the **Atando cabos** web site. If you get less than 85%, you need to review this grammar point in the **Cabos sueltos** section, pp. 450–452. If you get above 85%, you can continue with the following activities.

Repasemos 2

Expressing hope and desire: Present subjunctive of irregular verbs

Las mujeres **esperan** que **haya** más trabajo.

6-14 Violaciones a los Derechos Humanos. Busquen ejemplos que muestren violaciones a los derechos humanos. Luego, en grupos expresen sus deseos y esperanzas de que los derechos se cumplan.

MODELO: *Violación al* **Artículo 19**. *Todo individuo tiene derecho a la libertad de opinión y de expresión.*

Suggestion: You may want to drill the students briefly on irregular and stem-changing verbs: *Yo: dar, estar, haber, ir. Tú: saber, ser, haber, dormir. Él/Ella: pensar, recordar, querer, pedir, poder. Nosotros: preferir, dormir, servir, divertirse, acostarse, dar. Ustedes: vestirse, sentirse, buscar, mentir. Ellos/Ellas: practicar, hacer, salir, tener, comenzar, corregir, estar.*

Suggestion for 6-14: You may want to assign this activity as homework, so students can prepare for it.

Ejemplo:	Ustedes encuentran un ejemplo en el informe de *Reporteros sin fronteras* con la siguiente información: "Informe anual 2005, Cuba. Gracias a la movilización, interna en el país y a la de la comunidad internacional, siete periodistas salieron en libertad en 2004, pero 22 siguen detenidos y el gobierno tiene el monopolio informativo."
Expresión de deseo:	*Nosotros esperamos que los 22 periodistas presos sean liberados y que el monopolio de la información termine.*

6-15 Ojalá. Piensa en diez aspectos que te gustaría cambiar en tu familia, comunidad o país, y escribe una lista de deseos utilizando la expresión **ojalá**. Compártela con tu compañero/a.

MODELO: *Ojalá que todos los niños de mi comunidad tengan acceso a estudios universitarios.*

Repasemos 3
Expressing opinion, judgment, and feelings: Impersonal expressions with the subjunctive

Es necesario que en esta universidad **ofrezcan** más clases sobre estudios de los latinos en Estados Unidos.

6-16 Esto podría ser mejor. Completa las frases comentando algún aspecto de la vida estudiantil que piensas que podría mejorarse.

MODELO: *Es una lástima que no haya más clases de noche para los estudiantes que trabajan.*

1. Es horrible que…
2. Es terrible que…
3. Es malo que…

4. Es una lástima que…
5. Es ridículo que…

Complete the self-test on the **Atando cabos** web site. If you get less than 85%, you need to review this grammar point in the **Cabos sueltos** section, pp. 452–453. If you get above 85%, you can continue with the following activities.

6-17 Problemas y soluciones. Piensen en algunos de los derechos que mencionaron en la actividad **6-14** o en algunos otros derechos universales que en la práctica no se cumplen. Busquen maneras de solucionar estos problemas. Utilicen las siguientes expresiones en sus soluciones. Presenten las soluciones a la clase.

es aconsejable	es urgente	es importante
es útil	es necesario	es posible

Temas posibles: el derecho a la salud, a la educación gratuita, al trabajo, al descanso y a las vacaciones pagas, al tratamientos igualitario, etc.

6-18 ¿Y ustedes qué opinan? Cada uno de los siguientes grupos todavía está luchando por conseguir algunos derechos. Siguiendo el modelo, conversen sobre lo que quiere lograr cada una de estas minorías.

MODELO: las mujeres
Es sorprendente que todavía las mujeres tengan que luchar por conseguir puestos directivos.

1. las mujeres
2. las minorías étnicas
3. los extranjeros residentes en cualquier país

4. las personas mayores
5. los niños
6. las personas con discapacidades físicas

Diario

¿Recuerdas alguna vez que te hayas sentido discriminado/a o marginado/a? ¿Dónde fue? ¿Cuándo? ¿Cómo reaccionaste entonces? ¿Qué piensas ahora de esa experiencia? Escribe en tu diario un párrafo sobre el tema.

Ventana al mundo

Evo Morales: el presidente indígena

La elección de Evo Morales en Bolivia (2006) marca un cambio importantísimo para el continente. Más de cinco siglos después de la conquista, el poder vuelve a los indígenas. Evo Morales es el primer presidente indígena de Bolivia.

El triunfo de Morales se vive como el principio de una nueva época en la que la mayoría indígena podrá lograr acceder a las riquezas, al poder y al gobierno, y disfrutará de derechos fundamentales.

Dos aspectos claves de la política boliviana son el tema de la coca, considerado como cultivo tradicional, y el del gas.

 Al día. Busca noticias actuales sobre el gobierno boliviano y tráelas para informar a la clase.

Evo Morales, el primer presidente indígena

Comprehension questions: *¿Por qué es importante la elección de Evo Morales en Bolivia? ¿Cuáles son los temas claves de la política boliviana?*

Aprendamos 1

Giving advice, suggesting, and requesting: Subjunctive in noun clauses

Noun clauses are dependent clauses that can be replaced by the word *this*. To find the noun clause, ask the question *What* + the verb of the main clause.

> Nosotros preferimos que ustedes vengan temprano.
>
> ¿Qué preferimos nosotros? → que ustedes vengan temprano → Noun clause

1. Remember that the subjunctive is used to express subjectivity. In situations when you want to give advice or suggestions, there is a strong element of subjectivity. They are not factual statements. Therefore, use the subjunctive.

   Verbs used to give advice or suggest: **aconsejar**, **proponer**, **recomendar**, **sugerir**

Te aconsejo que **leas** la Declaración de los Derechos Humanos.	*I advise you to read the Declaration of Human Rights.*

2. The subjunctive is also used when you want to get someone to do something. You may request or command that something be done.

   Verbs used to request: **decir**, **insistir en**, **preferir**, **pedir**, **rogar**

   Verbs used to command: **exigir**, **mandar**, **ordenar**, **permitir**, **prohibir**

Exigimos que **se respeten** sus derechos.	*We demand that their rights be respected.*

Note: The verb **decir** requires the subjunctive when it is used in giving a suggestion or command; however, when reporting what someone said, it is followed by the indicative.

El jefe **les dice** a los artesanos que **vendan** sus artesanías por un precio justo.	(Suggestion) *The chief tells the artisans to sell their wares for a fair price.*
Rigoberta Menchú **dijo** que el gobierno violaba los derechos humanos de los indígenas.	(Reporting) *Rigoberta Menchú said that the government violated the rights of the indigenous population.*

6-19 Un mundo ideal. Según la Declaración de los Derechos Humanos, todos los seres humanos deben tener los siguientes derechos. Modifica las frases según el modelo.

MODELO: respetar la igualdad (pedir)

La Declaración pide que todos nosotros respetemos la igualdad.

1. poder estudiar de forma gratuita (insistir en que)
2. tener vacaciones pagas (aconsejar)
3. recibir un mismo salario por el mismo trabajo (mandar)
4. tener acceso a una vivienda digna (ordenar)
5. decidir libremente con quien queremos casarnos (exigir)
6. expresar nuestras ideas con libertad (pedir)

Answers for 6-19:

1. *Insiste en que podamos estudiar de forma gratuita.* 2. *Aconseja que tengamos vacaciones pagas.* 3. *Manda que recibamos un mismo salario por el mismo trabajo.* 4. *Ordena que tengamos acceso a una vivienda digna.* 5. *Exige que decidamos libremente con quien queremos casarnos.* 6. *Pide que expresemos nuestras ideas con libertad.*

👥👥 **6-20 ¿Qué me aconsejas?** Escribe en un papel un problema que te preocupe o te inquiete. Entrégale el papel al/a la profesor/a. El/La profesor/a va a repartir las hojas entre los miembros de la clase. En grupos de tres, lean los problemas presentados por otros/as estudiantes y den por lo menos tres consejos para cada uno, explicando por qué recomiendan eso.

> MODELO: Problema: Quiero hacer algo para ayudar a los presos políticos.
>
> E1: *A esa persona yo le aconsejo que llame a Amnistía Internacional. Ellos trabajan en eso.*
> E2: *Yo le sugiero que tome una clase de sociología política para saber cuáles son los países donde hay represión política hoy en día.*

👥 **6-21 En la comunidad universitaria.** Tu compañero/a y tú son parte de un comité para mejorar las relaciones entre los diferentes grupos universitarios. Juntos/as, hagan una lista de las cosas que el comité les exige, pide, prohíbe, ordena, manda, etc., a los diferentes grupos de estudiantes o a la administración de la universidad. Preparen un informe para toda la clase y tomen notas de los informes de las otras parejas.

> MODELO: *Nosotros pedimos que se ofrezca un seguro de salud a bajo precio para todos los estudiantes.*

Suggestion for 6-22:
You may assign each question to a pair and, then, ask the pairs to present their suggestions.

👥👥 **6-22 ¿Cómo mejorar las relaciones?** En tu comunidad, hubo varios enfrentamientos entre dos grupos de adolescentes. Lean las situaciones problemáticas y preparen cinco sugerencias para evitar las peleas. Usen algunos de estos verbos.

| aconsejar | proponer | recomendar | sugerir | decir | insistir en | preferir |

> MODELO: *Les recomendamos que organicen charlas sobre el respeto a la diversidad.*

Situaciones:

1. Escribieron grafitis racistas en contra de un grupo en el baño de la escuela.
2. Usaron lenguaje ofensivo en la cafetería en contra de un miembro de otro grupo.
3. Atacaron a un miembro del grupo durante un partido de fútbol.
4. Pintaron con aerosol las ventanas del coche de un miembro del grupo.
5. Hubo una pelea de los dos grupos en el parque de la ciudad. La policía intervino.

👥👥 **6-23 ¿Cómo conseguir el dinero?** Ustedes son parte de un comité de jóvenes que organiza actividades recreativas. Necesitan obtener 190.000 dólares para cubrir los gastos. Expliquen lo que desean hacer y donde pueden conseguir el dinero. Pueden usar algunos de estos verbos.

| aconsejar | proponer | recomendar | sugerir | exigir |
| mandar | ordenar | permitir | prohibir | decir |

> MODELO: *Nosotros proponemos que el ayuntamiento contribuya con 30.000 dólares para alquilar un lugar donde los jóvenes se puedan reunir.*

Ventana al mundo

Mesoamérica: un espacio y una cultura común

Mesoamérica era una región de mucha importancia cultural en el momento de la conquista española. Estaba formada por América Central, las Antillas y México. En Mesoamérica, se desarrollaron importantes civilizaciones, como la de los olmecas, toltecas, aztecas y mayas. Estos pueblos tenían elementos culturales comunes. Los principales eran: las pirámides, el calendario, el quetzal, la teogonía,* la cosmogonía,** los sacrificios humanos y el uso del cacao como moneda. Había también similitudes en la comida, la escritura, las formas de cultivo y la formación político–militar.

El quetzal es un símbolo de la cultura mesoamericana.

 Los pueblos de Mesoamérica. Investiga algunos aspectos que tenían en común estos pueblos. Informa a la clase.

* Teogonía: explicación del origen de los dioses.
** Cosmogonía: explicación del origen del cosmos.

Suggestion: Make sure students know the difference between the Incas and the Mayas/Aztecs. To emphasize the difference, refer them to the picture of Machu Picchu on page 70.

Aprendamos 2

Expressing doubt, denial, and uncertainty: Subjunctive in noun clauses

1. The subjunctive is used when there is doubt, uncertainty, or denial in the mind of the speaker. Study these verbs and expressions:

   Verbs of doubt and denial: **dudar, negar, no creer, no pensar, ¿creer?, ¿pensar?**
   Expressions of uncertainty: **acaso, quizá(s), tal vez**

Dudo que ustedes **conozcan** la leyenda maya de la creación del mundo.	*I doubt that you know the Mayan legend of the creation of the world.*
No creo que ellos **sepan** cuántos habitantes había en Mesoamérica en el siglo XV.	*I don't think that they know how many inhabitants there were in Mesoamerica in the 15th century.*
¿Crees que los campesinos **vendan** bien sus productos?	*Do you think that the peasants sell their products well?*

   Note: Use the indicative if the assertion is not in doubt.

No hay duda de que la civilización azteca **construyó** grandes ciudades.	*There is no doubt that the Aztec civilization built great cities.*

   When **pensar** and **creer** appear in a question, they can also be followed by the indicative if there is no doubt in the mind of the speaker. **Pensar** and **creer** are used in rhetorical questions too.

¿Piensas que esto **está** bien?	*Do you think this is right?*
¿Crees que **hay** tiempo para hacer todo?	*Do you think there is time to do everything?*

Boletín

El quetzal
Las plumas del quetzal eran un tributo muy preciado por los jefes mayas y aztecas. Las usaban para adornarse la cabeza, como símbolo de riqueza, clase social y abundancia agrícola.

Creer and **pensar** do not require the subjunctive in the affirmative form because there is no doubt implied.

Yo **creo** que los campesinos **son** explotados.	*I believe that the peasants are exploited.*
Nosotros **pensamos** que las comunidades indígenas **necesitan** ayuda.	*We think that the indigenous communities need help.*

The subjunctive is used mostly in the negative and the interrogative forms.

2. The subjunctive is used when the expressions of uncertainty—**tal vez, quizá(s),** and **acaso**, all meaning *maybe* or *perhaps*—express doubt. But if there is some certainty about the matter expressed, the indicative is used.

Quizás venga, pero no sé.	*Perhaps he'll come, but I don't know.*
Tal vez viene porque me dijo que quería verte.	*Maybe he's coming because he told me he wanted to see you.* (You can see the person walking toward you.)

The same is true for **probablemente** and **posiblemente**. They may be used with the indicative or the subjunctive, according to the degree of certainty or uncertainty that the speaker wishes to express.

Probablemente venga porque dijo que quería verte.	(Doubt: *He may or may not come*)
Probablemente viene porque me dijo que quiere verte. (colloquial)	(Certainty: *The speaker can see him arrive.*)

6-24 ¿Qué pasa ahora en Mesoamérica? Expresen si creen o dudan de las siguientes afirmaciones sobre la vida actual en Mesoamérica. Formen nuevas oraciones con las expresiones de duda o de certeza.

MODELO: La Iglesia defiende a las minorías indígenas de esta región.

E1: *Es cierto que la Iglesia defiende a las minorías indígenas. ¿Tú qué crees?*
E2: *No creo que la Iglesia haga bastante por las minorías indígenas.*

1. El índice de analfabetismo de Mesoamérica no es muy alto.
2. Los campesinos cultivan grandes áreas de tierra.
3. Los mestizos tienen los mismos derechos que los blancos.
4. Rigoberta Menchú defiende los intereses de esta región.
5. No hay muchas ruinas mayas y aztecas en esta región.
6. Todavía hoy se ofrecen sacrificios a los dioses, pero no se les ofrecen vidas humanas.

Suggestion for 6-25:
Tell students to use these statements as a starting point for their discussion. They should generate three or four sentences from each affirmation. They don't have to paraphrase the sentence given. Study the example.

6-25 Los reporteros. Ustedes son reporteros y están haciendo una lluvia de ideas para escribir un artículo sobre las minorías de su región. Formen frases con los elementos de las tres columnas y agreguen sus propias ideas. Luego, compártanlas con los otros grupos. Escojan el subjuntivo o el indicativo, según el grado de certidumbre que tengan.

MODELO: *Quizás las minorías de la región mantienen sus propias tradiciones porque vivimos en una región multicultural.*

acaso	(no) hablar sus lenguas	los padres (no) querer…
posiblemente	(no) haber diferentes grupos	el gobierno (no) apoyar
probablemente	(no) tener diferentes religiones	la población (no) interesarse
quizás	(no) haber programas educativos bilingües	la comunidad (no) desear…
tal vez	(no) vivir con sus propias tradiciones	los ciudadanos (no) respetar…

6-26 ¿Ustedes, qué creen? Con otros/as dos compañeros/as conversen hasta llegar a un acuerdo sobre las siguientes afirmaciones. Pueden usar algunos de estos verbos. Tomen notas durante la conversación para poder informar al resto de la clase.

(no) dudar   negar   (no) creer   pensar   saber   ser cierto

MODELO: Los indígenas de hoy en día no trabajan la tierra. Trabajan en las maquiladoras.

E1:   *Dudo que todos trabajen en las maquiladoras. Creo que algunos trabajan la tierra.*

E2:   *No creo que muchos trabajen la tierra, porque no tienen muchas tierras para trabajar.*

E3:   *Pienso que las maquiladoras no son buenas para los indígenas.*

1. Los indígenas ganan mucho dinero con la venta de sus productos.
2. La tierra tiene un valor muy importante para los pueblos indígenas.
3. En México, se hablan más de 150 lenguas indígenas.
4. En nuestro país, no existen minorías indígenas.
5. En nuestro país, respetamos a todos los grupos minoritarios.
6. ¿?

Note: Explain that **maquiladoras** are Mexican assembly plants that manufacture finish goods for export to the U.S. They are located near the U.S.-Mexico border and are owned by non-Mexican companies.

6-27 ¿Qué pasa en esta región? Ahora, ustedes tienen que hacer una investigación para saber qué es lo que realmente pasa en su región. Preparen un informe para la clase que diga si en su comunidad existen los siguientes grupos.

MODELO: Grupos que hablan otras lenguas.
    No es cierto que en nuestra región haya grupos que hablen otras lenguas.

1. Grupos que hacen sacrificios religiosos.
2. Grupos que tienen diferentes religiones.
3. Grupos que participan en programas educativos bilingües.
4. Grupos que viven con sus propias tradiciones.
5. ¿?

Suggestion for 6-27: Students should start their sentences with the target words from the previous activity: *pienso, no creo*, etc.

6-28 Yo creo que esto puede mejorar. En grupos, piensen en los diez problemas más urgentes de la humanidad en relación a los derechos humanos. Luego expliquen cuáles de ellos es probable que mejoren, cuáles no tienen duda de que van a mejorar, cuáles creen que no van a solucionarse a corto o mediano plazo. En todos los casos, expliquen el por qué de sus afirmaciones.

Suggestion for 6-28: Assign this activity as homework, so students can research current human rights problems. Send them to the Amnesty International web site.

Ventana al mundo

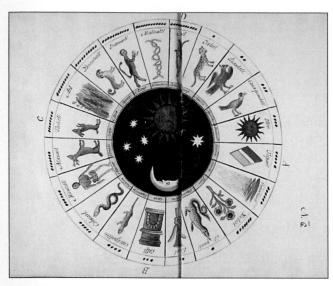

Calendario maya

El calendario maya y sus astrónomos

Los pueblos de Mesoamérica se destacaron en la astronomía. Sus astrónomos tenían un calendario más exacto que el que existía en Europa en esa época. Empleaban el calendario de 365 días y uno de 260, utilizando, además, la "rueda calendárica" de 52 años. El calendario de 365 días, llamado "Yza," era el calendario solar. El de 260 días, llamado "Piye," era el calendario ritual.

El año solar era de 18 meses de 20 días cada uno, más cinco días adicionales al final del año. La combinación de los 20 signos de los días con 13 números formaba el calendario ritual de 260 días.

Los aztecas tenían una concepción cíclica del tiempo. Le daban mucha importancia a la observación astronómica por eso podían predecir los eclipses solares y lunares.

Comprehension questions: ¿Cuáles eran los dos calendarios que usaban los pueblos de Mesoamérica? ¿Cuántos meses tenía el calendario solar? ¿Cuántos días en cada mes? ¿Cuál era su concepción del tiempo?

¿Cuál es tu calendario personal? Cada persona tiene un calendario particular que refleja el ritmo de su vida durante un año. Incluye, por ejemplo, época de fiestas, temporada de vacaciones, meses de trabajo intensivo, de estudio. Descríbele a tu compañero/a tu calendario personal del año.

Conversemos sobre las lecturas

Antes de leer

Estrategia de lectura: *Main idea and supporting elements*

When you read, it is important to be able to differentiate the main idea from the details that further support or develop the topic. Often, you can find the main idea stated at the beginning of the paragraph. It is stated in the topic sentence. The sentences that follow it expand or develop the topic sentence.

6-29 La formación de la tierra. Lean este fragmento del Popol Vuh. En parejas, escojan la idea principal en cada uno de los dos párrafos. ¿Cuáles son los detalles que apoyan la idea principal en cada caso?

Boletín

El Popol Vuh

El Popol Vuh es el libro sagrado de los maya-quiché y describe la creación del mundo y de los seres que habitan la tierra según la mitología maya.

El Popol Vuh: La formación de la tierra

Primero se formaron la tierra, las montañas y los valles; se dividieron las corrientes de agua, los arroyos se fueron corriendo libremente entre los cerros, y las aguas quedaron separadas cuando aparecieron las altas montañas.

Así fue la creación de la tierra, cuando fue formada por el Corazón del Cielo, el Corazón de la Tierra, que así son llamados los que primero la fecundaron, cuando el cielo estaba en suspenso y la tierra se hallaba sumergida dentro del agua.

El párrafo uno presenta:

a. La creación de los animales

b. La formación de la tierra

c. La división del agua

El párrafo dos presenta:

a. Quienes crearon la tierra.

b. Los nombres de los dioses más importantes

c. La creación del hombre y la mujer

6-30 La creación. ¿Qué otras historias de la creación de la Tierra conoces? Descríbelas con todos los detalles que puedas.

VOCABULARIO DE LAS LECTURAS

Estudia estas palabras para comprender mejor los textos.

Vocablo		Palabra en uso
aislado/a	isolated	Me siento **aislado** cuando no hablo con nadie.
apresar	to capture	**Apresaron** al líder de la rebelión.
bajar	to lower, go down	El indígena **bajó** la cabeza cuando se le acercó el jefe de la tribu.
la bandera	flag	El soldado saludaba la **bandera**.
confiar en	to trust	Mis hermanos **confiaban** en mí cuando era pequeña.
el conocimiento	knowledge	Los mayas tenían un gran **conocimiento** de la astronomía.
el consejo	council	El **consejo** administrativo toma decisiones importantes.
demorar	to delay	No **demoremos** en declarar la paz.
engañar	to deceive	Dijo una mentira para **engañar** a los indígenas.
matar	to kill	**Mataron** a muchos inocentes durante la represión política.

el/la mestizo/a	*half Spanish, half Native American*	Los **mestizos** son un veinte por ciento de la población.
oscurecer	*to get dark*	El cielo se **oscureció** durante el eclipse solar.
la piedra	*stone*	Los sacrificios se hacen sobre **piedras** sagradas.
rodeado/a	*surrounded*	Se encontró **rodeado** de indígenas, sin saber qué decirles.
el rostro	*face*	Ella tiene un **rostro** angosto y ojos expresivos.
el sacerdote	*priest*	El **sacerdote** se preparaba para la ceremonia religiosa.
el temor	*fear*	Nunca tiene miedo; para ella no existe el **temor**.
salvar	*to save*	El fraile trató de **salvar** su vida.
la vena	*vein*	Corre sangre indígena por mis **venas**.

Recycling for 6-31: Remind students what circumlocutions are. See page 11 in Chapter 1.

6-31 Explícame. Usa circunlocuciones para expresar el significado de las palabras. Escoge palabras del vocabulario y explícaselas a tu compañero/a. Él/Ella debe adivinar qué palabra es.

6-32 Los sacrificios. Completa el párrafo con la forma correcta de las palabras del vocabulario.

Ofrecer sacrificios humanos a los dioses era una costumbre practicada por muchas religiones. Los mayas, en general, sacrificaban a sus prisioneros de guerra.

Un 1. ___consejo___ de sacerdotes se reunía alrededor de una 2. ___piedra___ sagrada. Los prisioneros, llenos de 3. ___temor___, intentaban 4. ___salvar___ sus vidas y 5. ___engañar___ a sus captores para poder escapar. El sacrificio no era una actividad 6. ___aislada___; era parte de una ceremonia en la que participaba todo el pueblo. Los indígenas creían que los dioses serían siempre jóvenes si se les ofrecían estos sacrificios.

6-33 Opiniones. El cuento *El eclipse* habla de la sabiduría de los pueblos indígenas. Antes de leerlo, indica qué opinas sobre las siguientes afirmaciones. Escribe si estás de acuerdo o no con ellas y explica por qué. Comparte tus opiniones con otro/a compañero/a.

1. Los españoles sabían más de astronomía que los indígenas de Mesoamérica.
2. Los españoles aprendían las lenguas indígenas rápidamente.
3. Los españoles respetaban las costumbres y tradiciones indígenas.
4. Cuando llegaron los españoles, los indígenas de Mesoamérica sabían mucho de astronomía.
5. Los mayas podían predecir los eclipses solares y lunares.
6. Los mayas tenían grandes conocimientos matemáticos.

Boletín

Mexica (me-shee-Ka)

Es una de las principales tribus aztecas que dominaban el Valle de México cuando llegaron los españoles. Fueron los que construyeron la ciudad de Tenochtitlan, donde está la ciudad de México actual.

Lectura

Augusto Monterroso (1921–2003)

Augusto Monterroso era guatemalteco, pero vivió en México desde 1944 hasta su muerte. Escribió, sobre todo, relatos y microcuentos. "El eclipse" es parte de la colección *Obras completas y otros cuentos*, publicada en 1959. En él, Monterroso narra la historia de un sacerdote español que intenta engañar a los indígenas para escapar de un sacrificio.

Los sacrificios humanos

El eclipse

Cuando fray Bartolomé Arrazola se sintió perdido aceptó que ya nada podría salvarlo. La selva poderosa de Guatemala lo había apresado, implacable y definitiva. Ante su ignorancia topográfica se sentó con tranquilidad a esperar la muerte. Quiso morir allí, sin ninguna esperanza, aislado,

5 con el pensamiento fijo° en la España distante, particularmente en el convento de los Abrojos, donde Carlos V condescendiera una vez a bajar de su eminencia para decirle que confiaba en el celo° religioso de su labor redentora°.

    Al despertar se encontró rodeado por un grupo de indígenas de rostro impasible que se disponía° a sacrificarlo ante un altar, un altar que a Bartolomé le

10 pareció como el lecho° en que descansaría, al fin, de sus temores, de su destino, de sí mismo.

    Tres años en el país le habían conferido° un mediano dominio de las lenguas nativas. Intentó algo. Dijo algunas palabras que fueron comprendidas.

    Entonces floreció en él° una idea que tuvo por digna de su talento y de su

15 cultura universal y de su arduo° conocimiento de Aristóteles. Recordó que para ese día se esperaba un eclipse total de sol. Y dispuso°, en lo más íntimo, valerse de° aquel conocimiento para engañar a sus opresores y salvar la vida.

    —Si me matáis —les dijo— puedo hacer que el sol se oscurezca en su altura.

    Los indígenas lo miraron fijamente y Bartolomé sorprendió la incredulidad

20 en sus ojos. Vio que se produjo un pequeño consejo, y esperó confiado, no sin cierto desdén.

    Dos horas después el corazón de fray Bartolomé Arrazola chorreaba° su sangre vehemente sobre la piedra de los sacrificios (brillante bajo la opaca luz de un sol eclipsado), mientras uno de los indígenas recitaba sin ninguna inflexión de

25 voz, sin prisa, una por una, las infinitas fechas en que se producirían eclipses solares y lunares, que los astrónomos de la comunidad maya habían previsto y anotado en sus códices sin la valiosa ayuda de Aristóteles.

fixed

zeal / redeeming work

se preparaba

la cama

dado

se le ocurrió
muy difícil
decidió
make use of

was gushing

6-34 ¿Quién lo hizo? Explica quién realizó cada una de estas acciones: ¿Los indígenas o fray Bartolomé?

1. Se sentó a descansar. *Fray Bartolomé*
2. Estaba perdido en la selva. *Fray Bartolomé*
3. Descubrieron al sacerdote dormido. *los indígenas*
4. Se prepararon para un sacrificio humano. *los indígenas*
5. Quiso engañar a los otros. *Fray Bartolomé*
6. Mataron al fraile. *los indígenas*
7. Recitaban las fechas de los eclipses. *los indígenas*

Answers for 6-35:
Order of the actions in the exercise: 1. *Fray Bartolomé se sintió perdido.* 2. *Fray Bartolomé se sentó a esperar la muerte.* 3. *Fray Bartolomé se durmió.* 4. *Fray Bartolomé se despertó.* 5. *Los indígenas lo rodeaban.* 6. *Fray Bartolomé hablaba otra lengua distinta a la de los indígenas.* 7. *Fray Bartolomé quiso salvar su vida.* 8. *Fray Bartolomé perdió su vida en manos de los indígenas.* 9. *Un indígena recitaba las fechas de los futuros eclipses solares y lunares.*

6-35 Cronología. Algunas acciones aparecen en el cuento y otras no. En parejas, seleccionen las acciones de la lista que corresponden al cuento y ordénenlas, según el orden en que suceden. Expliquen en oraciones completas el orden de los sucesos.

despertarse	dormirse	escapar	hablar en otra lengua
nadar en un río	perder la vida	recitar	rodear
salvar la vida	sentarse	sentirse perdido	traducir

6-36 En resumen. Cada una de las siguientes líneas resume un párrafo del cuento. Léelas y encuentra el párrafo al cual corresponde cada una. Luego, ponlas en el orden correcto.

1. Descripción de la escena posterior al sacrificio del sacerdote y demostración de los conocimientos de astronomía de los indígenas *Párrafo 7.*
2. Descripción del sacerdote español y de su situación en Guatemala *Párrafo 1.*
3. Momento en que el sacerdote tiene la idea de engañar a los indígenas para salvar su vida. *Párrafo 4.*
4. El sacerdote se encuentra entre los indígenas que van a sacrificarlo. *Párrafo 2.*
5. Los indígenas se reúnen para decidir el destino del sacerdote. *Párrafo 6.*
6. Bartolomé habla con los indígenas en su lengua. *Párrafo 3.*

Answers for 6-36:
Orden correcto: 2, 4, 6, 3, 5, 1.

Suggestion for 6-37:
Assign one of the statements to each group. They can discuss it for a few minutes and, then, report to the class.

6-37 ¿Y tú que opinas? En grupos pequeños, respondan y comenten las siguientes preguntas y, luego, expliquen sus conclusiones a la clase. Fundamenten sus opiniones y traten de encontrar ejemplos en la historia de los pueblos que hayan estudiado.

1. ¿Qué piensan de la lectura? ¿Cuál es su impresión? ¿Quién engaña a quién?
2. ¿Creen que cuándo un pueblo vence a otro es porque tiene mayores conocimientos?
3. ¿Es lógico que los pueblos conquistadores se lleven los tesoros de los territorios conquistados?
4. ¿Engañar es una práctica aceptable dentro de la política?

Diario

Piensa en una situación en la cual tú trataste de engañar a otra persona para salvarte de un problema y, luego, resultó que eras tú quien no había entendido completamente la situación.

Suggestion: You may want to play a *milonga* tune for students in class so they familiarize themselves with the rhythm.

Daniel Viglietti (1939)

Nació en Montevideo, Uruguay, en una familia de músicos. Fue concertista de guitarra y alumno del Conservatorio Nacional de Música. Se dedicó muy pronto a la música popular. Trabajó en teatros, universidades y sindicatos. En 1972, fue arrestado por sus actividades políticas y tuvo que exiliarse, primero en Argentina y más tarde en Francia. Volvió a Uruguay en 1984.

Milonga de andar lejos

Qué lejos está mi tierra
y, sin embargo°, qué cerca   *yet*
es que existe un territorio
donde la sangre se mezcla.
5 Tanta distancia y caminos,
tan diferentes banderas
y la pobreza es la misma,
los mismos hombres esperan.
Yo quiero romper mi mapa,
10 formar el mapa de todos,
mestizos, negros y blancos
trazarlo°, codo con codo.   *draw it*
Los ríos son como venas
de un cuerpo entero extendido

15 y es el color de la tierra
la sangre de los caídos°.   *the fallen in battle*
No somos los extranjeros,
los extranjeros son otros
son ellos los mercaderes°,   *merchants*
20 y los esclavos, nosotros.
Yo quiero romper la vida
cómo cambiarla quisiera
Ayúdeme, compañero
Ayúdeme, no demore
25 que una gota con ser poco…
con otra se hace aguacero°.   *downpour*

6-38 Ideas. Busca en el poema versos que expresen lo siguiente.

1. El protagonista vive lejos de su tierra.
2. El protagonista encuentra tanta pobreza en otros países como en su país.
3. Él quiere que el mundo sea uno solo.
4. Piensa que todos somos iguales, no importa nuestra raza.
5. Unidos podemos formar una sola comunidad.
6. Aunque cada uno aporte muy poco, juntos podemos hacer mucho.

6-39 ¿Qué pasa? Escribe dos o tres preguntas sobre algo que no esté claro para ti en el poema. Luego, pregúntaselo a otro/a estudiante y trata también de responder sus preguntas.

6-40 Cambios. Cambiar la vida.

Paso 1. Situaciones inaceptables. El protagonista quiere modificar la vida. Describan las situaciones inaceptables que presenta e imaginen los cambios que harían.

Paso 2. ¿Cómo podría cambiarlo? Todos queremos cambiar algo en nuestra persona, nuestra vida o en la sociedad. Ahora, cuéntale a tu compañero/a las cosas que tú quieres cambiar y por qué.

Ventana al mundo

Las dictaduras treinta años más tarde

En los últimos años, ha habido grandes esfuerzos por llevar a la justicia a los responsables de las violaciones a los derechos humanos en toda América Latina. Durante los años setentas del siglo pasado, las dictaduras militares cometieron muchos abusos con las personas que estaban en contra de sus ideas políticas. Los casos más destacables son los de Chile y Argentina.

En el 2005, la Corte Suprema Chilena levantó la inmunidad de la que gozaba el ex-dictador Augusto Pinochet, enjuiciado por algunos casos de violaciones a los derechos humanos y en relación a cargos por evasión de impuestos y falsificación de documentos. En 2004, el senado de los Estados Unidos descubrió que Pinochet había depositado millones de dólares en cuentas secretas en bancos en Washington. Pinochet murió antes de que los juicios terminaran.

En Argentina, se sigue avanzando en el enjuiciamiento de los responsables de graves violaciones de los derechos humanos durante la llamada guerra sucia, en la que "desaparecieron" al menos 14.000 personas. En junio de 2005, la Corte Suprema argentina declaró inconstitucionales las dos leyes de amnistía que concedían inmunidad o perdonaban a los responsables de torturas, asesinatos y desapariciones durante la dictadura militar. Estas leyes eran, la ley de "Punto Final" y "Obediencia Debida".

Madres de la Plaza de Mayo protestan por la desaparición de sus hijos.

Las Madres. Busca más información sobre las Madres de la Plaza de Mayo en Buenos Aires, Argentina. Informa a la clase.

Avancemos con la escritura

Antes de escribir

Estrategia de escritura: *Expressing opinions*

When you express an opinion regarding a situation or a particular subject, a great degree of subjectivity comes into play, as you are presenting your own personal views, attitude, or values. Generally, the reason for expressing your opinion is to convince someone else regarding some issue. To do this, you may use logical or emotional arguments, as critics do when writing a review on a book, a movie, a piece of art, or music. When writing you may start by relating the plot or describing the work of art, without giving too much information. You want to interest the reader in finding out more about it. Then, you express your opinion while supporting it with the necessary details present in the piece. Finally, you may reiterate your opinion explaining the feelings or thoughts that it produced in you and comparing it to something else.

Estas expresiones se usan para introducir opiniones.

(No) Es importante saber que...	*It is (not) important to know that ...*
(No) Estoy de acuerdo con...	*I (don't) agree with ...*

Con las siguientes expresiones, presta atención al uso del subjuntivo o el indicativo, según se usen en la forma afirmativa o negativa.

A mí me parece que la ONU **debe** trabajar más duro para solucionar la desigualdad entre los países ricos y pobres.

A mí no me parece que el analfabetismo **vaya a desaparecer** pronto del mundo.

(Yo) (no) opino que...	*My opinion is (not) ...*
A mí (no) me parece que...	*It (does not) seems to me that ...*
(Yo) (no) pienso que...	*I (do not) think that ...*
(Yo) (no) creo que...	*I (do not) believe that ...*
(No) Estoy seguro/a de que...	*I am (not) sure that ...*
Dudo que...	*I doubt that ...*
No hay duda que...	*There is no doubt that ...*

6-41 Ayuda para un nivel de vida digno. Busca información sobre organizaciones que ayudan a combatir la pobreza para que la gente viva con dignidad. El **Boletín** presenta algunas de ellas. Luego, escoge una para escribir informe y preséntaselo a la clase.

6-42 Una forma de atacar la pobreza. Escoge una organización que trabaje para erradicar la pobreza. Describe lo que hace para ayudar a mejorar el nivel de vida de los necesitados. Explica por qué escogiste esta organización y de qué forma te gustaría colaborar con ella.

Boletín

Organizaciones humanitarias
Algunas organizaciones que trabajan para combatir la pobreza a nivel internacional son: Habitat for Humanity, Heifer Project, UNICEF, Maryknoll Brothers, Los Sin Techo, etc.

A escribir

6-43 **Presentación.** Tienes que presentar la organización que investigaste en la actividad **6-42** a un grupo de estudiantes y padres para que ellos colaboren con la misma. Usando tus notas, escribe un informe que describa el problema y la forma de resolverlo. Expresa tu opinión sobre su tarea. Debes convencer al público para que colabore con esta organización.

> Antes de entregar tu composición, asegúrate de haber incluido y revisado lo siguiente:
> - Las expresiones de opinión
> - El uso del subjuntivo
> - Las **Expresiones útiles**
> - El vocabulario del capítulo
> - Las palabras de **¡Sin duda!**

Atando cabos
Trabajo comunitario

En esta parte del capítulo vas a seguir los pasos necesarios para realizar un proyecto comunitario.

6-44 **Planificación.** En pequeños grupos, decidan qué tipo de proyecto van a programar. Hablen de los pros y los contras de cada idea. Expliquen sus razones. Nombren un/a secretario/a para que tome notas de las discusiones y estén listos para presentarlas a los otros grupos de la clase. Algunas sugerencias para elegir el tipo de proyecto son:

- diseñar un proyecto humanitario para llevar a cabo fuera del país
- organizar un programa de ayuda con la iglesia
- proponer un proyecto de alfabetización
- trabajar con los indígenas de Centroamérica
- trabajar con campesinos de su región
- colaborar en la construcción de una escuela, de un salón multiuso, de un templo, etc.
- …

MODELO: E1:   *Yo pienso que es bueno que vayamos a otro país porque…*
          E2:   *Es importante quedarse en los Estados Unidos porque…*
          E3:   *Yo prefiero que pensemos en una comunidad en esta ciudad porque…*
          E4:   *No creo que mis padres me dejen ir a otro país porque…*

6-45 **Decisiones.** Ustedes van a ir a trabajar en una comunidad necesitada de su estado para ayudar a construir un salón multiuso. Ahora, tienen que hacer una lista de todo lo que es importante, necesario, etc., antes de salir. Conversen con sus compañeros/as y hagan una lista de diez aspectos importantes.

MODELO: *Es necesario que tengamos información sobre la gente del lugar.*

👥 **6-46 Convencer a los padres.** Algunos de Uds. temen que sus padres digan que no pueden participar en este proyecto y, por lo tanto, tienen que estar preparados para convencerlos. Entre todos, busquen las razones para convencer a sus padres de que les permitan participar. Pueden usar verbos como **saber, creer, exigir, negar, rogar, pedir**, etc.

MODELO: *Creemos que será una experiencia enriquecedora.*

👥 **6-47 El salón multiuso.** Uds. quieren convencer a los otros grupos de la clase de que su proyecto de salón multiuso es el mejor.

Paso 1. Presentación. Presenten el proyecto y estén listos para defenderlo delante de los otros grupos. Aquí tienen algunas ideas que los pueden orientar en la discusión. Además, pueden preparar planos, folletos, estadísticas, etc.

1. ¿Para qué sirve el salón? ¿Para conferencias? ¿Conciertos? ¿Como consultorio médico? ¿Biblioteca? ¿Guardería de niños?
2. ¿Cómo es el salón? ¿Qué medidas tiene? ¿Tiene ventanas? ¿Muebles?
3. ¿Quiénes van a ser responsables de su funcionamiento? ¿El gobierno? ¿La iglesia? ¿Los campesinos? ¿Las mujeres? ¿Una cooperativa?
4. ¿Se paga para usarlo? ¿Es gratis?

Paso 2. ¿Cuál escogemos? Después de oír las presentaciones de todos los proyectos, voten por el mejor.

👥 **6-48 Financiamento.** Ya tienen autorización de sus padres y ya seleccionaron el mejor proyecto. Ahora, hay que buscar dinero para llevarlo a cabo. Piensen en cinco formas de conseguir dinero para financiar el proyecto. Luego, presenten sus ideas a la clase, usando los siguientes verbos y expresiones siempre que puedan.

dudar	negar	creer	pensar	saber	ser
cierto	sugerir	esperar	desear	aconsejar	acaso
posiblemente	probablemente	quizás	tal vez	ojalá	

6-49 Buenos deseos. Aunque no todos pueden ir, todos le desean lo mejor al grupo que parte. Escriban una tarjeta con esta intención. Expresiones como **ojalá, tal vez, esperamos, deseamos**, etc., pueden ser útiles para escribir sus deseos.

Vocabulario

Los pueblos indígenas

la costumbre	*custom, habit*	el/la mestizo/a	*half Spanish, half Native American*
el/la indígena	*indigenous person*	el pueblo	*people*
el/la jefe/a	*chief*	el sacerdote	*priest*

Sustantivos

el/la anciano/a	*old person*	el poder	*power*
la bandera	*flag*	el rato	*short time, while*
el/la campesino/a	*peasant*	la razón de ser	*reason for being*
el conocimiento	*knowledge*	el rostro	*face*
el consejo	*council*	el siglo	*century*
los derechos humanos	*human rights*	el sistema de salud	*health system*
la desigualdad	*inequality*	el temor	*fear*
la época	*epoch, age*	el tiempo	*time, weather*
la fuente	*fountain, source*	el trabajador	*worker*
la hora	*hour*	la vena	*vein*
el mercado	*market*	la vez	*time*
la paz	*peace*	la vida	*life*
la piedra	*rock, stone*		

Verbos

apresar	*to capture*	impedir (i)	*to hinder, prevent*
atacar	*to attack*	intentar	*to try*
bajar	*to lower, go down*	matar	*to kill*
confiar	*to trust*	oscurecer(zc)	*to get dark*
demorar	*to delay*	violar	*to violate, rape*
engañar	*to deceive*		

Adjetivos

aislado/a	*isolated*	**generador/a**	*generator*
campesino/a	*peasant, rural*	**oprimido/a**	*oppressed*
desheredado/a	*disinherited*	**rodeado/a**	*surrounded*

Expresiones idiomáticas

a la larga	*in the long run*	**sobre todo**	*above all*
a su vez	*in turn*	**quizá(s)**	*maybe, perhaps*
desgraciadamente	*unfortunately*	**tal vez**	*maybe*
poco a poco	*little by little*		

Otras palabras útiles

acaso	*by chance*	**el/la esclavo/a**	*slave*
la aldea	*village*	**explotar**	*exploit*
la alfabetización	*literacy*	**la guerra**	*war*
el analfabetismo	*illiteracy*	**igual**	*equal, same*
desigual	*unequal*	**la igualdad**	*equality*
entero/a	*entire, whole*		

Capítulo 7

Hablemos del trabajo

Note: Montserrat Caballé (b. 1933) is a Spanish opera singer.

Canción recomendada: *Me lo decía mi abuelito, me lo decía mi papá* José Agustín Goytisolo. Intérprete, Paco Ibañez, CD *Paco Ibañez en el Olimpia de París*, Francia, 2002.

> ❝ **Trabajo de prisa para vivir despacio.** ❞
>
> **Montserrat Caballé**

Película recomendada: *El método*, Marcelo Piñeyro, España, Argentina e Italia, 2005.

Recycling: You may want to review the vocabulary on the family and the topic of **En contexto** in Chapter 1.

Tema cultural

El trabajo en el mundo hispánico

Objetivos comunicativos

Hablar de la búsqueda de trabajo

Felicitar

Dar información general y hablar de temas generales

Describir características generales

Explicar lo que queremos que otros hagan

Negar y contradecir

Hablar de personas y cosas desconocidas o inexistentes

Trabajando al aire libre.

En marcha con las palabras

En contexto: El equilibrio entre el trabajo y la familia

Encontrar el **equilibrio** entre el trabajo y la familia puede ser muy difícil en el ambiente **empresarial** del **momento**, pero no es imposible. Si se **cuenta con** el apoyo de la **empresa**, se puede conseguir un balance entre la vida personal y la actividad **laboral**. No **se trata sólo de** implementar ciertas **políticas** que ayuden a mejorar este conflicto, sino de promover el **desarrollo** de una nueva cultura dentro de las empresas. Para **resolver** este problema, los **directivos** tienen que **capacitarse** para encontrar soluciones creativas y diferentes que consideren a la familia.

Reunión de ejecutivos

Profesoras del departamento de **Administración** y **Recursos Humanos** de la Universidad Argentina de la Empresa (UADE) explican que las políticas familiares se deben **tener en cuenta** en la **forma** de pensar y de **actuar** de cada organización.

Una de las causas del problema trabajo-familia está en la modalidad del trabajo por **horario** y no por objetivos, lo que va totalmente en contra de la familia. Lo importante no es la cantidad de tiempo que se pasa en la oficina sino los **resultados** que se consiguen. Una alternativa es que cada empleado acuerde con el **gerente** una agenda de trabajo personalizada. **De este modo**, las personas se organizan de la manera que mejor les **convenga** para alcanzar estas metas.

El conflicto trabajo-familia no es problema sólo de la mujer sino del hombre también, porque, en definitiva, afecta a toda la familia. Por tal motivo, no hay que **enfocar** el problema **únicamente** como femenino, sino que hay que buscar soluciones para el **éxito** de todas las personas, sin importar si se trata de hombres o mujeres.

Algunas de las políticas familiares que pueden implementarse en el **ambiente de trabajo** para ayudar a los empleados a **hallar** el equilibrio deseado son las **siguientes**:

–establecer lugares para el cuidado de niños pequeños dentro de la empresa

–ofrecer horarios **amplios** de entrada y salida

–ofrecer la posibilidad de trabajar **tiempo parcial** o desde la casa

–otorgar días libres para compensar las horas extras trabajadas

–tener horarios flexibles

–establecer la posibilidad de **licencia sin goce de sueldo**

Las **ventajas** de estas políticas serán un **aumento** de la productividad, un mayor **compromiso** con la empresa por parte del empleado y una forma de **atraer** y **retener aspirantes** de talento.

Fuente: Daniela Dborkin, Adaptación.

¿Comprendes?

1. ¿Qué se necesita para conseguir un equilibrio entre la vida personal y la actividad laboral?

2. ¿Qué tienen que desarrollar las empresas?

3. ¿Qué tienen que hacer los directivos?

4. ¿Qué deben tener en cuenta las empresas?

5. ¿Cuáles son algunas de las causas del problema?

6. Si la cantidad de tiempo que se pasa en la oficina no es lo importante, ¿qué es lo importante?

7. ¿Es un conflicto que sólo tienen las mujeres?

8. ¿Cuáles son algunas de las soluciones que se proponen?

9. ¿Cuáles son las ventajas para la empresa?

Suggestion: Explain that a *licenciado/a* is a university graduate with a degree higher than a B.A. It usually takes five to six years of studies to get this degree. The course of studies is called *la licenciatura: Licenciatura en Bellas artes / Filosofía / Asistencia Social,* etc.

Note: The **Atando Cabos** program uses two types of vocabulary: One is the receptive vocabulary and the other is the active vocabulary. The first is the vocabulary that students recognize but don't use yet in speech or in writing. The second is the vocabulary that is in **En contexto, Palabras conocidas, Expresiones útiles, ¡Sin duda!, Así se dice** and **Vocabulario de las lecturas,** as well as any list of words that may appear in the grammar section of the chapter. The vocabulary introduced in these sections will appear in activities and tests. It is then recycled in subsequent chapters without explanation.

Candidata:

Soy una buena **candidata** para un trabajo en **ventas** porque tengo un **título** de **Licenciada** en **Administración de Empresas.** En mi último trabajo era la **encargada** de **atender al público.** Tengo mucha iniciativa y **afán de superación. Domino otros idiomas** y **tengo facilidad de palabra.** No me **cuesta tomar decisiones** y siempre **alcanzo las metas** que me **propongo.** Además, sé algo de **informática** y **trabajo** bien en **equipo.** Tengo muy buenos **antecedentes laborales.**

Ejecutivo:

Ésta es una nueva empresa de **programación de computadoras.** Hay muchas posibilidades de **ascender** dentro de la compañía. Además, ofrecemos muy buenos **beneficios,** como **seguro de desempleo** y **jubilación.** Para **solicitar** el trabajo, **mande** su **solicitud de empleo,** junto con la **hoja de vida,** a la oficina. Si tiene la **capacitación** necesaria para el **puesto,** lo llamaremos para una **entrevista.**

¿Comprendes?

1. ¿Qué está pasando en la primera foto?
2. ¿Cómo se describe la muchacha a sí misma?
3. ¿Cómo describe el ejecutivo su empresa?
4. ¿Tuviste una entrevista de trabajo alguna vez?
5. ¿Con qué compañía?
6. ¿Quién te entrevistó?
7. ¿Cómo ibas vestido/a?
8. ¿Cómo te sentías?
9. ¿Conseguiste el trabajo?

Palabras conocidas

Las profesiones y el trabajo

Estas palabras deben ser parte de tu vocabulario.

Profesiones	Occupations
el/la abogado/a	lawyer
el/la arquitecto/a	architect
el/la científico/a	scientist
el/la contador/a	accountant
el/la economista	economist
el/la hombre/mujer de negocios	businessman / woman
el/la ingeniero/a	engineer
el/la vendedor/a	salesman / woman

El trabajo	Job
la buena presencia	poise, appearance
el/la empleado/a	employee
el/la empleador/a	employer
el empleo	employment, job
la fábrica	factory
el/la jefe/a	boss
el mercado de trabajo	job market
los negocios	business

Cognados
el balance
la camaradería
compensar
el contrato
desorganizado/a
la exportación
la imagen
la importación
el interés
negociar
organizado/a
preciso/a
la productividad
el producto
responsable
el salario

Note: Every chapter has a list of the basic vocabulary words that students need to know in order to complete the activities in the chapter. Ask the students to review this list and memorize the words that are unfamiliar to them. Many chapters also provide a list of cognates that can be useful when discussing the theme of the chapter.

Suggestion: Review these words to make sure students understand them. Ask: *Describe lo que hace un/a abogado/a, un/a arquitecto/a, un/a científico/a, un/a contador/a, un/a economista, un/a gerente, una mujer o un hombre de negocios, un/a ingeniero/a, un/a vendedor/a, ¿Quiénes trabajan en una fábrica?*

Suggestion: Ask students to choose the words from the cognates list that describe their way of working. Example: *Yo soy muy desorganizado cuando trabajo. Nunca encuentro los papeles que necesito. Soy imaginativo, pero no soy preciso en mi trabajo.*

Expresiones útiles

alcanzar una meta	to reach a goal	Siempre **alcanzo las metas** que me **propongo**. *I always reach the goals I set for myself.*
antecedente laboral	job (work) history	Tengo muy buenos **antecedentes laborales**. *I have a very good work history.*
proponer una meta	to set a goal	Cumplí las **metas** que me **propuse** esta semana. *I reached the goals that I set for myself this week.*
solicitar un trabajo	to apply for a job	Voy a **solicitar este trabajo** que apareció en el diario de hoy. *I'm going to apply for this job that appeared in today's paper.*
tener afán de superación	to expect a lot of oneself	Margarita va a llegar lejos en su trabajo porque **tiene mucho afán de superación**. *Margarita will go far in her job because she expects a lot of herself.*
tener dominio de otros idiomas	to be fluent in other languages	En la entrevista me preguntaron si **tenía dominio de otros idiomas**. *At the interview, they asked me if I was fluent in other languages.*
tener facilidad de palabra	to be articulate	Por **tener gran facilidad de palabra** pudo convencer a todos que votaran por ella. *Because she is so articulate, she was able to convince everyone to vote for her.*
tener iniciativa	to show initiative	El nuevo empleado **tiene mucha iniciativa**; propuso dos cambios muy productivos para la empresa. *The new employee shows great initiative; he proposed two very productive changes for the business.*
tomar decisiones	to make decisions	Para mí es difícil **tomar decisiones**. *It is difficult for me to make decisions.*
trabajar en equipo	to work as a team	En este departamento **se trabaja en equipo**. *In this department, we work as a team.*

7-1 ¿Qué es ...? Define las siguientes palabras en español usando la circunlocución. Tu compañero/a debe adivinar qué palabra es. Luego, él/ella va a definir las palabras de su lista y tú debes adivinar cuáles son.

> MODELO: capacitación
> E1: *Es la preparación que necesitas para un empleo.*
> E2: *¿Es la capacitación?*

E1	E2
los recursos humanos	los directivos
la administración	la entrevista
la hoja de vida	el resultado
la licencia sin goce de sueldo	la fábrica
el puesto	alcanzar metas

7-2 ¿Cuál es el sinónimo? Empareja cada palabra de la columna **A** con su sinónimo en la columna **B**. Explica lo que quiere decir a tu compañero/a.

	A		**B**
1.	_c_ resolver	a.	subir
2.	_a_ ascender	b.	trabajo
3.	_b_ puesto	c.	solucionar
4.	_f_ emplear	d.	salario
5.	_h_ capacitación	e.	pedir
6.	_d_ sueldo	f.	contratar
7.	_e_ solicitar	g.	retirarse
8.	_g_ jubilarse	h.	estudios

7-3 Para solicitar un trabajo. Ustedes se preparan para solicitar un trabajo en una compañía internacional. Háganse las siguientes preguntas. Contesten cada una y digan qué aspectos les gustaría cambiar o mejorar, y por qué.

> MODELO: E1: *¿Alcanzas todas las metas en el tiempo que te propones?*
> E2: *Sí, soy muy meticuloso/a y siempre alcanzo mis metas en el tiempo que me propongo.*
> *No, no siempre alcanzo mis metas en el tiempo que me propongo porque me demoro en ponerme a trabajar. Es algo que debo cambiar para ser más eficiente.*

1. ¿Tienes dominio de otros idiomas? ¿Qué otros idiomas se necesitan en tu campo de trabajo?

2. ¿Tienes facilidad de palabra? ¿Puedes pensar claramente durante una discusión o necesitas tiempo para pensar tranquilamente?

3. ¿Es fácil para ti tomar decisiones o sientes que siempre necesitas más información antes de decidir?

4. ¿Tienes iniciativa propia o es más fácil para ti seguir instrucciones de otros?

5. ¿Trabajas bien en equipo o prefieres trabajar solo/a?

7-4 Asesoría profesional. Imagina que estás por graduarte y vas a tener una cita en el centro de trabajo de la universidad. Para prepararte, haz una lista con algunos datos importantes sobre tu vida y expectativas laborales. Después, comparte la lista con tu compañero/a. Ten en cuenta los siguientes aspectos:

1. tu experiencia laboral

2. tus estudios

3. tus habilidades

4. qué tipo de trabajo prefieres

5. en qué lugar quieres trabajar

6. qué sueldo deseas

7-5 Consejero de trabajo. La universidad organiza una feria de trabajo. Ustedes van a entrevistarse con los representantes de las compañías que vienen este año. Lean el siguiente folleto y representen estos papeles.

Suggestion for 7-5: Remind students that they need to use the subjunctive after these expressions. For a review, refer them to Chapter 6.

Follow-up for 7-5 and 7-6: Ask two or three pairs to enact their conversation in front of the class.

Consejero/a: Escoge algunas de las recomendaciones del folleto y aconséjale lo que debe hacer en la entrevista. Para dar consejos, usa expresiones como: **Te recomiendo …, Te aconsejo …, Es bueno que …, Es necesario que …, Es importante que …,** etc.

Estudiante: Siguiendo las ideas del folleto, pregúntale al consejero/a lo que debes hacer en la entrevista.

MODELO: E1: *¿Cómo debo vestirme?*
E2: *Te aconsejo que lleves ropa formal.*

Suggestion: Use the images provided in the Image Resource CD and print them out. Give each group of students a set of images and ask them to imagine the advice that the image may represent. You may also ask them to put them in order and explain why they chose that order.

Consejos para una entrevista

Aquí tiene algunos consejos para que su entrevista sea todo un éxito.

❶ Vaya bien vestido/a, pero no de fiesta. No se ponga mucho perfume ni mucho maquillaje.

❷ Piense de antemano qué le van a preguntar y tenga algunas respuestas preparadas. Siempre dé la mano con firmeza, mire a los ojos del/de la entrevistador/a y nunca baje la mirada ni mire a la pared. El primer contacto es crucial.

❸ Siéntese con naturalidad; esté alerta pero relajado/a.

❹ Deje que el/la entrevistador/a comience la conversación. Piense las respuestas antes de contestar. Hable con naturalidad.

❺ Usted también debe hacer preguntas. Haga sus deberes, investigue sobre la empresa antes de la entrevista y demuestre de alguna manera que la conoce.

❻ Pregunte por el salario y no pida más en ese momento. Pregunte sobre las posibilidades de ascenso dentro de la empresa.

❼ Antes de despedirse, pregunte cuándo le darán una respuesta. Deje la puerta abierta para un nuevo contacto.

❽ Escriba una carta para agradecer la entrevista y haga las preguntas que se olvidó durante la entrevista.

7-6 Busco trabajo. Miren los siguientes anuncios clasificados y escojan el empleo que más les interese.

Paso 1. Los anuncios. Expliquen por qué lo escogieron.

LABORATORIO FARMACÉUTICO MULTINACIONAL

REQUIERE GERENTES DE CUENTA
Plazas:
Bogotá, Barranquilla, Medellín, y Cali

REQUISITOS:
- Título universitario en Administración de Empresas, Mercadeo o Publicidad
- 2 a 5 años de experiencia en ventas y mercadeo de productos de consumo
- Edad: de 30 a 40 años
- Excelente nivel de inglés y español

Interesados enviar hoja de vida, con fotografía reciente y aspiración salarial al Apartado Aéreo N 6235 de Santa Fé de Bogotá.

SONY MUSIC (Colombia)
Requiere
GERENTE DE PRODUCTO

Para trabajar en Bogotá

El cargo: El ejecutivo tendrá a cargo el manejo de los artistas internacionales de la compañía cuyo producto será lanzado en Colombia. Coordinará oportunidades de lanzamiento, estrategias de radio, televisión, promoción, etc. a través de los diferentes departamentos de la compañía.

Aspirantes: Hombre o mujer, con experiencia mínima de 8 a 10 años en posiciones de Publicidad, Periodismo, Radio, Televisión.

Indispensable el dominio del idioma inglés. Si usted está atraído por la música y le interesa una carrera con gran porvenir y excelentes condiciones económicas, escríbanos al anunciador 370 de Revista Musicalia.

EMPRESA LÍDER EN EL SECTOR DE LAS TELECOMUNICACIONES

Requiere:

GERENTE COMERCIAL
- Profesional
- Mínimo 3 años de experiencia en ventas, manejo de clientes y agencias de publicidad
- Buen nivel de idiomas inglés y español

DIRECTOR ADMINISTRATIVO
- Profesional en Administración de Empresas
- Mínimo 5 años de experiencia en cargos de dirección administrativa en empresa mediana o grande
- Buen nivel de idiomas inglés y español

DIRECTOR DE PRESUPUESTO
- Profesional en Economía, Administración de Empresas o Contaduría Pública
- Mínimo 5 años de experiencia en dirección de presupuestos

Interesados enviar hoja de vida con aspiración salarial al anunciador 371 de La Nación, indicando el cargo al que se aspira.

Paso 2. La entrevista. Ahora, representen una entrevista con el/la gerente de personal de esa compañía. Uno/a hace de entrevistador/a y otro/a hace el papel de la persona entrevistada.

ENTREVISTADOR/A: Pregúntale al candidato/a cosas relacionadas con sus habilidades y experiencia, de acuerdo con las necesidades del trabajo. Luego, dile al resto de la clase si vas a contratar o no a esta persona y explica por qué.

ASPIRANTE: Trata de convencer a tu entrevistador/a de que tú eres la persona indicada para el puesto.

¡Sin duda!

forma — formulario

Palabra	Explicación	Ejemplo
forma	shape of an object, manner or way	¿Existe alguna **forma** de bajar el **formulario** de solicitud directamente de Internet? *Is there a way of downloading the application form from the Internet?*
formulario	form, document to be completed	Si quieres solicitar el trabajo debes completar estos **formularios**. *If you want to apply for the job, you must fill out these forms.*

aplicar — solicitar

Palabra	Explicación	Ejemplo
solicitar	to request, to apply (for a job)	Puedes **solicitar** los formularios en el Ayuntamiento. *You can ask for the forms in City Hall.*
aplicar	to apply something, like a paint, sunscreen, etc., to put on, to enforce a theory or law	La ley se **aplica** rigurosamente y no se puede fumar en la oficina. *The law is rigorously enforced and one cannot smoke in the office.*

7-7 ¿Cuáles corresponden? Empareja cada palabra de la columna **A** con su equivalente en la columna **B**.

A		B
1. __c__ aplicar		a. Es la manera de hacer algo.
2. __a__ forma		b. Es la acción de pedir algo.
3. __d__ formulario		c. Es la acción de poner algo sobre un objeto o de poner en práctica una ley, teoría, etc.
4. __b__ solicitar		d. Es un papel impreso que tiene espacios en blanco para rellenar con datos.

7-8 De la vida diaria. A continuación tienes algunas frases típicas que aparecen en fomularios o en programas de computadoras. Complétalas con las palabras correctas. Haz los cambios necesarios.

1. Sus empleadores deben completar el ___formulario___ de ___forma___ correcta.

2. Los ciudadanos ___solicitan___ información acerca de cuándo y cómo se empezarán a ___aplicar___ las nuevas disposiciones.

3. Para recibir una cuenta Demo de ___forma___ gratuita, complete el siguiente ___formulario___ .

4. Escoja la ___forma___ de pago. Llene el ___formulario___ de crédito del banco.

5. Los ciudadanos pueden ___solicitar___ al gobierno que ___aplique___ las sanciones de la ley de defensa de la competencia para las industrias.

6. Antes de ___aplicar___ este servicio, tiene que tener instalado el programa MIRA. Todos los usuarios de MIRA deben ___solicitar___ una nueva licencia. Para ___solicitar___ una nueva licencia, deben completar y enviar el siguiente ___formulario___ .

7-9 ¿Qué debes hacer? Explica en cuatro o cinco frases qué debes hacer para ingresar en un programa de maestría o doctorado, o para conseguir un buen trabajo.

Ventana al mundo

Un buen jefe

Un buen ambiente de trabajo es fundamental para el éxito de la compañía. El/La jefe/a del grupo es la persona que determina que los empleados estén contentos en su trabajo.

Para lograr buenos resultados y trabajar en armonía, el/a jefe/a debe…

Festejando un éxito laboral.

1. comunicarse claramente con los empleados
2. ser claro en cuanto a lo que espera de los empleados
3. proponer metas claras y realistas
4. saber motivar e incentivar a los empleados
5. entrenarlos bien para el trabajo que deben realizar
6. apreciar el trabajo bien hecho
7. criticar de manera constructiva cuando el trabajo no es satisfactorio
8. escuchar abiertamente sin juzgar
9. apoyar la creatividad y la iniciativa individual
10. reconocer y agradecer el esfuerzo de los empleados

Mi código. Piensa en tu última experiencia trabajando en equipo, ¿cumpliste todas las indicaciones del código? ¿Te parece que serías un/a buen/a jefe/a?

Comprehension questions: *¿Cuáles son las diez reglas principales para ser un buen jefe?*

Así se dice

Cómo felicitar

Es costumbre felicitar a una persona cuando le ocurre algo bueno. Éstas son algunas expresiones que se usan para felicitar.

¡Adelante!	Keep it up!
¡Enhorabuena!	Congratulations!
¡Felicidades!	Congratulations!
¡Felicitaciones!	Congratulations!
¡Fantástico!	Fantastic!
¡Me alegro mucho por ti!	I am very happy for you!
¡Qué bien!	How nice!
¡Te felicito!	I congratulate you!

7-10 Buenas noticias. Imagínate que te encuentras con una persona que hace mucho tiempo que no ves y que te cuenta sus éxitos. Responde a sus comentarios usando distintas expresiones para felicitar a alguien.

MODELO: E1:   *Acabo de encontrar un trabajo fabuloso.*
              E2:   *¡Felicitaciones! ¡Me alegro mucho por ti!*

1. Tuve una entrevista de trabajo y me fue muy bien.
2. Encontré un trabajo en una empresa internacional.
3. Me pagan muy bien.
4. Al poco tiempo me ascendieron.
5. Ahora, soy el/la director/a de mi equipo de trabajo.
6. Gané el premio al mejor empleado, así que mañana salgo de vacaciones para Guatemala, ¡con todo pagado!

7-11 Tuve mucho éxito. Cuéntale a tu compañero/a tres ejemplos en los que estuviste particularmente contento/a con lo que conseguiste. Tu compañero/a debe felicitarte.

MODELO: E1:   *El semestre pasado estudié mucho para sacarme una A en la clase de informática y lo conseguí. Estaba muy contento/a cuando vi mi nota en la lista de clase.*
              E2:   *¡Qué bien! ¡Te felicito!*

Ventana al mundo

Los universitarios más solicitados

La ingeniería es una profesión con futuro.

En las ofertas de empleo en España, las especialidades más buscadas son las de ingeniería y, luego, las de economía y administración de empresas. En la mayoría de los anuncios se especifica qué estudios se requieren. En algunas ofertas, en cambio, se considera más importante la experiencia laboral en el área que el título o diploma en sí.

Por otro lado, algunos títulos son polivalentes, es decir que son válidos para diferentes trabajos y permiten el acceso a una gran variedad de puestos. Algunas licenciaturas como las de Economía y Administración de Empresas, se consideran equivalentes en el mercado laboral. Las licenciaturas con mayor futuro son en Ingeniería y en Técnicas de Telecomunicaciones e Informática, además de Derecho, Química y Física.

De todas formas, la demanda de una determinada especialidad puede cambiar de la noche a la mañana. Por ejemplo, la de Psicología ha resurgido gracias a la importancia de los recursos humanos en el mundo empresarial.

 Profesiones más solicitadas. ¿Sabes cuáles son las profesiones con mayor demanda en tu región? Busca algún periódico de España y compara las ofertas de empleo con las de un periódico de tu región.

Sigamos con las estructuras

Repasemos 1
Talking about generalities and giving information: Impersonal *se*
Se trabaja mucho en esta compañía.

7-12 ¿Qué se necesita? Hagan una lista de ocho requisitos básicos para obtener un buen trabajo hoy en día. Luego, comparen su lista con las de otras parejas de la clase y hagan una lista única con los requisitos más mencionados.

> MODELO: *Se necesita tener una buena formación en informática.*

7-13 ¿Qué se obtiene en esta universidad? Uds. ya saben lo que se necesita para conseguir un buen trabajo. Ahora, deben decir si en la universidad se puede obtener esa capacitación y explicar por qué creen que sí o por qué no.

> MODELO: *Aquí se obtiene una buena formación en Informática porque hay un curso obligatorio durante dos semestres.*

Repasemos 2
Describing general qualities: *Lo* + adjective
Lo mejor de esta universidad es que te prepara para la vida.

7-14 No te desesperes. Seguramente en la universidad no se obtiene todo lo que se necesita para conseguir un buen trabajo, pero hay que distinguir lo importante de lo superfluo. Completen este cuadro según su perspectiva. Luego, comparen sus opiniones con las de otros grupos de la clase.

> MODELO: Lo mejor *de esta universidad es que contrata profesores muy bien preparados.*

Lo peor	
Lo bueno	
Lo malo	
Lo cómico	
Lo interesante	
Lo importante	
Lo mejor	
Lo…	
Lo…	
Lo…	

Complete the self-test on the **Atando cabos** web site. If you get less than 85%, you need to review this grammar point in the **Cabos sueltos** section, pp. 454–456. If you get above 85%, you can continue with the following activities.

Suggestion for 7-12: Tell students that they can use *Se necesita, Se requiere.* Refer to **En contexto** for additional ideas.

Suggestion: If necessary, do exercises in the **Cabos sueltos** section, pp. 455–456, in class.

Complete the self-test on the **Atando cabos** web site. If you get less than 85%, you need to review this grammar point in the **Cabos sueltos** section, pp. 456–457. If you get above 85%, you can continue with the following activities.

Note for 7-15: This activity reviews the use of **lo que...** from **Expresiones útiles**, Chapter 2, page 80.

Complete the self-test on the **Atando cabos** web site. If you get less than 85%, you need to review this grammar point in the **Cabos sueltos** section, pp. 458–459. If you get above 85%, you can continue with the following activities.

Suggestion for 7-16: Ask students to use the direct object pronoun in the answers.

Answers for 7-16:
1. Que lo escriba Alba.
2. Que lo baje Carlos. 3. Que se lo mande Elisa. 4. Que las lleve Alfredo. 5. Que lo terminen Luis y Enrique. 6. Que los entren Anita y Ricardo.

Boletín

Nuevos puestos de trabajo

El sector medioambiental será, durante las primeras décadas del siglo XXI, uno de los sectores económicos que más crecerá en cuanto a la generación de puestos de trabajo. Estos empleos buscarán candidatos que tengan títulos especializados en las diferentes áreas del medio ambiente.

7-15 Entrevista. Ya saben qué es lo importante, lo bueno y lo malo de la universidad. Ahora, tienen que decidir qué es lo que les gusta, lo que les molesta, lo que les encanta, etc. Entrevisten a su compañero/a para saber lo que piensa. Luego, informen a la clase.

MODELO: E1: *¿Qué es lo que te gusta de la preparación que te da la universidad?*
E2: *Lo que me gusta es que vamos a estar listos para competir en el mercado laboral.*

Repasemos 3
Explaining what you want others to do: Indirect commands

Que complete la solicitud el secretario.

7-16 Hoy no voy al trabajo. Te sientes mal y no puedes ir a trabajar. Hay algunas tareas en la oficina que había que terminar hoy. Llama por teléfono a tu colega y sugiérele quién puede ayudar a hacer cada tarea.

MODELO: leer las hojas de vida de los aspirantes nuevos / Susana

E1: *¿Quién puede leer las hojas de vida de los aspirantes nuevos?*
E2: *Que las lea Susana.*

1. escribir el anuncio para el nuevo puesto / Alba
2. bajar de Internet el formulario del seguro de desempleo / Carlos
3. mandarles a todos un mensaje electrónico sobre la fiesta del departamento / Elisa
4. llevar las cartas de recomendación al Departamento de Recursos Humanos / Alfredo
5. terminar el informe sobre la productividad del departamento / Luis y Enrique
6. entrar en la computadora los dos presupuestos que dejé en mi escritorio / Anita y Ricardo

7-17 ¡Que tengas mucha suerte! Tu amigo debe presentarse a una entrevista de trabajo. Deséale lo mejor.

Note for 7-17: Ask students to share their good wishes with the class.

MODELO: E1: ir bien
E2: *¡Que te vaya bien!*

1. tener suerte   ¡Que tengas suerte!
2. conseguir el trabajo   ¡Que consigas el trabajo!
3. impresionar bien a los gerentes   ¡Que impresiones bien a los gerentes!
4. ofrecerte un buen sueldo   ¡Que te ofrezcan un buen sueldo!
5. darte buenos beneficios   ¡Que te den buenos beneficios!
6. tener muchos días de vacaciones   ¡Que tengas muchos días de vacaciones!

7-18 Merecidas vacaciones. Tú tuviste un año de mucho trabajo y, por fin, estás por salir de vacaciones. Desgraciadamente no tienes tiempo de organizarte ya que trabajas todo el día. Ésta es la lista de todo lo que tienes que hacer. Da las instrucciones sobre quién de tu familia debe hacer cada tarea.

MODELO: confirmar el vuelo
Que mi hermano confirme el vuelo.

1. reservar el asiento en el avión
2. comprar un bolso de mano
3. pedir un taxi
4. conseguir un buen protector solar
5. imprimir el pasaje electrónico
6. dejarle las llaves a Luis para que riegue las plantas

Ventana al mundo

Las nuevas profesiones

Han surgido nuevas profesiones en las últimas décadas en diferentes campos. Los nuevos productos alimenticios que hay en el mercado son fruto del trabajo de los biotecnólogos, quienes aplican la genética al servicio de los cultivos. Otros son los técnicos analistas, que se ocupan de vigilar la calidad del aire y del agua de nuestras ciudades. Los técnicos de acústica, por su parte, controlan la contaminación por ruido, midiendo los decibeles que emiten los coches.

Otras profesiones. ¿Qué otras profesiones nuevas puedes mencionar?

Control de la calidad del agua

Biotecnóloga trabajando con nuevos productos.

Comprehension questions: *¿Cuáles son las nuevas profesiones que se mencionan aquí? ¿Qué hacen estos profesionales?*

Aprendamos 1

Denying and contradicting: Indefinite and negative words

These are the indefinite and negative words in Spanish.

Palabras indefinidas		Palabras negativas	
algo	something	nada	nothing
alguien	someone	nadie	no one, nobody
alguno/a/os/as	any, some, someone	ninguno/a	no, none, no one
siempre	always	nunca, jamás	never
o	or	ni	nor
o … o	either … or	ni … ni	neither … nor
también	also, too	tampoco	neither, not… either

1. In Spanish, negative words, such as *never, nothing, no one,* or *neither,* are used in a double negative construction in which the negative word appears after the verb phrase.

no + verb phrase + negative word

No se hizo nada de publicidad para este producto.

They didn't do any publicity for this product.

2. However, Spanish does not use the double negative construction all the time. If the negative word appears before the verb phrase, it follows the regular pattern. The following example shows the negative word followed by a verb phrase.

negative word + verb phrase

Los gerentes **nunca están** contentos con el presupuesto que les da la administración.

The managers are never happy with the budget that the administration gives them.

3. **Ninguno** and **alguno** become **ningún** and **algún** before masculine singular nouns.

Ningún aspirante supo contestar las preguntas correctamente.

No applicant knew how to answer the questions correctly.

¿Tiene Ud. **algún** conocimiento de informática?

Do you have any knowledge of computer science?

Note: Ninguno/a is seldom used in the plural.

4. **Ninguno/a** may be followed by **de** + a noun phrase.

Ninguno de estos empleados tiene seguro de desempleo.

None of these employees has unemployment insurance.

5. The **a** personal is used before **nadie** and **alguien, alguno** and **ninguno** when they function as direct objects of a sentence.

¿Conoce **a alguien** en esta empresa?

Do you know anyone in this company?

No, no conozco **a nadie** aquí.

No, I don't know anyone here.

Note for *ninguno*: It's not used in the plural except in the following instances: 1. Plural nouns used with a singular connotation: *No tengo ningunas gafas con esa forma;* 2. For emphasis in a negative sentence: *Ya no somos ningunos niños. No tengo ningunas ganas de ir al cine.*

👥 **7-19** **No, no y no.** Hoy todo el mundo está de pésimo humor y nadie quiere hacer nada. Con un compañero/a, contesta las preguntas en forma negativa.

> MODELO: E1: *¿Leíste todos los anuncios del periódico?*
>
> E2: *No, no leí ninguno.*

1. ¿Contestaste alguno de los mensajes que te mandé ayer?
2. ¿Alguien llamó a la candidata?
3. ¿Escribieron algo sobre la descripción del puesto?
4. ¿Te jefa te dio un aumento o te redujo las horas de trabajo?
5. ¿Escribiste algo del informe?
6. ¿El jefe está en la oficina o en su casa hoy?

Answers for 7-19:
1. *No, no contesté ninguno de los mensajes que me mandaste ayer.* 2. *No, nadie la llamó.* 3. *No, no escribimos nada sobre la descripción del puesto.* 4. *No, ni me dio un aumento ni me redujo las horas de trabajo.* 5. *No, no escribí nada del informe.* 6. *No, no está ni en la oficina ni en su casa.*

👥 **7-20** **Preparación para solicitar empleo.** Tu compañero/a te pidió que lo ayudaras con los preparativos de su solicitud. Hazle las preguntas siguientes para que él/ella se asegure que tiene lo que necesita.

1. ¿Te falta algo en tu CV? (no)
2. ¿Tienes algunas cartas de recomendación? (sí)
3. ¿Conoces a alguien en la empresa? (no)
4. ¿Te falta algún formulario? (no)
5. ¿Quieres que te dé algunos consejos para la entrevista? (no)
6. ¿Tienes algunos datos sobre la empresa? (sí)
7. ¿Conoces algunos detalles sobre el trabajo? (no)
8. ¿Necesitas algo más? (no)

Answers for 7-20:
1. *No, no me falta nada.* 2. *Sí, tengo algunas cartas.* 3. *No, no conozco a nadie.* 4. *No, no me falta ningún formulario.* 5. *No, no quiero que me des ningún consejo para la entrevista.* 6. *Sí, tengo algunos datos sobre la empresa.* 7. *No, no conozco ningún detalle sobre el trabajo.* 8. *No, no necesito nada más.*

7-21 **Nada es perfecto.** Piensa en tus distintos trabajos y, en los de tus padres, amigos y familiares. Utiliza las palabras indefinidas y negativas para comparar y describir las diferentes experiencias laborales.

> MODELO: Ninguno
>
> *Ningún trabajo es perfecto, todos tienen ventajas e inconvenientes. Siempre hay algo agradable en cada trabajo. Mi madre nunca tuvo problemas con nadie. Mi padre tampoco, aunque algunas veces discutía con sus colegas.*

alguien	nada	nadie	alguno	nunca	siempre
también	tampoco	ni ... ni	o ... o	algo	ninguno

Ventana al mundo

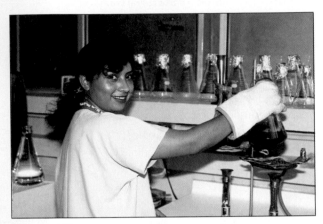

Un alto porcentaje de mujeres trabaja en laboratorios.

Boletín

Empleados satisfechos
El bienestar empresarial depende de que los empleados sientan satisfacción por su trabajo, se sientan apreciados, tengan libertad para ser creativos y trabajen dentro de un clima de camaradería. Es importante que los empleados estén contentos con lo que hacen.

¿Preparación técnica?

Según las estadísticas del Departamento Federal del Trabajo, el 75% de los trabajos requieren una educación avanzada y, mayormente, una educación técnica. La mayoría de las profesiones de hoy en día necesitan experiencia técnica. Se calcula que un 65% de los futuros empleos van a requerir personas con conocimientos técnicos.

Mi preparación laboral. ¿Tienes alguna preparación técnica? ¿Cuál? ¿Qué tipo de preparación ofrece tu universidad?

Aprendamos 2

Describing unknown and nonexistent people and things: Adjective clauses

1. As any adjective, an adjective clause describes the preceding noun or pronoun. Consider this sentence:
   We need an accountant who knows about taxes.
   The clause, *who knows about taxes,* is the adjective clause that describes the noun *accountant.* The noun or pronoun described is called the *antecedent.*
2. In Spanish, when the antecedent is unknown (unidentified) or nonexistent, the verb of the dependent clause is in the subjunctive.

   Necesitamos a **alguien** que **sepa** de derecho familiar. *(unidentified)*   *We need someone who knows about family policies.*

No hay **ninguna persona** que
quiera invertir en este producto.
(nonexistent)

*There is no one who wants to invest
in this product.*

3. If the antecedent is a person or thing that exists or has already been identified,
then the verb of the dependent clause is in the indicative. Compare these
examples.

Solicité **el trabajo** que **ofrecen**
en la universidad. *(specific)*

*I applied for the job that is offered
at the university.*

Busco **un trabajo** que **sea**
interesante. *(unidentified)*

*I am looking for a job that is
interesting.*

Les daremos **el aumento** que
los empleados **quieren**.
(specific)

*We'll give the employees the
raise that they want.*

Les daremos **el aumento** que
los empleados **quieran**.
(unknown)

*We'll give the employees whichever
raise they want.*

7-22 **¿Qué buscan?** Cada estudiante lee una de las ofertas de trabajo y escribe
qué es lo que se busca en ese aviso. Luego, le explica al otro miembro de la pareja lo que se
busca en el aviso. Sigan el modelo.

MODELO: *Buscan una persona que pueda viajar.*

Suggestion for 7-22:
Give students one minute to
make their choices, then pair
them up to do the rest of the
exercise.

IMPORTANTE COMPAÑÍA
CONSTRUCTORA

busca

**Ingeniero/a de
Caminos**

Con experiencia en gestión de
producción, y edad entre
35–45 años.

Enviar C.V. a Ref. ING.CAM. al
Apartado de Correos 4500,
46015 Valencia

Empresa multinacional de servicios
precisa incorporar para su oficina de Madrid:

ASISTENTE DE SECRETARÍA Y ADMINISTRACIÓN

Buscamos un profesional que aporte:
• Iniciativa y disposición para el trabajo en equipo.
• Imprescindible un alto nivel de inglés hablado y
  escrito. Valorable otros idiomas.
• Amplio dominio informático en Word, PowerPoint,
  Excel y Acces, valorándose conocimientos
  informáticos en administración de redes locales.
• Experiencia en administración y contabilidad.
• Se valorarán estudios de Marketing.

Se ofrece:
• Remuneración económica según valía.
• Incorporación inmediata.
• Lugar de trabajo: Madrid.

Interesados remitan C.V. indicando pretensiones económicas
al Apartado de Correos 9382, 28045 Madrid

👥 **7-23 ¿Qué buscas tú en un trabajo?** Lee la siguiente lista y escoge todas las condiciones que tú buscas en un trabajo. Luego, pregúntale a otra persona lo que busca. Toma notas y prepárate para informar a la clase de las preferencias de la otra persona.

MODELO: estar cerca de la casa de tus padres

E1: *¿Buscas un trabajo que esté cerca de la casa de tus padres?*
E2: *Sí, busco un trabajo que esté cerca de la casa de mis padres.*
E1: *Yo entrevisté a E2 y él/ella me dijo que busca un trabajo que esté cerca de la casa de sus padres.*

1. estar en una ciudad interesante
2. poder hacerse desde casa
3. permitir viajar mucho
4. no exigir quedarse horas extras
5. ofrecer buenos beneficios
6. dar becas para tomar cursos de formación
7. pagar sueldos altos
8. tener muchas vacaciones

7-24 Te vas de vacaciones. Has decidido tomarte un año para viajar antes de seguir los estudios graduados, pero necesitas a alguien que se quede en tu casa mientras tú no estás. Completa el siguiente formulario para encontrar a la persona adecuada.

Busco una persona que:	**Ofrezco:**
1. _____	1. _____
2. _____	2. _____
3. _____	3. _____
	Interesados llamar al teléfono:

Suggestion for 7-25: Divide the class in half and decide who will be the candidate and who will be the employer in the interview. Ask them to exchange the forms they have filled out, so they know what the candidate is looking for and what the employer offers.

Suggestion: Ask students to keep a diary in Spanish and to write in it at least once a week. You may wish to collect their diaries on a rotating basis. At the end of every week, collect five diaries. Bring them back promptly at the beginning of the following week. Do not make grammar corrections in it. Instead, you may respond with a note of encouragement. Make clear to them that their grade depends on the number of entries they have and the content.

7-25 Un dinerito extra. Tú necesitas dinero y has decidido ofrecerle tus servicios a la persona de la actividad **7-24**, que se va de viaje por un año. Llámala por teléfono y solicita el trabajo. Convéncela de que tú eres la persona perfecta para lo que él/ella necesita.

Diario

¿Recuerdas tu primer trabajo? ¿Cómo era? ¿Qué tenías que hacer? ¿Qué responsabilidades tenías? ¿Cómo eran tus compañeros/as de trabajo? ¿Cómo era tu jefe/a? Escribe un párrafo sobre esa experiencia, incluyendo toda la información que te parezca interesante para dar una descripción lo más detallada posible.

Conversemos sobre las lecturas

Antes de leer

Estrategia de lectura: *Making inferences*

The message of a passage often goes beyond the written words. The author will subtly lead you to form ideas or draw some conclusions, without fully spelling them out. You need to learn to infer the ideas that the author is suggesting, in order to develop an objective understanding of the passage.

7-26 **¿Cuál es la idea?** Lee estas oraciones. Contesta las preguntas y explica la idea que se puede inferir de cada una.

Suggestion for 7-26:
Clarify the expression *buscarse la vida* = to be self-reliant, resourceful.

> **MODELO:** Buscar trabajo es un trabajo en sí.
> ¿Es fácil o difícil encontrar trabajo?
>
> Inferencia: *Es difícil encontrar trabajo.*

1. Para encontrar trabajo, no puedes esperar a que la suerte llame a tu puerta.
   ¿Debes esperar pasivamente o tener un plan de acción para encontrar trabajo?
   Inferencia: *Tener un plan.*

2. De nada sirve tener una sólida formación profesional o académica si no aprendes a buscarte la vida en el mercado laboral.
   ¿Es suficiente tener un título para encontrar trabajo?
   Inferencia: *No, hay que saber buscarse la vida.*

3. En España sólo el 23% de los menores de 25 años permanece desempleado un año o más, mientras que, en los mayores de 55 años, el porcentaje es del 64%.
   ¿Para quién es más fácil encontrar trabajo?
   Inferencia: *Es más fácil para los jóvenes.*

4. Hay personas que están muy calificadas pero no consiguen trabajo porque no saben dar una buena impresión durante la entrevista.
   Además de estar calificado, ¿qué es necesario para conseguir un trabajo?
   Inferencia: *Dar una buena impresión durante la entrevista.*

VOCABULARIO DE LAS LECTURAS

Estudia estas palabras para comprender mejor los textos.

Vocablo		Palabra en uso
aprovechar	*to take advantage of*	Voy a **aprovechar** las horas libres para ir de compras.
cumplir con	*to fulfill, execute*	Es importante **cumplir con** el contrato.
decepcionado/a	*disappointed*	Sus jefes están **decepcionados** con las ganancias de este año.
los/las demás	*the others*	Yo cumplí con mi tarea pero **los demás** no.
disculpa	*excuse*	No tenía ninguna **disculpa** para no terminar el trabajo.
disponer de	*to have at one's disposal*	No **dispongo** de mucho tiempo hoy.
disponible	*available*	La jefa no está **disponible** porque está en una reunión.
exigir	*to demand*	El aumento que **exigen** es demasiado alto.
huir	*to flee*	Este trabajo impone tantas presiones que quiero **huir** lejos.
infiel	*unfaithful*	El jefe es **infiel** a sus promesas.
libre	*free*	No tengo nada de tiempo **libre** hoy.
el ocio	*leisure*	Es importante tener momentos de **ocio**.
el placer	*pleasure*	Me da **placer** el trabajo bien hecho.
postergar	*to postpone*	Este informe no se puede **postergar** más; debe estar listo hoy.
realizar	*to do*	**Realizamos** todas las tareas del día.

7-27 Mis metas para este semestre. ¿Cuáles son tus metas de trabajo o estudio para este semestre? Usa estas palabras para describir cinco objetivos que te propones lograr. Luego, compártelas con tu compañero/a.

> los demás   disponer de   huir   exigir   infiel   postergar

MODELO: *Este semestre no voy a huir de mis responsabilidades. Las voy a enfrentar.*

7-28 La evaluación anual. Tú eres el/la jefe/a de la sección de ventas de la compañía y tienes que evaluar a las personas que trabajan bajo tu supervisión.

Paso 1. Los empleados. ¿Qué comentario de la sección **A** escoges para cada empleado de la sección **B**?

A. Comentarios

1. __b__ Esta persona hizo un trabajo excelente todo el año.
2. __a__ Esta persona está siempre muy ocupada.
3. __e__ A esta persona la observaste tomando café y leyendo el periódico en la oficina muchas veces.

4. __c__ La nueva arquitecta no trabajó con la dedicación que se esperaba.

5. __f__ El muchacho recién graduado alcanzó el nivel de ventas que se había puesto como meta.

6. __g__ En tres ocasiones, este vendedor presentó excusas por no entregar su informe a tiempo.

7. __d__ El secretario está siempre listo para ayudar a quien lo necesite.

B. Empleados

a. Raquel nunca tiene un momento libre.

b. Tomás realizó un trabajo extraordinario en este departamento.

c. Siento decirle que Sonia me decepcionó.

d. Ramón está siempre disponible cuando lo necesitamos.

e. Catalina pierde mucho tiempo tomando café y charlando con otros empleados.

f. Álvaro cumplió con su meta de ventas.

g. Santiago siempre tiene excusas para no cumplir con las fechas de entrega.

Paso 2. Sugerencias. Piensen qué recompensa le van a ofrecer a cada persona por haber cumplido con sus obligaciones y qué soluciones pueden encontrar para que todos los empleados sean más productivos. Después, compartan sus ideas con otras parejas de la clase.

Suggestion for Paso 2: Call attention to the use of the subjunctive here.

MODELO: *A Santiago le vamos a sugerir que haga un curso sobre cómo administrar mejor el tiempo. También…*

7-29 El trabajo de mis sueños. Clara acaba de graduarse de la universidad y necesita buscar trabajo. Aquí hay una lista de lo que ella quisiera encontrar. Por supuesto que esto es un sueño y tendrá que conformarse con lo que encuentre. Completa los espacios en blanco con las palabras siguientes para saber cuál es su trabajo ideal. Cambia las palabras según corresponda.

> disponible   cumplir   libre   exigir   realizar   disponer

1. Quiero un trabajo que me permita __realizar__ todas las actividades desde mi casa.

2. En mi trabajo ideal no necesito __cumplir__ con un horario estricto.

3. Idealmente, sólo tendría que estar __disponible__ por las tardes para contestar llamadas telefónicas o asistir a las reuniones.

4. Quiero tener todos los viernes y los fines de semanas __libres__. No quiero trabajar esos días.

5. Yo quiero __disponer__ de un presupuesto generoso para hacer viajes de trabajo a algún lugar interesante una vez al mes.

6. Quiero un trabajo donde mi jefe/a no me __exija__ mucho y siempre aprecie mi trabajo y acepte mis ideas.

7-30 ¿Eres adicto/a al trabajo? ¿Es verdad que una persona que se mantiene siempre ocupada lo hace para huir de sí misma? En parejas, contesten estas preguntas para descubrir si ustedes son adictos/as al trabajo. Luego, expongan sus conclusiones a la clase.

¿Son adictos o no?

1. ¿Cuántas horas al día estudias o trabajas?
2. ¿Estudias o trabajas los sábados? ¿los domingos?
3. ¿Haces ejercicio por lo menos tres veces por semana?
4. ¿Sigues trabajando mientras almuerzas o cenas?
5. ¿Estás disponible para hablar con tus amigos cuando te necesitan?
6. ¿Tienes tiempo para pensar en lo que quieres de la vida?
7. ¿Tienes momentos de ocio durante la semana?

Lectura

Este artículo periodístico, aparecido en un diario español, describe los problemas que la adicción al trabajo les causa al individuo y a las personas a su alrededor. Uno de los problemas de la adicción al trabajo es que es aceptada por la sociedad.

El trabajo como adicción

struggle

¿Dónde está el deseo de quienes se afanan°
trabajando, viven con permanente ansiedad y cuando, por fin, tienen un rato libre, se deprimen y experimentan un vago malestar? El adicto al trabajo se miente a sí mismo y les miente, por tanto, a los demás. En realidad, hace todo lo
5 posible por no tener un instante libre, por ser un esclavo del trabajo. Ocupando todo su tiempo, tiene un pretexto perfecto para no preguntarse en realidad qué desea y para no satisfacer el deseo de los demás. Ocupando todo su tiempo disponible, no tiene que responder a ninguna pregunta compleja (el deseo es una pregunta inquietante°) y a la vez se siente dispensado° de ofrecerse él mismo

unsettling / excused

10 como objeto de placer a los demás. "No puede" tomar un café con el amigo porque hace horas extras; "no puede" escuchar a sus hijos porque no dispone de tiempo; "no puede" hacer el amor de manera relajada y libre porque está cansado.

Mientras él huye de su insatisfacción, tapándola con la alienación de su

excessive

entrega desmedida° al trabajo, se convierte, a su vez, en fuente de insatisfacción
15 para los otros: el amigo que quiere tomarse un café con él ve continuamente frustrada su demanda; sus hijos se sienten permanentemente relegados, y su esposo/a (o su compañero/a, o su amante), decepcionado/a. No es extraño, entonces, que, a su vez, los amigos, los hijos y los cónyuges imiten el mecanismo y también traten ellos de estar siempre ocupados, para no hacerle reproches y para
20 ocultar su propia insatisfacción.

La adicción al trabajo cuenta con la mejor de las publicidades de este mundo. En primer lugar, cumplir con el trabajo es una virtud. ¿Dónde está la frontera entre el deber de realizar bien el trabajo y comenzar a usarlo como gran justificación de las frustraciones a las que sometemos° a los demás? "Trabaja

25 demasiado" es una disculpa que cuenta con todo el beneplácito° social. Es más, inspira ternura y compasión. Es muy difícil desenmascarar° a alguien que se está protegiendo de cualquier demanda con el pretexto del trabajo, porque nunca se sabe si él se lo cree o no.

subject
consent
to unmask

Antiguamente, el trabajo era la excusa del marido infiel ante la santa esposa.
30 Por lo menos, quien practicaba este encubrimiento° era consciente de que en el mundo había dos cosas: el placer y el trabajo, en ese orden. El trabajo era experimentado como el obstáculo al placer. Ahora, la tendencia es a invertir los valores. Es más, para muchos, el trabajo se convierte en el único, equívoco° placer. Lo más probable, hoy día, es que cuando un marido o un amante le dice a su
35 esposa o a su pareja que no puede ir a verla porque tiene mucho trabajo en la oficina, no es que esté a punto de serle infiel: es verdad.

concealment

dudoso

Por supuesto, esto no sería grave si los adictos al trabajo, que aparentemente renuncian° a cualquier otro deseo, no se sustrajeran° de este modo a ser fuentes de placer para los demás. El problema es que al esclavizarse ellos al trabajo—para huir
40 de la inquietud, de la incertidumbre° y de cualquier pregunta sobre ellos mismos— crean insatisfacción a su alrededor y nuevos insatisfechos tratarán de encadenarse° al trabajo para no sentir ese vacío, esa ausencia que es el deseo o el deseo postergado.°

give up / withdraw

uncertainty
chain themselves
postponed

La adicción al trabajo es una coartada° difícil de desmontar° porque, en sociedades donde todo gira sobre el consumo y el mercado, el ocio (con todas sus
45 posibilidades teóricas) es temido. El ocio convoca muchos fantasmas° como qué soy, para qué sirvo, cuál es mi placer. Evitando el ocio, estas preguntas pueden postergarse indefinidamente.

alibi / dismantle

ghosts

El adicto al trabajo ignora, sin embargo, que hay un momento de paro definitivo: el de la muerte, y que, si ésta le da un rato de ocio (único momento en
50 que parará de trabajar), entonces, quizá, se haga esa terrible pregunta que tantas veces se escucha de los moribundos,° "¿Para qué todo?"

dying people

7–31 Consecuencias. Describe lo que pasa con la persona adicta al trabajo en estas situaciones. Encuentra en la lectura la explicación correspondiente o trata de deducir la respuesta.

¿Qué pasa cuando…

1. la persona adicta tiene un momento libre? *Se deprime y tiene un vago malestar.*
2. su amigo/a lo/la llama para tomar un café? *No puede porque hace horas extras.*
3. sus hijos quieren hablar con él/ella? *No puede escuchar porque tiene mucho trabajo.*
4. su pareja quiere hacer el amor? *No puede porque está cansado.*
5. los demás ven el trabajo como una virtud? *Es difícil criticarlo porque la sociedad lo considera una buena excusa. El ocio es temido*
6. se usa el trabajo como una excusa contra cualquier demanda? *Es muy difícil de desenmascarar al adicto porque nunca se sabe si él se lo cree.*

Answers for 7-32:
La respuestas son abiertas.
1. ...para no tener que preguntarse qué desea. 2. Huye de su insatisfacción, de sus inquietudes e incertidumbres. Produce la misma insatisfacción y sentido de vacío en los demás. 3. Porque nos enfrenta a preguntas esenciales como quién soy, para qué sirvo, cuál es mi placer. 4. La muerte es el paro definitivo. La pregunta al final de la vida es ¿Para qué todo? 5. Answer varies.

Suggestion for 7-33:
Assign one character to each group and give them a few minutes to discuss the ideas involved. Ask them to take a few notes so they can report their conclusion to the class.

Suggestion for 7-34:
You may assign one sentence to each pair to save time. Then have each pair report to the class.

7-32 ¿Contento o descontento consigo mismo? Según la lectura, el adicto al trabajo evade sus responsabilidades hasta el final de su vida. Respondan estas preguntas basándose en la lectura. Presenten sus conclusiones a la clase.

1. ¿Por qué hace todo lo posible por no tener un instante libre?
2. ¿De qué huye el adicto al trabajo? ¿Qué reacción produce esto en los demás?
3. ¿Por qué se le tiene miedo al ocio en una sociedad de consumo? ¿A qué preguntas nos enfrenta el ocio?
4. ¿Cuál es el momento de paro definitivo? ¿Qué pregunta se oye de algunos al final de la vida?
5. En tu opinión, ¿es verdad que el adicto al trabajo huye de sí mismo? ¿Piensas que tiene otras razones para trabajar mucho?

7-33 Valores. Describe los valores y la actitud que tienen estas personas en cuanto al trabajo y al placer, según la lectura. ¿Qué es o no es importante para estas personas? ¿Por qué? Elabora tu descripción con tus propias ideas y opiniones.

- el marido infiel
- el adicto al trabajo
- las personas relacionadas con el adicto

7-34 Las horas extras. Según el artículo, en la sociedad de consumo en que vivimos, las horas extras nos permiten adquirir más bienes materiales, pero pueden ser alienantes. ¿Están de acuerdo con estas afirmaciones? Coméntenlas y luego, presenten sus conclusiones a la clase.

1. Las horas extras siempre son signo de adicción al trabajo.
2. Las personas que tienen dos empleos no quieren enfrentarse a sí mismas.
3. Para algunos, el trabajo es la diversión más emocionante de su vida. ¿En qué casos? ¿Por qué?
4. Para triunfar en la vida hay que hacer horas extras.

7-35 Para discutir. Lean las dos expresiones presentadas aquí y explíquenlas. Luego, decidan cuál describe mejor la actitud de esta sociedad hacia el trabajo. Compartan sus opiniones con otras parejas.

Se debe vivir para trabajar. **Se debe trabajar para vivir.**

1. ¿Con cuál de estas expresiones están de acuerdo?
2. ¿Qué ventajas y desventajas tiene cada una de estas actitudes en la vida?
3. ¿Cuál aplican ustedes en su vida y por qué?

Poema

Ernesto Gutiérrez Granada (1929–1988)

Ernesto Gutiérrez Granada fue un poeta nicaragüense moderno. En su poesía, a menudo critica algunos aspectos del siglo XX. En el lenguaje de este poema observamos el uso de términos en inglés.

Business Administration

Gerente de Ventas
Jefe de Producción
si Ud. no sabe nada
haga su *application*.
5 Envíe foto de frente
de perfil° y de 3/4
en camisa de ejecutivo
y corbata de gran señor.
No olvide que exigimos
10 ante todo, presentación.
Tendrá secretaria bilingüe
y servicio de *office-boy*.
Un sueldo por las nubes
y libre *transportation*
15 pero nos dirá en su currículum
cuánto nos da, 2 × 2.
Gerente de Ventas
Jefe de Producción
si Ud. no sabe nada
20 aproveche esta ocasión.

profile

Note: The use of English words in daily speech is very common among middle and upper classes in Latin America: *Hacerse un lifting* (facelift). *Son del jet set. Es una novela light* (superficial). *El boom de la educación no formal. El software / hardware de las computadoras. Internet. Business,* etc.

7-36 ¿Dónde dice esto? Señala los versos que presentan cada una de estas ideas.

1. Un/a jefe/a recibe muchos beneficios.
2. Lo más importante para conseguir un trabajo administrativo es tener buena presencia.
3. No se necesita mucha formación para ser ejecutivo.

7-37 ¿Cuál es tu opinión? Comenten las siguientes afirmaciones y tomen notas sobre sus conclusiones para presentarlas a la clase.

1. Todas las personas con cuatro años de estudios universitarios consiguen trabajos con sueldos muy buenos.
2. Los ejecutivos gozan de demasiados privilegios. Sería más justo distribuir esos beneficios entre todos los empleados.
3. La buena imagen y el buen trato son lo más importante para ascender dentro de una compañía.

Answers to 7-36:
1. *Tendrá secretaria bilingüe y servicio de office-boy. Un sueldo por las nubes y libre transportation.*
2. *No olvide que exigimos ante todo, presentación.*
3. *...si Ud. no sabe nada aproveche esta ocasión.*

7-38 ¿Al trabajo o al ocio? La mayoría de las personas tienen que trabajar para ganarse el pan de cada día, pero a todos nos gusta el tiempo libre. Escribe un poema de cuatro o cinco versos que exprese tus sentimientos en relación a tu trabajo o a tus momentos de ocio, o a ambas cosas. Luego, compártelo con la clase.

MODELO: Las dos voces
El ocio es lo que quiero.
Pero el trabajo me reclama.
El uno me ofrece los placeres del ser
El otro me obliga a cumplir,
Me ata al hacer, el hacer, el hacer…

Diario

¿Cuál sería tu trabajo ideal? ¿Cuántas horas trabajarías? ¿Qué harías en este trabajo? ¿Dónde trabajarías? ¿En tu casa; en una oficina; al aire libre; en otro lugar…?

Avancemos con la escritura

Antes de escribir

Estrategia de escritura: *The cover letter*

As you well know, when applying for a job, you need to send a curriculum vitae, together with a cover letter. Here, you are going to learn how to write a cover letter to apply for a job in a Spanish-speaking country.

As in English, the Spanish cover letter should have its ideas expressed in a clear and dynamic manner. It has to explain who you are and why you are interested in that particular job. Here are some set phrases that are used in this type of letter.

Encabezamiento: Empieza la carta con tus datos personales, tu nombre, dirección, correo electrónico y número de teléfono. Luego, escribe el lugar de origen y la fecha, seguido del nombre y la dirección de la compañía a quien se dirige la carta.

Saludo: El saludo va siempre seguido de dos puntos (:).
Distinguidos señores:
Estimado/a señor/a:

Introducción: Se empieza el texto de la carta con una de estas frases introductorias.
Me dirijo a usted con el fin de…

Me dirijo a ustedes en relación al puesto…

Tengo el gusto de dirigirme a ustedes para…

Descripción personal: En pocas palabras, destaca tus conocimientos más importantes para el trabajo.

Pedido de entrevista: Indica tu interés en tener una entrevista.

Estoy disponible para una entrevista cuando…

Cierre o despedida: Se termina la carta con una de estas frases.

Quedo a la espera de sus noticias…

Sin más, lo/la saluda atentamente / cordialmente…

Firma: Debajo de tu firma, es opcional escribir tu nombre completo.

ANA ESTER GUTIÉRREZ

20 Knapp St.

Boston, MA 02115

ana.ester.gutierrez@knapp.com

617-555-2434

14 de marzo de 200…

El Cactus

Compañía de importación y exportación

Paseo de la República

06140 México, D.F., México

Estimados señores:

Tengo el gusto de dirigirme a ustedes con el fin de solicitar el puesto de programador/a de computadoras que apareció en el diario *El metropolitano* del día 10 de marzo. Entiendo que la compañía está en su primer año de existencia y busca personas dinámicas. Creo que yo puedo ofrecerles exactamente lo que necesitan.

Tengo una maestría en informática de la Universidad de Boston y hablo español perfectamente. Además, tengo amplios conocimientos en negocios internacionales. Mi currículum detalla mi experiencia en el área de relaciones internacionales en diferentes compañías de los EE.UU.

Estaré en Guadalajara dentro de dos semanas y me gustaría visitar sus instalaciones y tener una entrevista. Las personas indicadas en mi currículum pueden darles más referencias sobre mi capacidad profesional.

A la espera de sus prontas noticias, los saluda atentamente,

Ana Ester Gutiérrez

Ana Ester Gutiérrez

7–39 Feria de trabajo. Después de asistir a una feria de trabajo organizada por la universidad, conseguiste las direcciones de varias empresas internacionales interesadas en personas que hablen español. Escoge una de las siguientes empresas para mandarles tu currículum y una carta de presentación. Haz una lista de las características de la persona ideal para el trabajo escogido.

1. Empresa líder en comidas rápidas necesita personas bilingües para trabajar en sus oficinas centrales en la Ciudad de México. El trabajo es para entrenar a personas mexicanas interesadas en ser gerentes del negocio.
2. Empresa internacional de microcomputadoras va a abrir una nueva sucursal de ventas en Córdoba, Argentina. Busca personas bilingües preparadas en el uso de computadoras y en ventas.
3. Escuela internacional en Quito, Ecuador, busca profesores de historia de Estados Unidos y de inglés.

7–40 La presentación. Ustedes quieren dar una buena impresión con su carta cuando soliciten el trabajo. Decidan las frases que van a utilizar para estas partes de la carta de presentación.

- Saludo
- Introducción
- Pedido de entrevista
- Despedida

7–41 Detalles personales. Escribe una lista de tus habilidades y compárala con la lista de la actividad **7-39**. Haz los cambios necesarios en tu nueva lista para demostrar que eres capaz de hacer el trabajo que requiere la empresa. Compártela con tu compañero/a para que te dé consejos sobre cómo mejorarla.

A escribir

7–42 Mi carta de solicitud. Junta las frases de la actividad **7-40** con tus características personales para escribir la carta de solicitud. Ten presente a quién le escribes. Luego, muéstrale la carta a tu compañero/a para que te dé sus comentarios.

Antes de entregar tu carta de presentación, asegúrate de haber incluido y revisado lo siguiente:

- El subjuntivo en cláusulas adjetivas
- El **se** impersonal
- Los adjetivos con **lo**
- El vocabulario del capítulo
- Las **Expresiones útiles**
- Sigue el formato de la carta de la página 235.

Ventana al mundo

El desempleo

No es fácil encontrar trabajo, tanto en los países latinoamericanos como en España. En muchos países la tasa de desempleo es muy alta, entre un 18 y un 20%. Hay personas con títulos universitarios que deben trabajar por un tiempo en puestos mal pagados y ajenos a su campo de estudios antes de encontrar trabajo en su especialidad. Esta gráfica presenta el porcentaje de las áreas laborales que generan más trabajo en España.

¿Cómo es la situación en tu región? Busca información sobre el desempleo y los sectores que más trabajo ofrecen en tu estado. Compara los datos con los que aparecen en la gráfica. Luego, preséntale los resultados a la clase.

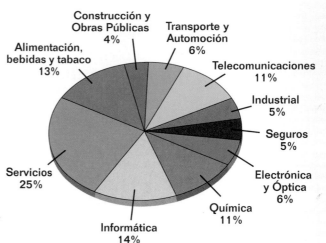

Comprehension questions: *¿Cuál es la tasa de desempleo? ¿En qué trabajan algunas personas con títulos universitarios? ¿Por qué? ¿Qué porcentaje de personas están empleadas en la construcción/en el transporte/en telecomunicaciones/etc.?*

Atando cabos
¿Dónde encontraré trabajo?

En esta parte del capítulo vas a realizar una serie de actividades relacionadas con la búsqueda de trabajo.

7-43 ¿Qué se considera trabajo para ustedes? Decidan si Uds. consideran trabajo las actividades de la lista. Expliquen por qué sí o no son parte del trabajo de cada individuo.

1. Un profesor de educación física participa en un torneo de tenis.
2. Después de una ceremonia religiosa, el oficiante merienda con las personas de su iglesia.
3. Unos estudiantes comentan en la cafetería la forma de dar clase de un profesor.
4. Un hombre acompaña a su mujer a la cena de fin de año de su trabajo.
5. Unas niñas construyen una casa con cubos de madera.

7-44 ¿Cuál es tu preferencia? ¿En cuál de estas áreas te gustaría buscar trabajo? ¿Tienes experiencia en alguna de las áreas con mayores posibilidades? Compártelo con tu compañero/a. Explica por qué te interesa.

nuevas fuentes de trabajo

Las nuevas fuentes de trabajo no solucionan el problema del desempleo, pero ayudan a disminuirlo. Podemos clasificar las nuevas fuentes de trabajo en cinco grupos.

1. **Servicios para la vida diaria:** servicios a domicilio, cuidado de los niños, nuevas tecnologías de información y comunicación, ayuda a los jóvenes en dificultad e inserción de los jóvenes en el mercado de trabajo.

2. **Servicios para mejorar la calidad de vida:** mejora de la vivienda, seguridad, transportes colectivos locales y revalorización de espacios públicos urbanos.

3. **Servicios culturales y de ocio:** turismo, sector audiovisual, revalorización del patrimonio cultural y desarrollo cultural local.

4. **Temas medioambientales:** gestión de residuos, gestión de aguas, protección y mantenimiento de zonas naturales y control de la contaminación.

7-45 ¿Cómo encontrar trabajo? Ya sabes cuál es el trabajo ideal de tu compañero/a. Ahora, debes hacerle sugerencias y darle indicaciones precisas sobre cómo encontrarlo.

MODELO: *Busca en la bolsa de trabajo de la universidad. Allí siempre hay ofertas de trabajo de tiempo parcial.*

7-46 La búsqueda. Busca algunas ofertas de trabajo disponibles en el mundo hispano y prepara un pequeño informe para la clase, explicando qué encontraste y por qué te interesan estas ofertas.

MODELO: *En el periódico El País encontré una oferta para un puesto de camarero/a en el café Planeta Hola de Madrid. Buscan gente que sepa español e inglés, que…*

PLANETA HOLA
MADRID

¿Quieres pertenecer al mundo de las estrellas?

Abre sus puertas en Madrid. Para ello, buscamos profesionales de ambos sexos, buena presencia y entusiastas que quieran unirse a nuestro equipo.

Necesitamos:

★ **Camareros y ayudantes**
★ **Bartenders y ayudantes**
★ **Recepcionistas y azafatas**
★ **Disc Jockeys**
★ **Jefes de turno de cocina /Cocineros**
★ **Reposteros y ayudantes**
★ **Encargado de almacén y ayudantes**
★ **Personal de limpieza**
★ **Personal de mantenimiento**
★ **Aparcacoches**

Para los 3 primeros puestos es imprescindible un nivel alto de inglés, valorándose otros idiomas.

Si estás interesado en formar parte de nuestro equipo, preséntate a las entrevistas con tu DNI, cartilla de la S.S. (orginales y fotocopia), 2 fotografías de carnet y dos referencias, que tendrán lugar los días 22, 23 y 24 de febrero en el Hotel España, c/Marqués de Villalonga, 4, Madrid 28014

7-47 **El currículum vítae.** El puesto en Planeta Hola te interesa mucho. Prepara tu *currículum vítae* en español y luego, preséntaselo a otros estudiantes de la clase. Ellos te van a dar sus comentarios y tú debes estar listo/a para comentar los *Currículum vítae* de tus compañeros/as.

Éstos son los datos que se deben incluir en un currículum:

Datos personales: Apellidos, nombre, lugar de nacimiento, fecha de nacimiento, nacionalidad, estado civil, domicilio.

Datos académicos: Títulos (del más reciente al más antiguo).

Cursos o estudios realizados, con un apartado especial para idiomas y conocimientos de informática.

Datos profesionales: La experiencia profesional se debe presentar empezando por el último trabajo.

Referencias: Se termina con el nombre y dirección de dos personas que sirvan como referencia.

CURRÍCULUM VITAE

DATOS PERSONALES

Apellidos: Crespo Latorre
Nombre: Lidia
Lugar de Nacimiento: México D. F.
Fecha de Nacimiento: 5 de enero de 1983
Nacionalidad: mexicana
Estado Civil: soltera
Domicilio Particular: Cerro del Agua, 232
04310 México
Tel. 1 20 24 66

Domicilio Profesional: Texmex
Edificio Torres del Sol 1° piso
Avenida de la Universidad, 975
03100, México
Tel. 1 23 54 55

ESTUDIOS REALIZADOS Y TÍTULOS

Junio 2007   Licenciatura en Administración de Empresas
Facultad de Ciencias Económicas
Universidad de Monterrey
Junio 2003   Diploma de Contadora
Facultad de Ciencias Económicas
Universidad de Monterrey

EXPERIENCIA PROFESIONAL

2004–2006   Banco de Crédito Mexicano
Gerente de Inversiones Internacionales
2004   Banco Hispanoamericano
Responsable de Comercio

OTROS CONOCIMIENTOS

Idiomas: Español   Lengua materna
Inglés   Hablado: muy bueno; Leído: muy bueno; Escrito: bueno
Francés   Hablado: bueno; Leído: muy bueno; Escrito: muy bueno
Computación: Conocimientos de Java
PowerPoint
Aficiones: Natación
Viajes
Lectura

FECHA 15 de octubre de 2007   **FIRMA** Lidia Crespo Latorre

8

Hablemos del arte

Película recomendada: *Frida*, Julie Taymor, EE.UU., 2002.

Canción recomendada: *Frida*, Guadalupe Urbina, CD *De todos modos*, España, 1996.

Warm-up: Have students read this saying and then ask: *¿Qué quiere decir este refrán? ¿Pueden explicarlo con sus propias palabras? ¿Hay un equivalente en inglés? ¿Creen que* "Different strokes for different folks" *sería una aproximación a la misma idea?*

"Sobre gustos y colores no han escrito los autores."

Tema cultural

Los muralistas mexicanos

Frida Kahlo y el surrealismo

El arte popular

Objetivos comunicativos

Hablar de arte en general

Describir y comentar obras de arte

Hablar de cambios en cosas y personas

Elogiar y alabar

Dar consejos y expresar duda y deseo en el pasado

Utilizar expresiones de concesión y de tiempo

Expresar duda, propósito y condición

Suggestion: Have students look at Rivera's mural, then ask them: *¿Quiénes creen que sean las personas que aparecen en este mural? ¿Qué representa cada una de ellas? ¿Cuál es el tema de la pintura?*

Mural de Diego Rivera (1886–1957), *Día de los muertos, La fiesta en la calle*, 1923–1924, Secretaría de Educación Pública, México, D.F.

Diego Rivera (1866–1957), "Day of the Dead - City Fiesta (Día de los muertos, La fiesta en la calle)," 1923–24. Mural, 4.17 x 3.75 m. Court of Fiestas, Level 1, South Wall. Secretaría de Education Publica, Mexico City, D.F., Mexico. Schalkwijk/Art Resource, NY. © Banco de Mexico Diego Rivera Museum Trust.

En marcha con las palabras

En contexto: Rivera, un maestro de la pintura

Diego Rivera, el famoso muralista mexicano, es considerado uno de los **pintores** más importantes del siglo XX. Nació en Guanajuato, México, en 1886 y empezó a **pintar** cuando era muy joven. A los veinte años, viajó a Europa para continuar sus estudios de arte. Allí conoció los diferentes "ismos" de la época: el **expresionismo,** el **impresionismo,** el **surrealismo** y el **cubismo**; sin embargo, lo que más **influyó** en él fue la **estética** de Pablo Picasso.

En 1921, Rivera regresó a México y comenzó a trabajar para **fomentar** las **bellas artes** en su país. **Se alejó del arte abstracto** y se dedicó especialmente a hacer murales en importantes **edificios** públicos, **patrocinado** por el gobierno mexicano. En los murales, representó con realismo la vida de su pueblo. La historia mexicana y la importancia de la cultura indígena fueron dos de sus grandes **fuentes** de inspiración.

Sus **pinturas** muestran diferentes aspectos del pueblo mexicano. Además, como Rivera fue un activista político, sus **cuadros** y murales **reflejan a menudo** una fuerte preocupación por la situación social, económica y política de su país.

Diego Rivera, *Autorretrato,* 1907

¿Comprendes?

1. ¿Dónde nació Diego Rivera y cuándo?
2. ¿Dónde estudió?
3. ¿Qué otro pintor influyó mucho en su arte?
4. ¿A qué se dedicó cuando volvió a México en 1921?
5. ¿Cuáles son los temas reflejados en sus murales?
6. ¿Qué pasó con su casa?
7. En la obra "Sueño de una tarde dominical en la Alameda Central", ¿que está representado?
8. ¿Qué aparece en primer plano? ¿en el fondo?
9. ¿Cuál es la característica de la obra?
10. ¿A quiénes pintó en sus retratos?

Diego Rivera, *Juchiteca,* 1954

Diego Rivera, *Retrato de Ramón Gómez de la Serna, 1915.* Aquí puede verse la incursión de Rivera en el cubismo.

Diego Rivera, *Sueño de una tarde dominical en la Alameda Central*, detalle, 1947–1948

Ésta es una de las obras maestras de Rivera. En ella, el artista hace un **esquema** o **bosquejo** de la historia y de la sociedad mexicana. La obra tiene **líneas** bien **definidas**, un gran **colorido** y un **cuidadoso manejo** de los **detalles**, como puede verse en la ropa de los personajes y en las expresiones de sus caras. Al **fondo** del cuadro, se ven los árboles de la Alameda, que sirven como **marco** del mural. En un **primer plano**, **aparecen** las imágenes de varios personajes famosos, tales como Frida Kahlo, pintora y esposa del artista, José Martí, escritor cubano, y el propio Diego Rivera a los nueve años. En esta obra la **luz** se concentra en el centro dejando en los **bordes** una pequeña zona de **sombra**.

Aunque Diego Rivera es más conocido por sus **pinturas al fresco**, también experimentó con diferentes **técnicas**, como **óleo** sobre **lienzo**, **pastel** y **acuarela**. También hizo algunos **dibujos** a lápiz. Pintó varios **retratos**, tanto de gente famosa de México, como de gente común. Su obra se **convierte** así en un **auténtico** reflejo de la nación mexicana.

Diego Rivera murió en México en 1957. Después de su muerte, su casa, que también era utilizada como **taller** de pintura, se **inauguró** como museo. Hoy, miles de personas pueden **apreciar** allí las maravillosas **obras de arte** de este pintor. Con su **pincel** y su **paleta**, Rivera creó **obras maestras** que **retrataron** aspectos **claves** de su país.

Diego Rivera, *Naturaleza muerta española*, 1918

Follow-up: Ask students to find more information about Rivera and his work on the Internet, and bring it to class to share.

Palabras conocidas

Para hablar de arte

Estas palabras deben ser parte de tu vocabulario.

El arte

crear	*to create*
la galería de arte	*art gallery*
la madera	*wood*
la pared	*wall*

la exposición
la fama
fantástico/a
la figura
figurativo/a
la forma
la imagen
la influencia
la interpretación
maravilloso/a

la miniatura
la originalidad
la reproducción
la serie
el símbolo

Cognados

la colección
el collage
el color

la creación
dinámico/a
exhibir

Suggestion: Ask students to construct questions for their classmates, using these words, or ask them these questions: *¿Has visitado una galería de arte alguna vez? ¿Qué exhibición viste? ¿Expresas tus sentimientos a través del arte? ¿Cómo? ¿Qué medio usas? ¿Sabes interpretar el arte abstracto?*

Expresiones útiles

a lo largo de	*during, throughout*	**A lo largo** de su vida, Rivera experimentó con diferentes corrientes artísticas. *Throughout his life, Rivera experimented with different artistic movements.*
a menudo	*often*	**A menudo** Rivera recibía visitas de personajes políticos importantes. *Rivera often received the visit of important political personalities.*
aparte de	*aside from*	**Aparte de** sus famosos murales, Rivera pintó otras obras igualmente importantes. *Aside from his famous murals, Rivera painted other works of equal importance.*
tan pronto como	*as soon as, just as*	Trabajaba rápidamente. **Tan pronto como** terminaba una obra, empezaba otra. *He worked quickly. As soon as he finished one project, he would start another one.*
sin embargo	*nevertheless, however*	De su estadía en Europa, lo que más influyó en él fue el arte de Pablo Picasso. **Sin embargo**, de regreso a su país, se alejó del arte abstracto y se dedicó a hacer murales. *During his stay in Europe, what influenced him the most was Pablo Picasso's art. However, once back in his own country, he distanced himself from abstract art and devoted himself to making murals.*

8-1 ¿Qué es? Definiciones.

Paso 1. Palabras. Completa las siguientes definiciones con la palabra apropiada del vocabulario. Agrega los artículos que correspondan.

1. Lo opuesto de la luz es… *la sombra*
2. Un cuadro que representa la cara de una persona es… *un retrato*
3. El lugar en el que el pintor trabaja es… *el taller de pintura*
4. Un sinónimo de exhibir es… *mostrar*
5. El pintor que se retrata a sí mismo en un cuadro pinta… *un autorretrato*
6. Lo opuesto del primer plano es… *el fondo*

Paso 2. Definiciones. Ahora, escoge tres palabras nuevas de la lectura y escribe una definición para cada una. Luego, pregúntale a otro/a estudiante cuál es la palabra que corresponde a cada definición.

1. _____
2. _____
3. _____

Note for 8-2: Ask them to illustrate their choices with pictures from **En contexto** or use other famous paintings or artists familiar to their classmates, e.g., *La Mona Lisa, Picasso, los impresionistas, Van Gogh, Gauguin, Klee, Dalí*, etc.

8-2 ¿A qué grupo pertenece? En parejas, completen el siguiente cuadro con las palabras adecuadas de **En contexto**.

Técnicas	Corrientes artísticas	Materiales / Instrumentos
óleo sobre lienzo	cubismo	pincel
pastel	impresionismo	lápiz
acuarela	expresionismo	paleta
frescos	realismo, arte abstracto	papel
	muralismo, surrealismo	lienzo

8-3 El arte y tú. Para saber el lugar que tiene el arte en tu vida, contesta estas preguntas. Trabaja con un/a compañero/a.

1. ¿Cuáles fueron las corrientes artísticas que Rivera exploró a lo largo de su vida? ¿Las conoces?
2. Aparte de Rivera, ¿conoces a otros muralistas?
3. ¿Visitas museos de arte a menudo? ¿Cuántas veces al año?
4. ¿Qué manifestaciones artísticas has visto a lo largo del semestre? ¿Alguna exposición de escultura o pintura? ¿Algún concierto de música clásica o moderna? ¿alguna representación de arte dramático? ¿Cine?
5. ¿Sabes qué grupos artísticos hay en el campus, aparte del grupo de teatro? ¿Cuáles son? ¿Qué hacen?

8-4 Crítica de arte. Imaginen que ustedes son críticos de arte y están en una exposición de Diego Rivera. Cada estudiante escoge uno de sus cuadros, lo analiza y se lo presenta a su compañero/a. Tengan en cuenta los siguientes elementos.

1. ¿Cómo es el cuadro? (describan los detalles, la luz, la sombra, el colorido, las líneas)
2. ¿Cuál es el tema (o los temas) que se representa(n) en la obra?
3. ¿Qué emociones despierta el cuadro?
4. ¿Cuál crees que es el mensaje que quiere expresar el pintor?
5. ¿Qué opinan ustedes de esta obra?

8-5 Para saber más. Busca información sobre otro/a pintor/a hispano/a. Escribe una pequeña biografía del/de la artista y analiza una de sus obras. En la próxima clase, vas a compartir tu información con otro/a estudiante. Trae una copia de una de sus obras a la clase.

Ventana al mundo

José Clemente Orozco (1883–1949)

José Clemente Orozco es considerado por muchos críticos como el mejor muralista desde la época de los primeros muralistas italianos. Su arte representa los ideales de justicia social de la revolución mexicana, pero al mismo tiempo Orozco tiene una visión más universal de hermandad entre las naciones, y de un mundo libre de explotación y violencia. Sus murales decoran muchos edificios, tanto en México como en los EE.UU.

Podemos ver algunas de sus obras en el edificio de la Corte Suprema en México, D.F. en el Hospicio Cabañas en Guadalajara, en la Escuela Nacional Preparatoria en México, y en varias universidades de los EE.UU., tales como, Dartmouth College en New Hampshire, Pomona College en California y New School University en Nueva York.

Cada cual tiene su gusto. Comenta con tu compañero/a este mural de Orozco. Describe los colores, el tema y la impresión que deja en ti.

José Clemente Orozco, 1883–1949. *Man Released from the Mechanistic to the Creative Life*, 1932, Mural en Dartmouth College

José Clemente Orozco, Mexican (1883–1949). "Man Released by the Mechanistic to the Creative Life," 1932, Fresco. P.932.12. Hood Museum of Art; Dartmouth College, Hanover, New Hampshire; Commissioned by the Trustees of Dartmouth College. © Clemente V. Orozco. Reproduction authorized by the Instituto Nacional de Bellas Artes y Literatura.

Suggestion for 8-4: Assign the sections on Orozco and Siqueiros of **Ventana al mundo** (pages 247 and 249) at the same time. To save time, divide the class in half and ask each half to research and present a different artist. Send students to the Internet to find more information on Orozco and Siqueiros. They can share the information in groups of four.

Suggestion for 8-5: Ask students to share what they find in groups of four or in pairs. You may want to collect their information as an extra credit activity.

Recycling for 8-5: You may want to review the Comparisons section from Chapter 5, pp. 156–162.

Comprehension questions: *¿Cómo se lo considera? ¿Qué representa su arte? ¿Dónde se encuentran sus murales?*

Note: These examples are a preview to the life of Frida Kahlo. If you want, you may direct students to read the **Ventana al mundo** on her life, page 260.

¡Sin duda!

hacerse — llegar a ser — ponerse — volverse

The words **hacerse**, **llegar a ser**, **ponerse**, and **volverse** can be translated as *to become* in English in the following context.

Palabra	Explicación	Ejemplo
hacerse	with **rico, famoso,** *religions, and political affiliations*	Frida Kahlo **se hizo** famosa con sus autorretratos. *Frida Kahlo became famous with her self-portraits.*
llegar a ser	*to refer to a change that took a long time or is the product of a series of events (usually with a positive connotation)*	Frida Kahlo **llegó a ser** una de las pintoras más famosas del siglo XX. *Frida Kahlo became one of the most famous painters of the 20th century.*
ponerse	*with most adjectives*	Frida Kahlo **se puso** muy triste cuando supo que no podía tener hijos. *Frida Kahlo became very sad when she learned that she couldn't have children.*
volverse	*with **loco** in most cases, equivalent to **hacerse***	Los problemas físicos la **volvían loca** de dolor. *Her physical problems were driving her crazy with pain.*

Recycling for 8-6: You may want to review **Palabras negativas e indefinidas,** Chapter 7, page 222.

8-6 Encuesta. Pregúntales a varias personas de la clase si están o no de acuerdo con las siguientes afirmaciones. Luego, informa a tus compañeros de clase los resultados de tu encuesta.

MODELO: *Tres de las personas que entrevisté están de acuerdo con la afirmación que sostiene que todos los artistas se hacen famosos después de morir.*

Declaraciones	Sí	No
Todos los artistas se hacen famosos después de morir.		
Para ser un buen artista hay que volverse un poco loco.		
Para llegar a ser un artista famoso hay que tener muchos contactos.		
Los artistas siempre se ponen contentos cuando venden sus obras.		

8-7 ¿Cómo eres tú? Háganse estas preguntas para conocerse mejor.

1. ¿Qué quieres llegar a ser?
2. ¿Qué cosas te ponen triste?
3. ¿Qué cosas te vuelven loco/a porque te molestan mucho? Explica.
4. ¿Es importante para ti hacerte rico/a? ¿famoso/a? ¿Por qué?
5. Cuando estás triste o deprimido/a, ¿qué haces para ponerte contento/a o de buen humor?

Diario

¿Qué te gustaría llegar a ser? ¿Por qué?
Describe cómo sería tu vida.

Ventana al mundo

David Alfaro Siqueiros (1896–1974)

Siqueiros fue uno de los tres grandes muralistas mexicanos, junto con Diego Rivera y José Clemente Orozco. Además de pintor, fue un activista político comprometido en la lucha por los derechos de la clase obrera y de todos los que sufrían injusticias dentro de la sociedad mexicana. Su tratamiento del espacio y el volumen produce un efecto tal que parece que las imágenes de sus obras salieran de la pared y cobraran vida propia.

 ¿Quién era? Busca más información sobre David Alfaro Siqueiros. Trae a clase dos o tres datos sobre su vida y una copia de alguna de sus obras para compartir con tus compañeros.

Note: While each student presents his/her information about Siqueiros, have the rest of the class take notes on the information that is new for them. Then ask individual students what they learned from their peers' presentation that they did not know before.

Comprehension questions: *¿Quién fue Siqueiros? ¿Cuáles eran sus valores políticos y sociales? ¿Cuál es la característica principal de sus obras?*

David Alfaro Siqueiros (1896–1974), *El pueblo para la universidad y la universidad para el pueblo,* 1951. Mural de la Universidad Nacional Autónoma de México, México, D.F.

Así se dice

Elogiar y alabar (*praise*)

Éstas son algunas de las expresiones que se usan para elogiar (*to praise*) una obra de arte.

¡Qué bonito/a, bello/a!	*How beautiful!*
¡Qué lindo/a!	*How nice, pretty!*
¡Me encanta!	*I love it!*
¡Es maravilloso/a, fabuloso/a!	*It is marvelous, fabulous!*
¡Este/a pintor/a es genial!	*This painter is a genius!*
¡Es verdaderamente una obra de arte!	*It is truly a work of art!*
¡Me deja sin palabras!	*I am speechless!*
¡No tengo palabras para describirlo/a!	*There are no words to describe it!*

Cómo describir una obra de arte

Éstos son algunos criterios para describir una obra de arte:

Color: monocromático, colorido, brillante, claroscuro, luz, sombra

Tema: individualista, universal, doméstico, religioso, natural, social, político, histórico

Técnica: óleo, témpera, fresco, acuarela, dibujo, lápiz, tinta (*ink*)

Tema representado: paisaje, retrato, autorretrato, abstracto, figurativo, naturaleza muerta, escenas domésticas, escenas de guerra, escenas mitológicas

Corriente estética: Ver lista en el **Boletín**

Materiales: papel, lienzo, lápiz, pincel, paleta, tinta, pinturas

Además, piensa en el mensaje que la obra transmite y en los sentimientos que inspira en el observador. ¿Son sensaciones de paz, felicidad, armonía, belleza, redención, violencia, agresividad, dolor, desesperación?

Boletín

Corrientes estéticas

el arte abstracto

el cubismo

el expresionismo

el impresionismo

el muralismo

el realismo

el romanticismo

el surrealismo

8-8 Un cuadro. Busca e imprime la reproducción de un cuadro que represente alguna de las corrientes estéticas que se mencionan en el **Boletín**.

Paso 1. ¿Quáles son? Haz una pequeña descripción que incluya el color, la técnica, el tema representado y la corriente artística. Entrega la reproducción al profesor. Luego, lee tu descripción a la clase. Tus compañeros van a identificar el cuadro que describes.

Paso 2. ¿Qué te parece? Expresen su reacción y hagan comentarios sobre los cuadros de sus compañeros/as, usando las expresiones de **Así se dice** como guía. ¿Qué te sugieren los cuadros?

Suggestion for 8-8: Tell students not to show their work to their classmates and put them face down on the desk. Collect the students' reproductions. Then show each reproduction to the class and put them on the board so everyone can see them. Students will describe their work of art and the class has to guess which one it is. This may also be done in groups of 4 or 5.

Suggestion: Invite students to talk about what they know about the different art movements. Ask students: *¿Cómo es el arte cubista?, ¿el abstracto?, ¿el surrealista?* Miren el cuadro "Retrato de Ramón Gómez de la Serna", que es un ejemplo del cubismo. El arte abstracto sólo usa formas, colores y proporciones para representar una idea. El arte surrealista usa elementos figurativos y relaciona imágenes oníricas, es decir, de ensueño o delirio. El expresionismo presenta la intensidad de las emociones.

Ventana al mundo

Muralismo

En el México de los años veinte, un grupo de artistas, que había estado en contra del dictador Porfirio Díaz y que apoyaba al nuevo gobierno revolucionario, se unió para formar un sindicato de artistas. Entre los miembros de este sindicato se encontraban David Alfaro Siqueiros, José Clemente Orozco y Diego Rivera. El gobierno, por medio de su ministro de educación, José Vasconcelos, les ofreció la oportunidad de pintar las paredes de varios edificios públicos. La idea era que el arte saliera fuera de los museos, estuviera al alcance de todos y se expresara políticamente. De esta manera, nació un nuevo movimiento artístico, que hoy conocemos como muralismo.

Rivera, Orozco y Siqueiros. Éstos son los nombres de los muralistas mexicanos más famosos. Memorízalos. ¿Conoces a otros muralistas contemporáneos o de otros siglos?

Comprehension questions: *¿Cuándo se formó el sindicato de artistas y cuáles eran sus inclinaciones políticas? ¿Quiénes fueron algunos de sus miembros? ¿Qué les ofreció el ministro de educación? ¿Por qué?*

José Clemente Orozco, *Trinidad Revolucionaria* (1923–1926). Mural del Antiguo Colegio de San Alfonso, México, D.F.

José Clemente Orozco "The Trinity of Revolution" (Trinidad Revolucionaria). Escuela Nacional Preparatoria San Ildfonso, Mexico City, Mexico. © Clemente V. Orozco. Reproduction authorized by the Instituto Nacional de Bellas Artes y Literatura.

Complete the self-test on the **Atando cabos** web site. If you get less than 85%, you need to review this grammar point in the **Cabos sueltos** section, pp. 459–461. If you get above 85%, you can continue with the following activities.

Sigamos con las estructuras

Repasemos 1

Describing past desires, giving advice, and expressing doubts: Imperfect subjunctive

Los muralistas **querían** que el arte **estuviera** fuera de los museos.

Suggestion for 8-9:
Listen to the exchange between the pairs to make sure they are using the imperfect subjunctive in the questions and answers.

8-9 **El arte de tu infancia.** Elabora preguntas con las palabras dadas y házselas a tu compañero/a. Cuando te responda afirmativamente, trata de hacer otras preguntas para averiguar más cosas sobre su infancia.

MODELO: tus amigos / te pedían que / dibujar

E1:   *¿Tus amigos te pedían que dibujaras?*
E2:   *Sí, mis amigos me pedían que dibujara.*
E1:   *¿Por qué?*
E2:   *Porque mis dibujos eran muy buenos.*
E1:   *¿Sigues dibujando ahora?*

1. tus abuelos / te pedían que / cantar
2. tus padres / querían que / leer
3. tus maestros / te exigían que / estudiar
4. tus profesores / te aconsejaban que / aprender a pintar
5. tus amigos / esperaban que / tocar un instrumento
6. tus parientes / deseaban que / acompañarlos a los museos

Note for 8-10: You may want to assign this exercise as homework so students can research the subject. Refer them to **Vetana al mundo** on p. 251.

8-10 **Arte para todos.** Los muralistas pintaron miles de metros de paredes. Escriban cinco oraciones en las que expliquen qué querían estos pintores. Busquen información sobre los muralistas en Internet. Luego, compartan sus oraciones con otras parejas de la clase.

MODELO: *Rivera, Orozco y Siqueiros querían que todos vieran sus pinturas.*

Warm-up for 8-11:
Prepare students for this activity by asking these questions to the class. *¿Viste alguna vez una obra de arte en la calle? ¿Dónde estaba? ¿Cómo era?* Remind them about popular art in the subways, water fountains, and statues in parks, ice-sculptures in winter, sculptures, or art in malls, specially landscaped areas in the town or city, etc.

8-11 **En tu ciudad.** Piensa en una escultura, en un mural o en cualquier obra de arte que te impresionara mucho cuando eras pequeño/a y descríbesela a otra persona de la clase. Tiene que ser una obra de arte urbano.

MODELO: *Cerca de mi casa había una fuente de agua muy grande que me impresionaba mucho. Lo que me gustaba era que fuera tan grande. Me gustaba ver el agua caer y formar diferentes diseños en la fuente. Estaba en una plaza y yo siempre les pedía a mis padres que me llevaran allí para poder verla.*

8-12 **Pinturas infantiles.** Todos hemos pintado alguna vez. ¿Qué les gustaba a tus maestros, a tus padres y a tus amigos de lo que tú pintabas? ¿Qué te aconsejaban? ¿Qué querían? Haz una lista de cinco recuerdos y, luego conversa con otro/a estudiante para saber si a ambos/as les aconsejaban lo mismo.

Warm-up for 8-12: Prepare the students for this activity by asking these questions: *¿Pintabas cuando eras niño/a? ¿Qué pintabas? ¿Dónde? ¿Tienes algún cuadro de esa época? ¿Qué decía tu familia de tu pintura?*

MODELO: *Cuando era pequeño/a y pintaba, mis padres me aconsejaban que no usara mucha pintura. A mis amigos les gustaba que les prestara mis acuarelas.*

Sugerencias:

A mis amigos les gustaba que yo…

Mis maestros querían que yo…

Mis padres me aconsejaban que yo…

Repasemos 2

Expressing desire: Imperfect subjunctive in independent clauses

Quisiera saber quién pintó este cuadro.

Complete the self-test on the **Atando cabos** web site. If you get less than 85%, you need to review this grammar point in the **Cabos sueltos** section, pp. 461–462. If you get above 85%, you can continue with the following activities.

8-13 ¡Quién pudiera! Piensa en algunas cosas que te gustaría hacer muy bien. Exprésalas usando **quisiera**. Tu compañero/a te dirá algo para animarte a que se te cumpla tu deseo. Túrnense con las expresiones de deseo.

MODELO: E1: *Quisiera pintar como Picasso.*
   E2: *¡Quién pudiera ser Picasso! Ojalá pudieras aprender pintura con algún buen maestro.*

Ventana al mundo

Los murales en los Estados Unidos

La tradición de pintar murales ha cruzado las fronteras de México y ha entrado a los EE.UU. En Los Ángeles hay murales que representan la forma de vida y las aspiraciones de los habitantes de ascendencia mexicana. Yreina Cervántez, Judith Baca y Willie Herrón son algunos de los pintores que usan la técnica muralista en los EE.UU.

 Los artistas hispanos. Busca información sobre uno de estos artistas y trae una copia de alguna de sus obras para presentar a la clase.

Comprehension questions: *¿Son los murales sólo una expresión de arte en México? ¿Qué pintores usan la técnica muralista hoy en día en los EE.UU.?*

Recycling: Refer to Chapter 2, pages 40, 42 and 56, for other examples of Los Ángeles murals.

Mural en Robertson Boulevard, Los Ángeles, California

Recycling: Review the uses of the subjunctive in Chapter 6, pages 187–189 and 191–194, and Chapter 7, pages 224–225.

Aprendamos 1

Expressing time and purpose in the future: Subjunctive in adverbial clauses

The present subjunctive is used in adverbial clauses of time and purpose when an event has not yet taken place. The main clause indicates that the event will take place at some point in the future.

Voy a colgar este cuadro en la sala cuando **tenga** tiempo.	*I'm going to hang this picture in the living room when I have time.*

The following expressions introduce the subjunctive in the dependent clause when the action in the main clause refers to the future.

Expresiones de tiempo		**Expresiones de propósito**	
cuando	*when*	a pesar (de) que	*in spite of*
mientras (que)	*as long as, while*	aun cuando	*even when (even though)*
tan pronto como	*as soon as*	aunque	*although (even if)*
en cuanto	*as soon as*	de manera/	*so that*
hasta que	*until*	de modo que	
después (de) que	*after*		

In cases when the event has already happened or the event is a habitual action, the indicative is used. Compare these examples.

Ana vivía en México **cuando se graduó**. (*past event → indicative*)	*Ana was living in Mexico when she graduated.*
Ana va a vivir en México **cuando se gradúe**. (*future event → subjunctive*)	*Ana is going to live in Mexico when she graduates.*
Todos los días pinto en el taller **hasta que** los ninos **vuelven** de la escuela. (*habitual action → indicative*)	*Every day I paint in the workshop until the children come back from school.*
Trabajaré en el taller **hasta que** los niños **vuelvan** de la escuela. (*future event → subjunctive*)	*I'll work in the workshop until the children come back from school.*

The use of the subjunctive and indicative is summarized in the following charts.

Main clause + Expression of time or purpose + Subjunctive
(refers to future event)

Terminaré este cuadro **tan pronto como haya** mejor luz en el taller. (*future event*)	*I will finish this painting as soon as the light in the workshop is better.*
Estudiaré dibujo con el mejor maestro **aunque** yo no **tenga** mucho talento.	*I will study drawing with the best teacher, although I do not have a lot of talent.*

Main clause + Expression of time or purpose + Indicative
(refers to past or habitual event)

Antonio me **pintó** de cuerpo entero
  mientras yo **miraba** por la ventana.
  (past event)

Antonio painted a portrait of my
  entire body while I was looking out
  the window.

Estela **practica** la flauta todos los días
  cuando **vuelve** de la universidad.
  (habitual event)

Estela practices the flute every day
  when she gets back from the
  university.

With the expression of purpose, use the subjunctive if there is uncertainty in the
dependent clause. If there is certainty, use the indicative.

Pepe pinta sus murales **aunque**
  nadie los **aprecie**.

Pepe paints his murals although
  no one may appreciate them.
  (It is unknown if they will be appreciated.)

Pepe pinta sus murales **aunque**
  nadie los **aprecia**.

Pepe paints his murals although
  no one appreciates them.
  (It is known that no one appreciates them.)

8-14 La exposición. Un grupo de artistas prepara una exposición. Completa las frases
con el subjuntivo o el indicativo, según corresponda.

MODELO: Los pintores van a colgar las obras cuando la sala (estar) libre.
  Los pintores van a colgar las obras cuando la sala esté libre.

1. Ellos se alegraron cuando (recibir) la aceptación de la galería.
2. Pondrán las obras de modo que todos los pintores (tener) el mismo espacio.
3. Mandaron la propuesta para exponer mientras (pintar) los cuadros.
4. Trabajaron mucho hasta que todo (quedar) organizado.
5. Llamarán a los periodistas en cuanto (terminar) de colgar las obras.
6. Pondrán las obras en venta aunque no (ganar) mucho dinero.
7. Todos estarán muy contentos aunque no (vender) muchos cuadros.
8. Habrá una recepción cuando (inaugurar) la exposición.

Suggestion for 8-14:
If you don't have enough time to cover all the mechanical exercises, assign them as homework and work in class with the more communicative activities.

Answers for 8-14:
1. *recibieron* 2. *tengan*
3. *pintaban* 4. *quedó*
5. *terminen* 6. *ganen* 7. *vendan*
8. *inauguren*

8-15 La vida de una artista. Es difícil ser artista, pero hay que perseverar para triunfar.
Ésta es la historia de Analía. Escoge la frase que mejor complete la oración.

Al principio…

1. Empezó a pintar cuando… *d*
2. Cubría las paredes de pintura mientras que… *c*
3. Iba a los museos con su madre aunque… *a*
4. Cuando se hizo mayor pudo comprender
   las diferentes técnicas en cuanto… *b*

a. la familia no tenía mucho
   dinero para las entradas.
b. le explicaron cómo hacerlas.
c. su madre pintaba en el taller.
d. era niña.

Answers for 8-15:
Point out that sentences 1–4 are in the past so the indicative is used; sentences 5 and 6 are in the present so the indicative is used, and 8–10 refer to the future, and, therefore, the subjunctive is used.

Ahora todo es diferente…

5. Algunos de sus amigos pintores pintan sólo cuando…   *f*
6. Pero ella pinta hasta que…   *j*
7. Está empezando a vender algunos cuadros, a pesar de que…   *i*
8. Pero va a tener una exhibición en el museo en cuanto…   *e*
9. Espera convertirse en una pintora muy conocida en cuanto…   *g*
10. Yo creo que sus obras serán famosas a pesar de que…   *h*

e. termine una serie de acuarelas.
f. alguien les encarga un cuadro.
g. sus obras se expongan en el museo.
h. a los críticos no les gusten.
i. no es muy conocida.
j. le gusta como queda el cuadro.

8–16 La fama. Hacerse famoso/a no es fácil. Aquí tienes algunas ideas. Imagínate que eres un/a artista. Combina de forma lógica los elementos de las dos columnas para obtener una guía de cómo hacerte famoso/a. Luego, compárala con la de otro/a estudiante de la clase.

MODELO: cuando   exponer mis cuadros en Barcelona
Voy a ser famoso/a cuando exponga mis cuadros en Barcelona.
(No) Voy a ser famoso/a …

mientras (que)	vender muchos cuadros
tan pronto como	exponer en Latinoamérica
en cuanto	tener cuadros en museos
hasta que	recibir buenas críticas en los periódicos
después (de) que	conectarme con artistas famosos
cuando	poner las obras en Internet

8–17 Tiempo al tiempo. Ahora quieres saber cuándo vas a ser famoso/a. Crea preguntas basándote en la información de la lista del ejercicio anterior, y úsalas para entrevistar a otro/a estudiante. En tus respuestas, trata de usar el subjuntivo con las expresiones de tiempo y propósito.

MODELO: E1: *¿Cuándo voy a exponer en Barcelona?*
E2: *Vas a exponer en Barcelona cuando tengas más dominio del color.*

Recycling for 8-18: This activity recycles the different verbs equivalent to *to become*, studied in the section **¡Sin duda!**, page 248. You may want to review the section before doing this activity.

8–18 A pesar de todo. Vivir del arte no es fácil y no todos nos hacemos famosos. Piensen qué pueden aconsejarles a los artistas que recién empiezan su carrera, para que no se desanimen. Combinen las expresiones de las dos columnas y formen frases lógicas para expresar sus consejos. Luego, compárenlas con las de otras parejas de la clase y entre todos, elijan las diez mejores.

MODELO: *Sigue dedicándote al arte, aun cuando no llegues a ser tan famoso/a como*
          Orozco.

Sigue dedicándote al arte…

a pesar de que   (no) hacerse famoso/a

de modo que   (no) llegar a vender tus obras

aun cuando   (no) llegar a ser como Siqueiros

aunque   (no) ponerse nervioso/a antes de una exposición

de manera   (no) tener que trabajar duro

                                  (no) surgirte dudas

Comprehension questions: *¿De dónde viene la palabra "grafiti"? ¿Cuáles son los temas de los grafitis de hoy en día? ¿Para qué usan los jóvenes este medio de expresión? ¿Es permitido en todas partes?*

Ventana al mundo

Los grafitis

La palabra "grafitis" viene del italiano. Las inscripciones halladas en antiguas ciudades italianas, como Pompeya y Herculano, fueron bautizadas como grafitis. En nuestra época, el término se ha internacionalizado y se usa para referirse a las imágenes y mensajes anónimos que aparecen en las paredes de las ciudades. Los temas pueden ser muy variados, pero los más frecuentes son la política y la sexualidad. Los grafitis se han vuelto un medio de expresión ideal para los jóvenes, porque critican las costumbres y los usos establecidos. Sin embargo, en muchas ciudades se prohíbe esta forma de expresión en lugares públicos.

Grafitis. ¿Hay grafitis en los muros de tu ciudad? ¿Está prohibido pintarlos? ¿Hay grafitis en tu universidad? ¿Qué dicen?

Joven pintando un grafiti en Barcelona.

Aprendamos 2

Expressing uncertainty and condition: Subjunctive in adverbial clauses

Expresiones de condición	
a fin de que	in order that
a menos que	unless
a no ser que	unless
antes (de) que	before
con tal (de) que	provided that
en caso (de) que	in case that
para que	so that
siempre y cuando	as long as
sin que	without

1. These expressions introduce the subjunctive in the dependent clause. They introduce an action that has not yet happened. A particular condition has to be fulfilled before the action is completed. Because the conditions have to be fulfilled before the actions are completed, there is still uncertainty about the event. The subjunctive is always used after these expressions.

Te haré el bosquejo **para que** tú lo pintes.　　*I will do the outline so that you will paint it.*

No uses ese marco, **a no ser que** el cuadro　　*Don't use that frame, unless the picture*
sea una miniatura.　　*is a miniature.*

2. The subjunctive is used with **sin que, para que** and **antes de que** when there is a change of subject. If there is no change of subject, the expressions **sin, para, antes de** may be used instead. In this case, the verb appears in the infinitive. **Con tal de (que)** and **en caso de (que)** may also be used with or without **que**.

Él pinta día y noche **para** terminar pronto.　　*He paints day and night to finish soon.*

Él pinta día y noche **para que** los frescos　　*He paints day and night so that the frescos*
estén listos pronto.　　*will be ready soon.*

Traigo dinero suficiente **en caso de que**　　*I bring enough money in case you*
quieras comprar uno de sus cuadros.　　*want to buy one of his pictures.*

Traigo dinero suficiente **en caso de**　　*I bring enough money in case you want*
querer comprar uno de sus cuadros.　　*to buy one of his pictures.*

3. The imperfect subjunctive is used in an adverbial clause when the verb of the main clause refers to a past event.

No me gustaba el arte abstracto **antes de**　　*I didn't like abstract art before*
que el profesor me lo **explicara**.　　*the professor explained it to me.*

Yo empecé a pintar acuarelas **sin que**　　*I started to paint watercolors without*
nadie me **enseñara**.　　*anyone teaching me.*

8-19 Frustraciones y soluciones. El arte es una de las maneras de protestar y de expresar sentimientos, pero hay muchas otras maneras de hacerlo. Completa las frases, según el modelo.

MODELO: Me enfadaré mucho a menos que (tú / encontrar) una solución.
Me enfadaré mucho a menos que encuentres una solución.

1. Escribiré una disculpa, con tal que (ellos / dejarme) tranquila.   *me dejen*
2. No voy a hablar con ellas, a no ser que (usted / confirmarme) que ellas actuaron de mala fe.   *me confirme*
3. Consultaremos a un abogado en caso de que (tú / insistir).   *insistas*
4. Pensemos en soluciones para que (todos / quedarse) contentos.   *se queden*
5. Voy a buscar una solución antes de que (el asunto / llegar) más lejos.   *llegue*
6. No aceptaré sus condiciones a menos que (tú / querer).   *quieras*
7. Olvidaremos el problema con tal que (la obra / salir) a la venta.   *salga*
8. Aceptaremos las condiciones siempre y cuando (tú / estar) de acuerdo.   *estés*

8-20 Inauguración.
La semana próxima se inaugura una exposición importante en tu ciudad. Completa las frases en subjuntivo o infinitivo, según corresponda. Añade la conjunción **que** cuando sea necesaria.

MODELO: Ana y Elisa verán la exposición antes de (la exposición / estar) _____ abierta al público.

Ana y Elisa verán la exposición antes de que esté abierta al público.

1. Sacaremos las fotos para (tú / tenerlas) _que tú las tengas_ antes de la inauguración.
2. Preparen las invitaciones antes de (ustedes / colgar) _colgar_ los cuadros.
3. La clase de diseño visitará la exposición antes de (el artista / inaugurarla) _que el artista la inaugure_.
4. Te llevaré a la exposición para (tú / aprender) _que tú aprendas_ a apreciar el arte.
5. Ellos sacarán los cuadros de esa sala en caso de (ellos / necesitar) _necesitar_ más espacio.
6. Nosotros vamos a ir a la exposición con tal de (ellos / terminar) _que ellos terminen_ su trabajo a tiempo.

8-21 Visita a un artista.
Imagina que puedes visitar a cinco artistas de la historia en sus talleres. Dile a otro/a estudiante a quiénes quisieras visitar y explica para qué.

MODELO: *Quisiera visitar a Salvador Dalí para que me explicara sus cuadros.*

8-22 El futuro del arte.
¿Cómo será el arte en el futuro?

Paso 1. Mis ideas. Escribe cinco oraciones, indicando cómo (no) quisieras que fuera el arte en este nuevo siglo y presenta alguna manera de lograr tu propuesta. Luego, pregúntale a otro/a estudiante si comparte tus deseos.

MODELO: E1: *Yo quisiera que el arte ocupara una parte más importante en los programas de estudio. Por ejemplo, que hubiera cursos de arte obligatorios.*

Paso 2. ¿Y tú? Pregúntale a otro/a estudiante estas preguntas.

MODELO: E1: *¿Quisieras que el arte ocupara una parte más importante en los programas de estudio?*

¿Te gustaría que hubiera cursos de arte obligatorios?

Suggestion for 8-21: Take this opportunity to talk about Salvador Dalí, Remedios Varo, Juan Gris, and other Spanish and Latin American artists.

Note for 8-22: The conditional may also be used in these sentences: ¿Querrías que el arte ocupara una parte más importante en los programas de estudio? However, in this exercise, practice with the subjunctive.

8-23 **Aventura pictórica.** Imagina que puedes entrar en este lienzo y relacionarte con sus personajes. Escribe oraciones usando las siguientes expresiones y luego comparte tus oraciones con otro/a estudiante.

Gildardo Rengifo (b.1951), *El matrimonio del pueblo*. Óleo sobre tela.

Gildardo Rengifo "El Matrimonio del Pueblo", oil on canvas, 100 x 170 cm.

MODELO: *No entraré al cuadro, a menos que me aseguren que podré volver a salir.*

(No) Entraré en el cuadro…

…a menos que   …en caso de que

…con tal que   …para que

…a no ser que   …antes que

Comprehension questions: *¿De dónde es Frida Kahlo? ¿Por qué tuvo que guardar cama por muchos meses? ¿Qué hizo para pasar el tiempo mientras se recuperaba? ¿Cuáles son los temas de su obra? ¿Cómo era ella? ¿De qué es ella sinónimo en la actualidad?*

Suggestion: You may want to show the recommended film at this time.

Ventana al mundo

Frida Kahlo (1907–1954)

Frida Kahlo nació en Coyoacán, cerca de la ciudad de México. Su casa es ahora el museo que lleva su nombre. En 1925, Frida sufrió un accidente de autobús que la tuvo en cama por muchos meses. Mientras se recuperaba, Kahlo comenzó a pintar y, con el tiempo, la pintura se volvió su profesión. Sus obras son generalmente autorretratos con elementos fantásticos que relatan sus experiencias personales, su cuerpo fracturado y su relación con Diego Rivera.

Frida fue una mujer increíblemente fuerte, independiente y luchadora. Para muchos hoy en día, el nombre de Frida Kahlo es sinónimo de talento artístico, feminismo y de la lucha por la igualdad de la mujer.

Frida Kahlo (1907–1954), *Autorretrato con mono*, 1940. Óleo sobre tela

Conversemos sobre las lecturas

Antes de leer

Estrategia de lectura: *Prefixes and suffixes*

Bellow are some prefixes and suffixes that you will frequently find in Spanish. Knowing them will make you a better reader, because you will be able to identify the meaning of a word without having to stop and find it in the dictionary. They will also enlarge your vocabulary.

Prefijos

ante- + [noun]	*before*	antesala, anteayer
anti- + [noun]	*to oppose, to be against*	antirrevolucionario
auto- + [noun]	*self*	autoestima
des- + [adjective, noun or verb]	*without*	deshabitado
em- + [noun or verb]	*to become*	empeorar
en- + [adjective]	*to get a certain quality*	endulzar
in- + [adjective]	*in-, un- (suggesting –less)*	inútil
pre- + [noun or adjective]	*before*	prehistoria
re- + [verb]	*to repeat, to do again*	recrear
sub- + [noun]	*under*	subterráneo

Sufijos

-ado, -ido	*-ed, -en*	admirado
-bilidad	*-bility*	sensibilidad
-cia	*-cy*	democracia
-dad	*-ty*	realidad
-ismo	*-ism*	impresionismo
-ista	*-ist*	muralista
-mente	*-ly*	cuidadosamente

8-24 ¿Qué significan estas palabras? Marca el sufijo o prefijo que aparece en estas palabras y defínele las palabras a un/a compañero/a sin consultar el diccionario.

> subacuático   subtropical   periodista   inconsciente   presentado
> sensibilidad   antesala   infeliz   engordar   empeorar
> predecir   tranquilamente   antecámara

8-25 Palabras nuevas. Lee los dos primeros párrafos de la lectura "La obra de Frida Kahlo" y busca las palabras que ejemplifiquen sufijos o prefijos. Explica el significado de cada una con una circunlocución.

VOCABULARIO DE LAS LECTURAS

Estudia estas palabras para comprender mejor los textos.

Note: Point out that *de modo que* = so that, and *de modo* = way, manner, have two different meanings.

Vocablo		Palabra en uso
el cartel	*poster*	¡Qué lindo **cartel** de los muralistas tienes en la pared!
la coyuntura	*occasion, turning point*	El accidente marcó una **coyuntura** en su vida.
de modo	*way, manner*	Los muralistas pintan **de modo** especial.
desafiar	*to challenge*	El arte a veces **desafía** y cuestiona la realidad.
descarnado/a	*bare*	Algunos cuadros muestran de forma **descarnada** el sufrimiento físico de Frida.
desprovisto/a	*lacking*	El retrato está **desprovisto** de expresividad.
el encanto	*charm*	La niña consigue todo lo que quiere con su **encanto**.
encasillar	*to classify*	No se puede **encasillar** a los artistas dentro de una sola corriente.
la franqueza	*frankness, candor*	El crítico habló con **franqueza** sobre la obra del pintor.
gestar	*to create*	El muralismo se **gestó** durante la revolución mexicana.
herido/a	*wounded*	Cuando despertó en el hospital, vio que tenía el brazo gravemente **herido**.
inquietante	*disturbing*	Algunos personajes de los cuadros de Rivera son **inquietantes**.
mudo/a	*mute*	Cuando se asusta mucho, se queda **mudo**.
el patrón	*pattern*	Los artistas suelen rebelarse contra los **patrones** preestablecidos.
surgir	*to come forth, appear*	Sus escritos **surgieron** de sus charlas con los muralistas.

8-26 **¿Cómo se dice?** Busca en la columna **B** un sinónimo o una expresión equivalente a cada palabra de la lista **A**.

A	B
1. __g__ la coyuntura	a. extraño
2. __e__ de modo	b. clasificar
3. __d__ desafiar	c. crear
4. __h__ desprovisto/a	d. cuestionar
5. __b__ encasillar	e. de manera
6. __c__ gestar	f. el modelo
7. __a__ inquietante	g. momento de cambio
8. __f__ el patrón	h. sin

8-27 ¿Cuánto sabes? Marca las afirmaciones de la lista que sabes que son ciertas sobre Frida Kahlo. Escribe un signo de interrogación junto a las que no sepas. Vas a encontrar las respuestas a tus dudas en la lectura siguiente.

1. Algunas obras de Kahlo se venden por muy poco dinero.   *f*
2. La figura de Frida no sólo aparece en obras de arte sino también en camisetas.   *c*
3. Kahlo siguió siempre los patrones tradicionales y patriarcales de su época.   *f*
4. Los cuadros de Frida Kahlo nos hablan de su vida, de su angustia y de su dolor.   *c*
5. Frida nunca logró salir de la sombra de su esposo, Diego Rivera, quien la eclipsó por muchos años.   *f*
6. Frida Kahlo comenzó su obra creativa en los años postrevolucionarios de México.   *c*
7. En su obra, Kahlo exploró aspectos tabúes de la sociedad, como la sexualidad, la violencia y el erotismo.   *c*
8. Frida Kahlo le dio una visión particular a su herencia mexicana.   *c*

Guía para la lectura

De ahora en adelante el texto de las lecturas no va a tener glosas. Trata de leerlo usando las estrategias de lectura que has aprendido. Recuerda lo siguiente:

1. No es necesario comprender todas las palabras; ignora las que no comprendas.
2. Lee el texto varias veces. La primera vez léelo sólo para comprender la idea general.
3. Luego, hazte preguntas sobre lo que quieres aclarar y búscalo en el texto.
4. Por último, si hay alguna palabra clave que impide la comprensión, búscala en el diccionario.
5. Sobre todo, no traduzcas al inglés. Trata de entender el mensaje del/de la autor/a sin traducirlo. Los ejercicios que siguen te guiarán para comprender mejor el mensaje.

Frida Kahlo, *Autorretrato, El marco,* 1938

Frida Kahlo (1907–1954). "The Frame," Self-Portrait, (ca. 1937–38). Oil on aluminum, under glass and painted wood, 28.5 x 20.5 cm. © Banco de Mexico Diego Rivera & Frida Kahlo Museums Trust. Av. Cinco de Mayo No. 2, Col. Centro, Del. Cuauhtemoc 06059, Mexico, D.F. Reproduction authorized by the Instituto Nacional de Bellas Artes y Literatura. CNAC/MNAM/Dist. Reunion des Museés Nationaux/Art Resource, NY.

Francisco Soto

Francisco Soto es profesor de literatura latinoamericana en el College of Staten Island (CUNY). Este texto presenta fragmentos de un artículo publicado con el título de "Vida y obra de Frida Kahlo: Retrato de un desafío" en el cual Soto presenta un análisis de lo que representa la figura de Frida Kahlo en el mundo actual.

La obra de Frida Kahlo

Hoy en día Frida Kahlo se ha convertido en una figura de culto internacional. Su imagen se reproduce en carteles, tarjetas postales e incluso en camisetas. En 1990, uno de sus autorretratos se vendió por un millón y medio de dólares en Sotheby's, estableciendo un récord en el arte latinoamericano.

5   Nos preguntamos, ¿cuál es la causa del exagerado encanto de Frida Kahlo y el interés en su vida y obra? Quizás la franqueza con la que los cuadros de Frida Kahlo nos hablan de su vida, de su angustia y dolor. Quizás el interés en Frida Kahlo—mujer que no se dejó encasillar por los patrones tradicionales y patriarcales de su época—sea el resultado del movimiento feminista que ha

10 apreciado la forma absolutamente directa en que la pintora habla en su obra de sus experiencias como mujer. Lo que sí es cierto es que en la última década Frida Kahlo ha surgido desafiante y de modo triunfal de la sombra de su esposo Diego Rivera, quien la eclipsó por tantos años.

      Considerada hoy día como la pintora más importante de la historia del arte

15 latinoamericano moderno, Frida Kahlo comenzó su obra creativa en los tumultuosos años posrevolucionarios, cuando se gestaba el movimiento muralista. Sin embargo, en vez de seguir los objetivos de la escuela muralista de pintura, Frida Kahlo creó su propio universo artístico, un espacio catártico, rebelde, íntimo y solitario, en el cual exploró varios aspectos de la sociedad

20 hispana que se consideraban—y hasta cierta medida todavía se siguen considerando—temas tabúes para la mujer: entre otros, la sexualidad, la violencia y el erotismo.

      De los doscientos y pico de cuadros que Frida Kahlo pintó durante su vida, fueron relativamente pocos los retratos que ella hizo de otras personas.

25 Son sus famosos autorretratos, enigmáticos e inquietantes los que fascinan más al público y en los cuales se basa su fama como pintora. En estos, la pintora mexicana se desdobla para explorar su mundo íntimo, su propia pasión, su identidad de mujer. Estos son cuadros sumamente personales y subjetivos que a la vez, paradójicamente, logran una proyección universal.

30 Aunque en los autorretratos el rostro de Frida Kahlo permanece desprovisto de toda expresividad, como si la pintora estuviera en espera de la muerte, el espectador percibe (oye) el grito de rebeldía tras este rostro mudo. Los autorretratos le permitieron entablar un diálogo consigo misma en diferentes coyunturas críticas de su vida.

35   La inspiración o fuente de las fascinantes imágenes y figuraciones en la obra de Frida Kahlo va más allá de lo personal. Su obra se nutre de las imágenes del folclore y de la vida popular del pueblo mexicano. Frida Kahlo no abandonó su herencia mexicana sino que la abrazó y la utilizó para darle voz a su visión singular.

      En sus autorretratos Frida Kahlo se representa a sí misma directamente

40 frente al mundo exterior con extraordinaria franqueza. Frida Kahlo recurre a la imagen de su propio cuerpo, enfermo y herido, pero a la vez sensual y erótico, para transmitirle al espectador sus deseos y obsesiones. Así, la artista refleja su íntimo estado de alma, auténtico y descarnado, el cual trasciende lo personal y se hace universal.

8-28 ¿Y ahora sabes más? Considera lo que has aprendido.

Paso 1. ¿Era cierto? Vuelve al actividad **8-27** y marca todo lo que aprendiste después de leer este fragmento. Confírmalo con citas del texto.

Paso 2. Opiniones y hechos. Ahora, di cuáles de esas afirmaciones son opiniones del autor y cuáles son hechos. Luego, busca en el texto dos ejemplos más de opiniones y dos de hechos.

> MODELO: **Opinión:** *En sus autorretratos, Frida Kahlo se representa a sí misma con extraordinaria franqueza.*
>
> **Hecho:** *En 1990, uno de sus autorretratos se vendió por un millón y medio de dólares.*

8-29 La obra de Frida Kahlo. Comenta estas oraciones que describen la obra de Frida Kahlo y busca en la lectura la frase exacta para confimarlas o refutarlas.

1. Su obra es una representación fiel del muralismo mexicano.   f, line 17
2. En sus cuadros se ven temas sexuales y eróticos.   c, line 21
3. Algunos de los temas que pintó eran temas tabúes.   c, line 21
4. Pintó doscientos retratos de diferentes personas.   f, line 23
5. Sus autorretratos la hicieron famosa.   c, line 25
6. Aunque sus cuadros son muy personales, consiguen una proyección universal.   c, line 28
7. No hay imágenes folclóricas en sus cuadros.   f, line 36
8. Su propio cuerpo es el modelo de sus pinturas.   c, line 41

8-30 Reseña de arte. Escojan una obra de Kahlo y hagan una reseña utilizando la información de la lectura y el vocabulario que han aprendido en **Así se dice**. Describan la obra y expresen su opinión.

Suggestion for 8-30: Assign as homework so students can prepare the presentation.

Poema

Rafael Alberti (1902–1999)

Alberti es uno de los grandes poetas españoles del siglo XX. Comenzó su carrera como pintor, pero luego se dedicó a la escritura. Fue amigo de los grandes artistas de su época; entre ellos, Salvador Dalí, Luis Buñuel, Pablo Neruda y Pablo Picasso. En uno de sus viajes a México conoció a los muralistas Orozco, Siqueiros y Rivera. Entre 1939 y 1977 estuvo exiliado en Francia, Argentina e Italia.

En Alberti, siempre encontramos al poeta y al pintor. Su poesía está llena de color y es luminosa como su pintura. Este poema sale de su obra *A la pintura*. Alberti decía que, antes de escribir un poema, tenía que dibujarlo. No nos extraña, entonces, que la siguiente dedicatoria aparezca en un dibujo de Picasso para Alberti: "Del poeta Pablo Picasso al pintor Rafael Alberti".

A la pintura

A ti, lino en el campo. A ti, extendida
superficie, a los ojos, en espera.
A ti, imaginación, helor° u hoguera°
diseño fiel o llama desceñida.°
5 A ti, línea impensada o concebida.
A ti, pincel heroico, roca o cera°
obediente al estilo o la manera,
dócil a la medida o desmedida.

A ti, forma, color, sonoro empeño°
10 porque la vida ya volumen hable,
sombra entre luz, luz entre sol, oscura.

A ti, fingida realidad del sueño.
A ti, materia plástica palpable.
A ti, mano, pintor, de la pintura.

frío profundo / gran fuego
unbelted

wax

determination

8-31 ¿Qué dice? Une las expresiones o palabras de la columna **A** con los versos que expresan lo mismo en la columna **B**.

A	**B**
1. _b_ paisaje	a. A ti, forma, color, sonoro empeño
2. _e_ el lienzo	b. A ti, lino en el campo.
3. _d_ pintura realista o abstracta	c. sombra entre luz, luz entre sol, oscura.
4. _a_ la escultura, la pintura y la música	d. diseño fiel o llama desceñida
5. _c_ el claroscuro	e. extendida superficie, espera

8-32 Citas. En el poema se mencionan todos los elementos que se usan para hacer una pintura. Aquí está la lista. Busquen, en el texto citas que correspondan a cada uno.

1. ojos   line 2
2. imaginación   line 3
3. línea   line 5
4. pincel   line 6
5. color   line 9
6. mano   line 14

8-33 Oposición familiar. La familia de Alberti se opuso a su deseo adolescente de ser pintor. Comenta con otro/a estudiante esta situación. Intenten explicar por qué los padres se opondrían. Si has tenido alguna experiencia similar, coméntala con tu compañero/a.

8-34 Exposición de poemas. Alberti "dibujaba" sus poemas. Busca información sobre Alberti. Selecciona un poema/pintura para exponer en clase. Te recomendamos las obras" Las cuatro estaciones" o "El lirismo del alfabeto". Explica por qué seleccionaste esa obra y qué te dice.

Suggestion: You may want to do the following **Ventana al mundo** before assigning this **diario**.

Note: You may want to send students to the following site to see some of Rafael Alberti's works. <http://www.rafaelalberti.es/ESP/AlbertiPintor/Alberti_Pintor.asp>

Ventana al mundo

El surrealismo

Fue un movimiento artístico, literario y filosófico, nacido en 1924 y basado en la expresión del pensamiento y de los sentimientos subconscientes. Los surrealistas no querían limitar la capacidad de creación del artista con ninguna norma moral, estética o social.

El escritor francés André Breton, padre del surrealismo, lo define como "automatismo psíquico puro", "ausencia de todo control ejercido por la razón, fuera de cualquier preocupación estética o moral". Las imágenes eran dictadas por el subconsciente y por la investigación de los sueños.

Uno de los representantes más importantes de este movimiento es Salvador Dalí.

Salvador Dalí (1904–1989), *Naturaleza muerta viviente*, 1956. Óleo sobre lienzo

Salvador Dalí "Nature Morte Vivante" (Still Life - Fast Moving). (1956) Oil on canvas 49 1/4 x 63 inches. Collection of The Salvador Dalí Museum. St. Petersburg, Florida. © 2006 Salvador Dalí Museum, Inc. © 2006 Kingdom of Spain, © 2006 Salvador Dalí, Gala-Salvador Dalí Foundation, Figueres /Artists Rights Society (ARS), New York.

Frida y los surrealistas. Busca cuadros de Frida. ¿En qué cuadros de Frida Kahlo encuentras elementos surrealistas? Compara tu respuesta con las de tus compañeros.

Comprehension questions: *¿En qué se basa el surrealismo? ¿Le ponen límites a la capacidad de creación del artista? Explica. ¿Cómo define André Breton, padre del surrealismo, este movimiento? ¿Quién es uno de los representantes más importantes de este movimiento?*

Diario

¿Te acuerdas de tus sueños? Cuenta un sueño que te sorprendiera por lo extraño. ¿Qué pasaba en el sueño? ¿Dónde estabas? ¿Qué hacías? ¿Qué otras cosas o personas aparecían?

Avancemos con la escritura

Antes de escribir

Estrategia de escritura: *Critiquing a work of art*

In order to write a critique of a work of art, you have to describe the work and explain the effect that it has on you. Explain the feelings or thoughts that it evokes in you. Support your opinion by describing details of the work. You may make your point stronger by comparing the work to some other of his/her work, some other artist, or something else all together. Finally, you must leave readers intrigued enough about the work that they will want to see it for themselves.

8-35 El mejor mural. Escoge la pintura que más te gustó en este capítulo. Escribe un párrafo para convencer a tus compañeros de que es la mejor de todas. Usa palabras y expresiones de la sección **Así se dice** de este capítulo para explicar por qué la escogiste. Puedes compararla con alguna otra obra que conozcas. Usa algunas de estas expresiones para ayudarte en tu explicación.

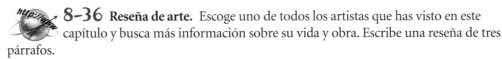

A mi parecer,...   La razón por la cual...   Es importante reconocer que...
Obviamente,...   Además,...   Lo mejor de la obra es...
Lo que más llama la atención es...

A escribir

8-36 Reseña de arte. Escoge uno de todos los artistas que has visto en este capítulo y busca más información sobre su vida y obra. Escribe una reseña de tres párrafos.

Antes de entregar tu reseña, asegúrate de haber incluido y revisado lo siguiente:
- El vocabulario del capítulo
- Las **Expresiones útiles**
- **Así se dice**
- El subjuntivo en cláusulas adverbiales

Ventana al mundo

El fresco

El fresco es una técnica pictórica que utiliza acuarelas y yeso *(plaster)*. La técnica consiste en agregar colores a la última capa *(layer)* de yeso. El artista generalmente añade un bosquejo a la penúltima capa de yeso. Las líneas de las figuras y formas del fresco se marcan con acuarelas de colores oscuros. Luego, el yeso se coloca en superficies pequeñas del dibujo y el color se le añade al yeso mojado. El pintor casi siempre utiliza otro bosquejo que le sirve de guía. Cuando la pintura se seca, se produce un proceso químico que la une al yeso y le da un color claro, luminoso y transparente. El pintor debe saber cuánta acuarela va a absorber el yeso y tiene que trabajar muy rápidamente. Si se utiliza mucha pintura se corre el riesgo de pudrir *(to rot)* la superficie. Si esto ocurre, el pintor debe cortar la sección arruinada y poner otra capa de yeso. Esta técnica es conocida y utilizada desde la antigüedad. México es el centro de pintura al fresco más importante de América, tanto en su época prehispánica como en la actualidad.

 ¿Frescos? Busca ejemplos de un fresco y tráelo a la clase para compartir. Debes explicar quién es el autor, dónde se encuentra y de qué época es.

Comprehension questions: *¿Qué elementos se utilizan en la producción de un fresco? Describe la técnica que se usa para producir un fresco. ¿Cómo se debe trabajar? ¿Qué necesita saber el artista? ¿Cuándo y dónde se utilizó esta técnica?*

Fresco precolombino, *Cabeza de serpiente alada*, Cacaxtla, Tlaxcala, México (c. 900 DC)

Atando cabos
El arte en el barrio

Ustedes son los encargados de embellecer su barrio incorporando más obras de arte a la vida comunitaria.

8-37 Apoyo al arte. En grupos de tres o cuatro estudiantes, investiguen las distintas expresiones de arte popular en su comunidad. Pueden ir al ayuntamiento o a los centros culturales para averiguar si se organizan conciertos, concursos de arte, exposiciones, etc. Preparen un informe oral para la próxima clase con la información que obtengan.

8-38 Tipos de arte. Decidan qué aspectos del arte quieren fomentar en su comunidad. Luego, hagan una lista de cinco cosas que harían para apoyar el arte y de cinco cambios que les propondrían a las autoridades para darle un enfoque más artístico a la vida de la comunidad. Usen **Quisiéramos que…**

MODELO: *Quisiéramos que hubiera conciertos al aire libre en los parques.*

8-39 ¿Para qué? Ustedes van a tener una reunión con un/a funcionario/a de la municipalidad y tienen que explicarle para qué quieren organizar las diferentes actividades propuestas en la actividad **8-38**. Usen **para que** cuando sea necesario.

MODELO: *Queremos organizar conciertos en los parques para que los músicos locales tengan más trabajo.*

Suggestion for 8-40: Review command forms before doing this activity. Ask students to use the informal negative form of these sentences: *Muéstrame ese cuadro. Aprecia esta obra maestra. Dibuja con cuidado. Usa este marco para esa pintura. Patrocina las artes. Retrata a esta niña. Pinta un cuadro al pastel. Aléjate de ese lugar.*

8-40 Para hacer un fresco. Lee la información en **Ventana al mundo** sobre cómo se hace un fresco y prepara cinco instrucciones para darle a otro/a estudiante. Usa el subjuntivo, las siguientes expresiones y el imperativo si es necesario.

mientras (que)	tan pronto como	a menos que	antes que
en cuanto	hasta que	aunque	en caso de que
	después de que		

MODELO: *No empieces a pintar hasta que la superficie esté lista.*
Comienza a pintar tan pronto como la superficie esté lista.

👥👥 **8-41 ¿Cuándo?** Ya saben lo que quieren hacer y ahora tienen que planear cuándo van a organizar las distintas actividades. Utilicen el subjuntivo y las siguientes expresiones para hablar de su programación.

> tan pronto como   después de que   de modo que
> a no ser que   cuando   con tal que

MODELO: *Vamos a comenzar los conciertos al aire libre tan pronto como la municipalidad nos dé los permisos.*

👥👥 **8-42 Mural.** La municipalidad les ha dado autorización para hacer un mural en una pared del centro de la ciudad. Decidan qué van a pintar, hagan un bosquejo y preséntenlo a la clase con una explicación.

👥👥 **8-43 Concurso.** Ustedes tienen que decidir cuál de los bosquejos presentados en la actividad anterior es el mejor pero, antes de tomar esta difícil decisión, tienen que resolver algunas dudas. Completen las frases y, luego preséntenlas a los grupos de artistas.

MODELO: *Les vamos a dar el premio… en cuanto nos digan cuánto dinero costará.*

1. siempre y cuando
2. a menos que
3. en cuanto
4. después de que

👥👥 **8-44 Debate.** No es fácil ponerse de acuerdo sobre lo que quieren. Escojan uno de los siguientes temas para discutir en su grupo. La mitad del grupo debe preparar argumentos a favor y la otra mitad argumentos en contra. Luego, discutan el tema. Una persona debe tomar nota, para luego, presentar a la clase los puntos discutidos y las conclusiones.

1. El gobierno debe patrocinar el arte.
2. El papel principal del arte es entretener.
3. Se debe censurar el arte si expresa cosas contrarias a la moral.
4. El arte debe reflejar la realidad sociopolítica de su región y momento.
5. Los grafitis no son una forma de arte.

Suggestion for 8-44: Review expressions *Para influir y convencer*, to convince and persuade, on page 148 in Chapter 5.

Capítulo

9

Hablemos de la juventud

> **❝¡Juventud, divino tesoro, ya te vas para no volver!❞**
> **Rubén Darío**

Warm-up: Explain that Rubén Darío (1867–1916) is a noted Nicaraguan poet, who belonged to the Modernist movement. Ask students what this quote means to them. *¿Cómo interpretan Uds. estas palabras? Expliquen lo que significa para Uds.*

Tema cultural

Los jóvenes en el mundo hispánico

Objetivos comunicativos

Hacer, aceptar y rechazar invitaciones

Hablar sobre actividades futuras

Hablar de acciones condicionales

Hablar de probabilidades

Hablar de sucesos improbables o imposibles

Considerar hipótesis y condiciones

Canción recomendada: *Camino,* Jarabe de Palo, CD *Bonito,* España, 2003.

Película recomendada: *Quinceañera,* Richard Clatzer y Wash Westmoreland, EE.UU. 2005

La promesa de la juventud

En marcha con las palabras

En contexto: Entrevista al sociólogo Enrique Lavalle

El licenciado Enrique Lavalle acaba de publicar su libro sobre lo que caracteriza a los jóvenes de la sociedad española de hoy en día. Un periodista del diario *La voz* le hace la siguiente entrevista.

¿Qué buscan los jóvenes de hoy?

PERIODISTA: ¿Cuáles son los principales **valores** de los jóvenes españoles de hoy en día?

LIC. LAVALLE: Sus valores fundamentales son: la **lealtad**, la solidaridad, la **espontaneidad** y la tolerancia. Éste último se refleja en la aceptación de todo tipo de diferencias, ya sea en cuanto a diferencias de raza, religión, preferencia sexual o cualquier otro motivo.

PERIODISTA: ¿Cuáles son los puntos débiles de los mismos?

LIC. LAVALLE: En términos generales, hay una **falla** en cuanto a valores que **promueven** el éxito en la vida, **tales como** la **constancia**, el **esfuerzo**, la **abnegación** y el sacrificio, además del gusto por el trabajo bien **realizado.**

PERIODISTA: ¿Qué explicación encuentra Ud. para estas fallas en la personalidad de los jóvenes?

LIC. LAVALLE: Por empezar, hay que tener en cuenta la crianza de estos jóvenes. Son, generalmente, hijos únicos o puede ser que tengan otro hermano o hermana. Crecieron dentro de un contexto económico **próspero,** en comparación a generaciones **anteriores,** lo cual los hace muy **cómodos** y **centrados en sí mismos.** Tienen a su disposición muchos recursos materiales que no estaban al alcance de sus padres o abuelos.

PERIODISTA: ¿Cómo **afectan** la economía?

LIC. LAVALLE: La cultura **juvenil** inventa formas para **diferenciarse** de los demás, **a través de** la ropa y la música, por ejemplo, o los lugares que frecuentan, como las discotecas, el cine y, también, el uso de productos electrónicos. De esta manera, crean un **mercado de consumo** propio.

PERIODISTA: ¿Cuáles son algunas de las diferencias notables con otras generaciones?

LIC. LAVALLE: La forma de **ocio** es distinta y se demuestra, por ejemplo, en la existencia de las discotecas. Éstas presentan un mundo siempre **novedoso** y **alejado** de las convenciones sociales típicas. Además, el uso de nuevas tecnologías, tales como, el correo electrónico, el *chateo*, el teléfono móvil, y el **navegar por Internet**, les dan acceso al mundo desde el microcosmo de su **propia** habitación. Por otra parte, en el campo de las drogas, hay que decir que, hace diez años, la mayoría de los jóvenes les tenía miedo. Ahora, el peligro que **implican** se trivializa.

PERIODISTA: ¿Encuentra Ud. diferencias de **conducta** entre la juventud española y la de otros países europeos?

LIC. LAVALLE: No, y cada vez son mayores las **similitudes.** Al mismo tiempo, debemos **darnos cuenta** que existen algunos elementos específicos. Es común que el joven español viva en la casa de sus padres hasta los treinta años, mucho más tiempo que en otros países. Éstos son llamados *adultecentes.*

¿Comprendes?

1. ¿Cuáles son los valores positivos de los adolescentes españoles?

2. ¿Cuáles son los valores que les faltan?

3. ¿En qué contexto creció la nueva generación y cómo los afecta?

4. ¿Cómo influyen los jóvenes en la economía en general?

5. ¿Qué formas de ocio tienen?

6. ¿Cuáles son las diferencias de la juventud española comparada con la de otros países?

7. Explica la conciencia social que tiene, ¿qué defiende la juventud y qué no?

Otra diferencia esencial es la de los **horarios** de salida los fines de semana. La vida nocturna comienza cerca de la media noche y se **alarga** hasta la **madrugada**, o sea las cinco o seis de la mañana.

PERIODISTA: ¿Qué les mueve a los jóvenes de hoy? ¿Por qué luchan?

LIC. LAVALLE: Defienden lo natural y lo ecológico. Aunque viven en una **aldea global**, tienden a estar en contra de la **globalización económica**. Pero como la mayoría no es activista, no se rebela ante la **pobreza** y **marginación** de los llamados tercer mundo y cuarto mundo.

PERIODISTA: Muy interesante. Gracias por la entrevista.

Palabras conocidas

La juventud

Estas palabras deben ser parte de tu vocabulario.

La adolescencia

la disciplina	discipline
la diversión	enjoyable activity, fun
la edad	age
el/la joven	young person, youth
negociar	to negotiate
el ordenador	computer
el respeto	respect

Cognados

el/la activista
la adolescencia
el/la adolescente
afectar
el chateo
chatear
el cibercafé
el ciberespacio
la computadora

defender
electrónico
la generación
la globalización económica
el límite
el motivo
rebelarse
la solidaridad
la tolerancia

Expresiones útiles

darse cuenta (de)	to realize	Ellos no **se dan cuenta** del peligro de conducir tan rápido. *They don't realize the danger of driving so fast.*
en sí mismo/a/s/s	in themselves	Por ser hijo único está demasiado centrado **en sí mismo**. *Because he is an only son, he is too self-centered.*
estar al alcance de	to be within reach of	Este ordenador **no está al alcance de** mi presupuesto. *This computer is not within the reach of my budget.*
realizar	to do, fulfill, to accomplish	La asistente social **realizó** un trabajo increíble con los jóvenes rebeldes. *The social worker did an incredible job with the rebellious youth.*
navegar por Internet	to surf the web	**Navego por Internet** para encontrar mercadería barata. *I surf the net to find inexpensive merchandise.*

9-1 ¿Qué es…? Define las siguientes palabras en español sin usar la palabra. Tu compañero/a debe adivinar qué palabra es. Cada uno/a define las palabras en su lista.

MODELO: E1: Es el respeto hacia las ideas o prácticas de los demás.
E2: ¿Es la tolerancia?

E1

lealtad
constancia
juvenil
pobreza
ocio

E2

esfuerzo
aldea global
alejado
madrugada
diferenciarse

9-2 ¿Qué relación tienen? Escoge las palabras que se relacionan y explica su relación. ¿Son sinónimos o antónimos?

1. próspero   *e, sinónimos*
2. falla   *i, sinónimos*
3. anterior   *h, antónimos*
4. alargar   *g, antónimos*
5. novedoso   *a, sinónimos*
6. peligro   *d, sinónimos*
7. cómodo   *b, antónimos*
8. abnegación   *c, antónimos*
9. conducta   *f, sinónimos*

a. original, nuevo
b. incómodo
c. egoísmo, indiferencia
d. riesgo
e. rico
f. forma de actuar
g. acortar
h. posterior
i. defecto

9-3 Los prejuicios sociales. Tratamos de educar a los niños para que sean tolerantes y acepten diferentes puntos de vista. Contesten las siguientes preguntas para saber si estamos realizando esa tarea.

1. ¿Crees que vivimos en una sociedad tolerante?
2. ¿Cuándo te diste cuenta de que existen prejuicios sociales?
3. ¿Qué actividades se pueden realizar para terminar con ellos?
4. ¿Está a tu alcance trabajar para erradicar algunos prejuicios sociales?

9-4 Los jóvenes de hoy. ¿Qué piensan Uds.? Lean las siguientes afirmaciones y expliquen si están de acuerdo o no con lo que dice el Licenciado Lavalle. Den ejemplos concretos donde sea posible. Luego, presenten a la clase sus conclusiones.

1. Los jóvenes de hoy son leales, solidarios, espontáneos y tolerantes.
2. Cuando tienen que trabajar les falta constancia y no ponen el esfuerzo necesario para hacer un trabajo bien hecho.
3. Esta generación es cómoda y centrada en sí misma.
4. La cultura juvenil necesita diferenciarse de los demás a través de actos rebeldes.
5. Las discotecas presentan a los jóvenes con un mundo siempre novedoso y alejado de las convenciones sociales típicas.
6. El uso de las drogas está trivializado. No ven el peligro que implica usarlas.

Suggestion for 9-1: Have students cover their list so their partner can't see the unknown words. Tell students to choose the words at random.

Note: Point out to students the difference between *estar cómodo* = to be comfortable *y ser cómodo* = to be lazy.

Comprehension questions: *¿Cuáles son los dos medios de comunicación más importantes para los jóvenes? ¿Desde dónde acceden a Internet los jóvenes españoles? ¿Por qué muchos jóvenes latinoamericanos acceden a Internet desde un cibercafé? ¿Qué se puede hacer en un cibercafé?*

Ventana al mundo

Conectarse a Internet

Internet se ha convertido en uno de los mejores medios de comunicación para llegar al público consumidor juvenil. De hecho, la televisión es el único medio de comunicación que todavía supera a Internet al llegar a la casi totalidad de la población.

La juventud española parece conectarse a Internet mayormente desde casa. En contraste, en países con menor nivel económico los cibercafés se están convirtiendo en lugares de reunión de los jóvenes. Una de las razones es que el costo económico de la hora de conexión no es muy alto y resulta más accesible que tener conexión y computadora en casa.

Los cibercafés son muy concurridos, especialmente en México, Chile, Argentina y otros países latinoamericanos. En estos países, la juventud asiste de forma masiva a cibercafés para conectarse a Internet, *chatear* y, sobretodo, para jugar videojuegos.

Estamos conectados.

¿Y tú?: ¿Cuántas horas al día pasas en la computadora? ¿Para qué la usas?

Note: *Mantener and sostener are synonyms and, in most cases, are interchangeable. However, when we talk about financial support in Spanish, we always use mantener.*

¡Sin duda!

apoyar — mantener — soportar — sostener

In the following contexts, the verbs **apoyar, mantener, soportar,** and **sostener** can be translated into English as *to support*.

Palabra	Explicación	Ejemplo
apoyar	to advocate, to support, and, with the preposition **en** or **sobre**, to be based on, to rest on	El comité escolar **apoyó** el uso de ordenadores en las clases. *The school committee supported the use of computers in the classes.* Nos **apoyamos en** el principio de igualdad. *We base ourselves (our ideas) on the principle of equality.*
mantener	to provide for; to defend or sustain an opinion	Es muy difícil **mantener** a la familia con un solo salario. *It's very difficult to support a family with a single salary.* Ella se **mantuvo** firme en su opinión. *She sustained her opinion firmly.*
soportar	to bear, put up with, stand	No **soporto** a las personas jóvenes con prejuicios. *I can't stand prejudiced young people.*
sostener	to maintain, to hold up	El muchacho **sostuvo** sus opiniones hasta el final de la discusión. *The young man maintained his opinions until the end of the discussion.*

9-5 ¿Qué piensas? Marca las afirmaciones que apoyas y las personas o actitudes que no soportas. Luego, defiende tu postura frente a los otros miembros del grupo. Usa el vocabulario que se presenta en **En contexto,** siempre que sea posible.

Suggestion for 9-5: Ask a few students why they made their particular choices.

Ideas	Apoyo	No soporto
Los jóvenes que son indiferentes.		
Las personas que critican todo el tiempo a los jóvenes.		
Las personas que están permanentemente obsesionadas con el teléfono.		
Los jóvenes que participan en política.		
Los jóvenes que fuman marihuana.		
Las personas que no son tolerantes de otras opiniones.		
Los jóvenes que son rebeldes.		

Diario

Describe el tipo de educación que recibiste en tu casa y en la escuela. ¿Consideras que tu educación fue igualitaria o discriminatoria? ¿Conservadora o liberal? ¿Tradicional o de vanguardia? Incluye algunos ejemplos.

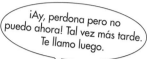

Así se dice

Cómo hacer, aceptar y rechazar invitaciones

Cuando quieras invitar a alguien a hacer algo, usa estas expresiones.

Te invito a + *infinitive…*

Te invito a pasar el día en la playa.

I invite you to spend the day at the beach.

¿Quieres/Querrías + *infinitive…?*

¿Quieres salir conmigo esta noche?

Do you want to go out with me tonight?

¿Te gustaría + *infinitive…?*

¿Te gustaría ir de compras esta tarde?

Would you like to go shopping this afternoon?

Al aceptar una invitación, sé cortés y, si la ocasión lo indica, propón algo más.

Gracias. Me encantaría.	*Thank you. I would be delighted.*
Me gustaría mucho.	*I would like that very much.*
Sí, cómo no.	*Yes, of course.*
Encantado/a.	*Delighted.*
(Lo acepto) con mucho gusto.	*(I accept) with pleasure.*

Cuando rechazas una invitación, es cortés dar una excusa para explicar por qué no puedes aceptar. Usa las siguientes expresiones.

Lo siento, pero me es imposible porque…	*I'm sorry, but it is impossible because …*
Me encantaría, pero no puedo porque…	*I would be delighted, but I can't because …*
Lo siento, pero tengo que decir que no porque…	*I'm sorry, but I have to decline because …*
¡Cuánto lo siento! No puedo aceptar porque…	*I am so sorry. I can't accept because …*
Perdóname, pero esta vez no puede ser porque…	*Sorry, but it is not possible this time because …*
No, gracias.	*No, thank you.*

9-6 Concursos. Hay algunos concursos que son arriesgados. Por ejemplo, las competiciones que organizan algunas fraternidades durante la semana de admisión. ¿Qué harían si a ustedes los invitaran a participar en los siguientes concursos? Hagan el papel de uno de estos estudiantes y alternen los papeles con el/la compañero/a para proponer la invitación y para aceptarla o rechazarla.

MODELO: participar en un concurso de trajes de baño
E1:   *Te invitamos a participar en un concurso de trajes de baño.*
E2:   *No, gracias. Me parece algo muy sexista.*
Gracias. Me encantaría. Tengo un traje de baño nuevo.

1. bañarse desnudo/a en un lago helado
2. participar en un concurso de belleza para hombres y mujeres
3. cocinar para todos los miembros de la fraternidad en un concurso de comida
4. contestar preguntas de cultura general en un concurso
5. conducir en una carrera cronometrada *(timed)* de coches

9-7 Te invito a salir. Con un/a compañero/a hagan planes para salir juntos. Preparen un pequeño diálogo utilizando las expresiones de **Así se dice**. Luego, preséntenlo al resto de la clase.

Ventana al mundo

Jóvenes y empleo en América Latina

Según un comunicado de la Organización Internacional del Trabajo (OIT) del año 2006, en América Latina, 16,6% de los jóvenes de entre 15 y 24 años que desean trabajar, están desempleados. Además millones de jóvenes tienen trabajos temporales que no dan protección laboral o social y ofrecen pocas perspectivas de progresar.

Para resolver este problema, la OIT promueve el empleo independiente y la creación de microempresas. También patrocina programas de empleo sostenible y de desarrollo de cultura empresarial. La OIT tiene colaboraciones con universidades, institutos, escuelas técnicas y bases militares donde, formadores profesionales reúnen a jóvenes emprendedores y les facilitan los contactos con el gobierno, con los proveedores de servicios y con otros empresarios que pueden apoyar la creación de pequeñas empresas.

Desde una perspectiva más general, el informe de la OIT propone dos estrategias principales para enfrentar el empleo juvenil y reducir a la mitad en los próximos diez años el número de jóvenes que no trabaja ni estudia. Estas propuestas son: disminuir el número de jóvenes que abandonan prematuramente el sistema educativo y promover oportunidades de trabajo.

Dos jóvenes emprendedores

El trabajo en tu país. ¿Es fácil encontrar empleo para los jóvenes de tu país? ¿Cuál es el porcentaje de jóvenes que no tiene trabajo? ¿Existen programas para promover el trabajo entre los jóvenes?

Sigamos con las estructuras

Complete the self-test on the **Atando cabos** web site. If you get less than 85%, you need to review this grammar point in the **Cabos sueltos** section, pp. 462–464. If you get above 85%, you can continue with the following activities.

Repasemos 1

Talking about future activities: Future tense

Pronto, **lograremos** nuestros objetivos.

9-8 Un futuro mejor. Confiamos en que el futuro será mejor. En pequeños grupos, comenten si están de acuerdo con las siguientes afirmaciones sobre lo que ocurrirá en el futuro y expliquen por qué. Después, escriban tres afirmaciones más y den sus razones. Luego, compartan sus opiniones con otros grupos de la clase.

1. Más jóvenes encontrarán empleo seguro después de los estudios.
2. El gobierno tendrá que crear más programas para jóvenes con problemas de conducta.
3. Más empresas crearán empleos con mayor flexibilidad de horario.
4. Habrá más ayuda para estudiantes con bajos recursos económicos.
5. _____
6. _____
7. _____

Suggestion: Check student knowledge of the future tense by doing a quick mechanical drill with regular and irregular verbs. Elicit the correct verb forms by asking individual students. *Yo:* buscar, encontrar, conceder, compartir, salir. *Tú:* derramar, desafiar, ocuparse, convivir, tener. *Él/Ella:* desarrollar, estrechar, relacionarse, entender, recibir, poner. *Nosotros:* pasar, platicar, comprender, ir, decir, hacer. *Vosotros:* crear, vender, querer, poder, saber. *Ellos/Ellas:* dar, amar, venir, haber.

9-9 Becas para jóvenes. Imaginen que Uds. son los encargados de decidir cuáles son los requisitos que deberá cumplir un/a joven para obtener una beca de estudios en el extranjero. Expliquen por qué escogieron esos requisitos y luego, compartan sus ideas con otras parejas de la clase.

MODELO: tener menos de 25 años

E1: *En nuestros requisitos, el/la joven tendrá menos de 25 años para obtener la beca porque después de los 25 una persona debe trabajar.*

E2: *En nuestros requisitos, el/la joven no tendrá menos de 25 años porque los estudios pueden alargarse más allá de los 25 años.*

El/La joven …

1. tener menos de 25 años
2. haber trabajado durante los estudios
3. tener notas superiores a …
4. recibir dinero de otra institución
5. ser soltero/a
6. vivir en una residencia

👥 **9-10 La casa propia.** En muchos países del mundo, es muy difícil para los jóvenes conseguir créditos en los bancos. Con otro/a estudiante, hagan una lista de por lo menos cinco condiciones que tendrá que cumplir un joven para obtener un crédito para comprar un piso, un coche, hacer un viaje, etc.

> MODELO: *Tendrá que tener un salario de …*

El/La joven tendrá que …
El/La joven deberá …
El/La joven necesitará …

Repasemos 2
Talking about conditions: Conditional tense

Tendríamos que pensar en el modo de implementar estos cambios.

 👥 **9-11 El botellón.** Las autoridades de muchas ciudades de España intentan prohibir la costumbre del botellón. Piensen en cinco medidas que ustedes propondrían para disminuir los aspectos negativos del botellón. Luego, busquen información sobre lo que han hecho las diferentes regiones autónomas y preséntenlas en clase.

> MODELO: *Establecería un precio máximo para las bebidas en los conciertos.*

Consumo de alcohol en la vía pública

El botellón, la botellona o el botelleo, es una costumbre que aparece en España a finales del siglo XX, sobre todo entre los jóvenes. Consiste en consumir alcohol y otras bebidas en lugares públicos antes de ir a discotecas o conciertos, donde el precio de las bebidas suele ser mucho más caro.

El consumo de alcohol en la vía pública
- Permitido
- Regulado por el ayuntamiento
- Prohibido

Suggestion: Ask the class to read the information before doing this activity and check students' understanding. You may choose to make comparisons with the price of drinks in discotheques and public events in your area.

Suggestion: Quickly drill students on the forms of the conditional. Use the list from the suggestion for **Repasemos 1**.

9-12 Yo que tú. Elijan a uno de los personajes presentados e indiquen tres posibles reacciones. Luego, lean las reacciones a los otros grupos de la clase. Ellos deberían deducir cuál es el personaje que escogieron. Usen el condicional cuando sea posible.

Note: SMS = Short Message System, text message.

PERSONAJE 1: Eres un/a joven de 16 años y vives en Barcelona. Recibes un mensaje en tu móvil (SMS) invitándote a participar en un megabotellón.

PERSONAJE 2: Eres el/la alcaldesa de Barcelona. Te enteras de la organización de un megabotellón.

PERSONAJE 3: Eres el padre/la madre de un/a joven de 16 años que tiene una invitación para participar en un megabotellón.

PERSONAJE 4: Eres el/la profesor/a responsable de la prevención del consumo de drogas y alcohol de una escuela. Sabes que se organiza un megabotellón en la ciudad para el fin de semana.

Diario

Muchos jóvenes se sienten incomprendidos por la generación de sus padres o abuelos. Piensa en una situación en la que te sentiste incomprendido/a y frustrado/a por un malentendido en el que no interpretaron bien lo que tú pensabas o hacías. ¿Qué pasó? ¿Pudiste aclarar el malentendido? ¿Tuvo solución o quedó sin aclarar?

Complete the self-test on the **Atando cabos** web site. If you get less than 85%, you need to review this grammar point in the **Cabos sueltos** section, pp. 467–468. If you get above 85%, you can continue with the following activities.

Repasemos 3
Discussing probability: Uses of the future and conditional to express probability

Mariana no vino ni ayer ni hoy. **¿Estará enferma?**

9-13 ¿Qué estarán haciendo? En parejas, hagan conjeturas sobre lo que pueden estar haciendo estas personas ahora.

> MODELO: mi hermano/a
> > E1:   *¿Qué hará mi hermana?*
> > E2:   *Son las once. Estará en la clase de historia.*

1. tu compañero/a de cuarto
2. tu mejor amigo/a
3. el presidente de los Estados Unidos
4. el/la presidente/a de la universidad
5. tus padres
6. tus amigos de la escuela secundaria

9-14 ¿Qué pasaría anoche? Anoche, tú y una amiga iban a ir a la marcha organizada por las distintas asociaciones de jóvenes de la ciudad. La esperaste durante una hora en tu cuarto y no vino ni llamó por teléfono. Usa estos verbos para formar preguntas haciendo conjeturas en el pasado.

> estar   no encontrar   tener   llamar   ¿?

> MODELO: *¿No le funcionaría el coche?*

Ventana al mundo

Los jóvenes y la política

Una encuesta reciente realizada en España por varias instituciones (*Injuve*, FAD, Obra social, Caja de Madrid) parece indicar que a la gran mayoría de los jóvenes españoles no le interesa la política (60,8%). Dentro de este grupo, el informe destaca que el 28,6% está desinteresado por simple indiferencia y el 21,2% por desengaño o desconfianza. El 11% muestra desinterés mezclado con desprecio y rechazo del sistema.

Según el estudio, las razones que "movilizan" a los jóvenes son las que afectan directamente su vida personal, como el empleo o la vivienda. Los problemas que más preocupan a la juventud española pasan por la violencia de género (79,2%), el terrorismo (63,3%), la revisión de la legislación sobre drogas (56,7%), la política medioambiental (48,2%) y las políticas de inmigración (38,8%).

En cuanto al compromiso social, a través de asociaciones y ONG (Organización no gubernamental), tan sólo participa un 26,4% en este tipo de asociaciones. En general, los jóvenes perciben como "raros" y "especiales" a los chicos y chicas que se comprometen activamente con una causa.

Jóvenes en una manifestación en España

Comprehension questions: *¿Por qué no les interesa la política a los jóvenes españoles? ¿Qué cosas les interesan? ¿Qué porcentaje tiene un compromiso social?*

La política y tú. ¿Podrías comparar estos datos con los de tu país? ¿Qué similitudes y qué diferencias puedes mencionar?

Aprendamos 1

Talking about hypothetical situations in the future: Conditional clauses

To express a hypothetical situation that may occur in the present or the future, use the following structures:

Si	+	*present*	+	*future*
				or
				ir a + infinitive
				or
				command

Si quieres proteger el medioambiente, **tendrás** que trabajar con un grupo ecológico.

If you want to protect the environment, you will have to work with an ecology group.

Si mi novia le **dedica** a su trabajo más de 40 horas por semana, yo no **voy a estar** contento.

If my girlfriend devotes more than 40 hours a week to her work, I will not be happy.

Si las tareas domésticas te **toman** mucho tiempo, **haz** una lista de prioridades.

If the house chores take too much of your time, make a list of priorities.

Suggestion for 9-15-16: Point out to students that, in these activities, they will be using conditional sentences with the command form.

9-15 Grandes metas. Aunque a veces resulte una utopía, es bueno proponerse grandes metas. Completa las frases con la forma verbal apropiada.

MODELO: Si quieres igualdad, (promover) la educación.
Si quieres igualdad, promueve la educación.

1. Si quieres que el sexismo desaparezca, no (practicarlo). *no lo practiques*
2. Si quieres que nos traten a todos como iguales, (pelear) por eso. *pelea*
3. Si amas la justicia, (luchar) por la libertad. *lucha*
4. Si estás harto/a de ser maltratado/a, (expresar) tu opinión. *expresa*
5. Si quieres que te quieran, (comenzar) por amar. *comienza*
6. Si quieres cambiar la sociedad, (trabajar) a nivel local. *trabaja*

Suggestion for 9-16: Explain that *xenofobia* means hatred toward foreigners = *odio u hostilidad hacia los extranjeros*.

9-16 No a la discriminación. ¿Quieres un mundo en el que no haya ningún tipo de discriminación por raza, sexo, religión, nacionalidad, etc.? Piensa en soluciones. Completa las frases con tres soluciones posibles.

MODELO: *Si quieres terminar con el sexismo, … / lucha contra él. / habla con todos. / no seas machista.*

1. Si quieres terminar con la xenofobia, …
2. Si quieres la igualdad entre los sexos, …
3. Si quieres acabar con la discriminación por religión, …
4. Si quieres terminar con el antiamericanismo, …
5. Si quieres combatir la homofobia, …

9-17 Libertad y justicia. Cerca de nosotros los jóvenes también enfrentan problemas. En parejas, elijan una de las situaciones siguientes, coméntenla y decidan qué harán para resolverla. Luego, informen a la clase.

> MODELO: En la universidad, les pagan menos a las mujeres que a los hombres.
> *Si en la universidad les pagan menos a las mujeres que a los hombres, haremos una protesta, les escribiremos cartas a las autoridades, llamaremos a los periodistas …*

1. Todo es tan PC (políticamente correcto) que no hay libertad de expresión.
2. A una pareja homosexual no le alquilan el piso que desea.
3. En una entrevista de trabajo, te preguntan si piensas tener niños.
4. En tu ciudad, el número de jóvenes que participa en política es muy bajo.
5. Los jóvenes son tratados siempre como vagos, cómodos, etc.

9-18 ¿Qué haré? Tú eres muy creativo y sueles dar buenos consejos. Escribe en un papel una situación hipotética problemática que quieras resolver. Luego, intercambia tu papel con el de otro/a estudiante. Lee la situación de tu compañero/a, y da dos o tres soluciones. Presenta las soluciones a la clase para que ellos puedan indicar cuál es la situación problemática a partir de las soluciones que das.

> MODELO: Situación problemática: ¿Que haré? … *Si me pagan menos que a mi compañero/a.*
> Solución: Hablaré con mi jefe. Buscaré otro trabajo. Pediré un aumento.

Aprendamos 2

Discussing contrary-to-fact situations: Conditional clauses

To express hypothetical situations that are contrary to fact—that is, situations that are possible but unlikely to happen—use the following structure:

Si	+	imperfect subjunctive	+	conditional

Si tuviera más ambición, **estudiaría** una maestría.
If I had more ambition, I would study for a Master's degree.

In all conditional sentences, the **si** clause may be at the beginning of the sentence or come after the resultant clause.

Si no estuviera en la universidad, no conocería a tanta gente diferente.
If I were not at the university, I would not know so many different people.

No conocería a tanta gente diferente **si** no estuviera en la universidad.
I would not know so many different people if I were not at the university.

👥 **9–19 Tolerancia.** Muchas veces surgen conflictos entre los jóvenes en situaciones simples de la vida por falta de tolerancia y por la incapacidad de ponerse en el lugar del otro. Utiliza alguno de los siguientes verbos en el imperfecto del subjuntivo para completar las frases. Luego, hazle las preguntas a otro/a estudiante y comenta sus respuestas.

tener	ocuparse	decir	estar
olvidarse	pagar	insistir	hacer

1. ¿Qué harías si tu compañero de piso ___dijera/dijese___ que no limpia la cocina porque es cosa de mujeres?

2. ¿Qué harías si tus profesores ___hicieran/hiciesen___ a menudo comentarios negativos sobre la juventud?

3. ¿Qué harías si ___estuvieras/estuvieses___ harto/a de tener siempre que limpiar la casa?

4. ¿Qué harías si ninguno de tus compañeros de piso ___pagara/pagase___ el alquiler a tiempo?

5. ¿Qué harías si tu compañero/a de piso ___tuviera/tuviese___ siempre invitados hasta tarde?

6. ¿Qué harías si nadie ___se ocupara/se ocupase___ de regar y cuidar las plantas?

7. ¿Qué harías si tu compañero/a ___se olvidara/se olvidase___ de darte los mensajes importantes?

8. ¿Qué harías si tu compañero/a ___insistiera/insistiese___ en dar una fiesta hasta tarde, la noche antes de una entrevista de trabajo importante para ti?

👥 **9–20 ¿Qué harías?** Piensa en cinco situaciones en las que se discrimina a los jóvenes en la vida diaria. Luego, formula preguntas como las del ejercicio anterior para averiguar qué haría en esa situación otro/a estudiante de la clase. Prepara un informe con las respuestas de tu compañero/a para presentar oralmente.

👥 **9–21 Promover la participación de los jóvenes.** ¿Qué harían ustedes si tuvieran que fomentar la participación de los jóvenes en la vida política, cultural, económica y social de su comunidad? Hagan una lista de seis maneras en que fomentarían esta participación. Luego, comparen su lista con las de los otros grupos de la clase.

MODELO: *Si tuviéramos que fomentar la participación de los jóvenes en la vida política, cultural, económica y social de nuestra comunidad, haríamos una campaña publicitaria.*

Ventana al mundo

Generación X versus Generación @

A la última generación del siglo XX se le dio el nombre de "generación X" y se la caracterizó como una generación indefinida e ideológicamente ambigua. ¿Cómo llamaríamos a los jóvenes de la primera generación del siglo XXI? Algunos sociólogos proponen el término "generación @" porque representa las tres tendencias de cambio que afectan a esta generación. Éstas son, en primer lugar, el acceso a las nuevas tecnologías de la información y de la comunicación; en segundo lugar, la desaparición de las fronteras tradicionales entre los sexos; y, en tercer lugar, el proceso de globalización. De hecho, el símbolo @ (la arroba) es utilizado por muchos jóvenes en su escritura cotidiana para identificarse en el correo electrónico personal y para entrar a un espacio global a través de Internet.

La generación @

Mi uso de Internet. Cuéntale a tu compañero/a para qué usas Internet cada día y con qué frecuencia lo haces.

Comprehension questions: *¿Cuáles son las características de la "Generación X"? ¿Cómo llaman algunos a la primera generación del siglo XXI? ¿Cuáles son las tres tendencias de cambio que afectan a esta generación?*

Conversemos sobre las lecturas

Antes de leer

Estrategia de lectura: *Connecting words*

Connecting words and phrases are used to hold the text together, in order to make it more cohesive. They relate one idea to the next, and they signal what is to follow. These are some connecting words, categorized according to their function.

Addition:	y, también, además, es más (*besides*)
Concession:	a pesar de (que), aunque, con todo (*everything considered*), aun así (*even so*), no obstante (*nevertheless*)
Contrast:	pero, sin embargo, por otro lado (*on the other hand*), por otra parte, en cambio
Reason:	porque, pues, ya que (*since*)
Reformulation:	es decir, en otras palabras, o sea (*that is to say*)
Result:	por eso, pues, luego, así que, como resultado, por lo tanto, a causa de
Summary:	por fin, finalmente, por último
Time:	cuando, mientras, luego, entonces, después, de vez en cuando (*from time to time*), de repente (*suddenly*), de pronto (*all of a sudden*)

👥 **9-22 Videojuegos.** Los medios de comunicación transmiten una visión negativa de los videojuegos. ¿Hacen verdaderamente daño a los que lo usan? Conecta las ideas siguientes, usando en cada caso los nexos que correspondan.

1. La alarma creada por los medios de comunicación en contra de los videojuegos debe ser analizada. Los videojuegos son una actividad propia de una sociedad altamente computarizada. (ya que, además, pues)
2. Algunos niños tienen conductas violentas. Algunos adultos creen que la causa de tal conducta es el uso de determinados videojuegos. (por lo tanto, aunque, como resultado)
3. Algunos videojuegos exponen a los adolescentes a escenas violentas. En otros videojuegos los adolescentes tienen que usar la lógica para resolver un problema. (sin embargo, en cambio, así que)
4. El juego permite al niño adquirir las competencias básicas para moverse en el mundo digital. La mayoría de los niños de los países desarrollados obtienen "informalmente" los conocimientos básicos para manejar las tecnologías de la información y la comunicación. (es decir, finalmente, en otras palabras)
5. Esta visión causa-efecto, sea negativa o positiva, no puede probarse. Las conductas humanas son muchas más complejas. (ya que, porque, aun)
6. En definitiva, los videojuegos son un juguete más de la era de la electrónica con una gama muy amplia de posibilidades. Se trata de saber escoger los más adecuados, según los gustos y edades. (y, entonces, de pronto)

9-23 ¡Qué día! A Susana no le gustaba su trabajo y hoy renunció. Completa el párrafo donde le cuenta a su compañero lo que pasó. Usa los nexos correspondientes, según el contexto.

y	aunque	además	pero	cuando
por un lado	de repente	aun así	por otro lado	con todo

1. _Aunque_ hoy salió el sol, afuera hace mucho frío. 2. _Además_ hay nieve 3. _y_ hielo en las calles. 4. _Cuando_ salí de casa para ir a trabajar, me caí. No me rompí ningún hueso, 5. _pero_ me duele todo el brazo 6. _y_ la pierna izquierda. Una mujer muy simpática me ayudó a levantarme 7. _y_ subir al coche. 8. _Con todo_, llegué tarde a mi trabajo, como te puedes imaginar. Por supuesto que mi jefa se enojó conmigo otra vez y no quiso escuchar ninguna explicación. 9. _De repente_, se me ocurrió que no tenía por qué soportarla más y le dije que renunciaba en ese mismo momento. La dejé sin palabras y me fui. 10. _Por un lado_ estoy contenta de haber dejado ese trabajo, 11. _pero_, 12. _por otro lado_, estoy un poco preocupada. 13 _Aun así_, estoy segura que encontraré otra cosa pronto.

VOCABULARIO DE LAS LECTURAS

Estudia estas palabras para comprender mejor los textos.

Vocablo		Palabra en uso
el ámbito	field	Teresa es experta en el **ámbito** de la informática.
burlarse	to mock, make fun of	Los muchachos **se burlan** de mi acento.
el código	code	Los adolescentes tienen su propio **código**.
el desamor	lack of love, indifference	Elsa sufre el intenso dolor del **desamor**.
desanimar	to discourage, dishearten	Está **desanimado** porque sacó una mala nota.
descubrir	to discover	No pude **descubrir** la verdad de la cuestión.
desganada	to be apathetic	No me siento bien; estoy **desganada**.
elaborar	to develop	Necesitamos tiempo para **elaborar** un plan de acción.
empujar	to push	Su ambición lo **empuja** a actuar así.
la envidia	envy	Él tiene **envidia** del coche de su amigo.
florecer	to flower	Esta planta es una de las primeras en **florecer** en la primavera.
humillar	to humiliate	La reprimenda del padre **humilló** al hijo delante de su amigo.
el infeliz	"poor devil"	Este **infeliz** continúa haciendo preguntas.
la jerga	jargon, slang	Algunos adultos usan la **jerga** adolescente.
luchar	to fight	Los jóvenes **luchan** por la igualdad.
el orgullo	pride	El padre siente **orgullo** por su hijo.
el par	peer	La aprobación de los **pares** es importante para el joven.
pegarse	to stick on (him / her / it)	**Se le pegó** el acento del sur.
la recorrida	trip around (a place)	Ella hizo una **recorrida** por el norte del país.
someter	to subdue, put down, submit	Se **sometió** a la voluntad de sus padres.
el/la sordo/a	deaf person	El **sordo** te lee los labios cuando hablas para entender lo que dices.
vencer	to defeat, overcome, win	Ella **venció** su miedo a la oscuridad.
el vínculo	link, connection, bond	Estas muchachas tienen un **vínculo** muy fuerte.

Note: Review the explanation for *circumlocución* in Chapter 1, p. 11.

👥 **9-24 Definiciones.** Usando circunlocuciones, explícale a tu compañero el significado de estas palabras. Luego, presenten algunas a la clase.

1. sordo
2. la recorrida
3. burlarse
4. la envidia
5. desganada
6. descubrir
7. el par
8. el desamor

Suggestion for 9-25: In order to encourage students to generate more language, tell them that their advice should be more than two sentences long.

👥 **9-25 Necesito consejos.** Tu amigo/a tiene muchos problemas y Uds. le van a dar consejos para que se sienta mejor. Lean las oraciones y complétenlas con la palabra correcta. Luego, respondan a su problema con un consejo, usando la misma palabra.

MODELO: AMIGO/A: Estoy muy _____ porque tengo que luchar contra mis padres constantemente para que me den más independencia. [Palabra: *desanimada*]

CONSEJO: *No te desanimes. Diles a tus padres que quieres que respeten tus decisiones y explícales tus razones por escoger una cosa u otra. Si estableces un diálogo abierto con ellos, tendrán más confianza en ti.*

> el ámbito   el código   elaborar   florecer   humillar
> el infeliz   empujar   someter   vencer

1. Yo siento una gran presión de mi familia para que tome las clases de ciencia más avanzadas. Ellos me __empujan__ demasiado para que yo sobresalga.
2. Eso no me gusta nada porque no me deja lugar para __elaborar__ mis propias ideas y explorar qué es lo que yo verdaderamente quiero hacer.
3. Todos en mi familia están en el __ámbito__ de la medicina y a mí me gustan más la literatura y las artes.
4. Tengo miedo que mis hermanos me __humillen__ delante de mis padres si les digo que no voy a tomar cursos de ciencia el próximo semestre.
5. Yo sé que debo __vencer__ ese miedo y presentarles mis intereses claramente.
6. Todos mis sueños nunca van a poder __florecer__ y tomar forma en mi vida.

👥 **9-26 Los años de la adolescencia.** Piensa en las vivencias de tus años de adolescente y contesta las siguientes preguntas.

1. Explícale a tu compañero/a si existía una jerga propia entre tus amigos de la secundaria. ¿Cuáles eran algunas de las palabras más comunes en tu vocabulario?
2. ¿Tenías vínculos muy fuertes con algunos de tus amigos? Explica con quién y cómo se manifestaba ese vínculo.
3. ¿Se te pegan fácilmente los acentos? ¿Puedes imitar la forma de hablar de otras personas o actores de algún programa de TV?
4. ¿De qué cosas o sucesos en tu vida estás orgulloso/a?
5. ¿Por qué cosas luchabas en la adolescencia?

Lectura

Este artículo del diario "La Nación" de Buenos Aires, Argentina, habla de los cambios que aparecen en el lenguaje de los jóvenes adolescentes.

El lenguaje de los adolescentes

Por momentos parece que hablan en otro idioma. Pero no. Es castellano*, aunque bastante modificado y adaptado a los interlocutores, que suelen no superar la
5   edad adolescente. Sin embargo, a pesar de que está claro que es español, para cualquier persona que tenga más de tres décadas eso que escucha es … chino básico.

Los chicos manejan sus propios códigos en el momento de comunicarse.
10 Y los padres—adultos que, vale recordar, también tuvieron su jerga en la etapa estudiantil—miran la escena horrorizados porque no entienden qué están diciendo sus hijos cuando usan expresiones como "alta onda", "estás rechu" o "no limes", por mencionar sólo unos pocos ejemplos.

LA NACIÓN elaboró, sobre la base de una recorrida, por colegios, una lista
15 con las palabras y expresiones más usadas por los jóvenes para entender de qué hablan cuando hablan.

"No es para preocuparse que haya un lenguaje adolescente, que es algo que existió y existirá siempre porque tiene que ver con un deseo de diferenciarse. Lo que puede ser un problema es que esto causa una incomunicación entre
20 generaciones, que hace que cada vez las personas se relacionen sólo con gente de su misma edad", explica Karina Weisman, abogada que realiza investigaciones sobre el lenguaje, especialmente el que se deriva de las nuevas tecnologías.

Lo que ahora diferencia a las jergas adolescentes de las de otras generaciones es que trascienden el círculo íntimo donde se generan. "Antes sólo se quedaban en el
25 grupo de amigos, pero a nadie se le ocurría hablar así frente a un padre o maestro. Hoy, esa jerga es adoptada por los medios audiovisuales y los chicos la toman y se dirigen de la misma manera a un adulto que a un par", cuenta Weisman.

Según la psicóloga Beatriz Goldberg, "los adolescentes quieren un lugar en el mundo. El lenguaje es su identidad. Esto fue siempre así, pero en otras épocas los
30 adultos estaban excluidos. Hoy se oye a los mayores hablando como jóvenes. Hay menos formalidad, la jerga adolescente se usa en distintos ámbitos y en todas las edades".

* Castellano: Lengua española. Dialecto románico nacido en Castilla la Vieja, del que tuvo su origen la lengua española.

GLOSARIO BASICO

b	beso	**ymam pls!**	¡Llámame, por favor!
bn	bien	**:-)**	Estoy feliz.
qndo vns?	¿Cuándo venís?	**:-(**	Estoy triste.
M1M	Mándame un mensaje.	**q tpsa?**	¿Qué te pasa?
nv n ksa	Nos vemos en casa.	**TKI**	Tengo que irme.
NPH	No puedo hablar.	**xdon**	Perdón
q tal?	¿Qué tal?	**xq?**	¿Por qué?
t spro	Te espero.	**NT1P**	No tengo un peso.
Salu2	Saludos.	**flz qmple¡**	Feliz cumpleaños!
srt!	¡Suerte!	**grcs**	Gracias
TQITPP	Te quiero y te pido perdón.	**xam**	Examen
TQPSA	Te quiero pero se acabó.	**simos do?**	¿Salimos el domingo?
tb	También	**nc**	No sé.

¿Cómo lo dirías en SMS?

Note: *Palermo* and *Flores* are two different parts of the city of Buenos Aires, Argentina.

Note: There are a couple of words, *tenés, sos* and *dejá* that are examples of the *voseo* used in Argentina and Uruguay.

Además de ser un elemento diferenciador de edades, la jerga adolescente se usa para distinguirse entre pares. Las expresiones cambian de un barrio a otro.
35 Un chico de Palermo no habla igual que uno de Flores.

Rápido, cortado y escrito

Según los propios interlocutores, lo importante del código que manejan no es lo que dicen, sino cómo lo dicen, el tono elegido para pronunciar las palabras. Alan Soria Guadalupe, un chico de 14 años que cursa 3er. año del polimodal, lo
40 resume así: "En general, no pronunciamos bien, cortamos las palabras y cada dos segundos decimos "tipo que", "obvio" o "na", que es "nada" abreviado. Además, hay palabras que directamente sacamos", describe. Semejante operación de sustracción tiene un por qué: "Lo que queremos es hablar más en menos tiempo. Es algo que tiene que ver con el *chat*, donde para comunicarte rápido tenés que
45 cortar palabras", explica Alan.

Con sus 15 años, Antonella Spoto reconoce que a su mamá muchas veces le cuesta entenderla: "Siempre me pide que module más, que hable más despacio. A veces me pregunta las cosas dos veces porque no me entiende. Y me burla porque siempre digo "tipo que".

50 Goldberg describe otras características de la jerga juvenil: "A los adolescentes les cuesta encontrar sinónimos, usan menos palabras y un lenguaje directo y conciso. Para ellos los mensajes de texto, el mail y el *chat* son la solución porque evitan el debate, el diálogo, y pueden contarle algo a mucha gente al mismo tiempo. Es un lenguaje mediado por la tecnología, menos comprometido".

55 La influencia del *chat* en el momento de comunicarse cara a cara también es algo comprobado por Weisman.

"Entre los chicos hablan poco y se escriben mucho. Esto no está mal, pero el problema que plantea esta forma de comunicación, más escrita que hablada, es que no es buena desde el punto de vista de los vínculos."

60 Otra característica de ahora es que el lenguaje adolescente se extendió a todas las edades. "Desde preadolescentes hasta adultos, todos incorporan esos términos y maneras de hablar", sostiene Weisman. Y no exagera.

Lucas Castro, un niño de 12 años que todavía juega a ser grande, habla como lo hace su hermano Esteban, de 18. "Él y sus amigos dicen todo el tiempo "tipo
65 que", "cool", "freak" o "groso", y a mí también se me pegó", dice.

Cambio de significado

Además de este lenguaje abreviado, también hay cambios de significado. "Lo interesante es observar que por lo general, los chicos no inventan palabras, sino que cambian el significado de las existentes", dice Weisman.

70 Por ejemplo, cuando un adolescente dice que algo es "alto", no se refiere al hombre de dos metros que pasa delante, sino a algo que está "buenísimo". Natalia Braceras, una estudiante de 15 años, lo explica mejor.

"Alta onda, alta tu remera es algo muy bueno", dice, y sigue dando unos constructivos ejemplos. "No limes quiere decir dejá de hablar estupideces", aclara

75 Natalia. Otra: "Sos un caño" se les dice a los chicos que son lindos, que están
"refuertes".

Siguiendo con los calificativos que aluden a la belleza física, Milagros Sifón,
de 14 años, pronuncia algunos términos que se usan ahora para decir si alguien es
o no lindo. "Estás «redable» significa que estás «rebuena». En cambio alguien feo
80 es un «escrache», así, con e."

En otros casos, de la inventiva adolescente surgen expresiones como "estás
«rechu»", que según explican chicas del Colegio Armenio de Palermo significa
"estás «recolgado»". Pero también "chu", monosílabo que en el Diccionario de la
Real Academia Española no figura, sirve para describir un estado de ánimo.

85 "Estoy «chu-chu» significa que estoy con pocas ganas de salir", explica Laura,
un tanto desganada.

—¿Se puede decir que hoy estás "chu-chu"? pregunta la cronista.

—Sí, hoy no tengo ganas de hacer "na".

(La Nación, Argentina, 2006)

Note: Explain that *estar recolgado = estar sin nada que hacer, esta distraído.*

9-27 ¿Qué dices? Algunos adultos piensan que el lenguaje de los adolescentes es
incomprensible. ¿Por qué? Contesten estas preguntas confirmando la respuesta con las
líneas en el texto.

1. ¿Por qué dicen que para una persona de más de treinta años, el idioma de los
adolescentes es chino básico?
2. ¿Sólo los adolescentes de este tiempo tienen su propia jerga?
3. ¿Cómo reaccionan los padres?
4. ¿Por qué existe entre los adolescentes un lenguaje propio?
5. ¿Qué puede causar el uso de esta nueva jerga?
6. ¿Cuál es la diferencia en el uso de la jerga de esta generación y las anteriores?
7. ¿La jerga adolescente es usada sólo por los jóvenes? Explica.
8. ¿Es la jerga un elemento diferenciador de edades solamente? Explica.
9. ¿Por qué acortan las palabras y dónde se generó esta modalidad?
10. ¿Cuáles son las características del chat en la comunicación?

9-28 El lenguaje de los adolescentes. Hagan una lista de las características del
idioma de los adolescentes, según este texto.

Características generales:

Vocablos agregados al lenguaje:

Vocablos que cambian de significado:

Answers for 9-27:
1. Porque los adolescentes usan un español tan modificado que parece que hablan un idioma incomprensible. 2. No, los adolescentes de otras épocas también tuvieron su jerga estudiantil. 3. Los padres se sorprenden (horrorizan) cuando no entienden lo que dicen sus hijos. 4. Porque es parte de su deseo de diferenciarse del mundo de los adultos. 5. Puede causar incomunicación entre las generaciones porque éstas no hablan el mismo idioma y las personas tienden a relacionarse con gente de su misma edad. 6. Antes, la jerga sólo se usaba con los pares. Ahora, se usa para dirigirse a los adultos también. 7. No, hay mayores que hablan como jóvenes. Como, en general, hay menos formalidad, la jerga adolescente se usa en distintos ámbitos y en todas las edades. 8. No, también es un elemento diferenciador entre los pares. Adolescentes de diferentes barrios tienen jergas diferentes. 9. Acortan las palabras porque quieren hablar más en menos tiempo. Esta forma de acortar las palabras se generó en el chat. 10. Es una comunicación escrita y no hablada, no es cara a cara, es rápida, es directa, es concisa.

Answers for 9-28: *Características generales: 1. Cortan las palabras. 2. Agregan palabras vacías: "tipo que" "obvio" 3. Sacan palabras. 4. No modulan (pronuncian) bien. 5. No usan sinónimos. 6. Usan menos palabras. 7. Usan un lenguaje directo y conciso. 8. Cambian el significado de las palabras.*
Vocablos agregados al lenguaje: tipo que, cool, freak, groso, rechu, chu, estar chu chu.
Vocablos que cambian de significado: alto = buenísimo, no limes = no digas estupideces, caño = lindo chico, redable = rebuena, escrache = feo, na = nada, rechu = despistado/a fuera de lugar.

Suggestion for 9-29:
You may wish to assign this as homework, to give students more time to think about their own speech patterns. Also ask them about the differences and similarities in this regard between students from different parts of the country.

9-29 ¿Cuál es tu jerga? Piensa en la jerga que usan tú y tus amigos. También piensa en la jerga que aparece en las canciones populares. Haz una lista y da la traducción aproximada en español. Compara tu lista con la de otro estudiante.

Vocablos inventados:

Vocablos que cambian de significado:

Expresiones:

Poema

Amado Storni (Jaime Fernández)

Nació en Madrid, donde se licenció en Ciencias de la Información en la Universidad Complutense. Sus poemas han sido publicados en revistas y foros literarios bajo el seudónimo de Amado Storni, el cual adoptó en reconocimiento a la poeta argentina Alfonsina Storni. También es músico y cantautor.

Juventud

A lo estéril se vence floreciendo,
a la envidia se vence prosperando,
a la Muerte se vence conquistando
la Vida cada vez que estés muriendo.
5 A los sueños se vence despertando,
al orgullo se vence sometiendo,
al desamor se vence descubriendo
que es Amor lo que siempre estás buscando.
Luchar lo imposible ahora que podéis
10 porque ser joven empuja a la lucha
y la lucha siempre empuja a vivir.
Y aunque os humillen no os desaniméis.
Es mucho más sordo aquél que no escucha
que el infeliz que nunca pudo oír.

Source: http://es.geocities.com/poesia682004/

Los jóvenes son nuestro futuro.

9-30 ¿Qué debemos hacer? Completa las oraciones, según la información en el poema.

1. Si te encuentras con algo estéril, transfórmalo en algo que ___*florezca*___.

2. Trabaja duro para prosperar si te encuentras con ___*la envidia*___.

3. Si te encuentras con el orgullo, debes ___*someterlo*___.

4. Cada vez que encuentres ___*el desamor*___, debes darte cuenta que el Amor es lo que siempre se está buscando.

5. Si te humillan, no debes ___*desanimarte*___.

9–31 La Muerte, la Vida y los sueños. Expliquen estas dos ideas presentadas en el poema. ¿Cómo las interpretan Uds.? ¿Qué significan para Uds? Compartan su interpretación con la clase.

1. A la Muerte se vence conquistando la Vida cada vez que estés muriendo.
2. A los sueños se vence despertando.

9–32 Consejos para la vida. Esta poesía presenta una serie de consejos para navegar los años de la juventud. ¿Qué consejos agregarías tú? Compártelos con otro/a estudiante.

Diario

A veces los jóvenes tienen problemas para relacionarse con personas de otras generaciones. Las relaciones familiares no son siempre fáciles; hay personas con las que nos llevamos mejor que con otras. Cuenta con quién te llevas muy bien dentro de tu familia y por qué. Describe una o dos situaciones que reflejen la relación especial que tienes con esa persona.

Avancemos con la escritura

Antes de escribir

Estrategia de escritura: *Hypothesizing and making conjectures*

When one writes about a situation or an idea that depends on something else for it to happen, one is presented with a hypothetical situation. Certain conditions have to be fulfilled before something else can happen. The outcome may be imagined or suggested, but it is not necessarily real or true, nor is it a certainty. In this case, it is common to use the conditional sentence structure or "if clauses". See the following example.

Querida Inés:

No podré estar en tu casa a las cinco porque si salgo de la oficina temprano, voy a pasar por el gimnasio. Todo depende de cuántas personas vengan a mi oficina esta tarde. Si no hay muchos que necesiten consultarme sobre el nuevo proyecto, terminaré el informe y luego estaré libre para salir. Así que espérame esta noche a eso de las 9:00 hrs.

Nos vemos
Tonia

9–33 Diferencia entre los géneros. Algunos estudios muestran que las mujeres y los hombres responden de formas diferentes a las siguientes situaciones. ¿Es esto válido para los jóvenes de hoy?

Paso 1. ¿Qué harías tú? Decidan lo que harían ustedes en estas situaciones. ¿Hay otras dos situaciones donde Uds. hayan observado que los chicos y las chicas actúan de modo diferente?

1. Si están perdidos en un barrio y no encuentran la calle que buscan, ¿qué hacen?
2. Si van a pasar el fin de semana a otra ciudad, ¿necesitan saber exactamente dónde van a alojarse o encuentran un lugar cuando llegan a su destino?
3. Si estás en un coche y tienes que darle instrucciones al/a la conductor/a, ¿es fácil para ti leer un mapa?
4. _____
5. _____

Paso 2. ¿Qué dicen Uds.? Comparen sus respuestas con las siguientes creencias populares. ¿Están de acuerdo? Comenten.

1. La mayoría de los hombres prefieren dar vueltas hasta encontrar la calle sin preguntar.
   Las mujeres prefieren pedir información para asegurarse de que están en la dirección correcta.
2. La mayoría de las mujeres prefieren saber exactamente dónde van a alojarse.
   Los hombres, generalmente, no planean dónde van a parar.
3. La mayoría de las mujeres dicen que no es fácil para ellas leer un mapa.
   La mayoría de los hombres dicen que no es difícil para ellos leer un mapa.

Suggestion for 9-34: Clarify question number 1, if necessary. Ask students to consider young people's attitudes and those of their parents, vis-à-vis: entertainment, fashion, studies, career and jobs, relation between the sexes, religion, morality, civic duties, etc.

9–34 Para pensar y discutir. Conversen sobre las siguientes preguntas.

1. ¿Cómo se diferencian las actitudes de los jóvenes de ahora comparada con las actitudes de sus padres? Explica.
2. ¿Qué esperan los jóvenes de los adultos?
3. ¿Qué creen Uds. que esperan los adultos de los jóvenes?
4. ¿Cómo encaran los jóvenes las relaciones amorosas?
5. ¿Hay una diferencia entre los muchachos y las muchachas en cuanto a las expectativas en las relaciones con el sexo opuesto?

9-35 La situación de los jóvenes en el siglo XXI. Hagan una lista de los cinco problemas más importantes que piensan que los jóvenes deberán afrontar en este siglo. Luego, propongan tres posibles soluciones para resolver cada problema.

MODELO: Problema: En algunos lugares todavía no hay un sistema efectivo contra la violencia entre las pandillas.
Solución: *Educaría a los legisladores y a la policía para que pudieran actuar de manera más eficiente, y de un modo más seguro para facilitar la comunicación y el diálogo entre las diferentes pandillas.*

A escribir

9-36 Tu informe. Busca más información sobre uno de los temas que surgieron en la actividad **9-35** y escribe un informe. En tu composición, incluye conjeturas e hipótesis sobre las posibles soluciones al problema presentado. Busca la opinión de expertos y de personas que viven el problema actualmente.

Este es un ejemplo de posibles problemas:

1. El impacto que las pandillas urbanas tienen en la sociedad a la que pertenecen: familia, escuela, barrio, pueblo o ciudad.

2. La situación de los miembros de una pandilla. ¿Qué los mueve a formar parte de una pandilla y a actuar violentamente? ¿Cómo se podría prevenir la conducta violenta y agresiva?

Antes de entregar tu informe, asegúrate de haber incluido y revisado lo siguiente:

- El vocabulario del capítulo
- Las **Expresiones útiles**
- Las oraciones condicionales

Atando cabos
Los jóvenes y nuestra sociedad

En esta parte del capítulo, vas a hacer una serie de actividades que te permitirán analizar algunos de los problemas que encontramos en la sociedad actual.

9-37 ¿Qué les gustaría hacer? Entrevista a dos personas y pregúntales qué harían en las siguientes situaciones. Luego, informa a la clase sobre tu entrevista.

a. Si no tuviera que estudiar ni trabajar.

b. Si pudiera solucionar sólo un problema de todos los que afectan a los jóvenes de hoy.

9-38 Los jóvenes y el sexismo. Un estudio hecho en los últimos años parece demostrar que los jóvenes todavía son muy sexistas. Lee la información y di si estás de acuerdo con las creencias que presentan. Luego, entrevista a otra persona de la clase y explica si sus respuestas coinciden con las del estudio.

¿Estás de acuerdo con las siguientes creencias y frases hechas?

		Mujeres	Hombres
El hecho de que en muchas empresas las mujeres cobren menos que los hombres en el mismo puesto de trabajo se debe probablemente a que los hombres rinden más.	Sí	0	23
	No	98	65
Las mujeres sólo deberían trabajar fuera de casa si pueden también encargarse de la familia y de las tareas domésticas.	Sí	7	20
	No	86	63
La mujer que parece débil es más atractiva.	Sí	5	20
	No	85	58
El hombre que parece agresivo es más atractivo.	Sí	2	10
	No	90	75
Para tener una buena relación de pareja, puede ser deseable que la mujer sea a veces sumisa.	Sí	4	18
	No	85	61
Los hombres no deben llorar.	Sí	4	30
	No	94	60

Cómo se ven mutuamente los hombres y las mujeres

	Según el hombre		Según la mujer	
Una mujer debería ser	Atractiva físicamente	41,1	Simpática	49,4
	Simpática	30,5	Sincera	21,3
	Inteligente	18,1	Inteligente	17,7
Un hombre debería ser	Inteligente	33,4	Simpático	45,6
	Simpático	32,1	Sincero	29,7
	Atractivo físicamente	17,6	Atractivo físicamente	11,1

Actividades en el futuro

Piensan dedicar dos horas o más a cada una de estas actividades. ▬ Hombre ▬ Mujer

Cuidar hijos
Estar con la pareja
Salud y deporte
Cuidar la forma física
Tareas domésticas
Trabajo remunerado
Mejorar la situación laboral
Estar con los padres
Estar con los amigos
Otras actividades de ocio
Grupos políticos
Voluntariado

9-39 Circunstancias difíciles. A veces en la vida, uno debe aceptar ciertas dificultades. Analicen las siguientes situaciones y digan en qué circunstancias creen que ustedes las aceptarían. Luego, informen a la clase.

> **MODELO:** *Aceptaría que me pagaran menos que a alguien que hiciera el mismo trabajo si necesitara el dinero para mantener a mi familia.*

1. aceptar un pago menor que otra persona por el mismo trabajo
2. dejar de trabajar
3. abandonar los estudios
4. convivir con alguien a quien no quieres
5. ocuparte de tus parientes ancianos

9-40 Instituciones por y para los jóvenes. Investiga qué instituciones hispanas hay en tu comunidad que se ocupan de temas relacionados con los jóvenes. Averigua sus fines, sus funciones y sus actividades. Prepara un informe oral para presentarlo en la próxima clase.

9-41 Embarazo de las adolescentes. Uno de los problemas más graves de la actualidad es el embarazo de las adolescentes. Imaginen que una amiga de 14 a 16 años les cuenta que está embarazada. Piensen en el futuro de esta chica y, luego, digan qué consejos le darían.

9-42 Madres jóvenes. Busca más información en Internet, o en tu propia comunidad, sobre el tema del embarazo de adolescentes y prepara un informe para la clase con los datos que encontraste.

9-43 Prevención para el problema de los adolescentes. Según el Consejo Nacional de la Mujer de Argentina, los planes de prevención para el embarazo de las adolescentes funcionarían mejor si se cumplieran las siguientes condiciones. Elijan una de éstas y sugieran cinco maneras de implementar la solución. Luego, informen a la clase.

> **MODELO:** La prevención funcionaría mejor si los especialistas fueran a la comunidad y no esperaran a que los jóvenes vinieran a hablar con ellos.
>
> Modo de implementarlo: *Para esto haríamos una campaña en la ciudad y entregaríamos condones y folletos de información sobre el control de la natalidad …*

La prevención funcionaría mejor si los especialistas …

1. visitaran las instituciones que convocan jóvenes, tales como escuelas, clubes, grupos comunitarios, etc.
2. fueran a las instituciones que agrupan a las familias.
3. dieran información relacionada con la experiencia personal de los jóvenes (relación con sus padres, con sus amigos, etc.).
4. les explicaran a los jóvenes lo que significa tener un hijo y la diferencia entre tener un bebé y criar un hijo.

Vocabulario

Los jóvenes

la espontaneidad	*spontaneity*	**el valor**	*value*
la lealtad	*loyalty*		

Sustantivos

la abnegación	*self-sacrificing*	**la madrugada**	*dawn*
la aldea global	*global village*	**la marginación**	*marginalization*
el ámbito	*field*	**el mercado de consumo**	*comsumer market*
el código	*code*	**el ocio**	*leisure*
la conducta	*behavior*	**el orgullo**	*pride*
la constancia	*perseverence*	**los pares**	*peer*
el desamor	*lack of love, indifference*	**el peligro**	*danger*
la envidia	*envy*	**la pobreza**	*poverty*
el esfuerzo	*effort*	**la recorrida**	*trip around a place, to visit, go round*
la falla	*failure*		
la globalización económica	*economic globalization*	**la similitud**	*resemblance, similarity*
el horario	*timetable*	**el/la sordo/a**	*deaf*
el infeliz	*"poor devil"*	**el valor**	*value*
la jerga	*jargon, slang*	**el vínculo**	*link, connection, bond*

Verbos

afectar	*to affect*	**descubrir**	*to discover*
alargar	*to prolong, to extend*	**diferenciarse**	*to be different, differentiate (oneself)*
apoyar	*to advocate, to support*	**elaborar**	*to develop*
burlar	*to mock, make fun of*	**empujar**	*to push*
darse cuenta	*to realize*	**florecer (zc)**	*to flower*
desanimar	*to discourage, dishearten*		

humillar	*to humiliate*	**realizar**	*to do, fulfill, accomplish*
implicar	*to imply*	**someter**	*to subdue, put down, submit*
luchar	*to fight*	**soportar**	*to bear, put up with, stand*
mantener (ie)	*to provide for; to defend or sustain an opinion*	**sostener (ie)**	*to maintain, hold up*
		vencer	*to defeat, win, overcome*
pegarse	*to stick, catch*		
promover (ue)	*to promote, develop*		

Adjetivos

alejado/a	*remote*	**juvenil**	*youthful, young, juvenile*
anterior	*before*	**novedoso/a**	*new*
centrado/a	*centered*	**próspero/a**	*prosperous, thriving*
cómodo/a	*comfortable*	**realizado/a**	*accomplished*
desganado/a	*to be apathetic*	**sordo/a**	*deaf*

Expresiones idiomáticas

a través	*through*	**navegar por Internet**	*to surf the web*
en sí mismo/a/s/as	*in him-/her-/themselves*	**tales como**	*such as*
estar al alcance de	*to be within reach of*		

Capítulo 10

Hablemos de la tecnología y de la globalización

> **"Cuatro cosas no pueden ser escondidas durante largo tiempo: la ciencia, la estupidez, la riqueza y la pobreza."**
> **Averroes (1126–1198) Filósofo y médico hispanoárabe**

Tema cultural

El uso de los avances tecnológicos en el mundo hispánico

Objetivos comunicativos

Reflexionar, analizar y conversar sobre los avances tecnológicos

Hacer llamadas telefónicas y a hablar de las telecomunicaciones

Expresar cualidades superlativas de cosas y personas

Hablar sobre situaciones pasadas que afectan el presente

Hablar de acciones pasadas anteriores a otras acciones también pasadas

Transmitir lo que dijo otra persona

Canción recomendada: *El sur también existe*, Mario Benedetti. Intérprete, Juan Manuel Serrat, CD *El sur también existe*, España, 1985.

Película recomendada: *Whisky Romeo Zulu*, Enrique Piñeyro, Argentina, 2003.

Internet, la revolución tecnológica del siglo XX, la promesa del XXI

En marcha con las palabras

En contexto: La tecnología y nosotros

La Sra. Iparraguirre ha hecho una **investigación** sobre cómo Internet ha cambiado la vida de las personas y la sociedad en general en estos últimos años. Una reportera le hace esta entrevista.

REPORTERA: No se puede negar que Internet ha cambiado nuestra forma de comunicarnos.

SRA. IPARRAGUIRRE: Pues sí, Internet ha **afectado** no sólo la comunicación personal, sino también el trabajo, los estudios, las relaciones personales, las actividades cotidianas, el ocio y el entretenimiento, y aún más importante, la concepción de la sociedad a nivel mundial.

REPORTERA: Empecemos por el nivel personal, ¿se ven sólo beneficios en el uso de Internet?

SRA. IPARRAGUIRRE: Depende de su uso. El Internet puede resultar en un **medio** que contribuye al **aislamiento** de las personas que **pasan** horas y horas frente a su **ordenador**, alejándolas de los contactos y las relaciones más próximas y reales. Por otro lado, representa una gran **ventaja** para las personas que mantienen un número considerable de relaciones diversas y gratificantes.

REPORTERA: ¿Cuál es el uso principal de Internet?

SRA. IPARRAGUIRRE: Según los resultados de mi investigación, inicialmente, la mayoría de la gente entra en Internet por una curiosidad intelectual; el principal incentivo es la **búsqueda** de información. Pero, rápidamente, esto cambia y es la relación con los demás la primera motivación para continuar en la **Red.** Es entonces cuando las personas empiezan a **unirse** por intereses en las listas de correo, los *chat*, etc.

REPORTERA: Es así cuando empieza a tener una función social. Las personas pasan de **navegar por Internet** a usar el **correo electrónico** para comunicarse.

SRA. IPARRAGUIRRE: Efectivamente, Internet **proporciona** una dimensión social pues **hace propicio** el intercambio de conocimientos y experiencias entre personas que, **de otro modo,** ni se llegarían a conocer.

REPORTERA: ¿Hay una diferencia entre los sexos y su uso?

SRA. IPARRAGUIRRE: Según mis entrevistas, las mujeres y los hombres comparten muchos

La tecnología nos permite estar comunicados con el resto del mundo.

¿Comprendes?

1. ¿Qué investigó la Sra. Iparraguirre?
2. ¿Cómo ha afectado Internet nuestra vida y la sociedad?
3. ¿Cuál es el peligro del Internet a nivel personal?
4. ¿Inicialmente cuál es el uso principal del Internet?
5. ¿En qué sentido proporciona Internet una dimensión social?
6. ¿Cuál es la diferencia entre los sexos en el uso del Internet?
7. ¿Cómo ayuda en la vida cotidiana?
8. ¿Por qué crea una brecha grande entre los países ricos y pobres?

Suggestion: You may wish to have students read the **Ventana al mundo** that explains "La brecha digital," page 309.

intereses al usar Internet, pero también hay diferencias. Los hombres consultan frecuentemente las noticias, el estado de la **Bolsa**, los deportes y la pornografía, mientras que las mujeres se interesan más por *webs* sobre salud y guía espiritual.

REPORTERA: Ha **señalado** que la Red es una fuente **interminable** de información. Pero ¿qué es lo que se **valora** a nivel de la vida **cotidiana**?

SRA. IPARRAGUIRRE: Se valora la eficiencia de ciertas **gestiones** que se pueden realizar en la Red,—como trabajar con el banco o comprar entradas para un concierto. Transacciones que **ahorran** mucho tiempo y esfuerzo.

REPORTERA: ¿Diría Ud. que la Red es el **resumen** más importante de todas las transformaciones ocurridas en nuestra sociedad?

SRA. IPARRAGUIRRE: Efectivamente. En la medida en que todo lo importante pasa por Internet, los que no lo tienen quedan excluidos. A nivel mundial, la combinación importante en estos momentos es información-**conocimiento**-tecnología. Los que no tienen acceso a esta combinación quedan excluidos de la economía global.

REPORTERA: Pero, a nivel mundial, son pocos los que tienen acceso a esta combinación de la **informática**. ¿Esto **amplía** la **brecha** entre las zonas más pobres y las más ricas del mundo?

SRA. IPARRAGUIRRE: Definitivamente. Es necesario encontrar formas de **achicar** esta brecha tecnológica, sin perder de vista que la globalización es un proceso irreversible.

REPORTERA: Muchas gracias por compartir sus ideas.

Palabras conocidas

La economía y la tecnología

Estas palabras deben ser parte de tu vocabulario.

La tecnología

los adelantos tecnológicos	technological advances
el disco duro	hard drive
el disco flexible	diskette
la empresa global	global business, firm
el lector de CD/DVD	CD/DVD player
la memoria	memory

Cognados

automático/a	la globalización
el bloque económico	gratificante
el CD/DVD	el monitor
el circuito electrónico	el módem
la curiosidad	el satélite
la computadora	la transacción
el disquete	las tele-
la electrónica	comunicaciones

Expresiones útiles

pero	but (however)	La mano de obra barata baja los precios, **pero** no mejora la situación de los trabajadores. *Cheap labor lowers prices but does not improve the situation of the workers.*
sino	but (rather) (followed by a word or phrase)	La globalización de la economía no creó riqueza para todos, **sino** pobreza para muchos. *The economic globalization did not create wealth for everyone but rather poverty for many.*
sino que	but (rather) (followed by a conjugated verb)	La brecha digital no une a los países, **sino que** amplía la diferencia entre países ricos y pobres. *The digital gap does not bring countries closer together, but rather magnifies the differences between rich and poor countries.*

Note: Both **sino** and **sino que** are used only after a negative clause.

Suggestion: Point out that **sino** and **sino que** are used to contrast ideas: **sino** is used to contrast nouns, and **sino que** is used to contrast sentences.

10-1 ¿Qué son? ¿Cómo las definerías tú? Escoge cuatro de las siguientes palabras y escribe tu propia definición para cada una. Luego, léele a tu compañero/a la definición, sin mencionarle la palabra. Él/ella debe deducir qué palabra es.

navegar por Internet	la búsqueda	el correo electrónico
cotidiano	la Bolsa	valorar
ventaja	conocimiento	la Red

10-2 Lo bueno y lo malo. Hagan una lista de las ventajas y las desventajas que tiene la Red. Expliquen por qué son ventajas o desventajas. Usen algunas de las siguientes palabras y la información de la lectura.

brecha	gestión	vida cotidiana	medio
achicar	proporcionar	hacer propicio	afectar	aislamiento

Desventajas	Ventajas

10-3 Mónica toma un curso virtual. Cada día, todos experimentamos de muchas maneras que el mundo parecería haberse achicado. Ésta es la experiencia de Mónica, una muchacha chilena que hace un curso virtual de macro-economía por Internet. Completa las oraciones con las palabras y frases de **Expresiones útiles**.

1. Es la primera vez que tomo un curso virtual. Creía que iba a ser más complicado, ____*pero*____ no lo es.

2. El curso se dicta desde la Universidad de Texas, __*pero*__ yo no estoy en los EE.UU. ____*sino*____ en Santiago de Chile.

3. Esto me hace sentir que vivo en una aldea global, ____*pero*____ a veces cuestiono el uso de tanta tecnología en la vida diaria.

4. No es que no la aprecie, ____*sino que*____ esta experiencia es muy distinta de un curso con el profesor delante de la clase y los compañeros sentados a mi lado.

5. Por ejemplo, anoche estaba hablando con mis compañeros de curso por Internet, ____*pero*____ nunca los he visto, ni los conozco.

6. No es que no haya comunicación, ____*sino que*____ no hay contacto humano y eso me molesta un poco. ____*Pero*____ es una nueva forma de aprender.

 **10-4 Para analizar.** En grupos de tres, contesten las siguientes preguntas. Expresen sus puntos de vista con claridad y den ejemplos concretos cuando sea posible.

1. ¿Qué aspectos de sus vidas les hacen sentir que viven en una aldea global?
2. Enumeren algunos objetos que son típicos de la aldea global. Expliquen por qué son globales.
3. ¿Cuáles son los medios más importantes que hacen posible la globalización?
4. ¿Cuál es tu opinión de vivir en una aldea global?

10-5 Internet. Haz una lista de todas las cosas para las cuales usas Internet. Luego, compárala con la de tu compañero/a. ¿En qué coinciden las listas? ¿Qué cosas tenía tu compañero/a en su lista que no estaban en la tuya?

👥 10-6 **Diferente.** ¿Cómo cambiaría tu vida si no tuvieras acceso a Internet? Haz una lista conjunta con tu compañero/a.

Ventana al mundo

La brecha digital

La brecha digital es la separación que existe entre las personas o países que utilizan las nuevas tecnologías de la información como parte de su vida diaria y aquéllos que no tienen acceso a estas tecnologías. Los gobiernos de diferentes países, algunas organizaciones como el Banco Interamericano de Desarrollo (BID) y muchas organizaciones no gubernamentales (ONG) se han organizado para que esta separación disminuya. Con este objetivo, crean, promocionan y apoyan proyectos educativos y tecnológicos que permitan a las poblaciones educarse y tener acceso a las nuevas tecnologías de la información.

Comprehension questions: *¿Qué es la brecha digital? ¿Qué organizaciones están ayudando a achicar esta brecha? ¿Qué hacen estas instituciones para ayudar a aquéllos que no tienen acceso a la tecnología?*

Achicar la brecha. Al analizar los datos, ¿te sorprende algo? Busca información sobre la utilización de nuevas tecnologías en algún país de América Latina y comparte tus datos con la clase.

Este cuadro indica el número de personas que usan Internet en las Américas.

Regiones de AMÉRICA	Población (Est. 2005)	Usuarios. Datos más recientes	(%) de Usuarios
América Central	142.671.074	20.021.900	6,7%
El Caribe	38.856.548	4.298.409	1,4%
Sur América	365.195.887	48.633.288	16,4%
TOTAL Latino Am. + Caribe	546.723.509	72.953.597	24,6%
Norte América	328.387.059	224.103.811	75,4%
TOTAL AMÉRICAS	875.110.568	297.057.408	100,0%

Estadísticas del Internet en América, (Usuarios del Internet y Estadísticas de poblacion en América Latina, Norte América y el Caribe). www.exitoexportador.com

Siempre llego tarde.

¡Sin duda!

ser tarde — estar atrasado/a — llegar tarde — tardar

The expressions **ser tarde**, **llegar tarde**, **estar atrasado/a** and **tardar** can be translated as *to be late* in English, in the following contexts.

Palabra	Explicación	Ejemplo
ser tarde	to be late (impersonal)	**¡Uy! Son las once de la noche; es tarde** para mandar el fax. *Wow! It's eleven at night; it's late to be sending a fax.*
estar atrasado/a	to be late as in to be behind schedule for an appointment or a deadline	**Estoy muy atrasada**; no voy a llegar a tiempo. *I'm very late. I'm not going to arrive on time.*
llegar tarde	to arrive late	Tu mensaje **llegó tarde** y no pude leerlo a tiempo. *Your message arrived late, and I wasn't able to read it on time.*
tardar	to take a long time	**Tardaste** tanto en llegar que fui solo a comprar la computadora. *You were so late in arriving that I went by myself to buy the computer.*

10-7 ¿Se puede llegar tarde? Menciona tres situaciones a las que se puede llegar tarde y tres a las que no se puede, de ningún modo, llegar tarde. Luego, compara tu lista con la de otro/a estudiante de la clase.

MODELO: *No se puede llegar tarde al aeropuerto para tomar un avión.*

10-8 Me falta el tiempo. Todo el mundo parece vivir a un paso acelerado. Nunca alcanza el tiempo para todo lo que hay que hacer. ¿Cómo manejas el tiempo tú? Con tu compañero/a, contesta estas preguntas con oraciones completas.

1. ¿Estás atrasado/a con la tarea que tienes que entregar esta semana?
2. ¿Qué haces para cumplir con la tarea cuando estás atrasado/a con un proyecto?
3. ¿Eres una persona que siempre llega tarde a las citas con sus amigos?
4. ¿Qué pasa cuando tardas en entregar una tarea?
5. ¿Te parece que es muy tarde si un/a amigo/a te llama por teléfono a las 10 de la noche?
6. ¿Crees que eres una persona que se sabe organizar bien con el tiempo, o estás siempre atrasado/a?

Ventana al mundo

Los telecentros comunitarios

Los telecentros comunitarios son organizaciones que apoyan el desarrollo de una comunidad a través de la utilización de nuevas tecnologías. Algunos son muy simples, con sólo algunas computadoras independientes o conectadas entre sí. Otros tienen acceso a Internet y están conectados, a su vez, con otros centros. En América Latina hay muchos tipos de telecentros que funcionan en escuelas, asociaciones culturales o en edificios estatales o de organizaciones no gubernamentales. Otros están en los centros comerciales o lugares turísticos y ofrecen, además, otros servicios, como cafetería o restaurante.

Servicios a la comunidad. En tu área, si una persona no tiene acceso a Internet en su casa, en la oficina o en la universidad, ¿adónde puede ir para usar una computadora y navegar por la Red? ¿Es un servicio pago o gratuito? ¿Qué otros servicios se ofrecen?

En este centro se puede tener acceso a Internet y a teléfonos públicos.

Comprehension questions:
¿Qué son los telecentros comunitarios?
¿Qué tienen? ¿Dónde funcionan?

Boletín

Locutorios

A veces, los telecentros ofrecen servicios de locutorios, es decir, de cabinas telefónicas para las personas que no tienen teléfono o ciertos servicios telefónicos en su casa y para los turistas o la gente que está en la calle a la hora de hacer una llamada.

Así se dice

Frases necesarias para hacer llamadas

código de área (América Latina) / **prefijo** (España)	area code
contestador automático	answering machine
llamadas de cobro / cargo revertido / por cobrar	collect calls
llamadas sin cargo	1-800 calls
marcar el número	dial the number
teléfono celular (América Latina) / **teléfono móvil** (España)	cellular phone

Quisiera hablar con el Dr. Argo, por favor.

Un momento, por favor. Veré si está disponible.

Note: Even though some of these exchanges are given in the formal **usted** form, the informal **tú** form may be used when appropriate.

Expresiones para iniciar la conversación por teléfono

Hola, Aló, Diga/Dígame, Bueno	Hello
Con … (nombre de la persona), por favor.	… (person's name), please.
Quisiera hablar con …	I'd like to speak to …
¿El/La Sr./a …, por favor?	Mr. / Ms …, please?
¿Está …, por favor?	Is … there, please?
¿Podría hablar con …?	Could I speak to …?
¿Podría ponerme /darme con la extensión … (number)?	Could you connect me to extension … (number)?
¿Puedo hablar con …?	May I speak to …?

Note: Hola (Argentina) Diga/Dígame (España) Aló (Latinoamérica en general) Bueno (México)

Expresiones para intercambiar información

Estas expresiones se usan para empezar una conversación telefónica después del saludo. Es importante ser cortés y usar **por favor** cuando es necesario.

El/La Sr./a … no se encuentra aquí en este momento.	Mr. / Ms … is not here right now.
Un momento, que ya viene.	In just a moment. He / She is coming.
Llame más tarde.	Call later.
No cuelgue. / No corte.	Don't hang up.
No, ahora no está.	No, he / she isn't here now.
¿Podría decirle que …?	Could you tell him / her that …?
Un momento, por favor.	One moment, please.
Ya le pongo con … / Ya le doy con… / Ya le paso con …	I'm connecting you to …
¿A qué número llama? / ¿Con qué número quería hablar?	What number did you dial?
¿De parte de quién?	Who's calling?
¿Le puede dar usted un recado / mensaje a …?	Could you give a message to …?
¿Podría dejarle un recado / mensaje?	Could I leave a message for him / her?
¿Puede usted llamar más tarde?	Could you call later?
¿Quiere dejarle algún recado / mensaje?	Do you want to leave him / her a message?

Suggestion: Explain to students that **colgar** = to hang up.

Expresiones para despedirse

Gracias por la información.	Thanks for the information.
Llamaré en otro momento.	I'll call some other time.
Muchas gracias y buenos días.	Thank you, and have a good morning.
Ya lo/la volveré a llamar.	I will call him/her again.
Adiós. Gracias.	Good-bye. Thank you.

Note: The word *recado* is preferred in Spain, and *mensaje* is more common in Latin America. However, both terms can be understood in either place with equal ease.

Suggestion for 10-9: Have students sit in pairs with their backs to each other, and pretend to have a telephone conversation. Remind them to use phrases from the **Así se dice** section.

10-9 Telediario. Representen una llamada telefónica, de acuerdo a los papeles indicados. Alternen los papeles y, luego, presenten sus llamadas a la clase.

REPORTERO/A: Tú eres reportero/a de Telediario, un programa de noticias de televisión dirigido a la comunidad hispana en Miami. Quieres entrevistar a algunos/as ejecutivos/as del área sobre el Mercado internacional de sus productos. Llama por teléfono para concertar una entrevista con tres ejecutivos/as.

SECRETARIO/A: Tú eres el/la secretario/a de tres ejecutivos/as. En este momento los tres están en viaje de negocios. Contesta las llamadas que recibas. Arregla una hora y un día para las entrevistas.

10-10 Por teléfono. Preparen esta conversación telefónica y luego represéntenla para la clase. Les damos algunas ideas como guía pero pueden inventar su propia conversación. Utilicen las expresiones de **Así se dice**.

E1: Llamas a casa de un/a amigo/a. Preguntas por tu amigo/a. Pides su número de teléfono móvil. Dejas un mensaje.

E2: Respondes la llamada. Preguntas quién habla. Dices que la persona que buscan no está. Das la información que te piden y tomas un mensaje.

Ventana al mundo

El MERCOSUR

Comprehension questions: ¿Cuáles son los países que originalmente eran miembros del MERCOSUR? ¿Cuál es el objetivo principal del MERCOSUR? ¿Qué país se hizo miembro en 2006? ¿Cuáles son los países asociados?

En 1991, la República Argentina, la República Federativa de Brasil, la República del Paraguay y la República Oriental del Uruguay firmaron el acuerdo para la creación del Mercado Común del Sur o MERCOSUR. El objetivo primordial del MERCOSUR es la integración de los cuatro países a través de la libre circulación de bienes y servicios. También es meta la adopción de una política comercial común para lograr el bienestar de los pueblos.

El día 4 de julio de 2006, se firmó el acuerdo para la integración de la República Bolivariana de Venezuela al MERCOSUR como miembro activo.

Además, los siguientes países están asociados al MERCOSUR:

- La República de Bolivia, desde 1997
- La República de Chile, desde 1996
- La República de Colombia, desde 2004
- La República de Ecuador, desde 2004
- La República de Perú, desde 2003

 ¿Qué sabes sobre los países del MERCOSUR? Busca información sobre la economía de los países del MERCOSUR para presentar a la clase.

Calle de Caracas el día de la incorporación de Venezuela al MERCOSUR

Complete the self-test on the **Atando cabos** web site. If you get less than 85%, you need to review this grammar point in the **Cabos sueltos** section, pp. 468–469. If you get above 85%, you can continue with the following activities.

Recycling for 10-11:
You may wish to review the use and formation of command forms in Chapter 4 (pages 122–126).

Sigamos con las estructuras

Repasemos 1

Expressing outstanding qualities: Superlative

Este celular es **el más barato del** mercado y **el menos complicado** de usar.

10-11 ¿Quiénes tienen estas habilidades? Tu compañero/a quiere saber quién puede hacer estas cosas y quién no. Dile a quién puede pedirle ayuda y a quién no. Agrega cómo trabajan estas personas. Usa las palabras entre paréntesis como guía, cambiándolas a la forma superlativa.

MODELO: E1:   ¿Quién es la persona indicada para programar la computadora? (hábil)

E2:   *Mi hermano es el más hábil de todos para programar la computadora. Pídeselo a él.*

E1:   ¿Quién es la persona indicada para arreglar el televisor? (malo)

E2:   *Mi padre es el peor de todos para arreglar el televisor. No se lo pidas a él.*

¿Quién es la persona que puede …

1. resolver problemas electrónicos? (hábil)
2. programar el nuevo teléfono? (bueno)
3. programar la computadora para que mande fax? (malo)
4. instalar los juegos de videos? (rápido)
5. utilizar la computadora? (lento)
6. navegar en Internet? (práctico)
7. recuperar un documento en la computadora? (paciente)

10-12 Direcciones de Internet. Busca tres páginas en español con información sobre negocios y compáralas según estas categorías. Imprime una de las páginas y tráela a clase como ejemplo. Explica brevemente lo que ofrece la página.

1. la más/menos interesante
2. la mejor/peor
3. la que tiene más/menos información
4. la más/menos fácil de leer
5. la que tiene el mejor/peor diseño
6. la que tiene la mejor/peor presentación
7. la más/menos original

Diario

*¿Pasas muchas horas en la computadora?
¿Dependes de las nuevas tecnologías?
¿Podrías evitar la utilización de tu teléfono
móvil? Te proponemos que pases
veinticuatro horas sin usar una
computadora. Luego, escribe en tu diario
cómo fue tu día sin computadoras.*

Repasemos 2
Expressing outstanding qualities: Absolute superlative
Internet tiene **muchísima** información.

Complete the self-test on the **Atando cabos** web site. If you get less than 85%, you need to review this grammar point in the **Cabos sueltos** section, p. 470. If you get above 85%, you can continue with the following activities.

10-13 El nuevo trabajo. Elisa acaba de conseguir un trabajo muy bueno. En parejas, completen el diálogo, usando el superlativo absoluto.

MODELO: E1:   ¿Cómo estás? (contento)
          E2:   *Estoy contentísima.*

1. ¿Por qué estás contenta? (trabajo / bueno)

2. ¿Dónde es el trabajo? (compañía / nuevo)

3. ¿Qué vende la compañía? (computadoras / pequeño)

4. ¿Son prácticas estas computadoras tan pequeñas? (práctico)

5. ¿Son caras o baratas las computadoras? (barato)

6. ¿Tiene sucursales en otros países la compañía? (mucho)

7. ¿Tienes muchos jefes? (poco)

8. ¿Como son tus compañeros? (interesante)

Recycling for 10-13:
You may wish to bring up the topic of Chapter 7, which refers to employment. Ask students whether they have a job, where they work, what they do, etc.

10-14 ¡Buenísimo! Reacciona ante las situaciones que te plantea tu compañero/a, diciendo si te parecen bien o mal las siguientes actividades. Usa el superlativo absoluto en la respuesta. Luego, explícale a la clase si estás de acuerdo o no con lo que opina tu compañero/a. Alternen los roles.

MODELO: E1: ¿Qué te parece poder comprar productos por Internet?

E2: *Me parece bien, porque es rapidísimo.*

E1: *Sí, es verdad que es rapidísimo, pero a mí no me gusta porque no puedo ver el producto que compro ni compararlo con otros.*

¿Qué te parece poder …

1. leer el periódico en Internet?
2. buscar pareja por Internet?
3. mirar el correo electrónico durante las vacaciones?
4. trabajar en una oficina virtual?
5. buscar trabajo por Internet?
6. trabajar para una empresa global?
7. tener el mismo número de teléfono en cualquier país que estés?
8. encontrar los mismos productos en todo el mundo?
9. consultar el catálogo de la biblioteca sin salir de tu casa?
10. ¿?

Complete the self-test on the **Atando cabos** web site. If you get less than 85%, you need to review this grammar point in the **Cabos sueltos** section, pp. 471–472. If you get above 85%, you can continue with the following activities.

Repasemos 3
Talking about people and things: Uses of the indefinite article

Tenemos **un** sistema de comunicación muy sofisticado.

10-15 ¿Adivinas? Un/a estudiante escribe el nombre de una persona famosa y el otro miembro de la pareja tiene que hacer preguntas, hasta adivinar de quién se trata. Las respuestas sólo pueden ser **sí, no** o **no sé.**

MODELO: E1: (Piensa en Bill Gates.)

E2: *¿Es (género / nacionalidad / religión / ocupación o profesión / afiliación política/ características físicas/ etc.)?*

E1: *No/Sí. No sé.*

Ventana al mundo

El empleo en las multinacionales

Las empresas multinacionales y sus redes auxiliares de producción sólo emplean a setenta millones de trabajadores en todo el mundo. En términos de la base global de mano de obra, este número no es muy grande. Pero en términos de valor productivo, estos setenta millones de personas contribuyen con un tercio de

Trabajo en una fábrica.

la producción mundial. Las empresas multinacionales junto con sus empresas auxiliares constituyen el corazón de la producción industrial y de servicios mundiales. Las maquiladoras en México son un ejemplo de los empleos que generan las multinacionales.

 Maquiladoras. Busquen información sobre las maquiladoras y presenten algunos datos a la clase. ¿Cuáles son los pros y los contras de las mismas para la economía mexicana y para su gente?

Comprehension questions: *¿A cuántos trabajadores emplean las empresas multinacionales? A nivel mundial, ¿este número de trabajadores es grande o pequeño? ¿A qué porcentaje de la producción mundial contribuye?*

Boletín

Las empresas globales

La mayor parte de la gente en el mundo no trabaja en empresas globales. Alrededor del 80% de la mano de obra mundial trabaja en mercados de trabajos locales o regionales. En esta estadística no entra solamente la mano de obra rural de Asia, África y Latinoamérica, sino también la de países europeos como España.

Aprendamos 1

Discussing past actions affecting the present: Present perfect tense

The present perfect tense is used to describe an action that happened in the recent past. The action may be completed in the past or may be still continuing in the present.

El desarrollo de Internet **ha revolucionado** las comunicaciones.	*The development of the Internet has revolutionized communications.*

Note: In Spain, the present perfect is used instead of the preterite when there is a temporal marker related to the present: **este año, esta mañana, hoy, esta semana**, etc. In Latin America, the preterite is preferred.

| **España:** | Nosotros **hemos sacado** un crédito bancario este año. |
| **América Latina:** | Nosotros **sacamos** un crédito bancario este año. |

The present perfect is formed with the present tense of **haber** and the past participle.

Present Perfect		
Haber		**Past Participle**
he		
has		comprado
ha	+	vendido
hemos		salido
habéis		
han		
hay	=	ha habido

A. Regular past participles

The regular past participle is formed by dropping the **-ar**, **-er**, or **-ir** ending of the infinitive and adding **-ado** or **-ido** to the verb stem.

-ar	→ -ado:	**trabajar**	→	**trabaj-**	→	**trabajado**
-er / -ir	→ -ido:	**comprender**	→	**comprend-**	→	**comprendido**
		compartir	→	**compart-**	→	**compartido**

Note: Some **-er** and **-ir** verbs add an accent mark on the **-i** of the past participle. The accent is used to signal that the weak vowel (i) is stressed in the word. The accent breaks the diphthong.

leer	→	le**í**do	traer	→	tra**í**do
creer	→	cre**í**do	oír	→	o**í**do

B. Irregular past participles

There are some verbs that have irregular past participle forms.

abrir	›	**abierto**	**morir**	→	**muerto**
cubrir	→	**cubierto**	**poner**	→	**puesto**
decir	→	**dicho**	**resolver**	→	**resuelto**
escribir	→	**escrito**	**romper**	→	**roto**
hacer	→	**hecho**	**ver**	→	**visto**
imprimir	→	**impreso**	**volver**	→	**vuelto**

Note: A compound verb formed with any of the above verbs shows the same irregularities: **describir** → **descrito, descomponer** → **descompuesto, devolver** → **devuelto**.

The words **ya** (*already, yet*), **todavía** (*yet*), and **aún** (*still, yet*) are frequently used with this tense. **Todavía** and **aún** are interchangeable. (Note the accent on **aún**.) **Ya** is not used in a negative sentence.

Ya han sacado al mercado el teléfono con imagen, pero **todavía** su uso no está muy difundido.	*The video phone is already on the market, but it isn't widely used yet.*
¿**Todavía** no han arreglado mi computadora?	*Haven't they fixed my computer yet?*
Aún no tengo la respuesta.	*I still don't have the answer.*

10-16 Nuestra pequeña empresa. Descubre cómo estos estudiantes han conseguido ganar un dinero extra. Completa los espacios con la forma correcta del pretérito perfecto.

Mis amigos y yo ___hemos abierto___ (abrir) un nuevo negocio para ayudar a personas a quienes se les ___ha descompuesto___ (descomponer) la computadora y no ___han podido___ (poder) resolver el problema ellos. La pequeña empresa va muy bien. El primer mes nosotros no ___hemos tenido___ (tener) muchas llamadas pero el segundo mes ___hemos hecho___ (hacer) progresos, ___hemos cubierto___ (cubrir) los gastos y ___hemos ganado___ (ganar) un porcentaje pequeño cada uno. Yo ___he resuelto___ (resolver) algunos problemas técnicos que no eran muy complicados, estoy aprendiendo mucho y todavía no ___he roto___ (romper) ninguna computadora. Los tres ___hemos visto___ (ver) que con un poco de ingenio, podemos tener un dinero extra para nuestros gastos. Este mes ___hemos puesto___ (poner) más avisos en los periódicos de la universidad y del pueblo con la esperanza de conseguir más clientes.

Suggestion for 10-16: You may wish to skip the somewhat mechanical exercise, and move on to the more communicative ones that follow.

10-17 La tecnología en la vida diaria. Haz una lista de todo lo que has hecho desde esta mañana. Luego, marca las actividades de la lista para las que hayas usado nuevas tecnologías. Finalmente, entrevista a otro/a estudiante para saber qué tipo de cosas ha hecho y para cuántas de ellas recurrió a la tecnología reciente.

MODELO: *He mirado mi correo electrónico.*
He escrito mensajes.

10-18 ¿Ya lo has hecho o todavía no? Entrevista a varios estudiantes de la clase hasta averiguar quiénes ya han hecho y quiénes todavía no han hecho las siguientes actividades. Luego, informa a la clase de tus resultados.

MODELO: E1: ¿Ya has terminado de diseñar tu página *web*?
E2: *No, todavía no he terminado.*
Sí, ya he terminado.

Suggestion for 10-18: Have students move around the classroom, and ask different questions to as many students as they can. After 5 to 7 minutes, call for reports. You may suggest that they write down in each cell of the chart the name of the students they interview and the words **sí** or **no**, as appropriate.

utilizar un teléfono con imagen	anotar todo en una agenda electrónica	buscar trabajo en Internet
conocer gente en Internet	participar en discusiones por la Red	comprar los alimentos por computadora
conducir un coche eléctrico	navegar por Internet usando el televisor	buscar pareja en los grupos para solteros

10-19 En estos últimos años. Hagan una lista de las cosas más importantes que han ocurrido en los últimos años en el ámbito tecnológico. Luego, comparen su lista con las de otros estudiantes de la clase.

MODELO: *En estos últimos años se han clonado células humanas.*

Ventana al mundo

Los españoles y la biotecnología

El Centro de Investigaciones Sociológicas (CIS) es un organismo autónomo, adscrito al Ministerio de la Presidencia, que tiene por finalidad el estudio de la sociedad española, principalmente a través de la investigación mediante encuestas. En los últimos años ha realizado una encuesta sobre la opinión de los españoles respecto a la biotecnología.

Aquí transcribimos las respuestas a tres de las preguntas de dicha encuesta.

¿Y tú qué piensas?
Contesta la encuesta y, luego, entrevista a dos o tres de tus compañeros/as ¿Sus opiniones coinciden con la opinión de la mayoría de los españoles?

Comprehension questions: *Según las respuestas a la pregunta 1, ¿la mayoría de los españoles están de acuerdo con los experimentos científicos de clonación? ¿La mayoría cree que la clonación humana será posible o no? Según las respuestas a la pregunta 3, ¿la mayoría está a favor o en contra de la investigación sobre la clonación?*

Pregunta 1

En relación al tema de los avances científicos, como Ud. seguramente sabe, hace ya algunos años que se consiguió la clonación de una oveja, la famosa oveja "Dolly", a partir de una célula de otra de su misma especie. ¿A Ud. personalmente, estos experimentos científicos le parecen algo muy positivo, más bien positivo, más bien negativo o muy negativo?

	. % .	(N)
Muy positivo	3,6	(89)
Más bien positivo	25,5	(635)
Más bien negativo	31,5	(786)
Muy negativo	23,5	(585)
No sabe	15,2	(378)
No contesta	0,8	(19)
Total	**100,0**	**(2492)**

Pregunta 2

Aunque, hoy en día, todavía no parece posible llevar a cabo la clonación de seres humanos, ¿cree Ud. que dentro de 10 ó 20 años la clonación humana será algo científicamente posible?

	. % .	(N)
Sí, con seguridad	29,0	(722)
Probablemente sí	41,4	(1031)
Probablemente no	9,1	(228)
No, con seguridad	4,7	(118)
No sabe	15,4	(383)
No contesta	0,4	(10)
Total	**100,0**	**(2492)**

Pregunta 3

Independientemente de lo que pueda ocurrir dentro de unos años, en relación con este tema de la clonación de seres humanos, ¿con cuál de las siguientes frases está Ud. más de acuerdo?

	. % .	(N)
Se debería impedir la investigación sobre la clonación	70,2	(1749)
No se debe poner barreras a la ciencia	14,8	(369)
No sabe	12,2	(304)
No contesta	2,8	(70)
Total	**100,0**	**(2492)**

Aprendamos 2

Talking about actions completed before other past actions: Pluperfect tense

The pluperfect tense is used to describe a past event that took place before another past event or past moment in time.

Yo ya **había mandado** el fax cuando recibí su mensaje por correo electrónico.

I had already sent the fax when I received his e-mail message.

The pluperfect tense is formed with the imperfect form of **haber** and the past participle.

Pluperfect		
Haber		**Past Participle**
había		
habías		llamado
había	+	leído
habíamos		escrito
habíais		
habían		
hay	=	había habido

Había habido un problema grave con mi página de Internet antes de que Juan me lo solucionara.

There had been a big problem with my Internet site before Juan solved it.

10-20 Antes de este curso. Transforma las frases para explicar qué cosas ya habías hecho o todavía no habías hecho, antes de tomar este curso de español. Luego, entrevista a otro/a estudiante para saber qué había hecho él/ella.

Answers for 10-20:
Afirmativo o negativo según la experiencia de cada estudiante.

MODELO: *Antes de tomar esta clase, ya había utilizado la Red para hacer una investigación.*

1. oír hablar en español a hablantes nativos   había oído
2. leer varios textos en español   había leído
3. reflexionar sobre la globalización   había reflexionado
4. hacer presentaciones en mi clase de historia sobre los países hispanoamericanos   había hecho
5. analizar la situación de las mujeres en el mundo   había analizado
6. escribir algunos mensajes electrónicos en español   había escrito
7. discutir sobre la tolerancia con otros/as estudiantes   había discutido

10-21 Un día fatal. Todo parece salir mal hoy. Explica qué había pasado cuando intentaste hacer las siguientes cosas. Sigue la estructura presentada en el modelo.

MODELO: ir a cobrar / el cheque / el banco / ya / cerrar
Cuando fui a cobrar el cheque, el banco ya había cerrado.

1. llegar / a la parada / el autobús / ya / pasar
2. llamarte / por teléfono / tú / ya / salir
3. ir a almorzar / el comedor / ya / cerrar
4. querer usar Internet / la línea / ya / desconectarse
5. ir a clase de informática / el profesor / todavía / no llegar
6. pasar a buscar la computadora / el técnico / todavía / no arreglarla

10–22 Cada vez más rápido. Para estar mejor informado/a, aquí tienen unos datos interesantes sobre las fechas de los inventos.

Paso 1.   ¿Cuánto tiempo? A partir de la tabla averigüen cuánto tiempo había pasado entre un invento y su uso masivo y cuánto tiempo había pasado entre un invento y otro.

MODELO: a. *¿Cuánto tiempo había pasado entre el invento del teléfono y su uso masivo?*
b. *¿Cuánto tiempo había pasado entre el invento del PC y de Internet?*

CADA VEZ MÁS RÁPIDO

En esta tabla representamos los años transcurridos desde la aparición de un invento hasta que es utilizado por la cuarta parte de la población de los países desarrollados.

Invento	Fecha	Años para su uso masivo
Electricidad	1873	46
Teléfono	1876	35
Automóvil	1886	55
Radio	1906	22
Televisión	1926	26
Microondas	1953	30
PC	1975	16
Teléfono móvil	1983	13
Internet	1991	7

Paso 2.   Más análisis de datos. Ahora, contesten estas preguntas.

1. ¿Cuál de estos inventos ha tardado más en usarse masivamente?
2. ¿Cuál es el que menos ha tardado?
3. ¿Ya se había inventado el microondas en el año 1960?
4. ¿Cuál de estos inventos había aparecido antes de que tú nacieras?
5. ¿Cuál de estos inventos crees tú que ha sido el más útil para la sociedad? ¿Por qué?

10-23 El siglo XX. Lean la lista siguiente sobre los eventos ocurridos desde principios del siglo XX. Formen frases que combinen dos elementos para determinar un orden cronológico. Utilicen las expresiones **antes de**, **ya** y **todavía no** en sus frases.

MODELO: ***Antes de** caminar por la Luna, el ser humano **ya había** encontrado los fósiles del Tyrannosaurus Rex.*

Suggestion for 10-23:
Divide the class in groups, and tell them that they have five minutes to produce as many combinations as they can. Then, check their answers.

1901: Marconi realiza la primera transmisión radial.

1903: Los hermanos Wright vuelan por primera vez.

1911: Seis hombres llegan al Polo Sur.

1931: Shoenberg produce un sistema de transmisión de imágenes: la televisión.

1953: Watson y Crick descubren la estructura del ADN.

1954: Se sabe que el ser humano tiene su información genética en 46 cromosomas.

1961: Prueban que el cáncer se debe a mutaciones del ADN.

1964: Se lanzan los primeros satélites para la telecomunicación y la televisión.

1969: El ser humano llega a la Luna.

1974: Inventan la tarjeta con memoria.

1979: Nace el primer sistema de telefonía celular.

1987: Se descubre el agujero en la capa de ozono.

1996: Nace la oveja Dolly, el primer animal creado por clonación.

Ventana al mundo

Aprende español en la red: Centro Virtual Cervantes

El Centro Virtual Cervantes es el portal de la cultura hispánica en Internet. Es uno de los servicios que ofrece el Instituto Cervantes para difundir la lengua y la cultura española. En este sitio se dan cursos de español a distancia. También se encuentran páginas de interés cultural, materiales para aprender español, buscadores especializados, foros de debate, bases de datos y mucho más.

El CVC. Visita la página web (www.cvc.cervantes.es) del Centro Virtual Cervantes y luego informa a la clase sobre lo que más te llamó la atención en esta página. ¿Descubriste algo interesante que puedas usar en tu aprendizaje de español?

Comprehension questions: *¿Qué es el Centro Virtual Cervantes? ¿A qué organización pertenece? ¿Qué se puede encontrar en este sitio de Internet?*

Aprendamos 3

Reporting what other people said: Indirect speech

When reporting what another person says or asks, the indirect speech structure is used.

Direct speech: Gaby: "I'm going to buy a new computer."

Indirect speech: Gaby says that she is going to buy a new computer.

In Spanish, indirect speech is introduced by verbs such as **afirmar, aclarar, contestar, decir, declarar, informar, preguntar, sostener**, etc. followed by **que** if it is a statement and **si** or a question word if it is a question.

	Discurso directo	Discurso indirecto
Declaración	Rita: "Yo paso dos horas cada día navegando por internet."	**Rita dice que** ella pasa dos horas cada día navegando por Internet.
Pregunta con **si**	José: "¿Quiere abrir una cuenta para su correo electrónico?"	**José pregunta si** Ud. quiere abrir una cuenta para su correo electrónico.
Pregunta de información	Ana: "¿Cuánto cuesta tener una cuenta?"	**Ana pregunta cuánto** cuesta tener una cuenta.

There are some natural changes that appear in the indirect speech. For example: *aquí → allí /allá, esta/e/as/os → esa/e/as/os, mañana → el día siguiente, etc.* If the main verb is in the past, the reported verbs also need to change accordingly. Study these examples:

Direct speech   HÉCTOR: ¿**Vendiste** tu cuota este mes?

ESTELA: Todavía no, pero **voy** a vender más de la cuota.

HÉCTOR: El jefe **estará** muy contento con eso.

Indirect speech   Héctor le **preguntó** a Estela si **había vendido** su cuota ese mes.

Estela le **contestó** que todavía no pero que **iba** a vender más de la cuota.

Héctor le **dijo** que el jefe **estaría** muy contento con eso.

10-24 Mensajes. Lee el siguiente mensaje y, luego, explica lo que dice completando las oraciones de la pág. 325.

Answers for 10-24:
1. Gaby dice que habló con su jefe y que le pidió un aumento.
2. Dice que su jefe le aumentó el sueldo y le ofreció un trabajo en la oficina de México, D.F. 3. Gaby le cuenta que ha sido su sueño trabajar en el extranjero. 4. Gaby le pregunta a Ana si quiere ir esa noche a cenar con ella en su casa. 5. También le pregunta a Ana a qué hora le queda bien. 6. Gaby le pide a Ana que vaya lo más temprano posible. 7. Gaby le dice que le contará más detalles sobre sus planes. 8. Finalmente le dice que sus padres ya están planeando una visita a México.

De:	Gaby
Para:	Ana
Asunto:	Cena en casa

Querida Ana,

Finalmente hablé con mi jefe y le pedí un aumento de sueldo. Todo salió mejor de lo que pensaba. No sólo me aumentó el sueldo sino que me ofreció un trabajo en la oficina de México, D.F. Te cuento que ha sido mi sueño trabajar en el extranjero y parece que ahora se hará realidad. ¿Quieres venir esta noche a cenar en casa? ¿A qué hora te queda bien? Ven lo más temprano posible. Cuando nos veamos te contaré más detalles sobre mis planes. ¡Mis padres ya están planeando una visita a México!

Besos,

Gaby

1. Gaby dice que _____ y _____
2. Dice que su jefe _____
3. Gaby le cuenta que _____
4. Gaby le pregunta a Ana _____
5. También le pregunta a Ana _____
6. Gaby le pide a Ana _____
7. Gaby le dice que _____
8. Finalmente le dice que sus padres _____

10-25 El correo de la clase. Escriban cuatro mensajes para las siguientes situaciones: invitar, avisar de algo que han hecho, felicitar por algo, recordar una cita. Coloquen los mensajes en un buzón y luego retiren algunos. Lean los mensajes recibidos y digan qué es lo que dicen.

10-26 La orden del día. Hilda habla con su secretaria para organizar las tareas del día en la oficina. Con tu compañero/a expresen en estilo indirecto lo que dijeron las mujeres.

MODELO: Hilda dijo (preguntó, pidió, avisó, la felicitó, etc.) que ...
La secretaria respondió (dijo, le recordó, etc.) que ...

HILDA: ¿Compraste la tarjeta para llamar por teléfono desde el extranjero?
SECRETARIA: Sí, aquí está.
HILDA: La voy a necesitar cuando esté en Caracas la semana próxima.
HILDA: ¿Cuánto costó reservar el salón para la reunión?
SECRETARIA: No mucho. Unos $200.
HILDA: Por favor manda las invitaciones a todos los jefes de sección.
SECRETARIA: Lo haré inmediatamente.
HILDA: Te aviso que esta tarde no voy a estar en la oficina.
SECRETARIA: Recibiré las llamadas y se las dejaré en su escritorio.
HILDA: Te recuerdo que necesito más tinta en mi impresora.
SECRETARIA: Ya pedí los repuestos. Estarán aquí mañana.
HILDA: Te felicito porque has hecho un trabajo fenomenal.
SECRETARIA: Gracias.

10-27 Protección al consumidor. La Asociación de Protección al Consumidor da estos consejos para comprar un auto y una computadora.

Paso 1. Voy a comprar un auto. Tu amigo/a quiere comprar un auto. Lee los consejos de la asociación y explícale a tu amigo lo que dice.

MODELO: *La Asociación dice que te asegures de que el coche satisface todas tus necesidades.*

Antes de comprar un automóvil

- Asegurarse de que el coche elegido satisface todas sus necesidades.
- Seleccionar con cuidado la marca, modelo y año de fabricación del coche.
- Mirar si la documentación del coche se encuentra en orden y libre de cualquier tipo de pago adicional.
- Preguntar cuál es el precio total y si el pago se realiza al contado o a crédito.
- Averiguar las condiciones del crédito, de cuánto son las cuotas y la diferencia entre el precio al contado y el precio a crédito.
- Informarse sobre la duración de la garantía del vehículo.
- Informarse acerca del mantenimiento periódico y obligatorio del vehículo.

Paso 2. **Voy a comprar una computadora.** ¿Qué debo considerar antes? Explícale a tu compañero/a lo que debe considerar antes de comprar una nueva computadora.

MODELO: *La Asociación dice que te asegures de que la computadora se adapta a tus necesidades.*

Antes de adquirir una computadora

- Asegurarse de que la computadora se adapta a sus necesidades.
- Visitar varios establecimientos y asegurarse de que el lugar elegido para realizar su compra le ofrezca garantías.
- Ir a comprar la computadora con un técnico o alguna persona que tenga experiencia en computadoras.
- Preguntar qué accesorios incluye—por ejemplo, si el precio incluye la impresora.
- Preguntar si le están incluyendo programas de cómputo (*software*).
- Preguntar cuánto tiempo tiene de garantía y cuáles son sus características.
- Averiguar si se ofrece servicio gratuito de Internet. ¿Tendrá algún cargo adicional en el recibo telefónico?

10-28 ¿Y tú? ¿Alguna vez tuviste algún problema con la compra de un coche o de una computadora? ¿Cuál fue el problema? ¿Cómo lo resolviste? Comparte tu experiencia con otro/a estudiante.

Ventana al mundo

CEPAL

Comprehension questions:
¿Qué es CEPAL? ¿Dónde tiene su sede? ¿Para qué fue fundada? ¿Cuáles son sus objetivos?

La CEPAL es una de las cinco comisiones regionales de las Naciones Unidas y su sede está en Santiago de Chile. Se fundó para contribuir al desarrollo económico de América Latina y el Caribe, coordinar las acciones para su promoción y reforzar las relaciones económicas de los países entre sí y con las demás naciones del mundo. La CEPAL trabaja con los estados miembros en diferentes estudios sobre el desarrollo de la región y en la promoción del desarrollo social. Estos son sus objetivos:

- Erradicar la pobreza extrema y el hambre.
- Lograr la enseñanza primaria universal.
- Promover la igualdad entre los sexos y la autonomía de la mujer.
- Reducir la mortalidad de los niños menores de 5 años.
- Mejorar la salud materna.
- Combatir el VIH/SIDA, el paludismo y otras enfermedades.
- Garantizar el mantenimiento del medio ambiente.
- Fomentar una asociación mundial para el desarrollo.

CEPAL. Busca información sobre alguna de las obras que ha realizado la CEPAL en los últimos años. Trae uno o dos datos para compartirlos con la clase.

Uno de los objetivos de CEPAL es lograr la enseñanza primaria universal.

Conversemos sobre las lecturas

Antes de leer

Estrategia de lectura: *Functions of the text*

Each text has a purpose or main communicative function. The author writes with a specific aim in mind. His/Her intention may be to persuade, inform, request information, criticize, analyze, report, etc. He/She expects the reader to react to the content of the text in a particular way, thus establishing the communicative link between the reader and the text, and between the reader and the author.

10-29 ¿Internet por teléfono? Lee la siguiente información y piensa cuál es la función de este texto. Escoge entre las personas que conoces a quienes les encantaría utilizar este aparato. Explícaselo a otro/a estudiante.

Internet por teléfono

Para entrar en Internet, no hay que ser un experto en informática. Ni siquiera hace falta tener una computadora, ya que acaban de salir al mercado teléfonos con una pantalla que nos permite el acceso a la información con sólo marcar un número. Son aparatos sencillos, especialmente diseñados para tecnofóbicos, es decir, personas que odian las computadoras y otras formas de tecnología. Estos teléfonos-web están preparados para todas las opciones que ofrece la Red, e incluyen un teclado desde el que se puede mandar y recibir el correo electrónico.

10–30 Tu reacción. Escribe un párrafo de cuatro o cinco oraciones sobre el uso de Internet. Puedes expandir la información o hablar de los aspectos positivos y / o negativos del uso de Internet. Luego, léeselo a tu compañero/a, quien debe decirte cuál es la función de tu párrafo. ¿Coincide con lo que tú querías comunicarle?

VOCABULARIO DE LAS LECTURAS

Estudia estas palabras para comprender mejor los textos.

Vocablo		Palabra en uso
el ademán	gesture	Este niño tiene **ademanes** corteses.
alimentar(se)	to feed, nourish	**Se alimentaba** solamente de frutas.
almacenar	to store	Tienes que **almacenar** el documento en el disco duro.
el/la amado/a	beloved, sweetheart	Compuso este poema para su **amada**.
apretar un botón	to push a button	Sólo tienes que **apretar el botón** para que salgan las copias.
aturdido	stunned, dazed	La mujer quedó **aturdida** con tanto ruido.
el ave	bird	Vio al **ave** desaparecer en el cielo azul.
bastar	to be enough, suffice	**Bastó** una sonrisa de él para saber que no estaba enojado.
cargar	to load	**Cargué** un nuevo programa en la computadora.
la descarga	discharge	La sorpresa fue como una **descarga** eléctrica que atravesó su cuerpo.
desenchufado/a	unplugged, disconnected	La computadora no funciona porque está **desenchufada**.
duplicarse	to double	Con esta publicidad, se **duplicaron** los pedidos de información.
envuelto/a	wrapped	El regalo estaba **envuelto** en papel rojo.

el fuego	*fire*	Los chicos hicieron un **fuego** para calentarse.
la golondrina	*swallow (bird)*	Era la última **golondrina** del verano.
imprimir	*to print*	Esta impresora no **imprime** en color.
el lobo	*wolf*	El **lobo** asustó a Caperucita Roja.
la máquina	*machine*	La **máquina** no funciona.
la nave espacial	*spaceship*	Los astronautas subieron a la **nave espacial**.
notar	*notice*	¿Has **notado** lo bien que la niña maneja la computadora?
ocultar	*to hide*	El control remoto estaba **oculto** detrás del televisor.
ondear	*to flutter*	Sus cabellos **ondeaban** al viento.
la pantalla	*screen*	Compré un monitor con una **pantalla** más grande.
sobrevivir	*to survive*	Ella pudo **sobrevivir** en la montaña sin agua ni comida por tres días.
la soledad	*loneliness, solitude*	No siente **soledad** porque está acompañada por su hija.
la tarjeta	*card*	Mi esposa puso una nueva **tarjeta** en la computadora y ahora funciona mejor.
el teclado	*keyboard*	Compramos un nuevo **teclado**.
tropezar(se) (ie)	*to bump, run into*	**Nos tropezamos** con Tito en el centro.

10-31 **¿Qué es?** Encuentra la palabra que corresponda a cada una de las siguientes definiciones.

1. multiplicar por dos una cantidad   *duplicar*
2. gesto   *ademán*
3. encontrar a una persona por casualidad   *tropezar*
4. vehículo para viajar al espacio   *nave espacial*
5. comer, nutrirse   *alimentarse*
6. pájaro   *ave*
7. esconder   *ocultar*
8. lo opuesto de **enchufar**   *desenchufar*

10-32 **Sé original.** Escribe oraciones originales, usando las siguientes palabras.

ondear   almacenar   tarjeta   bastar   amado/a   apretar un botón

10-33 **Génesis.** El siguiente microcuento se titula *Génesis*.

Paso 1. **Mis ideas.** ¿Qué asocias tú con esta palabra? Haz una lista de ideas o palabras y compártela con tu compañero/a.

Paso 2. **Otras asociaciones.** Después de leer el microcuento, compara si algunas de las ideas o palabras de tu lista aparecen en el cuento.

Lectura

Adán y Eva en el paraíso terrenal

Marco Denevi (1922–1998)

Marco Denevi fue un novelista, dramaturgo y periodista político argentino. Recibió varios premios literarios, que le dieron reconocimiento internacional. Una de sus obras más conocidas es su primera novela, *Rosaura a las diez*. En su obra, nos presenta con situaciones que nos hacen tomar conciencia de quienes somos y de lo que hacemos como humanos en este planeta. Estos dos microcuentos son un ejemplo de sus ideas profundas, que cuestionan los valores del siglo XX.

Génesis

Con la última guerra atómica, la humanidad y la civilización dasaparecieron. Toda la tierra fue como un desierto calcinado. En cierta región de Oriente sobrevivió un niño, hijo del piloto de una nave espacial. El niño se alimentaba de hierbas y dormía en una caverna.

5 Durante mucho tiempo, aturdido por el horror del desastre, sólo sabía llorar y clamar por su padre. Después sus recuerdos se oscurecieron, se disgregaron, se volvieron arbitrarios y cambiantes como un sueño, su horror se transformó en un vago miedo. A ratos recordaba la figura de su padre, que le sonreía o lo amonestaba, o ascendía a su nave espacial, envuelta en fuego y en ruido, y se
10 perdía entre las nubes. Entonces, loco de soledad, caía de rodillas y le rogaba que volviese. Entretanto la tierra se cubrió nuevamente de vegetación: las plantas se cargaron de flores: los árboles, de frutos. El niño, convertido en un muchacho, comenzó a explorar el país. Un día vio un ave. Otro día vio un lobo. Otro día inesperadamente, se halló frente a una joven de su edad que, lo mismo que él,
15 había sobrevivido a los estragos de la guerra atómica.

—¿Cómo te llamas?—le preguntó.

—Eva,—contestó la joven—¿Y tú?

—Adán.

10-34 ¿Un nuevo paraíso terrenal? Decide si estas oraciones son ciertas o falsas. Encuentra en el cuento las ideas que afirman o contradicen tu decisión.

1. Al principio del cuento, la tierra es un paraíso terrenal. f
2. Un niño nace en el Oriente. f
3. El niño vive feliz con su padre en una caverna. f
4. El niño no puede alimentarse para sobrevivir. f
5. Emocionalmente, es un niño feliz. f
6. Él y su padre se van en una nave espacial. f
7. Al final del cuento, la tierra vuelve a florecer. c
8. El niño encuentra a una muchacha que se llama Eva. c

👥 **10-35 ¿Creación o re-creación?** Descubran cuál es el mensaje del cuento, contestando estas preguntas.

1. ¿Qué representa el padre del niño?
2. ¿Cuál es la advertencia del autor en este cuento?
3. ¿Qué visión de la humanidad y el mundo se presenta al final?
4. ¿Hay esperanza en este cuento? Expliquen.
5. ¿Se puede interpretar como el comienzo de algo nuevo o como la continuación de lo que ya existe? Expliquen.

Apocalipsis

La extinción de la raza de los hombres se sitúa aproximadamente a fines del siglo XXXII. La cosa ocurrió así: las máquinas habían alcanzado tal perfección que los hombres ya no necesitaban comer, ni dormir, ni hablar, ni leer, ni escribir, ni pensar, ni hacer nada. Les bastaba apretar un botón y las máquinas lo hacían todo
5 por ellos. Gradualmente fueron desapareciendo las mesas, las sillas, las rosas, los discos con las nueve sinfonías de Beethoven, las tiendas de antigüedades, los vinos de Burdeos, las golondrinas, los tapices flamencos, todo Verdi, el ajedrez, los telescopios, las catedrales góticas, los estadios de fútbol, la Piedad de Miguel Ángel[1], los
10 mapas, las ruinas del Foro Trajano[2], los automóviles, el arroz, las sequoias gigantes, el Partenón.[3] Sólo había máquinas. Después los hombres empezaron a notar que ellos mismos iban desapareciendo paulatinamente y que en cambio las máquinas se multiplicaban. Bastó poco tiempo para que el número de los hombres quedase
15 reducido a la mitad y el de las máquinas se duplicase. Las máquinas teminaron por ocupar todos lo sitios disponibles. No se podía dar un paso ni hacer un ademán sin tropezarse con una de ellas. Finalmente los hombres fueron eliminados. Como el último se olvidó de desconectar las máquinas, desde entonces seguimos
20 funcionando.

[1] Estatua famosa de la Vírgen María sosteniendo el cuerpo muerto de Cristo en su regazo.

[2] Uno de los foros romanos construido entre el 107 y el 112 D.C. renombrado por su grandiosidad.

[3] Templo griego situado en la Acrópolis de Atenas y dedicado a la diosa Atenea. Se le considera como una de las más bellas construcciones arquitectónicas de la humanidad. Fue construido entre los años 447 y 432 A.C.

10-36 ¿Qué pasó con la humanidad? Este cuento nos advierte sobre el abuso de la tecnología. Contesta las preguntas, según la información del texto.

1. ¿Por qué los hombres no necesitaban hacer nada?
2. ¿Qué debían hacer los hombres para conseguir cualquier cosa?
3. ¿Qué cosas desaparecieron? ¿Qué representan estas cosas?
4. ¿Qué empezaron a notar los hombres?
5. ¿Qué pasó con las máquinas?
6. ¿Qué pasó con los hombres?
7. ¿Quién cuenta la historia y por qué?

10-37 El peligro tecnológico. Este cuento nos hace pensar cuánto dependemos de la tecnología. ¿Puedes vivir sin ella o eres adicto a la tecnología? Explícale a tu compañero/a qué objetos tecnológicos son imprescindibles para ti y por qué.

1. la computadora
2. Internet
3. el teléfono celular
4. el coche
5. el microondas
6. otras

Poema

Les Luthiers

Les Luthiers es el nombre artístico de un grupo de humor musical. Son músicos profesionales que fabrican instrumentos informales creados por ellos mismos a base de materiales de la vida cotidiana, como latas, máquinas de escribir, bicicletas, tubos de cartón, globos, etc. Por ejemplo, han inventado un instrumento que llaman la *mandocleta*. Es una bicicleta que conecta su rueda a una mandolina. La palabra **luthier** generalmente se refiere a las personas que construyen instrumentos de cuerdas pero, en este caso, refleja de modo irónico la costumbre de este grupo de inventar instrumentos muy distintos a los normales. El autor de esta canción es Daniel Rabinovich, un miembro del grupo.

Poema a la computadora

Te veo por esos campos
en mis sueños cibernéticos
ondeando al viento tus cables
por esos campos magnéticos.

5 Me atraviesa una descarga.
un eléctrico temblor
cuando deslizo mi mano
por tu panel posterior.

Tengo celos de los hombres
10 que tu memoria han cargado
que te dieron sus tarjetas,
que tocaron tu teclado.

Excitaron tus circuitos
y aunque sé que no los amas
15 son demasiados los hombres
con los que has hecho programas.

En qué estarás procesando
tu monitor, ¿por qué calla?
Me estás ocultando algo
20 se te nota en la pantalla.

No contestas mi diskette
¿Por qué no me imprimes nada?
¿No almacenaste mis ruegos?
¿O es que estás desenchufada?

25 Eres cruel e insensible
al amor que me devora
eres fría y sistemática
eres muy calculadora.

Grábame algún mensaje
30 con esa voz digital
puedes comenzar a hablar
a partir de la señal.

Para todos los demás
no eres más
35 que una computadora
que no siente ni palpita.
Para mí siempre serás
Simplemente Dora…
Dora… mi computita.

Note: You may want to point out the play on words with the word *computita*.

10-38 El cuerpo de la enamorada. El poema habla de las distintas partes de una computadora como si fuera el cuerpo de la enamorada. Completa el dibujo con los nombres de las partes de la computadora que aparecen en el poema. Luego, indica el verso en el que es mencionada y la parte del cuerpo humano con la que se puede relacionar.

10-39 Sentimientos. En el poema, se mencionan varios sentimientos. Explica, para cada uno, qué es lo que los provoca. Luego, piensa en ejemplos que provocarían en ti estos sentimientos.

> **MODELO:** sentimiento: un eléctrico temblor
> Causa: *deslizar la mano por el panel posterior*
> Ejemplo: *la mirada de mi amado/a*

celos
excitación
ocultamiento
indiferencia
crueldad
amor que devora
no sentir

Diario

¿Estamos demasiado automatizados? Piensa en el estilo de vida que se lleva hoy en día en muchos lugares, siempre corriendo de un lado a otro para no llegar tarde a las citas, comiendo rápidamente mientras trabajamos, tratando de cumplir con fechas de entrega o vencimiento de pagos todas las semanas. ¿Es éste el estilo de vida que nos trae la tecnología? ¿Qué piensas tú?

Avancemos con la escritura

Antes de escribir

Estrategia de escritura: *Establishing cause and effect*

Establishing or analyzing a cause-and-effect relationship between ideas or events may help you to clarify for your readers a situation or an event in your text. The answer to the question, "Why is this situation the way it is?", often requires an analysis of the causes that led it to be that way. On the other hand, the answer to the question, "What are the consequences of this?" leads us to analyze its effects. You may choose to focus your analysis on the causes or on the effects separately, or you may want to analyze them together. An effect, or several of them, could be the direct or indirect consequence of a certain cause or causes. For example: "Children's vocabulary increases in proportion to the exposure they have to books. In other words, the more books they read or listen to, the larger their vocabulary." In this example, the exposure to books has a direct effect on children's ability to communicate using a large vocabulary. Or we might say that a large vocabulary was caused by the exposure to books.

10-40 Causa y efecto. El mundo en que vivimos.

Paso 1. **¿Cuál es el efecto?** Piensen en los efectos que surgen de las siguientes situaciones. Escriban por lo menos tres efectos para cada situación.

1. El efecto de tener acceso a tanta información tan pronto como ocurren las noticias.
2. El efecto de tener acceso rápido a cualquier información a través de Internet.
3. El efecto de los videojuegos en los adolescentes y los niños.
4. El efecto de la globalización en los jóvenes.
5. El efecto de la tecnología en la sociedad.
6. El efecto de la mano de obra barata tanto en los Estados Unidos como en otros países.

Suggestion for 10-40:
Assign this activity as homework, so students can formulate their answers before class. Discuss the items first in groups, then with the whole class.

Paso 2. **¿Cuáles son las causas?** Ahora, piensen en las causas detrás de algunos de estos hechos. En otras palabras, pregúntense por qué suceden estas cosas. Escriban un mínimo de tres causas para cada ejemplo.

1. ¿Por qué existe la mano de obra barata?
2. ¿Por qué a los adolescentes y a los niños les atraen los videojuegos?
3. ¿Por qué se ha desarrollado una economía global?
4. ¿Por qué creemos que necesitamos la tecnología?

A escribir

10-41 **¿Quién se beneficia?** Escoge uno de los temas de la actividad **10-40** y escribe un ensayo que presente las causas y los efectos. Sigue estos pasos.

1. Presenta tu tesis en un párrafo introductorio.
2. Presenta las causas. Si es necesario, busca estadísticas u opiniones de expertos para apoyar tu posición.
3. Presenta los efectos. Busca estadísticas o cita la opinión de los expertos para apoyar tu presentación.
4. Conclusión. Haz una síntesis de lo presentado y ofrece algunas soluciones.

Antes de entregar tu ensayo, asegúrate de haber incluido y revisado lo siguiente:

- El vocabulario del capítulo
- Las **Expresiones útiles**
- Los superlativos
- Los tiempos compuestos del pasado
- El discurso indirecto

Diario

¿Es importante para ti el éxito económico en la vida, aunque te cueste mucho sacrificio? ¿Qué significa para ti el éxito económico? ¿Tienes metas financieras para tu futuro? ¿Cuáles son? ¿Cómo piensas lograr esas metas?

Atando cabos
Una empresa global

En esta parte del capítulo te vas a preparar para fundar una empresa global.

Una reunión de empresarios

10-42 **¿Tienes madera de ejecutivo/a?** Clasifiquen las características del/de la ejecutivo/a global presentadas en el siguiente cuadro, según el orden de importancia. Luego, comparen su jerarquía con las de otras parejas de la clase. Comenten y discutan hasta llegar a un acuerdo y tener una lista única para toda la clase.

MODELO: *Tener una mentalidad abierta es más importante que … pero menos*
importante que…

Recycling for 10-42:
You may wish to review comparisons of inequality before doing this activity, Chapter 5 (pages 156–160).

¿Tienes madera* de ejecutivo/a global?

El perfil ideal del/de la ejecutivo/a internacional, según una consultora, es el siguiente:
- Es independiente y autónomo/a.
- Tiene una gran capacidad de comunicación.
- Es flexible.
- Es comprensivo/a y tolerante.
- Desea aprender y disfrutar de nuevas experiencias.
- Es optimista y extrovertido/a.
- Se adapta a nuevas situaciones.
- Tiene una mentalidad abierta.
- Cuenta con el apoyo afectivo de los miembros de su familia.

*****tener madera de / para…** *To be a natural at…*

👥 **10–43 Ejecutivos globales.** En su opinión, ¿cuál de las siguientes personas tardará más o menos en convertirse en un/a ejecutivo/a global? Coméntenlo entre ustedes y luego expliquen el por qué de su selección al resto de la clase.

MODELO: *Nosotros creemos que Susana Quintana tardará más en convertirse en una ejecutiva global porque no sabe otros idiomas.*

SUSANA QUINTANA: Tiene horarios muy estrictos. Es extrovertida y optimista. Le encanta viajar. Habla sólo español.

ERNESTO CISNEROS: Desea aprender y disfrutar de nuevas experiencias. No cuenta con el respaldo familiar. Es autónomo e independiente en el trabajo. Adora su país.

LUISA CRESPO: No tiene una mentalidad muy abierta. Domina el idioma del país de destino. Tiene mucha facilidad de comunicación. Es soltera.

CELIA RODRÍGUEZ: Es capaz de adaptarse a nuevos ambientes de trabajo. Es abierta y respetuosa hacia otras culturas. Es introvertida y pesimista. Es autónoma e independiente en el trabajo.

TÚ: ¿Qué tal eres como ejecutivo/a?

👥 **10–44 Lo global.** Cada uno/a de ustedes debe hacer una lista de cinco empresas o productos globales. Luego, uno/a de ustedes debe describirle uno de los elementos de la lista a su compañero/a y él/ella tiene que adivinar de qué producto o empresa se trata. Alternen los papeles.

MODELO: Empresa: Coca-Cola. (Es una de las empresas en su lista.)

Descripción: *Es una empresa que vende un refresco cuyos envases tienen una forma particular, que cualquier persona puede reconocer sin leer la etiqueta.*

👥 **10–45 ¿Por qué son globales?** Analicen los distintos productos de la actividad anterior y respondan las siguientes preguntas. Luego, informen a la clase sobre sus resultados.

1. ¿Qué características tienen estos productos para que los consideremos globales?
2. ¿Quiénes son los compradores / vendedores de estos productos?
3. ¿Son estos productos los más baratos / caros?
4. ¿Qué es lo que menos / más les gusta de cada uno de estos productos?
5. ¿Cuál es, para ustedes, el más / menos importante? ¿Por qué?

👥 **10–46 Una gran idea.** Ustedes tienen una idea para un producto que se venderá en todo el mundo. Describan qué tipo de producto es, qué características tiene, quiénes lo van a comprar, etc. Escriban un párrafo con la descripción de la empresa, el producto, el mercado, etc.

MODELO: *Nosotros queremos crear una empresa que venda teléfonos celulares con auriculares (earphones) que permitan que, al hablar, queden las manos libres. El peso de este producto, el Telewalkman, será de ciento cincuenta gramos y tendrá un alcance mundial. Pensamos que nuestros clientes serán personas de entre 18 y 25 años de edad…*

10-47 Reparto de tareas.

En tu trabajo, tú estás encargado/a de un equipo que está diseñando un nuevo producto y mañana tienes una reunión con tu jefe/a para informarle lo que se ha o no se ha hecho.

Paso 1.   Todo listo Pregúntale a tu asistente si se han hecho estas cosas y quién las hizo. Túrnate con tu compañero/a para hacer los roles.

MODELO: encontrar un modo de distribución del producto (no / Juan)

E1: *¿Ha encontrado Juan un modo de distribución del producto?*
E2: *No, todavía no lo ha encontrado.*

1. consultar a la agencia de publicidad (sí / Lupita)   *Sí, ya la ha consultado.*
2. solicitar un estudio de mercado (no / María)   *No, todavía no lo ha solicitado.*
3. analizar la competencia (sí / Paco)   *Sí, ya la ha analizado.*
4. implementar una política de precio (no / Alejandro)   *No, todavía no la ha implementado.*
5. crear una nueva marca (sí / Marilú)   *Sí, ya la ha creado.*
6. inventar un eslogan (no / Lucía)   *No, todavía no lo ha inventado.*
7. diseñar un logo (sí / Tomás)   *Sí, ya lo ha diseñado.*
8. escribir un contrato modelo (no / Conchita)   *No, tadavía no lo ha escrito.*
9. describir el producto (sí / Enrique)   *Sí, ya lo ha descrito.*
10. prever las ventas (no / Pepe)   *No, todavía no las ha previsto.*
11. buscar formas de financiación (sí / Santiago)   *Sí, ya las ha buscado.*

Paso 2.   La reunión con el/la jefe/a. Al día siguiente, le informas a tu jefe/a lo que ya habían o no habían hecho las distintas personas.

MODELO: *Cuando hablé con Juan ayer, todavía no había encontrado un modo de distribución.*

10-48 El plan de empresa.

Éstos son los criterios que los expertos tienen en cuenta para decidir a quiénes les darán dinero para crear una empresa. Lean los criterios y digan qué han tenido en cuenta o qué no en su descripción de la actividad **10-46**. Luego, comparen sus respuestas con las de otros grupos de la clase.

MODELO: *Nosotros no hemos presentado al empresario, pero sí hemos definido el producto.*

El plan de empresa
1. Presentación del/de la empresario/a. Explicar su formación.
2. Definir el producto.
3. Hacer un plan de mercado. Analizar el mercado. Identificar a los clientes y a la competencia.
4. Planear la ubicación de la empresa y los recursos humanos necesarios.
5. Describir las tareas y características del personal. Establecer tipos de contrato.
6. Hacer un plan económico. Buscar fuentes de financiación.
7. Sacar conclusiones. Evaluar todo el plan.

Capítulo 11

Warm-up: Introduce students to the chapter by asking them these questions: ¿Qué haces en tu tiempo libre? ¿Qué haces cuando quieres relajarte? En grupos, hagan una lista de actividades que generalmente hacen en su tiempo libre. Luego, preséntenla a la clase. ¿Cuál es la actividad más común de los estudiantes de esta clase?

Hablemos del ocio y del tiempo libre

Canción recomendada:
Yo quiero ser una chica Almodóvar. Joaquín Sabina, CD *Física y química*, España, 1992.

Película recomendada:
The Buena Vista Social Club. Wim Wenders, Alemania, 1999.

❝**Una película no te resuelve nada, pero te da un enorme placer.**❞
Pedro Almodóvar

Tema cultural
El ocio en el mundo hispánico

Objetivos comunicativos
Hablar del ocio, los entretenimientos y el tiempo libre

Indicar quien realiza una acción: la voz pasiva con ser

Expresar acciones impersonales: la voz pasiva con se

Unir ideas

Expresar deseo y esperanza en el pasado

Describir una secuencia de situaciones con referencia al presente y al futuro

Warm-up: ¿A quién de ustedes le interesa visitar museos de arte, de historia, de ciencia? ¿A alguien le interesa leer ciencia ficción, novelas románticas? ¿A alguien le interesa ir al teatro o al cine? ¿Prefieren ver la televisión o videos en su casa? ¿Te gustan los videojuegos? ¿A cuáles juegas?

La cantante Nelly Furtado y el músico Juanes, actúan durante la celebración de los premios Latin Grammys.

En marcha con las palabras

En contexto: En el teatro

las luces

la luz

los micrófonos

la actriz

la cámara

el cantante

el actor

el guión

el escenario

el espectador

el público

el camarógrafo

la butaca

Les encantó la obra. **Aplaudieron** muchísimo a los actores.

Dos amigos hablan sobre la **obra de teatro** durante el **intermedio**:

SOFÍA: ¿Te gusta la obra?

PABLO: Sí, es una **comedia** muy **amena**. Hay muchas **escenas** muy cómicas… Además, el **argumento** es muy **entretenido**.

SOFÍA: A mí me encantan todos los **personajes**, pero sobre todo me parece que la **protagonista** actúa muy bien. Vamos a ver cómo se resuelve la **trama al final**. Cuando termine la obra, quiero **acercarme** al **camarín** para pedirle un autógrafo y **entregarle** estas flores que le traje.

PABLO: Realmente, la **actriz** es muy buena. Se nota que ha **ensayado** mucho.

SOFÍA: ¡Qué bueno que hayamos venido al **estreno**! Las **entradas** eran un poco caras, pero **valió la pena**. Mira, están los **periodistas** de todos los **medios de difusión** más importantes.

PABLO: Claro, hoy **transmiten** la obra **en vivo** por el **canal** 2. ¿Viste que también la están **grabando**? Van a transmitir partes de la **función** por la **cadena** nacional de televisión y también habrá una **emisión de radio** con entrevistas a los actores.

Warm-up: Ask the following questions: *¿Qué hace un/una cantante?, ¿una actriz/un actor?, ¿un/a camarógrafo/a?, ¿un/a guionista?, ¿un/a espectador/a?, ¿un/a director/a de teatro?, ¿un/a locutor/a de radio?, ¿un/a periodista?*

¿Comprendes?

1. ¿Dónde están los dos amigos?
2. ¿Cómo es la obra de teatro?
3. ¿Qué quiere pedirle Sofía a la actriz?
4. ¿Por qué están grabando la obra?
5. ¿Por dónde va a ser la gira?
6. ¿En dónde fue anunciada la obra?
7. ¿De qué trataba la obra que vio Pablo del mismo autor?
8. ¿Qué tienen que hacer los amigos cuando se encienden y apagan las luces?

SOFÍA: Es el mismo autor de *La verdad de Lucía*, que tuvo mucho **éxito**. Creo que fue la obra más **taquillera** de esa **temporada**. ¿Sabes que me dijeron que, en seis meses, la compañía sale de **gira** por toda Latinoamérica? El diario, *El arte hoy*, la ha presentado como **noticia** de **primera plana**. Además, esta semana la vi **anunciada** en los **titulares** de varios **periódicos** y en los **noticieros** de la tele. Se espera un gran número de **televidentes** esta noche.

PABLO: Y, ¿sabías que piensan filmar una **película** de la obra? Lo leí ayer. Todavía no se sabe quién va a **dirigirla** ni quién **interpretará** el **papel** principal.

SOFÍA: ¡Qué bueno! Realmente, el autor es muy bueno y merece **reconocimiento**. El año pasado vi un **documental** sobre su vida y su obra, y es realmente un hombre fascinante.

PABLO: Es verdad. Hace poco vi otra obra suya, en la que **se trataba** el tema de la Guerra Civil española y **abarcaba** los tres años que duró la guerra. Era un poco triste, pero muy interesante por el **vínculo** que creaba entre la guerra y la esperanza…

SOFÍA: Mira, están **encendiendo** y **apagando** las luces. Debemos volver a nuestras **butacas**.

PABLO: ¡Sí, el **espectáculo** debe continuar!

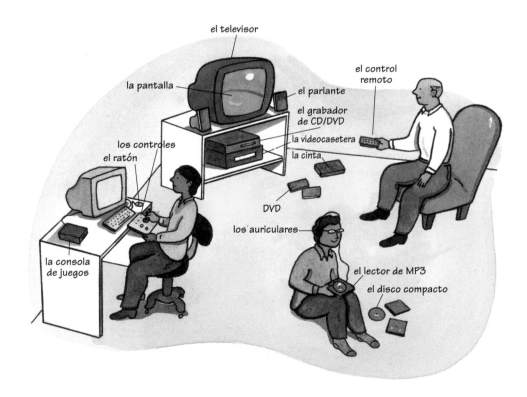

Palabras conocidas

El mundo del espectáculo

Estas palabras deben ser parte de tu vocabulario.

Actuaciones	Performances	Cognados	
la danza moderna / clásica	modern / classic dance	la antena parabólica	filmar
el/la director/a de cine / teatro /	movie / theater director	el ballet	innovador/a
el/la director/a de orquesta	orchestra conductor	el concierto	el micrófono
el mimo	mime	componer	la ópera
el títere/la marioneta	puppet	el/la compositor/a	la orquesta
		el estudio	el recital
			el teatro
			triunfar

Expresiones útiles

al final	at the end	**Al final** de la obra, los enamorados se casan. *At the end of the play, the lovers get married.*
al principio	at the beginning	**Al principio,** pensé que la obra iba a ser aburrida, pero me equivoqué. *At the beginning, I thought that the play was going to be boring, but I was wrong.*
valer la pena	to be worthwhile	Te recomiendo esta película. **Vale la pena** verla. *I recommend this movie to you. It's worth seeing.*
de acuerdo con	according to	**De acuerdo con** esta reseña, la película que vamos a ver es la mejor del año. *According to this review, the movie that we are going to see is this year's best.*

11-1 Asociaciones. ¿Con qué palabras de **En contexto** asocias lo siguiente? Escribe todas las palabras posibles para cada una. Luego, comparte tus asociaciones con un/a compañero/a. Explícale por qué relacionaste esas palabras y compara tus razones con las suyas.

obra de teatro   película   periódico

👥 11-2 ¿Cine, teatro, TV...? Con un/a compañero/a, túrnense para hacerse las siguientes preguntas.

1. ¿Prefieres ir al cine o ver videos en tu casa? ¿Por qué?
2. ¿Quién es tu actor o actriz favorito/a?
3. Si pudieras entrevistar a un/a director/a de cine, ¿a quién escogerías? Explica por qué.
4. Si tuvieras la oportunidad de cenar con un actor o actriz, ¿a quién escogerías? ¿Por qué?
5. ¿Te gusta el teatro? ¿Por qué?
6. ¿Has actuado en una obra de teatro alguna vez? ¿Te gustó o te gustaría hacerlo en el futuro?
7. Si pudieras ser un personaje de ficción, ¿cuál serías? Explica por qué.
8. ¿Escuchas la radio? ¿Cuál es tu estación de radio preferida?

👥 11-3 Tu obra favorita. Cuéntale tu película u obra de teatro favorita a un/a compañero/a. Nárrale el argumento, dile quién la dirigió, dónde se filmó, quién era el/la protagonista, háblale de otros personajes, etc. Usa los términos de **Expresiones útiles**.

👥 11-4 La mejor película del año. Según tu opinión, cuál es la mejor o peor película que has visto este año. Descríbesela a tu compañero/a, usando estas preguntas como guía.

1. ¿Cuál es la mejor o peor película que has visto este año?
2. ¿Por qué crees que vale o no vale la pena verla?
3. ¿Cuál es la trama? ¿Quiénes actúan en la película?
4. ¿Qué pasa al principio?
5. ¿Qué pasa al final?
6. ¿Estás de acuerdo con el mensaje que presenta la película? Explica.

👥 11-5 Entrevista. Imaginen que uno/a de ustedes es un/a periodista de un periódico muy importante de su ciudad y que el/la compañero/a es una estrella del mundo del espectáculo. El/la periodista debe entrevistar a la estrella sobre su vida artística. Usen las siguientes preguntas como guía y agreguen otras.

1. ¿Cuál fue la película que la/lo inspiró para hacerse actriz/actor?
2. ¿Cuál ha sido su papel favorito?
3. ¿Dónde filma generalmente sus películas?
4. De todos los actores con quienes ha trabajado en la pantalla, ¿con quién le gustó trabajar más?
5. ¿Con qué directores le gustaría trabajar? ¿Por qué?
6. Cuéntenos cómo fue su carrera artística al principio.
7. ¿?

11-6 Publicidad. Imaginen que trabajan en una agencia de publicidad. Los directores les han encargado que hagan un anuncio para el estreno de una obra de teatro (o una película). Preparen el anuncio incluyendo los siguientes datos: director, actores, protagonistas, argumento, lugar de grabación, lugar de estreno, etc. Escriban el texto del anuncio y agreguen las ilustraciones apropiadas. ¡Sean creativos!

Suggestion for 11-6: Place students in groups of three for this activity.

11-7 Para saber más. Busca información sobre un/a actor/actriz, una película, una obra de teatro o un/a director/a hispanoamericano/a. Trae la información para presentarla a la clase.

Diario

¿Qué película u obra de teatro te ha gustado mucho y siempre recuerdas? ¿Por qué? ¿Qué es lo que más te impresionó de ella?

Note: Call special attention to these words that generally pose problems for students: *actualidad = nowadays; en realidad, de hecho = actually*

¡Sin duda!

actualidad — actualizar — actual — actualmente — de hecho — en realidad

Study the meaning of these terms, many of which are false cognates, to learn their use in Spanish.

Palabra	Explicación	Ejemplo
actualidad	present time, nowadays	En la **actualidad**, todas las películas salen en DVD. *Nowadays, all the movies appear on DVD.*
actualizar	to bring up to date	La Guía de TV **actualiza** la lista de programas cada semana. *The TV Guide updates the list of programs every week.*
actual	present, current	La obra de teatro trata un tema muy **actual**. *The play deals with a very current issue.*
actualmente	at the present time, currently	**Actualmente**, trabajo en televisión, pero espero trabajar en cine algún día. *Currently, I work in TV, but I hope to do movies someday.*
de hecho	in fact, actually, as a matter of fact	No actúo en teatro; **de hecho**, no me gusta el teatro. *I don't act in the theater; as a matter of fact, I don't like theater.*
en realidad	in reality, actually	**En realidad**, a mí no me gustó la obra. *Actually, I didn't like the play.*

Suggestion for 11-8:
You may wish to bring to class newspaper advertisements of current films in town, and distribute them among the students. Also check guiadelocio.com

Suggestion for 11-9:
Explain that, in this activity, each student presents reasons to convince the other to go with him/her to the movies. The goal is to reach an agreement, and choose one of the two movies.

Recycling for 11-9: You may want to review the **Así se dice** sections in previous chapters to refresh student vocabulary: Influencing others (page 148); Extending, accepting, and rejecting invitations (page 280).

11-8 **En cartelera.** Mira en el periódico qué películas están dando actualmente. Pregúntales a cuatro estudiantes de la clase cuáles vieron y en qué cine. Luego, informa a la clase sobre los resultados: ¿cuáles fueron las películas más vistas?

11-9 **Vamos al cine.** Elige una película que quieras ver. Prepara argumentos para convencer a tu compañero/a de que vaya al cine contigo. Usen las expresiones **de hecho** y **en realidad** por lo menos una vez.

MODELO: E1: *Me gustaría ver la película de Gustavo Postiglione,* El asadito. *La pasan en el cine Prado a las ocho y media.*

E2: *Yo prefiero ir a ver otra cosa. Ya vi esa película. No es nueva. De hecho, es parte de una trilogía; podríamos ver la segunda de la serie,* El cumple, *o la tercera,* La peli.

11-10 **El teatro, la música y tú.** Cuéntale a un/a compañero/a tu experiencia con la música y el teatro. Usa estas preguntas como guía. Agrega tus propias ideas sobre el tema.

1. ¿Tocas o tocabas algún instrumento musical? ¿Cuál es tu instrumento preferido? ¿Quién es el artista que mejor toca este instrumento? ¿Qué tipo de música toca?

2. ¿Qué obras de teatro conoces? ¿Actuaste en alguna obra alguna vez? ¿Qué te gusta o no te gusta del teatro?

Festival de cine

Ventana al mundo

El cine hispanoamericano

El cine de América Latina ha tenido un gran impulso en los últimos años. Una de las razones es la difusión que las películas latinoamericanas tienen en los festivales internacionales de cine, como por ejemplo, los festivales de cine de Mar del Plata, Argentina, el de Cannes en Francia, el de la Habana en Cuba o el de Huelva en España.

En estos festivales, las películas iberoamericanas suelen ganar premios que les permiten su difusión en el mundo entero. También suelen tener mucho éxito en los países desarrollados. Es el caso de *Babel*. Su director, Alejandro González Iñárritu, ya ha hecho dos películas muy taquilleras, *Amores Perros* y *21 Gramos*.

Festivales de cine. ¿Qué festivales de cine se realizan en tu país? ¿Has oído hablar del Festival de Cine Latino de Miami? Busca información sobre el mismo y compártela con la clase.

Comprehension questions: *¿Cuáles son algunos de los festivales de cine donde se presentan las películas iberoamericanas? ¿Cuál es uno de los beneficios de ganar un premio en estos festivales? ¿Qué películas hizo el director González Iñárritu?*

Así se dice

Expresiones para hablar de una película

Es una obra maestra.	It's a masterpiece.
Es un clásico del cine.	It's a classic movie.
Es un poco lenta.	It's a little slow.
Está en cartelera desde hace dos meses.	It's been playing for two months.
Ha tenido muy buena aceptación del público.	It's been well received by the audience.
Bate récords de taquilla.	It's a box-office record-breaker.
Es un éxito / fracaso de taquilla.	It's a box-office success / failure.
Ha recibido buena / mala crítica.	It's received good / bad reviews.
Refleja muy bien la realidad.	It reflects reality very well.
Tiene un final conmovedor / inesperado.	It has a moving / unexpected ending.

Comentarios negativos

¡Qué lata! (informal)	What a bummer!
Esta película es una lata. (informal)	This movie is a loser.
Esta película es muy mala. (informal)	This movie is very bad.
Le falta más acción / más romance / más suspenso.	It needs more action / romance / suspense.
¡Qué rollo!	What a drag!

Comentarios generales

El argumento te cautiva / te engancha. (informal)	The plot is captivating.
La actuación es impecable.	The acting is perfect.
Es una película comercial.	It's a commercial movie.

11-11 ¿Cómo la calificarías? Haz una lista de cinco películas famosas que tú hayas visto. (Escoge películas variadas.) Luego, dale la lista a tu compañero/a. Usando las frases de **Así se dice**, él/ella debe escoger la expresión que mejor describa cada una de las películas de tu lista. Finalmente, comparen sus opiniones. ¿Utilizarías tú las mismas expresiones? ¿Por qué?

👥👥👥 **11-12** **Periodista de artes y espectáculos.** Tienes que escribir una reseña sobre la película del momento para el periódico universitario. Escoge una de las películas que estén en cartelera y pregúntales a cinco compañeros/as su opinión sobre la misma. Usa las expresiones de la sección **Así se dice** de la pág. 349.

Así se dice

Expresiones para hablar de música

(No) Tiene mucho ritmo.	*It has (doesn't have) much rhythm.*
Es muy rápida / lenta.	*It's very fast / slow.*
Está entre las diez mejores.	*It's among the ten best.*
Es el *hit* del momento.	*It's a big hit. It's a smash.*
Está de moda.	*It's in fashion.*
Es el éxito de la temporada.	*It's the big hit of the season.*
Se oye en todas partes.	*It's heard everywhere.*
La ponen en todas las discotecas.	*It's played in all the discotheques.*
Tiene un mensaje social / político.	*It has a social / political message.*
Es una canción de amor.	*It's a love song.*
Es un clásico del *rock*.	*It's a rock classic.*
La música es muy pegadiza.	*The music is very catchy.*
La letra (no) se entiende bien.	*The lyrics are (not) easy to understand.*
El cantante tiene muy buena / mala voz.	*The singer has a very good / bad voice.*
Es una canción de protesta.	*It's a protest song.*
Es música bailable.	*It's music for dancing.*
Es una versión instrumental.	*It's an instrumental version.*

Suggestion for 11-13, 11-14, 11-15: As an introduction to the next three activities, you may wish to bring a cassette or CD player to class, and play some current Spanish-language popular music.

Suggestion for 11-13, 11-14, 11-15: You may wish to take this opportunity to introduce some popular Hispanic musical groups or soloists at this time.

👥👥 **11-13** **Las diez mejores.** Imagina que tú y tu compañero/a trabajan en una emisora de radio y deben escoger la mejor canción del año. Cada uno/a escogió una canción diferente. Traten de convencer a la otra persona de que su canción es la mejor.

11-14 **Mi canción preferida.** Trae tu canción preferida a la clase y preséntala, utilizando las expresiones de **Así se dice.**

🌐 **11-15** **¿Canciones en español?** Busca una canción del momento que use palabras en español o busca una canción en español que te guste y tráela a la clase. ¿Quién la canta? ¿Qué grupo la toca? ¿De dónde es el grupo que la toca?

Diario

¿Qué música escuchas tú? ¿Por qué te gusta esa música? Descríbela brevemente. ¿Cómo te sientes cuando la escuchas?

Ventana al mundo

La influencia africana en la música de Latinoamérica

La influencia africana en toda la música popular latinoamericana fue determinante, principalmente debido al uso de instrumentos de percusión. Igual que sucedió en los Estados Unidos con el *funk* y el *jazz*, fue del contacto con la población de ascendencia africana que surgieron los ritmos latinoamericanos hoy más típicos, como la salsa en Cuba y Puerto Rico, el merengue en la República Dominicana, el *raggae* en el Caribe, la cumbia en Colombia, la samba en Brasil y el candombe en la región del Río de la Plata.

El contacto entre culturas favoreció, entre otras cosas, un interesante intercambio de ritmos, danzas e instrumentos musicales, disminuyendo así de algún modo la brecha entre nativos y extranjeros, entre grupos inmigratorios de distintas procedencias, y aun entre distintas clases sociales.

La música latina. ¿Escuchas este tipo de música? ¿Tienes algún grupo preferido? ¿Conoces la historia del *jazz* o del *funk*?

Un festival de música caribeña

Comprehension questions: *¿Qué instrumentos de origen africano influyeron en la música latinoamericana? ¿Cuáles son los ritmos latinos típicos que reflejan la influencia africana? ¿En qué tipo de música estadounidense se ve la influencia de ritmos africanos? ¿Cómo se benefició la sociedad en general con el intercambio de ritmos, danzas e instrumentos musicales?*

Sigamos con las estructuras

Complete the self-test on the **Atando cabos** web site. If you get less than 85%, you need to review this grammar point in the **Cabos sueltos** section, pp. 472–474. If you get above 85%, you can continue with the following activities.

Repasemos 1

Indicating who performs the actions: Passive voice with *ser*

La película *Yo, la peor de todas* **fue dirigida** por María Luisa Bemberg.

11-16 Películas. Lee la información sobre la película *Quinceañera* y completa las frases con los datos correctos.

La protagonista de la película "Quinceañera"

Quinceañera

Título: Quinceañera, EE.UU., 2006
Género: Drama
Dirección: Richard Glatzer, Wash Westmoreland
Guión: Richard Glatzer, Wash Westmoreland
Reparto: Emily Ríos, Jesse García, Chalo González, David W. Ross, Ramiro Iniguez, Araceli Guzmán-Rico.
Fotografía: Eric Stellberg
Música: Víctor Bock
Producción: Anne Clements
Premios: Gran premio del festival de Sundance, 2006
Sinopsis de *Quinceañera*. Magdalena cumple 15 años, pero su vida se complica ya que descubre que está embarazada. Tras ser expulsada de su casa, se pone en busca de un nuevo hogar donde poder criar a su hijo.

La película *Quinceañera*

1. Fue hecha en…
2. Fue estrenada en el año…
3. Fue dirigida por…
4. Fue producida por…

5. La música fue realizada por…
6. La fotografía fue realizada por…
7. El guión fue escrito por…
8. Fue premiada en…

11-17 Cine latinoamericano. Busca información sobre dos películas hispanoamericanas y completa el cuadro con los datos de ambas. Luego, preséntalas a la clase. En tu presentación, utiliza la voz pasiva.

MODELO: *La película* Babel *fue hecha en…, fue dirigida por…, etc.*

Suggestion for 11-17: Assign this activity as homework so students can find out the information needed before class.

Título:
Año:
Director:
Origen:
Producción:
Actores principales:

11-18 Censura. Tú trabajas en la radio de la universidad. Ésta es la información para el boletín de noticias de la tarde. Usa las siguientes oraciones para escribir una nota en la voz pasiva. Agrega otras ideas. Luego, preséntala en clase como si fuera una noticia de la radio.

MODELO: **Notas**

Las autoridades universitarias suspendieron la proyección de la película *Tesis*. La decana dio la orden.
Las autoridades interrogaron a los estudiantes.

Informativo radial

Radio Atlántica informa: La proyección de la película Tesis, *programada para anoche por el cine club de la universidad, fue suspendida por las autoridades universitarias. La orden fue dada por la decana. Según el rectorado (Dean's office), la película tenía escenas demasiado violentas, que podían herir la sensibilidad de algunas personas. Los estudiantes responsables de la proyección fueron interrogados por las autoridades.*

Notas

1. ¿Qué pasó?
   Las autoridades cancelaron el concierto de un grupo de *rock*.
2. ¿Quién tomó la decisión?
   Los dueños de la sala de conciertos tomaron la decisión.
3. ¿Por qué tomaron esa decisión?
   El grupo roquero cantaba canciones con letras obscenas.
4. ¿Cómo lo tomó el público?
   El público de nuestra ciudad esperaba ansiosamente el concierto.
5. ¿?

Complete the self-test on the **Atando cabos** web site. If you get less than 85%, you need to review this grammar point in the **Cabos sueltos** section, pp. 474–475. If you get above 85%, you can continue with the following activities.

Recycling: This is a review of the passive *se*, introduced on pages 219, 454–456.

Suggestion for 11-19: Elicit the first sentence for each entry from students, so it will serve as an example of the target structure: *El X% de las películas se filma en… El X% de las películas se estrena en… Se emplea un X% de…*

Note for 11-19: In Spanish, a comma is used with decimals, instead of a period.

Repasemos 2

Substitute for the passive voice: The passive *se*

Esa película **se hizo** con un presupuesto muy bajo.

👥 **11-19 Rodaje.** Ustedes están pensando rodar una película en España y van a presentarles este informe a los productores. Lean la información que aparece en el siguiente cuadro y preparen un informe oral usando la voz pasiva con **se**.

MODELO: *El 21,3% de las películas españolas se filma fuera de España.*

Rodaje de películas españolas

Localización de las películas	%
Madrid	30,5
Barcelona	7,0
Resto de España	41,0
Fuera de España	21,3

Fecha de estreno

Primavera	21
Verano	23
Otoño	38
Invierno	18

El equipo de rodaje emplea

Hombres	65
Mujeres	35
Niños en las películas	5
Adolescentes en las películas	8

Suggestion for 11-20: Assign to each pair two sections of the budget and ask them to base their questions on the information from the document. After five minutes, have them ask the questions to the other pairs. You may want to elicit the first sentence to check they are using the correct structure.

Suggestion for 11-20: Let students know the current exchange rate for euros.

👥 **11-20 ¿Cuánto cuesta?** Tu compañero/a y tú quieren saber cuánto dinero les costaría hacer una película. Analicen el presupuesto de la película española *El amor perjudica seriamente la salud*. Sigan las siguientes instrucciones:

E1: Lee la información de los puntos 1 a 4 del presupuesto. Luego, hazle preguntas a tu compañero/a con los temas de la lista B.

E2: Lee la información de los puntos 5 a 8 del presupuesto. Tu compañero/a te va a pedir esos datos. Luego hazle preguntas a él/ella con los temas de la lista A.

MODELO: Música
E1: *¿Cuánto se pagó por la música?*
E2: *Por la música se pagaron más de cuarenta y cinco mil euros.*

Lista A

1. Guión y música
2. Personal artístico
3. Equipo técnico
4. Escenografía

Lista B

5. Transporte y comidas
6. Laboratorio
7. Seguros e impuestos
8. Gastos generales

EL AMOR PERJUDICA SERIAMENTE LA SALUD
(Presupuesto en euros)

1. Guión y música

Derechos de autor	60.101,21€
Derechos de música	45.676,91€

2. Personal artístico

Ana Belén	99.166,99€
Juanjo Puigcorbe	78.131,57€
Penélope Cruz	60.101,21€
Gabino Diego	60.101,21€
Actores secundarios	56.795,64€
Otros	84.832,85€

3. Equipo técnico

Director	120.202,42€
Ayudante Dirección	21.636,43€
Productor Ejecutivo	126.212,54€
Fotografía	32.166,16€
Maquillador	11.719,73€
Peluquero	11.419,22€
Efectos especiales	1.803,03€
Sonido	12.020.24€

4. Escenografía

Construcción exteriores	15.025,30€
Construcción interiores	48.080,96€
Mobiliario alquilado	15.025,30€
Vestuario alquilado	18.030,36€
Animales alquilados	180,30€
Pelucas y barbas	1.803,03€

5. Viajes, dietas y comidas

Dietas actores	19.232,38€
Hoteles	37.022,34€
Comidas	39.065,78€

6. Laboratorio

Revelado	18.048,39€
Trucajes	120.202,42€

7. Seguros e impuestos

Seguro de buen fin	9.616,19€
Impuestos	153.258,08€

8. Gastos generales 102.773,06 €

9. Máximo presupuesto disponible 26.112.136,26 €

Complete the self-test on the **Atando cabos** web site. If you get less than 85%, you need to review this grammar point in the **Cabos sueltos** section, pp. 475–477. If you get above 85%, you can continue with the following activities.

Repasemos 3
Linking ideas: Relative pronouns

La actriz **que** hizo el papel de Frida Kahlo también actúa *En el tiempo de las mariposas.*

11–21 Horacio y la música. Desde niño, Horacio demostró interés por la música. Para conocerlo mejor, completa el párrafo con los pronombres relativos correspondientes.

Horacio es el hijo mayor de una hermana mía (1) _____que / el cual_____ vive en Argentina. A él le encanta la música. De niño mostró interés tocando el mismo violín con (2) ____que____ su abuelo se había hecho famoso. Cuando sus padres vieron esto, hablaron con la profesora Dalia, (3) ____quien____ era experta en el método Suzuki, para que le diera clases de violín. Ése fue el comienzo. Ahora él toca también otros instrumentos, como el bajo y la guitarra eléctrica, (4) ____lo que / cual____ hace que en las reuniones familiares haya siempre música. Horacio tiene ahora 21 años y ha formado su propio grupo musical de cinco músicos, (5) ____quienes____ tocan en discotecas, fiestas de cumpleaños y bailes populares.

Note for 11-22: Ricardo Darín is the main character in the movie *Nueve Reinas*, directed by Fabián Bielinsky.

Answers for 11-22:
1. *Ésta es una película de terror que le va a gustar a Ernesto porque a él le gustan las películas de miedo.* 2. *Ésta es una película de detectives que le va a gustar a Marta porque a ella le gusta resolver misterios.* 3. *Ésta es una película con Ricardo Darín que le va a gustar a Teresita porque a ella le gusta mucho este actor.* 4. *Ésta es una película dirigida por Fabián Bielinsky que le va a encantar a Hilda porque a ella, le encanta este director de cine.* 5. *Ésta es una película de acción que le va a gustar a Silvia porque ella está escribiendo un guión para una película de acción.*

11–22 ¿Cuál llevamos? Imagina que estás con un/a amigo/a en una tienda de videos para escoger las películas que quieren ver durante el fin de semana. Une las frases de las dos listas utilizando los pronombres necesarios.

MODELO: **Lista A:** *Ésta es una película muy romántica.*

Lista B: *A Estela le encantan las películas de amor.*

Ésta es una película muy romántica que le va a gustar a Estela porque (a ella) le encantan las películas de amor.

Lista A

1. Ésta es una película de terror.
2. Ésta es una película de detectives.
3. Ésta es una película con Ricardo Darín.
4. Ésta es una película dirigida por Fabián Bielinsky.
5. Ésta es una película de acción.

Lista B

a. A Ernesto le gustan las películas de miedo.
b. A Marta le gusta resolver misterios.
c. A Teresita le gusta mucho este actor.
d. A Hilda le encanta este director de cine.
e. Silvia está escribiendo un guión para una película de acción.

Ventana al mundo

Libertad de expresión

Reporteros sin Fronteras (RSF) es una organización no gubernamental (ONG) cuyo objetivo es defender la libertad de expresión en todo el mundo. RSF defiende la libertad de prensa y a los periodistas encarcelados. Se basan en el derecho de informar y estar informado/a según la Declaración Universal de Derechos Humanos. RSF cuenta con nueve secciones nacionales (Alemania, Austria, Bélgica, España, Francia, Reino Unido, Italia, Suecia y Suiza), con representación en Abidyán, Bangkok, Buenos Aires, Estambul, Montreal, Moscú, Nueva York, Tokio y Washington, además de un centenar de corresponsales en el mundo.

La censura. ¿Cómo es la situación en tu país? Mira este mapa y busca información sobre los países que tienen una situación grave. Prepara un informe tipo noticia radial para la próxima clase.

Comprehension questions: *¿Cuál es la misión de Reporteros sin Fronteras? ¿En cuál derecho de la Declaración Universal de Derechos Humanos se basa? Según el mapa, ¿en qué países de América hay problemas con la libertad de prensa?*

Información sobre la libertad de prensa en el año 2006

☐	Situación correcta	▨	Situación difícil
▨	Situación buena	■	Situación grave
▨	Situación delicada	■	Situación muy grave

Suggestion: Review the uses of the subjunctive, pages 187, 191, 224, 252–255, and 258 (Chapters. 6, 7, 8). Ask students when the subjunctive is used: (After verbs that express doubt, desire, denial, hope, judgment, etc.; after impersonal expressions when there is a change of subject; in clauses with unknown or indefinite antecedent; and in adverbial clauses of time, purpose, concession, etc).

Suggestion: Review the irregular past participles, page 318 (Chapter 10).

Note: "Present perfect" is translated as *pretérito perfecto* in Spanish.

Aprendamos 1

Expressing what you hope or desire has happened: Present perfect subjunctive

A. When expressing doubt, denial, hope, feelings, or emotions about something that happened in the past, use the present perfect subjunctive. The events expressed by the subordinate clause happened before the actions expressed in the main clause—which happens in the present tense.

Me alegro de que los dibujos animados **hayan sido** divertidos aún para los adultos.	*I'm glad that the cartoons were funny even for adults.*
Dudo que los músicos **hayan ensayado** antes del espectáculo.	*I doubt that the musicians rehearsed before the show.*

B. The same is true for adjectival and adverbial clauses of time and purpose.

No tengo **ningún amigo** que **haya triunfado** en Hollywood.	*I don't have any friends who have been successful in Hollywood.*
Ven **tan pronto como hayas terminado** de escuchar el concierto.	*Come as soon as you have finished listening to the concert.*

To form the present perfect subjunctive, use the present subjunctive of **haber** and the past participle.

Present Perfect subjunctive = Pretérito Perfecto del Subjuntivo		
Haber		**Past Participle**
haya		
hayas		apagado
haya	+	entretenido
hayamos		aplaudido
hayáis		
hayan		

Note: Remember that if the subordinate action happens in the present time or in the future, the present subjunctive is used.

Espero que el programa de mañana **sea** entretenido.	*I hope that the program tomorrow is entertaining.*

11-23 *"Cool"*. Las siguientes frases en negrilla son expresiones del habla cotidiana de distintas regiones del mundo hispanohablante. Todas se usan para expresar características positivas que equivalen a *cool* en inglés. Completa las frases con la forma correcta del verbo en el pretérito perfecto del subjuntivo. Luego, inventa tres frases nuevas utilizando algunas de las expresiones.

1. **¡Qué estupendo** que <u>hayas podido</u> (tú / poder) ir al cine con nosotros ayer! (España y otros países)

2. **¡Qué chido** que _____hayan conseguido_____ (ellos / conseguir) entradas para el estreno! (México)

3. **¡Qué choro** que _____hayas solucionado_____ (tú / solucionar) el problema del sonido! (Chile)

4. **¡Qué alucinante** que _____haya resuelto_____ (él / resolver) el juego tan rápido! (España y otros países)

5. **¡Qué guay** que _____hayan hecho_____ (ellos / hacer) tan buenos efectos especiales! (España)

6. **¡Qué genial** que _____hayamos encontrado_____ (nosotros / encontrar) la música en Internet! (Argentina y España)

7. **¡Qué chévere** que _____haya escrito_____ (ella / escribir) una canción con una letra tan buena! (Caribe)

8. **¡Qué bárbaro** que _____hayan visto_____ (ustedes / ver) otras películas de la misma directora! (Argentina y otros países)

11-24 Tú y tu tiempo libre. Todos tenemos diferentes maneras de divertirnos y de aprovechar nuestro tiempo libre. Contesta las preguntas con información personal. Averigua las respuestas de otro/a estudiante. Reacciona ante sus hábitos utilizando una de las expresiones de la actividad **11-23** o expresiones como las siguientes: es increíble, es raro, es bueno, es una lástima, es una pena, etc.

MODELO: E1:   ¿Viste alguna vez una película de Disney?
                 E2:   *No, nunca.*
                 E1:   *Es increíble que no hayas visto ninguna película de Disney.*

1. ¿Te divertiste este fin de semana?
2. ¿Viste alguna película interesante?
3. ¿Encontraste canciones en Internet?
4. ¿Bailaste merengue, rumba, salsa, alguna vez?
5. ¿Escuchaste el último disco de…?
6. ¿Viste la última película de…?

11-25 Búsqueda. Pregúntale a un/a compañero/a si conoce a alguien que haya hecho estas cosas.

MODELO: participar en un programa de radio.
                 E1:   *¿Conoces a alguien que haya participado en un programa de radio?*
                 E2:   *Sí, mi tío participó en un programa de radio una vez.*
                        No, no conozco a nadie que haya participado en un programa de radio.

1. participar en un programa de televisión
2. ver *Lo que el viento se llevó*
3. escribir una carta a un periódico
4. actuar en una película
5. no entretenerse con los dibujos animados
6. dormirse en una obra de teatro

11–26 Pasos para hacer una película. Imaginen que deciden hacer una película, pero primero deben organizarse. Combinen los elementos de las tres columnas para ver qué es lo que deben hacer. Hagan los cambios necesarios y utilicen el pretérito perfecto del subjuntivo en sus oraciones.

MODELO: *Contrataremos al equipo técnico después de que hayamos escrito el guión.*

contratar el equipo técnico	cuando	encontrar un productor
filmar las escenas	tan pronto como	hablar con el director
construir el decorado	después de que	contactar a los actores
pagar a los actores	que	escribir el guión
conseguir las cámaras	hasta que	seleccionar los lugares de filmación
revelar las películas	antes de que	decidir el vestuario
	en cuanto	filmar las escenas

11–27 Triunfar. Ustedes tienen un/a amigo/a que trabaja en cine y se siente un poco frustrado/a porque no tiene mucho éxito. En parejas, expliquen las condiciones que deben darse para que su amigo/a triunfe. Comparen su lista con las de otras parejas.

MODELO: *Triunfarás cuando hayas trabajado con un director famoso.*

Ventana al mundo

Los premios Goya

La noche de los Goya es la gran noche del cine español. Cada año, la entrega de este premio se convierte en el equivalente a la de los Óscares en Estados Unidos. La estatuilla representa al gran pintor Francisco de Goya. Los Goya consideran las mismas categorías que los Óscares, pero además incluyen otras tres, destinadas a promover a jóvenes actores y realizadores. Estas tres categorías son: mejor director/a novel, mejor actriz revelación y mejor actor revelación.

Los Goya. ¿Quieres saber quiénes ganaron los premios Goya este año? Busca en Internet: Premios Goya, España. Luego, comenta con otro/a estudiante si ha visto o no alguna de las películas ganadoras o si conoce a alguno de los actores.

Candela Peña recibe el premio Goya por la película "Princesas".

Aprendamos 2

Expressing what you hoped or desired would have happened: Pluperfect subjunctive

The pluperfect subjunctive is used to describe an event that took place before another past action. When expressing doubt, denial, hope, feelings, or emotions in the past, use the pluperfect subjunctive in the subordinate clause. The events expressed by the subordinate clause happened before the actions expressed in the main clause—which is in the past tense.

> **Yo me alegré** de que me **hubieran escogido** para el papel de Cleopatra.
> (Emotion) *I was happy that they had chosen me for the role of Cleopatra.*
> (The action of choosing took place before the action of being happy.)

> Nosotras **buscábamos** a alguien que **hubiera cantado** ópera antes.
> (Unknown antecedent) *We were looking for someone who had sung opera before.*
> (The person had been singing opera for some time before the search started.)

Form the pluperfect subjunctive with the imperfect subjunctive form of **haber** and the past participle.

Pluperfect Subjunctive = Pluscuamperfecto del Subjuntivo		
Haber		**Past Participle**
hubiera		
hubieras		estrenado
hubiera	+	entretenido
hubiéramos		dirigido
hubierais		
hubieran		

Note: The auxiliary **hubiera** has an alternative form, **hubiese,** which is used in Spain and in some parts of Latin America: **hubiese, hubieses, hubiese, hubiésemos, hubieseis, hubiesen.**

You have already learned that **como si** is often followed by the imperfect subjunctive. Here, you will see that it may also be followed by the pluperfect subjunctive to express something that happened in the past.

> **Hablaba** de ella **como si la hubiera conocido** toda la vida.
> (Past) *He spoke about her as if he had known her all his life.*
> Hablas **como si la conocieras**.
> (Present) *You speak as if you knew her.*

Breve repaso

Remember the instances when you use the subjunctive. Here is a brief summary to jog your memory.

1. Review Chapters 6, 7, and 8, pages 187, 191, 224, 252–255, and Cabos Sueltos 258 for a complete explanation of the subjunctive. Remember the verbs and expressions that require the subjunctive:

   - doubt: **dudar, no creer**, etc.
   - desire: **desear, querer**

Suggestion: Explain that if the main verb is in the past, as a general rule, the subordinate verb is either in the imperfect or the pluperfect subjunctive.

- hope: **esperar**
- preference: **preferir**
- denial: **negar**
- feelings and emotions: **alegrarse de, lamentar, sentir, estar contento/a, molestar(se), sorprenderse, temer,** etc.
- impersonal expressions: **es horrible, es sorprendente, es necesario, es bueno/malo, es imposible, es importante,** etc.
- after the words: **ojalá, tal vez, quizá(s)**
- after verbs of judgment: **aconsejar, recomendar, pedir, insistir,** etc.
- in clauses with an indefinite or unknown antecedent: **nadie que, alguien que** (Adjectival clauses, pp. 224–226)
- in clauses with expressions of condition and purpose: **sin que, para que, a menos que, con tal (de) que,** etc. (see page 258).
- in clauses with expressions of time: **cuando, en cuanto, antes de que, tan pronto como,** etc.

2. If the past event happened at the same time as the action expressed by the main verb, then the imperfect subjunctive is used in the dependent clause. Review the uses of the imperfect subjunctive on pages 459–462 of the **Cabos sueltos** section.

Ayer, cuando entrevistamos a los postulantes, no había nadie que **supiera** cantar ópera.

Yesterday, when we interviewed the candidates, there was no one who knew how to sing opera.

Suggestion for 11-28:
Have students switch roles, so they both can ask and answer the questions.

Answers for 11-28:
1. Sí, ojalá yo hubiera sido el dueño de la agencia publicitaria. 2. Sí, me sorprendió que no me hubieran invitado a mí. 3. Sí, no había nadie que hubiera escrito un mejor guión. 4. Sí, mi hermano y yo estuvimos muy contentos que nos hubieran regalado dos entradas para el estreno 5. Sí, yo estuve sorprendido que ellos hubieran pagado tanto. 6. Sí, fue una lástima que hubieran cortado una escena de amor.

11-28 Chismes de la filmación. Tu amigo/a trabajó como ayudante en la producción de una nueva película y tú quieres saber algunos detalles sobre la filmación. Hazle las siguientes preguntas y él/ella debe contestar haciendo un comentario. Formen oraciones en el pluscuamperfecto del subjuntivo con las palabras dadas. Hagan los cambios necesarios.

MODELO: E1: ¿Se filmó la película en tres semanas?
sí / ser increíble / filmar la película en tan poco tiempo
E2: *Sí, fue increíble que hubieran filmado la película en tan poco tiempo.*

1. ¿Gastaron millones en anuncios?
sí / ojalá / yo / ser el dueño de la agencia publicitaria
2. ¿El productor cenó con Penélope Cruz y Antonio Banderas?
sí / sorprenderme / ellos / no invitarme a mí
3. ¿Le pagaron al autor 10.000 euros por el guión?
sí / no haber nadie / escribir / un mejor guión
4. ¿Te regalaron entradas para el estreno de la película?
sí / mi hermano y yo / estar muy contentos / ellos / regalarnos dos entradas para el estreno
5. ¿Pagaron mucho dinero por los derechos?
sí / yo / estar sorprendido / ellos / pagar tanto
6. ¿Fue censurada una escena de amor?
sí / ser una lástima / cortar una escena de amor

👥👥 **11-29 Asociación de periodistas.** En grupos, seleccionen una de las noticias publicadas por la Asociación Nacional de Periodistas Hispanos de los Estados Unidos. Lean la información y reaccionen utilizando las siguientes frases de opinión.

MODELO: *Nos alegró que María Elena Salinas hubiera establecido una beca de $5,000 para estudiantes de periodismo.*

Nos alegró que…	Era importante que…	Fue muy triste que…
Nos encantó que…	Fue una lástima que…	Dudábamos que…
Fue increíble que…	Era necesario que…	No podíamos creer que…

La Asociación Nacional de Periodistas Hispanos realiza una búsqueda de periodistas estudiantes

La Asociación Nacional de Periodistas Hispanos (NAHJ) busca periodistas estudiantes para servir como reporteros en directo para los próximos Premios Billboard International a la Música Latina en Miami. Los participantes seleccionados para el programa viajarán a Miami en abril y trabajarán cubriendo todos los aspectos de las noticias asociadas con el acontecimiento.

Desde Miami, los participantes enviarán noticias a estaciones de radio en sus mercados locales. Los participantes recibirán también instrucción especial de profesionales de la noticia pertenecientes a la Asociación Nacional de Periodistas Hispanos.

La Asociación Nacional de Periodistas Hispanos - Puerto Rico y Estados Unidos

La Asociación Nacional de Periodistas Hispanos (NAHJ) tiene abierta la convocatoria del Fondo de Becas Rubén Salazar. El programa está dirigido a estudiantes universitarios subgraduados y de posgrado quienes siguen carreras en los campos de prensa escrita, fotografía, periodismo de televisión o Internet.

La NAHJ ofrece las siguientes becas:
- Beca: María Elena Salinas (5.000 dólares)
- Beca: Geraldo Rivera (1.000-5.000 dólares)
- Beca: CNN 25 Scholars (3.000-5.000 dólares)
- Programa de becas general: (10.000 dólares)
- Programa de becas: The Washington Post (2.500 dólares)

Suggestion for 11-29: Have each group work on only one article, and then share the information with the class.

Aprendamos 3

Expressing a sequence of events in the present and future: Sequence of tenses in the subjunctive

In sentences requiring the use of the subjunctive, the tense of the subjunctive verb is dictated by its relation to the main verb. The tense of the subordinate verb depends on whether the event happens before, after or at the same time of the event of the main verb. Study the following chart with the sequence of tenses.

Sequence of tenses in relation to the present:

Tense in the main clause	Tense in the subordinate clause
Present	
Present perfect	Present subjunctive
Future	Present perfect subjunctive
Future perfect	
Command	

If the main verb is in the present, present perfect, future, future perfect indicative, or command form, then the subordinate verb may be in the present or present perfect subjunctive according to the following rules.

1. Use the present subjunctive when the event in the subordinate clause refers to an action that happens at the same time of the main verb or in the future.

Present indicative—
   Present subjunctive

Te **traigo** estos programas para que los **imprimas**.
I am bringing you these programs so that you can print them.

Present perfect indicative—
   Present subjunctive

Nos **han pedido** que nos **presentemos** temprano para ensayar.
They have asked us to show up early to rehearse.

Future—Present subjunctive

Me **sentiré** mejor cuando **termine** de escribir el guión.
I'll feel better when I finish writing the script.

Future perfect—Present subjunctive

Ya **habrán escogido** a la mejor bailarina cuando tú **llegues**.
They will already have chosen the best dancer by the time you arrive.

Command—Present subjunctive

Ten cuidado cuando **uses** este video.
Be careful when you use this video.

2. Use the present perfect subjunctive when the event in the subordinate clause refers to an event that happened before the action in the main clause.

Present indicative— Present perfect subjunctive	Me **alegra** que **hayas conseguido** el papel principal en la obra. *I'm happy that you have gotten the leading role in the play.*
Present perfect indicative— Present perfect subjunctive	Para nosotros **ha sido muy importante** que ella **haya ganado** el premio a la mejor actriz. *It has been very important for us that she won the prize for best actress.*
Future—Present perfect subjunctive	Los padres **estarán** orgullosos de que su hijo **haya ganado** el Goya. *His parents must be proud that their son has won the Goya.*
Future perfect— Present perfect subjunctive	Me imagino que el violinista **habrá practicado** muchísimo para que el concierto le **haya salido** tan bien. *I imagine that the violinist must have practiced a lot for his concert to have turned out so well.*
Command—Present perfect Subjunctive	**Esperemos** aquí hasta que **hayan terminado** de ensayar. *Let's wait here until they have finished rehearsing.*

11-30 Instrucciones. Tu compañero/a de cuarto está por salir y te deja una serie de instrucciones. Termina las frases con la forma correcta de los verbos.

1. Te dejo estos discos para que tú / escucharlos
2. Nos han dicho que nosotros / bajar la música
3. Vendré cuando ellos / terminar el concierto
4. Ya habrán filmado cuando tú / venir a buscarme
5. Ten cuidado cuando tú / grabar el DVD
6. Guarda los discos en sus cajas antes de que / llegar los otros

Answers for 11-30:
1. Te dejo estos discos para que tú los escuches. 2. Nos han dicho que nosotros bajemos la música. 3. Vendré cuando ellos hayan terminado (terminen) el concierto. 4. Ya habrán filmado cuando tú vengas a buscarme. 5. Ten cuidado cuando tú grabes el DVD. 6. Guarda los discos en sus cajas antes de que lleguen los otros.

11-31 Ocio y tiempo libre en España. ¿Cómo pasan los jóvenes españoles su tiempo libre?

Paso 1. ¿Qué hacen? Lean la información sobre los jóvenes españoles y hagan oraciones originales con las expresiones que siguen. ¿Les parece que la situación es similar en su país?

Ocio y tiempo libre entre los jóvenes españoles

Un sondeo realizado por el Instituto de la Juventud de España señala que los jóvenes parecen contentos con las actividades que realizan durante su tiempo libre. Las actividades principales son: escuchar música, reunirse con amigos, ver la tele, ir al cine, y oír la radio. Hay algunas diferencias entre los chicos y las chicas. Ellos prefieren los videojuegos y las computadoras, y ellas leer o ir al teatro. Hay algunas actividades que a los jóvenes les gustaría hacer y no pueden, como los viajes, las excursiones, ir a conciertos u otros espectáculos, hacer deportes y asistir a eventos deportivos. Según el estudio, otra diferencia entre chicos y chicas es la cantidad de horas disponibles por semana que tienen cada uno y el dinero del que disponen, las chicas disponen de 23 horas mientras que los chicos tienen 27 horas. En cuanto al dinero, los chicos disponen de más dinero que las chicas. Un 60% de los jóvenes piensa que los padres controlan poco sus salidas, mientras que un 40% siente que los controlan bastante e incluso demasiado. La mayoría de los jóvenes dicen que consumen alcohol y el 37% de los encuestados afirma haber consumido alguna vez cannabis.

1. Es lamentable que…
2. Habrá sido interesante…
3. No hay nadie que…
4. Nos ha sorprendido…
5. Será conveniente…
6. Tengan cuidado cuando…
7. Es increíble…
8. Esperemos que…

Paso 2. El informe completo. Lee el informe completo en… http://www.injuve.mtas.es/injuve/contenidos.item.action?id=1725076534 y, luego, prepara un informe para la próxima clase.

Suggestion for 11-32: Have several students present their sentences to the class. Pay special attention to their sequence of tenses and to their use of the subjunctive.

11–32 ¿Actual? Analicen y comenten estas afirmaciones. Luego, digan si están de acuerdo con ellas y si, hace 15 años, eran válidas o no. Busquen ejemplos concretos para defender sus argumentos y tráiganlos a clase. Presten atención a los diferentes tiempos verbales.

1. Desgraciadamente, el consumo de drogas ilícitas, ha aumentado en los últimos años.
2. Afortunadamente, los jóvenes disponen de suficiente tiempo libre.
3. Por suerte, los gobiernos se preocupan por las actividades de ocio.
4. La televisión y la radio son medios imprescindibles para el ocio.
5. Las mujeres están en desigualdad respecto de los hombres en relación al ocio y al tiempo libre.

Diario

¿Recuerdas algún programa de televisión de tu infancia? ¿Cuál? ¿Cómo era? ¿Con quién lo veías? Cuando eras pequeño/a, ¿había reglas para mirar la tele? ¿Cuáles? ¿Las respetabas? ¿Qué otras cosas de esa época recuerdas? ¿Fiestas, vacaciones, un cumpleaños especial, la escuela, los compañeros, algún maestro?

Recycling: You may wish to talk about childhood vacations.

Conversemos sobre las lecturas

Antes de leer

Estrategia de lectura: *Journalistic techniques*

Reading a newspaper in Spanish is different than reading one in English because styles of writing are different in the two languages. In the United States the tendency is to use direct language, with short sentences and simple, familiar words whereas, in the main newspapers of the Spanish-speaking world, the opposite is true. The difference lies in the fact that, in written Spanish, the use of complex vocabulary, subordinate clauses, and imbedded sentences is more accepted than in English.

Nonetheless, the following commonalties that the languages share, will help you even when reading difficult articles. The title and the first few sentences are the most important part of the text. The title presents the topic of the article. The first sentences present the main idea and establish the situation. The main idea in a journalistic text generally answers the basic questions of what?, who?, when?, where?, and why? Generally, the body of the article presents the supporting details in order of importance. At the end, the author presents a conclusion and sums up the ideas ending the article.

11–33 El tango. Lee la información sobre el tango y busca la respuesta a las preguntas básicas: *¿Qué? ¿Quién? ¿Cuándo? ¿Dónde? ¿Por qué? ¿Cómo?* Expresa en tus propias palabras la idea principal.

Tango o milonga, la música que atrae a los jóvenes de Buenos Aires.

El tango hoy se baila hasta en zapatillas.

Los tangueros del nuevo milenio llevan el pelo largo, un aro en la nariz y tatuajes en los bíceps. La mayoría va a bailar el tango como quien va a la facultad: con la mochila cargada de apuntes, vestidos con pantalones cargo, abrigos de cuero y remeras con inscripciones en inglés. Las chicas llevan minifaldas y remeritas (*small t-shirt*) que descubren ombligos con *piercing*.

   "Es loco, casi mágico: sin conocer a la persona estás abrazado, compartiendo la música. Lo único que cuenta es aprender a bailar bien" explica Pablo, un chico argentino. "La chica más linda puede quedarse sentada toda la noche si no sabe bailar bien. En mi caso, esto me abrió las puertas a un ambiente social que no conocía. Cuando escucho un bandoneón (*large accordeon*) logro evadirme de todo: del trabajo, de la universidad, de la locura de la calle."

   "¿Tango? No, gracias", decían diez años atrás estos niños mecidos por padres que escuchaban Abba o los Rolling Stones. Pero fue necesario que Madonna lo bailara en la pista de la confitería "La Ideal", en la película *Evita*, para que la relación de los jóvenes con el tango cambiara por completo. Esa demostración de vigencia y contemporaneidad tuvo un lento, pero decisivo impacto en los últimos años.

VOCABULARIO DE LAS LECTURAS

Estudia estas palabras para comprender mejor los textos.

Vocablo		Palabra en uso
alzar la voz	*to raise one's voice, speak up*	**Alzamos las voces** en contra de la censura en el arte.
apretar (ie)	*to press, push*	No **aprietes** ese botón, porque perderás el documento.
asentir (ie)	*to assent, agree*	Los padres **asintieron** sin estar muy convencidos.
el armatoste	*cumbersome piece of furniture*	Ese televisor es un **armatoste**.
comprobar (ue)	*to verify, check*	El periodista **comprobó** que el rumor era cierto.
gemir (i)	*to moan*	En la sala de espera, el hombre **gemía** de dolor.
otorgar	*to grant, give*	Le **otorgaron** el premio al mejor actor.
pena	*suffering, grief*	El músico expresa su **pena** a través del canto.
prescindir de	*to do without*	Necesitamos el entretenimiento. No podemos **prescindir de** él.
el quebranto	*grief*	La escena transmitía el **quebranto** de la protagonista cuando muere su compañera.
el recelo	*mistrust, misgiving*	A veces los padres sienten cierto **recelo** hacia algunos programas de televisión.
suceder	*to happen*	En un buen argumento tienen que **suceder** varias cosas.
suceder(se)	*to follow one another*	En el canal de la televisión pública, los programas **se suceden** unos detrás de otros sin interrupción comercial.
el suspiro	*sigh*	La película termina entre **suspiros** y quebrantos.
tratar	*to deal with*	Él tiene un carácter difícil y hay que saber cómo **tratarlo**.

11-34 Asociar. Escoge la palabra del vocabulario que mejor se relacione con cada oración. Luego, escribe otra oración que te permita usar la palabra.

> **MODELO:** La jefa de sonido **verificó** que todo estuviera en orden antes de la función.
> *Comprobó*
>
> *Con el éxito del concierto los músicos **comprobaron** una vez más que sus canciones gustan mucho.*

1. Encendí el televisor, pero **pasaban un programa tras otro** sobre el mismo tema. *se sucedían*
2. El pobre cantante nunca fue feliz. Vivió una vida llena de **penas** y **tristezas**. *quebrantos*
3. Los productores miraban a los actores con mucha **desconfianza**. *recelo*

4. Este proyector es un **aparato** feo que ocupa mucho lugar.   *armatoste*
5. El administrador del teatro les **dio** un aumento de sueldo a todos los que trabajaban con él.   *otorgó*
6. No todos podemos **vivir sin** la televisión.   *prescindir de*

11-35 ¿Qué película es? Escribe una breve reseña sobre alguna película de amor muy conocida. Luego, léesela a los/as otros/as estudiantes de tu grupo para que descubran de qué película se trata. Intenta usar alguna de las siguientes palabras.

| suspiros | suceder | recelo | quebranto | prescindir | gemir | alzar las voces |

11-36 La televisión. En la lectura de este capítulo, la autora, Soledad Puértolas, nos hace la siguiente pregunta ¿Cómo la contestarían ustedes? Discutan sus ideas y luego preséntenlas a la clase.

¿Qué es lo que nos lleva a prender el televisor?

1. ¿Por qué miras televisión?
2. ¿Consideras que la TV es algo estimulante o algo nocivo para la mente?

Lectura

Soledad Puértolas (1947)

Soledad Puértolas es una escritora española que ha publicado novelas, libros de ensayos y artículos de opinión como el texto que aparece a continuación. En este texto, Puértolas se pregunta qué papel ejerce la televisión en la vida cotidiana de hoy. Lee el título y la primera oración, y trata de imaginar qué se va a plantear en el texto.

El mundo en casa

Si es perfectamente concebible vivir sin televisión, ¿qué es lo que nos lleva a presionar el botón que enciende el televisor, a instalar, en fin, ese armatoste en nuestras casas? Si lo que queremos es recibir noticias del mundo, de todo lo que no es inmediatamente nuestro, podríamos contentarnos con la lectura de los periódicos. A pesar de lo cual,
5 como todos comprobamos de vez en cuando, también se puede vivir sin periódicos. Admitamos que queremos una conexión con el mundo y que la imagen nos ofrece un vínculo inmediato y potentísimo e indudablemente calificaremos a la televisión como el medio más eficaz de establecer ese contacto.

Ahora bien, ¿qué clase de mundo ofrece la televisión y qué clase de vínculo
10 establecemos con él? Si fuéramos capaces de contestar detalladamente a estas dos
preguntas nos haríamos con un manual de sociología bastante útil. Lo primero que
podemos decir es que la hipotética oferta de la televisión es muy variada. La palabra
clave es "programa". Hay programas mejores y peores, necesarios y superfluos,
recomendables o escandalosos. La idea es que se sucedan muchos programas, que
15 haya diversidad, amenidad, como si se hubiera partido de la posibilidad de un
espectador que estuviera contemplando la televisión, y la misma cadena, durante las
veinticuatro horas. Hay que proporcionarle de todo, hay que darle un mundo. Y aquí
está la pregunta, ¿qué mundo se da? Desde luego, y fundamentalmente, un mundo
de imágenes. Por la pantalla, no sólo escuchamos sino que vemos las noticias. De
20 alguna manera, son más reales y, sin embargo, el hecho de pertenecer a todo el
mundo de la televisión, de compartir el tiempo con otros programas, las noticias, en
principio reales, cobran un carácter de irrealidad. Con otros matices, todos los
programas de televisión participan de esta ambigüedad, son terriblemente reales
e irreales al tiempo, incluidos, por supuesto, los tan discutidos "reality shows". Y
25 enlazamos así con la segunda cuestión: el tipo de vínculo que establecemos con la
televisión. Desde luego, mientras consigue captar nuestra atención, nuestra
entrega es total, hasta el punto de que algunos psicólogos del arte comparan al
público actual de la televisión con el tradicional y hoy ya casi desaparecido
público del teatro. Sí, dicen, esta audiencia participa de aquella entrega entusiasta,
30 sin recelos, acrítica. (Luego vendrán los críticos y pondrán las cosas en su sitio).
La gran diferencia es que no necesitamos salir del teatro y volver a nuestra casa
para escapar de la realidad de la pantalla. Basta apretar un botón. Convivimos
con la realidad que ilumina la pantalla y convivimos con su oscuridad. La
realidad se nos ha acercado más que nunca, pero podemos negarla. Nos
35 entregamos, pero nos escapamos.

Cuando se alzan las voces en contra de este hoy casi inevitable artefacto,
todos nos vemos obligados a asentir un poco, porque la ambivalencia del mundo
que ofrece su pantalla, inmenso y abarcable a la vez, y nuestro vínculo de entrega
incondicional, le otorgan demasiado poder. Sin embargo, a menudo olvidamos
40 que para muchas personas constituye la única forma de saberse unidas al mundo.
Podrá haber épocas en que podamos prescindir de la televisión, pero podrán
suceder otras—una enfermedad, una clase de invalidez…— en que su
intromisión en nuestras vidas nos sea más que necesaria, casi vital. Como hay
momentos en que nos sobra y momentos en que nos hace compañía. Yo recuerdo
45 algunas lejanas tardes en que la irrupción de Superagente 86 en la pantalla
todavía gris del televisor era como la llamada telefónica de un amigo. La
televisión supone, con todos su pros y todos sus contras, una clase especial de
amistad y, como a las personas, hay que saberla tratar. O prescindimos de ella o
tratamos de aprender cómo tratarla, y tal vez su trato no sea del todo
50 desagradable, porque la vida es larga y desigual, el día largo y desigual, y el
mundo, ya lo vemos por la televisión, queda muy lejos de nosotros.

11-37 Estructura. La lectura tiene un párrafo introductorio, otro párrafo en que desarrolla el tema y un último párrafo en el que la autora expone su conclusión. ¿A cuál de estas partes corresponden estas frases? ¿Párrafo 1, 2 ó 3?

a. Debemos aprender a usar la televisión.   *Paragraph 3*

b. La televisión nos permite estar en contacto con el mundo y mantenernos informados.   *Paragraph 1*

c. El mundo que nos ofrece la televisión es muy variado y absorbe al público de una forma total.   *Paragraph 2*

11-38 El mundo en casa. Éstas son algunas de las ideas que se presentan en la lectura. Busquen en el texto las líneas dónde aparecen y luego decidan si están de acuerdo o no.

1. Se puede vivir sin televisión.   *línea 1*

2. Los periódicos nos mantienen tan bien informados como la televisión.   *líneas 4, 5*

3. La imagen televisiva es un medio poderoso que nos absorbe mucho.   *líneas 6, 8*

4. Hay mucha variedad de programas en los canales televisivos para entretener a un televidente 24 horas al día.   *líneas 1, 4, 17*

5. El mundo de imágenes que nos ofrece el televisor confunde la realidad de las noticias con la irrealidad que presentan la mayoría de los otros programas. No podemos distinguir entre las dos.   *líneas 2, 20–24*

6. Cuando miramos la televisión, prestamos atención total al programa y no ejercemos las facultades críticas.   *líneas 26–27, 29–30*

7. Se nos presenta el mundo exterior en nuestra casa, pero lo negamos.   *línea 34*

8. Todos están de acuerdo en que el televisor esclaviza, tiene mucho poder en nuestras vidas y no es bueno.   *líneas 36–39*

9. Hay situaciones especiales porque para algunas personas la televisión es el modo de estar conectadas con el mundo exterior.   *líneas 39–40*

10. La televisión es como un amigo. Hay que aprender a convivir con él de la mejor manera posible.   *líneas 47, 48*

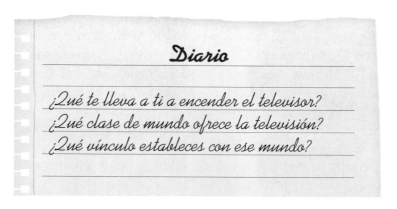

Diario

¿Qué te lleva a ti a encender el televisor?
¿Qué clase de mundo ofrece la televisión?
¿Qué vínculo estableces con ese mundo?

👥👥👥 **11-39** **Oferta televisiva.** Según la lectura, la oferta de la televisión es muy variada. Comprueba si es verdad. ¿Qué programa pertenece a cada categoría? Entrevista a otros/as estudiante para completar el cuadro.

MODELO: E1: *¿Cuáles son los mejores programas que tú miras? ¿Por qué consideras que son los mejores?*

E2: *Para mí los mejores programas son … porque …*

Características	Ejemplo de programas y explicación
mejores	
peores	
necesarios	
superfluos	
recomendables	
escandalosos	
realistas	
poco realistas	

Suggestion for 11-39: Assign this activity as homework, and have students do the interview in class.

Warm-up: To make a smooth transition between TV and music, ask the students the following questions: *¿Qué otra forma de entretenimiento tienes en tu casa además de la TV? ¿Lees poesía o novelas? ¿Te gusta escuchar música? ¿Qué tipo de música escuchas? ¿Cuándo escuchas música? ¿Cuáles son tus cantantes o grupos musicales preferidos? ¿Cuántos CD compras por mes?*

Suggestion: You may want to introduce this poem by playing some flute music for the class and doing activity **11-40.**

Poema

Nicolás Guillén (1902–1989)

Poeta y periodista cubano de renombre internacional. Su poesía muestra una preocupación social por la raza negra y los explotados del mundo. Este poema es una comparación entre el sonido triste o alegre de la flauta y el llanto o el canto del ser humano.

Solo de flauta

La flauta gemía su melancolía
La flauta decía: no hay pena tan grande
cual la pena mía.

La flauta gemía su melancolía.
5 La flauta decía: si lloro, mi llanto
parece el estruendo° de loca alegría.

great noise

La flauta gemía su melancolía.
La flauta decía: si canto, mi canto
parece suspiro de cruel agonía.

10 La flauta gemía su melancolía.
   La flauta decía: no hay pena tan grande
   cual la pena mía.

   Yo soy cual la flauta que rima

that sounds clearly   con ritmo sonoro° su fino y sonoro quebranto
15 si canto parece que lloro; si lloro parece que canto…

11-40 **La flauta.** Después de leer el poema, marca en la lista los sentimientos que asocias con la flauta. Compara tu lista con la de otros/as estudiantes de la clase.

melancolía	tristeza
placer	quebranto
felicidad	alegría
pena	agonía

11-41 **Sentimientos.** El poema expresa sentimientos ambiguos.

Paso 1. **¿Que dice el poema?** En parejas, contesten las preguntas.

1. ¿Cuál es el sentimiento que canta la flauta?
2. ¿Qué se confunde con el llanto? ¿con el canto?
3. ¿Por qué es el poeta como el canto de la flauta?
4. ¿Cuáles son los principales sentimientos que evoca el poema?

Paso 2. **A comparar.** Comparen los sentimientos que describe el poema con los que ustedes marcaron al leer el poema. ¿Es una experiencia similar?

11-42 **Viva la música.** Completa el cuadro y luego compáralo con el de otro/a estudiante de la clase. ¿Están de acuerdo?

Instrumento o tipo de música

	flauta	guitarra	violín	tambor	sinfonía	tango	flamenco	salsa
Me pone triste.								
Me pone contento/a.								
Me da ganas de bailar.								
Me da ganas de llorar.								
Me aburre.								
Me divierte.								

Ventana al mundo

El director de cine Pedro Almodóvar

Pedro Almodóvar es probablemente el director más conocido del cine español. Sus películas casi siempre tocan el tema de la mujer. Generalmente trabaja con las mismas actrices: Cecilia Roth y Penélope Cruz, ambas con Premios Goya, y Marisa Paredes, Carmen Maura y Victoria Abril, entre otras. Aunque en los Estados Unidos se han estrenado casi todas sus películas, la más conocida sigue siendo *Mujeres al borde de un ataque de nervios*.

Algunas de las películas dirigidas por Almodóvar aparecidas hasta el 2006 son:

Almodóvar recibiendo el premio por *Hable con ella*.

1980	*Pepi, Luci, Bom y otras chicas del montón*	(Eva Siva, Carmen Maura y Olvido Garra "Alaska")
1984	*¿Qué he hecho yo para merecer esto?*	(Carmen Maura)
1985	*Matador*	(Nacho Martínez)
1987	*Mujeres al borde de un ataque de nervios*	(Antonio Banderas y Carmen Maura)
1999	*Todo sobre mi madre*	(Cecilia Roth, Penélope Cruz y Marisa Paredes)
2002	*Hable con ella*	(Javier Cámara, Dario Grandineti, Leonor Watling y Rosario Flores)
2004	*La mala educación*	(Gael García Bernal, Fele Martínez, Javier Cámara, Juan Fernández, Daniel Giménez Cacho)
2006	*Volver*	(Penélope Cruz, Yohana Cobo, Lola Dueñas, Carmen Maura, Chus Lampreave y Blanca Portillo)

Comprehension questions: *¿Quién es Pedro Almodóvar? ¿Cuál es el tema predominante en sus películas? ¿Cambia de actrices o tiende a trabajar con las mismas en cada película? Nombra algunas de sus películas.*

Y tú, ¿qué opinas? ¿Has visto alguna de las películas de Almodóvar? ¿Te gustó? ¿Por qué? ¿Por qué piensas que este director habrá tenido tanto éxito en los Estados Unidos? ¿Conoces a las actrices que más han trabajado con él? ¿Has visto a alguna de ellas en películas dirigidas por otros directores?

Avancemos con la escritura

Antes de escribir

Estrategia de escritura: *How to conduct and how to write an interview*

When you prepare to do an interview, there are two steps that you need to follow. First, you need to decide the topic that you want to investigate and, then, you need to create a series of questions that will elicit the information that you want. In order to get detailed information, your questions have to be precise. Then, you can use this information to write your report.

When you write, you will need to change from direct speech to indirect speech, which we covered on page 324).

Estilo directo
Gloria: Estoy muy contenta con el nuevo disco que grabé.
Estilo indirecto
Gloria dice que está muy contenta con el nuevo disco que grabó.

Here are some of the verbs that are used to report what someone said.

dice que…	opina que…	cree que…	piensa que…
explica que…	afirma que…	insiste en que…	replica que…
repite que…	contesta que…	observa que…	niega que…

11-43 Mi ídolo. ¿Cuál es tu ídolo del momento? Tu compañero/a y tú van a entrevistar a un ídolo del momento. Pero primero deben escribir una serie de preguntas que reflejen algunas de las siguientes ideas. Inventen otras. Luego, compartan sus preguntas con la clase.

1. su nivel de preparación académica
2. el círculo familiar del que viene
3. lo que hubiera hecho distinto en su vida
4. las ideas que representa
5. las esperanzas que tiene
6. sus logros o fracasos

Suggestion for 11-44: You may want to assign this activity as homework, so students can base their answers to the questions on a real person. They also have the option of inventing a famous person.

11-44 Una persona famosa. Uno/a de ustedes va a representar el papel de una persona famosa. El/La otro/a va a hacer el papel de un reportero. Háganse y contesten las preguntas que escribieron en la actividad anterior.

A escribir

11-45 El informe. El diario de la universidad te pide que escribas un artículo sobre el personaje que has entrevistado. Según las respuestas de la actividad **11-44**, presenta las ideas de este personaje a la comunidad universitaria.

Antes de entregar tu artículo, asegúrate de haber incluido y revisado lo siguiente:

- El estilo indirecto
- El pretérito perfecto del subjuntivo
- La voz pasiva
- El pluscuamperfecto del subjuntivo

- Los pronombres relativos
- La secuencia de tiempos
- Las palabras de **¡Sin duda!**

Atando cabos
Ver es aprender

¿Ven demasiada televisión los niños?

En esta parte del capítulo, vas a analizar la importancia de la televisión en la vida cotidiana actual.

11-46 Clase social y televisión. A continuación, aparecen los datos de un estudio realizado por los estudiantes de la universidad de Valparaíso, Chile, sobre el número de horas que se ve la televisión en distintos hogares. Lee estos datos sobre su investigación y luego prepara un informe de un párrafo para presentar en clase. Usa las preguntas como guía para explicar el estudio.

Suggestion for 11-46: Explain to the class that the information they generate should be presented in paragraph form. The questions are only a guide for them to organize their ideas. Presenting only the answers to each question in separate sentences is not acceptable. The object of the activity is to have them practice speaking in units longer than a sentence.

Los niños chilenos y la televisión

Objetivo:	Averiguar la cantidad de horas que se ve la televisión, de acuerdo a la clase social
Universo:	Niños de 8 a 10 años, con sus madres
Lugar:	42 escuelas (25 privadas y 17 públicas) de Valparaíso y Viña del Mar, Chile
Niños:	6 alumnos de cada escuela, 3 niños y 3 niñas
Cuántos:	251 casos
Investigadores:	Estudiantes de Servicio Social de la Universidad Católica de Valparaíso y de Pedagogía de la Universidad de Playa Ancha.

1. ¿Qué se quería averiguar?
2. ¿Qué población se usó?
3. ¿Qué escuelas se eligieron?
4. ¿Cuántas escuelas se seleccionaron?
5. ¿Cuántas personas se entrevistaron?
6. ¿Por quién fue hecha la investigación?

11-47 Violencia en la tele. Durante la investigación que hicieron los estudiantes de la Universidad Católica de Valparaíso, se les planteó a los niños la siguiente cuestión.

Paso 1. El problema. Comenten ustedes la pregunta. Nombren un/a secretario/a que tome nota de los comentarios y luego informen a la clase.

"En los programas que se dan en la televisión hay algunos en que se ven escenas violentas como peleas, balazos (*gunshots*), explosiones, etc. Hay diferentes opiniones sobre estos programas. Algunas personas creen que eso es entretenido para los niños; otras personas creen que eso es malo y que los niños no deben verlos. ¿Qué piensas tú?"

Paso 2. Los resultados. Éstos son los resultados a la pregunta. Expliquen lo que descubrieron los investigadores según la información que muestra el cuadro.

La violencia en la tele	Clase baja	Clase media
buena	28%	3%
mala	70%	79%
buena y mala	2%	18%

Follow-up for 11-47: These are some of the conclusions that can be drawn from the statistics. *El 28% de los niños en la clase baja piensan que la violencia en la televisión es buena, mientras que sólo el 3% de los niños en la clase media piensan que es buena. La mayoría de los niños en los dos grupos piensan que las escenas violentas son malas....*

👥 **11-48 Crítica constructiva.** Hagan una crítica del trabajo hecho en Chile y, luego, comparen su crítica con las de otros grupos de la clase. Traten de usar las expresiones de la página 203 para expresar opinión.

MODELO: *Es una lástima que hayan entrevistado a tan poca gente.*

👥 **11-49 Mejorar la investigación.** ¿Qué hubieran hecho ustedes para mejorar la investigación realizada en Chile? Piensen en cinco cosas que hubieran hecho en una investigación sobre la televisión y los niños y escríbanlas en una lista para luego presentarlas en clase.

MODELO: *Nosotros hubiéramos investigado qué programas prefieren.*

👥 **11-50 Clasificación de los programas.** Ustedes tienen que hacer la descripción de las siguientes categorías para clasificar los programas de la televisión. Busquen un programa (en un canal hispano si fuera posible) que represente a cada categoría. Presten especial atención a la secuencia de tiempos verbales.

MODELO: Categoría: Apta para todo público

La mayoría de los padres consideran este programa adecuado para todas las edades. Aunque esta clasificación no significa que el programa haya sido diseñado específicamente para niños, la mayoría de los padres permiten que sus hijos pequeños lo vean sin supervisión. Contiene poca (o ninguna) violencia, no utiliza lenguaje ofensivo, presenta muy pocos (o ningún) diálogos o situaciones sexuales.

Categorías:
1. Se recomienda supervisión de los padres.
2. Seria advertencia para los padres.
3. Sólo para televidentes adultos.

Note for 11-50: Ask students to do the description in class, and as homework, look for examples. Alternatively, you may bring to class Spanish TV Guides listing programs available in your area, or find TV listings on Internet.

👥 **11-51 Canal en español.** Si pudieran crear la programación para un nuevo canal, qué programas pasarían y por qué. ¿Habría anuncios comerciales? Traigan ejemplos de los programas preferidos para cada una de las siguientes categorías. Defiendan su programación ante los otros grupos de la clase y luego voten para seleccionar el mejor canal. Aquí tienen una lista de categorías de posibles programas. Pueden modificar la lista agregando o quitando categorías.

1. Programas educativos
2. Telediarios de distintos países
3. Programas deportivos
4. Dibujos animados
5. Telenovelas
6. Películas

Capítulo 12

Hablemos de las celebraciones y del amor

" **Gracias a la vida que me ha dado tanto.** "

Violeta Parra

Warm-up: Love is also a theme of the chapter. Introduce it by asking students to comment on the differences and similarities between a traditional wedding in their community and the one depicted in this picture.

Note: You may want to explain that in this wedding the musicians are a typical Spanish university band called the tuna. The tuna tradition dates back to 1215 when poor students would play music in order to make money to pay for their studies. Today the tunas are a big part of the social life of the university students. They provide entertainment and overall fun for parties all over Spain.

Tema cultural

Las celebraciones hispánicas

El amor

Objetivos comunicativos

Hablar de las diferentes maneras de celebrar

Hablar de las relaciones amorosas

Saludar en cumpleaños y fiestas

Expresar una secuencia de eventos

Describir cómo podrían ser las cosas en el futuro

Describir situaciones hipotéticas en el pasado

Expresar una secuencia de acciones en el pasado

Describir situaciones que pudieran haber pasado pero no sucedieron

Película recomendada: *Mamá cumple cien años*, Carlos Saura, España, 1979.

Canción recomendada: *Defensa de la alegría*, Mario Benedetti. Intérprete, Juan Manuel Serrat, CD *El sur también existe*, España, 1985.

Una boda en España

Warm-up: Have students look at the pictures, and ask them what they know about the Fallas and about Spanish celebrations in general.

En marcha con las palabras   **383**

En marcha con las palabras

En contexto: Los festejos

Note: Tell students that, in the Catholic calendar, each day is dedicated to a saint, and that, traditionally, in Spain and some Latin American countries, a newborn Catholic child is given the name of the saint to whom his or her birthday is dedicated. Even as adults, Catholics often celebrate their saint's day with lively festivities.

Note: *Las Fallas de Valencia es una fiesta popular que se celebra a mediados de marzo. Dura cinco días y culmina con "La Crema (la quema) de los ninots". El foco principal de la fiesta es la creación y destrucción de alrededor de 350 ninots—enormes estatuas de cartón y madera, decoradas y expuestas en las calles hasta la media noche del sábado, cuando se procede a quemarlas. Cada año se elige por voto popular un ninot que no se quema y es puesto en un museo junto con otros. La palabra* **fallas** *quiere decir fuego en valenciano.*

Las Fallas de Valencia, España

Note: You may want to bring Serrat's musical piece *Fiesta* to play it to the class. Explain that Serrat is a Spanish singer who portrays in many of his songs the Spanish way of living, especially as it was in the mid-1970s.

"El **solitario** mexicano ama las fiestas y las celebraciones públicas. Todo es ocasión para **reunirse**. Cualquier pretexto es bueno para interrumpir la marcha del tiempo y celebrar con festejos y ceremonias a hombres y **acontecimientos**." Con estas palabras, Octavio Paz comienza el tercer capítulo de su libro, *El laberinto de la soledad*.

Pero no es sólo "el solitario mexicano" el que **adora** las fiestas. Por el contrario, las celebraciones públicas y privadas son parte de la cultura de todos los pueblos. También en España y Latinoamérica las celebraciones públicas reflejan una tradición de siglos. En los **días feriados**, se **festejan** las **fiestas patrias** y las **religiosas**, de las que **sobresalen** las **fiestas patronales** de cada pueblo. En algunos países, como España, México y Puerto Rico, las personas **hacen fiestas** no sólo el día de su cumpleaños, sino también el **día de su santo**.

¿Comprendes?

1. ¿Qué dice Octavio Paz sobre la relación que tiene el mexicano con las fiestas?

2. ¿Es sólo el mexicano el que adora las fiestas? Explica.

3. ¿Qué tipo de fiestas se celebran?

4. ¿Quién está convidado a las fiestas públicas?

5. ¿Cómo se comporta la masa de gente en las fiestas públicas?

6. ¿Qué es lo que abunda en estas celebraciones?

7. ¿Qué hace la gente sin ninguna vergüenza?

8. Según la canción de Joan Manuel Serrat, ¿cómo se expresa el espíritu comunitario de las fiestas?

9. ¿De qué modo la euforia de las fiestas libera a las personas?

10. ¿Qué brindis hacen?

En los **festejos** públicos, la comunidad entera está **convidada** a participar y la **masa** de individuos se convierte en un solo **ser** por una noche, o a veces hasta una semana. Las Fallas de Valencia, la Semana Santa de Sevilla, la celebración de la Noche de San Juan en Galicia o cualquier fiesta patronal en cualquier pueblo hispanoamericano son tan espectaculares como las más bellas fiestas de otras culturas.

En estas celebraciones, **asombra** el **derroche** de **alegría** y vida donde abundan las **guirnaldas** de colores vibrantes, las **banderas** de papel, los **globos**, los **fuegos artificiales** o los **ruidosos desfiles** que paralizan las calles del pueblo o la ciudad. En medio de este **sentimiento de júbilo** general, la gente **se entusiasma, goza** y no se **avergüenza** de cantar, gritar, bailar, **rezar, contar chistes, emborracharse**, y hasta llegar a excesos que en la **vida diaria** no se permitiría. En estas **aglomeraciones** resalta el espíritu comunitario de las fiestas. La canción *Fiesta* de Joan Manuel Serrat lo ejemplifica claramente:

En la noche de San Juan,		Hoy el noble y el villano,	
todos comparten su pan,		el prohombre° y el gusano°	top man / worm
su mujer y su gabán°	coat	bailan y se dan la mano	
gentes de cien mil raleas°	kind, sort of people (pejorative)	sin importarles la facha.°	look, appearance

La **euforia** de las fiestas libera a las personas, sin que **teman** mostrarse como son; las fiestas les dan la oportunidad de abrirse al exterior y sentirse parte de una comunidad. Por un momento, es posible salir de la soledad individual y los problemas cotidianos para hacer un **brindis** por la vida.

Palabras conocidas

Fiestas y celebraciones

Estas palabras deben ser parte de tu vocabulario.

Suggestion: Check that students are familiar with the meaning of these words by reading the list to them and clarifying any doubts. Assign one word to each person, and ask him or her to pose a question that uses the word. Then, put students in pairs and have them ask each other questions about them.

Sentimientos y emociones

alegrarse	to rejoice, cheer
amar	to love
divertirse	to have a good time, enjoy oneself
enojarse / enfadarse	to get angry
envidia / envidiar	envy / to envy
extrañar	to miss someone
intimidad	intimacy
odiar / el odio	to hate, hate
sonreír	to smile

Cognados

el aniversario
celebrar
las decoraciones
el romance
romántico/a

Cumpleaños

el regalo	gift
regalar	to give a present
el pastel	cake
la vela	candle

Expresiones útiles

cumplir años	to have a birthday	Mi hermana y yo **cumplimos años** el mismo día, pero nacimos con dos años de diferencia. *My sister and I have our birthday on the same day, but we were born two years apart.*
la despedida de soltero/a	bachelor party / wedding shower	Le hicimos una linda **despedida de soltera** a Elena en el club social. *We gave Elena a nice wedding shower at the social club.*
enamorarse de	to fall in love with	Ella está **enamorada de** su entrenador de fútbol. *She is in love with her soccer coach.*
tener celos de	to be jealous of	El niño **tiene celos de** su nueva hermanita. *The child is jealous of his new sister.*

12-1 ¿Cuál es el sinónimo? Busca el sinónimo más adecuado para cada una de las siguientes palabras de **En contexto**.

1. felicidad   *alegría*
2. invitada   *convidada*
3. beber mucho   *emborracharse*
4. celebración   *festejo*
5. tener miedo   *temer*
6. celebrar   *festejar*
7. impresionar   *asombrar*
8. día festivo   *día feriado*

12-2 ¡Que vivan las fiestas! Las fiestas y las celebraciones reflejan la cultura en la que uno vive, pero también reflejan la idiosincrasia de cada familia. Hazle las siguientes preguntas a tu compañero/a para conocer su forma de celebrar las fiestas con su familia. Trata de usar las palabras de **En contexto**.

1. ¿Cuándo fue la última vez que fuiste a una fiesta familiar? ¿Dónde fue? ¿Qué hacían los invitados? Describe la fiesta con detalles.
2. ¿Has asistido a una fiesta de tu comunidad? ¿Cómo era? ¿En qué se parecía a las fiestas que se describen en la lectura?
3. ¿Alguna vez has ido a una celebración hispánica o de alguna cultura distinta de la tuya? ¿En qué se parecía a las celebraciones de tu comunidad?
4. ¿Has asistido a una despedida de soltero/a alguna vez? Describe lo que hicieron en la fiesta.
5. ¿Cómo se celebran los cumpleaños en tu familia? ¿Se les celebra a los niños y a los adultos del mismo modo? ¿Qué es igual? ¿Qué cambia? ¿Qué se hace en cada caso?

👥 **12-3 ¿Cómo festejas tú?** Con tu compañero/a, hablen sobre la forma en que cada familia (o comunidad cultural) celebra algunas fiestas importantes como el 4 de Julio, el Día de Acción de Gracias, el Año Nuevo, etc. ¿Cómo lo celebran? ¿Qué tipo de comidas se preparan? ¿Se hacen regalos? ¿Van a algún club social o centro religioso?

👥👥 **12-4 Debate.** En grupos de cuatro, escojan una de las siguientes afirmaciones y coméntenla. Dos estudiantes van a estar de acuerdo y dos van a estar en contra.

1. En pocos lugares del mundo se puede vivir un espectáculo parecido al de las grandes fiestas religiosas de México.
2. En los países desarrollados la gente tiene otras cosas que hacer y, cuando se divierten, lo hacen en grupos pequeños.
3. Las masas modernas son aglomeraciones de solitarios.
4. Los países ricos tienen pocas fiestas: no hay tiempo, ni humor.

👥👥 **12-5 ¿Cuál prefieren?** Tus amigos y tú tienen la oportunidad de asistir a una celebración típica de un país hispanoamericano. Miren la información y las fotos siguientes, y decidan a cuál prefieren ir. Expliquen su punto de vista con claridad, para poder convencer al resto de la clase de que la celebración que ustedes escogieron es la mejor. Sean convincentes, pero traten de llegar a un acuerdo.

La Semana Santa en Sevilla

Procesión de la Semana Santa en Sevilla

La Semana Santa de Sevilla es una de las celebraciones religiosas más importantes de toda España. La semana abarca desde el Domingo de Ramos hasta el siguiente domingo que es el Domingo de Resurrección. Durante este período son habituales las procesiones de las cofradías por las calles de la ciudad. Las cofradías son grupos de fieles católicos que desfilan con sus imágenes hasta llegar a la Catedral de Sevilla. Cada día desfilan distintas cofradías llevando diferentes imágenes de Cristo—la Virgen, un santo, una reliquia—o representando un momento de la Pasión de Cristo. También figuran en el grupo penitentes o nazarenos que llevan una vela y suelen vestir una túnica, gorros cónicos y una tela o antifaz que les oculta el rostro. Cada cofradía tiene un color de túnica distinto para diferenciarse de las demás. Además, algunos de estos cortejos llevan música. Esta celebración de la Semana Santa tiene muchas facetas, desde la más estricta ortodoxia hasta una visión meramente cultural.

El Día de los Muertos

En México conviven celebraciones religiosas tanto cristianas como indígenas. La celebración del Día de los Muertos es un ejemplo de la unión de algunos ritos de procedencia indígena con elementos de la religión católica. El 1° y el 2 de noviembre se celebra en todo México el día de los muertos. Los parientes de las personas que han muerto se reúnen en el cementerio para acompañar al espíritu de los difuntos que, según la creencia, vienen a visitarlos una vez al año. No es una ocasión triste, sino alegre, en la cual se celebra la vida. Hay música y bailes, y se ofrece la comida y la bebida favorita de los muertos.

El Día de los Muertos, en México

Suggestion: Direct students to the **En contexto** section of Chapter 6 (page 177) for more information on the Pachamama.

El carnaval de la Quebrada de Humahuaca

En este pueblo argentino tiene lugar uno de los carnavales más particulares del continente, donde la celebración se combina con rituales de origen indígena.

La gran fiesta comienza el sábado con una misa en la calle y, luego, se dirigen a la ladera de las montañas cercanas, donde se realiza un asado comunitario y se le da de comer a la Pachamama, o Madre Tierra, a través de un hoyo cavado en el suelo. Allí dentro, la gente coloca alimentos, hojas de coca y cigarrillos, y vierte chicha (bebida alcohólica de maíz) y cerveza. De esta forma, los mismos que dos horas antes asistían a una misa católica, le agradecen ahora las buenas cosechas a la Madre Tierra. Por la noche hay muchos bailes. Las comidas, las bebidas, la música y los bailes continúan durante nueve días hasta que todo termina un domingo con el entierro del carnaval que es el fin de las celebraciones.

El carnaval en Humahuaca, en el noroeste argentino

12-6 Para saber más. Investiga los detalles de alguna festividad que se celebre en Latinoamérica o en España. Haz un resumen para presentar a la clase. Puedes entrevistar a una persona hispana o buscar en Internet. Aquí hay algunas sugerencias.

Suggestion: At this time, you may wish to show the video for this chapter.

Las Fallas de Valencia, en España

Las Posadas mexicanas

Los San Fermines de Pamplona, en España

La Fiesta de la Vendimia en Mendoza, Argentina

El Cinco de Mayo de México y los EE.UU.

El Carnaval de Oruro, en Bolivia

El Día de Nuestra Señora de Guadalupe, en México

Otras festividades

Ventana al mundo

La fiesta del Yamor, celebración de la cosecha en Ecuador

En los primeros días del mes de septiembre en la ciudad
de Otávalo, en Ecuador, comienza la "Fiesta del Yamor".
Durante esta fiesta los otavaleños celebran haber tenido
una buena cosecha. El nombre de "Yamor" proviene de la
bebida sagrada que se prepara en honor a los dioses. Es
una chicha de 12 tipos de maíz. Además de esta bebida
especial, la fiesta del Yamor tiene su propio plato. Este
plato está compuesto de mote (grano de maíz hervido),
carne de cerdo, papas y queso.

    Durante esta fiesta, las calles y los alrededores de la
ciudad se llenan de gente con sus mejores vestidos
tradicionales. Las bandas de músicos con instrumentos

Otalaveña preparando un plato típico para la fiesta del Yamor.

tradicionales tales como las quenas, los tambores y charangos tocan durante todo el día y la noche. El momento
culminante de la fiesta es cuando aparece la legendaria figura del "Coraza". El Coraza representa a Atahualpa, el último
emperador inca. El coraza va montado a caballo con la cara cubierta con colgantes, el rostro maquillado de blanco y
un casco en la cabeza. **Note:** quena = Andean flute; charango = small guitar made out of an armadillo shell

 Investiga. Busca información sobre otras celebraciones relacionadas con la naturaleza tales como la
cosecha de la uva, del maíz, del tomate, etc. Prepara un informe para la clase.

Comprehension questions: *¿Cuándo y dónde se celebra la fiesta del Yamor? ¿Qué se celebra? ¿De dónde viene la palabra Yamor? ¿Cuál es el plato típico de esta fiesta? ¿Dónde y cómo festeja la gente esta fiesta? ¿Cuál es el momento culminante?*

Sigamos con las estructuras

Repasemos 1
Expressing sequence of actions: Infinitive after preposition

Después de cantar el *Feliz cumpleaños*, abrieron todos los regalos.

Complete the self-test on the **Atando cabos** web site. If you get less than 85%, you need to review this grammar point in the **Cabos sueltos** section, pp. 478–479. If you get above 85%, you can continue with the following activities.

12-9 Mis celebraciones. Elige dos de los acontecimientos de la lista que sigue y explícale a tu compañero/a cómo los celebras. Él/Ella debe tomar notas y luego explicárselo todo oralmente a la clase. Alternen los papeles.

MODELO: E1: *Para celebrar mi cumpleaños, hago una fiesta con mis amigos.*
E2: *Para celebrar su cumpleaños, él/ella hace una fiesta con sus amigos.*

1. San Valetín
2. fin de año
3. graduación
4. el 4 de Julio
5. boda
6. ¿?

12-10 Quién pudiera. Imaginen que ustedes tienen otra vez cinco, diez o quince años. Digan qué cosas harían que no pueden hacer ahora y que no hicieron en ese momento.

> MODELO: *De tener cinco años, para mi cumpleaños pediría un tren eléctrico.*

1. De tener 5 años …
2. De tener 10 años …
3. De tener 15 años …

Recycling for 12-10:
You may wish to review the use and formation of the conditional in Chapter 9 (page 283) and in **Cabos Sueltos** (page 465).

Repasemos 2

Describing how things may be in the future, expressing probability: Future perfect

Probablemente ya **habrán llegado** a la fiesta.

Complete the self-test on the **Atando cabos** web site. If you get less than 85%, you need to review this grammar point in the **Cabos sueltos** section, pp. 479–480. If you get above 85%, you can continue with the following activities.

12-11 ¿Cómo imaginas tú el futuro? Cuéntale a tu compañero/a lo que imaginas que podría pasar en el mundo para el fin de este siglo.

> MODELO: *Para el año 2100, se habrán inventado los coches voladores.*

12-12 ¿Final feliz? Aquí tienen algunos datos sobre romances de personajes históricos, pero no sabemos cómo terminan sus historias. En grupos, especulen sobre cómo se desarrolló cada una.

La reina Isabel II de España y el General Francisco Serrano

> MODELO: *¿Se habrán conocido en la corte? ¿Habrán tenido una aventura o se habrán casado?*

1. La reina Isabel II de España y el General Francisco Serrano. A la reina la casaron con su primo Francisco de Asís a los 16 años, pero ella estaba enamorada de Francisco Serrano.
2. El pintor español Salvador Dalí y su esposa Gala. Gala estaba casada con el poeta Paul Eluard. Dalí la conoció en el año 1929.
3. Evita Perón y Orson Welles. Él no quería viajar a Buenos Aires pero al final fue.

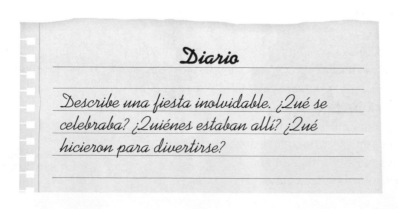

Diario

Describe una fiesta inolvidable. ¿Qué se celebraba? ¿Quiénes estaban allí? ¿Qué hicieron para divertirse?

Complete the self-test on the **Atando cabos** web site. If you get less than 85%, you need to review this grammar point in the **Cabos sueltos** section, pp. 480–481. If you get above 85%, you can continue with the following activities.

Repasemos 3
Talking about hypothetical situations in the past: Conditional perfect

¿Qué **habrías hecho** tú de haber tenido fama y dinero?

12-13 A mi estilo. Imaginen que ustedes son escritores/as. En parejas, elijan una historia famosa y digan todo lo que habrían cambiado en la trama para que tuviera un final feliz.

MODELO: *Habría cambiado la historia de la Cenicienta. No habría puesto una madrastra mala. Cenicienta no habría vuelto a las doce. Ella le habría dicho la verdad al príncipe. Y todo habría sido más directo y más rápido.*

Note for 12-14:
Cajamarca is an important agricultural and cattle-raising region of Peru. Tell students to read the poem to get the gist of it. It is not necessary to understand every word to be able to do the following activity.

12-14 Ventana sobre el tiempo. En las distintas culturas, las celebraciones muchas veces tienen que ver con los acontecimientos de la vida cotidiana y de la naturaleza. Lean el siguiente poema de Eduardo Galeano sobre las actividades en Cajamarca, Perú. Luego, digan qué habrían hecho si hubieran estado en Cajamarca.

MODELO: enero / bañarse en el mar
    Si hubiéramos estado en Cajamarca en enero, nos habríamos bañado en el mar.
    Si hubiéramos estado en Cajamarca en…

1. febrero / celebrar el carnaval
2. mayo / ayudar con la cosecha
3. junio / preparar la tierra

4. julio / asistir a una boda
5. septiembre / ayudar con la siembra
6. diciembre / celebrar la vida

Ventana sobre el tiempo

Eduardo Galeano (1941)

En Cajamarca, enero es tiempo de tejer.

En febrero aparecen las flores delicadas y las fajas coloridas. Los ríos suenan, hay carnaval.

En marzo ocurre la parición de las vacas (*birth of cows)* y las papas.

En abril, tiempo de silencio, crecen los granos del maíz.

En mayo, se cosecha.

En los secos días de junio, se prepara la tierra nueva.

Hay fiestas en julio, y hay bodas, y los abrojos (*thistle is a kind of plant with thorns)* del Diablo asoman en los surcos.

Agosto, cielo rojo, es tiempo de vientos y de pestes.

En luna madura, no en luna verde, se siembra en septiembre.

Octubre suplica a Dios que suelte las lluvias.

En noviembre, mandan los muertos.

En diciembre la vida celebra.

12-15 De haber sabido. Piensa en momentos importantes de tu vida y di lo que habrías hecho de haber sabido que esas situaciones iban a ocurrir.

MODELO: *De haber sabido que mi abuelo iba a morir tan pronto, le habría pedido que me contara sus experiencias de juventud.*

Ventana al mundo

Las posadas

En México, durante las nueve noches anteriores a la Nochebuena, se representa la historia de María y José buscando refugio en su camino hacia Belén. Generalmente, la familia y los amigos celebran en una casa distinta cada noche. Un niño y una niña vestidos como María y José, y otro niño vestido de ángel llaman a la puerta. Cuando se abre la puerta, los tres niños cantan: "Somos María y José buscando posada". Al principio la familia no los deja entrar; entonces los caminantes vuelven a cantar. Finalmente todos entran y hacen una fiesta.

Las posadas mexicana

Fiestas de Fin de Año. Descríbele a tu compañero las celebraciones típicas de tu familia en diciembre. ¿Qué celebran y cómo lo celebran? ¿Nochebuena? ¿Navidad? ¿Hanukaah? ¿Kwanza? ¿Nochevieja?

Aprendamos 1

Discussing contrary-to-fact situations: *If* clauses with the conditional perfect and the pluperfect subjunctive

When we hypothesize about a past situation that cannot be reversed, we express a contrary-to-fact situation using the *if* clauses.

Si me **hubiera casado** con Pedro, no **habría sido** feliz.	*If I had married Pedro, I wouldn't have been happy.*

In Spanish this is expressed with the pluperfect subjunctive in the *if* clause. The conditional perfect is used in the clause that states the result.

¿Te **habrías enfadado** mucho si Mariana **hubiera ido** a la fiesta con Ricardo, y no contigo?	*Would you have been very angry if Mariana had gone to the party with Ricardo and not with you?*

Note: In several countries in Latin America, the pluperfect subjunctive is used instead of the conditional perfect. So you may hear the following *if* clause.

Si **hubiera sabido** que todos Uds. venían a la fiesta, yo **hubiera preparado** más comida. *Had I known that all of you were coming to the party, I would have prepared more food.*

12-16 ¿Qué habría pasado? A veces, nos encontramos en situaciones que no son las ideales. Haz frases completas para explicar qué habría pasado en las siguientes situaciones.

MODELO: Si / tú / romperme la guitarra / enojarme muchísimo

Si me hubieras roto la guitarra, me habría enojado muchísimo.

1. si / tú llegar / tarde de la fiesta / preocuparnos
2. si / ella / no / invitarme a la boda / ponerme triste
3. si / él / vestirse con traje y corbata / nosotros / comer en el restaurante francés
4. si / tu banda / tocar en el Día de los Muertos / ser muy lindo
5. si / la boda / celebrarse en mayo / hacer mejor tiempo
6. si / nosotros / no tener una piñata / los niños / desilusionarse

12-17 ¿Qué habrías hecho tú? Piensen en las situaciones propuestas y en otras dos más. Pregúntense qué habrían hecho ustedes en esos casos. Alternen los roles para preguntar y contestar.

MODELO: E1: *¿Qué habrías hecho si de niño/a te hubieran prohibido ir a los cumpleaños de tus amigos?*

E2: *Si me hubieran prohibido ir a los cumpleaños de mis amigos, yo me habría rebelado. Habría hecho una huelga de hambre.*

¿Qué habrías hecho si …

1. la familia de tu amigo / invitarte a ir a Cancún con ellos en diciembre?
2. tus padres / no dejarte asistir a la universidad lejos de tu estado?
3. un/a muchacho/a de intercambio / querer ir contigo a la fiesta de graduación?
4. tus amigos / hacerte participar de una celebración que no te interesaba?
5. tú / enamorarte del/de la muchacho/a más popular del colegio?
6. un/a amigo/a / mentir?

12-18 Fiestas. Todos hemos tenido alguna vez una fiesta que no salió como deseábamos o en la que nos aburrimos mucho.

Paso 1. La fiesta de Javier. Esto es lo que pasó la semana pasada en la fiesta de Javier. ¿Qué habrías hecho tú?

MODELO: Se nos acabó la comida temprano.

E1: *Si se nos hubiera acabado la comida temprano, yo habría ido a comprar unas pizzas.*

1. Se nos acabó la bebida pronto.
2. Se rompió el equipo de música.
3. Sólo teníamos cuatro CDs.
4. Los invitados empezaron a irse temprano.
5. Había mucha gente aburrida.
6. ¿?

Boletín

La piñata
El juego de la piñata es popular en las fiestas de niños. Con los ojos cubiertos por un pañuelo, los niños se turnan para pegarle a la piñata con un palo e intentar romperla y conseguir los caramelos que hay adentro.

Paso 2. Una fiesta horrible. Ahora, cuéntale a un/a compañero/a tus experiencias en una fiesta aburrida y mal organizada y él/ella te dirá qué habría hecho en tu lugar. Alternen los roles.

12-19 De paseo. Imaginen lo que habrían hecho el año pasado si se hubieran ido de viaje por América Latina. Inventen una pequeña historia y cuéntensela a sus compañeros/as. Hablen de los lugares que habrían visitado, las celebraciones a las que habrían asistido. Digan algo sobre la gente, la comida, el paisaje, el viaje, etc. Usen la información de las **Ventanas** y de la actividad **12-5** de este capítulo.

Suggestion for 12-19: Have students prepare this activity as homework, and ask them to be ready to share it.

MODELO: *Si hubiéramos estado en México en diciembre, habríamos visto Las Posadas …*

Aprendamos 2

Expressing a sequence of events in the past: Sequence of tenses in the subjunctive

In the last chapter, you studied the sequence of tenses with reference to the present and future. Here, you are going to focus on the sequence of tenses with reference to the past. Study this chart:

Tense in the main clause	Tense in the dependent clause
Imperfect	
Past progressive	Imperfect subjunctive
Preterite	Past perfect subjunctive
Past perfect	
Conditional	
Conditional perfect	

A. When the action of the dependent clause happens at the same time in the past as the action of the main verb, then the imperfect subjunctive is used in the dependent clause.

Imperfect → Imperfect subjunctive	Ella **dudaba** que Luis **pudiera** conseguir entradas para el estreno de esa obra. *She doubted that Luis could get tickets for the premiere of that play.*
Past progressive → Imperfect subjunctive	**Estaba esperando** pacientemente que **empezaran** los fuegos artificiales. *He was patiently waiting for the fireworks to start.*
Preterite → Imperfect subjunctive	Me **sorprendió** que ellos **decidieran** casarse tan pronto. *I was surprised that they decided to get married so soon.*
Past perfect → Imperfect subjunctive	Mis abuelos nos **habían regalado** los pasajes para que **tuviéramos** nuestra luna de miel en Italia. *My grandparents had given us the tickets so that we could have our honeymoon in Italy.*
Conditional → Imperfect subjunctive	**Sería** mejor que **hiciéramos** el brindis antes de la media noche. *It would be better for us to toast before midnight.*

| Conditional perfect → Imperfect subjunctive | **Habría sido** divertido que ustedes **vieran** el video de San Fermín.
 It would have been fun for you to watch the San Fermin video. |

B. When the action of the subordinate clause happens before the action of the main verb, then the pluperfect subjunctive is used in the subordinate clause.

Imperfect → Pluperfect subjunctive	**Era increíble** que la fotografía de la boda **hubiera aparecido** en primera plana. *It was unbelievable that the picture of the wedding had appeared on the front page.*
Past progressive → Pluperfect subjunctive	**Estaba deseando** que la **hubieran aceptado** para dirigir el desfile. *She was wishing that they had chosen her to lead the parade.*
Preterite → Pluperfect subjunctive	La muchacha **negó** que su fiesta **hubiera sido** aburrida. *The young woman denied that her party had been boring.*
Past perfect → Pluperfect subjunctive	**Nos habíamos alegrado** de que tu boda **hubiera sido** tan elegante. *We were glad that your wedding had been so elegant.*
Conditional → Pluperfect subjunctive	La madre **preferiría** que el padre le **hubiera comprado** a la quinceañera un regalo más discreto. *The mother would prefer that the father had bought a more modest present for the fifteen-year-old.*
Conditional perfect → Pluperfect subjunctive	De haber sabido el problema, no **habríamos dejado** entrar a nadie a la fiesta que no **hubiera mostrado** la tarjeta de invitación. *Had we known the problem, we would not have let anyone enter the party who had not first shown an invitation.*

12-20 El día de la boda. Hoy se casa Susana y su madre está feliz con los preparativos. Completa las oraciones conjugando el verbo.

MODELO: Estaba deseando que / empezar la ceremonia
        Estaba deseando que empezara la ceremonia.

1. Queríamos que la banda de mi sobrino / tocar la marcha nupcial   *tocara*
2. Estaban preparándose para que el fotógrafo / tomar las fotos   *tomara*
3. Hicieron todo lo posible para que los invitados / sentirse bien   *se sintieran*
4. Les había sorprendido que los padres del novio / llegar tarde a la ceremonia   *llegaran*
5. Sería maravilloso que todas las bodas / ser como ésta   *fueran*
6. Habría sido triste que / llover   *lloviera*

12-21 Después de la boda. Han pasado unos meses desde la boda de Susana y la madre recuerda los lindos momentos pasados. Completa las frases, modificando los verbos según corresponda.

1. Estaba contenta de que la banda / tocar tan bien   *hubiera tocado*
2. Estaba deseando que el fotógrafo ya / traer las fotos   *hubiera traído*
3. Se alegró de que las promesas de los novios / ser tan emotivas   *hubieran sido*
4. Le había molestado que los amigos del novio / llegar tarde a la ceremonia   *hubieran llegado*
5. Preferiría que los novios ya / volver de la luna de miel   *hubieran vuelto*
6. Le había encantado que su boda / ser como la de Susana   *hubiera sido*

12-22 ¿Y tú? Recuerda alguna boda o celebración a la que hayas asistido y explícale a otro/a estudiante tu experiencia utilizando algunas de las siguientes expresiones.

Lo más lindo fue que…   Habría sido interesante que…

Me sorprendió que…   Fue increíble que…

Era una pena que…   Habría querido que…

Ventana al mundo

El Inti Raymi o la Fiesta del Sol

El Inti Raymi, o la Fiesta del Sol, era la fiesta más importante en la época de los incas. Se celebraba en la Plaza de Armas en la ciudad de Cuzco con ocasión del solsticio de invierno —el año nuevo solar. Para los incas, el dios Inti, el sol, era su principal objeto de culto. Después de la conquista española, la ceremonia fue suprimida por la iglesia católica. El Inti Raymi fue entonces olvidado hasta mediados del siglo XX, cuando un grupo de intelectuales y artistas cuzqueños decidió recuperar esta celebración, presentándola como un espectáculo teatral.

El 24 de junio de cada año se hace una representación teatral del rito incaico. La gente se reúne en la plaza de Cuzco para esperar la aparición del dios Inti. La espera se hace en profundo silencio y mucha gente va disfrazada de animales de la mitología incaica. Según la tradición, el Inca, invitaba al dios Inti a volver para fecundar la tierra y para dar el bienestar a los hijos del gran imperio del Tahuantisuyo. Al aparecer el sol, se le agradece por las cosechas recibidas en el año. Durante la ceremonia también, se suele realizar el sacrificio de una llama. Luego, hay una gran marcha militar y, al final, todos se retiran y estalla una gran algarabía que dura varios días.

El sol. ¿Conoces alguna celebración de los pueblos indígenas de los EE.UU. en honor al sol? Descríbela.

Comprehension questions: *¿Dónde y cuándo se celebra la fiesta de Inti Raymi? ¿Cuál es su origen? Describe la representación del ritual incaico. ¿Qué sacrifican durante la ceremonia? ¿Quiénes desfilan? ¿Qué pasa después de la ceremonia?*

La fiesta del Sol, Inti Raymi, en Cuzco

Conversemos sobre las lecturas

Antes de leer

Estrategia de lectura: *Putting everything together*

You have learned several strategies to help you in the process of reading a foreign text. Now, you are going to put them all together. Remember to follow these steps every time you encounter a new text. They will aid you in understanding its message.

First, look at the illustrations, the title, and visual cues, such as the format of the text: Is it a letter, a postcard, a form, a newspaper article, an essay? What does the title suggest? These elements will provide the context of the reading. At this point, you may create your first hypothesis about the content, and relate it to some prior knowledge you may have of the topic.

Second, skim the text, using cognates and the context in general as clues for understanding. Is your hypothesis confirmed? If it is not, create a new hypothesis about the purpose of the text, and formulate questions about some of the content, such as main ideas, characters, settings, and events.

Third, scan the text for your answers. Remember that each paragraph has a topic sentence, usually located at the beginning. By reading the topic sentence and skimming over the paragraph, you will know if it contains the answers you are looking for.

Fourth, now that you have identified the main elements, read slowly and carefully, checking your comprehension throughout the text. Use comprehension questions as a guide. Confirm your hypothesis and try to summarize the text in your own words.

Suggestion for 12-23: Have students report to the class after they complete each step.

12–23 ¿Qué pasa cuando nos enamoramos? Lee la siguiente información sobre los efectos del enamoramiento, siguiendo estos pasos. Luego, compara tu trabajo con el de un/a compañero/a.

Paso 1.

1. Lee el título.
2. Escribe tu primera hipótesis: ¿sobre qué tratará este texto?
3. Relaciónalo con algo que ya sepas sobre los sentimientos que uno tiene cuando se enamora.

Paso 2.

1. Lee el texto rápidamente para descubrir la idea principal.
2. Anota la idea principal.
3. Compara la idea principal con tu hipótesis. ¿Coinciden o son diferentes?
4. Haz tres preguntas sobre puntos del texto que necesites aclarar.

Paso 3.

1. Lee el texto detenidamente y trata de encontrar las respuestas a tus preguntas.
2. Comparte tus respuestas con un/a compañero/a.

Los efectos del enamoramiento

Según los psicólogos, el estado de enamoramiento genera un estrés que es suavizado por ciertos mecanismos biológicos que el sistema nervioso central transforma en estímulos placenteros. Estos estímulos son capaces de fortalecer nuestro sistema inmunológico y de generar sustancias químicas que nos hacen más resistentes al dolor y al estrés. Las personas muestran mayor agilidad, reacciones más rápidas y menos cansancio.

Cuando surge el flechazo, se liberan más de 250 sustancias químicas en el organismo. Los científicos llaman pasión a los cambios que se producen en la persona. Estos cambios tienen consecuencias no sólo a nivel físico, como hemos mencionado, sino también a nivel psíquico y social. Psicológicamente, aumenta la autoestima y la capacidad de aprendizaje, se desarrolla más la creatividad y la inteligencia; además, se es más optimista y se siente menos frustración ante las adversidades. A nivel social, aumenta la comprensión y parece más sencillo alcanzar metas profesionales.

Desgraciadamente, este estado especial no dura más de tres meses. Según los estudios, el cuerpo humano no podría soportar una pasión fuerte por más tiempo. A los tres meses del flechazo el/la enamorado/a se vuelve a centrar y comienza a trabajar como antes, aunque tal vez mejor y más motivado.

Suggestion: You may want to assign the **Ventana** as homework. In this way, students will be ready to report on their own research when you discuss it in class.

Recycling: Ask students the following questions. *¿Les gustan las fiestas populares? ¿Qué tipo de fiestas, desfiles, etc. se celebran en su estado? Hablar de las celebraciones en las comunidades hispanas de los Estados Unidos.*

Comprehension questions: *¿Cuáles son los carnavales más famosos de Latinoamérica? ¿Cuál es otra palabra que se usa para designar el desfile de carnaval? ¿Qué hay en el desfile? ¿Cuándo se celebra el carnaval? ¿Qué llevan las personas en el baile de carnaval? ¿Qué tiran los niños?*

12-24 Las etapas del amor. Describe las tres etapas del amor. Luego, haz un breve resumen del texto sin copiar literalmente ninguna oración. Menciona los cambios físicos, psíquicos y sociales que produce el estar enamorado/a.

Ventana al mundo

El carnaval

El carnaval es una fiesta muy popular en muchos lugares de Latinoamérica. Los carnavales más famosos son los de Brasil, aunque en casi toda América Latina se celebra el carnaval con gran alegría y participación general. En cada ciudad se prepara un desfile o corso en el que cada barrio presenta su carroza *(float)* al ritmo de la música de las bandas y de las diferentes murgas (banda callejera que toca música ligera), o comparsas (grupo de personas vestidas iguales para divertir a la gente). Las celebraciones duran entre tres y siete días en el mes de febrero. Hay muchos bailes en la calle y la gente suele disfrazarse y llevar máscaras. También es costumbre que las personas (especialmente los niños) se tiren serpentinas, confeti y hasta globos pequeños llenos de agua. Por unos días, las barreras sociales no existen y la realidad queda suspendida.

Máscaras y disfraces de carnaval

 ¿Cómo se celebra el carnaval? Investiga la celebración del carnaval en algún país hispanoamericano. Prepara un informe para presentar en clase.

VOCABULARIO DE LAS LECTURAS

Estudia estas palabras para comprender mejor los textos.

Vocablo		Palabra en uso
abrazar	to embrace, hug	Nos **abrazamos** después de hacer las paces.
acariciar	to caress	Él le **acariciaba** la cara a su novia.
el afecto	affection, love	Los amigos de sus hijos le tienen mucho **afecto** a Antonia.
el/la amante	lover	La **amante** esperaba ansiosa la vuelta de su amado.
antifaz	mask, especially one that covers only the eyes	El niño estaba disfrazado como el Zorro y llevaba un **antifaz** negro.
arrepentirse	to repent	Les grité a los niños y luego **me arrepentí** de haberlo hecho.
atar	to tie	Ellos van a **atar** sus destinos juntos.
besar(se)	to kiss	Pablo y yo **nos besamos** por primera vez en una fiesta.
la careta	mask	En el baile José llevaba una **careta** de león.
el cariño	fondness, love	Ellos sienten un gran **cariño** por su hermanita.
despedazar	to cut, tear to pieces	Se le **despedazó** el corazón cuando recibió la mala noticia
la dicha	happiness	¡Qué **dicha** es el haberte encontrado!
dichoso/a	happy	Los amantes **dichosos** disfrutan su intimidad.
disfrazar(se)	to disguise (oneself)	No sé de qué **disfrazarme** para el baile.
estar enredado/a	to be in a relationship with	Creo que Fernando **está enredado** con Alicia.
hacer bromas	to make jokes	Es muy graciosa, **hace bromas** todo el día.
hilo	thread	El **hilo** es muy corto, no lo puedo atar.
el jolgorio	merrymaking, revelry	La fiesta fue un **jolgorio**, todos lo pasaron bien.
murmurar	to whisper	Él **murmuraba** palabras de amor en su oído.
el murmullo	to murmur, whisper	El **murmullo** de las olas la adormeció.
mutuo	mutual	Él no me gusta y yo no le gusto. Nuestro rechazo es **mutuo**.
el/la payaso/a	clown	Mi hermano llevaba un disfraz de **payaso**.
ombligo	belly button	La muchacha llevaba un disfraz que mostraba el **ombligo**.
la torre	tower	Subimos a lo alto de la **torre** para ver la vista.
el vacío	emptiness	Ella sentía el **vacío** de su ausencia.

12-25 **¿Cuánto recuerdas?** Elige la palabra entre paréntesis que mejor complete la oración.

1. Se miraron con (afecto / odio) mutuo. Se quieren mucho.
2. Ella lo (besó / hizo bromas) y le murmuró palabras tiernas al oído.

3. La (dicha / ~~careta~~) de (mutua / ~~payaso~~) le quedaba muy graciosa.

4. Estaban (~~enredados~~ / dichosos), pero la relación entre ellos no era buena; siempre se peleaban.

5. Él parecía (~~arrepentirse~~ / acariciar) de haberle hecho tantas bromas.

6. Ellos (ataron / ~~se abrazaron~~) y se besaron como muestra de su amor.

7. El carnaval fue un (antifaz / ~~jolgorio~~) continuo.

8. (Los hilos / ~~El vacío~~) que le causaba su ausencia era difícil de sobrellevar.

 **12-26 ¿Pueden agruparlas?** Traten de formar grupos con las siguientes palabras y luego expliquen su criterio de agrupación.

acariciarse	chiste	juntos
afecto	cariño	máscara
el/la amante	disfraz	mutuo/a
baile	fiesta	payaso/a
bromear	hacer bromas	abrazar
careta	besarse	recíproco/a
carnaval	jolgorio	murmurar

12-27 La fiesta de disfraces. ¿Alguna vez participaron en una fiesta de disfraces? Escriban lo que hacen desde el momento en que los invitan hasta el final de la fiesta, cuando se quitan las máscaras. Hagan una lista que incluya todos los pasos necesarios para la preparación. Después, comparen sus ideas con las de otros grupos de la clase.

Suggestion: Remind students that it is not necessary to understand every word in order to follow the story line. There are a number of words in this text that may be unknown to students. However, they should be able to follow the story if they focus on the words they know.

Lectura

Mario Benedetti (1920)

Benedetti es un escritor uruguayo muy conocido en el mundo entero. Es autor de novelas, cuentos, poemas, obras de teatro y críticas literarias. Vivió muchos años exiliado en Europa y ahora vive una parte del año en Madrid y otra en Montevideo. Este relato de su libro *Despistes y franquezas* es la historia de un amor que comienza en una fiesta de disfraces.

Cleopatra

El hecho de ser la única mujer entre seis hermanos me había mantenido siempre en un casillero especial de la familia. Mis hermanos me tenían (todavía me tienen) afecto, pero se ponían bastante pesados cuando me hacían bromas sobre la insularidad de mi condición femenina. Entre ellos se intercambiaban
5 chistes, de los que por lo común yo era la destinataria, pero pronto se arrepentían, especialmente cuando yo me echaba a llorar, impotente, y me acariciaban o me besaban o me decían: Pero, Mercedes, ¿nunca aprenderás a no tomarnos en serio?

Bailes de carnaval

Note: You may want to explain the **voseo**, although having this information is not necessary to understand the reading. **Voseo** is a form in which **vos** replaces the pronoun **tú** and the verb form changes also: **eres = sos, tienes = tenés, puedes = podés, amas = amás**. It is used in Uruguay, Argentina, and in some parts of El Salvador, Nicaragua, Costa Rica, and Mexico.

Mis hermanos tenían muchos amigos, entre ellos Dionisio y Juanjo, que eran
10 simpáticos y me trataban con cariño, como si yo fuese una hermanita menor.
Pero también estaba Renato, que me molestaba todo lo que podía, pero sin llegar
nunca al arrepentimiento final de mis hermanos. Yo lo odiaba, sin ningún
descuento, y tenía conciencia de que mi odio era correspondido.

Cuando me convertí en una muchacha, mis padres me dejaban ir a fiestas y
15 bailes, pero siempre y cuando me acompañaran mis hermanos. Ellos cumplían su
misión cancerbera con liberalidad, ya que, una vez introducidos ellos y yo en el
jolgorio, cada uno disfrutaba por su cuenta y sólo nos volvíamos a ver cuando
venían a buscarme para la vuelta a casa.

Sus amigos a veces venían con nosotros y también las muchachas con las que
20 estaban más o menos enredados. Yo también tenía mis amigos, pero en el fondo
habría preferido que Dionisio, y sobre todo que Juanjo, que me parecía
guapísimo, me sacaran a bailar y hasta me hicieran alguna "proposición
deshonesta". Sin embargo, para ellos yo seguí siendo la chiquilina de siempre, y
eso a pesar de mis pechitos en alza y de mi cintura, que tal vez no era de avispa,
25 pero sí de abeja reina. Renato concurría poco a esas reuniones, y, cuando lo hacía,
ni nos mirábamos. La animadversión seguía siendo mutua.

En el carnaval de 1958 nos disfrazamos todos con esmero, gracias a la
espontánea colaboración de mamá y sobre todo de la tía Ramona, que era
modista. Así mis hermanos fueron, por orden de edades: un mosquetero, un
30 pirata, un cura párroco, un marciano y un esgrimista. Yo era Cleopatra, y por si
alguien no se daba cuenta, a primera vista, de a quién representaba, llevaba una
serpiente de plástico que me rodeaba el cuello. Ya sé que la historia habla de un
áspid, pero a falta de áspid, la serpiente de plástico era un buen sucedáneo. Mamá
estaba un poco escandalizada porque se me veía el ombligo, pero uno de mis
35 hermanos la tranquilizó: "No te preocupes, vieja, nadie se va a sentir tentado por
ese ombliguito de recién nacido." A esa altura yo ya no lloraba con sus bromas, así
que le di al descarado un puñetazo en pleno estómago, que lo dejó sin habla por
un buen rato. Rememorando viejos diálogos, le dije: "Disculpá* hermanito, pero
no es para tanto, ¿cuándo aprenderás a no tomar en serio mis golpes de karate?"
40 Nos pusimos caretas o antifaces. Yo llevaba un antifaz dorado, para no
desentonar con la pechera áurea de Cleopatra. Cuando ingresamos en el baile
(era en el club de Malvín) hubo murmullos de asombro y hasta aplausos.
Parecíamos un desfile de modelos. Como siempre, nos separamos y yo me divertí
de lo lindo. Bailé con un arlequín, un domador, un paje, un payaso y un marqués.
45 De pronto, cuando estaba en plena rumba con un chimpancé, un cacique piel
roja, de buena estampa, me arrancó de los peludos brazos del primate y ya no me
dejó en toda la noche. Bailamos tangos, más rumbas, boleros, milongas, y fuimos
sacudidos por el recién estrenado seísmo del rock-and-roll. Mi pareja llevaba una
careta muy pintarrajeada, como correspondía a su apelativo de Cara Rayada.

---

*"Disculpá" is the informal usage of the word "disculpe" in Argentina and Uruguay.

50   Aunque forzaba una voz de máscara que evidentemente no era la suya, desde el primer momento estuve segura de que se trataba de Juanjo (entre otros indicios, me llamaba por mi nombre) y mi corazón empezó a saltar al compás de ritmos tan variados. En ese club nunca contrataban orquestas, pero tenían un estupendo equipo sonoro que iba alternando los géneros, a fin de (así lo habían advertido) conformar a

55   todos. Como era de esperar, cada nueva pieza era recibida con aplausos y abucheos, pero en la siguiente era todo lo contrario: abucheos y aplausos. Cuando llegó el turno de un bolero, el cacique me dijo: "Esto es muy cursi", me tomó de la mano y me llevó al jardín, a esa altura ya colmado de parejas, cada una en su rincón de sombra.

      "Creo que ya era hora de que nos encontráramos así, Mercedes, la verdad es

60   que te has convertido en una mujercita." Me besó sin pedir permiso y a mí me pareció la gloria. Le devolví el beso con hambre atrasada. Me enlazó por la cintura y rodeé su cuello con mis brazos de Cleopatra. Recuerdo que la serpiente me molestaba, así que la arranqué de un tirón y la dejé en un cantero, con la secreta esperanza de asustar a alguien.

65   Nos besamos y nos besamos, y él murmuraba cosas lindas en mi oído. También acariciaba de vez en cuando, y yo diría con discreción, el ombligo de Cleopatra y tuve la impresión de que no le pareció el de un recién nacido. Ambos estábamos bastante excitados cuando escuché la voz de uno de mis hermanos: había llegado la hora del regreso. "Mejor te hubieras disfrazado de Cenicienta",

70   dijo Cara Rayada con un tonito de despecho, "Cleopatra no regresaba a casa tan temprano". Lo dijo recuperando su verdadera voz y al mismo tiempo se quitó la careta. Recuerdo ese momento como lo más desgraciado de mi juventud. Tal vez ustedes lo hayan adivinado: no era Juanjo sino Renato. Renato, que despojado ya de su careta de fabuloso cacique, se había puesto la otra máscara, la de su rostro

75   real, esa que yo siempre había odiado y seguí por mucho tiempo odiando. Todavía hoy, a treinta años de aquellos carnavales, siento que sobrevive en mí una casi imperceptible hebra de aquel odio. Todavía hoy, aunque sea mi marido.

12-28 ¿Qué nos dice el texto? Contesta estas preguntas, según el texto.

1. ¿Cuántos hermanos y hermanas había en esta familia?
2. ¿Qué hacía llorar a la niña con frecuencia?
3. ¿Quiénes eran los amigos de los hermanos? ¿Qué relación tenían con Mercedes?
4. ¿Cuál era la condición de los padres para que Mercedes fuera a las fiestas?
5. ¿Con quién hubiera querido bailar Mercedes? ¿Por qué no la sacaban a bailar ellos?
6. ¿Cómo era el disfraz de Mercedes en el carnaval de 1958?
7. ¿Qué danzas bailó Mercedes y con quién?
8. ¿Qué pasó con Mercedes y su pareja en el jardín?
9. ¿A quién descubrió Mercedes detrás de la careta de cacique? ¿Cómo se sintió ella?
10. ¿Cuál fue el final de esta pareja?

Answers for 12-28:
1. Seis hermanos y una hermana.
2. Las bromas y los chistes que sus hermanos le hacían.
3. Dionisio, Juanjo, Renato. Los dos primeros eran simpáticos y la trataban con cariño como si fuese una hermanita menor. Renato la molestaba todo lo que podía.
4. Los padres querían que sus hermanos la acompañaran a las fiestas.
5. Con Dionisio o Juanjo, prefería a Juanjo. No bailaban con ella porque la consideraban una chiquilina.
6. Estaba disfrazada de Cleopatra con una serpiente al cuello y el ombligo descubierto.
7. Bailó rumbas, tangos, boleros, milongas y rock-and-roll con un arlequín, un domador, un paje, un payaso y un marqués.
8. Ellos se besaron y él murmuraba cosas lindas en su oído.
9. Descubrió a Renato. Se sintió humillada. Fue el momento más desgraciado de su juventud.
10. Después de algún tiempo ellos se casaron.

12-29 Resumen. Lee los tres párrafos siguientes. Elige el que mejor resuma el cuento.

1. Cleopatra era una niña que tenía muchos hermanos y que siempre iba de jolgorio con ellos. A ella le encantaban sus hermanos y algunos de sus amigos. Una noche en una fiesta de disfraces, Juanjo, un amigo, la besó y ella estaba muy feliz. Al final se casó con él.

2. Mercedes es la única mujer en una familia de ocho hermanos. Un día ella va a un baile disfrazada de Cleopatra. Ella espera poder bailar con un chico que se llama Juanjo. Un muchacho con careta de cacique la invita a bailar y, luego, la besa. Ella es feliz pensando que es el muchacho que ella ama. Al quitarse la máscara ella descubre que es otro y se enfurece y no lo ve nunca más.

3. Mercedes y Renato se casaron. La suya fue una historia de amor y odio. Ellos se conocieron de niños, ya que Renato era uno de los mejores amigos de los hermanos de Mercedes. A ella Renato le caía muy mal. El amor entre ellos nació de una confusión en la que ella creía estar besando a otro hombre. Esta confusión le produjo mucho enojo y es algo que Mercedes recuerda, aún hoy, con cierta aversión.

 **12-30 ¿Su baile?** Vuelvan a la actividad **12-27** y comparen su fiesta con la del cuento. ¿Hay muchas diferencias? Comenten con el resto de la clase.

MODELO: *Nosotros no dijimos que nuestra familia nos ayudaba a hacer los disfraces.*

12-31 Sorpresas te da la vida. Comenta con un/a compañero/a alguna situación en la que hayas sido sorprendido/a, como la protagonista del cuento de Benedetti. Si no recuerdas ninguna, inventa una historia parecida.

Poema

Pablo Neruda (Naftalí Reyes) (1904–1973)

Pablo Neruda es uno de los poetas latinoamericanos modernos más famosos. Nació y se crió en Chile donde comenzó su carrera de escritor, publicando sus primeros poemas en la revista estudiantil, *Claridad*. Poco tiempo más tarde, el libro, *Veinte poemas de amor y una canción desesperada* (1924), lo hizo conocido en todo Latinoamérica. Además de ser un escritor prolífico, Neruda representó a Chile como diplomático en Asia, España y Francia. En 1971, recibió el Premio Nobel de Literatura. El poema que sigue pertenece a la obra, *Cien Sonetos de Amor*, dedicado a su mujer, Matilde Urrutia.

Dos amantes dichosos

Soneto XLVIII

Dos amantes dichosos hacen un solo pan,
una sola gota de luna en la hierba,
dejan andando dos sombras que se reúnen,

dejan un solo sol vacío en una cama.
5 De todas las verdades escogieron el día:
no se ataron con hilos sino con un aroma,
y no despedazaron la paz ni las palabras.
La dicha es una torre transparente.
El aire, el vino van con los dos amantes,
10 la noche les regala sus pétalos dichosos,
tienen derecho a todos los claveles.
Dos amantes dichosos no tienen fin ni muerte,
nacen y mueren muchas veces mientras viven,
tienen la eternidad de la naturaleza.

12-32 Dos amantes. Lee el poema e indica en tres frases como define el soneto a los amantes.

12-33 Asociaciones. Clasifica las siguientes palabras en dos grupos: uno que representa el amor y el otro que no. Explica tu elección. Luego, señala en el poema en qué verso aparece cada una.

aromas	cama	despedazar	eternidad	fin	hilo
luna	muerte	pan	paz	sol	sombras	vacío

👥 **12-34 Metáforas.** Este poema presenta muchas metáforas y comparaciones.

Paso 1. Comparaciones. ¿Con qué se comparan los amantes y su amor? ¿Cuáles son las metáforas y ejemplos de lenguaje figurativo que aparecen en el poema? Explícale a tu compañero/a lo que podrían significar.

1. Los amantes son como _____ (tres posibilidades).
2. La dicha es como _____.
3. ¿?

Paso 2. Opiniones. Escojan uno de los dos grupos de versos y expliquen el significado que tienen para Uds. Compartan su explicación con la clase.

1. De todas las verdades escogieron el día:
no se ataron con hilos sino con un aroma,
no despedazaron la paz ni las palabras.

2. Dos amantes dichosos no tienen fin ni muerte,
nacen y mueren muchas veces mientras viven,
tienen la eternidad de la naturaleza.

Answers for 12-34:
1. *Los amantes son como un solo pan. … como una sola gota de luna en la hierba. … como dos sombras que se reúnen.* 2. *La dicha es como una torre transparente.*

12-35 Mi verso preferido. Elige el verso o los versos que más te gustan y explica por qué.

> *Diario*
>
> *Escribe en tu diario un párrafo que explique las razones más importantes por las que quieres a la persona que más quieres. Da un mínimo de cinco razones.*

Avancemos con la escritura

Antes de escribir

Estrategia de escritura: *Argumentation*

When you find yourself in the midst of a heated discussion, it is usually because you hold an opinion that is being challenged and you want to persuade the other person to see things your way. It is the same in writing: You want to persuade the reader to accept your ideas. When arguing for a point of view in writing, you may use many of the strategies that you have already learned. To give weight to your position, you may describe or narrate an event, contrast and compare two things, or present their causes and effects. The most effective way to persuade the reader is to show that you are well informed about the arguments for and against your position. Therefore, the first step is to collect data that supports your opinion. Your presentation should state your position clearly in the first sentence of the opening paragraph, and, if possible, acknowledge the opposite views. In the following paragraphs, you present the arguments that support your opinion, and you may refute some of the opposing arguments. In your conclusion, you may present your solution to the problem or a way of reconciling your differences with the opposing view. You can also summarize your views or offer a vision of the future.

Format 1	Format 2
State your opinion	State your opinion
Supporting information	Arguments for or against
Supporting information	Arguments for or against
Supporting information	Arguments for or against
Conclusion (may be a view of the future)	Conclusion: Solution

12-36 ¿Qué opinas tú? Escojan uno de estos temas y hagan una lista de argumentos a favor o en contra de estas posturas. Luego, preséntenlas a la clase. La clase debe criticar sus argumentos.

Paso 1. Temas para opinar. Expresa tus opiniones a favor o en contra de las siguientes ideas.

1. El amor sólo sirve para perpetuar la raza humana.
2. Las grandes fiestas del pueblo sólo sirven para derrochar dinero.
3. El romanticismo es una mentira. No existen los finales felices como en los cuentos de hadas *(fairy tales)*.

Paso 2. ¿Qué información necesitan? Hagan una lista de la información que necesitan buscar para fundamentar sus argumentos.

12-37 ¿Cuál es tu posición? Basándote en los temas de la actividad **12-36**, escribe un bosquejo de la argumentación que vas a presentar, siguiendo esta guía.

1. Escribe una oración que presente claramente la tesis de tu postura.
2. Escribe una oración que presente la postura contraria.
3. Escribe tres ideas que vas a desarrollar para apoyar tu tesis.
4. Escribe la conclusión.

A escribir

12-38 Mis ideas. Usando el bosquejo de la actividad **12-37**, escribe un ensayo que presente tu opinión personal sobre el tema escogido. Escoge el formato en el que vas a presentar tu argumentación.

Antes de entregar tu argumentación, asegúrate de haber incluido y revisado lo siguiente:
- La secuencia de tiempos
- El subjuntivo en oraciones condicionales
- La concordancia

Atando cabos
¡Gran celebración!

El cumpleaños

En esta sección, vas a ser el encargado de organizar una gran celebración.

12-39 Celebración. Van a organizar una celebración centrándola en alguno de los temas siguientes. Escojan uno y digan por qué lo prefieren. Presenten sus preferencias a la clase. Den un título a su celebración que refleje el tema seleccionado.

> MODELO: Título de la celebración: Gran celebración de la familia.
>
> *Vamos a centrar la celebración en el tema de la familia porque nos parece que es un tema que nos permite identificarnos.*

1. La familia
2. El ocio y el tiempo libre
3. La salud y la nutrición
4. El medio ambiente
5. Los derechos humanos
6. El trabajo
7. El arte
8. La juventud
9. La tecnología
10. El amor

12-40 Objetivos claros. Piensen en el mensaje que quieren dar a través de la celebración. Hagan una lista con todas las ideas que surjan sobre el tema seleccionado. Luego, organicen sus ideas como objetivos, siguiendo el modelo. Presenten sus objetivos a los otros grupos de la clase y prepárense para criticar constructivamente sus ideas.

> MODELO: (Imaginen que el tema seleccionado es la familia.)
>
> *Queremos una celebración que muestre:*

1. *las diferentes maneras de vivir en familia*
2. *la variedad de familias*
3. *la importancia de compartir actividades con los distintos miembros de la familia*
4. _____

Note: This section is more open than the corresponding one in previous chapters because it is planned as a closing unit that integrates the entire **Atando cabos** program topics.

👥 **12-41 ¿Qué harán?** Ahora, tienen que pensar en por lo menos tres maneras de lograr los objetivos propuestos. Luego, escuchen las propuestas de los otros grupos y háganles sugerencias. Al final, analicen las sugerencias y decidan qué van a hacer para la celebración.

MODELO: GRUPO 1: *Para mostrar las diferentes maneras de vivir en familia, les sugerimos a los estudiantes que definan qué es una familia para ellos. Luego, sería interesante que presentaran las diferentes definiciones en afiches. Quizás también podrían …*

👥 **12-42 A celebrar.** La Organización de una fiesta

Paso 1. ¿Cómo lo harán? Planifiquen una actividad para la celebración, pidan sugerencias a los otros grupos y repartan las tareas. Esta actividad debe ser algo que ustedes puedan realizar, en clase, en la universidad, en su residencia, etc.

MODELO: **Qué:** *Para la gran celebración de la familia, vamos a organizar un concurso de pintura y escultura sobre el tema del afecto familiar.*

Quiénes: *Los miembros de la clase / Toda la universidad / Toda la comunidad*

Cómo: *Se van a solicitar obras que sean originales, etc. El jurado estará formado por artistas locales, estudiantes, profesores, etc. Pondremos anuncios del concurso en Internet, en la universidad, en las calles, etc. Haremos publicidad por la radio, en los periódicos, etc.*

Cuándo: *Las obras se presentarán antes de fin de mes, etc.*

1. Qué
2. Quiénes
3. Cómo
4. Cuándo
5. Sugerencias

Paso 2. ¡Manos a la obra! Realicen la actividad tal como la planearon.

👥 **12-43 Evaluación.** Preparen un informe para la clase evaluando la celebración. Expliquen todo lo positivo de la experiencia. También digan en su informe lo que harían de forma diferente la próxima vez, para evitar las fallas.

Vocabulario

El amor	*love*		
adorar	*to adore*	**besar**	*to kiss*
el afecto	*affection, love*	**el cariño**	*fondness, love*
el/la amante	*lover*	**la pena de amor**	*lovesickness*

Los festejos	*public rejoicing*		
cumplir año(s)	*to have a birthday*	**la fiesta patria/ religiosa/patronal**	*patriotic/religious/ patron saint festivity*
el desfile	*parade*	**los fuegos artificiales**	*fireworks*
el día feriado/festivo	*holiday*	**hacer una fiesta**	*to have a party*
el día del santo	*saint's day*		

Sustantivos

el acontecimiento	*event*	**el globo**	*balloon*
la aglomeración	*crowd*	**la guirnalda**	*streamer*
la alegría	*joy, happiness*	**el hilo**	*thread*
el antifaz	*mask*	**el jolgorio**	*merrymaking, revelry*
la bandera	*flag*	**el júbilo**	*joy, rejoicing*
el brindis	*toast*	**la masa**	*mass*
la broma	*joke*	**el murmullo**	*to murmur, whisper*
la careta	*mask*	**el ombligo**	*belly button*
el chiste	*joke*	**el/la payaso/a**	*clown*
el cumpleaños	*birthday*	**el sentimiento**	*feeling*
el derroche	*waste, squandering*	**la torre**	*tower*
la dicha	*happiness*	**el vacío**	*empty space*
la euforia	*euphoria*	**la vida diaria**	*everyday life*

Verbos

abrazar	*to embrace, hug*	**arrepentirse (ie)**	*to repent*
acariciar	*to caress*	**asombrar**	*to amaze, astonish*
alegrar(se)	*to cheer*	**atar**	*to tie*

avergonzarse de (üe)	*to be ashamed of*	**gozar**	*to enjoy*
brindar por	*to toast to*	**hacer un brindis**	*to make a toast*
contar chistes (ue)	*to tell jokes*	**hacer bromas**	*to make jokes*
convidar	*to invite*	**llevar**	*to take (to or away)*
despedazar	*to tear to pieces*	**murmurar**	*to whisper*
disfrazarse	*to disguise*	**reunirse**	*to get together*
emborracharse	*to get drunk*	**rezar**	*to pray*
entusiasmar(se)	*to get excited*	**sobresalir**	*to stand out*
estar enredado/a	*to be entangled with*	**temer**	*to be afraid*
festejar	*to celebrate*	**traer**	*to bring (from)*

Adjetivos

dichoso/a	*happy*	**solitario/a**	*lonely, solitary*
mutuo/a	*mutual*	**vacío**	*empty*
ruidoso/a	*noisy*		

Expresiones idiomáticas

cumplir (años)	*to have a birthday*	**enamorarse de**	*to fall in love with*
la despedida de soltero/a	*bachelor party/ wedding shower*	**tener celos de** (ie)	*to be jealous of*

Otras palabras útiles

el beso	*kiss*	**gastar**	*to spend*
comprometerse	*to get engaged*	**impresionar**	*to impress*
el cumpleaños	*birthday*	**la pena de amor**	*lovesickness*
la facha	*appearance, looks*	**la ralea**	*sort, kind, breed (pejorative)*
el gabán	*suit jacket, overcoat*	**el ser**	*being*

Cabos sueltos

Capítulo 1
Hablemos de nosotros

Repasemos 1
Describing people and things: Adjective agreement
A. Form of adjectives

In Spanish, adjectives agree in gender and number with the noun they modify. There are three rules to remember for the formation of adjectives.

1. Adjectives that end in **-o** change to **-a** in the feminine and form the plural by adding an **-s**.

	Masculino	Femenino
Singular	cariños**o**	cariños**a**
Plural	cariños**os**	cariños**as**

El padre es **cariñoso** con sus niños.	*The father is loving with his children.*
Los padres son **cariñosos** con sus niños.	*The parents are loving with their children.*
La novia es **cariñosa** con su novio.	*The bride is loving with her groom.*
Las novias son **cariñosas** con sus novios.	*The brides are loving to with grooms.*

2. Adjectives that end in **-e**, **-l**, or **-ista** only change in the plural by adding **-s** or **-es**. The same ending is used for the feminine and masculine.

	Singular	Plural
Masculino	agradabl**e**	agradabl**es**
Femenino	débil	débil**es**
	material**ista**	material**istas**

Su sobrina tiene una personalidad **agradable**.	*His niece has a pleasant personality.*
Éste es un lugar **agradable**.	*This is a pleasant place.*
Mi hermano es **materialista** pero mi madre es **idealista**.	*My brother is materialistic but my mother is idealistic.*
Estas muchachas no son **débiles**. Sus primos son **débiles**.	*These girls are not weak. Their cousins are weak.*

3. Adjectives that end in **-dor** and adjectives of nationality that end in **-ol, -án,** or **-és** add an **a** in the feminine and an **-es** or **-s** in the plural.

Singular		Plural	
Masculino	**Femenino**	**Masculino**	**Femenino**
trabaja**dor**	trabajador**a**	trabajador**es**	trabajador**as**
españ**ol**	español**a**	español**es**	español**as**
alem**án**	aleman**a**	aleman**es**	aleman**as**
ingl**és**	ingles**a**	ingles**es**	ingles**as**

Note: The accent mark is dropped in the feminine form.

Luis es un muchacho **trabajador** y Ana es **trabajadora** también.

Luis is a hard-working young man, and Ana is hard-working too.

A mi amigo **inglés** no le gusta la comida **inglesa**.

My English friend does not like English food.

Las fiestas familiares **españolas** incluyen a todos los parientes.

Spanish family parties include all the relatives.

B. Position of adjectives

1. Usually descriptive adjectives are placed after the noun they modify.

Mi prima tiene el cabello **rizado**.

My cousin has curly hair.

2. The adjectives **bueno** and **malo** may be placed before the noun. In this case the masculine adjectives drop the **-o**.

Pedro es un **buen** tío y su esposa es una **buena** tía.

Pedro is a good uncle and his wife is a good aunt.

Esa muchacha tiene **mal** carácter; siempre tiene **mala** cara.

That young girl has a bad temper; she always has an unpleasant expression on her face.

CS1-1 Descripciones. Usa los adjetivos descriptivos para describir a las siguientes personas. (Mira la lista en la pág. 12.)

1. Tus vecinos/as: _____.
2. Tu pariente preferido: _____.
3. Tus abuelos/as: _____.
4. Una persona a la que admiras mucho: _____.
5. Tu compañero/a de cuarto o casa: _____.
6. Tus amigos/as de la escuela secundaria: _____.

CS1-2 ¿Cómo son? Describe cómo son estas cosas. Usa los adjetivos descriptivos.

1. Tu cuarto: _____.
2. Tus hermanos/as: _____.
3. Tus dos mejores clases: _____.
4. Tu casa: _____.
5. Tu libro preferido: _____.
6. Tus profesoras preferidas: _____.

CS1-3 Nacionalidades. Describe la nacionalidad de estas personas con el adjetivo correspondiente al país dado.

MODELO: Raquel y Mario / Venezuela
          Raquel y Mario son venezolanos.

1. Juliana / Perú   *peruana*
2. Gabriela / Uruguay   *uruguaya*
3. Greta y Ansel / Alemania   *alemanes*
4. Carlos y Gustavo / España   *españoles*
5. Betsy / Inglaterra   *inglesa*
6. Ramón y Ester / Colombia   *colombianos*

CS1-4 Cosas, lugares y personas especiales. ¿Cuáles son tus cosas, lugares o personas preferidos? Descríbelas con los adjetivos descriptivos y explica por qué son especiales para ti. Sigue el modelo.

MODELO: *Mi lugar preferido es mi casa porque es grande y cómoda.*

1. Mi lugar preferido es…
2. Mi artista preferido/a es…
3. Mi amigo/a preferido/a es…
4. Mi animal preferido es…
5. Mi juego preferido es…
6. ¿?

Repasemos 2
Discussing daily activities: Present tense indicative of regular verbs
A. Uses of the present tense

1. Use the present tense to talk about daily activities, present events, and present habitual actions.

Los chicos **juegan** al tenis todas las tardes.   *The boys play tennis every afternoon.*

Yo **soy** vegetariana; no como carne.   *I am vegetarian; I don't eat meat.*

2. Use it also to make a past event more vivid, especially in narration.

Einstein **descubre** la ley de
  la relatividad.

*Einstein discovers the law
  of relativity.*

3. When discussing actions in progress at the moment of speaking, you can use either the present or present progressive. A complete explanation of the present progressive follows in the next section of *Cabos sueltos*.

Miro a Ester y me **doy** cuenta de que
  se parece a su tía.

*I look at Esther and I realize that
  she looks like her aunt.*

Ahora **estoy escribiendo** una novela.

Now I am writing a novel.

Note: The present tense in Spanish has several equivalents in English.

Yo canto.

I sing. / I do sing./ I am singing.

B. Forms

There are three major groups of verb conjugation in the present: regular verbs, irregular verbs, and stem-changing verbs. Here are the forms for the regular verbs. Irregular verbs and stem-changing verbs are on pages 14–15.

Regular verbs

To conjugate a regular verb in the present tense, add these endings to the stem.

Subject pronoun	-ar	-er	-ir
	caminar	**correr**	**escribir**
yo	camin**o**	corr**o**	escrib**o**
tú	camin**as**	corr**es**	escrib**es**
él/ella/Ud.	camin**a**	corr**e**	escrib**e**
nosotros/as	camin**amos**	corr**emos**	escrib**imos**
vosotros/as	camin**áis**	corr**éis**	escrib**ís**
ellos/ellas/Uds.	camin**an**	corr**en**	escrib**en**

1. Other **-ar** verbs:

aceptar	*to accept*	**madurar**	*to mature*
adoptar	*to adopt*	**mimar**	*to pet, indulge, spoil*
ahorrar	*to save*	**ocupar**	*to occupy*
amar	*to love*	**odiar**	*to hate*
cambiar	*to change*	**pesar**	*to weigh*
cuidar	*to take care of*	**protestar**	*to protest*
determinar	*to determine*	**separar**	*to separate*
explicar	*to explain*	**tolerar**	*to tolerate*
gastar	*to spend*	**usar**	*to use*
llevar	*to take, carry*	**visitar**	*to visit*

2. Other **-er** verbs:

aprender	*to learn*	**creer**	*to believe*
beber	*to drink*	**deber**	*ought to, should*
comer	*to eat*	**leer**	*to read*
comprender	*to understand*	**vender**	*to sell*

3. Other **-ir** verbs:

asistir	*to attend*	**insistir**	*to insist*
compartir	*to share*	**permitir**	*to allow*
decidir	*to decide*	**recibir**	*to receive*
discutir	*to argue*	**vivir**	*to live*

(S1-5 **Las reglas de los padres.** Completa las oraciones con la forma correcta de los verbos correspondientes. ¡OJO! Conjuga el verbo de acuerdo al contexto.

1. Mis padres tienen muchas reglas que yo no ___comprendo___. Pero aunque yo siempre ___protesto___ cuando tengo que hacer lo que dicen, al final ___acepto___ las reglas.

   > protestar   aceptar   decidir   comprender

2. Yo sé que ellos me ___aman___ porque, siempre que pueden, me ___miman___ con regalos y cariño. Además, ellos ___toleran___ todas mis locuras y me ___apoyan___ en todo lo que hago.

   > tolerar   mimar   amar   apoyar   asistir

3. Pero ellos ___insisten___ en que yo ___debo___ madurar y cambiar mi actitud rebelde. Ellos piensan que yo ___adopto___ una postura rebelde sin razón.

   > separar   insistir   deber   adoptar   cambiar

4. Yo les ___explico___ que un adolescente tiene que rebelarse contra algo o alguien. Eso es parte de crecer. ___Creo___ que me entienden porque ___permiten___ que practique con mi conjunto musical "Los descamisados" en el garaje de casa.

   > explicar   permitir   determinar   creer

CS1-6   La decisión de las chicas. Completa los espacios en blanco con la forma correcta del verbo para saber cuál es la decisión de estas dos chicas.

Mi amiga Teresita 1. ___odia___ (odiar) el frío. Yo tampoco lo 2. ___tolero___ (tolerar) mucho. Por eso, las dos 3. ___decidimos___ (decidir) asistir a una universidad en Florida. Mi novio 4. ___asiste___ (asistir) a una universidad en Nueva York y él 5. ___insiste___ (insistir) que no hay otra ciudad mejor. Pero Teresita y yo le 6. ___explicamos___ (explicar) que, para nosotras, es más importante el clima que las oportunidades que ofrece una ciudad como Nueva York. Así es que, esta semana, nosotras 7. ___visitamos___ (visitar) unas universidades en Miami. Nos encanta el clima y la gente aquí. Nosotras 8. ___pensamos___ (pensar) compartir un apartamento cerca de la universidad. 9. ___Creemos___ (creer) que esta decisión es lo mejor para nosotras.

CS1-7   ¿Qué haces? Completa las siguientes oraciones, describiendo tus hábitos.

1. Casi siempre _____.
2. Casi nunca _____.
3. Una vez al mes _____.
4. Todos los fines de semana _____.
5. Una vez al año _____.
6. Todos los días _____.

Repasemos 3
Describing actions in progress: Present progressive tense

In Spanish, the present progressive tense is used to express an action that is happening at the moment of speaking. It is formed by the verb **estar** + present participle.

Los gemelos **están jugando ahora**.   *The twins are playing now.*

A. Uses

1. It is only used for something that is happening right now. Unlike English, the present progressive in Spanish is not used for an action that will take place in the future or takes place during a period of time. In those cases, Spanish uses the simple present tense. Notice the differences between English and Spanish in the following examples.

La tía **está cuidando** al bebé **en este momento**.   *The aunt is taking care of the baby right now.*

Mi hermana **se casa** a fin de año.   *My sister is getting married at the end of the year.*

David y Luisa **viven** juntos.   *David and Luisa are living together.*

2. The progressive tense may also be expressed with the verbs **andar, continuar, ir, seguir**, and **venir** + present participle.

La familia **continúa estando** intacta.	*The family continues to be intact.*
Los chicos **andan corriendo** por afuera.	*The children are running outside.*
Los niños **siguen creciendo** en familias.	*The children continue to grow in families.*
Ellos **van cantando** al trabajo.	*They go to work singing.*
Esto **viene cambiando** desde hace tiempo.	*This has been changing for some time.*

B. Forms of the present participle

1. To form the present participle, find the stem of the verb and add **-ando** to **-ar** verbs and **-iendo** to **-er** and **-ir** verbs.

Present participle forms	
-ar → -ando	cambiar → cambi- → cambi**ando**
-er, -ir → -iendo	aprender → aprend- → aprend**iendo**
	compartir → compart- → compart**iendo**

2. With **-er** and **-ir** verbs, add **-yendo** if the stem ends in a vowel.

leer → le- → le**yendo**   construir → constru- → constru**yendo**

3. **-ir** verbs that change **e → i** or **o → u** in the third person of the preterite, show the same change in the stem of the present participle.

servir → **sir**viendo   dormir → **dur**miendo

4. The present participle of **ir** (*to go*) is **yendo**.

Note: In Spanish the present participle is called **el gerundio** (*the gerund*).

CS1-8 Los Hernández se mudan. ¿Qué están haciendo los miembros de la familia Hernández en este momento?

1. Alicia / traer las cajas de ropa
2. Elisa / comer un sándwich
3. El Sr. Hernández / preparar el coche
4. Tomás / limpiar su cuarto
5. La Sra. Hernández / salir de su casa
6. Héctor / mover el equipo de música

CS1-9   Una familia muy grande.   En esta familia, todos están muy ocupados. Llena los espacios en blanco con la forma correcta del verbo.

Hay diez personas que viven juntas en la casa de la familia Martínez: los abuelos, seis hijos y el señor y la señora Martínez. En este momento la abuela 1. _está mimando_ (mimar) al hermanito mediano. La madre le 2. _está cambiando_ (cambiar) la ropa al bebé. El padre le 3. _está leyendo_ (leer) un libro al niño de cinco años. Los gemelos 4. _están jugando_ (jugar) al ajedrez. El perro 5. _está durmiendo_ (dormir) en el jardín. El abuelo 6. _está mirando_ (mirar) un programa de televisión. La niña mayor le 7. _está sirviendo_ (servir) un vaso de leche a su amiga. Todos 8. _están haciendo_ (hacer) algo.

Capítulo 2
Hablemos del multiculturalismo

¡Sin duda!

Talking about the weather and body sensations: Expressions with *hacer* and *tener*

A. Uses of *hacer*

1. **Hacer** in the third person singular is used to describe the weather.

Hace buen tiempo.	*The weather is good.*
Hace sol.	*It is sunny.*
Hace calor/frío.	*It is hot / cold.*
Hace viento.	*It is windy.*

2. **Haber** is also used to describe the weather with the words **viento** and **nubes**.

Hay nubes.	*There are clouds.*
Hay viento.	*It is windy.*

3. **Estar** is commonly used with **soleado** and **nublado**.

Está soleado.	*It's sunny.*
Está nublado.	*It's cloudy.*

Note: **Llover** (*to rain*) and **nevar** (*to snow*) are only conjugated in the third person singular.

Llueve.	*It rains.*
Nieva.	*It snows.*

B. Uses of *tener*

1. Use **tener** in the following idiomatic expressions.

tener calor / frío	*to be hot / cold (for people and animals)*
tener sueño	*to be sleepy*
tener hambre / sed	*to be hungry / thirsty*
tener miedo	*to be afraid*
tener suerte	*to be lucky*
tener éxito	*to be successful*
tener ganas de	*to feel like*
tener razón	*to be right*

CS2–1 **¿Qué tiempo hace?** Completa las oraciones con la expresión de tiempo que corresponda a cada situación.

MODELO: En Alaska… *hace frío y nieva mucho.*

1. Necesitas un abrigo porque…   *hace frío.*
2. Tienes que llevar gafas para el sol porque…   *hace sol.*
3. Debes traer tu traje de baño porque…   *hace calor.*
4. En el trópico siempre…   *hace calor.*
5. En la primavera…   *hace buen tiempo.*
6. En el otoño…   *hace viento.*

CS2–2 **¿Cómo te sientes en estas situaciones?** Describe cómo te sientes de acuerdo a cada situación. Usa las expresiones con **tener**.

MODELO: Cuando camino por el bosque de noche _____ *tengo miedo* _____.

1. Cuando estoy en el sol en el verano, _____ *tengo calor* _____.
2. Cuando no puedo comer por ocho horas, _____ *tengo hambre* _____.
3. Cuando tengo mucho trabajo y no puedo dormir, _____ *tengo sueño* _____.
4. Cuando juego en la nieve en el invierno, _____ *tengo frío* _____.
5. Cuando gano la lotería, _____ *tengo suerte* _____.
6. Cuando no bebo nada durante un día entero, _____ *tengo sed* _____.

¡Así se dice!

Describing people and things: Asking questions

A. Forming yes/no questions

There are three ways of asking a question that require a yes/no answer:

1. Applying a rising intonation to the statement.

   ¿Necesitas visa para entrar a los Estados Unidos?

2. Placing the verb before the subject and using a rising intonation.

   (verb + subject + complement)

   ¿Tienen Uds.   permiso de trabajo?

3. Using the tag words **¿no?** or **¿verdad?** at the end of a statement. **¿No?** is only used in affirmative statements, never in negative ones. **¿Verdad?** is used in both negative and affirmative statements.

Eres bilingüe, **¿no?**	*You are bilingual, aren't you?*
Ud. no habla inglés, **¿verdad?**	*You do not speak English, do you?*
Ellos son de Paraguay, **¿verdad?**	*They are from Paraguay, aren't they?*

In writing, Spanish uses the inverted question mark at the beginning of a question and the closing question mark at the end.

B. Question words

When asking for specific information, Spanish uses specific question words and always inverts the subject and verb order.

Question word	+	Verb	+	Subject
¿De dónde		son		Uds.?

Palabras interrogativas

¿Cómo?	*How?*	**¿Dónde?**	*Where?*
¿Cuál?	*Which?*	**¿De dónde?**	*Where… from?*
¿Cuáles?	*Which one(s)?*	**¿Adónde?**	*Where… to?*
¿Cuándo?	*When?*	**¿Por qué?**	*Why?*
¿Cuánto/a?	*How much?*	**¿Qué?**	*What?*
¿Cuántos/as?	*How many?*	**¿Quién? ¿Quiénes?**	*Who?*

1. **Cuánto/a, cuántos/as** agree in gender and number with the noun that follows.

   ¿Cuántas visas se dan por año?

   ¿Cuánto dinero hay que pagarle al coyote para que nos ayude?

2. **Cuál, cuáles** are pronouns used to make a selection of an item from a group. They usually refer to a previously mentioned noun.

   A mí me gusta este libro. **¿Cuál** te gusta a ti?

CS2-3 En la oficina de inmigración. Tu trabajo en esta oficina es entrevistar a las personas que quieren obtener documentos legales. Tienes que llenar esta planilla haciéndoles las preguntas correspondientes. Escribe las preguntas que les vas a hacer a las personas.

MODELO: Ciudad de origen:
           ¿De dónde es Ud.?

1. Nombre: _____*¿Cómo se llama?*_____
2. País de origen: _____*¿De dónde es Ud.? ¿De qué país es Ud.?*_____
3. Edad: _____*¿Qué edad tiene? ¿Cuántos años tiene?*_____
4. Estado civil: _____*¿Cuál es su estado civil?*_____

        casado/a   soltero/a   viudo/a   divorciado/a

5. Número de hijos/as: _____*¿Cuántos hijos tiene?*_____
6. Lugar de nacimiento: _____*¿Dónde nació?*_____
7. Profesión en su país: _____*¿Cuál es su profesión?*_____
8. Dirección: _____*¿Cuál es su dirección?*_____
9. Teléfono: _____*¿Cuál es su número de teléfono?*_____
10. Número de fax: _____*¿Cuál es su número de fax?*_____
11. Correo electrónico: _____*¿Cuál es su dirección de correo electrónico?*_____

CS2-4 Los famosos. Escribe tres preguntas que te gustaría hacerles a cuatro de estos personajes famosos.

Carlos Santana	Antonio Banderas	Penélope Cruz
Shakira	Gabriel García Márquez	Salma Hayek
Gloria Estefan	Andy García	Enrique Iglesias

Repasemos 1

Asking for definitions and choices: *¿Qué?* or *¿Cuál?*

Observe the use of **¿qué?** and **¿cuál?** in the following questions. Notice that both of them are translated in English with the question word *What?* or *Which?*

A. Use *¿Cuál? / ¿Cuáles?* when there is the possibility of choice in the answer.

1. **Cuál** is used when the choice is between items in the same set or group.

   ¿Cuál prefieres, este poncho rojo o aquél azul?   *Which do you prefer, this red poncho or that blue one?*

2. Use **¿Cuál es…?** in the singular form, and **¿Cuáles son…?** in the plural form.

   ¿Cuál es el origen de los hispanos que viven en California?   *What is the origin of the Hispanics who live in California?*

   (From all the possible countries, which one do they come from?)

   ¿Cuáles son los países que forman parte de NAFTA?   *Which are the countries that are part of NAFTA?*

B. ¿Qué...? is used when one is asking for a definition or an explanation.

1. Use **¿Qué...?** when asking for an explanation.

¿Qué necesitan los inmigrantes para trabajar en este país?	*What do immigrants need in order to work in this country?*

2. Use **¿Qué...?** when asking for a definition.

¿Qué es la tarjeta de residente?	*What is the residence card?*

3. **¿Qué...?** may also be used when there is a choice in which, unlike **¿Cuál...?**, the items do not belong to the same set or group.

¿Qué prefieres, tomar el té o ir a caminar?	*What do you prefer, to have some tea or to go for a walk?*

CS2-5 Algunas preguntas. Completa las preguntas con **Qué** o **Cuál / Cuáles**.

1. ¿____*Qué*____ es la migra?
2. ¿____*Qué*____ hacen los coyotes?
3. ¿____*Cuál*____ es el número de los hispanos en los EE.UU.?
4. ¿Por ____*cuál*____ candidato vas a votar?
5. ¿____*Cuáles*____ son los candidatos hispanos?
6. ¿____*Cuáles*____ son los senadores hispanos?
7. ¿____*Cuál*____ es la nacionalidad de la mayoría de los trabajadores migratorios?

Repasemos 2
Describing daily routines: Reflexive verbs

Reflexive verbs are used to talk about daily routines. These are verbs that indicate that the subject does the action to himself or herself. The reflexive pronoun (**me, te, se, nos, os, se**) must be used with these verbs. In English, the reflexive pronoun is often omitted.

Reflexive pronouns	
me	nos
te	os
se	se

Yo **me** lavo.	*I wash myself.*
Tú **te** arreglas.	*You get yourself ready.*
Ana **se** peina.	*Ana combs her hair.*
Ud. **se** levanta.	*You get yourself up.*
Nosotros **nos** bañamos.	*We bathe ourselves.*
Vosotros **os** ducháis.	*You shower yourselves.*
Ellos **se** afeitan.	*They shave themselves.*
Uds. **se** visten.	*You get yourselves dressed.*

A. Position of the reflexive pronoun

1. In sentences with a simple verb, it is placed before the conjugated verb.

   Nosotras no **nos acostamos** tarde.   *We do not go to bed late.*

2. In sentences with a complex verb, it is placed after and attached to the infinitive or gerund.

   Los niños van a **levantarse** temprano.   *The children are going to get up early.*
   or
   Los niños **se van a levantar** temprano.
   Yo estoy **poniéndome** el suéter.   *I am putting on the sweater.*
   or
   Yo **me estoy poniendo** el suéter.

3. It is placed after and attached to the affirmative command but it precedes the negative command.

   Lávate los dientes después   *Wash your teeth after*
     de cada comida.   *every meal.*
   No te bañes con agua fría.   *Don't bathe with cold water.*

B. Daily routine reflexive verbs
These are some commonly used reflexive verbs.

acostarse (ue)	*to go to bed*	**lavarse**	*to wash oneself*
afeitarse	*to shave*	**levantarse**	*to get up*
arreglarse	*to get ready, dress up*	**maquillarse**	*to put on make-up*
		peinarse	*to comb one's hair*
bañarse	*to bathe*	**perfumarse**	*to put on perfume*
cepillarse (el pelo / los dientes)	*to brush (hair / teeth)*	**ponerse (la ropa)**	*to put on one's clothes*
despertarse (ie)	*to wake up*	**quitarse (la ropa)**	*to take off one's clothes*
desvestirse (i)	*to undress*		
dormirse (ue, u)	*to fall asleep*	**secarse**	*to dry oneself*
ducharse	*to shower*	**vestirse (i)**	*to get dressed*

C. Other common reflexive verbs
There are some reflexive verbs in which the action of the verb does not fall back on the subject. The pronoun **se** is an integral part of these verbs. Study the following list.

acordarse (de) (ue)	*to remember*	**mudarse**	*to move (address)*
adaptarse	*to adapt*	**parecerse (zc)**	*to resemble*
dedicarse (a)	*to devote oneself to*	**preguntarse**	*to wonder*
despedirse (de) (i)	*to say good-bye to*	**preocuparse (por)**	*to worry*
divertirse (ie)	*to have a good time*	**prepararse**	*to get ready*

equivocarse	*to be wrong*	**quejarse (de)**	*to complain*
establecerse (zc)	*to establish*	**reunirse**	*to get together*
irse	*to go away, leave*	**sentarse (ie)**	*to sit down*
llamarse	*to be called*	**sentirse (ie)**	*to feel*

CS2-6 **La rutina de Pedro.** Completa los espacios en blanco con la forma correcta del verbo entre paréntesis para averiguar qué hace Pedro todas las mañanas.

Todas las mañanas Pedro 1. _se despierta_ (despertarse) a las 5:00. A las 5:30 2. _se levanta_ (levantarse). Después, 3. _se afeita_ (afeitarse) y 4. _se ducha_ (ducharse). Más tarde, despierta a su esposa para tomar el desayuno juntos. Cuando termina, 5. _se cepilla_ (cepillarse) los dientes. Un rato más tarde, Pedro 6. _se viste_ (vestirse), 7. _se peina_ (peinarse), y 8. _se despide_ (despedirse) de su esposa, 9. _se pone_ (ponerse) el abrigo y a las 6:30 10. _se va_ (irse) a su trabajo.

CS2-7 **Mi rutina diaria.** Describe lo que haces tú cada mañana. Usa las siguientes palabras como guía.

> primero   luego   después   más tarde   por último   finalmente

CS2-8 **Grandes cambios.** Estos tres primos van a empezar sus estudios universitarios este otoño. Completa el párrafo con la forma correcta del verbo reflexivo.

Mis primos preferidos (llamarse) 1. _se llaman_ Tomás y Raúl. Yo tengo la misma edad que ellos y nosotros acabamos de (graduarse) 2. _graduarnos_ de la escuela secundaria. Resulta que los tres vamos a asistir a la misma universidad. Nosotros (prepararse) 3. _nos preparamos_ todo el verano para este gran cambio. Nosotros (mudarse) 4. _nos mudamos_ a la universidad en septiembre. Ellos van a conducir su coche y yo voy a (reunirse) 5. _reunirme_ con ellos allá. Nuestros padres van a (despedirse) 6. _despedirse_ de nosotros con una fiesta grande a finales de agosto. Yo (preocuparse) 7. _me preocupo_ un poco porque todo va a ser nuevo. A veces (preguntarse) 8. _me pregunto_ si escogí el lugar correcto para mí, si será difícil (adaptarse) 9 _adaptarme_ a la nueva vida. Pero luego pienso que voy a estar con mis primos y entonces (sentirse) 10. _me siento_ más seguro y sé que vamos a (divertirse) 11. _divertirnos_ a lo grande, además de estudiar, por supuesto.

Repasemos 3
Describing reciprocal actions: Reciprocal verbs

To express reciprocal actions Spanish uses the pronouns **nos, os**, and **se**, which are the equivalent of *each other* in English.

Nosotros **nos** ayudamos.	*We help each other.*
Vosotros **os** escribís.	*You write to each other.*
Ellas **se** conocieron en una fiesta.	*They met each other at a party.*

These are some verbs that can be used in a reciprocal way:

abrazarse	*to embrace*	**detestarse**	*to hate*
apoyarse	*to lean on*	**entenderse (ie)**	*to understand*
ayudarse	*to help*	**hacerse**	*to become*
besarse	*to kiss*	**amigo/a**	*friends*
comprometerse	*to get engaged*	**juntarse**	*to get together*
comunicarse	*to communicate*	**llevarse**	*to get along*
conocerse (zc)	*to get to know a person, meet*	**bien / mal**	*well / badly*
		pelearse	*to fight*
contarse (ue) todo	*to tell each other everything*	**saludarse**	*to greet*
		separarse	*to separate*
criticarse	*to criticize*	**soportarse**	*to stand a person*
despedirse (i)	*to say good-bye*	**tolerarse**	*to tolerate*

CS2-9 ¿Cuándo y con quién? Explica con quiénes tienes una relación recíproca y cuándo y dónde hacen Uds. lo siguiente.

MODELO: escribirse mensajes por correo electrónico
Mi hermana y yo nos escribimos mensajes por correo electrónico todos los días desde la universidad.

1. encontrarse para ir al cine
2. juntarse para charlar
3. abrazarse
4. besarse
5. saludarse
6. contarse todo

CS2-10 ¿Qué tipo de relación tienes? Explica con quiénes tienes una relación recíproca, con quién no la tienes y por qué. Usa los verbos recíprocos.

MODELO: comunicarse
Mi madre y yo nos comunicamos muy bien porque ella es muy abierta y yo puedo hablar libremente.
Mi hermana y yo no nos comunicamos bien porque ella es egoísta y yo soy celosa.

1. entenderse
2. llevarse bien
3. pelearse
4. criticarse
5. tolerarse
6. apoyarse
7. ayudarse
8. soportarse

CS2-11 ¿Y ellos cómo se llevan? Los amigos de Erna y Paco hablan de su nueva relación. Completa los espacios en blanco.

ALICIA: ¿Crees que (entenderse) 1. _se entienden_ bien?

GONZALO: Sí, creo que (quererse) 2. _se quieren_ mucho.

ALICIA: De eso estoy segura. Pero para que una relación funcione tienen que (tolerarse) 3. _tolerarse_ y (comprenderse) 4. _comprenderse_.

GONZALO: Ya lo sé. Pero el amor ayuda mucho. El otro día estaban (besarse) 5. _besándose_ en el parque. Además ellos nunca (pelearse) 6. _se pelean_ y (ayudarse) 7. _se ayudan_ en todo.

ALICIA: Espero que tú tengas razón y que resulte todo bien. Yo tengo mis dudas.

Antes de leer

Using terms of endearment: Diminutives

The suffixes **-ito, -ita** or **-cito, -cita** are added to Spanish words to express endearment, cuteness, or smallness.

a. Nouns that end in the vowels **a** or **o**, drop the vowel and add **-ito** or **-ita** to the masculine and feminine respectively.

Ana → An**ita**   niño → niñ**ito**   sala → sal**ita**

Notice these spelling changes. Words ending in **-co, -ca** change the spelling to **-qu** before **-ito** or **-ita**.

Paco → Pa**quito**   chica → chi**quita**

b. Nouns that end in a consonant, except **n** or **r**, add the suffix **-ito** or **-ita** to the end of the word.

Inés → Ines**ita**   Manuel → Manuel**ito**

c. Nouns that end in the vowel **e** or the letters **n** or **r**, add the suffix **-cito** to the masculine noun and **-cita** to the feminine noun.

hombre → hombre**cito**   balcón → balcon**cito**   mujer → mujer**cita**

Notice these spelling changes. One syllable words that end in **-z** change to **-ce** before adding **-cito** or **-cita**.

luz → lu**cecita**

CS2-12 Diminutivos. Da el diminutivo de estas palabras.

1. Andrés ___Andresito___
2. Nicolás ___Nicolasito___
3. mujer ___mujercita___
4. Miguel ___Miguelito___
5. coche ___cochecito___

6. papel ___papelito___
7. voz ___vocecita___
8. lápiz ___lapicito___
9. chico ___chiquito___
10. poco ___poquito___

Capítulo 3
Hablemos de viajes

Repasemos 1

Talking about past activities: The preterite

To talk about past events in Spanish, you need to use two different aspects of the past tense: the preterite and the imperfect. Here you are going to review the uses and forms of the preterite. In general terms, we use the preterite when we think of the event as a completed action in the past. It refers to an action that took place at a specific time in the past.

A. Uses of the preterite

The preterite is used in the following situations:

1. **To express an action that took place at a definite time in the past**

   El lunes por la mañana, abordé   *On Monday morning, I got on the plane*
   el avión que me **trajo** a México.   *that brought me to Mexico.*

   These words and expressions denote specific time and are often used with the preterite:

ayer	*yesterday*
anteayer	*the day before yesterday*
anoche	*last night*
anteanoche	*the night before last*
a las dos de la tarde / **las doce del mediodía**	*at two in the afternoon /* *twelve noon*
de repente	*suddenly*
el mes / el año / el fin de semana pasado	*last month / year / weekend*
la semana / la Navidad pasada	*last week / Christmas*
el domingo / el invierno pasado	*last Sunday / winter*
en el año (2001)	*in the year (2001)*

hace un rato	*a while ago*
por fin	*finally*

2. **To express an action that is viewed as completed in the past**

En Acapulco, **vi** a los clavadistas del acantilado de La Quebrada.	*In Acapulco I saw the Quebrada cliff divers.*

3. **To express successive actions or events in the past**

En la Playa Encantada, **hice** esquí acuático, **navegué** en velero e **hice** windsurf.	*In Encantada Beach I water-skied, sailed, and windsurfed.*

4. **When the beginning and / or end of an action are stated or implicit**

Cuando el avión **despegó**, **comenzó** mi gran aventura.	*When the plane took off, my great adventure began.*
Para **terminar** de broncearme, me **eché** una siesta en la blanca arena.	*In order to finish my tan, I took a nap on the white sand.*

B. Forms of the preterite

1. Regular verbs

To form the preterite of regular verbs, drop the **-ar**, **-er**, or **-ir** ending from the infinitive and add the following endings. Note that the endings for **-er** and **-ir** verbs are identical.

-ar	-er	-ir
viajar	**comer**	**escribir**
viaj**é**	com**í**	escrib**í**
viaj**aste**	com**iste**	escrib**iste**
viaj**ó**	com**ió**	escrib**ió**
viaj**amos**	com**imos**	escrib**imos**
viaj**asteis**	com**isteis**	escrib**isteis**
viaj**aron**	com**ieron**	escrib**ieron**

2. Spelling changes in the first person singular

- In order to keep the pronunciation of the hard **c** and **g** sounds, the regular verbs that end in **-car** or **-gar** change the **c** → **qu** and the **g** → **gu** in the first person singular.
- Verbs that end in **-zar** change the **z** → **c** in the first person singular.

-car = c → qu	-gar = g → gu	-zar = z → c
buscar → busqué	llegar → llegué	almorzar → almorcé
-car: explicar, practicar, sacar	**-gar**: jugar, navegar, pagar	**-zar**: comenzar, empezar, utilizar

Les **expliqué** a los turistas que cuando **saqué** los pasajes, **pagué** con un cheque.

I explained to the tourists that when I got the tickets, I paid with a check.

No **almorcé** para llegar a tiempo a la estación.

I did not eat lunch in order to get to the station on time.

3. **Irregular verbs**

The preterite has its own set of irregularities. These irregularities are not the same as those of the present tense. Look at the example and study the following charts.

Todas las noches me **acuesto** tarde, pero anoche me **acosté** temprano.

Every night I go to bed late, but last night I went to bed early.

a. Verbs with irregular forms in the preterite

andar: anduve, anduviste, anduvo, anduvimos, anduvisteis, anduvieron
estar: estuve, estuviste, estuvo, estuvimos, estuvisteis, estuvieron
poder: pude, pudiste, pudo, pudimos, pudisteis, pudieron
poner: puse, pusiste, puso, pusimos, pusisteis, pusieron
tener: tuve, tuviste, tuvo, tuvimos, tuvisteis, tuvieron
saber: supe, supiste, supo, supimos, supisteis, supieron

b. Stem-changing verbs e → i

hacer: hice, hiciste, hizo, hicimos, hicisteis, hicieron
querer: quise, quisiste, quiso, quisimos, quisisteis, quisieron
venir: vine, viniste, vino, vinimos, vinisteis, vinieron

Note: Observe the ending of the verbs in points **a** and **b** above. The irregular verbs and the e → i stem-changing verbs have the same special set of endings.

c. Stem-changing verbs -y

The verb **oír** and verbs ending in **-eer** and **-uir** add -y in the third person singular and plural and have their special set of endings.

oír: oí, oíste, oyó, oímos, oísteis, oyeron
leer: leí, leíste, leyó, leímos, leísteis, leyeron
construir: construí, construiste, construyó, construimos, construisteis, construyeron

d. Stem-changing verbs -j

The verbs **decir** and **traer** and verbs ending in **-cir** add -j to the stem.

decir: dije, dijiste, dijo, dijimos, dijisteis, dijeron
traer: traje, trajiste, trajo, trajimos, trajisteis, trajeron
conducir: conduje, condujiste, condujo, condujimos, condujisteis, condujeron

e. Other irregular verbs:

dar: di, diste, dio, dimos, disteis, dieron
ir: fui, fuiste, fue, fuimos, fuisteis, fueron
ser: fui, fuiste, fue, fuimos, fuisteis, fueron

Note: **Ser** and **ir** have the same form in the preterite. Context will determine the meaning of the verb.

Fuimos a pasear por el acantilado.   *We went for a walk on the cliff.*
Fue un paseo inolvidable.   *It was an unforgettable walk.*

f. -**ir** stem-changing verbs

The -**ir** verbs that stem change in the present also change in the preterite: **e** → **i** and **o** → u in the third person singular and plural.

Note: In the Glossary, the present and preterite stem changes are indicated in parentheses after the word: **divertirse (ie, i)**.

Present: e → ie	Present: e → i	Present: o → ue
Preterite: e → i	Preterite: e → i	Preterite: o → u
divertirse	**despedirse**	**dormir**
me divertí	me despedí	dormí
te divertiste	te despediste	dormiste
se div**i**rtió	se desp**i**dió	d**u**rmió
nos divertimos	nos despedimos	dormimos
os divertisteis	os despedisteis	dormisteis
se div**i**rtieron	se desp**i**dieron	d**u**rmieron

Note: The preterite form of there *was / were* = **hubo**.

CS3–1 La carta de Ramón. Ramón fue de campamento a las montañas con sus amigos. Completa las oraciones con la forma correcta del verbo para terminar la carta que Ramón escribió.

Queridos Mami y Papi:

Cuando yo 1. _____*llegué*_____ (llegar) al campamento, lo primero que nosotros

2. __*hicimos*__ (hacer) 3. _____*fue*_____ (ser) poner la tienda de campaña. Luego, Andrés y yo

4. _____*fuimos*_____ (ir) a explorar el lugar. Estábamos muy cerca de un lago: por lo tanto,

nosotros 5. _____*decidimos*_____ (decidir) ir a nadar. Más tarde, yo 6. _____*pesqué*_____ (pescar) unos

peces que, luego, nosotros 7. _____*comimos*_____ (comer) para la cena. Al día siguiente, Tomás,

Aldo y yo 8. _____*escalamos*_____ (escalar) una montaña. Nosotros 9. _*nos levantamos*_ (levantarse)

cuando 10. _____*salió*_____ (salir) el sol y 11. _____*empezamos*_____ (empezar) a caminar. Cuando

12. _*volvimos*_ (volver) al campamento, 13. _____*tuvimos*_____ (tener) un gran problema.

Unos animalitos 14. _____*atacaron*_____ (atacar) nuestra comida. No sé cuánto tiempo más

vamos a poder estar aquí con lo que nos 15. _____*dejaron*_____ (dejar) para comer.

Hasta pronto,
Ramón

CS3-2 **¿Qué hicieron en el campamento?** Estas son algunas de las actividades que los muchachos hicieron en el campamento. Forma frases completas, según el modelo.

MODELO: hacer una caminata por el bosque
          Ellos hicieron una caminata por el bosque.

1. hacer esquí acuático   *Ellos hicieron esquí acuático.*
2. echarse una siesta   *Se echaron una siesta.*
3. sacar fotos del paisaje   *Sacaron fotos del paisaje.*
4. hacer caminatas alrededor del lago   *Hicieron caminatas alrededor del lago.*
5. tomar el sol y nadar   *Tomaron el sol y nadaron.*
6. leer la guía turística   *Leyeron la guía turística.*
7. dormir mucho   *Durmieron mucho.*
8. divertirse en el campamento   *Se divirtieron en el campamento.*
9. poner la tienda de campaña   *Pusieron la tienda de campaña.*
10. estar contentos y relajados   *Estuvieron contentos y relajados.*

CS3-3 **Pasó algo importante.** ¿Qué fue lo más importante que ocurrió en las siguientes ocasiones? Piensa en las noticias nacionales o internacionales, en tu vida o la de tus familiares y amigos.

1. la semana pasada
2. el mes pasado
3. la Navidad pasada
4. el 31 del diciembre pasado
5. anoche
6. el fin de semana pasado

Repasemos 2

Telling how long ago something happened: *Hace* + time expressions

To express how long ago an event took place, use the following structures.

Hace + time + **que** + verb in the preterite
or
Verb in the preterite + **hace** + time
Pregunta: ¿Cuánto/os/as + time + **hace** + **que** + verb in the preterite?

¿Cuánto tiempo hace que estuviste en Venezuela?	*How long ago were you in Venezuela?*
Estuve en Venezuela **hace tres años**.	*I was in Venezuela three years ago.*
Hace tres años que estuve en Venezuela.	*It's been three years since I was in Venezuela.*

Note: ¿Cuánto? agrees in gender and number with the noun that follows.
   ¿Cuántos meses hace que visitaste México?
   ¿Cuántas semanas hace que sacaste estas fotos?

CS3–4 ¿Recuerdas tus vacaciones? ¿Cuánto hace que hiciste estas cosas?

MODELO: hacer un viaje
          Hace un año que hice un viaje a Italia.

1. nadar en un lago
2. montar a caballo
3. escalar una montaña

4. acampar al aire libre
5. hacer esquí acuático
6. viajar en avión

Repasemos 3
Describing how life used to be: The imperfect

The imperfect combines with the preterite to paint a fuller picture when talking about the past. In narration, it describes the setting, the state of mind, or the background against which the action takes place. Depending on the context, it may be translated as:

Escalaba una montaña.   *I was climbing*
                            I used to climb   } *a mountain.*
                            I climbed

A. Uses of the imperfect

1. **To express how life used to be in the past**

   Cuando **era** niña, **jugaba** en el parque todos los días.

   When I was a child, I played in the park every day.

2. **To express repeated or habitual actions in the past**

   Cuando **estaba** de vacaciones, **me levantaba** tarde todas las mañanas.

   When I was on vacation, I used to (would) get up late every morning.

   These words express usual or repeated actions and are often used with the imperfect.

a menudo	*often*
a veces / muchas veces	*sometimes / often*
con frecuencia	*frequently*
de niño/a	*as a child*
generalmente	*generally*
los martes	*on Tuesdays*
por lo general	*in general*
todos los días / meses / años	*every day / month / year*

   The verb **soler** (**ue**) + infinitive = *used to* + infinitive is always used in the imperfect. It denotes a habitual action in the past.

   Solíamos pasar todos los veranos en la casa de campo.

   We used to spend every summer in our house in the country.

3. **To express ongoing actions or states in the past**

   El pasajero **leía** el libro tranquilamente.   *The passenger was reading the book quietly.*

   Estar (in the imperfect) + verb stem + **-ando / -iendo** is used to emphasize the ongoing nature of the action.

   Se **estaban divirtiendo** mucho en   *They were having fun in the swimming*
   la piscina de su casa.   *pool of his house.*

4. **To state time in the past**

   Eran las tres de la tarde.   *It was three o'clock in the afternoon.*

5. **To express age in the past**

   Tenía veinte años cuando viajé   *I was twenty years old when I went to*
   a España por primera vez.   *Spain for the first time.*

6. **To express two simultaneous actions in the past (often joined by *mientras*)**

   Yo **hacía** las maletas **mientras** mi   *I was packing the suitcases while my*
   esposo **pagaba** la cuenta del hotel.   *husband was paying the hotel bill.*

7. **To express the intention to do something in the past, without regard for whether or not the action took place (ir a + infinitive)**

   Nosotros **íbamos a visitar**   *We were going to visit Machu Picchu,*
   Machu Picchu, pero no tuvimos   *but we did not have enough time.*
   suficiente tiempo.

   Nosotros **íbamos a visitar**   *We were going to visit Machu Picchu;*
   Machu Picchu; por eso compramos   *that is why we bought film.*
   rollos de películas.

B. Forms

1. **Regular verbs**

   The regular verb conjugation in the imperfect follows this pattern: **-ar** verbs end in **-aba** and **-er** and **-ir** verbs end in **-ía**. They share a single set of endings.

-ar	-er	-ir
volar	**conocer**	**salir**
vol**aba**	conoc**ía**	sal**ía**
vol**abas**	conoc**ías**	sal**ías**
vol**aba**	conoc**ía**	sal**ía**
vol**ábamos**	conoc**íamos**	sal**íamos**
vol**abais**	conoc**íais**	sal**íais**
vol**aban**	conoc**ían**	sal**ían**

2. Irregular verbs

There are only three irregular verbs in the imperfect: **ser, ir,** and **ver**. Study these forms.

ir	ser	ver
iba	era	veía
ibas	eras	veías
iba	era	veía
íbamos	éramos	veíamos
ibais	erais	veíais
iban	eran	veían

Note: The imperfect form of there *was / were* = **había**.

CS3-5 Viajes de negocios. Anita va a contarte algo sobre los viajes de su padre. Completa las oraciones para terminar la historia.

Recuerdo que cuando yo 1. ___era___ (ser) niña, mi padre 2. ___viajaba___ (viajar) mucho por su trabajo. Generalmente, él 3. ___se iba___ (irse) los lunes por la mañana temprano y 4. ___volvía___ (volver) los jueves por la noche. Los viernes siempre 5. ___iba___ (ir) a la oficina aunque a veces 6. ___estaba___ (estar) cansado del viaje. Pero él nunca 7. ___se quejaba___ (quejarse). Al contrario, 8. ___estaba___ (estar) siempre de buen humor y nos 9. ___decía___ (decir) que el lugar más lindo del mundo 10. ___era___ (ser) nuestra casa. Él siempre nos 11. ___traía___ (traer) pequeños recuerdos de los lugares que 12. ___visitaba___ (visitar) y yo 13. ___soñaba___ (soñar) que alguna vez iría a visitar los mismos lugares.

CS3-6 Un sueño extraño. Anoche soñaste que ibas en un viaje muy extraño. ¿Cómo era? Usa las siguientes oraciones en el imperfecto para describir tu sueño.

MODELO: yo / estar de viaje / en el Mediterráneo
Anoche soñé que estaba de viaje en el Mediterráneo.

1. yo / viajar / con personas ricas   *Yo viajaba*
2. ellos / navegar / en un yate   *Ellos navegaban*
3. nosotros / hacer escala / en todos los puertos   *Nosotros hacíamos escala*
4. yo / bucear / en medio del mar   *Yo buceaba*
5. ellas / divertirse / mucho   *Ellas se divertían*
6. nosotros / tomar el sol / durante el día   *Nosotros tomábamos el sol*

CS3-7 Mi niñez. Cuenta los hábitos que tenías cuando eras niño/a. Usa los siguientes verbos en tu relato.

visitar	ir	hacer	jugar	comer	beber	mirar	ser	estar	hablar

MODELO: *Cuando yo era niño/a, jugaba a la casita con mis primas.*

Capítulo 4
Hablemos de la salud

Repasemos 1

Indicating location, purpose, and cause: *Por* vs. *para*

A. Uses of *para*

1.	Destination	Salgo **para** Nueva York.
2.	Recipient	Este remedio es **para** Alicia.

3.	Purpose: *in order to* + verb
	     for + noun
		Te doy este remedio **para** curarte.
		   Este es el jarabe **para** la tos.

4.	Deadline	Los resultados de los exámenes deben estar listos **para** el próximo martes.
5.	Comparison	**Para** estar enfermo, te ves muy bien.
6.	Employed by	Trabajo **para** el dentista.

Expressions with *para*

para bien / mal	*to good / evil ends*
para colmo	*on top of everything*
para mejor / peor	*for better/ worse*
para siempre	*forever*
para variar	*for a change*

B. Uses of *por*

1.	Duration of time	Estuvo en cama **por** tres días.
2.	Cause, reason	**Por** salir sin chaqueta, se resfrió.
		Ana me hizo un regalo **por** el favor que le hice.
3.	Exchange	Pagué 50 pesos **por** este remedio.
		Tengo mucha sed; daría cualquier cosa **por** un vaso de agua.
4.	Imprecise location	¿Dejé mis anteojos **por** aquí?
5.	Indicates passing through or around	Todas las noches paso **por** la biblioteca. Corrimos **por** el parque toda la tarde.

Expressions with *por*

por ahora	*for the time being*	**por lo pronto**	*for now*
por casualidad	*by chance*	**por lo tanto**	*therefore*
por cierto	*certainly*	**por si acaso**	*just in case*
por de pronto	*to start with*	**por supuesto**	*of course*
por demás	*in excess*	**por último**	*lastly*
por ejemplo	*for example*	**por un lado /**	*on the one hand*
por eso	*that's why*	**por el otro**	*on the other hand*
por fin	*at last*	**por una parte /**	*on the one hand*
por lo general	*generally*	**por la otra**	*on the other hand*
por lo menos	*at least*		

CS4-1 La medicina alternativa. Lee estas opiniones sobre la medicina alternativa. Completa los espacios en blanco con **por** o **para**. Luego, escribe si estás de acuerdo o no con estas opiniones y explica por qué.

1. ____*Para*____ mí, no hay medicina alternativa, más bien medicina complementaria, porque lo más importante no es el microbio, sino el medio donde vive. ____*Por*____ lo tanto, si el cuerpo está sano y fuerte con la ayuda de la homeopatía o del yoga, tanto mejor.

   Miguel Manzano, Alicante, España

2. El término "terapia complementaria" es mejor que "alternativa" porque podemos complementar todas las medicinas ____*para*____ obtener un mejor resultado en el paciente.

   Luz Ángeles Gualtero, Santa Fe de Bogotá, Colombia

3. Mediante la terapia alternativa, nos damos cuenta de los aspectos que debemos cambiar ____*para*____ que nuestro espíritu evolucione en paz y no nos enfermemos.

   Rita Bibiloni, Buenos Aires, Argentina

4. Hay muchas personas que optan ____*por*____ una profesión ____*para*____ ayudar a los demás, pero no están cualificadas. Creo que hay mucho fraude.

   Saul García, México

5. Pienso que, si algo no es verdad, no dura ____*por*____ mucho tiempo. ____*Por*____ eso, creo que la medicina complementaria es una buena alternativa, ____*por*____ tener siglos de historia.

   Jaime Wilson, Costa Rica

6. El ser humano está compuesto _____*por*_____ tres partes: la física, la mental y la espiritual. Creo que la medicina de los hospitales se ha olvidado de una parte muy importante que es el espíritu. _____*Por*_____ otra parte, las enfermedades del espíritu no son curadas _____*por*_____ ninguna de las dos vías, ni _*por*_ la medicina tradicional ni ___*por*___ la alternativa.

Shiva Anello, Santa Cruz, Bolivia

CS4-2 Un medicamento muy eficaz. Juan estuvo enfermo la semana pasada. Usa **para** o **por** para unir la información de la izquierda con la información correspondiente de la derecha. Debes emparejar los números con las letras.

1. El médico le recetó un jarabe muy fuerte…
2. No pudo recetarle penicilina…
3. Fue a la farmacia y compró el jarabe…
4. El viernes, tenía que marcharse…
5. Al volver a casa, pidió una cita con el doctor…
6. Juan trabajaba…
7. Esa noche, se acostó temprano y durmió…
8. Los síntomas de la gripe empezaron cuando corría…

a. las tres de la tarde
b. la aerolínea española Iberia
c. el parque
d. veinticinco dólares
e. diez horas
f. ser alérgico
g. la gripe
h. Caracas

1. _____*El médico le recetó un jarabe muy fuerte **para** la gripe.*_____
2. _____*No pudo recetarle penicilina **por** ser alérgico.*_____
3. _____*Fue a la farmacia y compró el jarabe **por** veinticinco dólares.*_____
4. _____*El viernes, tenía que marcharse **para** Caracas.*_____
5. _____*Al volver a casa, pidió una cita con el doctor **para** las tres de la tarde.*_____
6. _____*Juan trabajaba **para** la aerolínea española Iberia.*_____
7. _____*Esa noche, se acostó temprano y durmió **por** diez horas.*_____
8. _____*Los síntomas de la gripe empezaron cuando corría **por** el parque.*_____

Ahora, indica en qué orden ocurrió cada uno de los hechos. La historia empieza con el número 6.

_6_ , _4_ , _8_ , _5_ , _1_ , _2_ , _3_ , _7_

Repasemos 2

Talking to and about people and things: Uses of the definite article

A. Agreement

The definite article in Spanish agrees in gender and number with the noun it accompanies.

el alimento	**la** manzana
los alimentos	**las** manzanas

Note: When a feminine noun starts with a stressed **a** or **ha**, **la** changes to **el** in the singular form only.

el agua fría	las aguas frías	*the cold water*
el ama de casa	las amas de casa	*the housewives*
el hacha afilada	las hachas afiladas	*the sharp axes*

B. Uses

The definite article is used in the following instances:

1. To accompany abstract nouns and nouns that are used in a general way.

   Las grasas no son buenas para **la salud**.   *Fats are not good for your health.*

      ↑   ↑

   general noun   *abstract noun*

2. With days of the week, to mean *on*, except when telling which day of the week it is:

   En casa, comemos sopa **los lunes.**   *At home, we eat soup on Mondays.*
   but
   Hoy es lunes.   *Today is Monday.*

3. With titles (**señor, señora, señorita, profesor/a**, etc.), when talking about the person. It is omitted when talking to the person.

   El señor Ramírez usa hierbas   *Mr. Ramírez uses herbs to cure*
     para curar a sus pacientes.   *his patients.*
   but
   —Dígame, **Sr. Ramírez**, ¿qué debo   *Tell me, Mr. Ramírez, what should I*
     tomar para mi dolor?   *take for my pain?*

4. Before the names of languages.

   El español es muy popular aquí.   *Spanish is very popular here.*

   The definite article is not used after the preposition **en** and the verbs **hablar, aprender, comprender, enseñar, escribir, leer,** and **saber.**

   Enrique habla, lee y escribe   *Enrique speaks, reads, and writes*
     portugués perfectamente.   *Portuguese perfectly.*
   El niño habla **en** francés porque   *The child speaks in French because*
     el padre es de Francia.   *the father is from France.*

5. With articles of clothing and parts of the body, in situations in which English uses the possessive adjective.

Me puse **los guantes** antes de salir.   *I put my gloves on before going out.*

Me duele **la cabeza**.   *My head aches. (I have a headache.)*

6. After the prepositions **a** and **de**, the masculine singular article **el** becomes **al** and **del**.

a + el = **al**   de + el = **del**

CS4–3 La salud de los españoles. Lee este párrafo y completa los espacios en blanco. Utiliza el artículo donde sea necesario. Luego, contesta las preguntas que aparecen a continuación.

1. _____El_____ Ministerio de Sanidad y Consumo y 2. _____la_____ Universidad Complutense de Madrid hicieron una encuesta sobre 3. _____la_____ salud de 4. _____los_____ españoles. Según 5. _____las_____ conclusiones (de) 6. _____del_____ estudio, 7. _____la_____ alimentación de 8. _____los_____ españoles es sana y variada. Siguen 9. _____la_____ dieta mediterránea, no excesiva en 10. _____Ø_____ calorías ni en 11. _____Ø_____ grasas saturadas, y hay un abundante consumo de 12. _____Ø_____ pescado, frutas y verduras. Ésta es 13. _____la_____ razón por la que 14. _____el_____ nivel de colesterol de 15. _____los_____ españoles no es alto y 16. _____Ø_____ España ocupa 17. _____el_____ tercer lugar entre 18. _____los_____ países con mayor esperanza de vida.

1. ¿Quiénes hicieron el estudio sobre la salud?
2. ¿Cómo es la alimentación de los españoles?
3. ¿Cómo es la dieta mediterránea?
4. ¿Qué beneficios tiene esta dieta?

CS4–4 Los centros de energía. Según la medicina védica de la India, nuestro cuerpo tiene siete centros de energía llamados **chakras**. Cada uno de ellos tiene su propio color, sonido y atributos. Lee la información sobre cada chakra y completa los espacios con el artículo definido donde sea necesario.

1. **Chakra base.** Está en _____la_____ base de _____la_____ espina dorsal, corresponde (a) _____al_____ color rojo. Este chakra te conecta con _____la_____ supervivencia.

2. **Chakra sexual.** Se encuentra a 7.5 cm. debajo (de) _____del_____ ombligo (*belly button*) y es de _____Ø_____ color naranja. Te conecta con _____las_____ habilidades creativas y con _____la_____ energía sexual.

3. **Chakra (de)** ____del____ plexo solar. Está a 7.5 cm. arriba (de) ____del____ ombligo. Es de color ____∅____ amarillo. Te conecta con ____el____ sentido de ____la____ seguridad y ____las____ emociones.

4. **Chakra (de)** ____del____ corazón. Está detrás (de) ____del____ corazón. Tiene color verde. Te conecta con ____el____ amor.

5. **Chakra de** ____la____ garganta. Se encuentra detrás de ____la____ laringe. Es de color azul. Tiene que ver con ____la____ comunicación entre ____el____ corazón y ____la____ cabeza.

6. **Chakra (de)** ____del____ tercer ojo. Se encuentra entre ____los____ ojos. Es de color índigo. Te conecta con ____la____ intuición.

7. **Chakra de** ____la____ corona. Se encuentra en ____la____ parte de arriba de ____la____ cabeza. Es de color violeta o blanco-violeta. Te conecta con ____la____ parte más elevada de tu ser.

Repasemos 3
Suggesting group activities: *Nosotros* commands
A. Form
When you want to get one or more people to do things with you, use the **nosotros** command. The English equivalent is *Let's (do something together).* The **nosotros** command is formed by dropping the -**o** in the first person singular of the present indicative tense, and adding -**emos** for -**ar** verbs or -**amos** for -**er** and -**ir** verbs. It is the same form as the first-person plural of the present subjunctive.

Infinitive	cocinar	aprender	servir	hacer
First person present indicative tense	cocin**o**	aprend**o**	sirv**o**	hag**o**
Nosotros command	cocin**emos**	aprend**amos**	sirv**amos**	hag**amos**

Note: The irregularities of the first person present indicative tense carry over to the **nosotros** command form, as indicated by the two examples, **servir** and **hacer**, in the chart above.

¡**Prestemos** atención a la dieta!   *Let's pay attention to your diet!*
¡**Bebamos** a tu salud!   *Let's drink to your health!*
¡**Hagamos** una fiesta!   *Let's have a party!*

B. Position of the pronouns
Object pronouns are attached to the affirmative command but precede the negative command.

—Necesito pastillas para la garganta.   —*I need throat lozenges.*
—Pues, **comprémoslas**.   —*Then, let's buy them.*

—Teresa no sabe lo que pasa.   —*Teresa doesn't know what is happening.*
—No **se lo digamos**. Es una sorpresa.   —*Let's not tell it to her. It's a surprise.*

C. Verbs with spelling changes and commands

Verbs that end in **-car**, **-gar** change to **-que**, **-gue** to preserve the hard sound of the **c** and **g** in the command form.

¡**Practiquemos** yoga!	*Let's practice yoga!*
¡**Juguemos** a las cartas!	*Let's play cards!*

Verbs that end in **-zar** change the **z** to **c** in the command form.

¡**Gocemos** de la vida!	*Let's enjoy life!*
¡**Empecemos** una dieta sana!	*Let's start a healthy diet!*

CS4-5 La feria de la salud. Imaginen que Uds. asisten a la feria de la salud y encuentran los siguientes quioscos. Reaccionen a cada situación usando los mandatos con **nosotros.**

MODELO: ¡Qué libros tan interesantes sobre la medicina china! (comprar)
Comprémoslos.

1. Aquí venden jugos naturales. (probar)   *Probémoslos.*
2. Este médico presenta técnicas de relajación. (aprender)   *Aprendámoslas.*
3. Esta mujer vende remedios homeopáticos. (mirar)   *Mirémoslos.*
4. El Dr. Chun va a hablar de acupuntura. (escuchar)   *Escuchémoslo.*
5. Éstos enseñan ejercicios para estirarse. (hacer)   *Hagámoslos.*
6. Aquí hay una máquina que hace masajes con agua. (no usar)   *No la usemos.*
7. Éste es un sillón para masajes. (no sentarse)   *No nos sentemos.*
8. Aquí hay unas frutas exóticas. (no comer)   *No las comamos.*

CS4-6 Cocinemos. Éstas son las instrucciones para hacer un pastel de chocolate. Haz oraciones completas con los elementos dados, usando los mandatos con **nosotros.**

1. primero / romper / dos huevos en un bol   *rompamos*
2. luego / batir / los huevos con un poco de azúcar   *batamos*
3. después / cortar / la manteca   *cortemos*
4. inmediatamente / agregar / el cacao   *agreguemos*
5. luego / mezclar / la harina   *mezclemos*
6. por último / poner / la mezcla en una asadera   *pongamos*
7. finalmente / cocinar / el pastel en el horno   *cocinemos*

CS4-7 Planes. Estos dos amigos planean hacer una dieta pero no siempre están de acuerdo. Expresa lo que dice Juan y cómo reacciona Pepe. Usa los verbos en la forma imperativa.

Answers for CS4-7:
1. *adelgacemos, busquemos*
2. *comencemos, empecémosla*
3. *practiquemos, juguemos*
4. *almorcemos, comamos*
5. *gocemos, paguemos*

MODELO: buscar / una dieta saludable   sí / sacarla / de este libro
     E1:   *Busquemos una dieta saludable.*
     E2:   *Sí, saquémosla de este libro.*

Juan

1. adelgazar / 10 libras
2. comenzar / la dieta el lunes
3. practicar / un deporte
4. ahora / almorzar algo liviano
5. por ahora / gozar / de la vida

Pepe

sí, pero antes / buscar / una nueva dieta
no, mejor / empezarla / el primer día del mes
sí, como no / jugar / al tenis
por hoy / comer / bien
pagar / las consecuencias luego

Capítulo 5
Hablemos de donde vivimos

Repasemos 1

Distinguishing between people and things: The personal *a*

When the direct object is a specific person or persons, or a personalized object like a dear pet, the personal **a** is used before it. If it is a non specific person or a place or a thing, the **a** is omitted.

Visitamos **a la alcaldesa** de la ciudad para presentarle nuestra organización.

We visited the mayor of the city to present our organization to her.

Llevamos **a nuestra perrita** al veterinario porque había que vacunarla.

We took our puppy to the vet because she needed a vaccine.

No visites **la selva tropical** en la estación de lluvias.

Don't visit the tropical forest in the rainy season.

Necesito **amigos**.

I need friends.

Finding the direct object

Remember that, in general, the direct object receives the action of the verb. Generally, in order to find the direct object, ask the question **¿Qué? / ¿A quién** + verb.

Visitamos la selva tropical.	Conozco a la presidenta de la empresa.
¿Qué visitamos?	¿A quién conozco?
la selva tropical → Direct Object	a la presidenta de la empresa → Direct Object

CS5–1 ¿Qué pasa con la selva tropical? Lee el párrafo y escribe la **a** personal, donde sea necesario.

Existe una organización internacional dedicada a proteger 1. _____∅_____ la selva tropical. Muchas personas que buscan 2. _____∅_____ tierras cultivables van a la selva, cortan 3. _____∅_____ los árboles y destruyen 4. _____∅_____ la fauna y la flora de la región. Esta organización invitó 5. _____a_____ unos ecólogos para que les enseñen 6. _____a_____ las personas del lugar a respetar la naturaleza.

Los ecólogos también visitaron 7. _____∅_____ muchas empresas internacionales, donde dieron conferencias sobre el efecto de la destrucción de la selva. No es bueno talar 8. _____∅_____ los árboles que limpian 9. _____∅_____ el aire que respiramos. Al final de un año de trabajo, los ecólogos tuvieron que presentar 10. _____∅_____ un informe sobre los resultados de esta campaña. El presidente de la organización recibió 11. _____a_____ los ecólogos en su oficina y les dio un premio por sus logros. Aunque ellos trabajaron mucho, el problema sigue siendo grave.

CS5–2 ¿Se necesita o no? Escribe la **a personal** donde sea necesario.

1. Conozco _____a_____ Adolfo muy bien. Es el mejor amigo de mi compañera de cuarto.
2. Estoy contenta de ir a mi casa este fin de semana. Voy a ver _____a_____ mis amigos y _____a_____ mi gatito que hace mucho que no los veo.
3. Me encantaría visitar _____∅_____ las ruinas de Machu Picchu.
4. Su trabajo es llamar por teléfono _____a_____ los ex-alumnos de la universidad.
5. Llevamos _____a_____ todos los estudiantes en autobús para que vean el partido de fútbol.
6. Necesitamos traer _____∅_____ los libros a clase todos los días.

Repasemos 2
Avoiding repetition of nouns: Direct object pronouns

As you learned above, the direct object is the person or thing that is directly affected by the verb. It tells you who or what receives the action.

El satélite tomó **fotos de la capa de ozono**.

        Verb   D.O.

In order to avoid repetition, the direct object can be replaced by the direct object pronouns. When the direct object is replaced by a direct object pronoun, the pronouns agree with the direct object they stand for in number (singular or plural) and in gender (masculine or feminine).

El municipio creó **el programa "Mantenga limpia la ciudad"**. El municipio **lo** creó.

                D.O.   D.O.P.

Direct object pronouns	
me	nos
te	os
lo, la	los, las

A. Placement of the direct object pronoun

1. Before the conjugated verb

—¿Aceptan **las pilas** para reciclar?

Do you accept batteries for recycling?

—No, no **las** podemos reciclar aquí.

No, we can't recycle them here.

2. Before the negative command

—¿Pongo **los residuos** en el cubo de la basura?

Do I put the garbage in the trash can?

—No **los** pongas en el cubo; los usamos en el jardín.

No, don't put it in the trash can; we use it in the garden.

3. After and attached to the affirmative command

—¿Qué hago con **estas pilas**?

What do I do with these batteries?

—Tíra**las**. No **las** pueden reciclar.

Throw them away. They can't recycle them.

4. After and attached to the infinitive

—¿Vas a usar **la bolsa de plástico**?

Are you going to use the plastic bag?

—Sí, voy a usar**la**.

Yes, I'm going to use it.

5. After and attached to the gerund (**-ando, -iendo** form)

—No creo que estén talando **el bosque**.

I don't believe they are cutting down the forest.

—Sí, te aseguro que están talándo**lo**.

Yes, I assure you they are cutting it down.

Note: When the pronoun is used in a verbal phrase with the infinitive or the gerund, it may be placed before the conjugated verb or after and attached to the infinitive or the gerund, as showed in 4 and 5 above.

—¿Vas a visitar el Museo Reina Sofía, en Madrid?

—Sí, voy a visitar**lo**.

—Sí, **lo** voy a visitar.

—No encuentro cl artículo sobre la contaminación del aire.

—Yo también estoy buscándo**lo**.

—Yo también **lo** estoy buscando.

CS5-3 **Planes para el verano.** Este verano, tú quieres ir a trabajar a Madidi, el nuevo parque nacional de Bolivia, y estás esperando la respuesta a tu solicitud. Contesta las preguntas que un amigo te hace, usando los pronombres de objeto directo.

MODELO: ¿Te entrevistó el jefe del grupo? (No, todavía no.)
No, todavía no me entrevistó.

1. ¿Te invitaron a trabajar con el equipo ecológico en el parque? (Sí)
2. ¿Te escogieron para viajar con ellos? (No / ir solo/a)
3. ¿Te van a esperar en el aeropuerto de La Paz? (Sí)
4. ¿Quieres que yo te lleve al aeropuerto? (No / mis padres)
5. ¿Puedo visitarte en el parque por una semana este verano? (Sí, por supuesto)
6. ¿Me acompañas a comprar el pasaje? (Sí)
7. ¿Me ayudas a planear mi itinerario? (Sí)

Answers for CS5-3:
1. Sí, me invitaron. 2. No, no me escogieron. Voy a ir solo/a. 3. Sí, me van a esperar en el aeropuerto. 4. No, mis padres me van a llevar al aeropuerto. 5. Sí, por supuesto puedes visitarme. 6. Sí, te acompaño a comprarlo. 7. Sí, te ayudo a planearlo.

CS5-4　El parque Madidi. El parque nacional Madidi, en Bolivia, cubre 4, 7 millones de acres. Explica lo que está pasando allí, usando los pronombres de objeto directo con el gerundio.

MODELO:　¿Los habitantes de Madidi hablan español? (No / aprender)
No, no lo hablan. Los habitantes están aprendiéndolo.
No, no lo hablan. Los habitantes lo están aprendiendo.

1. ¿Los investigadores conocen toda la flora y la fauna de Madidi? (No / estudiar)
2. ¿Los investigadores tienen catalogados todos los pájaros de Madidi? (No / clasificar)
3. ¿El grupo ecologista tiene el permiso del gobierno? (No / pedir)
4. ¿Los ecologistas hablan quechua? (No / estudiar)
5. ¿El gobierno apoya a los ecologistas? (Sí / apoyar)
6. ¿Los turistas visitan los pueblos dentro del parque? (Sí / visitar)
7. ¿Los turistas escalan las montañas? (Sí / escalar)

Repasemos 3

Indicating to whom and for whom actions are done: Indirect object pronouns

Indirect object indicates **for whom** or **to whom** the action of the verb is done. As with the direct object pronouns, indirect object pronouns can also be placed before or after the conjugated verb, and attached to the infinitive or gerund.

Yo **le** pedí ayuda **a mi hermana.**　Ellos están haciéndo**me** una pregunta importante.
　I.O.P.　　　　I.O.　　　　　　　　　　　　　I.O.P.

In order to find the indirect object in a sentence, we ask the question to or for whom something is done.

Ramón les manda mensajes electrónicos a los grupos ecologistas.　　*Ramón sends e-mails to the ecological groups.*

¿A quiénes les manda mensajes electrónicos Ramón?　　*To whom does Ramón send the e-mail?*

a los grupos ecologistas → I.O.　　*to the ecology groups*

The indirect object is introduced by the prepositional phrase **a** + noun(s). The indirect object may be replaced with the corresponding indirect object pronoun. However, every time the indirect object noun is present in a sentence, you must have the indirect object pronoun also.

Indirect object pronouns

me	nos
te	os
le	les

Luis **le** pidió una beca **al director.**　　*Luis asked the director for a scholarship.*

Luis **le** pidió una beca.　　*Luis asked him for a scholarship.*

A. The indirect object pronoun has the same placement as the direct object pronoun.

1. Before the conjugated verb   **Le** prestamos un envase de vidrio.   *We loaned him a glass container.*
2. Before the negative command   No **nos digas** mentiras.   *Don't tell us lies.*
3. After and attached to the affirmative command   Da**me** esa caja de cartón, por favor.   *Give me that cardboard box, please.*
4. After and attached to the infinitive   Voy a dar**les** una sorpresa.   *I'm going to give them a surprise.*
5. After and attached to the gerund (**-ando, -iendo** form)   Están regalándo**les** latas de comida.   *They are giving them canned food.*

Note: When the pronoun is used in a verbal phrase with the infinitive or the gerund, it may be placed before the conjugated verb, or after and attached to the infinitive or the gerund.

Le voy a mandar flores a mi madre.
Voy a mandar**le** flores a mi madre.

Les están explicando lo que necesitan para el viaje.
Están explicándo**les** lo que necesitan para el viaje.

CS5–5 **La comunicación.** Tu amigo finalmente se fue a trabajar a Madidi por tres meses y tú tienes problemas con la comunicación. Forma oraciones completas con los elementos dados. Usa los pronombres de objeto indirecto.

MODELO: Mandar / a mi amigo / mensajes por correo electrónico
              Le mandé a mi amigo mensajes por correo electrónico.

1. escribir / a mi amigo / tres cartas
2. no contestar / a mí / ninguna
3. mandar / a él / una caja de dulces
4. enviar / a él / un telegrama
5. responder / a mí / con otro telegrama
6. decir / a mí / que / no debo preocuparme
7. explicar / a mí / que donde está no hay teléfono ni correo

Answers for CS5-5:
1. *Le escribí a mi amigo tres cartas.* 2. *No me contestó ninguna.* 3. *Le mandé una caja de dulces.* 4. *Le envié un telegrama.* 5. *Me respondió con otro telegrama.* 6. *Me dijo que no debo preocuparme.* 7. *Me explicó que donde está no hay teléfono ni correo.*

CS5–6 **El regreso de Madidi.** Cuando tu amigo vuelve a los Estados Unidos les trae recuerdos a todos. Di lo que le trajo a cada persona.

MODELO: A Antonia / dar / una bolsa inca
              A Antonia, le dio una bolsa inca.

1. a sus padres / traer / un sombrero coya
2. a su novia / regalar / unas pulseras hechas por los indígenas
3. a su primo / dar / una foto de los Andes
4. a mí / traer / un suéter de llama
5. a ti / dar / dulces típicos de ese lugar
6. a ti y a mí / regalar / CD con música de la Puna

Answers for CS5-6:
1. *A sus padres, les trajo un sombrero coya.* 2. *A su novia, le regaló unas pulseras hechas por los indígenas.* 3. *A su primo, le dio una foto de los Andes.* 4. *A mí, me trajo un suéter de llama.* 5. *A ti, te dio dulces típicos de ese lugar.* 6. *A ti y a mí, nos regaló un CD con música de la Puna.*

Capítulo 6
Hablemos de los derechos humanos

Repasemos 1

Expressing hope and desire: Present subjunctive of regular verbs

Spanish has two different moods that distinguish between factual and hypothetical events. The indicative mood is used to express the first and the subjunctive mood expresses the latter. Hypothetical statements are subjective; they express the subject's hopes, desires, opinions, and emotions, all of which, in many instances, carry a degree of uncertainty and doubt. For this reason, the subjunctive mood is used to express these statements. The subjunctive is also used to suggest, give advice, and make requests.

Rigoberta quiere que la gente **respete** la tierra.	*Rigoberta wants people to respect the land.*

A. Some uses of the subjunctive

1. The subjunctive form is often used in a dependent clause introduced by **que**, when there is a change of subject. When the verb in the main clause expresses something subjective, uncertain, or unknown to the speaker, it requires the use of the subjunctive in the dependent clause.

Main clause	+	**que**	+	*dependent clause*
Nosotros deseamos		**que**		los derechos humanos sean para todos.

   change of subject

2. The subjunctive is used only when the subject of the dependent clause is different from that of the main clause. Otherwise, use the infinitive.

   Change of subject → Subjunctive

Los campesinos esperan que **el gobierno** respete sus derechos.	*The peasants hope that the government will respect their rights.*

   No change of subject → Infinitive

Los campesinos **esperan tener** una buena cosecha.	*The peasants hope to have a good harvest.*

3. Subjective statements expressing desire and hope use verbs or expressions in the main clause that signal the use of the subjunctive in the dependent clause.

   Desire: **querer, desear**

   Hope: **esperar, ojalá que**

Deseamos que este año **haya**   *We hope to have a good harvest*
una buena cosecha.   *this year.*

¡OJO! As the subjunctive form is used very little in English, the infinitive form or
the future are usually used in the translation. See examples above.

> **Note: Ojalá (que)** is not a verb; it is an Arabic expression meaning *may Allah*
> *grant…* It is always followed by a verb in the subjunctive. The use of **que** is optional.

Ojalá que termine la opresión y la violencia.

B. Forms of the present subjunctive

Regular verbs

To form the present subjunctive, take the first person singular (**yo** form) of the present
indicative, drop the **-o**, and add the **-e** endings to **-ar** verbs and **-a** endings to **-er** and **-ir**
verbs.

visitar → **visito** → **visit-** → **visite**

aprender → **aprendo** → **aprend-** → **aprenda**

vivir → **vivo** → **viv-** → **viva**

-ar	-er	-ir
visitar	**aprender**	**vivir**
visit**e**	aprend**a**	viv**a**
visit**es**	aprend**as**	viv**as**
visit**e**	aprend**a**	viv**a**
visit**emos**	aprend**amos**	viv**amos**
visit**éis**	aprend**áis**	viv**áis**
visit**en**	aprend**an**	viv**an**

CS6–1 Mis deseos de paz. Forma oraciones usando el subjuntivo para expresar tus
deseos. Usa los verbos **querer**, **desear**, **esperar** y la expresión **ojalá**.

MODELO: la gente / terminar la discriminación contra los indígenas

> *Quiero que la gente termine la discriminación contra los indígenas.*

1. los gobiernos / respetar los grupos indígenas
2. la gente / comprender las costumbres indígenas
3. los gobiernos / prohibir la tortura
4. las personas en el poder / no violar los derechos humanos
5. la Iglesia / aceptar las creencias populares
6. el ejército / no usar la violencia
7. los pueblos / discutir las ideas opuestas para llegar a un acuerdo
8. las diferentes comunidades indígenas / vivir en paz
9. ¿?

Answers for CS6-1:
1. *Espero que los gobiernos respeten los grupos indígenas.* 2. *Quiero que la gente comprenda las costumbres indígenas.* 3. *Deseo que los gobiernos prohiban la tortura.* 4. *Quiero que las personas en el poder no violen los derechos humanos.* 5. *Deseo que la Iglesia acepte las creencias populares.* 6. *Ojalá que el ejército no use la violencia.* 7. *Quiero que los pueblos discutan las ideas opuestas para llegar a un acuerdo.* 8. *Ojalá que las diferentes comunidades indígenas vivan en paz.*

Repasemos 2

Expressing hope and desire: Present subjunctive of irregular verbs

Verbs that are irregular in the first person of the present indicative keep the irregularity in all persons in the subjunctive.

tener → tengo → teng- → tenga, tengas, tenga, tengamos, tengáis, tengan

conocer → conozco → conozc- → conozca, conozcas, conozca, conozcamos, conozcáis, conozcan

1. **Spelling-changing verbs**

   Verbs that end in **-car**, **-gar**, **-zar**, and **-ger** / **-gir** have spelling changes in order to preserve the original sound of the infinitive form.

-car → **que**	= practicar → practi**que**
-gar → **gue**	= pagar → pa**gue**
-zar → **ce**	= comenzar → comien**ce**
-ger, -gir → **ja**	= escoger → esco**ja**, dirigir → diri**ja**

-**car** verbs	-**gar** verbs	-**zar** verbs	-**ger** -**gir** verbs
atacar	agregar	alcanzar	elegir
buscar	investigar	almorzar	exigir
comunicar	juzgar	analizar	recoger
criticar	llegar	avanzar	
educar	navegar	comenzar	
explicar	negar	empezar	
platicar	obligar	finalizar	
practicar	pegar	gozar	
publicar		organizar	
sacar		utilizar	
secar			
tocar			

2. **Stem-changing verbs**

   The **-ar** and **-er** verbs that change their stems in the present indicative also show the same change in the present subjunctive, except in the **nosotros** and **vosotros** forms.

-ar		-er	
pensar **e** → **ie**	recordar **o** → **ue**	querer **e** → **ie**	poder **o** → **ue**
piense	rec**ue**rde	qu**ie**ra	p**ue**da
pienses	rec**ue**rdes	qu**ie**ras	p**ue**das
piense	rec**ue**rde	qu**ie**ra	p**ue**da
pensemos	recordemos	queramos	podamos
penséis	recordéis	queráis	podáis
piensen	rec**ue**rden	qu**ie**ran	p**ue**dan

The -**ir** verbs that change their stems in the present indicative also show the same change in the present subjunctive, and in addition a different stem-change in the **nosotros** and **vosotros** forms.

preferir **e → ie, i**	servir **e → i, i**	dormir **o → ue, u**
prefiera	sirva	duerma
prefieras	sirvas	duermas
prefiera	sirva	duerma
prefiramos	sirvamos	durmamos
prefiráis	sirváis	durmáis
prefieran	sirvan	duerman

3. **Irregular verbs**

These are common irregular verbs in the present subjunctive.

dar: dé, des, dé, demos, déis, den

estar: esté, estés, esté, estemos, estéis, estén

haber: haya, hayas, haya, hayamos, hayáis, hayan

ir: vaya, vayas, vaya, vayamos, vayáis, vayan

saber: sepa, sepas, sepa, sepamos, sepáis, sepan

ser: sea, seas, sea, seamos, seáis, sean

Note: hay = haya

CS6-2 **Buenos deseos.** Otros estudiantes y tú van a viajar a Guatemala para aprender español en una escuela y allí van a vivir con una familia. Forma oraciones que indiquen tus deseos y esperanzas.

MODELO: esperar / nosotros / tener suerte

Yo espero que nosotros tengamos suerte.

1. esperar / nosotros / llevarnos bien con la familia
2. esperar / mi clase / visitar alguna asociación de derechos humanos
3. ojalá / a mí / gustarme la comida
4. esperar / mis compañeros y yo / aprender mucho español
5. ojalá / hacer muchos amigos nuevos
6. esperar / los maestros / ser buenos
7. esperar / nosotros / repetir la experiencia
8. esperar / el grupo / volver contento
9. esperar / nosotros / hacer un buen trabajo

Answers for CS6-2:
1. *Espero que nosotros nos llevemos bien con la familia.*
2. *Espero que mi clase visite alguna asociación de derechos humanos.* 3. *Ojalá que a mí me guste la comida.* 4. *Espero que mis compañeros y yo aprendamos mucho español.*
5. *Ojalá que yo haga muchos amigos nuevos.* 6. *Espero que los maestros sean buenos.*
7. *Espero que nosotros repitamos la experiencia.*
8. *Espero que el grupo vuelva contento.* 9. *Espero que nosotros hagamos un buen trabajo.*

CS6-3 **¿Qué quieres tú?** Completa las oraciones con tus deseos personales y la forma correcta del verbo en el subjuntivo.

1. Yo quiero que mi amiga (ir) _____ *vaya a...* _____.
2. Yo deseo que mis profesores (dar) _____ *den...* _____.
3. Ojalá que mis clases (ser) _____ *sean...* _____.
4. Espero que mis amigos (estar) _____ *estén...* _____.
5. Quiero que nosotros (ir) _____ *vayamos a...* _____.
6. Ojalá que yo (saber) _____ *sepa...* _____.

Repasemos 3

Expressing opinion, judgment, and feelings: Impersonal expressions with the subjunctive

Impersonal expressions that introduce an opinion require the subjunctive when there is a change of subject. Remember that opinions are not factual; they are subjective views and, therefore, the subjunctive must be used. These expressions can be used to influence someone's views.

A. Expressing opinion

es aconsejable	es horrible	es sorprendente	es necesario
es bueno / malo	es posible	es útil / inútil	es fantástico
es importante	es una lástima	es preferible	es terrible
es imposible	es mejor	es ridículo	es interesante

1. **Change of subject: Specific idea**

   If the subject of the dependent clause is different from the one of the impersonal expression, then the subjunctive is used. Use it to talk about a specific idea not a general one.

Es importante que Amnistía Internacional **trabaje** para proteger los derechos humanos.	*It is important that Amnesty International works to protect human rights.*
Es terrible que **pasen** estas atrocidades.	*It is terrible that these atrocities happen.*

2. **No change of subject: General statement**

   If an impersonal expression is used without a change of subject, the infinitive is used. The impersonal expression is used to convey a general idea instead of a particular one.

Es importante **trabajar** para proteger los derechos humanos.	*It is important to work to protect human rights.*

Note: Impersonal expressions that state a fact are followed by the indicative.

es cierto   es obvio   no hay duda   es evidente   es verdad

No hay duda de que **conoce** bien
   el problema.

*There is no doubt that he knows
   the problem well.*

B. Expressing feelings and emotions
Verbs that express a feeling or emotion also require the subjunctive when there is a change of subject.

alegrarse (de)   lamentar(se)   sentir   tener miedo (de)
estar contento/a   molestar(se)   sorprender(se)   estar triste

Me alegro de que Uds. **colaboren**
   en las relaciones entre las etnias y
   el gobierno.

*I am glad that you collaborate in the
   relationship between the indigenous
   groups and the government.*

CS6–4 ¿Qué opinan Uds.? Los sacerdotes mayas ejecutan ritos durante los 260 días que dura el año ritual para ellos. Expresa tu opinión sobre estos ritos, usando las expresiones de opinión o juicio.

> MODELO: ellos / pedirle perdón a la tierra por talar árboles
> *Es increíble que ellos le pidan perdón a la tierra por talar árboles.*

1. el año ritual maya / durar 260 días
2. los sacerdotes / practicar sus ritos todos los días
3. ellos / pedir permiso al mundo cuando nace un niño
4. la comunidad / solicitarle a la tierra una abundante cosecha de maíz
5. los sacerdotes / pedirles a los dioses protección contra las armas enemigas
6. los indígenas / creer que están hechos de maíz blanco y amarillo
7. los indígenas / pensar que el agua es algo sagrado
8. ellos / adorar al sol porque da vida

CS6–5 La Iglesia en Latinoamérica. La teología de la liberación denuncia la injusticia y la opresión que sufren los pobres de Latinoamérica. Éstas son algunas de las ideas que propone. Expresa tus sentimientos sobre estas situaciones. Usa las expresiones impersonales de emoción.

> MODELO: Valora la identidad indígena, negra y criolla de Latinoamérica.
> *Me alegra que la teología de la liberación valore la identidad indígena, negra y criolla de Latinoamérica.*

1. Denuncia la opresión de los pobres.
2. Rechaza la injusticia social en Latinoamérica.
3. Enseña solidaridad con los pobres.
4. Propone una nueva interpretación de la historia.
5. Quiere cambiar la tradición colonialista.
6. Presenta el evangelio relacionado con la vida de los oprimidos.

Answers for CS6-4:
1. *Es interesante que el año ritual maya dure 260 días.* 2. *Es sorprendente que los sacerdotes practiquen sus ritos todos los días.* 3. *Es fantástico que ellos pidan permiso al mundo cuando nace un niño.* 4. *Es increíble que la comunidad le solicite a la tierra una abundante cosecha de maíz.* 5. *Es inútil que los sacerdotes les pidan a los dioses protección contra las armas enemigas.* 6. *Es imposible que los indígenas crean que están hechos de maíz blanco y amarillo.* 7. *Es bueno que los indígenas piensen que el agua es algo sagrado.* 8. *Es interesante que ellos adoren al sol porque da vida.*

Answers for CS6-5: The first part of the statement may vary according to the students' sentiments. The verb remains the same. 1. *Me alegro que denuncie la opresión de los pobres.* 2. *Estoy contento/a que rechace la injusticia social en Latinoamérica.* 3. *No me sorprende que enseñe solidaridad con los pobres.* 4. *No lamento que proponga una nueva interpretación de la historia.* 5. *Me alegra que quiera cambiar la tradición colonialista.* 6. *No me molesta que presente el evangelio relacionado con la vida de los oprimidos.*

Capítulo 7
Hablemos del trabajo

Repasemos 1
Talking about generalities and giving information: Impersonal *se*

1. When we want to talk about generalities without mentioning a specific subject, in English we use the words *one*, *people*, *you*, *we*, or *they* in impersonal sentences.

   They say there are good job opportunities in the big cities.

   (*They* refers to people in general.)

   To express this impersonal subject in Spanish, use the impersonal **se**.

   se + third-person singular verb

Se dice que la nueva fábrica será una importante fuente de trabajo.	*They say that the new factory will be an important source of employment.*
¿Dónde **se presenta** el *currículum* para este empleo?	*Where does one present the CV for this job?*

2. The impersonal **se** is also used to report an action in the passive voice that does not specify who is doing the action. In this case, Spanish uses the following structure:

   se + third-person singular verb + singular subject

   se + third-person plural verb + plural subject

Se necesita ingeniero en computadoras.	*A computer engineer is needed.*
Se necesitan administradores de empresa bilingües.	*Bilingual business administrators are needed.*

Note: You will find additional practice with the passive **se** in Chapter 11, page 474.

3. The impersonal **se** construction is used in signs that give information or warning.

Se alquila(n)…	*For rent…*
Se habla español.	*Spanish spoken here.*
Se necesita secretaria.	*A secretary is needed.*
Se prohíbe fumar.	*No smoking.*
Se ruega no tocar.	*Please don't touch.*
Se vende(n).	*For sale.*

CS7–1 No me gusta mi trabajo. Tú quieres cambiar de trabajo porque hay muchas cosas que no te gustan. Usa el **se** impersonal para expresar los problemas de este trabajo.

MODELO: Este trabajo exige mucho de los empleados.
Se exige mucho.

1. Todos los empleados corren todo el día.
2. Todos comemos mal porque la cafetería no tiene buena comida.
3. Todos trabajan muchísimo.
4. Hay que trabajar los fines de semana.
5. Atienden mal al público.
6. Dicen que todo va a cambiar pero no lo creo.

Answers for CS7-1:
1. *Se corre todo el día.* 2. *Se come mal porque…* 3. *Se trabaja muchísimo.* 4. *Se trabaja los fines de semana.* 5. *Se atiende mal al público.* 6. *Se dice que todo va a cambiar pero…*

CS7–2 Los obreros. El sindicato de obreros (*labor union*) de la fábrica de zapatos es muy activo y consiguió varias mejoras para los empleados. Explica lo que se consiguió.

MODELO: redactar / nuevo contrato
Se redactó un nuevo contrato.

1. publicar / el contrato
2. obtener / vacaciones más largas
3. lograr / mejores beneficios
4. aumentar / el salario
5. conseguir / seguro de desempleo
6. imponer / un horario flexible

Answers for CS7-2:
1. *Se publicó el contrato.* 2. *Se obtuvieron vacaciones más largas.* 3. *Se lograron mejores beneficios.* 4. *Se aumentó el salario.* 5. *Se consiguió el seguro de desempleo.* 6. *Se impuso un horario flexible.*

CS7–3 Los desocupados. El desempleo es muy alto en esta región y los desocupados piden que el gobierno haga algo. Explica lo que se hace para mejorar la situación.

MODELO: pedir / más fuentes de trabajo
Se piden más fuentes de trabajo.

1. nombrar / nuevos dirigentes en el gobierno
2. establecer / una organización de desempleados
3. preparar / una movilización de los ciudadanos
4. diseñar / planes de ayuda para las familias de los desempleados
5. buscar / empresarios que entiendan la situación
6. abrir / dos nuevas fábricas

Answers for CS7-3:
1. *Se nombran nuevos dirigentes en el gobierno.* 2. *Se establece una organización de desempleados.* 3. *Se prepara una movilización de los ciudadanos.* 4. *Se diseñan planes de ayuda para las familias de los desempleados.* 5. *Se buscan empresarios que entiendan la situación.* 6. *Se abren dos nuevas fábricas.*

CS7-4 Anuncios. Tú trabajas en una imprenta y hay varios clientes que quieren anuncios para estas situaciones. Ayúdales a escribir el anuncio. ¿Qué deben decir?

MODELO: La Sra. López tiene un negocio de cristales muy finos y no quiere que nadie toque la mercancía.
Se prohíbe tocar la mercancía.

1. El Sr. Aguirre tiene un apartamento para alquilar.
   Anuncio: _____ *Se alquila apartamento.* _____

2. La librería San Cayetano tiene empleados bilingües para vender libros en español.
   Anuncio: _____ *Se habla español.* _____

3. María quiere vender su coche.
   Anuncio: _____ *Se vende coche.* _____

4. El dueño del restaurante *La buena vida* es alérgico al cigarrillo y no quiere que sus clientes fumen.
   Anuncio: _____ *Se prohíbe fumar.* _____

5. La secretaria del jefe del departamento de ventas encontró otro trabajo mejor. Ahora, el jefe no tiene secretaria.
   Anuncio: _____ *Se necesita secretaria.* _____

Repasemos 2
Describing general qualities: *Lo* + adjective

To describe general qualities or abstract ideas, as in *the good thing, the interesting thing,* Spanish uses the neuter article **lo** followed by an adjective.

Lo interesante es que mi jefe me dio un aumento.   *The interesting thing is that my boss gave me a raise.*

For emphasis or to express degree of quality, the words **más** or **menos** may be added. Study these structures:

lo + singular masculine adjective

lo + más/menos + singular masculine adjective

Lo bueno de este trabajo es el horario flexible.   *The good thing about this job are the flexible hours.*

Lo más importante de la entrevista fue la negociación del salario.   *The most important thing about the interview was the salary negotiation.*

Common phrases in Spanish are:

| lo mejor | lo peor | lo importante | lo interesante |
| lo bueno | lo malo | lo cómico | lo fantástico |

Note: The nuetral article **lo** is also used in the expression **lo que**. It may be translated as *the thing that,* or *what* in English. It is used when *what* introduces an idea, or is embedded in a sentence.

Lo que me encanta de mi trabajo es la camaradería de mis colegas.

What (The thing that) I love about my job is the camaraderie of my colleagues.

Pregúntale a Luisa **lo que** hace un/a asistente social.

Ask Luisa what a social worker does.

CS7-5 Mi trabajo. Describe tu último trabajo. Usa las expresiones con **lo + adjetivo**.

MODELO: ¿Qué era lo más interesante de tu último trabajo?
Lo más interesante de mi último trabajo era la parte de las finanzas.

1. ¿Qué era lo mejor de tu último trabajo?
2. ¿Qué era lo peor de tu último trabajo?
3. ¿Qué era lo más importante de tu último trabajo?
4. ¿Qué era lo más aburrido de tu último trabajo?
5. ¿Qué era lo menos agradable de tu último trabajo?
6. ¿Qué era lo que más te gustaba de tu último trabajo?

CS7-6 Mantener el equilibrio. Hay muchas mujeres que trabajan fuera de casa y también tienen que atender a la familia. Describe las ventajas y desventajas de esta situación usando estas expresiones: **lo bueno, lo malo, lo fácil, lo difícil, lo interesante,** etc.

MODELO: *Lo bueno es que ellas tienen una vida profesional.*

CS7-7 Consejos para encontrar trabajo. Completa las oraciones con **lo, lo que** o **que**. Luego expresa si tú estás de acuerdo con estos consejos.

1. ___Lo que___ debes hacer es tener paciencia.
2. ___Lo que___ no debes hacer es esperar a que alguien te ofrezca un trabajo.
3. No esperes ___que___ tu primer trabajo sea muy interesante.
4. Tienes que buscar un trabajo ___que___ te guste.
5. ___Lo___ difícil es encontrar trabajo cerca de mi casa.
6. Pregunta ___lo que___ no comprendas en la entrevista.
7. Escucha los argumentos ___que___ presentan los entrevistadores.
8. Presenta tus ideas sobre ___lo que___ se puede cambiar, sin criticar la estructura actual de la empresa.

Repasemos 3
Explaining what you want others to do: Indirect commands
Indirect commands are used to tell a person what one wants other people to do.

> Susy, **que Sonia prepare** los documentos para la reunión, por favor.
>
> *Susy, have Sonia prepare the documents for the meeting please.*

A. Form
The present subjunctive is used in Spanish for the indirect command.

B. Sentence structure
Que, meaning *let, may* or *have*, is always used to introduce the indirect command. The subject may go before the verb or after the objects.

que	+	(subject)	+	verb	+	object	+	(subject)
Que				haga		las fotocopias		Graciela.
Que		Ester y José		escriban		el informe.		

C. Uses
The indirect command is used:

1. to tell someone what you want another person(s) to do.

   Que Inés te dé los nuevos contratos.

2. to express good wishes to another person.

   ¡Que tengas suerte en la entrevista!

Answers for CS7-8:
1. *Que la arquitecta traiga los nuevos planos.* 2. *Que los candidatos manden dos cartas de recomendación.* 3. *Que el gerente de ventas hable conmigo.* 4. *Que los obreros negocien con el Departamento de Recursos Humanos.* 5. *Que los directivos finalicen el contrato.* 6. *Que los ingenieros del departamento de desarrollo muestren el nuevo producto.* 7. *Que el contador presente el nuevo presupuesto.*

CS7-8 La nueva fábrica. Tú estás encargado/a de organizar al equipo que va a poner en marcha una nueva fábrica. Dile a tu secretaria los mensajes electrónicos que tiene que mandar hoy.

MODELO: firmar los contratos / la abogada
   Que la abogada firme los contratos.

1. traer los nuevos planos / la arquitecta
2. mandar dos cartas de recomendación / los candidatos
3. hablar conmigo / el gerente de ventas
4. negociar con el departamento de Recursos Humanos / los obreros
5. finalizar el contrato / los directivos
6. mostrar el nuevo producto / los ingenieros del departamento de desarrollo
7. presentar el nuevo presupuesto / el contador

CS7-9 Los graduados. Estos amigos tuyos se gradúan de la universidad y tienen distintos planes para el futuro. Expresa tus buenos deseos para cada uno de ellos.

MODELO: Roberto y Luisa se van a casar. (ser felices)
          ¡Que sean felices!

1. Gabriela quiere estudiar medicina. (alcanzar sus metas)
2. Benjamín y Lucas van a abrir su propia empresa. (tener suerte)
3. Teresa se muda a otra ciudad. (hacer nuevos amigos)
4. Raquel y Sebastián van a hacer un viaje por Europa. (divertirse)
5. Laura quiere trabajar para las Naciones Unidas. (encontrar el puesto soñado)
6. Agustín está desconforme con su trabajo. (conseguir un nuevo trabajo)

Capítulo 8
Hablemos del arte

Repasemos 1

Describing past desires, giving advice, and expressing doubts: Imperfect subjunctive

When the main clause states desires, advice, and doubts in the past, use the imperfect subjunctive in the dependent clause.

Yo les recomendé que (ellos) **vieran** la exposición de Frida Kahlo.

I recommended that they see Frida Kahlo's exhibition.

A. Uses of the imperfect subjunctive

1. When the verb of the main clause is in the past tense, the imperfect subjunctive is used in the dependent clause. The verb appears in the subjunctive in the same instances that you learned for the present subjunctive—that is, to express, emotion, expectation, desire, uncertainty or doubt, judgment, advice, denial, etc. and in adjectival and adverbial clauses. Consider the following examples.

Fue sorprendente que el cuadro se **vendiera** por tanto dinero. *(emotions)*

It was surprising that the picture sold for so much money.

Esperábamos que los frescos **fueran** espectaculares. *(expectation)*

We expected the frescoes to be spectacular.

No creía que ella **dibujara** tan bien. *(doubt)*

I didn't think she could draw that well.

El maestro **nos aconsejó** que **dibujáramos** cuidadosamente. *(advice)*

The teacher advised us to draw carefully.

No **hubo** nadie que **pintara** tantos autorretratos como Frida Kahlo. *(non-existent antecedent)*

There was no one who painted as many self-portraits as Frida Kahlo.

2. The expression **como si** *(as if)* is always followed by the imperfect subjunctive.

Pinta **como si fuera** un maestro.   *He paints as if he were a master.*

B. Imperfect subjunctive forms

1. To form the imperfect subjunctive, add the endings **-ra, -ras, -ra, -ramos, -rais, -ran** to the stem. Find the stem by dropping the **-ron** ending of the third person plural of the preterite: **apreciar → apreciaron → aprecia-, ver → vieron → vie-, salir → salieron → salie-**. Note that the irregularities of the preterite will also appear when you conjugate the imperfect subjunctive.

Note: Review the preterite tense forms on pages 429–431.

buscar → buscaron	querer → quisieron	exhibir → exhibieron
busca**ra**	quisie**ra**	exhibie**ra**
busca**ras**	quisie**ras**	exhibie**ras**
busca**ra**	quisie**ra**	exhibie**ra**
buscá**ramos**	quisié**ramos**	exhibié**ramos**
busca**rais**	quisie**rais**	exhibie**rais**
busca**ran**	quisie**ran**	exhibie**ran**

Note: There is a written accent on the first person plural.

2. In some parts of the Spanish-speaking world, the **-ra** ending is alternated with **-se**: **pudiese, pudieses, pudiese, pudiésemos, pudieseis, pudiesen**. This form is also commonly found in literary passages.

Answers for CS8-1:
1. A los dieciséis años, Fernando ya pintaba como si fuera un verdadero profesional. 2. Nadie creía que dibujara tan bien. 3. El señor Ruiz, su profesor de dibujo, le aconsejó que estudiara pintura en la escuela de Bellas Artes. 4. Su padre quería que fuera ingeniero. 5. Su padre le prohibió que fuera a las clases de dibujo del profesor Ruiz. 6. Fernando dudaba que sus padres quisieran pagar sus estudios en la escuela de Bellas Artes. 7. La madre no creía que su hijo tuviera talento.

CS8-1 Un genio mal comprendido. Fernando es un buen pintor ahora, pero, cuando tenía dieciséis años, solamente su profesor de dibujo sabía que Fernando tenía talento. Combina lógicamente la información de las dos columnas para saber qué pensaban Fernando y su familia sobre su arte. Conjuga los verbos de la columna de la derecha en el imperfecto del subjuntivo.

1. A los dieciséis años Fernando ya pintaba como si…
2. Nadie creía que…
3. El señor Ruiz, su profesor de dibujo, le aconsejó que…
4. Su padre quería que…
5. Su padre le prohibió que…
6. Fernando dudaba que…
7. La madre no creía que…

a. …ser / ingeniero
b. …su hijo / tener talento
c. …sus padres / querer pagar sus estudios en la escuela de Bellas Artes
d. …estudiar pintura en la escuela de Bellas Artes
e. …dibujar tan bien
f. …ir a las clases de dibujo del profesor Ruiz
g. …ser un verdadero profesional

CS8-2 Los genios. En las escuelas de arte y de música se encuentra mucha gente que tiene talento. Completa las oraciones con los verbos dados y un poco de imaginación.

MODELO: Inés dibuja como si (ser) _____*fuera Picasso*_____.

1. Juana pinta como si (ser) _____*fuera...*_____.
2. Ofelia y Ramona dibujan como si (copiar a) _____*copiaran a...*_____.
3. Néstor canta ópera como si (ser) _____*fuera...*_____.
4. Tú tocas el violín como si (saber) _____*supieras...*_____.
5. Ángela y yo bailamos como si (estar) _____*estuviéramos...*_____.
6. Elena produce cuadros como si (no costarle) _____*no le costara...*_____.

Repasemos 2

Expressing desire: Imperfect subjunctive in independent clauses

1. The imperfect subjunctive can also be used with **querer** in an independent sentence to express a wish. It is a polite form of expressing a desire. It is the English equivalent of *I would like to…*

   Quisiera colgar este cuadro en esta pared.   *I would like to hang this picture on this wall.*

2. **Quién** followed by the imperfect subjunctive in exclamatory sentences expresses a wish that can't easily be fulfilled.

   ¡Quién tuviera su habilidad con el dibujo!   *I wish I had his drawing ability!*

CS8-3 El decorado. Estás encargado/a de preparar una sala del museo para una exhibición de arte. Diles cortésmente a tus ayudantes lo que quieres que hagan. Usa **quisiera**, según el modelo.

MODELO: Tienen que cambiar de lugar la mesa de la entrada.
          Quisiera que Uds. cambiaran de lugar la mesa de la entrada.

1. Los bosquejos tienen que estar todos juntos.
2. Es necesario poner una luz aquí.
3. Hay que sacar los cuadros pequeños de esa pared.
4. Necesito que alguien cuelgue este cuadro en esta pared.
5. Tenemos que poner unos asientos en el medio del salón.
6. Hay que poner unas flores sobre la mesa.

Answers for CS8-3:
1. *Quisiera que los bosquejos estuvieran todos juntos.*
2. *Quisiera que pusieran una luz aquí.* 3. *Quisiera que sacaran los cuadros pequeños de esa pared.* 4. *Quisiera que alguien colgara este cuadro en esta pared.* 5. *Quisiera que pusieran unos asientos en el medio del salón.* 6. *Quisiera que pusieran unas flores sobre la mesa.*

CS8-4 **Pobrecita yo.** Luisa siempre se siente triste y deprimida porque piensa que no es una buena artista. Expresa sus sentimientos según el modelo.

MODELO: No sé dibujar bien.

¡Quién supiera dibujar bien!

1. No tengo habilidad para dibujar.

2. No pinto como Frida Khalo.

3. No uso las acuarelas correctamente.

4. No hago buenas esculturas.

5. No pinto cuadros atractivos.

6. No sé usar bien los pasteles.

Capítulo 9
Hablemos de la juventud

Repasemos 1

Talking about future activities: Future tense

In Spanish, you can express future events in three different ways:

1. **Using the present tense**

   Mañana **se casa** Ana María.   *Ana María will get married tomorrow.*

   The speaker using the present tense in this way has a sense of certainty that the action will happen.

2. **Using *ir a* + *infinitive***

   Nosotras **vamos a ser** abogadas.   *We are going to be lawyers.*

   This form is used to express actions in the near or distant future. It is commonly used in everyday speech as an alternative to the future tense.

3. **Using the future tense**

   El comité se **reunirá** con los líderes de   *The committee will meet with the*
      las pandillas urbanas.   *leaders of the urban gangs.*

A. Uses of the future tense

1. **To express a future event**

   Estos jóvenes **recibirán** una beca.   *These young people will receive a*
            scholarship.

2. **To make promises**

   Hoy, sin falta, **pasaré** por tu oficina.   *Today without fail, I'll come by*
            your office.

3. **To get other people to do things**

In this case, the verb in the future tense appears in the main clause, and the present subjunctive appears in the dependent clause. Note that only verbs that introduce the subjunctive are used in this way.

El comité le **pedirá** al intendente que **aumente** el número de policías en las calles.	*The committee will ask the mayor to increase the number of policemen on the street.*

B. Forms of the future tense

1. Regular verbs

To form the regular future tense, add the following endings to the infinitive: **-é, -ás, -á, -emos, -éis, -án**. Use the same endings for **-ar, -er,** and **-ir** verbs.

-ar	-er	-ir
criar	**leer**	**compartir**
cria**ré**	lee**ré**	comparti**ré**
cria**rás**	lee**rás**	comparti**rás**
cria**rá**	lee**rá**	comparti**rá**
cria**remos**	lee**remos**	comparti**remos**
cria**réis**	lee**réis**	comparti**réis**
cria**rán**	lee**rán**	comparti**rán**

Note: Notice that all forms have an accent mark except the **nosotros** form.

2. Irregular verbs

A few verbs in Spanish show some irregularities in the stem, although they have the same endings as the regular verbs. To help you memorize them, you can divide these into three categories.

Irregular verbs			Verbs that drop the -e in the stem			Verbs that change the -e or the -i for -d		
decir	dir-	**diré**	**caber**	cabr-	**cabré**	**poner**	pondr-	**pondré**
hacer	har-	**haré**	**haber**	habr-	**habré**	**salir**	saldr-	**saldré**
			poder	podr-	**podré**	**tener**	tendr-	**tendré**
			querer	querr-	**querré**	**valer**	valdr-	**valdré**
			saber	sabr-	**sabré**	**venir**	vendr-	**vendré**
			hay → **habrá**					

CS9-1 Te aseguro que lo haré. Lidia tiene que hacer un viaje de negocios y deja a sus dos hijas con su hermana por tres días. La hermana le asegura que todo irá como ella lo planeó. Haz el papel de la hermana y, usando el futuro, prométele estas cosas. Comienza cada oración con **Te prometo que …**

MODELO: La niña pequeña necesita dormir una siesta por la tarde.
Te prometo que dormirá dos horas todas las tardes.

1. Amalia necesita su almuerzo para llevar al colegio todos los días.
2. Elisa no debe comer bananas porque es alérgica.
3. Amalia y Elisa deben acostarse a las ocho todas las noches.
4. Elisa no puede jugar con su tren porque no funciona.
5. Amalia debe hacer la tarea de la escuela todas las tardes.
6. Amalia y Elisa deben visitar a su abuela Ester el jueves.

CS9-2 Las nuevas condiciones de trabajo. Es difícil trabajar y estudiar. Por eso, un grupo de jóvenes que trabajan en una fábrica quieren mejores condiciones de trabajo. Para saber cuáles son esas condiciones, completa los espacios con la forma correcta del verbo en el futuro.

1. Mañana, una comisión de jóvenes 1. __presentará__ (presentar) a los jefes de la empresa la lista de las condiciones de trabajo que les 2. __permitirá__ (permitir) cumplir con más facilidad sus responsabilidades laborales y estudiantiles.
2. Los jóvenes 3. __pedirán__ (pedir) la posibilidad de trabajar a tiempo parcial sin ser penalizados cuando les corresponda un ascenso (*promotion*) dentro de la empresa.
3. Además, ellos 4. __demandarán__ (demandar) que se les permita compartir el trabajo con otros empleados de acuerdo a la disponibilidad que tenga cada uno. Es decir, dos personas 5. __harán__ (hacer) el trabajo que le correspondería a una sola persona.
4. Esto implica que ellos 6. __tendrán__ (tener) que compartir el salario y los beneficios de salud.
5. Ellos entienden que su salario 7. __será__ (ser) más bajo, pero no quieren compartir los beneficios. Por eso 8. __exigirán__ (exigir-ellos) beneficios completos.
6. Las ventajas para la empresa 9. __serán__ (ser) enormes pues 10. __disminuirá__ (disminuir) el ausentismo laboral y 11. __aumentará__ (aumentar) la productividad.
7. Así los jóvenes 12. __crearán__ (crear) su propio horario y al mismo tiempo 13. __dispondrán__ (disponer) de tiempo libre para estudiar cuando lo necesiten.
8. Este sistema 14. __requerirá__ (requerir) una perfecta coordinación entre los jóvenes.

Repasemos 2
Talking about conditions: Conditional tense

To express conditions, give advice, or make requests, the conditional mode is used. It is the equivalent in English of *would* or *could + verb*.

A. Uses of the conditional tense

1. **To express polite requests**

   ¿**Podría** decirme cuál es el índice de la natalidad en España?   *Could you tell me what the birth rate is in Spain?*

2. **To give advice after expressions such as: Yo que tú…** *(If I were you)* and **En tu lugar …** *(In your place)*

   Yo que tú dejaría a las niñas con el padre.   *If I were you, I would leave the girls with the father.*

3. **To get other people to do things**

   In this case, the conditional appears in the independent clause and the imperfect subjunctive appears in the dependent clause.

   Me **gustaría** que tú trabajaras aquí.   *I would like you to work here.*

B. Forms of the conditional tense

1. **Regular verbs**

   To form the regular conditional tense, add the following endings to the infinitive: -**ía, -ías, -ía, -íamos, -íais, -ían**. Use the same endings for -**ar, -er,** and -**ir** verbs.

-ar	-er	-ir
apoyar	**defender**	**sentir**
apoyar**ía**	defender**ía**	sentir**ía**
apoyar**ías**	defender**ías**	sentir**ías**
apoyar**ía**	defender**ía**	sentir**ía**
apoyar**íamos**	defender**íamos**	sentir**íamos**
apoyar**íais**	defender**íais**	sentir**íais**
apoyar**ían**	defender**ían**	sentir**ían**

2. **Irregular verbs**

   The irregular verbs show the same stem changes as does the future tense.

decir	dir-	**diría**	**saber**	sabr-	**sabría**
hacer	har-	**haría**	**poner**	pondr-	**pondría**
caber	cabr-	**cabría**	**salir**	saldr-	**saldría**
haber	habr-	**habría**	**tener**	tendr-	**tendría**
poder	podr-	**podría**	**valer**	valdr-	**valdría**
querer	querr-	**querría**	**venir**	vendr-	**vendría**

   hay → **habría**

CS9-3 **Me gustaría trabajar desde mi casa.** Tener la propia empresa en casa es una alternativa para los que no quieren viajar hasta el lugar de trabajo. Éstos son algunos de los trabajos que estas personas harían desde su casa. Forma oraciones completas, usando el condicional.

> MODELO: coser (*to sew*) ropa original para vender (Silvia)
> *Silvia cosería ropa original para vender.*

1. hacer traducciones (Nora)
2. redactar informes (nosotros)
3. hacer diseño gráfico (Carlos)
4. cocinar comidas para vender (tú)
5. tomar mensajes por teléfono para otras compañías (Antonio y Pepe)
6. escribir un libro (yo)
7. hacer trabajos manuales (*crafts*) para vender (Ruth y yo)
8. dar clases individuales de español (él)

CS9-4 **¿Y tú qué harías?** ¿Qué trabajo harías tú para ganarte la vida y no tener que salir de tu casa? Escribe al menos cuatro posibilidades.

> MODELO: *Yo haría empanadas argentinas y las vendería a algún restaurante.*

CS9-5 **Pensándolo bien ...** Este muchacho está considerando los pros y los contras de trabajar este verano en Costa Rica. Completa las oraciones con el condicional.

Pensándolo bien, yo creo que en Costa Rica ...

1. ... extrañar a mi familia
2. ... echar de menos a mis amigos
3. ... necesitar hablar en español todo el día
4. ...ayudar en la construcción de una escuela
5. ... conocer otra cultura
6. ... mejorar mi español
7. ... hacer nuevos amigos
8. ... ¿?

CS9-6 **Yo que tú...** Esta muchacha tiene demasiadas responsabilidades. ¿Qué harías tú en su lugar? Empieza cada oración según el modelo.

> MODELO: Tengo demasiado trabajo y no puedo atender a mis estudios.
> *Yo que tú reduciría las horas de trabajo.*

1. Mi madre está enferma y no puedo cuidarla yo sola.
2. Tengo que terminar una monografía de 10 páginas para la clase de historia dentro de dos días y me necesitan en la oficina donde trabajo también.

3. Hoy no puedo asistir a la clase de español porque tengo que trabajar horas extras.

4. Yo no tengo tiempo de ir al supermercado esta semana y no tengo comida.

5. Mi mejor amiga viene a visitarme el fin de semana y mi cuarto está sucio.

6. No tengo ropa limpia porque trabajé en un informe todo el fin de semana.

CS9-7   Seamos creativos. Los estudiantes universitarios tienen demasiadas responsabilidades y están estresados. Contesta la pregunta, proponiendo por lo menos tres soluciones posibles.

¿Cómo se podría solucionar el problema del estrés entre los estudiantes?

Repasemos 3
Discussing probability: Uses of the future and conditional to express probability
A. Using the future to express probability

To express probability, wonder, or to make conjectures about the present, use the future tense. These statements do not express facts. You are guessing or wondering about something.

¿Qué **hará** mi novio ahora?	*I wonder what my boyfriend is doing now.*
Estará trabajando en la biblioteca.	*I guess he is working in the library.*

B. Using the conditional to express probability

To express probability, wonder, or to make conjectures about the past, use the conditional. This can be translated as *I wonder…, could have, might have, must have,* or *probably.*

¿Qué **haría** ella allí?	*I wonder what she was doing there.*
Saldría de trabajar temprano.	*She might have gotten off work early.*

CS9-8   Conjeturas. Haz conjeturas basadas en las siguientes situaciones. Usa el futuro.

MODELO: Luisa no vino a clase hoy.

¿*Estará enferma?*

1. Susana no me saludó cuando la vi en el laboratorio.

2. Jorge tiene un coche nuevo, último modelo.

3. Raúl y Marta están siempre juntos.

4. Estela va a la biblioteca todos los días.

5. Antonia y Eduardo compiten demasiado.

6. Mi compañero/a de cuarto tiene tos y está muy cansado/a.

CS9-9 ¿Qué puede haber pasado? Estas personas actuaron de una manera inesperada. Haz conjeturas sobre lo que podría haberles inducido a actuar así.

MODELO: Mi vecino llegó muy tarde a su cuarto anoche.

Estudiaría en la biblioteca hasta tarde.

1. El equipo de fútbol de mujeres de la universidad ganó todos los partidos menos el último.
2. No sé por qué mi hermano se hizo miembro de esa fraternidad.
3. Mi hermana me llama por teléfono todos los días pero ayer no me llamó.
4. Mi mejor amigo me dijo que vendría a visitarme ayer pero no vino.
5. Todos los libros de esta escritora han tenido mucho éxito, menos el primero.

Capítulo 10
Hablemos de la tecnología y de la globalización

Repasemos 1

Expressing outstanding qualities: Superlative
Superlative form of adjectives

The superlative form of adjectives is used when comparing a thing or a person to a group. To express the superlative use the following structure:

el / la / los / las + *noun* (optional) + **más / menos** + *adjective* + **de**

Ésta es **la computadora más lenta de** la oficina.

This is the slowest computer in the office.

Note: Spanish uses the preposition **de** when English uses *in* or *of*.

1. The noun is omitted if it has been mentioned before in the sentence.

Esta computadora **es la más nueva de la oficina**.

This computer is the newest one in the office.

2. The irregular forms **mejor** and **peor** are generally placed before the noun.

En la década de los 90, Chile tenía **la mejor economía de** Latinoamérica.

In the nineties, Chile had the best economy in Latin America.

3. The superlative form can also be expressed using the following words together with the adjective: **muy**, **extraordinariamente**, **extremadamente**, and **sumamente**.

Este programa de computadoras es **sumamente complicado**.

This computer program is extremely complicated.

CS10-1 Opiniones. Esta persona tiene opiniones bastante exageradas y usa muchos superlativos. Forma oraciones completas con los elementos dados.

MODELO: computadora / invento / importante / siglo XX

La computadora fue el invento más importante del siglo XX.

1. ésta / computadora / caro / tienda
2. las computadoras / máquinas / útil / mundo
3. las computadoras de esta oficina / bueno / computadoras / mercado
4. la clonación / práctica científica / prometedor / últimos años
5. la clonación humana / experimento / peligroso / historia
6. la Red / bueno / invento / todos los tiempos

CS10-2 Megatiendas virtuales. ¿Cuáles son las ventajas y desventajas de comprar por la Red? Compara las megatiendas virtuales con los lugares para hacer compras de la lista A. Forma oraciones superlativas con los elementos dados en la lista B. ¡Ojo con la concordancia!

MODELO: Lista A: los centros comerciales

Lista B: (ser / conveniente)

Las megatiendas virtuales son el lugar más conveniente de todos porque no tengo que salir de casa.

Lista A

los grandes almacenes   los mercados al aire libre
las tiendas pequeñas   los centros comerciales

Lista B

1. ser / rápido
2. tener / mayor variedad
3. ser mejor / para ver gente
4. ser / peor / para ahorrar tiempo
5. ser / divertido
6. tener / precios bajos
7. ser / caro
8. ser / barato

Answers for CS10-1:
1. *Ésta es la computadora más cara de la tienda.* 2. *Las computadoras son las máquinas más útiles del mundo.* 3. *Las computadoras de esta oficina son las mejores computadoras del mercado.* 4. *La clonación es la práctica científica más prometedora de los últimos años.* 5. *La clonación humana es el experimento más peligroso de la historia.* 6. *La Red es el mejor invento de todos los tiempos.*

Answers for CS10-2:
Responses will vary, but they will resemble the following ones. Every sentence starts with: *Las megatiendas virtuales …* 1. *no son las más rápidas porque hay que esperar que llegue la mercadería por correo.* 2. *tienen la mayor variedad de todas las tiendas.* 3. *no son las mejores para ver gente.* 4. *no son las peores para ahorrar tiempo.* 5. *no son las más divertidas de todas.* 6. *tienen los precios más bajos de todas.* 7. *son las menos caras de todas.* 8. *son las más baratas de todas.*

Repasemos 2
Expressing outstanding qualities: Absolute superlative

Absolute superlative form
Spanish has the **-ísimo/a** form of the adjective to describe extraordinary or exceptional qualities. In English, **-ísimo** means *very, extremely,* or *exceptionally*.

Since adjectives agree in gender and number with the noun they modify, there are four forms to the absolute superlative endings: **-ísimo, -ísima, -ísimos, -ísimas**.

Following, you will find the rules to form the absolute superlative.

Word endings	Changes	Example
consonant	no change	**fácil** → facilísimo
vowel	drop the final vowel	**interesante** → interesantísimo
		buena → buenísima
-co	c → qu	**poco** → poquísimo
-go	g → gu	**largo** → larguísimo

El teléfono celular es **practiquísimo**; por eso me compré uno aunque me costó **carísimo**.

The cellular phone is very practical; that is why I bought one even though it cost me a lot.

CS10-3 La sociedad de la información. Completa las siguientes oraciones con el superlativo absoluto correspondiente según el contexto.

1. (Mucho) _____Muchísima_____ gente usa Internet como único mecanismo mundial de comunicación.

2. El surgimiento de nuevas tecnologías ha sido (rápido) _____rapidísimo_____.

3. No todos están de acuerdo con que la globalización de la economía sea una cosa (bueno) _____buenísima_____.

4. Ir a otras galaxias es un viaje (largo) _____larguísimo_____.

5. No es (difícil) _____dificilísimo_____ aprender a manejar una computadora.

6. Hay (poco) _____poquísimas_____ personas preparadas para viajar al espacio.

7. Muchas personas se han hecho (rico) _____riquísimas_____ trabajando en alta tecnología.

8. Son muy pocos los países con una economía (fuerte) _____fuertísima_____, pero son _____muchísimos_____ (mucho) los países con una economía muy pobre.

9. El profesional flexible, dispuesto a mudarse, tiene posibilidades (interesante) _____interesantísimas_____.

Repasemos 3
Talking about people and things: Uses of the indefinite article

The indefinite article **un / una / unos / unas** is less frequently used in Spanish than it is in English. Follow these rules of use and omission.

A. Use it:

1. **Before a modified noun**

Quiero hacer **una llamada de cobro revertido**.	*I want to make a collect call.*

2. **Before each noun in a list**

Para empezar un negocio, se necesita **un** crédito del banco, **una** oficina bien equipada y **un** secretario.	*In order to start a business, one needs a bank loan, a well-equipped office, and a secretary.*

3. **Before a noun that has not been previously mentioned**

Necesito **un** contestador automático.	*I need an answering machine.*

B. Omit it:

1. **Before names of profession, occupation, nationality, religion, or affiliation**

Tengo un compañero de trabajo que es **uruguayo** y es **experto en computadoras**.	*I have a co-worker who is Uruguayan and a computer expert.*
Yo no soy **atea**. Tampoco soy ni **demócrata** ni **republicana**.	*I am not an atheist. Neither am I Democrat nor Republican.*

2. **Before the words: cien / ciento, mil, cierto/a, medio/a, otro/a**

Mis hijos navegan por Internet **cien** veces por semana. Es **otro** de los nuevos entretenimientos de esta generación.	*My children surf the net hundreds of times each week. It is another new entertainment of this generation.*

CS10-4 La oficina virtual. Completa las oraciones con el artículo indefinido, donde sea necesario.

Ver a 1. _____un_____ ejecutivo trabajando en 2. _____una_____ finca, lejos del ruido y la contaminación, mientras observa por 3. _____una_____ ventana las flores del jardín, puede parecer 4. _____un_____ sueño. Pero tal 5. _____∅_____ imagen no está lejos de ser realidad. Desde 6. _____una_____ hacienda en Villa de Leyva, 7. _____un_____ colombiano maneja desde su país 8. _____una_____ empresa de diseño de 9. _____∅_____ páginas de Internet que está en Miami, a 10. _____∅_____ miles de kilómetros de distancia. Esto es posible, claro está, gracias a la tecnología. Sólo se necesita 11. _____una_____ computadora personal con 12. _____un_____ módem, 13. _____un_____ celular, 14. _____una_____ computadora portátil y acceso a la Red. Con el correo electrónico es posible tener clientes al 15. _____∅_____ otro lado del mundo.

CS10-5 Mis dos amigas. Ramón le cuenta a Raúl que sus dos amigas están haciendo planes para crear una empresa. Completa el diálogo con el artículo indefinido correcto, donde sea necesario.

RAÚL: ¿Sabes que estoy pensando en tener mi propia 1. _____Ø_____ empresa?

RAMÓN: Yo tengo 2. _____una_____ amiga que estudió economía y quiere abrir 3. _____una_____ empresa.

RAÚL: ¿De dónde sacará el dinero?

RAMÓN: Va a pedir 4. _____un_____ préstamo de cien mil euros a 5. _____un_____ banco.

RAÚL: ¿Lo va a hacer todo sola?

RAMÓN: No. Cristina, que es 6. _____Ø_____ otra amiga mía y que también es 7. _____una_____ buena economista, va a ayudarla. Es 8. _____una_____ mujer muy inteligente y 9. _____una_____ persona de mucha confianza.

RAÚL: ¡Qué bien! Parece 10. _____un_____ plan excelente.

RAMÓN: No sólo eso. Como ellas son 11. _____Ø_____ feministas, quieren hacer todo lo posible para ayudar a 12. _____Ø_____ otras mujeres sin 13. _____Ø_____ empleo.

Capítulo 11
Hablemos del ocio y del tiempo libre

Repasemos 1

Indicating who performs the actions: Passive voice with *ser*

In Spanish as in English, it is possible to clarify whether the subject of a sentence performs or receives the action by using the active voice or the passive voice respectively. In Spanish, however, the use of the passive voice is more prevalent than in English. The one who performs the action is called the *agent*. Consider these examples:

Active voice: The subject performs the action.

La compañía AG instaló ayer la antena parabólica.

(**la compañía AG** is the subject.)

Passive voice: The subject receives the action.

La antena parabólica fue instalada ayer por la compañía AG.

(**la antena parabólica** is the subject, la compañía AG is the agent.)

The form of a passive sentence is:

Subject + **ser** + past participle + **por** + agent

1. The past participle agrees with the subject in gender and number because it acts as an adjective.

El contrato **fue firmado** por el director y la productora.

The contract was signed by the director and the producer.

Todas las entradas **fueron vendidas** el primer día.

All the tickets were sold on the first day.

2. In sentences using the passive voice, the agent has a minor role in the sentence and, therefore, is often omitted. When it does appear in the sentence, the agent is introduced by the preposition **por**.

Este anuncio comercial **fue transmitido por dos canales diferentes.**

This commercial was aired by two different channels.

Las luces son **apagadas y encendidas** para indicar el final del intermedio. (omitted)

The lights are turned on and off to signal the end of the intermission.

3. The form of the verb **ser** shows the tense of the sentence. It can be in the present, past, or future.

Esta telenovela **es** vista por más de un millón de televidentes.

Esta telenovela **fue** vista por más de un millón de televidentes.

Esta telenovela **será** vista por más de un millón de televidentes.

4. In Spanish the passive construction appears more often in written than in spoken language. In spoken language, the passive **se** is used more often. Véase la explicación en **Repasemos 2.**

Mañana **se intrevistarán** a los cantantes.

The singers will be interviewed tomorrow.

CS11-1 La entrega de premios. Lee lo que hacen estos artistas y luego exprésalo en la voz pasiva.

1. El animador llama a los artistas al escenario uno por uno.
2. El animador describe brevemente la carrera artística del candidato.
3. La academia de cine otorga los premios en diferentes categorías.
4. Los jueces eligen al mejor candidato para cada premio.
5. Generalmente, una actriz o un actor famoso/a le entrega el premio a cada ganador.
6. Dos autores jóvenes reciben el premio al mejor guión.

Answers for CS11-1:
1. *Los artistas son llamados al escenario uno por uno por el animador.* 2. *La carrera artística del candidato es descrita brevemente por el animador.* 3. *Los premios en diferentes categorías son otorgados por la academia de cine.* 4. *El mejor candidato para cada premio es elegido por los jueces.* 5. *Generalmente, el premio a cada ganador es entregado por una actriz o un actor famoso/a.* 6. *El premio al mejor guión es recibido por dos autores jóvenes.*

CS11-2 **¡Qué suerte!** A Ana María, le fascina el cantante español Joan Manuel Serrat. Completa el párrafo usando la voz pasiva para saber por qué ella tuvo suerte. Usa el verbo **ser** en el pretérito.

Ana María estaba muy contenta al comprar el último disco compacto de Serrat porque la tapa 1. _____*fue firmada*_____ (firmar) por él mismo. Las canciones 2. _____*fueron grabadas*_____ (grabar) por la compañía de discos más importante del país. Además, su tío Paco, que es músico, 3. _____*fue elegido*_____ (elegir) para tocar la guitarra en el próximo concierto de Serrat. Él 4. _____*fue presentado*_____ (presentar) a Serrat por su agente, quien le consiguió unos boletos para el espectáculo a Ana María. Las butacas 5. _____*fueron escogidas*_____ (escoger) por el tío, así que deben de estar muy bien ubicadas. Ana María espera poder saludar a Serrat después del concierto.

Answers for CS11-3:
1. *El Canal 12 ha sido comprado por una empresa japonesa el mes pasado.* 2. *La programación ha sido cambiada completamente.* 3. *Por ejemplo, los videos musicales con letra ofensiva han sido reemplazados por programas educativos.* 4. *Las telenovelas han sido cambiadas por documentales sobre animales.* 5. *Los noticieros han sido transmitidos con más frecuencia.* 6. *Las películas de violencia han sido suspendidas.*

CS11-3 **Un cambio de programación.** Descubre lo que ha pasado con el Canal 12 este mes. Escribe oraciones completas, usando la voz pasiva con **ser** en el pretérito perfecto. ¡Ojo con el tiempo verbal!

MODELO: los anuncios comerciales / eliminar / totalmente
Los anuncios comerciales han sido eliminados totalmente.

1. el Canal 12 / comprar / una empresa japonesa / el mes pasado
2. la programación / cambiar / completamente
3. por ejemplo / los video musicales con letra ofensiva / reemplazar / programas educativos
4. las telenovelas / cambiar / por documentales sobre animales
5. los noticieros / transmitir / con más frecuencia
6. las películas de violencia / suspender

Repasemos 2
Substitute for passive voice: The passive *se*

When it is not important to mention the person who is carrying out the action, the passive **se** is commonly used. The passive **se** is followed by the verb in the third person singular or plural, according to the noun that follows.

Se + third person singular + *singular noun*
Se abrió con éxito la nueva temporada de teatro.
The new theater season was successfully opened.
Se + third person plural + *plural noun*
Se anunciaron los premios Goya.
The Goya prizes were announced.

Note: You have seen the passive **se** on page 454 (Chapter 7) along with the explanation of the impersonal **se**.

CS11-4 **Un gesto generoso.** El conjunto de teatro de la ciudad le dio al alcalde lo recaudado en una función para que se use para la promoción de las artes en las escuelas. Escribe oraciones que describan lo que hicieron. Usen el **se** pasivo.

> MODELO: programar / función de gala
>
> *Se programó una función de gala.*

1. enviar / invitaciones / mil personas y empresas
2. anunciar / la función / todos los medios de difusión
3. ofrecer / un cóctel / antes de la función
4. transmitir / la obra por dos canales de televisión
5. después de la actuación / entregar / ramos de flores a los actores
6. ver / muchos periodistas en la función

CS11-5 **Los entretenimientos.** Tu amigo/a de la infancia te viene a visitar y quiere saber qué se puede hacer en esta ciudad. Usando el **se** pasivo, explícale dónde puede encontrar las siguientes cosas.

> MODELO: ¿Dónde se puede escuchar música latina? (bar Regata)
>
> *Se escucha buena música latina en el bar Regata.*

1. ¿Dónde se pueden ver películas extranjeras? (cine club)
2. ¿Dónde se pueden alquilar películas latinoamericanas? (Hollywood al minuto)
3. ¿Dónde se pueden ver telenovelas argentinas? (Canal 5)
4. ¿Dónde se puede escuchar a los mariachis? (el restaurante Casa México)
5. ¿Dónde se pueden ver buenas obras de teatro? (Teatro Nacional)
6. ¿Dónde se puede escuchar la orquesta sinfónica? (el Conservatorio de música)
7. ¿Dónde se pueden mirar las noticias en español? (Canal 10)
8. ¿Dónde se pueden comer tapas auténticas? (La Giralda)

Repasemos 3

Linking ideas: Relative pronouns

In order to make your speech more fluent in Spanish, you need to learn to connect simple sentences. Relative pronouns will help you do this. Look at these sentences.

Choppy Speech	**Fluent Speech**
Ana vio la película ayer. El periódico de la universidad recomendaba esa película.	Ana vio la película que recomendaba el periódico de la universidad.
Ana saw the movie yesterday. The university newspaper recommended that movie.	*Ana saw the movie that the university newspaper recommended.*

Que is the relative pronoun that joins these two sentences together. It replaces the word **película** which was already mentioned in the first sentence. This word to which the relative pronoun refers is called the *antecedent*.

The most common relative pronouns in Spanish are **que, quien, lo que, lo cual, el/la/los/las cual/es, el/la/los/las que**.

1. **Que** and **quien**

   These relative pronouns are commonly used in everyday speech.

Que (*that, which, who*)	**Quien** (*who, whom*)
a. Refers to people and things.	a. Refers to people when it appears between commas
Susana Rinaldi es la artista **que** canta tangos. (*who — person*)	Este niño, **quien** sólo tiene seis años, sabe bailar salsa como un bailarín profesional.
El programa **que** pasan a las tres de la tarde es de México. (*that / which — thing*)	(Not commonly used in spoken language.)
b. Used after prepositions for things. (**a, con, de** or **en**)	b. Used after prepositions for people.
Ésta es la cámara **con que** saqué esas lindas fotografías. (*with which*)	El cantante **de quien** te hablé, tiene un espectáculo el sábado en el Odeón.
c. It cannot be omitted, as it often is in English.	c. May be used at the beginning of a sentence as a substitute for *he/she who* …
	Quien tiene talento, perseverancia y mucha suerte, triunfa en el cine.

   Note: The information that appears between commas is often nonessential to the sentence and can be omitted. In Spanish, this information can be introduced by **quien** (for people) or **que** (for things).

Laura, **quien empezó a tocar el piano cuando tenía cuatro años**, es ahora una pianista famosa.	*Laura, who started to play the piano when she was four years old, is now a famous pianist.*
La flauta, **que ella compró ayer**, fue usada por el primer flautista de la sinfónica.	*The flute, which she bought yesterday, was used by the symphony orchestra's first flautist.*

2. **Lo que** and **lo cual** (*what, that which*)

   These refer to a previously mentioned idea, situation, or event. **Lo cual** may not be used at the beginning of the sentence.

Lo que la tecnología nos facilita es la comunicación con partes remotas de la Tierra.	*What technology allows us to enjoy is communication with remote parts of Earth.*
La conexión ya está hecha, **lo cual** es un gran adelanto.	*The connection is already in place, which is a big progress.*

3. el/la/los/las cual/es (*that, which, who, whom*)

These are used to clarify the antecedent when there is more than one possibility mentioned in the sentence.

It is used after short prepositions: **a, con, de, en, por, para,** and **sin**.

Éste es el hijo de mi amiga **a la cual** le
dieron el premio de cinematografía.

This is the son of my friend, to whom they gave the cinematography award.

4. el/la//los/las que (*the one/s who, the one/s that*)

Used after long prepositions: **al lado de, cerca de, lejos de**.

La tecnología de las primeras películas
estaba muy **lejos de la que** existe hoy.

The technology of the first movies was far from what is available today.

CS11-6 **Lenguaje fluido.** Une las oraciones de las dos columnas.

MODELO: Éste es el bajo de mi primo. Mi primo compró el bajo en Texas.

Éste es el bajo que mi primo compró en Texas.

Lista A

1. Éste es el violín de Antonio.
2. Ésta es la guitarra.
3. Éste es uno de los primeros televisores.
4. Éstos son los programas nuevos de TV.
5. Éste es el piano de mi abuela.

Lista B

a. Antonio aprendió a tocar con él.
b. Laura pagó 1.000 euros por esta guitarra.
c. Los niños se entretenían en los años cincuenta con ellos.
d. Los programas no contratan a artistas profesionales sino a gente común.
e. Mi abuela tenía este piano en su casa.

CS11-7 **Los aficionados a la música.** Estas personas son todas aficionadas a la música. Completa las oraciones con los pronombres relativos.

1. Esta persona, 1. ___*quien*___ es muy aficionada a la música, nos muestra los elementos internos 2. ___*que*___ forman estos auriculares especiales.

2. Ésta es la canción 3. ___*que*___ me cantaba mi madre cuando era niña.

3. Éste es el libro de piano del 4. ___*cual*___ saco más provecho.

4. 5. ___*Lo que*___ este muchacho hace con el violín, no lo puede hacer cualquiera.

5. Tengo un sobrino 6. ___*que*___ vive en Valencia y 7. ___*que*___ toca el piano a nivel internacional.

Capítulo 12
Hablemos de las celebraciones y del amor

Repasemos 1

Expressing sequence of actions: Infinitive after preposition

Spanish always uses the infinitive after a preposition; English uses the present participle form (*-ing* ending).

Después de brindar, cortaron el pastel de cumpleaños.	*After making a toast, they cut the birthday cake.*

In Spanish, you place the pronouns after the infinitive, and attached to it.

Antes de **conocerte**, no sabía lo que era el amor.	*Before meeting you, I didn't know what love was.*

There are several prepositions that have a special meaning in Spanish.

1. **Al** + *infinitive* = *upon* + *-ing* or *when* + verb

Al ver su sonrisa, supo que todo estaba perdonado.	*Upon seeing (When she saw) his smile, she knew that everything was forgiven.*

2. **Para** + *infinitive* = *in order to* + verb

Para festejar las bodas de plata, van a hacer un safari en África.	*In order to celebrate their silver anniversary, they are going on an African safari.*

3. **De** + *infinitive* = *if* clauses in the present and the past

De terminar temprano la fiesta, iremos a tomar un café al centro. (Present)	*If the party finishes early, we'll go to have a coffee downtown.*
De tener más lugar en casa, invitaría a más amigos. (Present, contrary-to-fact)	*If I had more room at home, I would invite more friends.*
De haber sabido que venías, no habría salido. (Past, contrary-to-fact)	*If I had known you were coming, I wouldn't have gone out.*

CS12–1 **La quinceañera.** Estercita celebró la fiesta de sus quince años. Lee la descripción de la fiesta y completa el párrafo con las preposiciones correspondientes según el contexto.

Estercita estaba hermosísima con su vestido blanco, largo. 1. ___Al___ entrar ella al salón, los invitados la aplaudieron mucho. 2. ___Antes de___ comenzar el baile general, la quinceañera bailó con su padre. El abuelo hizo un brindis 3. ___para___ desearle una buena y larga vida. 4. ___Después de___ comer algunos amigos leyeron unos poemas que le habían escrito en su honor. 5. ___Al___ cortar el pastel de cumpleaños, todos le cantaron Cumpleaños feliz. 6. ___Al___ abrir los regalos tuvo sorpresas muy agradables. Al final ella estuvo muy contenta con su fiesta.

CS12–2 **El invitado maleducado.** Carlos es un invitado poco cortés. Cuenta lo que hizo en esta fiesta. Completa las oraciones de una manera lógica usando estos verbos. Agrega otras palabras para completar la oración.

despedirse	ser rechazado por	mirar a
asistir a una fiesta de	ponerse	estar

1. Llegó a la fiesta antes de ___ponerse ..._ .
2. Entró al salón sin ___mirar a ..._ .
3. Comió y bebió hasta ___estar ..._ .
4. No estaba vestido para ___asistir a una fiesta de ..._ .
5. Bailó solo después de ___ser rechazado por ..._ .
6. Se fue de la fiesta tarde sin ___despedirse ..._ .

Repasemos 2
Describing how things may be in the future, expressing probability: Future perfect
A. Uses of the future perfect

1. Use the future perfect to talk about an event that will have happened by a specific time in the future.

   Para el fin de este año, **habrás encontrado** a tu príncipe azul.
   By the end of this year, you will have found your white knight.

2. You have learned that the future tense is used to express probability in the present. The future perfect is used to express probability or conjecture about a past event.

   Me imagino que Antonia **habrá recibido** muchos regalos por su boda.
   I imagine that Antonia has received lots of presents for her wedding.

B. Forms

1. To form the future perfect, use the future of **haber** + past participle.

Future of haber		Past participle
habré		
habrás		amado
habrá	+	entristecido
habremos		sentido
habréis		
habrán		

CS12–3 **¿Qué habrá pasado?** Contesta estas preguntas sobre lo que podrá haber pasado para el año 2020.

1. ¿Crees que se habrá inventado una droga para curar el mal de amor?
2. ¿Los científicos habrán explicado el proceso de enamoramiento?
3. ¿Crees que se habrá descubierto cómo hacer que la gente no envejezca?
4. ¿Habrán descubierto una cura para los celos desmedidos?
5. ¿Habrán encontrado una forma de escoger el sexo de los hijos?
6. _____?

CS12–4 **¿Y tú?** ¿Qué habrás hecho tú en 15 años? Explica cinco cosas que quisieras haber hecho de hoy en 15 años.

MODELO: *En quince años habré terminado mis estudios; habré viajado por toda Sudamérica …*

Repasemos 3
Talking about hypothetical situations in the past: Conditional perfect

A. Uses of the conditional perfect

1. Use the conditional perfect to talk about what would / could have happened in the past.

   Quizás se **habría casado** antes.   *Perhaps he would have been married before.*

2. You can also use it to express what might or could have happened in the past under certain conditions.

   Conociendo su pasado, no te **habrías enamorado** tanto de él.   *Knowing his past, you wouldn't have fallen so much in love.*

B. Forms

1. To form the conditional perfect, use the conditional of **haber** + past participle.

Conditional of haber		Past participle
habría		
habrías		**besado**
habría	+	**temido**
habríamos		**vivido**
habríais		
habrían		

CS12-5 **Regalos diferentes.** Susana recibió regalos muy extraños para su cumpleaños. ¿Qué habrías hecho tú con estos regalos?

MODELO: un teléfono con pantalla de TV

  Yo lo habría cambiado por uno más sencillo.

1. una lapicera con un micrófono adentro
2. un reloj que tiene dos caras para distintas zonas de tiempo
3. un termómetro que mide tu grado de enamoramiento
4. una cámara de fotos de hace treinta años
5. una fuente de agua con la estatua de Cupido
6. un televisor que es activado con la voz

CS12-6 **Relaciones difíciles.** ¿Qué habrías hecho en estas situaciones? Escribe lo que habrías hecho en estas circunstancias según la información dada.

MODELO: El novio de Ana le fue infiel y ella no hizo nada.

  Yo lo habría dejado y me habría buscado otro novio.

1. Tu mejor amigo/a estuvo enamorado/a de un hombre/mujer casado/a.
2. Un compañero/a de la secundaria, a quien hace años que no ves, te llama por teléfono para invitarte a salir.
3. Alguien que no conocías muy bien te invitó a cenar en un restaurante elegante.
4. Querías organizar una fiesta sorpresa para tu amiga/o pero él/ella no te pudo decir cuándo iba a estar en casa.
5. Tu hermana se gastó todo el dinero para la matrícula de la universidad en su fiesta de boda.
6. El novio de tu mejor amiga tenía celos de ti.

Verb charts

Regular Verbs: Simple Tenses

Infinitive Present Participle Past Participle	Indicative					Subjunctive		Imperative
	Present	Imperfect	Preterit	Future	Conditional	Present	Imperfect	
hablar hablando hablado	hablo hablas habla hablamos habláis hablan	hablaba hablabas hablaba hablábamos hablabais hablaban	hablé hablaste habló hablamos hablasteis hablaron	hablaré hablarás hablará hablaremos hablaréis hablarán	hablaría hablarías hablaría hablaríamos hablaríais hablarían	hable hables hable hablemos habléis hablen	hablara hablaras hablara habláramos hablarais hablaran	habla tú, no hables hable usted hablemos hablen Uds.
comer comiendo comido	como comes come comemos coméis comen	comía comías comía comíamos comíais comían	comí comiste comió comimos comisteis comieron	comeré comerás comerá comeremos comeréis comerán	comería comerías comería comeríamos comeríais comerían	coma comas coma comamos comáis coman	comiera comieras comiera comiéramos comierais comieran	come tú, no comas coma usted comamos coman Uds.
vivir viviendo vivido	vivo vives vive vivimos vivís viven	vivía vivías vivía vivíamos vivíais vivían	viví viviste vivió vivimos vivisteis vivieron	viviré vivirás vivirá viviremos viviréis vivirán	viviría vivirías viviría viviríamos viviríais vivirían	viva vivas viva vivamos viváis vivan	viviera vivieras viviera viviéramos vivierais vivieran	vive tú, no vivas viva usted vivamos vivan Uds.

Vosotros Commands

hablar	comer	vivir
hablad, no habléis	comed, no comáis	vivid, no viváis

482

Regular Verbs: Perfect Tenses

	Indicative					Subjunctive		
Present Perfect	**Past Perfect**	**Preterit Perfect**	**Future Perfect**	**Conditional Perfect**		**Present Perfect**	**Past Perfect**	
he hablado	había hablado	hube hablado	habré hablado	habría hablado		haya hablado	hubiera hablado	
has comido	habías comido	hubiste comido	habrás comido	habrías comido		hayas comido	hubieras comido	
ha vivido	había vivido	hubo vivido	habrá vivido	habría vivido		haya vivido	hubiera vivido	
hemos	habíamos	hubimos	habremos	habríamos		hayamos	hubiéramos	
habéis	habíais	hubisteis	habréis	habríais		hayáis	hubierais	
han	habían	hubieron	habrán	habrían		hayan	hubieran	

Irregular Verbs

Infinitive Present Participle Past Participle	Indicative					Subjunctive		Imperative
	Present	**Imperfect**	**Preterit**	**Future**	**Conditional**	**Present**	**Imperfect**	
andar andando andado	ando andas anda andamos andáis andan	andaba andabas andaba andábamos andabais andaban	anduve anduviste anduvo anduvimos anduvisteis anduvieron	andaré andarás andará andaremos andaréis andarán	andaría andarías andaría andaríamos andaríais andarían	ande andes ande andemos andéis anden	anduviera anduvieras anduviera anduviéramos anduvierais anduvieran	anda tú, no andes ande usted andemos andad vosotros no andéis anden Uds.
caer cayendo caído	caigo caes cae caemos caéis caen	caía caías caía caíamos caíais caían	caí caíste cayó caímos caísteis cayeron	caeré caerás caerá caeremos caeréis caerán	caería caerías caería caeríamos caeríais caerían	caiga caigas caiga caigamos caigáis caigan	cayera cayeras cayera cayéramos cayerais cayeran	cae tú, no caigas caiga usted caigamos caed vosotros no caigáis caigan Uds.
dar dando dado	doy das da damos dais dan	daba dabas daba dábamos dabais daban	di diste dio dimos disteis dieron	daré darás dará daremos daréis darán	daría darías daría daríamos daríais darían	dé des dé demos deis den	diera dieras diera diéramos dierais dieran	da tú, no des dé usted demos dad vosotros no déis den Uds.

Irregular Verbs (continued)

Infinitive / Present Participle / Past Participle	Indicative					Subjunctive		Imperative
	Present	Imperfect	Preterit	Future	Conditional	Present	Imperfect	
decir / diciendo / dicho	digo dices dice decimos decís dicen	decía decías decía decíamos decíais decían	dije dijiste dijo dijimos dijisteis dijeron	diré dirás dirá diremos diréis dirán	diría dirías diría diríamos diríais dirían	diga digas diga digamos digáis digan	dijera dijeras dijera dijéramos dijerais dijeran	di tú, no digas diga usted digamos decid vosotros, no digáis digan Uds.
estar / estando / estado	estoy estás está estamos estáis están	estaba estabas estaba estábamos estabais estaban	estuve estuviste estuvo estuvimos estuvisteis estuvieron	estaré estarás estará estaremos estaréis estarán	estaría estarías estaría estaríamos estaríais estarían	esté estés esté estemos estéis estén	estuviera estuvieras estuviera estuviéramos estuvierais estuvieran	está tú, no estés esté usted estemos estad vosotros, no estéis estén Uds.
haber / habiendo / habido	he has ha hemos habéis han	había habías había habíamos habíais habían	hube hubiste hubo hubimos hubisteis hubieron	habré habrás habrá habremos habréis habrán	habría habrías habría habríamos habríais habrían	haya hayas haya hayamos hayáis hayan	hubiera hubieras hubiera hubiéramos hubierais hubieran	
hacer / haciendo / hecho	hago haces hace hacemos hacéis hacen	hacía hacías hacía hacíamos hacíais hacían	hice hiciste hizo hicimos hicisteis hicieron	haré harás hará haremos haréis harán	haría harías haría haríamos haríais harían	haga hagas haga hagamos hagáis hagan	hiciera hicieras hiciera hiciéramos hicierais hicieran	haz tú, no hagas haga usted hagamos haced vosotros, no hagáis hagan Uds.
ir / yendo / ido	voy vas va vamos vais van	iba ibas iba íbamos ibais iban	fui fuiste fue fuimos fuisteis fueron	iré irás irá iremos iréis irán	iría irías iría iríamos iríais irían	vaya vayas vaya vayamos vayáis vayan	fuera fueras fuera fuéramos fuerais fueran	ve tú, no vayas vaya usted vamos, no vayamos id vosotros, no vayáis vayan Uds.

Irregular Verbs (continued)

Infinitive / Present Participle / Past Participle	Indicative — Present	Imperfect	Preterit	Future	Conditional	Subjunctive — Present	Imperfect	Imperative
oír oyendo oído	oigo oyes oye oímos oís oyen	oía oías oía oíamos oíais oían	oí oíste oyó oímos oísteis oyeron	oiré oirás oirá oiremos oiréis oirán	oiría oirías oiría oiríamos oiríais oirían	oiga oigas oiga oigamos oigáis oigan	oyera oyeras oyera oyéramos oyerais oyeran	oye tú, no oigas oiga usted oigamos oíd vosotros no oigáis oigan Uds.
poder (ue, u) pudiendo podido	puedo puedes puede podemos podéis pueden	podía podías podía podíamos podíais podían	pude pudiste pudo pudimos pudisteis pudieron	podré podrás podrá podremos podréis podrán	podría podrías podría podríamos podríais podrían	pueda puedas pueda podamos podáis puedan	pudiera pudieras pudiera pudiéramos pudierais pudieran	
poner poniendo puesto	pongo pones pone ponemos ponéis ponen	ponía ponías ponía poníamos poníais ponían	puse pusiste puso pusimos pusisteis pusieron	pondré pondrás pondrá pondremos pondréis pondrán	pondría pondrías pondría pondríamos pondríais pondrían	ponga pongas ponga pongamos pongáis pongan	pusiera pusieras pusiera pusiéramos pusierais pusieran	pon tú, no pongas ponga usted pongamos poned vosotros no pongáis pongan Uds.
querer (ie, i) queriendo querido	quiero quieres quiere queremos queréis quieren	quería querías quería queríamos queríais querían	quise quisiste quiso quisimos quisisteis quisieron	querré querrás querrá querremos querréis querrán	querría querrías querría querríamos querríais querrían	quiera quieras quiera queramos queráis quieran	quisiera quisieras quisiera quisiéramos quisierais quisieran	quiere tú, no quieras quiera usted queramos quered vosotros no queráis quieran Uds.
saber sabiendo sabido	sé sabes sabe sabemos sabéis saben	sabía sabías sabía sabíamos sabíais sabían	supe supiste supo supimos supisteis supieron	sabré sabrás sabrá sabremos sabréis sabrán	sabría sabrías sabría sabríamos sabríais sabrían	sepa sepas sepa sepamos sepáis sepan	supiera supieras supiera supiéramos supierais supieran	sabe tú, no sepas sepa usted sepamos sabed vosotros no sepáis sepan Uds.
salir saliendo salido	salgo sales sale salimos salís salen	salía salías salía salíamos salíais salían	salí saliste salió salimos salisteis salieron	saldré saldrás saldrá saldremos saldréis saldrán	saldría saldrías saldría saldríamos saldríais saldrían	salga salgas salga salgamos salgáis salgan	saliera salieras saliera saliéramos salierais salieran	sal tú, no salgas salga usted salgamos salid vosotros no salgáis salgan Uds.

Irregular Verbs (continued)

Infinitive / Present Participle / Past Participle	Indicative Present	Imperfect	Preterit	Future	Conditional	Subjunctive Present	Imperfect	Imperative
ser / siendo / sido	soy	era	fui	seré	sería	sea	fuera	sé tú, no seas
	eres	eras	fuiste	serás	serías	seas	fueras	sea usted
	es	era	fue	será	sería	sea	fuera	seamos
	somos	éramos	fuimos	seremos	seríamos	seamos	fuéramos	sed vosotros, no seáis
	sois	erais	fuisteis	seréis	seríais	seáis	fuerais	sean Uds.
	son	eran	fueron	serán	serían	sean	fueran	
tener / teniendo / tenido	tengo	tenía	tuve	tendré	tendría	tenga	tuviera	ten tú, no tengas
	tienes	tenías	tuviste	tendrás	tendrías	tengas	tuvieras	tenga usted
	tiene	tenía	tuvo	tendrá	tendría	tenga	tuviera	tengamos
	tenemos	teníamos	tuvimos	tendremos	tendríamos	tengamos	tuviéramos	tened vosotros, no tengáis
	tenéis	teníais	tuvisteis	tendréis	tendríais	tengáis	tuvierais	tengan Uds.
	tienen	tenían	tuvieron	tendrán	tendrían	tengan	tuvieran	
traer / trayendo / traído	traigo	traía	traje	traeré	traería	traiga	trajera	trae tú, no traigas
	traes	traías	trajiste	traerás	traerías	traigas	trajeras	traiga usted
	trae	traía	trajo	traerá	traería	traiga	trajera	traigamos
	traemos	traíamos	trajimos	traeremos	traeríamos	traigamos	trajéramos	traed vosotros, no traigáis
	traéis	traíais	trajisteis	traeréis	traeríais	traigáis	trajerais	traigan Uds.
	traen	traían	trajeron	traerán	traerían	traigan	trajeran	
venir / viniendo / venido	vengo	venía	vine	vendré	vendría	venga	viniera	ven tú, no vengas
	vienes	venías	viniste	vendrás	vendrías	vengas	vinieras	venga usted
	viene	venía	vino	vendrá	vendría	venga	viniera	vengamos
	venimos	veníamos	vinimos	vendremos	vendríamos	vengamos	viniéramos	venid vosotros, no vengáis
	venís	veníais	vinisteis	vendréis	vendríais	vengáis	vinierais	vengan Uds.
	vienen	venían	vinieron	vendrán	vendrían	vengan	vinieran	
ver / viendo / visto	veo	veía	vi	veré	vería	vea	viera	ve tú, no veas
	ves	veías	viste	verás	verías	veas	vieras	vea usted
	ve	veía	vio	verá	vería	vea	viera	veamos
	vemos	veíamos	vimos	veremos	veríamos	veamos	viéramos	ved vosotros, no veáis
	véis	veíais	visteis	veréis	veríais	veáis	vierais	vean Uds.
	ven	veían	vieron	verán	verían	vean	vieran	

Stem-Changing and Orthographic-Changing Verbs

Infinitive Present Participle Past Participle	Indicative					Subjunctive		Imperative
	Present	Imperfect	Preterit	Future	Conditional	Present	Imperfect	
dormir (ue, u) durmiendo dormido	duermo duermes duerme dormimos dormís duermen	dormía dormías dormía dormíamos dormíais dormían	dormí dormiste durmió dormimos dormisteis durmieron	dormiré dormirás dormirá dormiremos dormiréis dormirán	dormiría dormirías dormiría dormiríamos dormiríais dormirían	duerma duermas duerma durmamos durmáis duerman	durmiera durmieras durmiera durmiéramos durmierais durmieran	duerme tú, no duermas duerma usted durmamos dormid vosotros, no durmáis duerman Uds.
incluir (y) incluyendo incluido	incluyo incluyes incluye incluimos incluís incluyen	incluía incluías incluía incluíamos incluíais incluían	incluí incluiste incluyó incluimos incluisteis incluyeron	incluiré incluirás incluirá incluiremos incluiréis incluirán	incluiría incluirías incluiría incluiríamos incluiríais incluirían	incluya incluyas incluya incluyamos incluyáis incluyan	incluyera incluyeras incluyera incluyéramos incluyerais incluyeran	incluye tú, no incluyas incluya usted incluyamos incluid vosotros, no incluyáis incluyan Uds.
pedir (i, i) pidiendo pedido	pido pides pide pedimos pedís piden	pedía pedías pedía pedíamos pedíais pedían	pedí pediste pidió pedimos pedisteis pidieron	pediré pedirás pedirá pediremos pediréis pedirán	pediría pedirías pediría pediríamos pediríais pedirían	pida pidas pida pidamos pidáis pidan	pidiera pidieras pidiera pidiéramos pidierais pidieran	pide tú, no pidas pida usted pidamos pedid vosotros, no pidáis pidan Uds.
pensar (ie) pensando pensado	pienso piensas piensa pensamos pensáis piensan	pensaba pensabas pensaba pensábamos pensabais pensaban	pensé pensaste pensó pensamos pensasteis pensaron	pensaré pensarás pensará pensaremos pensaréis pensarán	pensaría pensarías pensaría pensaríamos pensaríais pensarían	piense pienses piense pensemos penséis piensen	pensara pensaras pensara pensáramos pensarais pensaran	piensa tú, no pienses piense usted pensemos pensad vosotros, no penséis piensen Uds.

Stem-Changing and Orthographic-Changing Verbs (continued)

Infinitive / Present Participle / Past Participle	Indicative					Subjunctive		Imperative
	Present	Imperfect	Preterit	Future	Conditional	Present	Imperfect	
producir (zc) / produciendo / producido	produzco produces produce producimos producís producen	producía producías producía producíamos producíais producían	produje produjiste produjo produjimos produjisteis produjeron	produciré producirás producirá produciremos produciréis producirán	produciría producirías produciría produciríamos produciríais producirían	produzca produzcas produzca produzcamos produzcáis produzcan	produjera produjeras produjera produjéramos produjerais produjeran	produce tú, no produzcas produzca usted produzcamos pruducid vosotros, no produzcáis produzcan Uds.
reír (i, i) / riendo / reído	río ríes ríe reímos reís ríen	reía reías reía reíamos reíais reían	reí reíste rio reímos reísteis rieron	reiré reirás reirá reiremos reiréis reirán	reiría reirías reiría reiríamos reiríais reirían	ría rías ría riamos riáis rían	riera rieras riera riéramos rierais rieran	ríe tú, no rías ría usted riamos reíd vosotros, no riáis rían Uds.
seguir (i, i) (ga) / siguiendo / seguido	sigo sigues sigue seguimos seguís siguen	seguía seguías seguía seguíamos seguíais seguían	seguí seguiste siguió seguimos seguisteis siguieron	seguiré seguirás seguirá seguiremos seguiréis seguirán	seguiría seguirías seguiría seguiríamos seguiríais seguirían	siga sigas siga sigamos sigáis sigan	siguiera siguieras siguiera siguiéramos siguierais siguieran	sigue tú, no sigas siga usted sigamos seguid vosotros, no sigáis sigan Uds.
sentir (ie, i) / sintiendo / sentido	siento sientes siente sentimos sentís sienten	sentía sentías sentía sentíamos sentíais sentían	sentí sentiste sintió sentimos sentisteis sintieron	sentiré sentirás sentirá sentiremos sentiréis sentirán	sentiría sentirías sentiría sentiríamos sentiríais sentirían	sienta sientas sienta sintamos sintáis sientan	sintiera sintieras sintiera sintiéramos sintierais sintieran	siente tú, no sientas sienta usted sintamos sentid vosotros, no sintáis sientan Uds.
volver (ue) / volviendo / vuelto	vuelvo vuelves vuelve volvemos volvéis vuelven	volvía volvías volvía volvíamos volvíais volvían	volví volviste volvió volvimos volvisteis volvieron	volveré volverás volverá volveremos volveréis volverán	volvería volverías volvería volveríamos volveríais volverían	vuelva vuelvas vuelva volvamos volváis vuelvan	volviera volvieras volviera volviéramos volvierais volvieran	vuelve tú, no vuelvas vuelva usted volvamos volved vosotros, no volváis vuelvan Uds.

Glossary

A

a causa de because of, 5
a continuación below
a corto/mediano plazo in the short/medium run
a esa altura at that point
a granel in bulk
a la larga in the long run, 6
a lo largo de during, throughout, 8
a medianoche at midnight
a menos que unless, 8
a menudo often, 8
a no ser que unless, 8
a partir de from that time forward, 10
a pesar de que in spite of, 8
a plazos in installments, 10
a raíz de as a result of
a su alrededor around them
a su vez in turn, 6
a través through, 9
a veces sometimes, 6
abajo down
abandonar (v.) to abandon
abarcar (v.) to cover, include, 11
abeja reina, la (n.) queen bee
abiertamente openly
abierto/a (adj.) open
abnegación, la (n.) self-sacrificing, 9
abogado/a, el/la (n.) lawyer, 7
abono (n.) fertilizer
abordar el avión (v.) to board a plane, 3
abrazar(se) (v.) to embrace, hug, 12
abrigo (n.) coat
abril (n.) April
abrir (v.) to open
abrojo del diablo, el (n.) burr (weed)
absolutamente absolutely
absorber (v.) to absorb
abstracto/a (adj.) abstract
abucheo, el (n.) boos
abuelo/a, el/la (n.) grandfather, grandmother, 1
abundancia, la (n.) abundance
abundar (v.) to be abundant
aburrido/a (adj.) boring, 1
aburrir (v.) to bore, 2
abusar (v.) to abuse
acá here
acabar (v.) to finish, run out, 2
acabar con (v.) to do away with
acabar de + infinitivo to have just done something, 3
academia (n.) academy
acampar (v.) to camp, 3
acantilado, el (n.) cliff, 3
acariciar (v.) to caress, pet, 12
acaso by chance, maybe 6
acceder a (v.) to agree to; to access
accesorio (n.) accessory
aceite (de oliva), el (n.) (olive) oil
aceituna, la (n.) olive
aceptar (v.) to accept, 1
acera (n) sidewalk

acerca de about
acercamiento, el (n.) approach,
acercarse (v.) to draw near, 9; to approach, 11
achicar (v.) to reduce, make smaller, 10
acidez gástrica gastric acidity
acidez, la (n.) acidity
aclarar (v.) to clarify
acogedor/a (adj.) welcoming
acomodarse (v.) to make oneself comfortable
acompañamiento, el (n.) side dish
acompañar (v.) to accompany
aconsejar (v.) to advise
acontecimiento, el (n.) event, 12
acortar (v.) to shorten
acostar(se) (ue) (v.) to go to bed
acostumbrado/a (adj.) used to
acrítico/a (adj.) nonjudgemental
actitud, la (n.) attitude
actriz, la (n.) actress, 11
actuación, la (n.) show, 11
actuaciones performances, 11
actual (adj.) present, current, 11
actualidad, la (n.) nowadays, 11
actualizar (v.) to bring up to date, 11
actualmente at the present time, currently, 11
actuar (v.) to act, 7; to play a role, 11
acuarela, la (n.) watercolor, 8
acudir (v.) to go
acuerdo, el (n.) agreement, 5
adaptarse (v.) to adapt, 2
adecuado/a (adj.) adequate, appropriate
adelantar (v.) to bring forward
adelante forward
¡Adelante! Keep it up!, 7
adelanto, el (n.) advance
adelgazar (v.) to lose weight, 4
ademán, el (n.) gesture, 10
además besides, in addition to, 2
adentro inside
adiós goodbye
adivinar (v.) to guess
Administración de empresas, la (n.) Business Administration, 7
administración, la (n.) management, 7
administrador, el/la (n.) administrator
administrar (v.) to manage
adonde where
¿Adónde? Where . . . to?
adoptar (v.) to adopt,
adorar (v.) to adore, 12
adormecer (v.) to put to sleep
adornarse (v.) to decorate yourself
adquirir (v.) to acquire
adscribir (v.) to ascribe, attach
aduana, la (n.) customs, 3
adultecente, el/la (n.) adults that behave like adolescents
advertencia (n.) warning
advertir (ie, i) (v.) to warn
aerolínea, la (n.) airline
aeromozo/a, el/la (n.) flight attendant, 3

aeropuerto, el (n.) airport
aerosol, el (n.) aerosol spray, 5
afán, el (n.) eagerness, 9
afanarse (v.) to toil
afectar (v.) to influence, affect, 9, 10
afecto, el (n.) affection, love, 12
afiche, el (n.) poster
afirmar (v.) to declare
afluencia, la (n.) affluence
afortunadamente fortunately
afrontar (v.) to face
afueras, las (n.) suburbs, 5
agencia publicitaria, la (n.) advertising agency
agilidad, la (n.) agility
aglomeración, la (n.) crowd, 12
agobiante (adj.) overwhelming
agosto (n.) August
agotado/a (adj.) exhausted, 4
agradable (adj.) pleasant
agradecer (v.) to thank
agregar (v.) to add
agrícola (adj.) agricultural
agrupación, la (n.) Association
agua, el (n.f.) water
aguacate, el (n.) avocado
aguacero, el (n.) downpour
agudo (adj.) sharp
aguja, la (n.) needle
agujero, el (n.) hole
ahí there
ahijado/a, el/la (n.) godson/goddaughter
ahora now
ahorrar (v.) to save, 1
ahorros, los (n.) savings
aire, el (n.) air, 3
aire acondicionado, el (n.) air conditioning
aire libre, el (n.) open air
aislado/a (adj.) isolated, 6
aislamiento, el (n.) isolation, 10
ajedrez, el (n.) chess
ajeno/a a (adj.) outside of
ajo (n.) garlic
al ajillo fried with garlic
al cabo de at the end of, 3
al compás de to the beat of
al contado in cash
al día/mes/año siguiente next day/month/year
al final at the end, 11
al final in the end, 2, 3
al fondo in the background, 8
al principio at the beginning, 3, 11
al rato a short time later, 3
alado/a (adj.) with wings
alargar (v.) to prolong, extend, 9
alarma, la (n.) alarm
albedrío, el (n.) will
albergar (v.) to shelter
albergue, el (n.) to house
albóndiga, la (n.) meatball
alcalde/sa, el/la (n.) mayor
alcaldía, la (n.) mayor's office

alcanzar (*v.*) to attain, reach, **5**
alcanzar su sueño (*v.*) to fulfill one's dream, **2**
alcanzar una meta (*v.*) to reach a goal, **7**
aldea global, la (*n.*) global village, **9**
aldea, la (*n.*) village, **6**
alegrar (se) (*v.*) to be happy about, cheer, **11, 12**
alegrarse por alguien (*v.*) to be happy for someone
alegría, la (*n.*) joy, happiness, **12**
alejado/a (*adj.*) remote, **9**
alejarse de (*v.*) to distance oneself, withdraw, **8**
alergia, la (*n.*) allergy
alérgico/a (*adj.*) allergic
alfabetización, la (*n.*) literacy, **6**
alfabeto, el (*n*) alphabet
algarabía, la (*n.*) joy, gibberish
algo something, **7**
algodón, el (*n.*) cotton, **2**
alguien someone, **7**
alguno/a/os/as any, some, **7**
alienación, la (*n.*) alienation
aliento, el (*n.*) breath
alimentación, la (*n.*) feeding, nourishment, **6**
alimentar (ie) (*v.*) to feed
alimentarse (*v.*) to feed oneself, **10**
alimenticio/a (*adj.*) nourishing, nutritious
alimento, el (*n.*) food, **4**
alioli, el (*n.*) garlic mayonnaise
aliviar (*v.*) to alleviate, **4**
alma, el (*n., f.*) soul,
almacenar (*v.*) to store, **10**
almorzar (ue) (*v.*) to eat lunch, **1**
alojamiento, el (*n.*) accommodation
alojar (se) (*v.*) to lodge, take lodging, **3**
alquilar (*v.*) to rent, **5**
alquiler, el (*n.*) rent, **5**
alrededor (de) around, **1**
alrededores, los (*n.*) outskirts
altamente highly
altavoz, el (*n.*) loudspeaker
alterar (*v.*) to change
alto/a (*adj.*) tall, high, loud
altura, la (*n.*) height, **3**
alucinante (*adj.*) brilliant, mind-blowing
alumno/a, el/la (*n.*) student
alza, el (*n, f.*) boost in prices, **10**
alzar (*v.*) to lift
alzar la voz (*v.*) to raise one's voice, **11**
alzar(se) (*v.*) to rise above
ama de casa, el (*n., f.*) housewife
amable (*adj.*) kind
amado/a, el/la (*n.*) beloved, sweetheart, **10**
amamantar (*v.*) to nurse
amanecer, el (*n.*) dawn
amante, el/la (*n.*) lover, **12**
amar (*v.*) to love, **11**
amarillo/a (*adj.*) yellow
ambición, la (*n.*) ambition, aspiration
ambiental (*adj.*) environmental, **5**
ambiente de trabajo, el (*n.*) workplace atmosphere, **7**
ambiente empresarial, el (*n.*) business climate, **7**
ambiente, el (*n.*) environment
ambigüedad, la (*n.*) ambiguity
ambiguo/a (*adj.*) ambiguous
ámbito, el (*n.*) field, **9**
ambivalencia, la (*n.*) ambivalence
ambos/as (*adj.*) both

amenidad, la (*n.*) pleasantness
ameno/a (*adj.*) agreeable, pleasant, **11**
América Central/del Norte/del Sur, la (*n.*) Central/North/South América, **2**
amigo/a íntimo/a, el/la (*n.*) close friend
amistad, la (*n.*) friendship, **1**
amonestar (*v.*) to rebuke
amor, el (*n.*) love, **1, 12**
amoroso/a (*adj.*) loving, affectionate, **1**
ampliar (*v.*) to enlarge, amplify, **10**
amplio/a (*adj.*) ample, wide, **7, 10**
añadir (*v.*) to add, **10**
analfabetismo, el (*n.*) illiteracy, **6**
ancho/a (*adj.*) wide
anciano/a, el/la (*n.*) old person, **6**
andar (*v.*) to walk, go, **3**
andén, el (*n.*) platform, **3**
andino/a (*adj.*) Andean, **5**
anfibio, el (*n.*) amphibian
angosto/a (*adj.*) narrow
angustia, la (*n.*) anguish, **4**
anillo, el (*n.*) ring
animadversión, la (*n.*) antagonism
animar (*v.*) to cheer up
ánimo, el (*n.*) spirit, courage
año, el (*n.*) year
anoche (*adv.*) last night, **3**
anotar (*v.*) to take note
ansiedad, la (*n.*) anxiety
antaño in the old days
ante before, in the face of
anteayer the day before yesterday, **9**
antecámara, la (*n.*) antechamber
antecedente laboral, el (*n.*) job/work record, **7**
antepasado/a, el/la (*n.*) ancestor, **2**
anterior (*adj.*) before, **9**
antes before, **3**
antes de eso before that, **3**
antes de que before, **8**
antesala, la (*n.*) lobby, wating room
antifaz, el (*n.*) mask, **12**
antigüedad, la (*n.*) aniquity
antiguo/a (*adj.*) old
antillas, las (*n.*) West Indies
antipático/a (*adj.*) disagreable, **1**
antropología, la (*n.*) anthropology
antropólogo/a, el/la (*n.*) anthropologist
anunciado/a (*adj.*) announced
anunciar (*v.*) to announce, **11**
anuncio comercial, el (*n.*) commercial advertisement, **11**
apagar (*v.*) to turn off, **11**
aparato, el (*n.*) apparatus, appliance
aparecer (zc) (*v.*) to appear, **8**
aparición, la (*n.*) apparition
apariencia, la (*n.*) appearance
apartamento, el (*n.*) apartment
apartarse (*v.*) to move over
aparte de aside from, **8**
apasionado/a (*adj.*) passionate, **1**
apelativo, el (*n.*) name
apellido, el (*n.*) last name
apetecer (zc) (*v.*) to feel like, **9**
aplaudir (*v.*) to clap, **11**
aplauso, el (*n.*) applause
aplicar (se) (*v.*) to apply something on, **7**

apoderarse de (*v.*) to take hold of
aportar (*v.*) to bring, contribute
aporte, el (*n.*) the contribution, **5**
apoyar (*v.*) to advocate, support, **9**, back, **5**
apoyar(se) (*v.*) to lean on, **2**
apoyo, el (*n.*) support, **1**
apreciar (*v.*) to appreciate, **8**
aprender (*v.*) to learn, **1**
aprendizaje, el (*n.*) learning
apresar (*v.*) to capture, **6**
apretar (ie) (*v.*) to press, push, **11**
apretar un botón (*v.*) to push a button, **10**
aprobación, la (*n.*) approval
aprobar (ue) (*v.*) to approve
aprovechar (*v.*) to take advantage of, **7**
apunte, el (*n.*) note
aquel that
aquello/a/os/as that, it/those
aquí here
árabe (*adj.*) Arab
árbol, el (*n.*) tree
ardiente (*adj.*) burning hot
arduo/a (*adj.*) arduous, hard
arena, la (*n.*) sand, **3**
arete, el (*n.*) earring
argentino (*adj.*) Argentinean
argumentación, la (*n.*) argument
argumento, el (*n.*) plot, **11**
arlequín, el (*n.*) harlequin
arma, el (*n. f.*) weapon, **6**
armario, el (*n.*) closet
armatoste, el (*n.*) cumbersome piece of furniture, **11**
armonía, la (*n.*) harmony
aro, el (*n.*) ring
arqueología, la (*n.*) archeology
arquetipo, el (*n.*) archetype
arquitecto/a, el/la (*n.*) architect
arquitectura, la (*n.*) architecture
arrancar (*v.*) to pull away
arreglar (*v.*) to fix, **10**
arreglárselas (*v.*) to make do
arreglo floral, el (*n.*) floral arrangement
arrepentirse(ie, i) (*v.*) to repent, **12**
arrestar (*v.*) to arrest
arriba up
arriesgado/a (*adj.*) risky, fearless
arriesgar(se) a (*v.*) to risk
arroba, la (*n.*) at sign
arrojarse (*v.*) to throw oneself, **3**
arroyo, el (*n.*) stream
arroz integral, el (*n.*) brown rice, **4**
arruinado/a (*adj.*) ruined
arte abstracto, el (*n.*) abstract art, **8**
artesanía, la (*n.*) handicraft
artesano/a, el/la (*n.*) craftsman
artista, el/la (*n.*) artist
asado argentino, el (*n.*) Argentine barbecue
asamblea, la (*n*) assembly
asar (*v.*) to roast, **4**
ascendencia, la (*n.*) ancestry
ascender (ie) (*v.*) to advance, promote, **7**
ascenso, el (*n.*) promotion
ascensor, el (*n.*) elevator
asegurar(se) (*v.*) to assure, to make sure
asentir (ie, i) (*v.*) to assent, agree, **11**
asesinar (*v.*) to kill

asesorar (*v.*) to advise
asesoría, la (*n.*) consultancy
así mismo likewise
así thus, so, **7**
asiento, el (*n.*) seat, **3**
asimilación, la (*n.*) assimilation, **2**
asimilar(se) (*v.*) to assimilate, **2**
asistencia social, la (*n.*) social work
asistente de vuelo, el/la (*n.*) flight attendant, **3**
asistir (*v.*) to attend
asociar (*v.*) to associate
asomar (*v.*) to show, peep out
asombrar (*v.*) to amaze, astonish, **12**
asombro, el (*n.*) awe
áspid, el (*n.*) asp (snake)
aspirante, el/la (*n.*) applicant, **7**
astilla, la (*n.*) splinter
asunto, el (*n.*) affair, matter
asustado/a (*adj.*) frightened, **3**
asustar (*v.*) to frighten
atacar (*v.*) to attack, **6**
atar (*v.*) to tie up, **12**
atardecer, el (*n.*) sunset
atender (ie) al público (*v.*) to deal with the public, **7**
atentamente yours sincerely, faithfully
aterrizar (*v.*) to land, **3**
atleta, el/la (*n.*) athlete
atónito/a (*adj.*) amazed, astonished
atractivo, el (*n.*) attractive quality
atraer (*v.*) to attract, **7**
atrás back, behind
atrasado/a (*adj.*) late, **3**; delayed, behind the times, **10**
atravesar (*v.*) to cross
atrevido/a (*adj.*) daring, **1**
aturdido/a (*adj.*) stunned, dazed, **10**
aumentar (*v.*) to increase, **1**
aumento, el (*n.*) increase, **7**
aun así even so, **9**
aun cuando even when, **8**
aun even, **10**
aún still, yet, **10**
aunque though, although, even if, **1**
áureo/a (*adj.*) golden
aureola, la (*n.*) halo
auricular, el (*n.*) earpiece, earphone
ausencia, la (*n.*) absence
auténtico/a (*adj.*) authentic, **8**
autoestima, la (*n.*) self-esteem
autógrafo, el (*n.*) autograph, **11**
automóvil, el (*n.*) car
autopista, la (*n.*) expressway, **5**
autor/a, el/la (*n.*) author
autoritario/a (*adj.*) authoritarian
autorretrato, el (*n.*) self-portrait, **8**
avance, el (*n.*) advance
avanzar (*v.*) to advance
ave, el (*n.*) bird, **10**
avergonzarse de (üe) (*v.*) to be ashamed of, **12**
averiguar (*v.*) to inquire, find out
avión, el (*n.*) plane
avisar (*v.*) to warn, inform, **9**
aviso, el (*n.*) ad
avispa, la (*n.*) wasp
ayer yesterday, **3**
ayuda, la (*n.*) help
ayudar (*v.*) to help, **2**

ayuntamiento, el (*n.*) city hall
azafata, la (*n.*) stewardess
azorado/a (*adj.*) dazzling
azúcar, el (*n.*) sugar
azul (*adj.*) blue
azulejo, el (*n.*) tile

B

bailar (*v.*) to dance
bailarín/a, el/la (*n.*) dancer
baile, el (*n.*) dancing
bajar (*v.*) to lower, go down, download, **6**
bajo, el (*n.*) bass
bajo/a (*adj.*) short (height), **1**
balazos, los (*n.*) shots, shooting
balcón, el (*n.*) balcony
ballet, el (*n.*) ballet, **11**
bañarse (*v.*) to bathe, **2**
bancario/a (*adj.*) banking
banco, el (*n.*) bank
banda sonora, la (*n.*) sound track, **11**
banda, la (*n.*) gang, band
bandeja, la (*n.*) tray
bandera, la (*n.*) flag, **6, 12**
bandoneón, el (*n.*) accordion
baño, el (*n.*) bathroom, **3**
bar, el (*n.*) bar
barato/a (*adj.*) cheap, **10**
barba, la (*n.*) beard
barco, el (*n.*) boat, ship, **3**
barrera económica/social, la (*n.*) economic/social barrier, **10**
barrio, el (*n.*) neighborhood, **2**
basado/a (*adj.*) based on, **1**
basta enough
bastante (*adj.*) a good amount
bastar (*v.*) to be enough, suffice, **10**
basura, la (*n.*) garbage, **5**
basurcro, el (*n.*) garbage dump
batata, la (*n.*) sweet potato
bautizar (*v.*) to baptize; to call
bebé, el/la (*n.*) baby, **1**
beber (*v.*) to drink, **1**
bebida, la (*n.*) drink
beca, la (*n.*) scholarship
bellas artes, las (*n.*) fine arts, **8**
belleza, la (*n.*) beauty
bello/a (*adj.*) beautiful
bendecir (*v.*) to bless
beneficio, el (*n.*) benefit, **7**
beneficioso/a (*adj.*) beneficial, **10**
beneplácito, el (*n.*) consent
benjamín (*adj.*) youngest
besar(se) to kiss, **2**
beso, el (*n.*) kiss, **12**
biblioteca, la (*n.*) library
bicicleta, la (*n.*) bicycle
bien/mal bad, **4**
bienes y servicios, los (*n.*) goods and services
bienestar, el (*n.*) welfare, **2**; well-being
bienvenida, la (*n.*) welcome
bilingüe (*adj.*) bilingual, **2**
billete/boleto, el (*n.*) ticket, **3**
billete de ida y vuelta, el (*n.*) round-trip ticket, **3**
biografía, la (*n.*) biography

biotecnología, la (*n.*) biotechnology
bisabuelo/a, el/la (*n.*) great-grandfather/mother, **1**
blanco (*adj.*) white, empty
bloque económico, el (*n.*) economic block
bloqueador solar, el (*n.*) sunscreen, **3**
blusa, la (*n.*) blouse
boca, la (*n.*) mouth, **4**
bocacalle, la (*n.*) intersection, **5**
bocadillo, el (*n.*) sandwich
boda, la (*n.*) wedding, **1**
bolero, el (*n.*) Latin-American lyrical music genre
boletín, el (*n.*) bulletin
boleto de ida y vuelta, el (*n.*) round-trip ticket, **3**
boleto, el (*n.*) ticket, **3**
boliviano (*adj.*) Bolivian
bolsa, la (*n.*) stock market, **7**; bag
bolso de mano, el (*n.*) traveling bag
bonito/a (*adj.*) pretty, attractive, **2**
borde, el (*n.*) edge, **8**
bosque, el (*n.*) forest, **3**
bosquejo, el (*n.*) sketch, **8**
bote, el (*n.*) boat
botella, la (*n.*) bottle
botellón, el (*n.*) (slang) street drinking
botón, el (*n.*) button
botones, el (*n.*) bellboy, **3**
bracero, el (*n.*) person working in the fields, **2**
brazo, el (*n.*) arm, **4**
brecha, la (*n.*) gap, **10**
breve (*adj.*) brief
brevemente briefly
brindar por (*v.*) to toast to, **12**
brindis, el (*n.*) toast, **12**
brisa, la (*n.*) breeze
broma, la (*n.*) joke, **12**
bromear (*v.*) to joke
broncearse (*v.*) to get a tan, **3**
bronquitis, la (*n.*) bronchitis
bucear (*v.*) to scuba dive, **3**
buceo, el (*n.*) scuba diving, **3**
buena presencia, la (*n.*) poise, appearance, **7**
bueno/a (*adj.*) good
burla, la (*n.*) mockery
burlarse (*v.*) to mock, make fun of, **9**
buscar (*v.*) to look for,
buscarse la vida (*v.*) to be self-reliant, resourceful
búsqueda, la (*n.*) search, **10**
butaca, la (*n.*) seat, **11**
buzón, el (*n.*) mailbox, **5**

##

caballo, el (*n.*) horse
cabaña, la (*n.*) hut, log cabin
cabello, el (*n.*) hair, **4**
cabeza, la (*n.*) head, **4**
cabina, la (*n.*) cabin
cable, el (*n.*) wire, cable
cacao, el (*n.*) cocoa
cacique piel roja, el (*n.*) Red skin Indian chief
cacique, el (*n.*) Indian chief, **6**
cada vez each/every time
cadena de televisión (televisiva), la (*n.*) TV network, **11**
cadena, la (*n.*) chain
cadera, la (*n.*) hip, **4**

caer bien (*v.*) to suit
caer mal (*v.*) to disagree with one's stomach, **4**; not to suit
caer(se) (*v.*) to fall; to slip away, **2**
café, el (*n.*) coffee
cafeína, la (*n.*) caffeine
cafetería, la (*n.*) cafeteria
caído/a el/la (*n.*) fallen
caja de ahorros, la (*n.*) savings bank
caja, la (*n.*) box,
cajero automático, el (*n.*) ATM
calamar, el (*n.*) squid
calcetín, el (*n.*) sock
calcinado (*adj.*) reduced to ashes
calculadora, la (*n.*) calculator
calcular (*v.*) to calculate
calefacción, la (*n.*) heating
calendario, el (*n.*) calendar
calentamiento global, el (*n.*) global warming, **5**
calentamiento, el (*n.*) warming,
calentar (ie) (*v.*) to get hot, (*v.*) to heat, **5**
calidad, la (*n.*) quality
cálido/a (*adj.*) warm
caliente (*adj.*) hot
calificado/a (*adj.*) qualified
calificar (*v.*) to rate
callado/a (*adj.*) silent, quiet, **1**
calle peatonal, la (*n.*) pedestrian alley
calle, la (*n.*) street, **5**
callejero/a (*adj.*) street
calma, la (*n.*) calm
calmar (*v.*) to calm
caló, el (*n.*) Spanglish
calor, el (*n.*) heat
caloría, la (*n.*) calorie
caluroso (*adj.*) warm, hot
calvo (*adj.*) bald
calzoncillos, los (*n., pl.*) men's underwear
cama, la (*n.*) bed, **5**
cámara, la (*n.*) camera, **11**
camaradería, la (*n.*) comradeship
camarero/a, el (*n.*) waiter
camarín, el (*n.*) dressing room, **11**
camarógrafo/a, el/la (*n.*) camera operator, **11**
cambiar (*v.*) to change, **1**
cambio, el (*n.*) change, **1**
caminante, el/la (*n.*) walker
caminar (*v.*) to walk
caminata, la (*n.*) hike
camino, el (*n.*) path, way
camisa, la (*n.*) shirt
camiseta, la (*n.*) T-shirt
campamento, el (*n.*) campground, **3**
campaña publicitaria, la (*n.*) advertising campaign
campaña, la (*n.*) campaign
campesino/a, el/la (*n.*) peasant, **6**
campo, el (*n.*) field, countryside, **2**
canal, el (*n.*) channel, **11**
cancelar (*v.*) to cancel
cáncer de mama, el (*n.*) breast cancer
cancerbero/a (*adj.*) supervisory
cancha, la (*n.*) field, ground
canción de cuna, la (*n.*) lullaby
candidato/a, el/la (*n.*) candidate, **7**
candidatura, la (*n.*) candidature
candor, el (*n.*) innocence

caño, el (*n.*) (slang) handsome
cansado/a (*adj.*) tired,
cansancio, el (*n.*) fatigue
cansarse (*v.*) to get tired
cantante, el/la (*n.*) singer, **11**
cantar (*v.*) to sing
cantautor, el (*n.*) songwriter
cantero, el (*n.*) flowerbed
cantidad, la (*n.*) amount
canto, el (*n.*) song
capa de ozono, la (*n.*) ozone layer, **5**
capa, la (*n.*) layer
capacidad, la (*n.*) ability
capacitación, la (*n.*) training, **7**
capacitarse (*v.*) to train, **7**
capaz (*adj.*) capable
capricho, el (*n.*) whim, **9**
captar (*v.*) to capture
cara, la (*n.*) face, **4**
caracol, el (*n.*) snail
carácter, el (*n.*) temperament, nature, **1**
característica, la (*n.*) characteristic
caracterizar (*v.*) to characterize
caramelo, el (*n.*) candy
caray good heavens
carbohidrato, el (*n.*) carbohydrate
carbono, el (*n.*) carbon
carecer (*v.*) to be in need of
careta, la (*n.*) mask, **12**
cargado/a (*adj.*) loaded
cargar (*v.*) to load, to haul **10**
cargo, el (*n.*) position, job; charge
Caribe, el (*n.*) Caribbean
caribeño/a (*adj.*) Caribbean
cariño, el (*n.*) fondness, love, **12**
cariñoso/a (*adj.*) loving,
carnaval, el (*n.*) carnival
carne de vaca, la (*n.*) beef
caro/a (*adj.*) expensive, **10**
carrera, la (*n.*) career; race
carroza, la (*n.*) carriage, float
carta, la (*n.*) letter
cartel, el (*n.*) poster, **8**
cartelera, la (*n.*) publicity board
cartón, el (*n.*) cardboard, **5**
casa de cambio, la (*n.*) money exchange
casa de campo, la (*n.*) vacation home, **3**
casa, la (*n.*) house, **5**
casado/a (*adj.*) married,
casarse (*v.*) to get married, **1**
casco, el (*n.*) helmet
casero/a (*adj.*) domestic
casi almost
casillero, el (*n.*) pigeonhole
castaño/a (*adj.*) chestnut-colored, brown, hazel, **1**
castellano, el (*n.*) Castilian
casualidad, la (*n.*) chance
catalán/a, el/la (*n.*) Catalan
catálogo, el (*n.*) catalogue
catarro, el (*n.*) chest congestion, head cold, **4**
catártico/a (*adj.*) cathartic
catástrofe, la (*n.*) catastrophe, **5**
catedral, la (*n.*) cathedral
categoría, la (*n.*) category
católico/a, (*adj.*) catholic
causar (*v.*) to cause, **4**

cautivar (*v.*) to captivate
cavado/a (*adj.*) dug
caverna, la (*n.*) cave
cazuela, la (*n.*) casserole
cebolla, la (*n.*) onion
ceder (*v.*) to hand over
ceja, la (*n.*) eyebrow, **4**
celebración, la (*n.*) celebration
celebrar (*v.*) to celebrate
celo religioso, el (*n.*) religious zeal
celos, los (*n.*) jealousy
celoso/a (*adj.*) jealous, **1**
célula, la (*n.*) cell
cementerio, el (*n.*) graveyard
cena, la (*n.*) supper
cenar (*v.*) to have for supper
cenicienta, la (*n.*) cinderella
censo, el (*n.*) census
censura, la (*n.*) censorship
censurado/a (*adj.*) censored
censurar (*v.*) to censor
centavo, el (*n.*) cent
centenar, el (*n.*) one hundred
centrado/a (*adj.*) centered, **9**
centrarse (*v.*) to center oneself
centro comercial, el (*n.*) mall, shopping center, **5**
Centroamérica Central America
centroamericano/a (*adj.*) Central American
cera, la (*n.*) wax
cerámica, la (*n.*) ceramic
cerca de near
cercano/a (*adj.*) nearby
cerdo, el (*n.*) pig
cereal el (*n.*) grain
ceremonia, la (*n.*) ceremony
cero, el (*n.*) zero
cerrar (ie) (*v.*) to close
cerro, el (*n.*) hill
certamen, el (*n.*) competition, contest
certeza, la (*n.*) certainty
certidumbre, la (*n.*) certainty
certificado, el (*n.*) certificate
cervecería, la (*n.*) brewery
cerveza, la (*n.*) beer
cesto de la compra, el (*n.*) shopping cart
cesto, el (*n.*) basket, **5**
charango, el (*n.*) small guitar
charlar (*v.*) to chat
charlatán, el (*n.*) trickster
chequeo, el (*n.*) control, checkup
chévere (*adj.*) (slang) nice
chicano/a, el/la (*n.*) Chicano, **2**
chicha, la (*n.*) maize liquor
chico/a, el/la (*n.*) boy/girl
chido (*adj.*) (slang) nice
chile, el (*n.*) hot pepper
chileno/a (*adj.*) Chilean
chillar (*v.*) to scream
chimpancé, el (*n.*) chimpanzee
chinchulines, los (*n.*) animal intestines (Arg.)
chino/a (*adj.*) Chinese
chiquilina, la (*n.*) little girl
chisme, el (*n.*) gossip
chiste, el (*n.*) joke, **12**
chocar (*v.*) to collide
chocolate, el (*n.*) chocolate

chofer, el (*n.*) driver
chorizo, el (*n.*) red sausage
choro (*adj.*) (slang) nice
chorrear (*v.*) to gush, drip
chorro, el (*n.*) water jet
cibernética, la (*n.*) computer science, **10**
cíclico/a (*adj.*) cyclic
ciclista, el (*n.*) cyclist
cielo, el (*n.*) sky; heaven
ciencia, la (*n.*) science
científico/a, el/la (*n.*) scientist, **7**
cierta a certain
cierto/a (*adj.*) sure, certain
cigarrillo, el (*n.*) cigarette
cine, el (*n.*) movie theater, **5**
cinematográfico/a (*adj.*) related to film
cinta/video, la/el (*n.*) videotape, **11**
cintura, la (*n.*) waist, **4**
circuito electrónico, el (*n.*) electronic circuit
circulación, la (*n.*) traffic
círculo, el (*n.*) club
cita familiar, la (*n.*) family outing
cita, la (*n.*) appointment, **4**
citar (*v.*) to quote
ciudad, la (*n.*) city, **5**
ciudadano/a, el/la (*n.*) citizen
clamar (*v.*) to cry out for
claramente, clearly
claridad, la (*n.*) clarity, **9**
clarificar (*v.*) to clarify
claro/a (*adj.*) clear
clase obrera, la (*n.*) working class
clásico/a, (*adj.*) classic
clasificado, el (*n.*) ad
clasificar (*v.*) to classify
clavadista, el/la (*n.*) diver, **3**
clave (*adj.*) key, **8**
clave, la (*n.*) cue; key
clavel, el (*n.*) carnation
cliente/a, el/la (*n.*) client
clima, el (*n.*) climate, **5**
clonar (*v.*) to clone
coartada, la (*n.*) excuse, alibi
cobertura, la (*n.*) covering
cobija, la (*n.*) blanket
cobrar (*v.*) to collect
coca, la (*n.*) coca
coche, el (*n.*) automobile
cocina, la (*n.*) kitchen; cuisine, cooking
cocinar (*v.*) to cook, **4**
cocinero/a, el/la (*n.*) cook
códice, el codex
código (ético), el (*n.*) code (of ethics), **7**
código de área, el (*n.*) area code (Lat. Am.), **9**
codo, el (*n.*) elbow, **4**
cofradía, la (*n.*) brotherhood, fraternity
coger (*v.*)
colaboración, la (*n.*) help
colaborar (*v.*) to collaborate, help
colección, la (*n.*) collection
colectivo/a (*adj.*) in groups
colega, el/la (*n.*) colleague
colegio, el (*n.*) high school
colesterol, el (*n.*) cholesterol
colgante, el (*n.*) pendant
colgar (ue) (*v.*) to hang, **7**

collage, el (*n.*) collage
collar, el (*n.*) necklace
colmado/a (*adj.*) full
colocar (*v.*) to put, place, **9**
colonia, la (*n.*) colony
colonización, la (*n.*) colonization
colorado/a (*adj.*) red
colorido/a (*adj.*) colorful, **8**
comadre, la (*n.*) midwife, godmother
combatir (*v.*) to combat, **4**
combinar (*v.*) to combine
combustible fósil, el (*n.*) fossil fuel, **5**
comedia, la (*n.*) comedy, **11**
comedor, el (*n.*) dining room
comentar (*v.*) to comment
comentario, el (*n.*) remarks
comenzar (ie) (*v.*) to begin, **1**
comer (*v.*) to eat, **1**
comercial (*adj.*) commercial
comercial, el (*n.*) ad
comercio, el (*n.*) commerce
cómico/a (*adj.*) fun
comida, la (*n.*) food
como resultado as a result, **9**
como si as if, **8**
como since (at the beginning of a sentence), **3**
cómo why
¿Cómo? ¿How?, **2**
cómoda, la (*n.*) chest of drawers, **5**
cómodo/a (*adj.*) comfortable, **9**
compadecer (zc) (*v.*) to feel sorry
compadrazgo, el (*n.*) godparenthood
compadre, el (*n.*) godfather
compañero/a, el/la (*n.*) companion
compañía, la (*n.*) company
comparar (*v.*) to compare
compartir (*v.*) to share, **1**
compás, el (*n.*) rhythm
compasión, la (*n.*) pity, compassion
compensar (*v.*) to compensate, **7**
competencia, la (*n.*) competition,
competir (*v.*) to compete
complejo/a (*adj.*) complex
completo/a (*adj.*) full
componer (*v.*) to compose,
comportamiento, el (*n.*) behavior, **1**
comportarse (*v.*) to behave, **1**
composición composition
compositor/a, el/la (*n.*) composer
compostura composure
compra, la (*n.*) shopping
comprador, el (*n.*) buyer
comprar (*v.*) to buy
comprender (*v.*) to understand, **1**
comprensivo/a (*adj.*) understanding
comprobar (ue) (*v.*) to verify, check, **11**
comprometerse (*v.*) to commit, **5**
comprometerse (*v.*) to get engaged, **12**
comprometido/a (*adj.*) engaged
compromiso, el (*n.*) commitment, **7**
compuesto de (*adj.*) made up of
computador/a, el/la (*n.*) computer
cómputo, el (*n.*) calculation
común, (*adj.*) common
comunicar(se) (*v.*) to communicate, **2**
con frecuencia frequently, **3**

con tal (de) que provided that, **8**
con todo everything considered
concebible (*adj.*) conceivable
concebir (i,i) (*v.*) to conceive
conceder (*v.*) to grant, give, **9**
concentrar (*v.*) to concentrate
concertar (ie) (*v.*) to set up
concertista, el/la (*n.*), soloist
concesión, la (*n.*) concession
concha, la (*n.*) shellfish
conciencia, la (*n.*) awareness, **9**
concierto, el (*n.*) concert
concluir (*v.*) to end
concurrir (*v.*) to gather
concurso, el (*n.*) competition, contest
condescender (ie) (*v.*) to acquiesce
condón, el (*n.*) condom
conducir (zc) (*v.*) to drive, **1**
conducta, la (*n.*) behavior, **9**
conductor/a de programa, el/la (*n.*) program director
conectar(se) (*v.*) to connect
conejo, el (*n.*) rabbit
conferir (ie) (*v.*) to confer
confeti, el (*n.*) confetti
confiado/a (*adj.*) trusting
confianza, la (*n.*); confidence, **9**; trust
confiar en (*v.*) to trust in, **6**
confitería, la (*n.*) sweet shop
conformarse (*v.*) to resign oneself
confundir (*v.*) to confuse
congestión, la (*n.*) traffic
cónico (*adj.*) conical
conjunto, el (*n.*) set
conmovedor (*adj.*) moving, touching
conocer (zc) (*v.*) to know,
conocer(se) (*v.*) to meet, get to know a person,
conocido/a (*adj.*) well known
conocimiento, el (*n.*) knowledge, **6, 10**
conquista, la (*n.*) conquest, **6**
conquistador/a, el/la (*n.*) conqueror, **6**
conquistar (*v.*) to conquer
consciente (*adj.*) aware
conseguir (i) (*v.*) to get, obtain, **2, 5**
consejero/a, el/la (*n.*) counselor
consejo, el (*n.*) counsel, **6**; advice
consentimiento, el (*n.*) consent
conserje, el/la (*n.*) concierge, **3**
conservador/a (*adj.*) conservative
conservar (*v.*) to preserve
conservatorio, el (*n.*) conservatory
consigna, la (*n.*) slogan
consigo with him/her/you
consola, la (*n.*) console
constancia, la (*n.*) perseverance, **9**
constituir (y) (*v.*) to constitute
constructivo/a (*adj.*) in a positive manner
construir to build, **6**
cónsul, el/la (*n.*) Consul
consultor/a, el/la (*n.*) consulting
consultorio, el (*n.*) doctor's office, consulting room, **4**
consumidor/a el/la (*n.*) consumer
consumir (*v.*) to consume
consumo, el (*n.*) consumption
contactar (*v.*) to contact
contacto, el (*n.*) contact
contador/a, el/la (*n.*) accountant, **7**

contagiar (*v.*) to be contagious, infect, **4**
contaminación, la (*n.*) pollution, **5**
contaminado/a (*adj.*) contaminated, polluted, **5**
contaminar (*v.*) to pollute, **5**
contar (ue) (*v.*) to count, **1**
contar chistes (ue) (*v.*) to tell jokes, **12**
contar con (ue) (*v.*) to count on, **7**
contarse (ue) (*v.*) to tell each other, **2**
contemplar (*v.*) to look at
contemporáneo/a (*adj.*) contemporary
contenedor, el (*n.*) container
contener (ie) (*v.*) to contain
contenido, el (*n.*) content
contento/a (*adj.*) happy, **1**
contestador automático, el (*n.*) answering
    machine, **10**
contestar (*v.*) to answer
contigo with you
continente, el (*n.*) continent
continuar (*v.*) to continue, **1**
continuo/a (*adj.*) continuous
contra against
contradecir (*v.*) to contradict
contraer (*v.*) to contract
contrario (*n.*) opposite
contratar (*v.*) to hire, **7**
contrato, el (*n.*) contract
contribuir (y) (*v.*) to contribute, **1**
control remoto, el (*n.*) remote control, **11**
controlado/a (*adj.*) controlled, **5**
controlar (*v.*) to control
controversia controversial
convencer (*v.*) to convince
convenir (ie) (*v.*) to be convenient, to suit one's
    interests, **7**
convento, el (*n.*) convent
conversar (*v.*) to chat
convertir(se) (ie, i) (*v.*) to convert, transform, **8**
convidar (*v.*) to invite, **12**
convincente (*adj.*) convincing
convivir (*v.*) to live together, **1**
convocar (*v.*) to summon
convocatoria, la (*n.*) summons
cónyuge, el/la (*n.*) spouse, **1**
cooperativa, la (*n.*) coop
coordinar (*v.*) to coordinate
copa, la (*n.*) wine glass
copia, la (*n.*) copy
copiar (*v.*) to copy
coral, el (*n.*) coral
coralino/a (*adj.*) related to corals
corazón, el (*n.*) heart, **4**
corbata, la (*n.*) tie
corcho blanco, el (*n.*) Styrofoam
cordero, el (*n.*) lamb
cordillera, la (*n.*) mountain range, **3**
corona, la (*n.*) crown
corregir (*v.*) to correct
correo electrónico, el (*n.*) electronic mail, **10**
correo, el (*n.*) post office, **5**
correr (*v.*) to run
corresponder (*v.*) to correspond
corresponsal, el (*n.*) correspondent
corriente artística, la (*n.*) Artistic movement, **8**
corro, el (*n.*) circle, ring
corso (desfile), el (*n.*) parade

cortar (*v.*) to cut, **4**
Corte Suprema de Justicia, la (*n.*) Supreme Court
corte, la (*n.*) (royal) court
cortejo, el (*n.*) courting
cortés (*adj.*) polite
corto/a (*adj.*) short (length), **1**
cosa, la (*n.*) thing
cosecha, la (*n.*) harvest, **2**
cosechar (*v.*) to harvest
cosméticos, los (*n.*) make-up, **5**
cosmopolita (*adj.*) cosmopolitan
costa, la (*n.*) coast, **3**
costar (ue) (*v.*) to cost, **1**
costarle (ue) a uno (*v.*) to be difficult, **7**
costarricense, el/la (*n.*) Costa Rican, **2**
costero/a (*adj.*) coastal
costilla, la (*n.*) rib
costumbre, la (*n.*) custom, habit, **6**
cotidiano/a (*adj.*) daily, common, **10**
coyote, el (*n.*) smuggler (of people), **2**
coyuntura, la (*n.*) occasion, turning point, **8**
cráneo, el (*n.l*) cranium, brain
creación, la (*n.*) creation, **8**
creador/a (*adj.*) creative, **9**
crear (*v.*) to create, **8**
creativo/a (*adj.*) creative
crecer (zc) (*v.*) to grow, **1**
creciente (*adj.*) growing
crecimiento, el (*n.*) growth, **9**
crédito bancario, el (*n.*) bank credit, **10**
creencia popular, la (*n.*) popular belief, **6**
creer (*v.*) to believe
cremar (*v.*) to burn
crespo (*adj.*) curly
crianza de los niños, la (*n.*) child rearing,
criar (*v.*) to raise (*v.*) rear, **1**
cripta, la (*n.*) crypt
criticar (*v.*) to criticize, **2**
crítico/a, el (*n.*) critic
cromosoma, el (*n.*) chromosome
crónico/a (*adj.*) chronic
cronista, el/la (*n.*) chronicler
cronometrado/a (*adj.*) timed
cronometrar (*v.*) to time
croqueta, la (*n.*) croquette
cruz, la (*n.*) cross
cruzar (*v.*) to cross, **2**
cuadro, el (*n.*) picture, **8**
¿Cuál?/¿Cuáles? Which?/Which one(s)?, **2**
cualesquiera any, whoever
cualidad, la (*n.*) quality
cualquier(a)/cualesquiera whatever
cuando (*adv.*) when, **2**
cuándo when, **8**
¿Cuánto/a? How much?, **2**
¿Cuántos/as? How many?, **2**
cuarto, el (*n.*) room
cubano/a, el/la (*n.*) Cuban, **2**
cubismo, el (*n.*) Cubism, **8**
cubo de basura, el (*n.*) trash can, **5**
cubo, el (*n.*) bucket
cubrir (*v.*) to cover, **5**
cucharada, la (*n.*) tablespoon
cucharadita, la (*n.*) teaspoon
cuello, el (*n.*) neck, **4**
cuenta corriente, la (*n.*) checking account,

cuenta de ahorros, la (*n.*) savings account,
cuento, el (*n.*) tale
cuerda, la (*n.*) rope
cuero, el (*n.*) leather
cuerpo, el (*n.*) body, **4**
cuestión, la (*n.*) matter, **11**
cuestionar (*v.*) to argue about
cuestionario, el (*n.*) questionnaire
cuidadoso/a (*adj.*)careful, watchful, **5, 8**
cuidar (*v.*) to take care of, **1, 4**
culminante (*adj.*) highest
culminar (*v.*) to reach its highest point
cultivar (*v.*) to cultivate, **2**
cultivo, el (*n.*) crops, farming,
culto, el (*n.*) cult
culto/a (*adj.*) well educated,
cultura, la (*n.*) culture
cumbia, la (*n.*) Latin American rhythm
cumpleaños, el (*n.*) birthday, **12**
cumplir (años) (*v.*) to have a birthday, **12**
cumplir con (*v.*) to fulfill, execute, **7**
cuñado/a, el/la (*n.*) brother-/sister-in-law, **1**
cuota, la (*n.*) payment
cura párroco, el (*n.*) parish priest
curar (*v.*) to cure
curiosidad, la (*n.*) curiosity
currículum vítae, el (*n.*) résumé, **7**
curso, el (*n.*) course
curva, la (*n.*) curve
cuyo/a/os/as whose

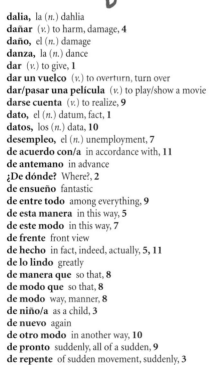

dalia, la (*n.*) dahlia
dañar (*v.*) to harm, damage, **4**
daño, el (*n.*) damage
danza, la (*n.*) dance
dar (*v.*) to give, **1**
dar un vuelco (*v.*) to overturn, turn over
dar/pasar una película (*v.*) to play/show a movie
darse cuenta (*v.*) to realize, **9**
dato, el (*n.*) datum, fact, **1**
datos, los (*n.*) data, **10**
desempleo, el (*n.*) unemployment, **7**
de acuerdo con/a in accordance with, **11**
de antemano in advance
¿De dónde? Where?, **2**
de ensueño fantastic
de entre todo among everything, **9**
de esta manera in this way, **5**
de este modo in this way, **7**
de frente front view
de hecho in fact, indeed, actually, **5, 11**
de lo lindo greatly
de manera que so that, **8**
de modo que so that, **8**
de modo way, manner, **8**
de niño/a as a child, **3**
de nuevo again
de otro modo in another way, **10**
de pronto suddenly, all of a sudden, **9**
de repente of sudden movement, suddenly, **3**
de súbito all of a sudden, suddenly, **2**
de todos/as of all (the things), **9**
de un tirón with one pull
de vanguardia progressive

de vez en cuando from time to time, **9**
debajo underneath
debatir (*v.*) to debate
deber (*v.*) ought to, should
deber, el (*n.*) duty, obligation, **1**
deberes, los (*n.*) homework, chores
debido (*adj.*) due to
débil (*adj.*) weak, **1**
década, la (*n.*) decade
decano/a, el/la (*n.*) dean
decepcionado/a (*adj.*) disappointed, **7**
decepcionar (*v.*) to disappoint
decibel, el (*n.*) decibel
decidir (*v.*) to decide
decir (*v.*) to say
declaración, la (*n.*) statement
declarar (*v.*) to declare
decorado, el (*n.*) scenery
dedicado/a (*adj.*) dedicated
dedicarse a (*v.*) to devote (oneself) to, **2**
dedicatoria, la (*n.*) dedication
dedo, el (*n.*) finger, **4**
defender (ie) (*v.*) to defend
defensor/a, el/la (*n.*) defender
deforestación, la (*n.*) deforestation, clear cutting, **5**
deidad, la (*n.*) god, deity
dejar (*v.*) to leave something behind, **3**
delante before
delgado/a (*adj.*) thin
delimitar (*v.*) to set limits, **10**
delirio, el (*n.*) delirium
delito, el (*n.*) crime
demanda, la (*n.*) claim
demandar (*v.*) to sue
demás, los/las (*n.*) the others, **7**
demasiado/a (*adj.*) too many/much, **5**
democracia, la (*n.*) democracy
demográfico (*adj.*) demographic
demorar (*v.*) to delay, **6**
demostrar (ue) (*v.*) to show, demonstrate
dentista, el/la (*n.*) dentist
dentro inside
departamento, el (*n.*) apartment; department
deportar (*v.*) to deport, to send a person back to his/her country, **2**
deporte, el (*n.*) sport
deportivo (*adj.*) sportive
depositar (*v.*) to deposit
deprimido/a (*adj.*) depressed
deprimirse (*v.*) to get depressed
depurar (*v.*) to purify
derecha, la (*n.*) right hand
derecho, el (*n.*) right, **1**
derechos humanos, los (*n.*) human rights, **6**
deriva, la (*n.*) drift
derramar (*v.*) to shed, spill
derrocar (*v.*) to overthrow, oust
derrochar (*v.*) to waste, **5**
derroche, el (*n.*) waste, squandering, **12**
desacuerdo, el (*n.*) disagreement
desafiar (*v.*) to challenge, **8**
desafío, el (*n.*) challenge
desafortunadamente (*adv.*) unfortunately
desagradable, (*adj.*) unpleasant
desagüe, el (*n.*) drain
desamor, el (*n.*) lack of love, indifference, **9**

desanimar (*v.*) to discourage, dishearten, **9**
desanimarse (*v.*) to get discouraged
desaparecer (zc) (*v.*) to disappear, **3**
desaparecido/a, el/la (*n.*) disappeared
desaparición, la (*n.*) disappearance
desarrollado/a (*adj.*) developed, **5**
desarrollar (*v.*) to develop, **5**
desarrollo, el (*n.*) development, **5**, **7**
desasosiego uneasiness
desastre, el (*n.*) disaster
desayuno, el (*n.*) breakfast
descansar (*v.*) to rest, **4**
descarado/a, el/la (*n.*) rude person
descarga, la (*n.*) discharge, **10**
descarnado/a (*adj.*) bare, **8**
descartable (*adj.*) disposable
descendiente, el/la (*n.*) descendant, **2**
desceñido/a (*adj.*) unbelted
descomponerse (*v.*) to be indisposed, faint; decompose **4**
descompuesto/a (*adj.*) decomposed
desconectar (*v.*) to unplug
desconfianza, la (*n.*) mistrust
desconocido/a (*adj.*) unknown
describir (*v.*) to describe
descripción, la (*n.*) description
descubierto/a (*adj.*) discovered
descubrir (*v.*) to discover, **9**
descuento, el (*n.*) discount
desde from
desdén, el (*n.*) scorn
desdoblar(se) (*v.*) to unfold
desear (*v.*) to desire, want
desechable (*adj.*) disposable, **4**
desechar (*v.*) to reject, dispose of
desecho, el (*n.*) waste, scrap, **5**
desempeñar (*v.*) to work as
desempleado/a (*adj.*) unemployed, **5**
desenchufado/a (*adj.*) unplugged, disconneted, **10**
desengaño, el (*n.*) disillusion
desenmascarar (*v.*) to unmask
desentonar con (*v.*) to clash with
desesperarse (*v.*) to lose hope
desfile, el (*n.*) parade, **12**
desganado/a (*adj.*) to be apathetic, **9**
desgraciadamente unfortunately, **6**
desgraciado/a (*adj.*) miserable
deshabitado (*adj.*) uninhabited
desheredado/a (*adj.*) disinherited, **6**
deshonesto/a (*adj.*) dishonest
desierto, el (*n.*) desert
designar (*v.*) to appoint
desigual (*adj.*) unequal, **6**
desigualdad, la (*n.*) inequality, **2**, **6**
desilusionado (*adj.*) disappointed
desilusionar(se) (*v.*) to disappoint
deslizar (*v.*) to slide
desmayarse (*v.*) to faint, **4**
desmayo, el (*n.*) fainting spell, **4**
desmedido/a (*adj.*) excessive
desmejorado (*adj.*) deteriorated
desmontar (*v.*) to dismantle
desnudo/a (*adj.*) naked
desordenado (*adj.*) messy
desorganizado/a (*adj.*) disorganized
despacio slowly

despecho, el (*n.*) scorn
despedazar (*v.*) to tear, to pieces, tear up **12**
despedida de soltero/a, la (*n.*) bachelor's party, wedding shower **12**
despedida, la (*n.*) farewell
despedirse (i, i) de (*v.*) to say good-bye to, **2**
despegar (*v.*) to take off, **3**
desperdiciar (*v.*) to waste
despertador, el (*n.*) alarm clock
despertarse (ie) (*v.*) to wake up, **2**
despierto (*adj.*) awake
despistar (*v.*) to confuse
desplazado/a (*adj.*) displaced
despojado/a (*adj.*) stripped of
desprecio, el (*n.*) disdain, contempt
desprovisto/a (*adj.*) lacking, **8**
después (de) que after, **8**
después then, after, later, **3**
destacar (*v.*) to stand out
destinatario/a, el/la (*n.*) recipient
destino, el (*n.*) destiny
destrucción, la (*n.*) destruction
destruir (*v.*) to destroy, **1**
desventaja, la (*n.*) disadvantage
detallado (*adj.*) detailed
detalle, el (*n.*) detail, **8**
detective, el (*n.*) detective
detenerse (ie) (*v.*) to stop, **3**
detenido (*adj.*) stopped; person under arrest
determinar (*v.*) to determine
detestar(se) (*v.*) to hate, detest, **2**
detrás de behind
deuda externa, la (*n.*) foreign debt, **10**
devolver (ue) (*v.*) to return (an object), **1**
devorar (*v.*) to devour
día del santo, el (*n.*) saint's day, **12**
día feriado, el (*n.*) holiday, **12**
día festivo, el (*n.*) holiday, **12**
diablo, el (*n.*) devil
diariamente (*adv.*) daily
dibujar (*v.*) to draw
dibujo animado, el (*n.*) cartoon, **11**
dibujo, el (*n.*) drawing, **8**
diccionario, el (*n.*) dictionary
dicha, la (*n.*) happiness, **12**
dichoso/a (*adj.*) happy, **12**
diciembre (*n.*) December
dictador, el (*n.*) dictator
dictadura, la (*n.*) dictatorship
diente de ajo, el (*n.*) clove of garlic
diente, el (*n.*) tooth, **4**
dieta equilibrada, la (*n.*) balanced diet, **4**
diferenciarse (*v.*) to be different, differentiate (oneself), **9**
difundir (*v.*) to spread
difunto/a, el/la (*n.*) dead person
difusión, la (*n.*) spreading of news, **10**
digno (*adj.*) worthy
dinámica, la (*n.*) dynamic
dinero, el (*n.*) money
dios/a, el/la (*n.*) god; goddess
diplomático, el (*n.*) diplomatic
directivo/a, el/la (*n.*) management
directivos/as, los/las (*n.*) management, directors, **7**
director/a de cine/teatro/orquesta, el/la (*n.*) movie/theater director/orchestra conductor, **11**

dirigir (*v.*) to direct, **11**
dirigirse a (*v.*) to walk toward; to write to
disciplina, la (*n.*) discipline, **9**
disco, el (*n.*) **duro** hard drive, **10**
disco, el (*n.*) **flexible** diskette, **10**
discoteca, la (*n.*) discotheque
discreto (*adj.*) discreet
discriminación, la (*n.*) discrimination
discriminar (*v.*) to discriminate
disculpa, la (*n.*) excuse, **7**
discurso, el (*n.*) speech
discusión, la (*n.*) discussion
discutir (*v.*) to discuss, to argue, **1**
diseñar (*v.*) to design
diseño, el (*n.*) design
disfraz, el (*n.*) disguise
disfrazado/a (*adj.*) disguised
disfrazarse (*v.*) to disguise, **12**
disfrutar (de) (*v.*) to enjoy, **3**
disgregar to disintegrate
disgustado/a (*adj.*) displeased, **3**
disgustar (*v.*) to annoy, displease
disidente, el (*n.*) dissident
disminuir (*v.*) to decrease, diminish
disolver (ue) (*v.*) to dissolve
dispensado/a (*adj.*) excused
disponer de (*v.*) to have at one's disposal, **7**
disponerse a (*v.*) to prepare oneself
disponible (*adj.*) available, **7**
disquete, el (*n.*) diskette
distinción, la (*n.*) distinction
distinguir (*v.*) to distinguish
distinto/a (*adj.*) different
distribución, la (*n.*) distributing
distribuidor, el (*n.*) distribution
distribuir to distribute
distrito, el (*n.*) district
diversidad, la (*n.*) diversity
diversión, la (*n.*) enjoyable activity, fun, **9**
diversos/as (*adj.*) many
divertido/a (*adj.*) amusing, funny
divertirse (ie, i) (*v.*) to have a good time, **3, 11**
dividir (*v.*) to divide
divorciarse (de) (*v.*) to divorce, **1**
divorcio, el (*n.*) divorce, **1**
doblar (*v.*) to fold; to turn
doblar(se) (*v.*) to bend down, **4**
doble fila double file
docena, la (*n.*) dozen
dócil (*adj.*) docile
doctor/a, el/la (*n.*) doctor
documental, el (*n.*) documentary, **11**
documento, el (*n.*) document
dólar, el (*n.*) dollar
dolencia, la (*n.*) ailment
doler (ue) (*v.*) to hurt, **4**
dolor de oído, el (*n.*) earache, **4**
dolor, el (*n.*) pain, **4**
domador/a, el/la (*n.*) animal tamer
domicilio, el (*n.*) home, address
dominante (*adj.*) domineering, **1**
dominar otros (*v.*) to be fluent in other, **7**
dominar otros idiomas (*v.*) to be fluent in other languages
domingo, el (*n.*) Sunday
dominicano/a, el/la (*n.*) Dominican, **2**

doncella, la (*n.*) virgin
dónde where
¿Dónde? Where?, **2**
dorado/a (*adj.*) golden
dormir (ue, u) (*v.*) to sleep
dormirse (ue, u) (*v.*) to fall asleep
dormitorio, el (*n.*) bedroom
dosis, la (*n.*) dose
dramático/a (*adj.*) dramatic
dramatizar (*v.*) to dramatize
dramaturgo dramatist
drogas, las (*n.*) drugs
ducharse shower
duda, la (*n.*) doubt
dudar to doubt
dudoso/a (*adj.*) doubtful
dueño, el (*n.*) owner
dulces, los (*n.*) candies
duplicar (*v.*) to duplicate, **5**
duplicarse (*v.*) to double, **10**
duro hard

E

echarse a llorar (*v.*) to start crying
ecología, la (*n.*) ecology, **5**
ecológico/a (*adj.*) ecological, **5**
ecólogo/a, el (*n.*) ecologist
economía, la (*n.*) economy
económico/a (*adj.*) economic
economista, el/la (*n.*) economist, **7**
ecoturismo, el (*n.*) ecotourism
edad, la (*n.*) age
edificación, la (*n.*) construction
edificio, el (*n.*) building, **8**
educado/a (mal educado/a) (*adj.*) polite (impolite)
efectivo, el (*n.*) cash
efecto invernadero, el (*n.*) greenhouse effect
eficacia, la (*n.*) effectiveness
eficaz (*adj.*) effective
eficiencia, la (*n.*) efficiency
egoísta (*adj.*) selfish
ejecutivo/a, el/la (*n.*) executive, **7**
ejemplificar (*v.*) to exemplify
ejemplo, el (*n.*) example
ejercer (*v.*) to exercise, exert
ejercicio, el (*n.*) exercise
ejército, el (*n.*) army
el (día/mes/año) pasado last (day/month/year), **3**
el candombe Latin-American music rhythm
el consulado consulate
el/la/los/las cual/cuales that, which, who, whom, **11**
el/la/los/las que the one/ones who/that, **11**
elaborar (*v.*) to make, prepare, develop, **9**
elección, la (*n.*) choice; election
electricidad, la (*n.*) electricity
eléctrico/a (*adj.*) electrical
electrodoméstico, el (*n.*) household appliance
electrónica, la (*n.*) electronics
electrónico/a (*adj.*) electronic
elegir (i) (*v.*) to choose, **1**
elogiar (*v.*) to praise
elogio, el (*n.*) praise, **8**
embajada, la (*n.*) embassy
embajador/a, el/la ambassador
embalaje, el (*n.*) packaging

embalar (*v.*) to pack
embarazada (*adj.*) pregnant
embarazo, el (*n.*) pregnancy, **1**
embarcar (*v.*) to board, **3**
embellecer (*v.*) to embellish
emborracharse (*v.*) to get drunk, **12**
emergencia, la (*n.*) emergency
emigrante el/la (*n.*) emigrant, **2**
emigrar (*v.*) to emigrate, **2**
eminencia, la (*n.*) eminence
emisión de radio, la (*n.*) radio broadcast, **11**
emisora, la (*n.*) radio station
emitir (*v.*) to emit
emocionante, (*adj.*) exciting
emotivo/a (*adj.*) touching
empanada, la (*n.*) turn over
emparejar (*v.*) to match
empeñarse en (*v.*) to insist on
empeño, el (*n.*) determination
empeorar (*v.*) to get worse, **4**
emperador/a, el/la (*n.*) emperor, empress
empezar (ie) (*v.*) to begin
empleado/a, el/la (*n.*) employee, **7**
empleador/a, el/la (*n.*) employer, **7**
emplear (*v.*) to use
empleo, el (*n.*) employment, job, **7**
emprendedor/a (*adj.*) enterprising, **7**
emprendedor/a el/la (*n.*) entrepreneur, **7**
empresa global, la (*n.*) global business, firm, **10**
empresa, la (*n.*) business, company, **7**
empresario/a, el/la (*n.*) business/man/woman
empujar (*v.*) to push, **2, 9**
en alza budding
en cambio on the other hand, **9**
en caso de que in case, **8**
en cuanto a as far as, with respect to, regarding, **1**
en cuanto as soon as, **8**
en el (año) 2007 in (the year) 2007, **3**
en ese caso in that case, **7**
en función de related to
en medio de in the midst of
en orden in order
en otras palabras in other words
en realidad in reality, actually, **11**
en sí mismo/a/s/as in him-/her-/themselves, **9**
en torno a about
en torno a around, **9**
en vías de desarrollo developing, **10**
en vivo (*adj.*) live (program), **11**
enagua, la (*n.*) petticoat
enamorado/a (*adj.*) in love
enamoramiento, el (*n.*) falling in love
enamorarse de (*v.*) to fall in love with, **12**
encabezamiento heading
encabezar (*v.*) to head
encadenarse (*v.*) to chain oneself
encantado/a (*adj.*) enchanted
encantar (*v.*) to delight, love
encanto, el (*n.*) charm, **8**
encarar (*v.*) to approach, to face
encarcelado (*adj.*) jailed
encargar (*v.*) to order, place an order for
encargarse (*v.*) to be in charge
encasillar (*v.*) to classify, **8**
encender (ie) (*v.*) to turn on, **11**
enchufar (*v.*) to plug in

encontrar (ue) (*v.*) to meet, to find
encorvado/a (*adj.*) stooped
encubrimiento, el (*n.*) concealment
encuentro, el (*n.*) encounter
encuesta, la (*n.*) poll
endulzar (*v.*) to sweeten
enero January
enfadarse (*v.*) to get angry, **11**
enfático/a (*adj.*) emphatic
enfermarse (*v.*) to become ill
enfermedad, la (*n.*) sickness, illnesses, **4**
enfermería, la (*n.*) infirmary
enfermero/a el/la (*n.*) nurse
enfermo/a (*adj.*) sick
enfermo/a, el/la (*n.*) patient
enfocar (un problema) (*v.*) to focus on; approach (a problem), **7**
enfoque, el (*n.*) approach
enfrentamiento, el (*n.*) confrontation
enfrentar(se) (*v.*) to face
enfriar (*v.*) to cool
enfurecerse (*v.*) to become furious
engañar (*v.*) to deceive, **6**
enganchar (*v.*) to hook
engordar (*v.*) to gain weight, **4**
¡Enhorabuena! Congratulations!, **7**
enigmático/a (*adj.*) enigmatic
enjuagar (*v.*) to rinse
enjuiciamiento, el (*n.*) judgment, lawsuit
enlazar (*v.*) to connect
enojarse (*v.*) to get angry, **11**
enojo, el (*n.*) anger
enorme (*adj.*) enormous
enredado/a (*adj.*) entangled
enriquecedor/a (*adj.*) enriching
ensalada, la (*n.*) salad
ensayar (*v.*) to rehearse, **11**
ensayo, el (*n.*) essay; rehearsal
enseguida immediately, **3**
enseñar (*v.*) to teach
entablar (*v.*) to establish
entender (ie) (*v.*) to understand
entenderse (ie) (*v.*) to understand each other, **2**
entendimiento, el (*n.*) understanding
enterarse (*v.*) to realize
entereza, la (*n.*) fortitude
entero/a (*adj.*) entire, whole, **6**
enterrado/a (*adj.*) buried
entidad, la (*n.*) entity, **5**
entierro, el (*n.*) burial
entonces then, **9**
entorno, el (*n.*) surroundings
entrada, la (*n.*) ticket, **11**
entrañable (*adj.*) dearly loved, warm
entrar (*v.*) to enter
entre between, among
entrecejo, el (*n.*) space between the eyebrows
entrega, la (*n.*) handing over, delivery
entregar (*v.*) to deliver, **11**; to hand in
entrenador/a, el/la (*n.*) trainer, coach
entrenar (*v.*) to train, **7**
entretanto meanwhile
entretener(se) (ie) (*v.*) to entertain, **11**
entretenido/a (*adj.*) entertaining, **11**
entretenimiento, el (*n.*) entertainment, **11**
entrevista de trabajo, la (*n.*) job interview, **7**

entrevistado/a (*adj.*) person interviewed
entrevistador/a (*adj.*) interviewer
entrevistar (*v.*) to interview
entusiasmado/a (*adj.*) excited
entusiasmar(se) (*v.*) to get excited, **12**
entusiasta (*adj.*) enthusiastic
enumerar (*v.*) to enumerate
enunciado, el (*n.*) statement
envase, el (*n.*) container, **5**
envejecimiento, el (*n.*) aging
enviar (*v.*) to send
envidia, la (*n.*) envy, **9, 11**
envidiar (*v.*) to envy, **11**
envoltorio, el (*n.*) wrapping, **5**
envuelto/a (*adj.*) wrapped, **10**
época, la (*n.*) epoch, age, time **6**
equilibrado/a (*adj.*) balanced, **4**
equilibrio, el (*n.*) balance, **7**
equipaje, el (*n.*) luggage, **3**
equipo, el (*n.*) team; equipment
equivocarse (*v.*) to be mistaken
equívoco/a (*adj.*) ambiguous
erradicar (*v.*) to eradicate
es decir that is to say, **9**
es más besides
esa that
ésa that one
esas those
ésas those ones
escala, la (*n.*) stop, port of call, **3**
escalar (montañas) (*v.*) to climb a mountain, **3**
escalera, la (*n.*) stairs, **5**
escandaloso/a (*adj.*) scandalous
escapar (*v.*) to escape
escarpado/a (*adj.*) steep
escasez, la (*n.*) scarcity
escena, la (*n.*) scene, **11**
escenario, el (*n.*) stage, **11**
escenografía, la (*n.*) stage design
esclavitud, la (*n.*) slavery
esclavizar(se) (*v.*) to enslave, **6**
esclavo/a, el/la (*n.*) slave, **6**
escoger (*v.*) to choose
esconder (*v.*) to hide
escribir (*v.*) to write
escritor/a, el/la (*n.*) (*adj.*) writer
escritorio, el (*n.*) desk
escritos, los (*n., pl.*) writing(s)
escritura, la (*n.*) writing
escuchar (*v.*) to listen
escudo, el (*n.*) emblem, symbol
escuela primaria, la (*n.*) elementary school
escuela, la (*n.*) school
escultura, la (*n.*) sculpture
ese that
ése that one
esfuerzo, el (*n.*) effort, **9**
esgrimista, el/la (*n.*) fencer
eslogan, el (*n.*) slogan
esmero, el (*n.*) care
eso that
esos those
espacio, el (*n.*) space
espalda, la (*n.*) back, **4**
España (*n.*) Spain
español/a (*adj.*) Spanish

especies, las (*n.*) species
especie, la (*n.*) species; kind, sort
especificar (*v.*) to specify
espectáculo, el (*n.*) show, **11**
espectador/a, el/la (*n.*) spectator, audience member, **11**
especular (*v.*) to speculate
espejo, el (*n.*) mirror, **5**
esperanza, la (*n.*) hope
esperar (*v.*) to hope
espía, el (*n.*) spy
espíritu, el (*n.*) spirit
espontaneidad, la (*n.*) spontaneity, **9**
espontáneo/a (*adj.*) spontaneous
esposo/a de mi madre/padre, el/la (*n.*) stepfather/stepmother, **1**
esposo/a, el/la (*n.*) husband/wife, **1**
esquema, el (*n.*) outline, **8**
esquí acuático, el (*n.*) water skiing, **3**
esquiar (*v.*) to ski, **3**
esquina, la (*n.*) corner, **5**
esta this
ésta this one
establecer(se) (zc) (*v.*) to establish, **2**
establecimiento, el (*n.*) establishment
estación, la (*n.*) station, **5**
estadía, la (*n.*) stay, **3**
estadio, el (*n.*) stadium
estadística, la (*n.*) statistic
estado civil, el (*n.*) marital status
estado, el (*n.*) state
estadounidense American
estallar (*v.*) to explode
Estambul Istambul
estampa, la (*n.*) appearance
estampilla, la (*n.*) stamp
estante, el (*n.*) shelf, **5**
estar (*v.*) to be
estar a punto de (*v.*) to be about (*v.*) to (do something), **3**
estar al alcance de (*v.*) to be within reach of, **9**
estar atrasado/a to arrive late, **10**
estar cansado/a to be tired, **1**
estar casado (con) to be married (to), **1**
estar comprometido (con) to be engaged (to), **1**
estar con prisa to be in a hurry, **1**
estar contento/a to be happy, **1**
estar de acuerdo (con) to agree (with), **1**
estar de buen/mal humor to be in a good/bad mood, **1**
estar de paso to be passing by, **1**
estar de vacaciones to be on vacation, **1**
estar divorciado/a (de) to be divorced (from), **1**
estar embarazada (*v.*) to be pregnant, **4**
estar en cartelera to be still running (a movie)
estar enamorado/a (de) to be in love with, **1**
estar encargado/a (*v.*) to be in charge, **7**
estar enojado/a to be angry, **1**
estar enredado/a (*v.*) to be entangled with, **12**
estar entusiasmado/a to be excited, **1**
estar muerto/a to be dead, **1**
estar por to be about to
estar preocupado (por) to be worried (about), **1**
estar separado/a (de) to be separated (from), **1**
estas these
éstas these ones
estatal (*adj.*) state

estatua, la (*n.*) statue
estatuilla, la (*n.*) figurine
estatura, la (*n.*) height, **4**
este, el (*n.*) East, **3**
este this
éste this one
estela, la (*n.*) wake of a boat
estereotipo, el (*n.*) stereotype
estéril (*adj.*) sterile
estética, la (*n.*) aesthetics, **8**
estilo, el (*n.*) style
estimado/a (*adj.*) dear
estimulante (*adj.*) stimulating
estimular (*v.*) to stimulate
estímulo, el (*n.*) stimulus
esto this
estómago, el (*n.*) stomach, **4**
estornudar (*v.*) to sneeze, **4**
estornudo, el (*n.*) sneeze
estos these
éstos these ones
estrago, el (*n.*) damage
estrategia, la (*n.*) strategy
estrechar (*v.*) to embrace, **9**
estrella, la (*n.*) star; movie star
estrenar (una película, to release (a movie), to
  perform, **11**
estreno, el (*n.*) opening night, premiere, **11**
estrés, el (*n.*) stress
estrofa, la (*n.*) verse, stanza
estructura, la (*n.*) structure
estruendo, el (*n.*) noise
estudiante, el (*n.*) student
estudiar (*v.*) to study
estudio, el (*n.*) study
estupendo (*adj.*) wonderful
estupidez, la (*n.*) stupidity
etapa, la (*n.*) stage
eternidad, la (*n.*) eternity
ético (*adj.*) ethical
etiqueta, la (*n.*) label
etnia, la (*n.*) ethnic group
étnico/a (*adj.*) ethnic
euforia, la (*n.*) euphoria, **12**
europeo/a (*adj.*) European
evadir(se) (*v.*) to evade, escape
evitar (*v.*) to avoid, **4**
evocar (*v.*) to evoke
exagerar (*v.*) to exaggerate
examen de rutina, el (*n.*) yearly check-up
examinar (*v.*) to examine
exceder (*v.*) to exceed, go beyond
excesivo/a (*adj.*) excessive
excursión, la (*n.*) tour, **3**
exhibir (*v.*) to exhibit
exigente (*adj.*) demanding
exigir (*v.*) to demand, **7**
exiliarse (*v.*) to exile oneself
existir (*v.*) to exist
éxito, el (*n.*) success, **7, 11**
exitoso/a (*adj.*) successful
expandir (*v.*) to expand
expectativa, la (*n.*) expectation
experiencia laboral, la (*n.*) work experience, **7**
experimentar (*v.*) to experience
explicación, la (*n.*) explanation

explicar (*v.*) to explain,
explorar (*v.*) to explore
explotación, la (*n.*) exploitation
explotar (*v.*) to exploit, **6**
exponer (*v.*) to show; to put forth
exportación, la (*n.*) export
exposición, la (*n.*) exhibition
expresar (*v.*) to express
expresionismo, el (*n.*) Expressionism, **8**
expresivo/a (*adj.*) expressive
expreso (*adj.*) express
expuesto/a (*adj.*) exposed
expulsado/a (*adj.*) expelled
extendido/a (*adj.*) extended,
extenso (*adj.*) extensive
exterior, el (*n.*) outside
extinción, la (*n.*) extinction
extinguirse (*v.*) to be extinguished
extraer (*v.*) to extract
extrañar (*v.*) to miss (feeling), **11, 12**
extranjero/a (*adj.*) foreign
extranjero/a, el/la (*n.*) foreigner
extraño/a (*adj.*) strange
extraordinario/a (*adj.*) extraordinary
extremo, el (*n.*) end
extrovertido/a (*adj.*) extrovert

F

fábrica, la (*n.*) factory, **5, 7**
fabricación, la (*n.*) manufacturing
fabricante, el/la (*n.*) manufacture
fabricar (*v.*) to make
fabuloso/a (*adj.*) fabulous
faceta, la (*n.*) side, aspect
facha, la (*n.*) appearance, looks, **12**
fachada, la (*n.*) façade
fácil (*adj.*) easy
facilidad, la (*n.*) ease
facilitar (*v.*) to facilitate, **9**
factor, el (*n.*) factor
facultad, la (*n.*) faculty
faja, la (*n.*) sash
falda, la (*n.*) skirt
faldilla, la (*n.*) small skirt
falla, la (*n.*) failure, **9**
fallar (*v.*) to fail
falsificación, la (*n.*) false
falso/a (*adj.*) falsification
falta, la (*n.*) lack of, **1**
faltar (*v.*) to be missing, lacking,
fama, la (*n.*) fame
familia nuclear, la (*n.*) nuclear family, **1**
familia política, la (*n.*) in-laws, extended family, **1**
familia, la (*n.*) family, **1**
familiar, el/la (*n.*) family member
famoso/a (*adj.*) famous
fantasma, el (*n.*) ghost
fantástico/a (*adj.*) fantastic
farmacia, la (*n.*) pharmacy
fascinante (*adj.*) fascinating
fascinar (*v.*) to fascinate
fastidiar (*v.*) to annoy
fauna, la (*n.*) fauna
favor, el (*n.*) favor
favorecer (zc) (*v.*) to favor

favorito/a (*adj.*) favorite
fe, la (*n.*) faith
febrero February
fecha, la (*n.*) date
fecundar (*v.*) to make fertile, fertilize
felicidad, la (*n.*) happiness
¡Felicitaciones! Congratulations!, **7**
felicitar (*v.*) to congratulate, **7**
feliz (*adj.*) happy, **1**
¡Feliz año (nuevo)! Happy New Year!
¡Feliz cumpleaños! Happy birthday!, **12**
¡Feliz día del santo! Happy Saints Day!, **12**
feminismo, el (*n.*) feminism
feminista (*adj.*) feminist
fenomenal (*adj.*) phenomenal
feo/a (*adj.*) ugly, **1**
feria, la (*n.*) fair
festejar (*v.*) to celebrate, **12**
festejos, los (*n.*) public rejoicing, **12**
festividad, la (*n.*) festivity
fibra, la (*n.*) fiber
ficción, la (*n.*) fiction
ficha, la (*n.*) card
fiebre, la (*n.*) fever
fiel (*adj.*) faithful
fiesta patria, la (*n.*) patriotic festivity, **12**
fiesta patronal, la (*n.*) patron saint festivity, **12**
fiesta religiosa, la (*n.*) religious festivity, **12**
fiesta, la (*n.*) celebration
figura, la (*n.*) figure
figurativo/a (*adj.*) figurative
fijamente (*adj.*) fixedly
fijo/a (*adj.*) fixed
filmación, la (*n.*) shooting
filmar (*v.*) to film, **11**
filosofía, la (*n.*) philosophy
filosófico (*adj.*) philosophical
filósofo/a, el/la (*n.*) philosopher
filtrar (*v.*) to leak
filtro, el (*n.*) filter
fin, el (*n.*) purpose, end
final, el (*n.*) ending
finalidad, la (*n.*) purpose
finalmente (*adv.*) finally
financiación, la (*n.*) financing
financiar (*v.*) to finance
financiero/a (*n.*) financial
fingir (*v.*) to pretend
fino (*adj.*) fine
firma, la (*n.*) company/signature
firmar (*v.*) to sign, **7**
firme (*adj.*) firm
firmeza, la (*n.*) firmness
física, la (*n.*) physics
físicamente physically
físico/a, el/la (*n.*) physicist
físico/a (*adj.*) physical
flaco/a (*adj.*) thin, skinny, **1**
flamenco flamenco
flauta, la (*n.*) flute
flechazo, el (*n.*) love at first sight
flequillo, el (*n.*) bangs
flexibilidad, la (*n.*) flexible
flexible (*adj.*) flexibility
flor, la (*n.*) flower
florecer (zc), (*v.*) to flower, **9**

folclore, el (*n.*) folklore
folclórico/a (*adj.*) folkloric
folleto, el (*n.*) brochure, **3**
fomentar (*v.*) to promote, encourage, **8**
fondo, el (*n.*) background, **8**
fonética, la (*n.*) phonetics
forma, la (*n.*) way, form, manner, **7**
formación, la (*n.*) education, training
formalidad, la (*n.*) formality
formar (*v.*) to form
formato, el (*n.*) format
formula, la (*n.*) formula
formular (*v.*) to formulate
formulario, el (*n.*) form, **7**
foro, el (*n.*) forum
fortalecer (zc) (*v.*) to fortify
fortaleza, la (*n.*) strength
forzar (ue) (*v.*) to force
fósforo, el (*n.*) match
fósil, el (*n.*) fossil
foto, la (*n.*) photo
fotografía, la (*n.*) photograph
fotografiar (*v.*) to photograph
fotográfico/a (*adj.*) photographic
fotógrafo/a, el/la (*n.*) photographer
fotovoltaico/a (*adj.*) photovoltaic
fracaso, el (*n.*) failure
fracturado (*adj.*) fractured
fragmento, el (*n.*) fragment
fraile, el (*n.*) friar
francés/a (*adj.*) French
Francia France
franqueza, la (*n.*) frankness, candor, **8**
frase, la (*n.*) phrase
fraternidad, la (*n.*) brotherhood
fray, el (*n.*) friar
frecuencia, la (*n.*) frequency
frecuente (*adj.*) frequent
frecuentemente frequently
freír (*v.*) to fry, **4**
frente a facing; regarding; in the face of
frente, la (*n.*) forehead, **4**
frijol, el (*n.*) bean, **4**
frijoles pintos, los (*n.*) pinto beans
frío/a, el (*n.*) cold
frito (*adj.*) fried
fritos, los (*n., pl.*) fried foods
frontera, la (*n.*) border, **2**
frustración, la (*n.*) frustration
frustrado/a frustrated
fruta, la (*n.*) fruit
fruto seco, el (*n.*) dried fruit and nuts
fucsia (*adj.*) dark purple color
fuego, el (*n.*) fire, **10**
fuegos artificiales, los (*n.*) fireworks, **12**
fuente de inspiración, la (*n.*) source of inspiration, **8**
fuente, la (*n.*) fountain, source, **6**
fuera de outside of
fuerte (*adj.*) strong, **1**
fuerza, la (*n.*) force, strength
fuerzas armadas, las (*n.*) armed forces, **6**
fumar (*v.*) to smoke
función, la (*n.*) show, performance, **11**
funcionar (*v.*) work, function, **9**
funcionario/a, el/la (*n.*) employee
fundación, la (*n.*) foundation

fundamental (*adj.*) fundamental
fundamentar (*v.*) to base
fundar (*v.*) to found
furioso/a (*adj.*) furious
fútbol, el (*n.*) soccer
futuro, el (*n.*) future

G

gabán, el (*n.*) suit jacket, overcoat
gafas, las (*n.*) glasses
galaxias, las (*n.*) galaxies
galería de arte, la (*n.*) art gallery, **8**
galleta, la (*n.*) biscuit, cookie
gama, la (*n.*) range
gamba, la (*n.*) prawn
ganado, el (*n.*) cattle
ganador/a, el/la (*n.*) winner
ganancia, la (*n.*) earning, **10**
ganar (*v.*) to earn, win, **2**
ganarse la vida (*v.*) to earn one's living, **2**
ganas, las (*n.*) desire, appetite
garabato, el (*n.*) scribble
garantía, la (*n.*) guarantee
garantizar (*v.*) to guarantee
garbanzos, los (*n.*) chick-peas
garganta, la (*n.*) throat, **4**
garza, la (*n.*) heron
gas, el (*n.*) gas
gaseosa, la (*n.*) soda water
gastar (*v.*) to spend, **12**
gasto, el (*n.*) expenditure
gastronomía, la (*n.*) gastronomy
gato, el (*n.*) cat
gaviota, la (*n.*) seagull
gemelo/a, el/la (*n.*) twin, **1**
gemir (i) (*v.*) to moan, **11**
generación, la (*n.*) generation
generador/a (*adj.*) generator, **6**
generalmente (*adj.*) generally, **3**
generar (*v.*) to generate, **5**
género, el (*n.*) gender
generoso/a (*adj.*) generous
genética, la (*n.*) genetics
genial (*adj.*) brilliant
genio (*n.*) genius
gente, la (*n.*) people
geografía, la (*n.*) geography
geográfico/a (*adj.*) geographic
geometría, la (*n.*) geometry
geranio, el (*n.*) geranium
gerente/a, el/la (*n.*) manager, **7**
gestar (*v.*) to create, **8**
gestión, la (*n.*) errand, management **10**
gesto, el (*n.*) gesture, **9**
gigante, el (*n.*) giant
gimnasio, el (*n.*) gymnasium
gira, la (*n.*) tour, **11**
girar (*v.*) to turn, revolve
girar en torno a (*v.*) to revolve around
giros idiomáticos, los (*n.*) idiomatic turns
glaciar, el (*n.*) glacier, **5**
glicerina, la (*n.*) glycerin
globalización económica, la (*n.*) economic globalization, **9**
globo, el (*n.*) balloon, **12**

gobernador/a, el/la (*n.*) governor
gobierno, el (*n.*) government
golondrina, la (*n.*) swallow, **10**
golpe, el (*n.*) blow
gordo/a (*adj.*) fat
gorro, el (*n.*) cap
gotas, las (*n.*) drops, **4**
gozar (*v.*) to enjoy, **12**
gozar de buena salud (*v.*) to enjoy good health, **4**
grabación, la (*n.*) recording, **11**
grabar (*v.*) to record, **11**
gracias, las (*n.*) thanks
gracioso/a (*adj.*) graceful
grado, el (*n.*) degree
graduación, la (*n.*) graduation
graduado/a (*adj.*) graduate
gradualmente gradually
graduarse (*v.*) to graduate
gráfica, la (*n.*) graph
grafiti, el (*n.*) graffiti
gramo, el (*n.*) gram
grande (*adj.*) great
granja, la (*n.*) farm
grano, el (*n.*) grain
grasa, la (*n.*) fat, **4**
gratificante (*adj.*) rewarding
gratis (*adj.*) free
gratuito (*adj.*) free
grave (*adj.*) heavy, serious, grave
gravedad, la (*n.*) gravity
gravemente seriously
griego Greek
gripe, la (*n.*) flu, **4**
gris (*adj.*) gray
gritar (*v.*) to scream, (*v.*) to shout, **2**
grito, el (*n.*) scream
grueso/a (*adj.*) thick, **2**
grupo, el (*n.*) group
guapo/a (*adj.*) handsome, good-looking, **1**
guardar (*v.*) to keep, save, **5**
guardería, la (*n.*) day-care center
guardia guard
guatemalteco/a, el/la (*n.*) Guatemalan, **2**
guayaba, la (*n.*) guava
guayanés (*adj.*) Guyanese
gubernamental (*adj.*) governmental
guerra, la (*n.*) war, **6**
guía (turística), la (*n.*) tourist guide (book), **3**
guía turístico/a, el/la (*n.*) tourist guide (person), **3**
guía, el/la (*n.*) guide
guión, el (*n.*) script, **11**
guionista, el (*n.*) scriptwriter
guirnalda, la (*n.*) streamer, **12**
guitarra, la (*n.*) guitar
gusano, el (*n.*) worm
gustar (*v.*) to please
gusto, el (*n.*) taste

H

haber (*v.*) to have
haber que (*v.*) to have to, **2**
hábil (*adj.*) skillful
habilidad, la (*n.*) ability
habitación doble, la (*n.*) room with double occupancy, **3**

habitación individual/sencilla, la (*n.*) single room, **3**
habitante, el (*n.*) inhabitant
habitar (*v.*) to live
hábito, el (*n.*) habit
habla, el (*n., f.*) speech
hablador talkative
hablar (*v.*) to speak
hacer (*v.*) to do, **1**
hacer bromas (*v.*) to make jokes, **12**
hacer buen tiempo to have nice weather, **2**
hacer calor/frío to be hot/cold, **2**
hacer caso (*v.*) to follow someone's advice, **4**
hacer dedo (*v.*) to hitchhike, **3**
hacer eco (*v.*) to make echo
hacer ecoturismo (*v.*) to take an ecological vacation, **3**
hacer escala (*v.*) to stop over, **3**
hacer esquí alpino/nórdico/acuático (*v.*) to ski downhill/cross country/water skiing, **3**
hacer falta (*v.*) to be lacking
hacer las maletas/el equipaje/las valijas (*v.*) to pack, **3**
hacer preguntas (*v.*) to ask questions
hacer propicio (*v.*) to foster, **10**
hacer que (*v.*) to cause
hacer régimen (*v.*) to be on a diet, **4**
hacer sol (*v.*) to be sunny, **2**
hacer un brindis (*v.*) to make a toast, **12**
hacer un rato (*v.*) to be a while (ago), **3**
hacer una caminata (*v.*) to hike, **3**
hacer una fiesta (*v.*) to have a party, **12**
hacer viento (*v.*) to be windy, **2**
hacer windsurf (*v.*) to windsurf, **3**
hacerse (*v.*) to become, change into, grow, **8**
hacerse amigo/a (*v.*) to become friends, **2**
halar (*v.*) to pull ahead
hallar (*v.*) to find, **7**
hallarse (*v.*) to find oneself, be
hambre, el (*n., f.*) hunger
hartarse (*v.*) to be fed up, **2**
harto (*adj.*) saciated
hasta until
hasta que until, **8**
hay (*v.*) there is, there are, **2**
hebra, la (*n.*) thread
hecho, el (*n.*) fact
hectárea, la (*n.*) hectare
heladera, la (*n.*) refrigerator
helado, el (*n.*) ice cream
helado/a (*adj.*) freezing cold
helicóptero, el (*n.*) helicopter
helor, el (*n.*) deep cold
herencia cultural, la (*n.*) cultural heritage, **2**
herida, la (*n.*) wound, **4**
herido/a (*adj.*) wounded, **8**
herir (ie, i) (*v.*) to wound
hermandad, la (*n.*) brotherhood
hermano/a, el/la (*n.*) brother/sister
hermoso (*adj.*) beautiful
heroico (*adj.*) heroic
hervido/a (*adj.*) boiled
hervir (ie) (*v.*) to boil
hielo, el (*n.*) ice
hierba, la (*n.*) grass
hígado, el (*n.*) liver, **4**
higiene, la (*n.*) hygiene

hijo/a único/a, el/la (*n.*) only child, **1**
hijo/a, el/la (*n.*) son/daughter, **1**
hijos, los (*n.*) children, **1**
hilo, el (*n.*) thread, **12**
hiperactividad, la (*n.*) hyperactivity
hipótesis, la (*n.*) hypothesis
hipotético/a (*adj.*) hypothetical
hispánico/a (*adj.*) from the Hispanic world
hispano/a, el/la (*n.*) Hispanic, **2**
hispanoamérica Hispano-American
hispanohablante, el/la (*n.*) Spanish speaker, **2**
histérico/a (*adj.*) hysterical
historia, la (*n.*) history
historiador/a, el/la (*n.*) historian
histórico/a (*adj.*) historical
hogar, el (*n.*) home, **2**
hoguera, la (*n.*) bonfire
hoja de coca, la (*n.*) coca leaf
hoja de vida, la (*n.*) résumé, **7**
hola hello
hombre, el (*n.*) man
hombre/mujer de negocios, el/la (*n.*) businessman/woman
hombro, el (*n.*) shoulder, **4**
homeopatía, la (*n.*) homeopathies
homeopático (*adj.*) homeopathic
homofobia, la (*n.*) homophobia
homosexual, el (*n.*) homosexual
hondo (*adj.*) deep
hondonada, la (*n.*) depression
hondureño/a, el/la (*n.*) Honduran, **2**
honesto (*adj.*) honest
hora, la (*n.*) hour, time, **6**
horario, el (*n.*) (hourly) schedule, **7**; timetable, **9**
horizonte, el (*n.*) horizon
hormiga, la (*n.*) ant
hormona, la (*n.*) hormone
horrorizado/a (*adj.*) horrified
horrorizar (*v.*) to horrify
hospicio, el (*n.*) hospice
hospital, el (*n.*) hospital
hostilidad, la (*n.*) hostility
hoy en día nowadays, **1**
hoy today
hoyo, el (*n.*) hole
huelga, la (*n.*) strike
huella, la (*n.*) track, footprint
hueso, el (*n.*) bone, **4**
huésped, el (*n.*) guest, lodger, **3**
huevo, el (*n.*) egg
huir (*v.*) to flee, **7**
humanidad, la (*n.*) humanity
humanista, el (*n.*) humanist
humanitario/a (*adj.*) humanitarian
húmedo/a (*adj.*) humid, moist, **3**
humillar (*v.*) to humiliate, **9**
humor, el (*n.*) temper, mood

I

idealizar (*v.*) to idealize
idealmente ideally
identidad, la (*n.*) identity
identificación, la (*n.*) identification
identificar (*v.*) to identify
ideológicamente ideologically

idílico (*adj.*) idyllic
idioma, el (*n.*) language, **7**
idioma oficial, el (*n.*) official language
idiomático/a (*adj.*) idiomatic
idiosincrasia, la (*n.*) idiosyncrasy
ídolo, el (*n.*) idol
iglesia, la (*n.*) church
ignorancia, la (*n.*) ignorance
ignorar (*v.*) to ignore
igual equal, same, **6**
igualdad, la (*n.*) equality, **6**
igualitario/a (*adj.*) egalitarian
igualmente also
ilegal (*adj.*) illegal
ilegalmente illegally
ilícito/a (*adj.*) illicit
iluminar (*v.*) to illuminate
ilustración, la (*n.*) illustration
ilustrar (*v.*) to illustrate
imagen, la (*n.*) image
imaginar (*v.*) to imagine
imaginario, (*adj.*) imaginary, fanciful
imaginativo/a (*adj.*) imaginative
impacto impact
impasible (*adj.*) stoic
impecable (*adj.*) impeccable
impedir (i) (*v.*) to hinder, prevent, **6**
impensado/a (*adj.*) unthought of
imperativo (*adj.*) imperative
imperio, el (*n.*) empire
implementar (*v.*) to implement
implicar (*v.*) to imply, **9**
imponente (*adj.*) imposing, **9**
imponer (*v.*) to impose, **9**
imponerse (*v.*) to assert one's authority
importaciones, las (*n.*) imports
importar (*v.*) to matter, to be important, to care about, **2**
imprescindible (*adj.*) indispensable
impresionar (*v.*) to impress, **12**
impresionismo, el (*n.*) Impressionism, **8**
impreso, el (*n.*) form
impresora láser, la (*n.*) laser printer
impresora, la (*n.*) printer
imprimir (*v.*) to print
impuestos, los (*n.*) taxes
impulso, el (*n.*) momentum
impuntual (*adj.*) unpunctual
inaceptable (*adj.*) unacceptable
inauguración, la (*n.*) inauguration
inaugurar (*v.*) to inaugurate, **8**
Inca, el (*n.*) king of the Inca people
inca, (*adj.*) Incan
incaico/a (*adj.*) Incan
incapacidad, la (*n.*) incapacity
incentivar (*v.*) to stimulate
incentivo, el (*n.*) incentive
incertidumbre, la (*n.*) uncertainty
incienso, el (*n.*) incense
incinerar (*v.*) to burn
inclinar (*v.*) to incline
incluido/a (*adj.*) including
incluir (*v.*) to include, **1**
incluso even
incomodidad, la (*n.*) discomfort
incómodo (*adj.*) discomfort

incomprendido/a (*adj.*) misunderstood
incomprensible (*adj.*) incomprehensible
incomunicación, la (*n.*) incomunicación
inconsciente, el/la (*n.*) irresponsible person
inconstitucional (*adj.*) unconstitutional
incontrolable (*adj.*) uncontrollable
inconveniente (*adj.*) disadvantage
incorporar (*v.*) to incorporate
incorporarse (*v.*) to get up
increíble (*adj.*) incredible
indefinidamente indefinitely
indefinido (*adj.*) vague
independencia, la (*n.*) independence
independiente (*adj.*) independent
independientemente independently
independizarse (*v.*) to become independent
Indias Indies
indicaciones, las (*n.*) instructions
indicado/a (*adj.*) suitable
indicar (*v.*) to point out
índice de natalidad, el (*n.*) birth rate
índice, el (*n.*) rate
indicio, el (*n.*) indication, sign
indiferencia, la (*n.*) indifference
indiferente (*adj.*) indifferent
indígena, el/la (*n.*) native person, indigenous, **2**
individuo, el (*n.*) individual
indocumentado/a, el/la (*n.*) person without legal documents, **2**
índole, la (*n.*) type, kind
indudablemente (*adj.*) undoubtedly
industria, la (*n.*) industry
ineficiente (*adj.*) inefficient
inesperadamente unexpectedly
inesperado/a (*adj.*) unexpected, **3**
inevitable (*adj.*) unavoidable
inexistente (*adj.*) nonexistent
infancia, la (*n.*) childhood, **1**
infarto, el (*n.*) heart attack
infección, la (*n.*) infection
infeccioso/a (*adj.*) infectious
infeliz, el (*n.*) "poor devil", **9**
inferir (*v.*) to infer
infiel (*adj.*) unfaithful, **7**
influencia, la (*n.*) influence
influir (*v.*) to influence, **4, 8**
informado/a (*adj.*) informed
informalmente informally
informar (*v.*) to inform
informarse (*v.*) to inquire
informática, la (*n.*) computer science; information technology **7, 10**
informe, el (*n.*) report
ingeniería, la (*n.*) engineering
ingeniero/a, el/la (*n.*) engineer, **7**
ingenio, el (*n.*) talent
ingresar (*v.*) to enter
inicialmente initially
iniciar (*v.*) to initiate
iniciar (*v.*) to start
iniciativa, la (*n.*) initiative
inicio, el (*n.*) beginning, start
injusticia, la (*n.*) injustice, **2**
inmediatamente immediately
inmigrante, el (*n.*) immigrant
inmigrar (*v.*) to immigrate, **2**

inmigratorio (*adj.*) immigratory
inmobiliaria, la (*n.*) real estate agency
inmueble, el (*n.*) real estate property
inmunidad, la (*n.*) immunity
inmunología, la (*n.*) immunology
inmunológico, (*adj.*) inmune
innecesario unnecessary
innovador/a (*adj.*) innovative, **5**
inolvidable (*adj.*) unforgettable
inquietante (*adj.*) unsettling, disturbing, **8**
inquietud, la (*n.*) restlessness
insatisfacción, la (*n.*) dissatisfaction
insatisfecho/a (*adj.*) unsatisfied
inscripción, la (*n.*) inscription
inseguro/a (*adj.*) unsafe
insensato/a (*adj.*) foolish, lacking common sense, **1**
insistir (*v.*) to insist, **1**
insomnio, el (*n.*) insomnia, **4**
inspiración, la (*n.*) inspiration
inspirar (*v.*) to inspire
instalaciones, las (*n.*) facilities
instalar (*v.*) to install
instante, el (*n.*) moment
instinto, el (*n.*) instinct
institución, la (*n.*) institution
instituto, el (*n.*) institute
instrucción, la (*n.*) instruction
instrumento, el (*n.*) instrument
insuficiente (*adj.*) insufficient
insularidad, la (*n.*) isolation, insular
intacto/a (*adj.*) intact, **1**
integración, la (*n.*) integration
integrante, el (*n.*) member, **1**
integrar (la economía) to integrate (the economy), **10**
integrarse (*v.*) to become part of, **2**
intelectual, el (*n.*) intellectual
inteligencia, la (*n.*) intelligence
inteligente (*adj.*) intelligent
intención, la (*n.*) intention
intensidad, la (*n.*) intensity
intensivo/a (*adj.*) intensive
intenso/a (*adj.*) intense
intentar (*v.*) to try, **6**
intercambiar (*v.*) to interchange
intercambio, el (*n.*) interchange
intercultural (*adj.*) intercultural
interés, el (*n.*) interest, **10**
interesante (*adj.*) interesting
interesar (*v.*) to interest, **2**
interlocutor, el (*n.*) speaker
intermedio, el (*n.*) intermission, **11**
interminable (*adj.*) endless, **10**
interpretar el papel de (*v.*) to play the part of, **11**
intérprete, el (*n.*) interpreter
interrogar (*v.*) to interrogate
interrumpir (*v.*) to interrupt
interrupción, la (*n.*) interruption
intervenir (*v.*) to intervene
intimidad intimacy, **11**
íntimo/a (*adj.*) intimate, **9**
intolerancia, la (*n.*) intolerance
intolerante (*adj.*) intolerant
introducir (zc) (*v.*) to introduce
intromisión, la (*n.*) intrusion
inusual (*adj.*) unusual
inútil (*adj.*) useless

invadir (*v.*) to invade
invalidez, la (*n.*) incapacity
inventar (*v.*) to invent
inventiva, la (*n.*) inventiveness
invento, el (*n.*) invention
invertir (ie, i) (*v.*) to invest, **10**
investigación, la (*n.*) research, **10**
investigador, el (*n.*) researcher
investigar (*v.*) to do research
invierno, el (*n.*) winter
invitación, la (*n.*) invitation
invitado/a, el/la (*n.*) guest
invitar (*v.*) to invite
inyección, la (*n.*) injection
inyectar (*v.*) to inject
ir (*v.*) to go (to), **12**
irónico/a (*adj.*) ironic
irreal (*adj.*) unreal
irrealidad, la (*n.*) unreality
irrigar (*v.*) to irrigate
irrupción, la (*n.*) irruption
irse (*v.*) to go away
isla, la (*n.*) island, **3**
Italia (*n.*) italy
italiano/a (*adj.*) Italian
itinerario, el (*n.*) itinerary
izquierda, la (*n.*) left

J

jabón, el (*n.*) soap, **5**
jalar (halar) (*v.*) to pull, **2**
jamás never, ever, **7**
jamón, el (*n.*) ham
japonés/esa (*adj.*) Japanese
jarabe para la tos, el (*n.*) cough syrup, **4**
jardín, el (*n.*) garden
jarrón, el (*n.*) vase
jefe/a, el/la (*n.*) chief, **6**; boss, **7**
jerarquía, la (*n.*) hierarchy
jerga, la (*n.*) jargon, slang, **9**
jolgorio, el (*n.*) merrymaking, reverly, **12**
joven el/la young person, youth, **9**
joya, la (*n.*) jewel
jubilación, la (*n.*) retirement, **7**
jubilarse (*v.*) to retire
júbilo, el (*n.*) joy, rejoicing, **12**
juchiteco/a (*adj.*) person from Juchitán, Mexico
juego, el (*n.*) game
jueves, el (*n.*) Thursday
jugar (ue) (*v.*) to play sports, **1**
jugo, el (*n.*) fruit juice
juguete, el (*n.*) toy
juicio, el (*n.*) judgment
julio July
junio June
juntar (*v.*) to join, gather together
juntarse (*v.*) to get together, **2**
junto/a (*adj.*) together, **1**
jurado, el (*n.*) jury
justicia, la (*n.*) justice, **2**
justo/a (*adj.*) fair, **1**
juvenil (*adj.*) youthful, young, juvenile, **9**
juventud, la (*n.*) youth, **9**
juzgar (*v.*) to judge

L

laberinto, el (*n.*) labyrinth
labio, el (*n.*) lip, 4
labor, la (*n.*) work
laboral (*adj.*) labor
laboratorio, el (*n.*) laboratory
lacio/a (*adj.*) straight (hair), 1
ladera, la (*n.*) hillside
lado, el (*n.*) side, 9
lago, el (*n.*) lake, 3
lamentar (*v.*) to regret, 11
lámpara, la (*n.*) lamp
lanzar(se) (*v.*) to throw (oneself); to launch
lápiz, el (*n.*) pencil
largo/a (*adj.*) long, 1
láser, el (*n.*) laser
lástima, la (*n.*) pity
lata, la (*n.*) can, 5
latino/a (*adj.*) Hispanic
latinoamérica Latin America
latinoamericano/a (*adj.*) Latin American
lavadero automático, el (*n.*) automatic laundry
    washer
lavanda, la (*n.*) lavender
lavar (*v.*) to wash
lavarse (*v.*) to wash itself,
lazo familiar, el (*n.*) family tie, 1
leal (*adj.*) loyal, 1
lealtad, la (*n.*) loyalty, 9
leche, la (*n.*) milk
lecho, el (*n.*) bed
lechuga, la (*n.*) lettuce
lector, el (*n.*) reader
lectura, la (*n.*) reading
leer (*v.*) to read, 1
legado, el (*n.*) legacy
legalmente legally
legendario/a (*adj.*) legendary
legislación, la (*n.*) legislation
legislador, el (*n.*) legislator
lejano/a (*adj.*) distant
lejos far away
lengua materna, la (*n.*) mother tongue, 2
lengua, la (*n.*) tongue, 4; language
lenguaje, el (*n.*) language
lentamente slowly
lento/a (*adj.*) slow
león, el (*n.*) lion
letra negrilla, la (*n.*) bolface
letra, la (*n.*) lyrics, 11
letrero, el (*n.*) signboard
levantarse (*v.*) to get up, 2
ley, la (*n.*) law, 9
leyenda, la (*n.*) legend
liberalidad, la (*n.*) liberality
liberar (*v.*) to release
libertad de prensa, la (*n.*) freedom of the press
libra, la (*n.*) pound
libre (*adj.*) free, 7
libre albedrío, el (*n.*) free will
libremente freely
libreta, la (*n.*) notebook
libro, el (*n.*) book
licencia (sin goce de sueldo), la (*n.*) leave
    (without pay), 7

licenciado/a, el/la (*n.*) university graduate, 7
licenciatura, la (*n.*) university degree
licuadora, la (*n.*) blender
licuar (*v.*) to blend
líder, el (*n.*) leader
liderar (*v.*) to lead
lienzo, el (*n.*) canvas, 8
ligero/a (*adj.*) light
limitar (*v.*) to limit
límite, el (*n.*) limit
limón, el (*n.*) lemon
limpiar (*v.*) to clean, 5
limpieza, la (*n.*) cleaning, 5
limpio/a (*adj.*) clean, 5
lindo/a (*adj.*) pretty
línea aérea, la (*n.*) airline, 3
línea definida, la (*n.*) well-defined line, 8
lino, el (*n.*) linen
líquido, el (*n.*) liquid
lista de espera, la (*n.*) waiting list, 3
listo/a (*adj.*) smart, 1
literalmente literally
literario/a (*adj.*) literary
literatura, la (*n.*) Literature
litro, el (*n.*) liter
llama, la (*n.*) flame; llama
llamada de cobro/cargo revertido, la (*n.*) collect
    call, 10
llamada por cobrar, la (*n.*) collect call, 10
llamada sin (re)cargo(s), la (*n.*) 800 call, 10
llamada telefónica, la (*n.*) phone call, 10
llamada, la (*n.*) call
llamadas a cargo revertido collect calls, 10
llamar (*v.*) to call
llamarse (*v.*) to be called, 2
llamativo/a (*adj.*) showy
llanos, los (*n.*) plains
llanto, el (*n.*) weeping
llaucha, la (*n.*) Bolivian patty
llave, la (*n.*) key 5
llegada, la (*n.*) arrival, 3
llegar (*v.*) to arrive, 1
llegar a ser (*v.*) to become, 8
llegar tarde (*v.*) to arrive late, 10
llenar (*v.*) to fill up, 4
lleno/a (*adj.*) full, 3
llevar (*v.*) to take (to or away), carry 12
llevar a cabo (*v.*) carry out
llevar puesto/a (*v.*) to wear
llevarse bien/mal (*v.*) to get along well/badly, 1
llorar (*v.*) to cry, 2
llover (*v.*) to rain
lluvia de ideas, la (*n.*) brainstorm
lluvia, la (*n.*) rain
lo que + verbo + ser (que) What + verb +
    to be (that), 2
lo que/cual what, that which, 11
lobo/a, el (*n.*) wolf, 10
local, el (*n.*) premise; local
localidad, la (*n.*) locality
loco/a (*adj.*) crazy, 1
locura, la (*n.*) madness
locutor/a, el/la (*n.*) radio announcer
locutorio, el (*n.*) telephone cabin
lógico/a (*adj.*) logical
lograr (*v.*) to attain, 2, to succeed in, to manage, 5

logros, los (*n.*) achievements
loma, la (*n.*) hill
Londres (*n.*) London
los demás the others, 9
lucha, la (*n.*) struggle, fight, 2
luchador, el (*n.*) fighter
luchar (*v.*) to fight, 9
luego soon, later
lugar, el (*n.*) place
lujo, el (*n.*) luxury
luminoso/a (*adj.*) luminous
luna, la (*n.*) moon
lunes, el (*n.*) Monday
luz, la (*n.*) light, 8

M

madera, la (*n.*) wood, 8
madrastra, la (*n.*) stepmother
madre, la (*n.*) mother, 1
madrina, la (*n.*) godmother
madrugada, la (*n.*) dawn, 9
madurar (*v.*) to mature, 1
maduro/a (*adj.*) mature, 1
maestría, la (*n.*) master degree
maestro/a, el/la (*n.*) teacher, master, 8
mafia, la (*n.*) Mafia
mágico/a (*adj.*) magical
magnético/a (*adj.*) magnetic
mago, el (*n.*) magician
maíz, el (*n.*) corn, 6
majestuoso/a (*adj.*) majestic
mal de amor, el (*n.*) lovesickness
mal, el (*n.*) evil
malecón, el (*n.*) embankment
maleducado (*adj.*) impolite
malentendido, el (*n.*) misunderstanding
malestar (*v.*) discomfort, 4, uneasiness
maleta, valija, la (*n.*) suitcase, 3
malgastar (*v.*) to waste, 5
maligno/a (*adj.*) malignant
Mallorca Majorca
malnutrición, la (*n.*) malnutrition
malo/a (*adj.*) bad
malogrado/a (*adj.*) ill-fated
maltrato, el (*n.*) abuse, mistreatment, 2
mamá, la (*n.*) mother
mañana tomorrow, morning
mandar (*v.*) to order; to send, 7
manejar (*v.*) to handle
manejo, el (*n.*) handling, 8
manera, la (*n.*) way
manifestación, la (*n.*) demonstration
manifestar (*v.*) to declare
mano de obra, la (*n.*) labor force, manpower, 2
    labor, laborer, 10
mano, la (*n.*) hand, 4
mantener (una familia) (*v.*) to support (a family), 2
mantener (*v.*) to provide for; (*v.*) to defend or
    sustain an opinion, 9
mantenimiento, el (*n.*) maintenance
mantequilla, la (*n.*) butter
manual, el (*n.*) handbook
manzana, la (*n.*) apple
mapa, el (*n.*) map
mapuche (*adj.*) Indian from Chile

maquiladora, la (*n.*) factory, sweatshop
maquillador/a, el/la (*n.*) make-up person
maquillaje make-up
maquillarse (*v.*) to put on make-up, **2**
máquina, la (*n.*) machine, **10**
mar, el (*n.*) sea, **3**
maracuyá, el (*n.*) passion fruit
maravilla, la (*n.*) wonder
maravilloso/a (*adj.*) wonderful
marca, la (*n.*) brand
marcar el número dial the number, **10**
marcha nupcial, la (*n.*) wedding march
marciano/a, el/la (*n.*) Martian
marco, el (*n.*) frame, **8**
marearse (*v.*) to become dizzy, seasick, **4**
mareo, el (*n.*) dizziness, **4**
margarita, la (*n.*) daisy
marginación, la (*n.*) marginalization, **9**
marginado/a (*adj.*) marginalized
marido, el (*n.*) husband, **1**
marioneta, la (*n.*) puppet
mariposa butterfly
marisco, el (*n.*) shellfish
marqués, el (*n.*) marquis
martillazo, el (*n.*) hammer blow
marzo March
más allá de beyond, **2**
mas but
más more
más tarde later, **3**
masa, la (*n.*) mass, **12**
masacre, la (*n.*) massacre
máscara, la (*n.*) mask
masivamente massively
masivo/a (*adj.*) massive
matar (*v.*) to kill, **6**
matemático/a, el/la (*n.*) mathematician
materia orgánica, la (*n.*) organic matter
materia prima, la (*n.*) raw material
material de desecho, el (*n.*) disposable material, **5**
material reutilizable, el (*n.*) reusable material, **5**
maternidad, la (*n.*) maternity, **1**
matiz, el (*n.*) shade of meaning
matrimonio, el (*n.*) marriage, **1**
maya (*adj.*) Mayan
mayor, el/la (*n.*) the oldest, **1**
mayoría, la (*n.*) majority, **1**
mayoritariamente mainly
mayormente mainly
mecanismo, el (*n.*) mechanism
media, la (*n.*) mean
mediado mediate; in the middle of
mediano/a (*adj.*) medium
mediano/a, el/la (*n.*) middle child, **1**
mediante by means of
medicamento, el (*n.*) medicine, **4**
medicina alternative/tradicional , la (*n.*) alternative/traditional medicine
médico/a de guardia, el/la (*n.*) doctor on duty, **4**
médico/a, el/la (*n.*) medical doctor, **4**
medida, la (*n.*) measure, **10**
medio ambiente, el (*n.*) environment, **5**
medio, el (*n.*) mean, **10**
medio/a hermano/a, el/la (*n.*) stepbrother/stepsister, **1**
medioambiental (*adj.*) environmental

medios de comunicación, los (*n.*) means of communication, media, **11**
medios de difusión, los (*n.*) mass media, **11**
medir (i) (*v.*) to measure, **1**
Mediterráneo, el (*n.*) Mediterranean
megabotellón, el (*n.*) (slang) big street drinking event
mejilla, la (*n.*) cheek, **4**
mejor (*adj.*) better
mejorar(se) (*v.*) to improve, **2**, to get better, **4**
melancolía, la (*n.*) melancholy
memoria, la (*n.*) memory, **10**
mencionar (*v.*) to mention, **9**
menor, el/la (*n.*) the youngest, **1**
menos less
mensaje, el (*n.*) message
mensajero/a, el/la (*n.*) messenger
mensual (*adj.*) monthly
mental (*adj.*) mental
mentalidad, la (*n.*) mentality
mente, la (*n.*) mind, **4**
mentir (ie) (*v.*) to lie, **1**
mentira, la (*n.*) lie
mentón, el (*n.*) chin, **4**
menú, el (*n.*) menu
menudo (*adj.*) beef tripe
meramente merely
mercader, el (*n.*) merchant
mercadería, la (*n.*) merchandise
mercado de consumo, el (*n.*) consumer market, **9**
mercado de trabajo, el (*n.*) job market, **7**
mercado, el (*n.*) market, **6**
Mercosur regional trade agreement between Brazil, Argentina, Uruguay, Venezuela, and Paraguay
merecer (zc) (*v.*) to deserve, **1**
merecido/a (*adj.*) deserved
merengue, el (*n.*) meringue
merienda, la (*n.*) lunch, snack
mermelada, la (*n.*) jam
mes, el (*n.*) month
mesa, la (*n.*) desk
mesero/a, el/la (*n.*) waiter, waitress
mestizaje, el (*n.*) mixed races
mestizo/a, el/la (*n.*) half Spanish, half Native American, **6**
meta, la (*n.*) goal, **7**
metáfora, la (*n.*) metaphor
metalúrgico/a (*adj.*) metallurgical
metastatizado (*adj.*) metastasized
meteorológico (*adj.*) meteorological
meticuloso/a (*adj.*) meticulous
método, el (*n.*) method
metro, el (*n.*) subway, **5**
metropolitano (*adj.*) metropolitan
mexicano/a, el/la (*n.*) Mexican, **2**
mezcla, la (*n.*) mixture, **9**
mezclado/a (*adj.*) mixed
mezclar (*v.*) to mix, **4**
mí me
mi my
mía/o/as/os mine
microclima, el (*n.*) microclimate
microcosmos, el (*n.*) microcosm
micrófono, el (*n.*) microphone, **11**
microondas, el (*n.*) microwave oven, **5**
miedo, el (*n.*) fear
miel, la (*n.*) honey

miembro, el (*n.*) member
mientras (que) as long as, **8**
mientras while
migra, la (*n.*) immigration agents, **2**
migratorio/a (*adj.*) migratory
mil (*adj.*) thousand
milagro, el (*n.*) miracle
milenario/a (*adj.*) millenarian
milenio, el (*n.*) millennium
militar, el (*n.*) military man
milla, la (*n.*) mile
millón, el (*n.*) million
milonga, la (*n.*) Argentinean rhythm
mimado/a (*adj.*) spoiled, **1**
mimar (*v.*) to spoil, indulge, **1**
mímica (*adj.*) mimicry
mimo, el (*n.*) mime, **11**
mineral (*adj.*) mineral
miniatura, la (*n.*) miniature, **8**
minifalda, la (*n.*) miniskirt
mínimo/a (*adj.*) minimum
ministerio, el (*n.*) ministry
ministro, el (*n.*) minister
minoría, la (*n.*) minority, **1**
minoritario (*adj.*) minority
minuto, el (*n.*) minute
mirar (*v.*) to watch
misa, la (*n.*) mass
miseria, la (*n.*) misery
misión, la (*n.*) mission
misterio, el (*n.*) mystery
místico (*adj.*) mystic
mitad, la (*n.*) half
mítico/a (*adj.*) mythical
mitología, la (*n.*) mythology
mitológico/a (*adj.*) mythological
mobiliario, el (*n.*) furniture
moches pre-Columbian civilization from Peru
mochila, la (*n.*) backpack
mochilero/a, el/la (*n.*) traveler with a backpack
moda, la (*n.*) fashion, **1**
modalidad, la (*n.*) modality
modelo, el (*n.*) model
módem, el (*n.*) modem
moderadamente moderately
moderno/a (*adj.*) modern
modificar (*v.*) to modify
modisto/a, el/la (*n.*) seamstress/couturier
módulo, el (*n.*) module
mojar (*v.*) to wet
mole, el (*n.*) Mexican chocolate sauce
molestar (*v.*) to bother, **2**
molleja, la (*n.*) sweetbreads
molote, el (*n.*) Mexican patties
momento, el (*n.*) (present) moment, **7**
moneda, la (*n.*) currency
monocromático/a (*adj.*) monochrome
monolingüe (*adj.*) monolingual, **2**
monoparental (*adj.*) only one parent, **1**
monopolio, el (*n.*) monopoly
montadito, el (*n.*) little sandwich from Spain
montado/a (*adj.*) mounted
montaña, la (*n.*) mountain, **3**
montañoso/a (*adj.*) mountainous
montón, el (*n.*) pile
monumento, el (*n.*) monument

morcilla, la (*n.*) blood sausage
moreno/a (*adj.*) brunette, dark complexioned, **1**
moribundo/a, el/la (*n.*) dying person
morir (ue, u) (*v.*) to die, **1**
morir (ue, u) de hambre (*v.*) to starve to death
mortalidad, la (*n.*) mortality
Moscú Moscow
mosquetero, el (*n.*) musketeer
mostrador, el (*n.*) counter
mostrar (ue) (*v.*) to show, **1**
motivar (*v.*) to motivate
motivo, el (*n.*) reason
moto, la (*n.*) motorbike
motocicleta, la (*n.*) motorcycle
mover (se) (ue) (*v.*) to move, **1**
movimiento, el (*n.*) movement
muchacho/a, el/la (*n.*) boy, girl
muchas veces often, **3**
mudanza, la (*n.*) move to another residence, **1**
mudar(se) (*v.*) to change place of residence, **1**; to move, **2**
mudo/a (*adj.*) mute, **8**
mueble, el (*n.*) furniture, **5**
muela, la (*n.*) molar, **4**
muerte, la (*n.*) death, **4**
muerto/a (*adj.*) dead
mujer, la (*n.*) woman
múltiple (*adj.*) diverse
multiplicar (*v.*) to multiply
multiuso (*adj.*) multipurpose
mundial (*adj.*) world-wide
mundo de la informática, el (*n.*) computer science world, **10**
mundo del espectáculo, el (*n.*) Show business, **11**
mundo, el (*n.*) world, **1**
muñeca, la (*n.*) wrist, **4**
municipalidad, la (*n.*) municipality
municipio, el (*n.*) municipality, town hall, **5**
mural, el (*n.*) mural
muralismo, el (*n.*) Muralism, **8**
muralista, el/la (*n.*) muralist
murmullo, el (*n.*) (*v.*) to murmur, whisper, **12**
murmurar (*v.*) to whisper, **12**
muro, el (*n.*) wall
músculo, el (*n.*) muscle
museístico/a (*adj.*) related to museums
museo, el (*n.*) museum
música, la (*n.*) music
músico/a, el/la (*n.*) musician
muslo, el (*n.*) thigh, **4**
mutación, la (*n.*) mutation
mutuamente mutually
mutuo/a (*adj.*) mutual, **12**

N

nacer (zc) (*v.*) to be born
nacimiento, el (*n.*) birth, **1**
nación, la (*n.*) nation
nacionalidad, la (*n.*) nationality
nada nothing, **7**
nadar (*v.*) to swim
nadie no one, nobody, **7**
nariz, la (*n.*) nose, **4**
narración, la (*n.*) narration
narrador, el (*n.*) narrator

narrar (*v.*) to narrate
natalidad, la (*n.*) natality
nativo, el (*n.*) native
naturaleza muerta, la (*n.*) still life, **8**
naturaleza, la (*n.*) nature, **3, 5**
naturalidad naturalness
naturista (*adj.*) health (food)
náusea, la (*n.*) nausea
náutico/a (*adj.*) nautical
nave especial, la (*n.*) spaceship, **10**
navegar (*v.*) to sail, **3**
navegar por Internet (*v.*) to surf the net, **9**
Navidad, la (*n.*) Christmas
Navidad pasada, la (*n.*) last Christmas
nazareno, el (*n.*) penitent
necesariamente necessarily
necesario/a (*adj.*) necessary
necesidad, la (*n.*) necessity
necesitar (*v.*) to need
negación, la (*n.*) negation
negar(se) (ie) (*v.*) to refuse, deny, **11**
negative/a (*adj.*) negative
negociación, la (*n.*) negotiation
negociador/a, el/la (*n.*) negotiator
negociar (*v.*) to negotiate, to deal
negocios, los (*n.*) business, **7**
negro/a (*adj.*) black
nervio, el (*n.*) nerves
nervioso/a (*adj.*) nervous
nevera, la (*n.*) refrigerator, **5**
nexo, el (*n.*) link
ni nor, **7**
ni . . . ni neither . . . nor, **7**
nicaragüense, el/la (*n.*) Nicaraguan, **2**
niebla, la (*n.*) fog
nieto/a, el/la (*n.*) grandson, granddaughter, **1**
nieve, la (*n.*) snow
niñez, la (*n.*) childhood
ninguno/a no, none, no one, **7**
niño/a, el/la (*n.*) boy, girl
niños, los (*n.*) children
ninot, el (*n.*) enormous cardboard statue
nivel de vida, el (*n.*) standard of living, **2**
nivel, el (*n.*) level
no bien as soon as, just as, **8**
no obstante nevertheless, **9**
no sólo . . . sino también not only . . . but also, **1**
noble (*adj.*) nobleman
nobleza, la (*n.*) nobility
noche, la (*n.*) night
Nochebuena, la (*n.*) Christmas Eve
Nochevieja, la (*n.*) New Year's Eve
noción, la (*n.*) notion
nocivo/a (*adj.*) harmful
nocturno/a (*adj.*) night
nombrar (*v.*) to name, nominate
nombre, el (*n.*) name
nominar (*v.*) to nominate
norma, la (*n.*) norm, standard
normalmente normally
noroeste, el (*n.*) northwest
norte, el (*n.*) north, **3**
norteamericano/a (*adj.*) North American
nosotros/as we
notar (*v.*) to notice, **10**
noticia, la (*n.*) news, **3, 11**

noticiero, el (*n.*) newscast, **11**
notificar (*v.*) to notify
novedoso/a (*adj.*) new, **9**
novel (*adj.*) new, beginner
novela, la (*n.*) novel
novelista, el (*n.*) novelist
noviembre (*n.*) November
novio/a, el/la (*n.*) fiancé/e, bridegroom/bride, **1**
nube, la (*n.*) cloud
nublado/a (*adj.*) cloudy
núcleo familiar, el (*n.*) nuclear family, **1**
núcleo, el (*n.*) nucleus
nuera, la (*n.*) daughter-in-law, **1**
nuestro/a/os/as ours
nuevamente again
nuevo/a (*adj.*) new
número, el (*n.*) number
numeroso/a (*adj.*) numerous
nunca never, **7**
nutricionista/a, el/la (*n.*) nutritionist
nutrir (*v.*) to nourish; to nurture

O

o or, **7**
o sea that is to say, **9**
o . . . o either . . . or, **7**
obedecer (zc) (*v.*) to obey, **1**
obediencia, la (*n.*) obedience
obediente (*adj.*) obedient
obelisco, el (*n.*) obelisk
obispo, el (*n.*) bishop
objetivo, el (*n.*) objective
objeto, el (*n.*) object
obligación, la (*n.*) duty
obligar (*v.*) to force, **2**
obligatorio/a (*adj.*) obligatory
obra de arte, la (*n.*) work of art, **8**
obra de teatro, la (*n.*) theater play, **11**
obra maestra, la (*n.*) masterpiece, **8**
obra, la (*n.*) work, **8**
obrero migratorio, el (*n.*) migrant worker
obsceno/a (*adj.*) obscene
observador, el (*n.*) observer
observar (*v.*) to observe
obsesión, la (*n.*) obsession
obsesionado/a (*adj.*) obsessed
obstáculo, el (*n.*) obstacle
obtener (ie) (*v.*) to get, obtain, **5**
obviamente obviously
obvio (*adj.*) obvious
ocasión, la (*n.*) occasion
occidental (*adj.*) Western
océano, el (*n.*) ocean
ocio, el (*n.*) leisure, **7, 9**
octubre (*n.*) October
ocultamiento, el (*n.*) concealment
ocultar (*v.*) to hide, **10**
oculto/a (*adj.*) hidden
ocupado/a (*adj.*) busy
ocupar (*v.*) to occupy
ocuparse de (*v.*) to take charge of, **9**
ocurrir (*v.*) to happen
odiar (*v.*) to hate, **11**
oeste, el (*n.*) West, **3**
ofender (*v.*) to offend

ofensivo/a (*adj.*) offensive
oferta de trabajo, la (*n.*) job offer, **7**
oferta, la (*n.*) offering, sale
oficial (*adj.*) official
oficina, la (*n.*) office
oficio, el (*n.*) trade, **2**
ofrecer (zc) (*v.*) to offer
oído, el (*n.*) inner ear, **4**
oír (*v.*) to hear
oír hablar de (*v.*) to hear of
ojalá may Allah grant, I hope, **6, 11**
ojo, el (*n.*) eye, **4**
ola, la (*n.*) wave, **3**
óleo, el (*n.*) oil painting, **8**
oliva, la (*n.*) olive
olla, la (*n.*) pan, **4**
olmecas, los (*n.*) Ancient Mexican civilization
olmo, el (*n.*) elm tree
olor, el (*n.*) smell, scent
olvidar (*v.*) to forget
ombligo, el (*n.*) belly button, **12**
ondear (*v.*) to flutter, **10**
onírico/a (*adj.*) onírico
opaco/a (*adj.*) opaque
opción, la (*n.*) choice
ópera, la (*n.*) opera, **11**
opinar (*v.*) to think
opinión, la (*n.*) opinion
oponer (*v.*) to oppose
oportunidad, la (*n.*) opportunity
oposición, la (*n.*) opposition
opresión, la (*n.*) oppression
opresor/a, el/la (*n.*) oppressor
oprimido/a (*adj.*) oppressed, **6**
oprimir, (*v.*) to oppress, **6**
optar (*v.*) to opt, choose, **1**
optimismo, el (*n.*) optimism
optimista (*adj.*) optimist
óptimo/a (*adj.*) optimal
opuesto/a, el/la (*n.*) opposite
oración, la (*n.*) sentence
oralmente orally
órden, el (*n.*) order
ordenador (España), el (*n.*) computer, **9, 10**
ordenar (*v.*) to order
oreja, la (*n.*) ear, **4**
orgánico/a (*adj.*) organic
organismo, el (*n.*) organism
organización, la (*n.*) organization
organizado/a (*adj.*) organized
organizar (*v.*) to organize
orgullo, el (*n.*) pride, **9**
orgulloso/a (*adj.*) proud
orientación, la (*n.*) orientation, direction
oriental (*adj.*) eastern
orientar (*v.*) to guide
oriente, el (*n.*) east
origen, el (*n.*) origin
original (*adj.*) original
originalidad, la (*n.*) originality
originalmente originally
orilla, la (*n.*), shore, **4**
oro, el (*n.*) gold, **6**
orquesta, la (*n.*) orchestra
ortodoxia, la (*n.*) orthodoxy
oscurecer (zc) (*v.*) to get dark, **6**

oscuridad, la (*n.*) darkness
oscuro/a (*adj.*) dark
ostentación, la (*n.*) ostentation, pomp
otavaleño/a (*adj.*) inhabitant from Otavalo, Ecuador
Otávalo region in Ecuador
otoño, el (*n.*) autumn
otorgar (*v.*) to grant, give, **11**
otra vez again
otro/a another one
oveja, la (*n.*) sheep

p

paciencia, la (*n.*) patience
paciente, el (*n.*) patient
pacífico/a (*adj.*) pacific
pacifista (*adj.*) pacifist
padre, el (*n.*) father, **1**
padres, los (*n., pl.*) parents, **1**
padrino, el (*n.*) godfather
paga, la (*n.*) pay, **2**
pagar (*v.*) to pay, **2**
página, la (*n.*) page
pago, el (*n.*) payment
país, el (*n.*) country, **3**
paisaje, el (*n.*) landscape, **3**
pájaro/a, el/la (*n.*) bird
paje, el (*n.*) page
palabra, la (*n.*) word
palacio, el (*n.*) palace
paleta, la (*n.*) palette, **8**
palillo, el (*n.*) toothpick
palma, la (*n.*) palm
palo, el (*n.*) stick
palpitar (*v.*) to beat
palta, la (*n.*) avocado
paludismo, el (*n.*) malaria
pan integral, el (*n.*) whole wheat bread, **4**
pan, el (*n.*) bread, **4**
panameño/a, el/la (*n.*) Panamanian, **2**
pandilla, la (*n.*) gang
panel, el (*n.*) panel
panfleto, el (*n.*) pamphlet
pantalla, la (*n.*) screen, **11**
pantalón, el (*n.*) pants
pantorrilla, la (*n.*) calf, **4**
pañuelo, el (*n.*) handkerchief, **4**
papa, la (*n.*) potato
papá/s, el/los (*n.*) daddy/parents, **1**
papaya, la (*n.*) papaya
papel picado, el (*n.*) confetti
papel, el (*n.*) role; paper
papelera, la (*n.*) wastebasket
paquete, el (*n.*) package
par, el (*n.*) peer, **9**; pair; (a) few
para bien/mal for good/bad, **4**
para colmo on top of everything, **4**
para empezar to begin with, **3**
para for, by
para mejor/peor for better/worse, **4**
para que so that, **8**
para siempre forever, **4**
para variar for a change, **4**
parabólica, la (*n.*) parabolic
parada, la (*n.*) stop, **3**
paradisíaco/a (*adj.*) paradisíaco

paradójicamente (*adv.*) paradoxically
parafrasear (*v.*) to paraphrase
paraíso, el (*n.*) paradise
páramo, el (*n.*) neotropical ecosystem from the Northern Andes
parar (*v.*) to stop
parecer (zc) (*v.*) to seem, **1**
parecer (se) a (zc) (*v.*) to resemble, **1**
parecido/a (*adj.*) similar
pared, la (*n.*) wall, **5, 8**
pareja, la (*n.*) couple, **1**; partner
paréntesis, el (*n.*) parenthesis
pariente/a, el/la (*n.*) relative, **1**
pariente/a lejano/a, el/la (*n.*) distant relative, **1**
parlamento, el (*n.*) parliament
parlante, el (*n.*) loudspeaker
paro, el (*n.*) joblessness
parque, el (*n.*) park
párrafo, el (*n.*) paragraph
parrilla, la (*n.*) grill
párroco, el (*n.*) parish priest
parte, la (*n.*) part
participante, el (*n.*) participant
participar (*v.*) to participate
particularidad, la (*n.*) particularitity
particularmente particularly
partido, el (*n.*) game
partido, el (*n.*) party
partir (*v.*) to leave, depart, **3**; to start with
pasado, el (*n.*) past
pasaje de ida y vuelta, el (*n.*) round-trip ticket, **3**
pasaje, el (*n.*) ticket, **3**
pasajero/a, el/la (*n.*) passenger, **3**
pasaporte, el (*n.*) passport
pasar (*v.*) to spend; to pass, **10**
pasar por (*v.*) to go by, **9**
pasar por alto (*v.*) to skip
pasar(se) el tiempo + -ando/-iendo (*v.*) to spend the time doing something, **3**
pasarlo bien/mal (*v.*) to have a good/bad time, **3**
pasatiempo, el (*n.*) entertainment, pastime, **11**
paseante, el/la (*n.*) stroller
pasear (*v.*) to take a walk
paseo en bote, el (*n.*) boat ride
paseo, el (*n.*) stroll
pasillo, el (*n.*) aisle
pasión, la (*n.*) passion
pasivamente passively
pasivo/a (*adj.*) passive
paso, el (*n.*) step
pastel, el (*n.*) pastel, **8**; cake, pastry, **12**
pastilla, la (*n.*) pill, **4**
patata, la (*n.*) potato
paternidad, la (*n.*) paternity, **1**
paterno/a (*adj.*) paternal
patria, la (*n.*) homeland
patriarcal (*adj.*) patriarchal
patrimonio, el (*n.*) patrimony
patrocinar (*v.*) to sponsor, **8**
patrón, el (*n.*) pattern, **8**
paulatinamente gradually
pauta, la (*n.*) guideline
payaso/a, el/la (*n.*) clown, **12**
paz, la (*n.*) peace, **6**
pechera, la (*n.*) breastplate
pecho, el (*n.*) chest, breast, **4**

pedagogía, la (*n.*) pedagogy
pedazo, el (*n.*) piece
pedir (i) (*v.*) to request, ask, **1**
pedir un favor (*v.*) to ask a favor
pedir un préstamo (*v.*) to request a loan, **10**
pegadiso/a (*adj.*) catchy
pegarse (*v.*) to stick, catch, **9**
peinarse (*v.*) to comb one's hair, **2**
pelea, la (*n.*) fight
pelear(se), (*v.*) to fight, **2**
película, la (*n.*) movie, **11**
peligro, el (*n.*) danger, **9**
pelirrojo/a (*adj.*) red haired, **1**
pellejo, el (*n.*) skin
pelo/cabello, el (*n.*) hair, **4**
pelota, el (*n.*) ball
peluca, el (*n.*) wig
peludo/a (*adj.*) hairy
peluquero, el (*n.*) hairdresser
pena de amor, la (*n.*) lovesickness, **12**
pena, la (*n.*) suffering, grief, **11**
penicilina, el (*n.*) penicillin
penitente, el (*n.*) penitent
pensamiento, el (*n.*) thought
pensar (ie) + infinitive (*v.*) to plan to, **3**
pensar (ie) (*v.*) to think
pensión, la (*n.*) bed and breakfast
penúltimo/a (*adj.*) next to last
peor (*adj.*) worse
pequeño/a (*adj.*) small
percatarse (*v.*) to take notice of
percibir (*v.*) to perceive
percusión, la (*n.*) percussion
perder (ie) (*v.*) to lose
pérdida, la (*n.*) loss, **10**
perdido/a (*adj.*) lost
perdón, el (*n.*) forgiveness
perezoso/a (*adj.*) lazy
perfección, la (*n.*) perfection
perfectamente perfectly
perfecto/a (*adj.*) ideal
perfil, el (*n.*) profile
periódico, el (*n.*) newspaper, **11**
periodismo, el (*n.*) journalism
periodista, el/la (*n.*) reporter, **11**; journalist
perjudicar (*v.*) to harm
permanecer (zc) (*v.*) to remain
permanente (*adj.*) permanent
permanentemente permanently
permiso, el (*n.*) permit; permission
permiso de trabajo, el (*n.*) work permit, **2**
permitir (*v.*) to allow, **1**
pero but (however), **10**
perpetuar (*v.*) to perpetuate
perro/a, el/la (*n.*) dog
perseguir (i, i) (*v.*) to persecute
perseverar (*v.*) to persevere, persist
personaje, el (*n.*) character, **11**
personal (*adj.*) personal
personal, el (*n.*) staff
personalidad, la (*n.*) personality, **1**
personalizado/a (*adj.*) customized
personalmente personally
perspectiva, la (*n.*) perspective
pertenecer (zc) (*v.*) to belong, **2**
perteneciente (*adj.*) pertaining

peruano/a (*adj.*) Peruvian
pesado/a (*adj.*) annoying
pesar (*v.*) to weigh, **4**
pescado, el (*n.*) fish
pesimismo, el (*n.*) pessimism
pesimista, el (*n.*) pessimist
pésimo/a (*adj.*) bad, awful
peso, el (*n.*) weight, **4**
pestaña, la (*n.*) eyelashes, **4**
peste, la (*n.*) plague
pétalo, el (*n.*) petal
petróleo, el (*n.*) oil
piano, el (*n.*) piano
picante (*adj.*) hot
pictórico/a (*adj.*) pictorial
pie, el (*n.*) foot, **4**
piedad, la (*n.*) pity
piedra, la (*n.*) rock, stone, **6**
piel, la (*n.*) skin
pierna, la (*n.*) leg, **4**
pieza, la (*n.*) piece; play
pileta, la (*n.*) swimming pool, **3**
piloto, el (*n.*) pilot
piña, la (*n.*) pineapple, **4**
pincel, el (*n.*) brush, **8**
pino, el (*n.*) pine
pintar (*v.*) to paint, **8**
pintarrajeado/a (*adj.*) painted up
pintor/a, el/la (*n.*) painter, **8**
pintura al fresco, la (*n.*) fresco painting, **8**
pintura, la (*n.*) painting, **8**
pirámide, la (*n.*) pyramid
pirata, el/la (*n.*) pirate
pisar (*v.*) to step on
piscar (*v.*) to pick, **2**
piscina/pileta, la (*n.*) swimming pool, **3**
piso, el (*n.*) apartment (Sp.), floor, **5**
pista, la (*n.*) dance floor
pista de esquí, la (*n.*) ski slope/run
placas solares, las (*n.*) solar panels
placentero/a (*adj.*) pleasant
placer, el (*n.*) pleasure, **7**
plan, el (*n.*) plan
planear (*v.*) to glide
planeta, el (*n.*) planet, **5**
planetario, el (*n.*) planetarium
planificación, la (*n.*) planning
planificar (*v.*) to plan, **10**
plano, el (*n.*) plane
plano/a (*adj.*) flat
planta, la (*n.*) plant
plantearse (*v.*) to tackle a problem; to formulate, present a question/issue
plástico, el (*n.*) plastic
plata, la (*n.*) silver, **6**
plátano, el (*n.*) banana
platicar (*v.*) to talk
plato, el (*n.*) dish
playa, la (*n.*) beach, **3**
plaza, la (*n.*) square
plazo, el (*n.*) term
plegaria, la (*n.*) plegaria
pleno/a (*adj.*) full
pliegue, el (*n.*) fold
pluma, la (*n.*) feather
población, la (*n.*) population, **2**

pobre (*adj.*) poor
pobreza, la (*n.*) poverty, **9**
pocho, el (*n.*) Chicano (slang), **2**
poco a poco little by little, **6**
pocos/as (*adj.*) few
poder (*v.*) to be able
poder, el (*n.*) power, **6**
poderoso/a, (*adj.*) powerful
poema, el (*n.*) poem
poesía, la (*n.*) poetry
poeta, el/la (*n.*) poet
poético (*adj.*) poetic
polémica, la (*n.*) controversy
policía, la (*n.*) police
politécnico/a (*adj.*) polytechnical
política, la (*n.*) policy, **7**
políticamente politically
político, el (*n.*) politician
polivalente (*adj.*) all-purpose
pollo, el (*n.*) chicken
poner (*v.*) to put
poner el yeso (*v.*) to put a cast on, **4**
poner una inyección (*v.*) to give an injection, get a shot, **4**
ponerse (*v.*) to become, get, turn, **8**
ponerse en marcha (*v.*) to start
ponerse la ropa (*v.*) to put on clothes, **2**
por ahora for the time being, **4**
por by
por casualidad by chance, **4**
por ciento percent, **1**
por cierto by the way, certainly, **4**
por de pronto to start with, **4**
por demás in excess, excessively, **4**
por ejemplo for example, **4**
por en medio half way
por eso for that reason, **5**
por eso that's why, **4**
por fin finally, **3**
por lo general in general, **1**
por lo menos at least, **4**
por lo tanto therefore, **2**
por medio de through, by means of
por otra parte on the other hand, **4**
por otro lado on the other hand, **4**
¿Por qué? Why?, **2**
por si acaso just in case, **4**
por su cuenta on his/her own
por supuesto of course, **4**
por último lastly, **3**
por un/a lado/parte on the one hand, **4**
porcentaje, el (*n.*) percentage, **1**
porción, la (*n.*) portion, serving
pornografía, la (*n.*) pornography
porque because
portero, el (*n.*) doorman, **3**
portugués, el (*n.*) Portuguese
posada, la (*n.*) inn
posgrado, el (*n.*) graduate degree
posibilidad, la (*n.*) possibility
posible (*adj.*) possible
posiblemente possibly
posición, la (*n.*) position
positivamente positively
positivo/a (*adj.*) positive
postal, la (*n.*) postcard

póster (*v.*) to poster
postergar (*v.*) to postpone, **7**
posterior (*adj.*) rear
postulante, el/la (*n.*) candidate
postura, la (*n.*) stand
potentísimo/a (*adj.*) very powerful
pozole, el (*n.*) corn drink
práctica, la (*n.*) practice
prácticamente practically
practicar (*v.*) to practice
práctico/a (*adj.*) convenient
preámbulo, el (*n.*) introduction, preamble
preciado/a (*adj.*) appraised
precio, el (*n.*) price
precioso/a (*adj.*) valuable
preciso/a (*adj.*) exact
precolombino/a pre-Columbian
predecir (i) (*v.*) to predict
predeterminado/a (*adj.*) fixed
predominante (*adj.*) predominant
predominar (*v.*) to predominate
preestablecido/a (*adj.*) pre-established
preferencia, la (*n.*) preference
preferible (*adj.*) preferable
preferir (ie, i) (*v.*) to prefer, **1**
prefijo, el (*n.*) area code (Sp.), **10**
pregunta, la (*n.*) question
preguntar (*v.*) to ask (a question), **2**
preguntar por (*v.*) to inquire about (a person), **2**
prehispánico/a (*adj.*) pre-Hispanic
prehistoria, la (*n.*) prehistory
prejuicio, el (*n.*) prejudice, **2**
prejuicios sociales, los (*n.*) social prejudices, **9**
prematuramente prematurely
premiado/a (*adj.*) awarded a prize
premio Goya, el (*n.*) Goya prize
premio Nobel, el (*n.*) Nobel prize
premio Óscar, el (*n.*) Oscar academy award
premio, el (*n.*) prize
prender (*v.*) to turn on
prensa, la (*n.*) print media
preocuparse (por) (*v.*) to worry (about)
prepararse (*v.*) to get ready
preparativos, los (*n.*) preparations
preparatoria, la (*n.*) high school
prescindir de (*v.*) to do without, **11**
prescribir (*v.*) to prescribe
presentación, la (*n.*) introduction
presentar (*v.*) to introduce
preservar (*v.*) to preserve
presidencia, la (*n.*) presidency
presidente/a, el/la (*n.*) president
presión, la (*n.*) pressure
presionar (*v.*) to press
presionar el botón (*v.*) to push the button
preso/a, el/la, (*n.*) prisoner
préstamo, el (*n.*) loan, **10**
prestar (*v.*) to lent
prestar atención (*v.*) to pay attention, **4**
prestigio, el (*n.*) prestige
presupuesto, el (*n.*) budget
pretexto, el (*n.*) pretext
prevenir (*v.*) to prevent, **4**
prever (*v.*) to foresee, **10**
primavera, la (*n.*) spring
primer plano, el (*n.*) foreground, **8**

primera clase, la (*n.*) first class, **3**
primera plana, la (*n.*) front page, **11**
primero/a (*adj.*) first
primo/a, el/la (*n.*) cousin, **1**
primogénito/a, el/la (*n.*) firstborn, **1**
primordial (*adj.*) fundamental
primordialmente fundamentally
princesa, la (*n.*) princess
principal (*adj.*) main
principalmente mainly
príncipe, el (*n.*) prince
principio at the beginning
principio, el (*n.*) beginning
prioridad, la (*n.*) priority
prisa, la (*n.*) speed
prisionero/a, el/la (*n.*) prisoner
prismáticos, los (*n.*) binoculars
privado/a (*adj.*) private
privilegiar (*v.*) to privilege
privilegio, el (*n.*) privilege
probabilidad, la (*n.*) probability
probablemente probably
probar (ue) (*v.*) to try, taste
problema, el (*n.*) problem
problemática, la (*n.*) problematic
procedencia, la (*n.*) origin
proceder (*v.*) to come
procesión, la (*n.*) procession
proceso, el (*n.*) process
proclamación, la (*n.*) proclamation
proclamado/a (*adj.*) proclaimed
producción, la (*n.*) production
producir (zc) (*v.*) to produce
productividad, la (*n.*) productivity, **7**
productivo (*adj.*) productive
producto interior bruto, el (*n.*) gross national product
producto, el (*n.*) product
productor/a, el (*n.*) producer
profanar (*v.*) to profane
profesión, la (*n.*) occupation **7**
profesor/a, el/la (*n.*) professor
profundo/a (*adj.*) deep
programa de cómputo, el (*n.*) software
programación de computadoras, la (*n.*) computer programming, **7**
programador/a de computadoras, el/la (*n.*) computer programmer
programar (*v.*) to program
progresar (*v.*) to progress
progreso, el (*n.*) progress
prohibido/a (*adj.*) prohibited
prohibir (*v.*) to prohibit
prolífico/a prolific
prolongar (*v.*) to extend
promedio, el (*n.*) average
promesa, la (*n.*) promise
prometedor/a (*adj.*) promising
prometer (*v.*) to promise, **5**
promoción, la (*n.*) promotion
promover (ue) (*v.*) to promote, develop, **9**
pronóstico, el (*n.*) prognosis
pronto soon
pronunciar (*v.*) to pronounce
propaganda, la (*n.*) propaganda
propenso/a a (*adj.*) tending to

propiciar (*v.*) to foster
propietario/a, el/la (*n.*) owner
propina, la (*n.*) tip, **3**
propio/a (*adj.*) one's own, **9**
propio/a de belonging to
proponer (*v.*) to propose, set, plan, intend, **7**
proponerse metas (*v.*) to set goals, **7**
proporcionar (*v.*) to supply, **10**
proposición, la (*n.*) proposal
propósito, el (*n.*) intention
propuesta, la (*n.*) proposal
prosperar (*v.*) to prosper
próspero/a (*adj.*) prosperous, thriving, **9**
protagonista, el/la (*n.*) protagonist, **11**
protección, la (*n.*) protection
protector solar, el (*n.*) sunscreen
proteger (*v.*) to protect, **5**
protegido/a (*adj.*)protected, **5**
proteína, la (*n.*) protein
protesta, la (*n.*) protest
protestar (*v.*) to protest
protocolo, el (*n.*) protocol
proveedor, el (*n.*) supplier
provenir (*v.*) to come
proverbio, el (*n.*) proverb
provincia, la (*n.*) province
provocar (*v.*) to cause
próximo next
proyección, la (*n.*) projection
proyecto, el (*n.*) project
proyector, el (*n.*) projector
prudente (*adj.*) prudent
psicología, la (*n.*) psychology
psicológico/a (*adj.*) psychological
psicólogo/a, el/la (*n.*) psychologist
psicoterapia, la (*n.*) psycotherapy
psíquico/a (*adj.*) psychic
públicamente publicly
publicar (*v.*) to publish
publicidad, la (*n.*) advertising, **7**
público, el (*n.*) audience, **11**
pudrir (*v.*) to rot
pueblo, el (*n.*) people, **6**
puente, el (*n.*) bridge
puerta, de salida/de llegada/de embarque la (*n.*) departure/arrival/boarding gate, **3**
puerto, el (*n.*) port
puertorriqueño/a, el/la (*n.*) Puerto Rican, **2**
pues so, then
puesto, el (*n.*) position, street stand, **7**
pulmón, el (*n.*) lung, **4**
pulpo, el (*n.*) octopus
puñetazo, el (*n.*) punch
punta, la (*n.*) end
puntaje, el (*n.*) score
punto, el (*n.*) point
puntual (*adj.*) precise
puro/a (*adj.*) pure

¡Que los cumplas feliz! Happy Birthday!
que that, which, who, whom, **11**
qué what, which, **2**
quebranto, el (*n.*) grief, **11**

quebrarse (ie) una pierna/un brazo (*v.*) to break a leg/an arm, **4**
quechua (*adj.*) Quechua
quedar (*v.*) to remain, **2**; to get, **4**
quedar embarazada (*v.*) to get pregnant, **4**
quedarse (*v.*) to remain, stay, **3**
queja, la (*n.*) complaint
quejarse (de) (*v.*) to complain (about), **2**
quema, la (*n.*) fire
quemadura, la (*n.*) burn
quemarse (*v.*) to get sunburned, **3**; to burn oneself, **4**
quena, la (*n.*) Andean panpipes
querer (ie, i) (*v.*) to love, want
querido/a (*adj.*) beloved
quesadilla, la (*n.*) tortilla filled with cheese
queso, el (*n.*) cheese
quetzal, el (*n.*) quetzal, Central American bird
quiebra, la (*n.*) bankruptcy
quiebre, el (*n.*) break
quien/es who, whom, **11**
¿Quién?/¿Quiénes? Who?, **2**
química, la (*n.*) chemistry
químico/a (*adj.*) chemical
químico/a, el/la (*n.*) chemist
quinceañera, la (*n.*) 15-year-old girl
quiosco, el (*n.*) kiosk
quizá(s) maybe, perhaps, **6**

rabia, la (*n.*) rage
racial (*adj.*) racial
ración, la (*n.*) ration
racional (*adj.*) rational
racismo, el (*n.*) racism, **2**
racista (*adj.*) racist, **2**
radial (*adj.*) radio
radio, el (*n.*) radio
raíz, la (*n.*) root
ralea, la (*n.*) sort, kind, breed (pejorative), **12**
rallar (*v.*) to grate
rápidamente quickly
rapidez, la (*n.*) quickness, swiftness, **5**
rápido/a (*adj.*) quick
raro/a (*adj.*) strange, rare
rascacielos, el (*n.*) skyscraper, **5**
ratico/ratito, el (*n.*) short while, **6**
rato, el (*n.*) short time, while, **6**
ratón, el (*n.*) mouse
rayado/a (*adj.*) striped
rayo, el (*n.*) ray
raza, la (*n.*) race, **2**
razón de ser, la (*n.*) reason for being, **6**
razón, la (*n.*) reason
reacción, la (*n.*) reaction
reaccionar (*v.*) to react
realidad, la (*n.*) reality
realismo, el (*n.*) Realism, **8**
realista (*adj.*) realist
realizado/a (*adj.*) accomplished, **9**
realizador/a, el/la (*n.*) performer, film maker
realizar (*v.*) to do, **7**; fulfill, carry out, accomplish, **9**
realmente really
reanimarse (*v.*) to revive
reaprovechar (*v.*) to reuse, **5**

rebelarse (*v.*) to rebel
rebelde (*adj.*) rebellious
rebeldía, la (*n.*) rebelliousness
rebelión, la (*n.*) revolt
rebueno (*adj.*) extremely good
recado, el (*n.*) message
recelo, el (*n.*) mistrust, misgiving, **11**
recepción, la (*n.*) welcome reception
recepcionista, el/la (*n.*) receptionist
receta, la (*n.*) prescription, recipe, **4**
recetar (*v.*) to prescribe, **4**
rechazado/a (*adj.*) rejected, **2**
rechazar (*v.*) to reject, **2**
rechazo, el (*n.*) rejection
recibir, (*v.*) to receive, **1**
recibo, el (*n.*) receipt
reciclable, el (*n.*) recyclable
reciclado/a (*adj.*) recycled
reciclaje, el (*n.*) recycling, **5**
reciclar (*v.*) to recycle, **5**
recién (*adv.*) recently, **4**
reciente (*adj.*) recent
recientemente recently
recinto, el (*n.*) area
recipiente, el (*n.*) container, **5**
recíproco/a (*adj.*) reciprocal
recital, el (*n.*) recital
recitar (*v.*) to declaim
reclamar (*v.*) to call
recobrar(se) (*v.*) to recover, **3**
recoger (*v.*) to gather, to pick **2**; to pick up
recogida, la (*n.*) pickup, **5**
recomendable (*adj.*) recommendable
recomendación, la (*n.*) recommendation
recomendar (ie) (*v.*) to recommend, **1**
recompensa, la (*n.*) prize
reconocer (zc) (*v.*) to recognize, **1**
reconocimiento, el (*n.*) recognition, **11**
recordar (ue) (*v.*) to remember, **1**; to remind
recorrer (*v.*) to go around a place, **3**
recorrida, la (*n.*) (*v.*) to visit, go round, **9**
recrear (*v.*) to recreate
recreativo/a (*adj.*) recreational
rectorado, el (*n.*) dean's office
recuerdo, el (*n.*) souvenir, **3**, remembrance
recuperar (*v.*) to recover
recurrir (*v.*) to turn to
recurso natural, el (*n.*) natural resources, **5**
recurso, el (*n.*) resource
recursos humanos, los (*n.*) human resources, **7**
Red informática, la (*n.*) Internet, **10**
Red, la (*n.*) net, Internet, **10**
redactar (*v.*) to write
redención, la (*n.*) redemption
redentor/a (*adj.*) redeeming
redondo/a (*adj.*) round, **4**
reducción, la (*n.*) reduction, **10**
reducir (zc) (*v.*) to reduce, **5**
reemplazado (*adj.*) replaced, **5**
reemplazar (*v.*) to replace
reescribir (*v.*) to rewrite
referencia, la (*n.*) reference
referirse (*v.*) to talk about
reflejar (*v.*) to reflect, **1, 8**
reflejo, el (*n.*) reflection
reflexionar (*v.*) to think

reforestación, la (*n.*) reforestation, **5**
reforestar (*v.*) to reforest
reforma, la (*n.*) reform
reforzar (ue) (*v.*) to reinforce
refrán, el (*n.*) saying
refresco, el (*n.*) refreshment
refrigerador, el (*n.*) refrigerator, **5**
refugiado/a, el/la (*n.*) refugee, **2**
refugiarse (*v.*) to take refuge
refugio natural, el (*n.*) nature sunctuary, **5**
refugio, el (*n.*) refuge, shelter
refutar (*v.*) to refute
regalar (*v.*) to give (a gift), **12**
regalo, el (*n.*) gift, **12**
regañar (*v.*) to scold
regar (ie) (*v.*) to water
regazo, el (*n.*) lap
regenerarse (*v.*) to regenerate
régimen, el (*n.*) diet, **4**
región, la (*n.*) region
registrarse (*v.*) to register
regresar (*v.*) to return
regular (*v.*) to regulate
regularidad, la (*n.*) regularity
reina, la (*n.*) queen
reino, el (*n.*) kingdom
reír (i, i) (*v.*) to laugh, **1**
reivindicar (*v.*) to vindicate
relacionar (*v.*) to relate
relacionarse (con) (*v.*) to be related to
relajación, la (*n.*) relaxation
relajado/a (*adj.*) relaxed
relajante (*adj.*) relaxing
relajarse (*v.*) to relax
relatar (*v.*) to tell, relate
relativamente relatively
relativo/a (*adj.*) relative
relato, el (*n.*) story
relegado/a (*adj.*) set aside
religión, la (*n.*) religion
religioso/a (*adj.*) religious
reliquia, la (*n.*) relic
rellenar (*v.*) to fill up
relleno, el (*n.*) filling
reloj, el (*n.*) clock
remedio casero, el (*n.*) home remedy
remedio, el (*n.*) medicine, **4**
remember (*v.*) to remember
rememorar (*v.*) to recall
remera, la (*n.*) T-shirt
renacer (*v.*) to rebirth
rendir (*v.*) to yield well
renombrar (*v.*) to rename
renombre, el (*n.*) fame
renovable (*adj.*)renewable, **5**
renovar (ue) (*n.*) to renew
renunciar (*v.*) to give up, resign
reparar (*v.*) to repair
repartir (*v.*) to distribute
reparto, el (*n.*) cast
repasar (*v.*) to review
repaso, el (*n.*) review
repetir (i) (*v.*) to repeat, **1**
replicar (*v.*) to talk back, **11**
reportero/a, el/la (*n.*) newspaper reporter, **5**
representación, la (*n.*) representation

representante, el (*n.*) representative
representar (*v.*) to represent
represión, la (*n.*) repression
reprimenda, la (*n.*) reprimand
reprimir (*v.*) to opress, **6**
reproche, el (*n.*) reproach
reproducción, la (*n.*) reproduction
república, la (*n.*) republic
requerir, la (*n.*) (*v.*) to require
requisito, el (*n.*) requirement
resaltar (*v.*) to emphasize; to stand out
reseco/a (*adj.*) dry
reseña, la (*n.*) review
reserva natural, la (*n.*) natural resource
reserva, la (*n.*) reserve, **5**
reservar (*v.*) to reserve
resfriado, el (*n.*) cold, **4**
residencia, la (*n.*) permanent residence, **2**
residente permanente, el/la (*n.*) permanent
   resident, **2**
residente, el/la (*n.*) resident
residir (*v.*) to reside
residuo, el (*n.*) garbage, waste, **5**
resignación, la (*n.*) resignation
resistencia, la (*n.*) resistance
resolver (ue) (*v.*) to solve, **7**
respaldar (*v.*) to endorse
respaldo, el (*n.*) endorsement
respectivo/a (*adj.*) respective
respecto a/de with regard to; in relation to
respetar (*v.*) to respect
respeto, el (*n.*) respect, **1, 9**
respetuoso/a (*adj.*) respectful
respirar (*v.*) to breathe, **4**
respiro, el (*n.*) breathing
responder (*v.*) to answer
responsabilidad, la (*n.*) responsibility
responsable (*adj.*) responsible
respuesta, la (*n.*) answer
restante (*adj.*) remaining
restaurante restaurant
resto, el (*n.*) leftover, **5**
restringir (*v.*) to restrict
resuelto solved
resultado, el (*n.*) result, **1, 7**
resultar (*v.*) to turn out
resumen, el (*n.*) summary, **10**
resumir (*v.*) to summarize, **10**
resurgir (*v.*) to reemerge
resurrección, la (*n.*) resurrection
retener (ie) (*v.*) to retain, to keep, **7**
retirar(se) (*v.*) to withdraw
reto, el (*n.*) challenge, **10**
retornable (*adj.*) returnable
retorno, el (*n.*) return
retratar (*v.*) to portray, **8**
retrato, el (*n.*) portrait, **8**
retrete, el (*n.*) toilet
retroceso, el (*n.*) receding, backward motion, **5**
reunión, la (*n.*) meeting, **7**
reunir (*v.*) to gather
reunirse (*v.*) to get together, **2, 12**
reutilizable (*adj.*) reusable, **5**
reutilización, la (*n.*) reusability
reutilizar (*v.*) to reuse, **5**
revalorización, la (*n.*) revaluation

revelación, la (*n.*) first appearance
revelar (*v.*) to develop (film)
revés, el (*n.*) misfortune
revisado (*adj.*) reviewed
revisor, el (*n.*) conductor, guard, **3**
revista, la (*n.*) magazine
revolución, la (*n.*) revolution
revolucionario/a (*adj.*) revolutionary
rey, el (*n.*) king
rezar (*v.*) to pray, **12**
rico/a (*adj.*) wealthy
ridículo, el (*n.*) ridiculous situation
ridículo/a (*adj.*) ridiculous
riesgo, el (*n.*) risk
rigurosamente rigorously
rima, la (*n.*) rhyme
rimar (*n.*) (*v.*) to rhyme, write poetry
rincón, el (*n.*) corner
riñón, el (*n.*) kidney
río, el (*n.*) river, **3**
riqueza, la (*n.*) riches, **6**
ritmo, el (*n.*) pace, rhythm
rito, el (*n.*) rite
ritual, el (*n.*) ritual
robar (*v.*) to steal
roca, la (*n.*) rock
rodaje, el (*n.*) filming
rodar (*v.*) to shoot a film
rodeado/a (*adj.*) surounded, **6**
rodear (*v.*) to surround
rodilla, la (*n.*) knee, **4**
rogar (ue) (*v.*) to beg, ask
rojo/a (*adj.*) red
rol, el (*n.*) role
romance, el (*n.*) romance
románico/a Romanesque
romano Roman
romanticismo, el (*n.*) Romanticism, **8**
romántico/a (*adj.*) romantic, **1**
romper(se) (*v.*) to break, tear, **2**
ron, el (*n.*) rum
ropa, la (*n.*) clothes
roquero, el (*n.*) rock star
rosa, la (*n.*) rose
rostro, el (*n.*) face, **6**
roto/a (*adj.*) broken
rubio/a (*adj.*) blonde, **1**
rueda, la (*n.*) wheel
ruido, el (*n.*) noise, **5**
ruidoso/a (*adj.*) noisy, **3, 12**
ruinas, las (*n.*) ruins
ruta, la (*n.*) route
rutina, la (*n.*) routine

S

sábado, el (*n.*) Saturday
sabana, la (*n.*) plateau
saber (*v.*) to know, **1**
sabiduría, la (*n.*) wisdom
sabroso/a (*adj.*) flavorful, tasty
sacar fotos (*v.*) to take pictures, **3**
sacarina, la (*n.*) saccharin
sacerdote, el (*n.*) priest, **6**
saco de dormir, el (*n.*) sleeping bag, **3**
sacrificar (*v.*) to sacrifice

sacrificio, el (*n.*) sacrifice
sacudido/a (*adj.*) shaken up
sacudir (*v.*) to shake
sagrado/a (*adj.*) sacred
sal, la (*n.*) salt
sala de emergencia, la (*n.*) emergency room, **4**
salame, el (*n.*) salami
salario mínimo, el (*n.*) minimum wage, **2**
salario, el (*n.*) salary
salchicha, la (*n.*) sausage, **4**
salchichón, el (*n.*) sausage
salida (de emergencia), la (*n.*) emergency exit, **3**
salir (*v.*) to go out, leave, **1**; to exit, **3**
salir adelante, (*v.*) to get along
salir de (*v.*) to go out of a place, **3**
salir para (*v.*) to go to a specific place, **3**
salmón, el (*n.*) salmon
salón, el (*n.*) living rooom
salsa, la (*n.*) Caribbean rhythm; sauce
saltar (*v.*) to jump
salteño/a (*adj.*) from Saltillo, Mexico
salto, el (*n.*) jump
salud, la (*n.*) health, **4**
saludable (*adj.*) healthy, **4**
saludar (*v.*) to greet, **2**
saludos, el (*n.*) greeting
salvadoreño/a, el/la (*n.*) Salvadorian, **2**
salvar (*v.*) to save, **5**
samba, la (*n.*) Brazilian rhythm
sanar (*v.*) to get better
sanciones económicas, las (*n.*) economic sanctions
sangre, la (*n.*) blood
sano/a (*adj.*) healthy, **4**
santo/a, el/la (*n.*) saint
satélite, el (*n.*) satellite
satín, el (*n.*) satin
satisfacción, la (*n.*) satisfaction
satisfacer (*v.*) to satisfy
satisfactorio/a (*adj.*) satisfactory
satisfecho/a (*adj.*) satisfied
secar(se) (*v.*) to dry oneself, **2**
sección, la (*n.*) section
seco/a (*adj.*) dry
secretario/a, el/la (*n.*) secretary
secreto, el (*n.*) secret
secuencia, la (*n.*) sequence
secuestrar (*v.*) to kidnap
secundaria, la (*n.*) high school
secundario/a (*adj.*) minor
sede, la (*n.*) headquarters
segregar (*v.*) to segregate
seguir (i, i) (*v.*) to follow, continue, **1**
según according to, **1**
segundo/a (*adj.*) second
seguramente surely
seguridad, la (*n.*) security
seguro de desempleo, el (*n.*) unemployment
   insurance, **7**
seguro de salud, el (*n.*) health insurance
seguro/a (*adj.*) sure, **6**; safe
seísmo, el (*n.*) earthquake
seleccionar (*v.*) to select
selectivo/a (*adj.*) selective
selva, la (*n.*) jungle, **3**
semáforo, el (*n.*) traffic light
semana, la (*n.*) week

semana pasada, la (*n.*) last week, **3**
sembrar (ie) (*v.*) to sow, **5**
semejante such, similar
semejanza, la (*n.*) similarity
semestre, el (*n.*) semester
semilla, la (*n.*) seed
seña, la (*n.*) signal, **6**
senado, el (*n.*) Senate
señal, la (*n.*) signal, **3**
señalar (*v.*) to point out, **10**
sencillo/a (*adj.*) simple
senda, la (*n.*) path
sendero, el (*n.*) path
señor/a, el (*n.*) gentleman, woman
sensato/a (*adj.*) sensible, **1**
sensibilidad, la (*n.*) sensitivity
sentar (ie) mal (*v.*) to disagree with one's stomach, **4**
sentarse (ie) (*v.*) to sit down, **2**
sentido, el (*n.*) sense
sentimiento, el (*n.*) feeling, **12**
sentir (ie, i) (*v.*) to feel; to regret, **4**
sentirse (ie, i) (*v.*) to feel, **2**
sentirse bien/mal (*v.*) to feel good/bad, **4**
separación, la (*n.*) separation
separado/a (*adj.*) separated
separar(se) (*v.*) to separate, **1**
septiembre (*n.*) September
ser (*v.*) to be, **1**
ser aconsejable (*v.*) to be advisable
ser aficionado/a a (*v.*) to be a fan/lover of
ser alérgico/a (*v.*) to be allergic, **4**
ser bueno/malo (*v.*) to be good/bad, **11**
ser digno/a de (*v.*) to be worthy of
ser humano, el (*n.*) human being, **1**
ser querido, el (*n.*) loved one
ser soltero/a (*v.*) to be single, **1**
ser sorprendente, (*v.*) to be surprising, **11**
ser tarde to be late in the day (impersonal), **10**
ser, cl (*n.*) being, **12**
seriamente seriously
serie, la (*n.*) series
serio/a (*adj.*) serious
serpentina, la (*n.*) streamer
serpiente, la (*n.*) snake
servicio, el (*n.*) bathroom
servir (i, i) (*v.*) to serve, **1**
seudónimo, el (*n.*) pseudonym
severo/a (*adj.*) severe
sexismo, el (*n.*) sexism
sexista (*adj.*) sexista
sexo, el (*n.*) sex
sexto/a (*adj.*) sixth
sexual (*adj.*) sexual
sexualidad, la (*n.*) sexuality
si if
sí/no yes/no
SIDA, el (*n.*) AIDS, **4**
siembra, la (*n.*) sowing
siempre always, **7**
siempre y cuando as long as, **8**
sierra, la (*n.*) mountain range
sifón, el (*n.*) siphon
siglo, el (*n.*) century, **6**
significado, el (*n.*) meaning
significar (*v.*) to mean

significativo/a (*adj.*) significant
signo, el (*n.*) sign
siguiente (*adj.*) following, **7**
silbato, el (*n.*) whistle
silencio, el (*n.*) silence
silencioso/a (*adj.*) quiet
silla, la (*n.*) chair
sillón, el (*n.*) armchair, **5**
simbólicamente symbolically
símbolo, el (*n.*) symbol
similitud, la (*n.*) resemblance, similarity, **9**
simpático/a (*adj.*) nice, **1**
simplemente simply
sin embargo nevertheless, however, **8**
sin que without, **8**
sincero/a (*adj.*) sincere
sindicato el (*n.*) union
sinfonía, la (*n.*) symphony
sino but (rather), **10**
sino que but (rather) (followed by a conjugated verb), **10**
sino también but also, **1**
síntesis, la (*n.*) synthesis
sintetizado/a (*adj.*) synthesized
sintetizar (*v.*) to synthesize
síntoma, el (*n.*) symptom
sintonizar (*v.*) to be in tune
siquiera at least
sistema de salud, el (*n.*) health system, **6**
sistema inmunológico/a (*adj.*) immunological system
sistema, el (*n.*) system
sistemático/a (*adj.*) systematic
sitio, el (*n.*) place, site
situación, la (*n.*) situation
situar (*v.*) to locate
soberano, el (*n.*) sovereign
sobrante, el (*n.*) excess, leftover
sobrar (*v.*) to be excessive
sobre todo above all, **6**
sobre, el (*n.*) envelope
sobrellevar (*v.*) to bear
sobresaliente (*adj.*) outstanding, **5**
sobresalir (*v.*) to stand out, **12**
sobrevivir (*v.*) to survive, **10**
sobrino/a, el/la (*n.*) nephew/niece, **1**
sociable (*adj.*) sociable
sociedad de consumo, la (*n.*) consumer society
sociología, la (*n.*) sociology
sociológico/a (*adj.*) sociological
sociólogo/a, el/la (*n.*) sociologist
sociopolítica, la (*n.*) socio-politics
sodio, el (*n.*) sodium
sofisticado/a (*adj.*) sophisticated
sol, el (*n.*) sun, **1**
solamente only
soldado, el (*n.*) soldier
soleado (*adj.*) sunny, **3**
soledad, la (*n.*) loneliness, solitude, **10**
soler (ue) (*v.*) used to
solicitar (un trabajo) to apply (for a job), **7**
solicitar (*v.*) to apply for, to solicit, **7**
solicitud de empleo, la (*n.*) job application, **7**
solidaridad, la (*n.*) solidarity
solidario/a (*adj.*) cooperative
sólido/a (*adj.*) solid
solitario/a (*adj.*) lonely, solitary, **12**

sólo only
solo/a (*adj.*) alone, **2**
solsticio, el (*n.*) solstice
soltar (ue) (*v.*) to set loose, release
soltero/a, el/la (*n.*) single, unmarried, **1**
solución, la (*n.*) solution
solucionar (*v.*) to solve
sombra, la (*n.*) shadow, **8**
sombrero, el (*n.*) hat
someter (*v.*) to subdue, put down, **9**
soñador/a, el/a (*n.*) day dreamer
soñar (ue) (con) (*v.*) to dream (of), **1**
sonar (ue) (*v.*) to strike (clock); to sound
sonarse (ue) la nariz (*v.*) to blow one's nose, **4**
sondeo, el (*n.*) poll
soneto, el (*n.*) sonnet
sonido, el (*n.*) sound
sonoro/a (*adj.*) sonorous; sound
sonreír (*v.*) to smile, **11**
sonrisa, la (*n.*) smile, **1**
soplido, el (*n.*) blow
soportar(se) (*v.*) to bear, to put up with, to stand a person, **2** to support, **9**
sordo, el (*n.*) deaf, **9**
sorprenderse (*v.*) to be surprised, **11**
sorpresa, la (*n.*) surprise
sostén, el (*n.*) support, **1**
sostener (*v.*) to maintain, hold up, **9**
sostenibilidad, la (*n.*) sustainability
sostenible (*adj.*) sustainable
sótano, el (*n.*) basement, **5**
suave (*adj.*) soft, smooth, **2**
subacuático/a (*adj.*) underwater
subconsciente, el (*n.*) subconscious mind
subir (*v.*) to go up
subjetivo/a (*adj.*) subjective
subrayar (*v.*) to underline
subterráneo/a (*adj.*) subterranean
subvencionado/a (*adj.*) subsidized
sucedáneo, el (*n.*) substitute
suceder (*v.*) to happen, **11**
suceder(se) (*v.*) to follow one another, **11**
suceso, el (*n.*) event, **3**
sucio/a (*adj.*) dirty
sucursal, la (*n.*) branch office, **10**
Sudamérica (*n.*) South America
sudamericano/a (*adj.*) South American
sudar (*v.*) to sweat, **2**
sudor, el (*n.*) sweat
Suecia (*n.*) Sweden
suegro/a, el/la (*n.*) father/mother-in-law, **1**
sueldo, el (*n.*) salary, **2, 7**
suelo, el (*n.*) ground; floor
sueño, el (*n.*) dream
suerte, la (*n.*) luck
suficiente (*adj.*) enough
sufrimiento, el (*n.*) suffering
sufrir (*v.*) to suffer
sufrir un desmayo (*v.*) to faint
sugerencia, la (*n.*) suggestion
sugerir (ie, i) (*v.*) to suggest
Suiza (*n.*) Swiss
suma, la (*n.*) sum
sumamente extremely
sumergirse (*v.*) to submerge
sumiso/a (*adj.*) submissive, **9**

superación, la (*n.*) overcoming
superar (*v.*) to outdo, surpass
superficie, la (*n.*) surface, **5**
superfluo/a (*adj.*) superfluous
supermercado, el (*n.*) supermarket
supervisión, la (*n.*) supervision
supervivencia, la (*n.*) survival
suplementario/a (*adj.*) additional
suponer (*v.*) to suppose
suprimir (*v.*) to suppress
supuesto/a (*adj.*) supposed
sur, el (*n.*) south, **3**
surco, el (*n.*) furrow
surgir (*v.*) to come forth, appear, **8**
suroeste, el (*n.*) southwest
surrealismo, el (*n.*) Surrealism, **8**
surrealista (*adj.*) surrealist
suspender (*v.*) to suspend
suspendido/a (*adj.*) suspended
suspenso, el (*n.*) suspense
suspirar (*v.*) to sigh, **2**
suspiro, el (*n.*) sigh, **11**
sustancia, la (*n.*) substance
sustraer (*v.*) to remove
sustraerse (*v.*) to withdraw
suyo/a/os/as his

T

tabla, la (*n.*) table
tabú, el (*n.*) taboo
tacón, el (*n.*) heel shoe
tal vez may be, **6**
tal vez perhaps, **11**
tal(es) como such as
tala, la (*n.*) felling of trees, **5**
taladrazo, el (*n.*) drilling
talar (*v.*) to cut down trees, **5**
talento, el (*n.*) talent
tales como such as, **9**
taller, el (*n.*) workshop, **8**
talón, el (*n.*) heel, **4**
tamaño, el (*n.*) size
también also, too, **7**
tambor, el (*n.*) drum
tampoco neither, not ... either, **7**
tan pronto como as soon as, just as, **8**
tango, el (*n.*) a ballroom dance of Argentinean origin
tanguero/a (*adj.*) tango fans
tanto/a/os/as so many
tapa, la (*n.*) cover; appetizer (Sp.)
tapar (*v.*) to cover, **4**
taparse la boca to cover one's mouth, **4**
tapiz, el (*n.*) carpet
taquilla, la (*n.*) box office
taquillero/a (*adj.*) successful at the box office, popular, **11**
tardar (*v.*) to be late, take a lot of time, to delay, **10**
tarde late, **6**
tarea, la (*n.*) task
tareas domésticas, las (*n.*) domestic chores, **9**
tarjeta de embarque, la (*n.*) boarding card, **3**
tarjeta de residente, la (*n.*) permanent residence card (green card), **2**
tarjeta postal, la (*n.*) postcard, **3**
tarjeta, la (*n.*) card, **10**

tarta, la (*n.*) pie
tasa de interés, la (*n.*) interest rate, **10**
tasa de mortalidad, la (*n.*) mortality rate
tasa de natalidad, la (*n.*) birth rate, **1**
tasa, la (*n.*) rate
tatuaje, el (*n.*) tattoo
taza, la (*n.*) cup
té, el (*n.*) tea
teatral (*adj.*) theatrical
teatro, el (*n.*) theatre, **11**
techo, el (*n.*) roof, **5**
teclado, el (*n.*) keyboard, **10**
técnica, la (*n.*) technique, **8**
técnico/a, el/la (*n.*) technician
tecnología, la (*n.*) technology, **10**
tecnológico/a (*adj.*) technological
tecnólogo, el (*n.*) technologist
tejer (*v.*) to weave
tela, la (*n.*) cloth, **5**; canvas, **8**
tele, la (*n.*) TV
telecentro, el (*n.*) technology center
telecomunicación, la (*n.*) telecommunication
telediario, el (*n.*) news program, **11**
telefonía celular, la (*n.*) cellular telephony
teléfono celular, el (*n.*) cellular phone (Lat. Am.), **10**
teléfono móvil, el (*n.*) cellular phone (Sp.), **10**
teléfono, el (*n.*) telephone
teléfonoweb, el (*n.*) IP Phone
telegrama, el (*n.*) telegram
telenovela, la (*n.*) soap opera, **11**
telescopio, el (*n.*) telescope
televidente, el/la (*n.*) TV audience, **11**
televisión, la (*n.*) television
televisivo/a (*adj.*) televising
televisor, el (*n.*) television set
tema, el (*n.*) theme
temblar (ie) (*v.*) to tremble
temblor, el (*n.*) earthquake
temer (*v.*) to fear, **11**; to be afraid, **12**
temido/a (*adj.*) feared
temor, el (*n.*) fear, **6**
témpera, la (*n.*) tempera, **8**
temperatura, la (*n.*) temperature
templo, el (*n.*) temple
temporada, la (*n.*) season, **11**
temprano early
tendencia, la (*n.*) tendency
tender (ie) a (*v.*) to tend to
tener (ie) (*v.*) to have, **1**
tener afán de superación (*v.*) to expect a lot of oneself, **7**
tener calor to be hot, **2**
tener celos de (*v.*) to be jealous of, **12**
tener dolor de ... (*v.*) to have a/an ...ache, **4**
tener dominio de otros idiomas (*v.*) to be fluent in other languages, **7**
tener en cuenta (*v.*) to take into account, **7**
tener éxito (*v.*) to succeed, to be successful, **2**
tener facilidad de palabra (*v.*) to be articulate, **7**
tener fiebre (*v.*) to have a fever, **4**
tener frío (*v.*) to be cold, **2**
tener ganas de (*v.*) to feel like, **2**
tener hambre (*v.*) to be hungry, **2**
tener iniciativa (*v.*) to show initiative, **7**
tener madera de (*v.*) to have what it takes
tener miedo (*v.*) to be scared, to be afraid, **2**

tener náusea (*v.*) to be nauseous, **4**
tener presente (*v.*) to keep in mind
tener que (*v.*) to have to, **2**
tener sed (*v.*) to be thirsty, **2**
tener sueño (*v.*) to be sleepy, **2**
tener suerte (*v.*) to be lucky, **2**
tenis, el (*n.*) tennis
tensión arterial, la (*n.*) blood pressure, **4**
tentación, la (*n.*) temptation
tentado/a (*adj.*) tempted
teogonía, la (*n.*) the study of the origins and genealogy of the gods
teoría, la (*n.*) theory
teórico/a (*adj.*) theoretical
terapéutico/a (*adj.*) therapeutic
tercamente (*adv.*) obstinately
tercero/a (tercer) (*adj.*) third
terminar (*v.*) to finish
término, el (*n.*) term
termómetro, el (*n.*) thermometer
ternura, la (*n.*) tenderness, **9**
terraza, la (*n.*) terrace, balcony
terremoto, el (*n.*) earthquake
terrenal (*adj.*) terrestrial
terreno, el (*n.*) field
terrestre (*adj.*) terrestrial, **5**
territorio, el (*n.*) territory
terrorismo, el (*n.*) terrorism
terrorista, el/la (*n.*) terrorist
tertulias, las (*n.*) social gatherings
tesis, la (*n.*) thesis
tesoro, el (*n.*) treasure
texto, el (*n.*) text
tibio/a (*adj.*) warm
tiempo parcial, el (*n.*) part time, **7**
tiempo, el (*n.*) time, weather, **6**
tienda de campaña, la (*n.*) tent, **3**
tienda, la (*n.*) store
tierno/a (*adj.*) tender
tierra (firme), la (*n.*) earth, (dry) land
timidez, la (*n.*) shyness, **1**
tímido/a (*adj.*) shy, **1**
tinta, la (*n.*) ink
tinto, el (*n.*) red wine
tío abuelo/a el/la (*n.*) great-uncle/aunt, **1**
tío/a, el/la (*n.*) uncle/aunt, **1**
típico/a (*adj.*) typical
tipo, el (*n.*) kind
tira, la (*n.*) ribbon
tirar (*v.*) to throw away, **5**
tirón, el (*n.*) pull
títere (o la marioneta), el (*n.*) puppet, **11**
titulares, los (*n.*) headlines, **11**
título, el (*n.*) degree, **7**
toalla, la (*n.*) towel
tobillo, el (*n.*) ankle, **4**
tocar (*v.*) to touch; to play (instrument)
todavía still, yet, **10**
todo/a (*adj.*) everything
todos los días/meses/años every day/month/year, **3**
tolerancia, la (*n.*) tolerance
tolerante (*adj.*) tolerant
tolerar(se) (*v.*) to tolerate
tolteca Precolumbian civilization
tomar conciencia (*v.*) to become aware
tomar decisiones (*v.*) to make decisions, **7**

tomar el sol (*v.*) to sunbathe, 3
tomarse la presión arterial (*v.*) to measure one's blood pressure, 4
tomarse la temperatura (*v.*) to take one's temperature, 4
tomate, el (*n.*) tomato
tono, el (*n.*) tone
topográfico/a (*adj.*) topographic
torcerse (ue) (*v.*) to twist, 4
torneo, el (*n.*) tournament
torre, la (*n.*) tower, 5, 12
tortura, la (*n.*) torture
tos, la (*n.*) cough, 4
toser (*v.*) to cough, 4
totalidad, la (*n.*) totality
totalmente totally
trabajador/a migratorio/a, el/la (*n.*) migrant worker, 2
trabajador/a, el/la (*n.*) worker, 6
trabajadores migrantes migrant workers
trabajar (*v.*) to work
trabajar en equipo (*v.*) to work as a team, 7
trabajo manual, el (*n.*) manual labor, 2
trabajo temporal, el (*n.*) seasonal work, 2
trabajo, el (*n.*) job, work, 7
trabajos manuales, los (*n.*) arts and crafts
tradición, la (*n.*) tradition
tradicional (*adj.*) traditional
tradicionalmente traditionally
traducción, la (*n.*) translation
traducir (zc) (*v.*) to translate, 1
traer (*v.*) to bring (from), 12
tragar (*v.*) to swallow, 2
trama, la (*n.*) plot, 11
tranquilamente calmly
tranquilidad, la (*n.*) tranquillity
tranquilo/a (*adj.*) calm
transacción, la (*n.*) transaction
transcribir (*v.*) to transcribe
transformación, la (*n.*) transformation
transformar (*v.*) to transform
tránsito, el (*n.*) route
transmisión, la (*n.*) transmission
transmitir (*v.*) to broadcast, 11
transmitir (*v.*) to broadcast, pass on
transparente (*adj.*) transparent
transporte público, el (*n.*) public transportation, 5
trascender (ie) (*v.*) to go beyond
trasero, el (*n.*) buttocks, 4
trasladar (*v.*) to transfer
tratamiento, el (*n.*) treatment
tratar (*v.*) to deal with, 11
tratar(se) de (*v.*) to be a question of, 7; to be about, 11
trato, el (*n.*) contact
trazar, (*v.*) to draw
tren, el (*n.*) train
tribu, la (*n.*) tribe
tributo, el (*n.*) tribute
trigo, el (*n.*) wheat
trilogía, la (*n.*) trilogy
triste (*adj.*) sad, 1
tristeza, la (*n.*) sadness
triunfar (*v.*) to win, triumph
triunfo, el (*n.*) triumph
trivializar (*v.*) to underestimate
tropezarse (ie) (*v.*) to bump, run into, 10

trozo, el (*n.*) piece
trucaje, el (*n.*) trick
tubo, el (*n.*) tube
tumultuoso/a tumultuous
túnica, la (*n.*) tunic
turbante, el (*n.*) turban
turismo, el (*n.*) tourism
turista, el/la (*n.*) tourist
turnarse (*v.*) to take turns
turno, el (*n.*) appointment with a doctor, 4; turn
tuyo/a/os/as your/yours

U

ubicación, la (*n.*) location
ubicar (*v.*) to locate
úlcera, la (*n.*) ulcer
último/a (*adj.*) last
uña, la (*n.*) nail, 4
únicamente (*adv.*) solely, 7
único/a (*adj.*) unique, only
unidad, la (*n.*) unity, 1
unido/a (*adj.*) united
uniformidad uniformity
unión, la (*n.*) union, joining
unir(se) (*v.*) to join, 10
universidad, la (*n.*) university
universitario, el/la (*n.*) university student
universo, el (*n.*) universal
urbanismo, el (*n.*) urbanism
urbanización, la (*n.*) urbanization
urbano/a (*adj.*) urban
urgencia, el (*n.*) urgency
urgente (*adj.*) urgent
urgentemente urgently
uruguayo/a (*adj.*) Uruguayan
usar (*v.*) to use, 1
usted you
usuario/a, el/la (*n.*) user
útil (*adj.*) useful
utilizar (*v.*) to use
utopía, la (*n.*) utopia
uva, la (*n.*) grape, 4
Uxmal ancient Mayan city

V

vaca, la (*n.*) cow
vacaciones, las (*n.*) vacation
vaciar (*v.*) to drain
vacío (*adj.*) empty, 12
vacío, el (*n.*) empty space, 12
vacuna, la (*n.*) vaccine
vacunar (*v.*) to vaccinate
vago/a (*adj.*) vague
vagón, el (*n.*) wagon
vajilla, la (*n.*) set of dishes
valer (*v.*) to be worth, 1
valer la pena (*v.*) to be worthwhile, 11
valerse de (*v.*) to make use of
válido/a (*adj.*) valid, 1
valija, la (*n.*) suitcase, 3
valioso/a (*adj.*) valuable
valle, el (*n.*) valley
valor, el (*n.*) value, 9
valorar (*v.*) to value, 10

vanguardia, la (*n.*) vanguard
vano/a (*adj.*) vain
variación, la (*n.*) variation
variado/a (*adj.*) varied, 1
variar (*v.*) to vary
variedad, la (*n.*) variety
varios/as (*adj.*) several
vasco/a (*adj.*) Basque
vasija, la (*n.*) vessel
vaso, el (*n.*) glass
vecindario, el (*n.*) vecindario
vecino/a, el/la (*n.*) neighbor, 1
vegetación, la (*n.*) vegetation
vegetal, el (*n.*) vegetable
vegetariano/a (*adj.*) vegetarian
vehemente (*adj.*) vehement
vehículo, el (*n.*) vehicle
vejez, la (*n.*) old age
vela, la (*n.*) candle, 12
velero, el (*n.*) sailboat, 3
vena, la (*n.*) vein, 6
vencer (*v.*) to defeat, win, overcome, 9
vencerse (*v.*) to run out, expire, 2
vencimiento, el (*n.*) due date
venda, la (*n.*) bandage
vendar (*v.*) to bandage, 4
vendedor/a, el/la (*n.*) salesman/woman, 7
vender (*v.*) to sell, 1
vendimia, la (*n.*) grape harvest
veneración, la (*n.*) veneration
venezolano/a (*adj.*) Venezuelan
venir (ie) (*v.*) to come (from), 12
venta, la (*n.*) sale, 7
ventaja, la (*n.*) advantage, 7, 10
ventana, la (*n.*) window
ventanilla, la (*n.*) box office window, window in a train or plane, 3
ver (*v.*) to see, 1
verano, el (*n.*) summer
verdad, la (*n.*) true
verdaderamente truth
verdadero/a (*adj.*) truely
verde (*adj.*) green
verdura, la (*n.*) vegetable, 4
vergüenza, la (*n.*) shame, self-consciousness, 9
verificar (*v.*) verify
versión, la (*n.*) version
verso, el (*n.*) verse
vertedero, el (*n.*) garbage dump
verter (ie, i) (*v.*) to spill, pour
vestíbulo, la (*n.*) lobby
vestido, el (*n.*) dressed
vestido/a (*adj.*) dressed
vestigio, el (*n.*) vestige
vestimenta, la (*n.*) clothing
vestir(se) (*v.*) to get dressed
vestuario, el (*n.*) wardrobe, costumes
vez/veces, la/s (*n.*) time/s (number of), 4
vez, la (*n.*) time, 6
vía pública, la (*n.*) thoroughfare
viajar (*v.*) to travel
viajar a dedo (*v.*) to hitchhike, 3
viajar por el ciberespacio (*v.*) to surf the net, 9, 10
viajero/a, el/la (*n.*) traveler, 3
vías respiratorias, las (*n.*) respiratory
vibrante (*adj.*) vibrant, trilled

viceversa vice versa
víctima, la (*n.*) victim
vida diaria, la (*n.*) everyday life, **12**
vida, la (*n.*) life, **6**
video, el (*n.*) videotape, **11**
videocámara, la (*n.*) video camera
videocasetera, la (*n.*) VCR, **5, 11**
videojuego , el (*n.*) videogame
vidrio, el (*n.*) glass, **5**
viejo/a (*adj.*) old
viento, el (*n.*) wind
viernes, el (*n.*) Friday
vigencia, la (*n.*) validity
vigilar (*v.*) to watch over
villano/a, el/la (*n.*) vilan
viña, la (*n.*) vineyard
vínculo, el (*n.*) connection, bond, **9**; link, **11**
vino tinto, el (*n.*) red wine
violación, la (*n.*) violation
violar (*v.*) to infringe a law
violencia, la (*n.*) violence, **2**
violentamente violently
violeta (*adj.*) purple
violín , el (*n.*) violin
violinista, el (*n.*) violinist
vírgen , la (*n.*) virgin
virtud, la (*n.*) virtue

visa, la (*n.*) visa
visión, la (*n.*) vision
visita, la (*n.*) visit
visitante, el (*n.*) visitor
visitar (*v.*) to visit, **1**
vista, la (*n.*) view, **3**
visual (*adj.*) visual
vitamina, la (*n.*) vitamin
viudo/a, el/la (*n.*) widower/widow, **1**
vivencia, la (*n.*) experience
vivienda, la (*n.*) dwelling, housing
vivir (*v.*) to live, **1**
vivo/a (*adj.*) alive
vocablo, el (*n.*) word
volador/a (*adj.*) flying
volar (ue) (*v.*) to fly, **3**
volcán, el (*n.*) volcano
voluble (*adj.*) voluble
volumen, el (*n.*) volume
voluntad, la (*n.*) will, will power
voluntariado volunteer work
voluntario/a, el/la (*n.*) volunteer
volver (ue) (*v.*) to return, **1**
volverse (ue) (*v.*) to become, turn, **8**
vomitar (*v.*) to vomit, **4**
vómito, el (*n.*) vomit, **4**
votación, la (*n.*) voting

votar (*v.*) to vote
voto, el (*n.*) vote
voz, la (*n.*) voice
vuelo, el (*n.*) flight, **3**
vuelta, la (*n.*) turn (around the block)
vulnerable (*adj.*) vulnerable, exposed
xenofobia, la (*n.*) xenophobia

Y

ya already, **10**
ya que since, inasmuch as, **1**
yate, el (*n.*) yacht, **3**
yerno, el (*n.*) son-in-law, **1**
yeso mojado, el (*n.*) wet plaster, **8**
yeso, el (*n.*) plaster
yuca, la (*n.*) tropical root crop rich in starch

Z

zanahoria, la (*n.*) carrot
zapatillas, las (*n.*) slippers
zapatista (*adj.*) integrant from the EZLN
zapato, el (*n.*) shoe
zarzuela, la (*n.*) zarzuela
zócalo, el (*n.*) socle
zona, la (*n.*) area
zorro, el (*n.*) fox

Credits

Index

Mar Caribe

Océano Atlántico

Barranquilla
Cartagena
Maracaibo
Caracas
⊛
TRINIDAD
Y TOBAGO
Port-of-Spain ⊛

R. Orinoco

VENEZUELA

Georgetown ⊛
Paramaribo ⊛
Cayena ⊛

Medellín
Manizales
Cali
Bogotá ⊛
Salto Ángel

GUYANA
SURINAM
GUAYANA
FRANCESA

COLOMBIA

Quito ⊛

ECUADOR

ECUADOR

Guayaquil
Cuenca

CORDILLERA DE LOS ANDES

Iquitos

Manaus

R. Amazonas

Belém

Cajamarca

R. Madeira

BRASIL

Recife

PERÚ

Machu
Picchu

Lima ⊛

BOLIVIA

Brasilia ⊛

Ayacucho
Cuzco

Arequipa
L.Titicaca
La Paz ⊛

Belo Horizonte

Salvador

Arica
Sucre ⊛
Potosí

Rio de Janeiro

Iquique
PARAGUAY

São Paulo
Santos

Antofagasta

Desierto de Atacama

Salta

Asunción ⊛

TRÓPICO DE CAPRICORNIO

Tucumán

Salto Iguazú

CORDILLERA DE LOS ANDES

Porto Alegre

CHILE
Córdoba

R. Paraná
R. Uruguay

URUGUAY

Mendoza
Rosario
Valparaíso
Santiago ⊛
Buenos Aires ⊛
Montevideo ⊛
La Plata
Río de la Plata

Concepción
Bahía Blanca

CORDILLERA DE LOS ANDES

ARGENTINA

Océano Pacífico

Puerto Montt

Estrecho de
Magallanes

ISLAS MALVINAS

Punta
Arenas
TIERRA DEL FUEGO
Cabo de Hornos

Las Islas Galápagos (Ecuador)

Océano Pacífico

Isla Pinta
Isla Marchena

Isla San Salvador
Santa Cruz
Isla Isabela
Isla Santa Cruz
Puerto
Ayora
Isla
San Cristóbal
Puerto
Villamil
Puerto Baquerizo
Moreno

LAS ISLAS
GALÁPAGOS
(ECUADOR)

| 0 | 50 | 100 millas |
| 0 | 50 | 100 kilómetros |

Isla de Pascua (Chile)

| 0 | 25 | 50 millas |
| 0 | 25 | 50 kilómetros |

Cabo Norte

Volcán
Puakatike
Cabo
Cumming

Hanga Roa
Mataveri

Cabo Sur

Océano Pacífico

ISLA DE PASCUA
(CHILE)

América del Sur

| 0 | 200 | 400 | 600 | 800 millas |

| 0 | 200 | 400 | 600 | 800 kilómetros |

⊛	Capital
▲	Volcán
∴	Ruinas